THE APOSTOLIC SEE AND THE JEWS

by

Shlomo Simonsohn

This collection relates the history of papal Jewry policy in the Middle Ages from the days of Gelasius I to those of Julius III. It traces the unfolding of Christian-Jewish relations as viewed by the papacy, depicted in the records of the Vatican Archives and supplementary documentation. Some 3,250 Bulls and Briefs, most of them hitherto unpublished, are presented in the first part of this study, the Documents.

This is to be followed by a second part, the History, a monograph based on the Documents. Papal views and pronouncements on Jews and Judaism, protective and repressive measures are set against the background of the life of medieval Jewry in Christian Europe, religious, social, economic, etc. As, by the end of the period under review, papal attitudes toward the Jews grew gradually more severe, the few remaining Jews in Western Europe were segregated in ghettoes and subjected to stringent restrictions.

Other topics examined in this study include the inquisition and its dealing with Jewish literature, especially the Talmud; the prosecution of Jewish converts reverting to Judaism particularly in the Iberian Peninsula; polemics and disputations between Jews and Christians; Jewish banking and other economic activities; and the history of the Jewish communities under direct papal rule, in Rome, the papal states in Italy, and those in Avignon and the Comtat Venaissin. An extensive bibliography and detailed indexes will conclude the last volume.

STUDIES AND TEXTS 95

THE APOSTOLIC SEE
AND THE JEWS

DOCUMENTS: 1394-1464

BY

SHLOMO SIMONSOHN

PONTIFICAL INSTITUTE OF MEDIAEVAL STUDIES

Acknowledgment

The preparation and publication of this volume was made possible
by grants from the Gustav Wurzweiler Foundation, New York;
The Memorial Foundation for Jewish Culture;
The Sir Isaac Wolfson Chair of Jewish Studies, Tel Aviv University.

CANADIAN CATALOGUING IN PUBLICATION DATA

Catholic Church. Pope
   The Apostolic See and the Jews

(Studies and texts, ISSN 0082-5328 ; 95)
ISBN 0-88844-095-2

1. Catholic Church - Relations - Judaism - Papal documents.   2. Judaism -
Relations - Catholic Church - Papal documents.   3. Church history - Middle
Ages, 600-1500 - Sources.   I. Simonsohn, Shlomo, 1923- .   II. Pontifical
Institute of Mediaeval Studies.   III. Title.   IV. Series: Studies and texts
(Pontifical Institute of Mediaeval Studies) ; 95.

BM535.C3 1988   261.2'6   C88-094903-1

BM
S3S
· C3730
(988
vol. 2

© 1989 by

Pontifical Institute of Mediaeval Studies
59 Queen's Park Crescent East
Toronto, Ontario, Canada M5S 2C4

Set on W.P. at Diaspora Research Institue, Tel Aviv University
Typography by Graf-Chen, Jerusalem
Printed by Universa, Wetteren, Belgium

Distributed outside North America by
E. J. Brill, Postbus 9000
2300 PA Leiden, The Netherlands
(Brill ISBN 90 04 09093 2)

Contents

Benedict XIII (de Luna)
28 Sep. 1394 – 23 May 1422

Avignon, 25 February 1395

Mandate to William Ortolano, bishop of Bazas, to grant a moratorium on the debts owed to Christians and Jews by the inhabitants of Avignon, Orange and their dioceses, and the counties of Venaissin, Provence and Forcalquier.

Dilecto filio Guillelmo, electo Vasatensi, salutem etc. Sincere devotionis affectus, quem dilecti filii sindici, baiuli ac habitatores nostre Avinionen. et Aurasicen. civitatum et diocesium, necnon aliorum civitatum, terrarum et locorum, in nostro Venayssini ac Provincie et Forcalquerii comitatibus consistencium, ad nos et Romanam gerunt Ecclesiam, promeretur, ut ea ipsos prerogativa muniamus, per quam a vexacionum dispendiis preserventur et eis tranquilitas indempnis et tranquille quietis obveniant incrementa. Sane, peticio pro parte dictorum sindicorum, baiulorum et habitatorum nobis exhibita continebat, quod olim nonnulli ex ipsis necessitate compulsi, tam pro taliis subsidiorum quam pro repparacionibus, fortificacionibus et custodiis castrorum, et redemptionibus personarum ipsorum tunc captivarum, quam aliis diversis causis, a nonnullis personis, tam Christianis quam Iudeis utriusque sexus, diversas pecuniarum summas, quandoque sine usuris, quandoque vero sub usuraria pravitate receperunt, ad quas solvendas sub certis renunciationibus, iuramentis, pactis et conventionibus et aliis in similibus consuetis, se eisdem creditoribus efficaciter obligaverunt, et quod propter guerras et inundaciones aquarum, que in illis partibus diutius viguerunt, adeo inopes sunt effecti, quod debita huiusmodi in terminis sibi per eosdem creditores prefixis solvere nequiverunt, sicuti nequeunt de presenti, propter quod ad instanciam quorundam ex creditoribus ipsis fuerunt et sunt diversis excommunicationum sententiis innodati; quare pro parte dictorum sindicorum, baiulorum et habitatorum nobis fuit humiliter supplicatum, ut ipsos et eorum quemlibet ab huiusmodi excommunicationum sententiis absolvi mandare et alias eis in premissis providere, de benignitate apostolica dignaremur. Nos igitur, eorum animarum saluti ac indempnitati providere volentes, huiusmodi supplicacionibus inclinati, discrecioni tue per apostolica scripta mandamus, quatinus ipsos sindicos, baiulos et habitatores et ipsorum quemlibet ab huiusmodi excommunicacionum, si hoc humiliter petierint, et etiam aliis cuiuslibet censure sententiis absolvas, hac vice, auctoritate nostra, in forma Ecclesie consueta, iniunctis eis, que de iure fuerint iniungenda; et nichilominus eisdem sindicis, baiulis et habitatoribus et ipsorum cuilibet, quod ipsi nec ipsorum aliquis, usque ad tempus de quo tibi videbitur, super quo tuam conscienciam oneramus, ad peticionem seu instanciam dictorum creditorum pro huiusmodi debitis, in quibus, ut prefertur, sunt eisdem creditoribus obligati et tenentur eisdem aut eorum parti, coram venerabili fratre Francisco, archiepiscopo Narbonensi camerario nostro, et dilectis filiis, camere apostolice auditore et eius commissario, officiali Avinionensi, marescallo Romane, vicario temporalis civitatis Avinionensis, curiarum, aut quibusvis aliis officialibus seu iudicibus ecclesiasticis vel temporalibus terrarum Romane Ecclesie, conveniri, aut ad solvendum ipsa debita vel aliquam partem ipsorum creditoribus supradictis, per camerarium, auditorem seu commissarium, officialem, marescallum, vicarium et alios iudices supradictos compelli, seu per quoscumque creditores huiusmodi, cuiuscunque status, gradus, preeminentie vel condicionis existant, eciam si pontificali vel alia ecclesiastica vel mundana prefulgeant dignitate, aut ab eis causam habentes vel habituros, eciam cuiuscumque dignitatis, status, gradus vel condicionis fuerint, ratione seu occasione debitorum huiusmodi aut partis eorum, eciam pretextu litterarum apostolicarum prefatis creditoribus concessarum et concedendarum, in personis aut bonis suis impediri, perturbari vel molestari seu compelli, aut in eosdem sindicos, baiulos et habitatores seu ipsorum aliquem excommunicacionis, suspensionis seu interdicti sentencie pro ipsis debitis promulgari non possint, quibuscumque convencionibus, instrumentis publicis, promissionibus seu obligationibus, fideiussionibus, renunciacionibus, penis et aliis clausulis omnique alia iuris solemnitate, eciam iuramento vallacis, per sindicos, baiulos et habitatores, eciam divisim, ad peticionem seu instanciam dictorum creditorum iam forsan inceptis, quorum statum omnium et singulorum predictorum volumus ex certa sciencia haberi presentibus pro expresso, ac eciam privilegiis, iuribus et indulgentiis, que eciam omnia ex certa sciencia haberi volumus presentibus pro sufficienter expressis et singulariter nominatis, nequaquam obstantibus, apostolica auctoritate concedas; districtius inhibendo camerario, auditori seu commissario, officiali, marescallo, vicario et aliis iudicibus supradictis, ne ipsos sindicos, baiulos et habitatores aut ipsorum aliquem occasione debitorum huiusmodi dicto tempore per te eis assignando ut prefertur durante, molestare, vexare, impedire aut perturbare quoquomodo presumant. Nos enim, ex nunc, quicquid contra concessionem et inhibitionem huiusmodi a quoquam quavis auctoritate, scienter vel ignoranter, contigerit attemptari, irritum decernimus et inane. Volumus tamen, quod sindici, baiuli et habitatores predicti et ipsorum quilibet, antequam ipsos super premissis absolvas seu alias eis inducias concedas, cauciones ydoneas de non alienandis bonis, et usuris cessantibus, de plenarie satisfaciendo creditoribus prelibatis in terminis eis per te super hiis assignandis, prebere teneantur seu eciam teneatur, quodque, si ipsi, eciam divisim, creditoribus memoratis de omnibus hiis in quibus eis tenentur et sunt, ut premittitur, obligati, infra dictum tempus integre non satisfecerint, lapso tempore huiusmodi, in eas in quibus propter premissa, tempore concesionis huiusmodi per te ipsis faciende, fuerint ligati, sententias relabantur. Datum Avinione, V Kalendas Marcii, anno primo.

Source: ASV, Reg. Aven. 280, fols. 308v–309v.

505   Avignon, 12 September 1395

Confirmation to Johannes Alcherii, a Jewish convert in Avignon, of the authority granted him by Gregory XI to preach to the Jews in their synagogues and to attempt to convert them.

Dilecto filio Iohanni Alcherii, laico Avinionensi, salutem etc. Pastoralis officii nobis, licet immeritis, desuper iniuncta cura requirit, ut ad ea, per que Catholica religio propagari valeat, solicite intendamus. Dudum siquidem, felicis recordacionis Gregorius papa undecimus, predecessor noster, voluit et tibi, qui perantea Iudeus existens, Spiritus Sancti gracia illustratus, Iudaice cecitatis errore relicto, ad fidem Catholicam conversus et sacri baptismatis unda renatus fueras, et ad cuius exhortacionem et instructionem multi Iudei et Iudee ad fidem eandem postmodum fuerant conversi et eciam baptisati, quique, divina tibi opitulante gratia, incredulos Iudeos exhortari et eos pro viribus inducere, ut ad fidem ipsam converterentur, intendebas, apostolica auctoritate concessit, ut prefatos Iudeos per eorum sinagogas exhortaveris, ut ad fidem converterentur eandem, prout in ipsius predecessoris inde confectis litteris, quarum tenorem de verbo ad verbum presentibus inseri fecimus, plenius continetur; tenor vero dictarum litterarum talis est: "Gregorius episcopus, servus servorum Dei, dilecto filio Iohanni Alcherii, laico Avinionensi, salutem et apostolicam benedictionem. Ad illa libenter intendimus... Datum Avinione, XII Kalendas Marcii, pontificatus nostri anno primo". Quare pro parte tua nobis fuit humiliter supplicatum, ut litteras ipsas, que pre nimia vetustate incipiunt consumi, innovare, de benignitate apostolica dignaremur. Nos igitur, huiusmodi supplicacionibus inclinati, litteras ipsas, quas inspici fecimus diligenter, auctoritate apostolica innovamus et presentis scripti patrocinio communimus. Nulli ergo... Si quis autem... Datum Avinione, II Idus Septembris, pontificatus nostri anno primo.

Source: ASV, Reg. Aven. 280, fols. 356v–357r.

Note: Includes a transcript of Gregory XI's Bull of 18 February 1371; see above, Doc. **416**.

Bibliography: Browe, *Judenmission*, p. 25; Eubel, *Verhalten der Päpste*, p. 33.

506   Avignon, 12 September 1395

Indulgence of one year and forty days to those who support Johannes Alcherii, a Jewish convert, and other Jews whom he converted to Christianity.

Universis Christi fidelibus presentes litteras inspecturis, salutem et apostolicam benedictionem. Quoniam, ut ait apostolus, omnes stabimus ante tribunal Domini nostri Ihesu Christi, recepturi prout in corpore gessimus, sive bonum fuerit sive malum, oportet nos diem messionis extreme operibus misericordie prevenire et eternorum intuitu seminare in terris, quod, reddente Domino, cum multiplicato fructu recolligere valeamus in celis, firmam fidem fiduciamque tenentes, quod, qui parce seminat, parce et metet, et qui seminat in benedictionibus, de benedictionibus et metet vitam eternam. Dudum siquidem, felicis recordationis Gregorius papa XI, predecessor noster, dilecto filio Iohanni Alcherii, laico, Avinionensi, qui tunc, per eum Iudaice cecitatis errore relicto, ad fidem Catholicam fuerat conversus et sacri baptismatis unda renatus, et Iudeos, ut ad fidem Catholicam converterentur, exhortari affectabat, concessit, ut ipse Iohannes prefatos Iudeos per eorum sinagogas modis et viis salubribus induceret, ut errorem Iudaice cecitatis dimitterent et ad fidem Catholicam converterentur, prout in ipsius predecessoris inde confectis litteris, quas hodie ex eo, quod incipiebant vetustate consumi, nostris litteris innovavimus, plenius continetur. Postmodum vero, sicut exhibita nobis pro parte dicti Iohannis petitio continebat, plures utriusque sexus de lege Iudaica ad fidem Catholicam predictam prefati Iohannis exhortationibus sunt conversi, et, ut speratur, divina opitulante gratia, convertentur in futurum. Cum autem, sicut eadem petitio subiungebat, Iohannes et conversi predicti non possint absque Christi fidelium elemosinis eorum vitam sustentare, nos, cupientes, ut dictus Iohannes ac illi, qui per exhortationem ipsius conversi sunt et convertentur in futurum, ut prefertur, congrue sustententur, et ut ipsi fideles eo libentius causa devotionis ac fidei Catholice dilatande Iohanni et conversis ac convertendis prefatis pias elemosinas erogent, quo per hoc maius animarum suarum commodum se speraverint adipisci, de omnipotentis Dei misericordia ac beatorum Petri et Pauli, apostolorum eius, auctoritate confisi, omnibus ipsis fidelibus vere penitentibus et confessis, qui ad ipsorum Iohannis ac conversorum et convertendorum sustentationem pias elemosinas erogaverint, unum annum et quadraginta dies de iniunctis eis penitentiis misericorditer relaxamus; presentibus post decennium minime valituris, quas per questores mitti prohibemus, eas, si secus actum fuerit, carere viribus decernentes. Datum Avinione, II Idus Septembris, pontificatus nostri anno primo.

Source: ASV, Reg. Aven. 280, fol. 357r-v.

Note: See preceding doc. and Doc. **417**.

Bibliography: Eubel, *Verhalten der Päpste*, pp. 33f.

507   Avignon, 27 October 1396

Mandate, if the facts are established, to Johannes Sarpe, archdeacon of Sologne in the church of Bourges in Grenoble, to compel Jews in Geneva to desist from living in close proximity to Christians, wear the badge, and pay the tithe on property obtained from Christians, following complaints from Magister Petrus de Magnier, rector of the parish church St. Germain in Geneva and scribe of papal letters.

Benedictus etc. dilecto filio Iohanni Sarpe, archidiacono Sigalonie, in ecclesia Bituricensi Gracianopoli commoranti, salutem etc. Exhibita nobis pro parte dilecti filii magistri Petri de Magnier, rectoris parrocchialis ecclesie Sancti Germani Gebennensis, litterarum apostolicarum scriptoris, peticio continebat, quod nonnulli Iudei in civitate Gebennensi, in domibus in parrochia predicte ecclesie sitis, permixtim cum Christianis moram trahunt ac per delacionem alicuius signi patentis aut alias, prout est alibi solitum fieri, ab eisdem Christianis minime distinguntur, propter que parvuli et adulti Christiani, ob mutuam habitationem huiusmodi, possint ad supersticionem et perfidiam Iudeorum predictorum induci, mulieres quoque Christiane Iudeis, ac Christiani mulieribus Iudeorum dampnabiliter commisceri, ac nonnulla alia scandala verisimiliter exoriri; ipsique etiam Iudei decimas de proventibus domorum et possessionum, que a Christianis in parrochia predicta devenerunt ad eos, prout a Christianis antea solvebantur, prefato rectori recusant contra iustitiam exhibere, in ipsorum Christianorum periculum ac eiusdem rectoris preiudicium non modicum et gravamen. Quare pro parte dicti rectoris nobis fuit humiliter supplicatum, ut, cum ipse propter favores, quos Iudei prefati in dicta civitate ac diocesi Gebennensi habere dinoscuntur, non speret inibi consequi iustitie complementum, providere super hiis, de benignitate apostolica dignaremur. Nos itaque huiusmodi supplicationibus inclinati, discretioni tue per apostolica scripta [mandamus], quatinus, si est ita, predictis Iudeis, quod permixtim cum Christianis non habitent, auctoritate nostra districtius inhibere procures, ipsosque signum aliquod, per quod ab eisdem Christianis distingantur, patenter deferre et ad solucionem decimarum huiusmodi, monicione premissa, per subtraccionem communionis fidelium ac alia iuris remedia, appellacione remota, previa racione compellas. Testes autem... Dat. Avinione, VI Kalendas Novembris, anno tertio. Tradita IIII Nonas Novembris, anno tertio.

Source: ASV, Reg. Aven. 303, fol. 327r.

Note: On the Jews in Geneva, see Nordmann, *Juifs à Genève*.

Bibliography: Eubel, *Verhalten der Päpste*, pp. 33f.

508   Avignon, 27 October 1396

Mandate, if the facts are established, to the official in Grenoble to compel Jews in Geneva to desist from living in close proximity to Christians, wear the badge, and pay the tithe on property obtained from Christians, following complaints from Magister Petrus de Magnier, rector of the parish church St. Germain in Geneva and scribe of papal letters.

Dilecto filio officiali Gracionopolitano, salutem etc. Exhibita nobis pro parte dilecti filii, magistri Petri de Magnier, rectoris parrochialis ecclesie Sancti Germani Gebennensis, litterarum apostolicarum scriptoris, petitio continebat, quod nonnulli Iudei in civitate Gebennensi, in domibus in parrochia predicte ecclesie sitis, permixtim cum Christianis moram trahunt ... Dat. Avinione, VI Kalendas Novembris, anno tertio.

Source: ASV, Reg. Aven. 302, fol. 351r-v.

Note: Identical with preceding doc.

Bibliography: Eubel, *Verhalten der Päpste*, pp. 33f.

Absolution and pardon for offences relating to taxation, the administration of justice, and the like to individuals and officers of the Jewish community in Avignon convicted by a papal commission, consisting of the captain-general in Avignon, the papal treasurer and two clerics.

Ad perpetuam rei memoriam. Nuper ad audienciam nostram pervento, quod Iudei, qui tam per nos quam alios ad hoc potestatem habentes, ad regimen communitatis Iudeorum in hac civitate nostra Avinionensi commorantium, fuerant et tunc erant deputati, et nonnulla [sic] circa regimen ipsum male et inique se gesserant et gerebant, talliasque et indicciones dicte communitati pro temporibus impositas, ab eorum singulis inequaliter et indebite ac aliter quam singulorum ipsorum requirebat facultas et qualitas, exegerant et exigi fecerant, multaque alia gravamina et onera intollerabilia de facto pro libito voluntatis imposuerant et de die in diem infligere non desistebant, in nonnullorum singulorum eorundem favorem indebitum ac odium, gravamen et non modicum preiudicium aliorum, nonnulla etiam ordinaciones, articulos et statuta, tam excommunicationis, secundum ritum et morem Iudaicum, quam alias penas et mulctas continentia, dicteque communitati gravia preiudiciabiliaque plurimum et dampnosa, nostris predecessorumque nostrorum, ac aliorum, ad statuta et ordinaciones facienda per nos dictosque predecessores deputatorum, statutis et ordinationibus contraria et derogativa fecerant, dictamque communitatem alias multipliciter gravaverant ac indebite et iniuste oppresserant, nos dilectis filiis nobili viro Raymundo, vicecomiti de Perillionibus, Elnensis diocesis, civitatis nostre Avinionensis capitaneo generali, Iohanni la Veruha, licenciato in legibus, thesaurario nostro, et Petro Berga ac Petro Eximini de Pilaribus, canonico Ilerdensi, in decretis bacallariis, per nostras litteras dedimus in mandatis, ut ipsi vel duo eorum, quoslibet de communitate predicta super premissis coniunctim contra predictos deputatos et eorum quemlibet quomodolibet querelare volentes, per se vel alium seu alios audirent, ac vocatis et auditis partibus, ministrarent eisdem iusticie complementum, et nichilominus super pretactis excessibus et delictis ex officio se informarent summarie, simpliciter et de plano, eosque quos culpabiles invenirent, punirent et corrigerent civiliter seu criminaliter, prout de iure foret faciendum ac eis racionabiliter videretur expedire; iuramenta quoque per quemvis eorum prestita penasque, tam excommunicacionis huiusmodi quam alias quaslibet in dictis ordinacionibus, articulis et statutis contentas, etiam privatum vel publicum interesse tangentia, et que pro predictis excessibus eis infligi deberent, relaxandi, dimictendi, vel alias integraliter exigendi atque levandi, prout in dictis litteris plenius continetur; cum autem dicti commissarii, tam predictarum litterarum quam alterius commissionis per nos vive vocis oraculo eis facte vigore, in negocio huiusmodi ac de et super nonnullis criminibus, forefactis et delictis, per dictam communitatem seu singulares perpetratis seu commissis, procedentes, nonnullos ex eisdem Iudeis, quos per informationem legitimam repperierunt in premissis vel eorum aliquibus culpabiles, correxerint et punierint, ac cum eis nonnullas composiciones inierint ac eisdem nonnullas quitantias et remissiones, etiam super bonorum confiscacionibus, ac bonis ad nos vel cameram nostram forsan pertinentibus, per eos vel eorum alterum occupatis seu detentis, necnon iuribus seu actionibus nobis seu dicte camere in seu super bonis ipsorum Iudeorum communitatis seu singulorum competentibus, fecerint, prout in publicis instrumentis super hoc confectis, quorum tenores et effectum hic habemus et haberi volumus pro sufficienter expressis, continetur, nos, premissa per eos facta tenore presentium approbantes, ac volentes misericorditer agere cum eisdem, et, ne in premissis vel similibus de cetero molestentur, providere, ipsos communitatem et singulares Iudeos utriusque sexus dicte communitatis, in eadem civitate Avinionensi residentes, particulariter et in genere, ab omnibus delictis, excessibus, criminibus, reatibus, forefactis et penis, tam manifestorum fraudacione, ordinacionum ac articulorum et statutorum infraccione, transgressione et excommunicacione predictorum, ac alterius excommunicacionis, que herem, nidui, samata, Ebrayce nuncupatur, incursu, et a quibuscunque aliis publicis seu privatis, intitulatis vel non intitulatis, et super quibus inquesitum vel non inquesitum fuit, heresis, lege[!] magestatis, false monete, ac commissionis [!] carnalis cum Christianis criminibus duntaxat exceptis, per dictas communitatem vel per singulares personas dicte communitatis ac predecessores eorum quandocunque et qualitercunque perpetratis, commissis vel incursis, etiam si pro eis pena corporalis vel pecuniaria posset infligi seu deberet, etiam si super premissis vel aliquo eorundem, coram eisdem commissariis vel aliis iudicibus ordinariis seu delegatis vel subdelegatis eorum, cause pendeant indecise, que omnia presentibus haberi volumus pro expressis et singulariter nominatis, tenore presentium absolvimus, ac eisdem communitati et ipsius communitatis singularibus personis, penas, mulctas corporales et pecuniarias, pro premissis criminibus vel eorum aliquo seu aliquibus iam inflictas, et que quomodolibet infligi possent seu deberent, bonaque per eos vel eorum alterum detenta vel occupata, que ad nos seu predecessores nostros aut cameram predictam pertinuissent vel spectassent aut pertinerent vel spectarent, necnon iura quecunque, nobis seu camere predicte in bonis quoruncunque Iudeorum utriusque sexus, vivorum seu defunctorum, aut contra ipsos communitatem seu singulares quibusvis iure, racione, occasione vel causa competencia, eis cedimus, quitamus, remittimus et donamus; ac personas ipsas, que propter premissa vel aliquo eorum forsan infamie maculam sive notam incurrerunt, ad famam restituimus ac huiusmodi infamie maculam sive notam penitus abolemus, omnesque processus ac inquisiciones coram quibusvis iudicibus, etiam inquisitore heretice pravitatis, et in quibuscunque curiis super premissis

vel eorum aliquo inchoatos et formatos et in cartulariis dictarum curiarum et
iudicum aut alibi descriptos, cassamus, abolemus penitus et anullamus ac
cassari, aboleri et anullari, ac Iudeos ipsos, si et qui pro premissis incarcerati
detinentur, relaxamus et relaxari decernimus, volumus et mandamus.
Preterea, cupientes omnem questionis inter ipsos Iudeos amputare materiam
eosque sub perfecta, quantum hec concernit, tranquilitate manere, et, ne ex
eis, que pro fine discordie statuta sunt, questiones oriantur in futurum, Iudeis
ipsis, particulariter et in communi, se ut[?] aliquem vel aliquos eorum de
quibuscunque criminibus, forefactis, excessibus seu delictis hactenus
perpetratis, seu que perpetrata esse dicerentur, per modum accusationis,
inquisicionis, denunciacionis seu exceptionis aut alias quomodolibet, etiam
pro publico vel privato interesse, accusandi, agendi, deferendi, repellendi et
intentandi viam, autoritate apostolica, de nostre potestatis plenitudine,
precludimus per presentes, restitucionemque in integrum denegamus, eis et
eorum cuilibet ac aliis quibuscunque super premissis omnibus et singulis
silentium perpetuum imponentes. Nulli ergo etc. ... Dat. Avinione, Kalendis
Decembris, anno tercio.

Source: ASV, Reg. Aven. 302, fols. 46v–48r.

Note: Samata — Shamta, Hebrew for excommunication.

Bibliography: Eubel, *Weitere Urkunden*, p. 184 (who has Reg. Vat. 303).

510   Carpentras, 20 June 1403

Mandate, if the facts are established, to the official in Avignon to grant the
community in Noves a moratorium of three years on the payment of their
debts to Christians and Jews.

Dilecto filio officiali Avinionensi, salutem etc. Sincere devotionis affectus,
quem dilecti filii universitas loci Novarum, Avinionensis diocesis, ad nos et
Romanam gerunt Ecclesiam, promeretur, ut petitionibus suis, quantum cum
Deo possumus, favorabiliter annuamus. Sane, peticio pro parte universitatis
predictorum nobis nuper exhibita continebat, quod, cum ipsi consueverint
bene et honeste ac de laboribus manuum suarum vivere, tamen causantibus
guerris in partibus comitatus Provincie diucius existentibus et per magnum
tempus inibi vigentibus, et pro redimendis eorum vexationibus, ac inimicis
eiusdem Ecclesie expellendis et aliis casibus fortuitis et inopinatis, eorum
bona consumpserint, et necessario coacti, oportuerit eosdem universitatem

diversas pecuniarum summas, tam a personis Christianis quam a Iudeis mutuo recipere ad usurariam pravitatem, ac eisdem teneantur et efficaciter obligati existant pro quibus sumis persolvendis se coertioni diversarum, tam Romane curie quam aliarum curiarum ecclesiasticarum et secularium se submiserunt, et quod de presenti creditoribus suis satisfacere non possunt, sine vili distractione bonorum suorum; quare pro parte ipsorum nobis extitit humiliter supplicatum, ut, cum ipsi habeant bonam voluntatem de satisfaciendo eisdem creditoribus, ac sperent ad pinguiorem fortunam devenire, dilationem trium annorum de dictis summis non solvendis eis concedere, et alias eis in premissis providere, de benignitate apostolica dignaremur. Nos igitur, de premissis certam noticiam non habentes, discretioni tue per apostolica scripta committimus et mandamus, quatenus, si est ita, et vocatis dictis creditoribus, ac primitus per te cautione ydonea recepta, quod predicta eorum bona, dicta dilatione durante, non alienabunt, eisdem universitati dilationem trium annorum predictam a data presencium computandam, auctoritate nostra concedas; districtius inhibendo eisdem creditoribus nobis subditis ac quibuscumque iudicibus, iusticiariis et curialibus curiarum ecclesiasticarum et secularium, nobis, ut premittitur, subiectarum, ne, durante dilatione predicta, contra eosdem universitatem occasione premissorum quoquomodo procedere presumant; non obstantibus huiusmodi obligationibus, submissionibus, renunciationibus et iuramentis et aliis contrariis quibuscumque. Volumus autem, quod universitas predicti infra annum a data presencium computandum, aliquam partem de summis predictis per eos debitis, eisdem creditoribus satisfacere teneantur. Dat. Carpentorate, XII Kalendas Iulii, pontificatus nostri anno nono.

Source: ASV, Reg. Vat. 323, fol. 201r.

511   Pont-de-Sorgues, 20 July 1403

Mandate, if the facts are established, to Raymundus de Albigesio, auditor of the papal chamber, to grant Iohannes Iaqueti, papal runner, and his wife, of Avignon, a two-year moratorium on the payment of their debts to Christians and Jews.

Dilecto filio magistro Raymundo de Albigesio, curie camere apostolice auditori, salutem et apostolicam benedictionem. Sincere devotionis affectus, quem dilectus filius Iohannes Iaqueti, cursor noster, et dilecta in Christo filia Anthoneta Ricaune, eius uxor, habitatores Avinionenses, ad nos et Romanam gerunt Ecclesiam, promeretur, ut peticionibus suis, quantum cum Deo possumus, favorabiliter annuamus. Sane, peticio pro parte dictorum coniugum nobis nuper exhibita continebat, quod, cum ipsi pluribus et diversis creditoribus, tam Christianis quam Iudeis, in summa centum florenorum auri, ex certis causis teneantur et efficaciter obligati existant, pro quibus summis persolvendis se cohercioni diversarum curiarum, tam ecclesiasticarum quam secularium nostre civitatis Avinionensis et Romane curie se submiserunt, quodque creditores ipsi, tam pro principali quam pro usuris inde subsecutis, que ascendunt ad summam decem florenorum auri, eosdem coniuges nituntur facere incarcerari et etiam molestari per curias supradictas; quare pro parte ipsorum coniugum nobis extitit humiliter supplicatum, ut, cum ipsi propter tribulaciones et afflictiones, que, proch dolor, in istis partibus viguerunt, dictis suis creditoribus de presenti satisfacere non possunt, sine vili distractione bonorum suorum, ac sperent ad pinguiorem fortunam devenire, dilacionem duorum annorum de dictis summis non solvendis eis concedere, et alias ipsis [in] premissis providere, de benignitate apostolica dignaremur. Nos igitur, de premissis certam noticiam non habentes, discretioni tue per apostolica scripta mandamus et committimus, quatenus, vocatis dictis creditoribus, ac primitus recepta per te cautione ydonea, quod predicta eorum bona, huiusmodi dilacione durante, non alienabunt, eisdem coniugibus dilacionem duorum annorum huiusmodi, a data presencium computandorum, eadem auctoritate concedas; et nichilominus, auctoritate predicta inhibeas eisdem creditoribus nobis subditis, ac quibuscumque iudicibus, iusticiariis et curialibus curiarum predictarum nobis subiectarum, ne dicta dilacione durante contra eosdem coniuges occasione premissorum procedere, aut eos molestare, seu per aliquas curias compellere vel inquietare, aut in eorum bonis executionem facere, quoquomodo presumant; submissionibus, promissionibus et verborum obligacionibus ac renunciacionibus pariter et cautelis, etiam iuramento vallatis, contrariis, non obstantibus quibuscunque. Dat. apud Pontem Sorgie, Avinionensis diocesis, XIII Kalendas Augusti, pontificatus nostri anno nono. Exp. VIII Kalendas Octobris, anno nono.

Source: ASV, Reg. Aven. 307, fols. 660r–661r.

Bibliography: Eubel, *Verhalten der Päpste*, p. 34.

512   Pont-de-Sorgues, 25 July 1403

Mandate, if the facts are established, to Stephanus Capriolus, a cleric in the diocese of Limoges, to grant the inhabitants of Le Thor, in the diocese of Cavaillon, a moratorium of three years on the payment of their debts to Christians and Jews.

Dilecto filio Stephano Capriolo, clerico, Lemovicensis diocesis, legum doctori, ad presens in Romana curia commoranti, salutem etc. Sincere devocionis affectus, quem dilecti filii universitas, incole et habitatores loci de Thoro, Cavallicensis diocesis, ad nos et Romanam gerunt Ecclesiam, promeretur, ut peticionibus suis, quantum cum Deo possumus, favorabiliter annuamus. Sane, peticio pro parte ipsorum nobis exhibita continebat, quod, cum ipsi universitas et nonnulli incolarum et habitatorum predictorum, diversis creditoribus suis, tam Christianis quam Iudeis, in nonnullis peccuniarum summis et rebus aliis, etiam ad usurariam pravitatem, obligati existant, pro quibus summis persolvendis ipsi universitas ac singuli incole et habitatores predicti loci se cohercioni diversarum curiarum comitatus Venayssini, ad nos et Romanam Ecclesiam pertinentis et Romane curie civitatis nostre Avinionensis ac principatus Aurasicensis se summiserunt, et aliqui ex creditoribus ipsis eosdem universitatem, incolas et habitatores ad solvendum huiusmodi summas sibi debitas per curias predictas diversimode compelli, et in aliquos ex incolis et habitatoribus huiusmodi excommunicacionis sententiam ferri fecerunt, pro parte ipsorum universitatis, incolarum et habitatorum nobis fuit humiliter supplicatum, ut, cum ipsi propter guerras, que in comitatu predicto viguerunt, ac capciones et redempciones ipsorum per gentes hostiles dicti comitatus valde depauperati existant, dictis creditoribus suis, sine vili distractione bonorum suorum de presenti satisfacere non possunt, ac sperent ad pinguiorem fortunam devenire, illos ex eisdem incolis et habitatoribus excommunicatos, ab huiusmodi sententia excommunicacionis absolvere, et dilacionem trium annorum, de dictis summis non solvendis, eisdem universitati, incolis et habitatoribus et eorum cuilibet concedere, et alias eis in premissis providere, de benignitate apostolica dignaremur. Nos igitur, de premissis certam noticiam non habentes, discretioni tue per apostolica scripta mandamus et etiam committimus, quatenus, si est ita, et vocatis dictis creditoribus, et primitus recepta per te caucione ydonea, quod tuis et Ecclesie parebunt mandatis, et predicta eorum bona, huiusmodi dilacione durante, non alienabunt, ipsos et eorum quemlibet ab huiusmodi excommunicacionis sentencia, si hoc humiliter pecierint, auctoritate nostra absolvas in forma Ecclesie consueta, iniuncta eorum cuilibet penitencia salutari, et aliis que de iure fuerint iniungenda, et eis et eorum cuilibet dilacionem trium annorum huiusmodi, a data presentium computandorum, eadem auctoritate concedas, districtius inhibendo sub certis penis et sententiis a iure statutis et ordinatis, eisdem creditoribus nobis subditis, ac quibuscumque iudicibus, iusticiariis et curialibus curiarum ecclesiasticarum et secularium nobis subiectarum, ne durante dilacione predicta contra eosdem universitatem, incolas et habitatores ac eorum fideiussores, occasione premissorum, procedere, aut eos per aliquas alias curias temporales cogi, seu molestari, aut in bonis ipsorum executionem fieri quoquomodo presumant, quod si secus super premissis a quoquam, quavis auctoritate, scienter vel ignoranter actum fuerit, irritum et inane decernas; non obstantibus obligacionibus, summissionibus, renunciacionibus, iuramentis et aliis contrariis quibuscunque. Volumus autem, quod universitas, incole et habitatores huiusmodi, infra annum a data presencium computandum, aliquam partem de summis predictis per eos debitis, eisdem creditoribus solvere teneantur, alioquin huiusmodi concessionis gratia nullius existat roboris vel momenti. Dat. apud Pontem Sorgie, Avinionensis diocesis, VIII Kalendas Augusti, anno nono.

Source: ASV, Reg. Aven. 307, fol. 653r-v.

Bibliography: Eubel, *Verhalten der Päpste*, p. 34.

513   Pont-de-Sorgues, 26 July 1403

Mandate to the official in Avignon to grant the people in Noves a two-year moratorium on the payment of their debts to Christians and Jews. They had asked for a moratorium of five years.

Dilecto filio officiali Avinionensi, salutem etc. Sincere devotionis affectus, quem dilecti filii Dalmatius de Novis, Guillermus Bolle, Aymelius Aymelii, Petrus Duranti, Antonius de Ayrague, Bernardus Stephani, Petrus Morre, Antonius Cavallionis, Iohannes Fulconis, Raymundus de Insula, et dilecta in Christo filia Iacoba de Araygue et alii habitatores et incole utriusque sexus, loci de Novis, Avinionensis diocesis, ad nos et Romanam gerunt Ecclesiam, promeretur, ut petitionibus suis, quantum cum Deo possumus, favorabiliter annuamus. Sane, peticio pro parte ipsorum nobis nuper exhibita continebat, quod, cum ipsi, qui propter guerras, temporum sterilitates et mortalitatum pestes, que in partibus istis diucius viguerunt, pauperes et egentes sunt effecti, a nonnullis, tam Christianis quam Iudeis, diversas peccuniarum summas et bladi quantitates ac rerum aliarum diversarum receperint, etiam ad usurariam pravitatem, seu ad modum Cabenciarum [*sic*], pro quibus persolvendis efficaciter obligati existunt, et se cohertioni diversarum comitatus nostri Venaysini, ad nos et Romanam Ecclesiam nullo medio pertinentis, et Romane curie ac civitatis nostre Avinionensis et aliarum ecclesiasticarum curiarum se submiserunt, et quod aliqui ex creditoribus eorum ad solvendum summas et bladi quantitates et res huiusmodi sibi debitas, per curias predictas seu earum aliquas, diversimode compelli fecerunt et compellunt, ac aliquos ex habitatoribus eisdem excommunicationis sentencie vinculo fecerunt innodari et excommunicatos publice nunciari; quare pro parte eorumdem nobis fuit humiliter supplicatum, ut, cum ipsis creditoribus de presenti, sine vili distractione bonorum suorum, mobilium et immobilium, satisfacere non possint, ac sperent ad pinguiorem fortunam devenire, dilationem quinque annorum, de dictis summis, quantitatibus et rebus non solvendis, eisdem habitatoribus et eorum cuilibet concedere, et alias eis in premissis providere, de benignitate apostolica dignaremur. Nos igitur, de premissis certam noticiam non habentes, discretioni tue per apostolica scripta committimus et mandamus, quatenus, recepta per te primitus, vocatis tamen ad hoc dictis creditoribus, prout eos concernet, caucione ydonea ab habitatoribus predictis et eorum singulis, quod predicta eorum bona non alienabunt nec deteriorabunt, eis et eorum cuilibet dilationem duorum annorum a data presencium computandorum, auctoritate nostra concedas, et eos, qui excommunicati sunt, ut prefertur, auctoritate nostra interim absolvas in forma Ecclesie consueta; districtius inhibendo eisdem creditoribus nobis subditis, et quibuscumque iudicibus, iusticiariis et curialibus curiarum ecclesiasticarum et secularium nobis subiectarum, ne, durante dictorum duorum annorum dilatione, contra eosdem habitatores, occasione quorumcumque contractuum, tam universitatis quam singulorum habitatorum huiusmodi per eos initorum, aut eorum aliquem, quoquomodo procedere, aut eos seu eorum alterum molestare aut inquietare, in personis seu bonis eorumdem executionem facere, presumant; non obstantibus huiusmodi obligationibus, submissionibus, renunciationibus et iuramentis et aliis contrariis quibuscumque. Volumus tamen, quod illi ex eisdem habitatoribus, qui propter hoc excommunicati sunt, ut prefertur, dictis duobus annis elapsis, nisi interim satisfecerint, in pristinis sentenciis relabantur. Dat. apud Pontem Sorgie, Avinionensis diocesis, VII Kalendas Augusti, anno nono.

Source: ASV, Reg. Vat. 323, fol. 270r-v.

Note: See above, Doc. **487**.

514   Pont-de-Sorgues, 15 August 1403

Mandate to the dean of the church in Avignon to grant the people of Caderousse, in the diocese of Orange, a two-year moratorium on the payment of their debts to Christians and Jews.

Dilecto filio decano ecclesie Avinionensis, salutem et apostolicam benedictionem. Sincere devocionis affectus, quem dilecti filii universitas, incole et singulares persone loci de Cadarossa, Aurasicensis diocesis, ad nos et Romanam gerunt Ecclesiam, promeretur, ut peticionibus suis, quantum cum

Deo possumus, favorabiliter annuamus. Sane, peticio pro parte ipsorum nobis nuper exhibita continebat, quod, cum ipsa universitas et incole ac singulares persone dicti loci, tam coniunctim quam divisim, pluribus et diversis creditoribus, tam Christianis quam Iudeis, comitatus nostri Venaysini et civitatis nostre Avinionensis et eius diocesis, ac principatus Aurasicensis, in summa duorum milium florenorum auri vel circa, ex certis causis in quibusdam contractibus per eos initis, tunc expressis, etiam ad usurariam pravitatem, efficaciter teneantur, et obligati existant, pro qua quidem summa, certis terminis persolvenda creditoribus supradictis, universitas, incole et persone predicti, cohercioni et compulsioni curiarum ecclesiasticarum et secularium comitatus, civitatis et principatus predictorum et aliarum diversarum se submiserunt; et quod creditores ipsi eosdem universitatem, incolas et personas ad solvendum huiusmodi summam sibi debitam, per curias predictas diversimode, compelli et molestari, ac in centum personas et ultra, ex incolis et personis loci predicti, excommunicacionis sentenciam ferri et etiam promulgari fecerunt; quodque ad solvendum eisdem creditoribus summam predictam, propter gentium armigerarum discursus et personarum suarum et animalium ipsorum capciones et depredaciones, ac aquarum Rodani et Ycaris territorium dicti loci discurrentium, influentias et inundaciones et sterilitatem granorum, que per quadriennium in dicto loco viguit, omnino impotentes existunt ad creditoribus predictis satisfaciendum de presenti; quare pro parte ipsorum nobis extitit humiliter supplicatum, ut, cum ipsi habeant bonam voluntatem de satisfaciendo creditoribus supradictis, sperentque, dante Domino, ad pinguiorem fortunam devenire, illos ex universitate, incolis et personis predictis, qui huiusmodi excommunicacionis sentencia sunt ligati, ab ipsa sentencia absolvere, et dilacionem duorum annorum de dicta summa non solvenda, universitati ac singulis incolis et personis predictis et eorum cuilibet, prout ipsos tangit, concedere, et alias eis in premissis providere, de benignitate apostolica dignaremur. Nos igitur, de premissis certam noticiam non habentes, discrecioni vestre per apostolica scripta committimus et mandamus, quatenus, vocatis dictis creditoribus, ac primitus per te caucione ydonea recepta, quod tuis et Ecclesie parebunt mandatis, et bona eorum immobilia, huiusmodi dilacione durante, non alienabunt nec deteriorabunt, ipsos et eorum quemlibet, qui huiusmodi excommunicacionis sentencia ligati sunt, ut prefertur, a sentencia ipsa, si hoc humiliter petierint, auctoritate nostra absolvas in forma Ecclesie consueta, iniuncta eorum cuilibet penitencia salutari et aliis que de iure fuerint iniungenda, ac universitati et singulis incolis et personis predictis et eorum cuilibet, dilacionem duorum annorum a data presencium computandorum, eadem auctoritate concedas; districtius inhibendo eisdem creditoribus nobis subditis ac quibuscunque iudicibus, iusticiariis et curialibus curiarum predictarum nobis subiectarum, ne, durante dilacione predicta, contra eosdem universitatem, incolas et personas occasione premissorum quoquo modo procedere presumant, ac decernendo irritum et inane, si secus super hiis a quoquam, quavis auctoritate, scienter vel ignoranter, contigerit attemptari; non obstantibus huiusmodi obligacionibus, submissionibus, renunciacionibus, iuramentis et processibus, ac aliis contrariis quibuscunque. Volumus autem, quod illi qui huiusmodi excommunicacionis sentencia, ut premittitur, sunt ligati, de hiis pro quibus sunt excommunicati, ut prefertur, lapsis dictis duobus annis, nisi satisfecerint creditoribus supradictis, in pristinis sentenciis relabantur. Dat. apud Pontem Sorgie, Avinionensis diocesis, XVIII Kalendas Septembris, pontificatus nostri anno nono.

Source: ASV, Reg. Aven. 307, fols. 661r–662r.

515   Tarascon, 30 January 1404

Mandate, if the facts are established, to Alfonso de Illescas, bishop of Zamora, to allow the Jews in Toro to build a synagogue, following their expulsion from Toro, the conversion of their two synagogues into churches, and the permission granted them by Henry III, king of Castile and Leon, to return to Toro.

Venerabili fratri nostro, episcopo Zamorensi, salutem et apostolicam benedictionem. Etsi pertinax Iudeorum perfidia veris orthodoxe religionis cultoribus non immerito despicabilis habeatur, quia tamen eorum reliquias ex prophetali testimonio demum salvandas et Ecclesie Catholice filiis aggregandas confidimus, eciam quia Deitatis gerunt ymaginem, eos a Christianorum finibus non eliminandos apostolice sedis censuit auctoritas, sed inter ipsos fideles pro humanitatis debito cohabitare, sueque legis ritus et cerimonias, absque tamen fidei nostre pernicie exercere permittit. Sane, pro parte Iudeorum, in loco seu villa Taurensi, Zamorensis diocesis, commorantium, nobis oblata peticio continebat, quod, licet in villa predicta dudum essent due sinagoge eis pro locis oracionis et devocionis, secundum ritus et cerimonias legis Mosayce deputate, ex quadam tamen commocione populi Christiani ville predicte, ipsi Iudei de villa predicta expulsi fuerunt, memorateque sinagoge eis violenter amote et in Catholicas ecclesias consecrate. Cum autem, sicut eadem peticio subiungebat, ipsi Iudei de licencia et consensu carissimi in Christo filii nostri Henrici, regis Castelle illustris, ad sepedictam villam eam inhabitaturi redierint, et in ea unam sinagogam ad similitudinem et quantitatem unius predictarum, nunc consecratarum in ecclesias, ut prefertur, videlicet in una domo situata prope viam seu callem vocatum de Negratas, confrontata ab una Gometii Iohannis, et ab alia partibus Samuelis Douduen, dilectorum filiorum, domibus, construere et edificare proponant, ipsi nobis humiliter supplicari fecerunt, quatinus eis construendi et edificandi sinagogam huiusmodi, et in ea, postquam constructa et edificata fuerit, orandi et legis sue predicte ritus et cerimonias in perpetuum exercendi licenciam concedere, de benignitate apostolica dignaremur. Nos igitur, eorum supplicacionibus benigniter inclinati et de premissis si, expositis noticiam non habentes, fraternitati tue auctoritate apostolica committimus et mandamus, quatinus super ipsis diligentius te informes, et si ea reppereris veritate fulciri et nullum ex hoc scandalum seu pernicies fidelibus, presertim dictam villam incolentibus, verissimiliter subsequatur, petitam eis licenciam eadem auctoritate concedas; constitutionibus apostolicis et aliis contrariis non obstantibus quibuscumque. Volumus autem, quod prefata sic construenda et edificanda sinagoga, alterius predictarum, eis ut premittitur amotarum, latitudinem, longitudinem, quantitatem seu magnitudinem quomodolibet non excedat, alioquin huiusmodi concessionis gracia nullius sit roboris vel momenti. Datum Tarascone, Avinionensis diocesis, III Kalendas Februarii, anno decimo.

Source: ASV, Reg. Aven. 316, fol. 542r-v.

Bibliography: Baer, *Spanien* 2, p. 252; Browe, *Religiöse Duldung*, p. 20; Eubel, *Verhalten der Päpste*, pp. 34f.

516   Marseilles, 7 October 1404

Mandate, if the facts are established, to Johannes Fayditi, a canon of Narbonne in Avignon, to grant Bertrandus de Albia of Avignon and his wife Johanna a moratorium of three years on the debts they owe Christians and Jews on usurious loans, and of one year on other debts.

Dilecto filio Iohanni Fayditi, canonico Narbonensi, Avinione commoranti, salutem etc. Sincere devocionis affectus, quem dilectus filius Bertrandus de Albia, civis Avinionensis, licentiatus in legibus, et dilecta in Christo filia Iohanna, eius uxor, ad nos et Romanam gerunt Ecclesiam, promeretur, ut peticionibus suis favorabiliter annuamus, in hiis presertim, que sibi fore conspicimus opportuna. Cum itaque, sicut exhibita nobis pro parte dictorum coniugum peticio continebat, ipsi diversis creditoribus, tam Christianis quam Iudeis, pro diversis peccuniarum summis sint efficaciter obligati, multa prole onerati, et adeo pauperes, quod suam inopem vitam commode sustentare non possunt, et quamvis nonnulla possessiones et hospicia habeant, illa tamen sine vili distraccione et gravi dispendio vendere vel alias ipsis creditoribus satisfacere nequeunt de presenti, pro parte dictorum coniugum nobis fuit humiliter supplicatum, ut eis, ne hostiatim mendicare cogantur, inducias triennales de non solvendis debitis huiusmodi concedere, de benignitate apostolica dignaremur. Nos igitur, de premissis certam noticiam non habentes, huiusmodi supplicacionibus inclinati, discrecioni tue per apostolica scripta mandamus, quatinus, si, vocatis dictis creditoribus, reppereris ita esse, eisdem coniugibus auctoritate nostra concedas, quod ipsi usque ad triennium per Iudeos vel usurarios Christianos, et usque ad annum a data presencium computandum, per alios creditores huiusmodi ad solucionem debitorum ipsorum cogi vel compelli, aut propterea ad iudicium evocari, vel alias in persona vel bonis quomodolibet molestari non possint; prestita tamen prius per dictos coniuges caucione de possessionibus et hospiciis predictis et aliis bonis suis interim non alienandis; districtius inhibendo eisdem creditoribus ac quibuscumque iudicibus et iusticiariis quaruncumque curiarum ecclesiasticarum et secularium nobis et Ecclesie Romane subiectarum, ne contra concessionem huiusmodi, si per te eam fieri contingat, contra eosdem coniuges procedere vel aliquid attemptare quoquomodo presumant; non obstantibus obligacionibus, summissionibus, renunciationibus et iuramentis ... ac aliis constitutionibus apostolicis contrariis quibuscumque; et insuper decernas processus et sentencias, si quos contra concessionem huiusmodi fieri seu promulgari contigerit, irritos et inanes ac nullius existere roboris vel momenti. Dat. Massilie, apud Sanctum Victorem, Nonis Octobris, pontificatus nostri anno decimo.

Source: ASV, Reg. Aven. 316, fols. 662v–663r.

517   Savona, 19 January 1406

Mandate to Peter Ademar, bishop of Maguelonne, Peter Zagarriga, bishop of Lerida, and Sicard de Burguiroles, bishop-elect of Conserans, to investigate and if necessary to proceed against ecclesiastics, laymen, Jews and schismatics in various places and in Avignon and the Comtat Venaissin, who have engaged in usury; those who might make restitution or composition may be absolved.

Venerabilibus fratribus Petro Magalonensi et Petro Ilerdensi, episcopis, ac dilecto filio Sicardo, electo Conseranensi, familiaribus nostris, salutem etc. Animarum salutem desiderabiliter affectantes, ad illa libenter intendimus, per que salus huiusmodi procuretur. Cum itaque, sicut accepimus, nonnulle persone ecclesiastice, et etiam seculares, ac etiam Iudei, provinciarum, civitatum et diocesium diversarum, necnon civitatis Avinionensis et comitatus nostri Venayssini, tam in eisdem provinciis, civitatibus, diocesibus et comitatu quam in aliis diversis mundi partibus, etiam scismaticis, per se vel alios exercuerint et exerceant hactenus usurariam pravitatem, que ad restitutionem ipsarum usurarum, tam certarum quam incertarum, de iure divino pariter et humano, sub pena dampnationis eterne tenentur, et propterea quedam ex eis, condentes de bonis suis in eorum ultimis voluntatibus testamenta, in eisdem testamentis quedam ad certas, quedam vero bona ad incertas pias causas legaverint, et de eorum bonis satisfactiones seu restituciones, pro usuris extortis, et alias male ablatis, per eos fieri ordinaverint, que quidem legata minime soluta, nec satisfacciones seu restituciones facte existant, licet bona personarum ipsarum ad hoc sufficere dinoscantur, nos, cupientes animarum periculis et dampnis quamplurimis, que ex premissis secuntur, ac malicie personarum predictarum, que voragini criminis huiusmodi usurarum, aliis pretermissis licitis negociis, totaliter intendunt, salubriter quantum possumus obviare, et utilitati communi ac pauperum et miserabilium personarum egestati super hoc debite providere, et de vestris et vestrum cuiuslibet circumspectione, fidelitate et industria specialem in Domino fiduciam obtinentes, discretioni vestre per apostolica scripta commictimus et mandamus, quatenus vos vel alter vestrum, per vos vel alium seu alios viros fide et facultate ydoneos, contra omnes et singulas personas, que actenus dictam usurariam pravitatem exercuerunt, aut nunc exercent, seu imposterum exercebunt, eorunque mediatores et prosonetas, per viam inquisitionis, aut alias, debite procedatis, ipsasque personas in crimine damnato huiusmodi usurarum culpabiles repertas, pro commissis per easdem, iuxta earum qualitates et demerita, exigente iusticia, et alias, prout vobis videbitur, puniatis et castigetis, et ad desistendum a dicto detestabili crimine, remediis quibus decet, faciatis; et quoscunque tabelliones, notarios et alios, habentes litteras, notas, instrumenta vel scripturas alias, in quibus contractus usurarum huiusmodi ac testamenta, legata, ordinationes et mandata, de satisfaccione et restitucione ipsarum continentur, ad exhibendum vobis et cuilibet vestrum prothocolla sua, in quibus note huiusmodi sunt redacte, ac instrumenta, litteras et scripturas alias supradictas, necnon personas predictas, etiam si Iudei fuerint, et omnes alios et singulos, quos pro se ipsis vel pro aliis, ut prefertur, ad restitutionem et satisfaccionem usurarum ipsarum et solvendum legata huiusmodi reppereritis teneri vel quomodolibet obligari, ad restituendum personis certis, non tamen in scismate constitutis, pecuniarum summas ab eis dampnabiliter extortas, et ad assignandum vobis legata ad pias causas non determinatas, sed incertas, et faciendum vobis eciam restituciones usurarum, de quibus personis certis, in scismate tamen constitutis, vel aliis personis incertis, que ignorantur, vel commode reperiri non possunt, alias esset restitutio facienda, per censuram ecclesiasticam et alia iuris remedia, appellatione remota, auctoritate nostra compellatis, procedendo in hiis omnibus summarie, simpliciter et de plano, ac invocato ad ea, si necesse fuerit, auxilio brachii secularis. Testes autem... Et insuper, vobis et vestrum cuilibet, de et super omnibus et singulis huiusmodi legatis indeterminatis, ac usuris, quarum restitucio personis scismaticis, etiam certis, vel aliis personis, que ignorantur vel commode haberi nequiverint, alias esset facienda, componendi cum quibuscumque personis, quas ad hec teneri reppereritis, ac eciam transigendi et paciscendi camere nostre nomine ad aliquam vel aliquas pecuniarum summam vel summas, de quibus vobis videbitur, et pro ipsis summis personas easdem ac heredes et successores seu bona tenentes ipsarum, necnon bona eorum et eorum quecunque mobilia et immobilia, presencia et futura, quittandi plenarie et perpetuo liberandi, et a quibuscunque censuris penisque spiritualibus et temporalibus, a iure vel ab homine, generaliter vel specialiter, contra tales vel eorum bona prolatis, absolvendi, et super irregularitate, si qua ex eis contracta fuerit, cum eis dispensandi, ipsasque personas et alias ad sacramenta in eorum vita, et sepulturam ecclesiasticam in morte, ac alias habilitandi et ad famam restituendi, in quantum eisdem expedierit, plenam et liberam, tenore presencium, auctoritate apostolica, concedimus potestatem. Ac volumus, quod illi, qui vobiscum super premissis composuerint, vel vobis legata predicta assignaverint, seu restituciones usurarum predictarum fecerint, ut prefertur, super ipsis ulterius, alteri, minime teneantur, nec a quoquam valeant quomodolibet molestari, cum nos predicta omnia ex premissis proventura in prosecutione unitatis Ecclesie deputaverimus expendenda. Dat. Saone, XIIII Kalendas Februarii, pontificatus nostri anno duodecimo.

Source: ASV, Reg. Aven. 328, fols. 30r–31r.

Bibliography: Eubel, *Verhalten der Päpste*, p. 35; Kober, *Juden im Rheinland*, p. 261.

518   Perpignan, 27 October 1408

Mandate to Bernardus Fortis, dean of Segorbe, to hear and judge the case of Astruga, widow of Salomon Abenmaruetz, a Jewess in the diocese of Valencia in the province of Tarragona, prosecuted for heresy by the inquisitors and other judges.

Dilecto filio Bernardo Fortis, decano ecclesie Segobricensis, salutem etc. Querelam Astruge, Iudee, relicte quondam Salomonis Abenmaruetz, Valentine diocesis provincie Terraconensis, recepimus, continentem, quod, licet ipsa iuxta eius leges paternas hactenus fuerit conversata honeste, nichilque quod hereticam sapiat pravitatem se commisisse sit conscia, inquisitores tamen eiusdem heretice pravitatis ac alii iudices in causis fidei ipsam indebite vexantes et multipliciter fatigantes, eam diris carceribus manciparunt quam eciam detinent indebite mancipatam, quodque propter iniquitatem ac indebitam vexationem quorundam procuratorum fiscalium, coram prefatis inquisitoribus et iudicibus seu commissariis ab eis deputatis, non sperat se obtinere posse iusticie complementum. Quare pro parte ipsius Iudee nobis fuit humiliter supplicatum, ut causam huiusmodi ad nos advocare et alias providere sibi super hiis, de benignitate apostolica dignaremur. Nos, huiusmodi supplicationibus inclinati, causam huiusmodi ad nos advocantes ac ipsius cause statum habentes presentibus pro expresso, discretioni tue per apostolica scripta committimus et mandamus, quatenus, vocatis qui fuerint evocandi, audias causam, et, auditis hincinde propositis, causam ipsam debito fine decidas, faciens quod decreveris, a dicta Iudea per subtractionem communionis fidelium, ab aliis vero per censuram ecclesiasticam, appellatione postposita, firmiter observari. Testes autem qui fuerint nominati... Dat. Perpiniani, Elnensis diocesis, VI Kalendas Novembris, anno quintodecimo.

Source: ASV, Reg. Aven. 333, fol. 679v.

Note: Salomon Abenmaruez of Valencia died ca. 1382. See Baer, *Spanien* 1, p. 519.

Bibliography: Eubel, *Verhalten der Päpste*, p. 35.

519   Barcelona, 19 June 1410

Mandate, if the facts are established, to the abbot of Beata Maria de la Real, in the diocese of Majorca, to impose suitable penance on some Jewish converts in Majorca accused of judaizing and then absolve them. They are not to be molested further.

Dilecto filio abbati monasterii Beate Marie de Regali, Maioricensis diocesis, salutem etc. Ex parte dilectorum filiorum universorum de Iudaismo ad fidem Christi ortodoxam conversorum, in civitate Maioricensi commorancium, fuit nobis expositum querelose, quod inquisitor heretice pravitatis inibi deputatus, ac officialis Maioricensis, et nonnulli alii iudices ecclesiastici, pro eo quod, ut ipsi asserunt, prefati conversi festivitates Sancte Matris Ecclesie non colunt, nec eiusdem Ecclesie mandata custodiunt, sed ritus Iudeorum eorum et cerimonias pristinas adhuc iudaizando tenent, faciunt et observant, eisdem conversis multiplices molestias et iniurias inferunt ac iacturas; quare pro parte ipsorum conversorum fuit nobis humiliter supplicatum, ut providere ipsis super his, de benignitate apostolica dignaremur. Nos igitur huiusmodi supplicacionibus inclinati, discretioni tue per apostolica scripta mandamus, quatenus de premissis omnibus et singulis et eorum circunstanciis, auctoritate nostra te diligenter informes, et, si per informationem huiusmodi tibi constiterit eosdem conversos aut eorum aliquos vel aliquem circa premissa vel similia iudaizando aliqua commisisse, ab huiusmodi commissis ipsos conversos, qui ea commiserunt, ut prefertur, si hoc humiliter petierint, in foro penitenciali, hac vice, auctoritate predicta absolvas in forma ecclesie consueta, iniunctis [sic] eis pro modo culpe penitencia salutari; non permittentes eosdem conversos sic absolutos, ab aliquo super premissis, ut prefertur, iam commissis et tibi confessis, indebite molestari; contradictores per censuram etc. Non obstantibus constitutionibus.... Dat. Barchinone, XIII Kalendas Iulii, anno sextodecimo. Expedita Idibus Maii, anno XIX.

Source: ASV, Reg. Aven. 335, fol. 397r-v.

Bibliography: Baer, *Spanien* 1, p. 791; Browe, *Kirchenrechtliche Stellung*, p. 13; Eubel, *Verhalten der Päpste*, p. 35.

520   Peñiscola, 30 April 1412

Mandate to the abbot of Notre-Dame-la Réal in Perpignan, in the diocese of Elne, to lift the excommunication imposed on the people of the valley and bailiwick of Querol, following litigation over a loan from Jews in Puigcerdà, including interest, and to decide the case, without payment of interest.

Dilecto filio abbati monasterii Beate Marie de Regali de Perpiniano, Elnensis diocesis, salutem etc. Exhibita nobis pro parte dilecti filii Dalmatii de Bierto, procuratoris regii castrorum regalium in Rossilionis et Ceritanie comitatibus consistencium, petitio continebat, quod olim universitas sindicorum vallis ac baiulie de Querol, dicti comitatus Ceritanie, Urgellensis diocesis, pro suis necessitatibus quandam pecunie quantitatem tunc expressam, a nonnullis Iudeis, habitatoribus ville Podii Ceritani, dicte diocesis, mutuo receperunt, et ratione mutui huiusmodi, certam pecunie summam, tunc etiam expressam, ratione usurarum, dictis Iudeis sub certis obligationibus et aliis penis, annuatim solvere promiserunt; et quod deinde iidem Iudei huiusmodi pecunie summam, per dictos universitatem tunc prefatis Iudeis annuatim solvendam, ut prefertur, dilecto filio Bernardo Fabri, notario seu scribe dicte ville, vendiderunt. Tandem, nonnulli homines dicte universitatis et dictus Bernardus, taliter qualiter, invicem convenerunt, quod ipsa universitas quoddam censuale annuum tunc expressum, occasione premissorum, eidem Bernardo perpetuo solverent, certis iuramentis, pactis, condicionibus, conventionibus, excommunicationum sententiis, renunciacionibus, et aliis penis inde adiectis; et subsequenter, homines dicte universitatis, videntes huiusmodi conventionem iniustam, ac pravitate usuraria mediante contractam, sine expressa licencia clare memorie Martini, regis Aragonum tunc regnantis, super hoc obtenta, minime facere potuerant, censuale huiusmodi prefato Bernardo solvere recusarunt. Postmodum vero, dilectus filius Petrus Blanchi, clericus officialis venerabilis fratris nostri Galcerandi, episcopi Urgellensis, in dicta villa, ad instantiam prefati Bernardi, in universitatem predictam excommunicationis sententiam promulgavit, eandemque universitatem penas in contractu huiusmodi conventionis contentas incurrisse, nequiter declaravit; a quibus quidem sententiis et declaracione, pro parte eorundem universitatis, sentiencium exinde indebite se gravari, ad sedem apostolicam extitit appellatum. Nos ideo causam appellationis huiusmodi quondam Simoni de Mundavilla, causarum palatii apostolici auditori, non obstante, quod causa ipsa de sui natura ad Romanam curiam legitime devoluta, ac in ea tractanda et finienda non esset, ad eorundem universitatis instantiam, audiendam commisimus, et fine debito terminandam; ipseque auditor, perperam in huiusmodi causa procedens, per suam iniquam sententiam pronunciavit, decrevit et declaravit per dictum prefate ville, et Urgellenses officiales, ut asserebatur, latas sententias in causa huiusmodi, exequendas fore et executioni debite demandandas, executionemque per ipsos officiales seu eorum alterum inchoatam, continuandam fore et continuari debere, predictosque universitatem in expensis pro parte dicti Bernardi in causa huiusmodi legitime factis, condemnandos fore, et nequiter condemnavit, ipsarum expensarum taxatione sibi imposterum reservata, dictasque sententias per suas certi tenoris litteras executari, ac universitatem predictos excommunicatos publice nunciari, et aggravari, et reaggravari fecit; et successive, prefato procuratore causam huiusmodi coram dilecto filio nobili viro Bernardo de Villacorba, domicello, dilecti filii nobilis viri Raymundi Cagarriga, militis, gubernatoris dictorum comitatuum, locumtenente, cum instantia prosequente, idem locumtenens per suam sententiam pronunciavit et declaravit contractum super dicto censuali factum, nullum et invalidum, quodque aliqualis executio contra consules dicte vallis et singulares homines eiusdem vigore dicti contractus, nec pro solucionibus dicti censualis, tunc preteritis aut futuris, aliqua valeret, seu fieri posset executio per aliquem in futurum, supradicto Bernardo Fabri super censuali et solucionibus preteritis aut futuris, silencium perpetuum imponendo; et, licet, sicut eadem petitio subiungebat, ipsi universitas fuerit et sit parata super premissis cavere seu satisfacere competenter, tamen Bernardus Fabri eosdem universitatem super premissis multipliciter inquietavit, molestavit et perturbavit ac inquietat, perturbat et molestat, in ipsius universitatis preiudicium ac scandalum plurimorum; quare pro parte procuratoris ac universitatis predictorum nobis fuit humiliter supplicatum, ut eandem universitatem ab huiusmodi excommunicationum sententiis, simpliciter vel ad cautelam, absolvi mandare, sibique iuramenta huiusmodi relaxare, de benignitate apostolica dignaremur. Nos igitur, de premissis certam notitiam non habentes, statum cause huiusmodi habentes presentibus pro expresso, huiusmodi supplicationibus inclinati, discretioni tue per apostolica scripta committimus et mandamus, quatinus, partibus convocatis, ac cautione seu satisfactione huiusmodi tibi exhibita, dictos universitatem a predictis excommunicationum sententiis auctoritate nostra absolvas in forma ecclesie consueta, ac iuramentis huiusmodi relaxatis, audias causam, et quod iustum fuerit, usuris cessantibus, appellatione remota, decernas, faciens quod decreveris, per censuram ecclesiasticam firmiter observari. Testes autem... Non obstantibus... Dat. Paniscole, Dertusensis diocesis, II Kalendas Maii, anno decimo octavo. Exp. XVII Kalendas Augusti, anno XVIII.

Source: ASV, Reg. Aven. 339, fols. 798r–799r.

521   Tortosa, 26 November 1412

Mandate to the Jewish community in Gerona to send representatives, versed in Mosaic Law, to Tortosa, to answer the questions put to the Jewish delegation.

Benedictus episcopus, servus servorum Dei, aliamae Judeorum civitatis Gerundae viam veritatis agnoscere, et in fidei fundamentis non errare. Cum ex caritatis vinculo, quo astringimur, et ex officii nostri debito, quo ad animarum salutem procurandam, cunctis fidelibus et infidelibus obligamur, labores nostrae possibilitatis exponere totis pro viribus teneamur, et per exaltationem et dilatacionem fidei Christianae super nonnullis articulis, quorum copia per Azay Toros vobis mittitur Ebraicis litteris conscripta, pro salute animarum vestrarum, instructionem et informationem dare velimus, ut cecitatis Judaicae tersa caligine, candorem lucis eternae cognoscere valeatis. Idcirco, vos requirimus et ortamur, vobis districte precipiendo mandantes, quatenus quatuor de sapientioribus ex vobis in lege Mosaica, vel saltem duos, usque ad quintam decimam diem Januarii proximi futuri, remota excusatione quaqumque, destinare curetis, qui, una cum dicto Azay Toros nuncio vestro hic presenti, in statuto termino compareant coram nobis, hic vel alibi, ubi nos intra ditionem carissimi in Christo filii nostri [Ferdinandi], regis Aragonum, adesse contigeret, que exponere voluerimus audituri, et predictis articulis responsuri. Et quia Bonastruch Dezmaestre eruditus in talibus asseritur, ipsum volumus inter ceteros principaliter transmittatis, ministrando eis expensas seu salaria in similibus assueta; scituri, quod, nisi in termino supradicto nostris mandatis in hac parte parueritis cum efectu, contra vos procederemus per remedia oportuna, sicut jura divina pariter et humana disponunt. Datum Dertuse, VI Kalendas Decembris, pontificatus nostri anno decimo nono.

Source: [Gerona, Archivo de la Curia Episcopal.]

Publication: Eckert, *Hoch- und Spätmittelalter*, p. 241 (German translation); Ehrle, *Martin de Alpartil* 1, p. 590; Girbal, *Gerona*, p. 83; Posnanski, *Colloque de Tortose*, pp. 166f. (French translation).

Note: Similar orders were sent to other Jewish communities, such as Perpignan. The document is no longer extant. (Verified during visit to Gerona, summer 1980.) The index to the Archives contains: Presentatio litterarum Apostolicarum facta Judeis aliame Gerundae (Manuali 1413 ad 1417, num. 6). On Azay Toros and Bonastruch Demaestre, see in the literature cited below.

Bibliography: Baer, *Spain*, pp. 409f.; Id., *Spanien* 1, pp. 786f.; Id., *Disputation von Tortosa*; Browe, *Judenmission* p. 79; Girbal, *op. cit.*, pp. 35f.

522   Peñiscola, 23 June 1413

Mandate to Rabbi Iuce Abinardut, Rabbi David Abinpinac, Perfet Bonsenyor, Salomon Albula, Astruch Cohen, Ysach Comparat and Bonastruch Dezmaestre, who had left the disputation at Tortosa although instructed not to do so, to appear before the pope to answer charges on matters of faith and heresy.

Rabbi Iuce Abinardut, Iudeo, aliame civitatis Oscensis, viam veritatis agnoscere. Nuper siquidem, cum nos, prout nostri ex officii debito, cunctis, nedum fidelibus sed infidelibus eciam obligamus, tibi et aliis Iudeis aliame Oscensis, pro vestrarum salute animarum instructionem et informacionem in fide Catholica dare vellemus, ut a cordibus vestris Iudaice superstitionis purgata caligine, lucis eterne agnoscere preciosum valeretis candorem, te et illos, unacum aliis Iudeis aliamarum regni Aragonum, ad nostram presenciam venire iussimus certa die, prout in nostris inde confectis litteris plenius continetur. Verum, quia, sicut post vestrum ad nos accessum vobis omnibus diximus, nostre tunc intentionis erat, prout eciam nunc existit, circa nonnullos damnatos errores in vestro quodam libro vocato Talmut expresse notatos, qui, nedum contra Deum ac legem nature et Scripture videntur stare, ymo in prefate fidei contumeliam penitus cedere dinoscuntur, debite providere, tibi et ipsis expresse dedimus in mandatis, ut quousque super his et aliis, ad que vocati fuistis, per nos hinc inde foret provisum, a civitate Dertusensi recedere minime deberetis, quod tu, inter alios, ut apparet, renuisti servare, nam dicti mandati temere contemptor effectus, non prestolata provisione predicta, nec conclusione aliqua in premissis, a civitate prefata contumaciter, illicenciatus abiisti; verum, etiam, cum illum, cuius vices in terris gerimus, quique apud se imperfecta non novit opera, pro viribus nos conveniat imitari, inceptum negotium huiusmodi ad debite consumationis exitum in brevi perducere intendimus, Domino concedente; quam ob rem tibi districte precipiendo mandamus, quatinus, semotis quibusvis dilationis et diffugii obstaculis, infra decem dies a presentacione seu notificacione presencium, tibi, vel in tali loco facta, quod verisimiliter ad tuam potuerit pervenire noticiam, in antea computandos, compareas in Romana curia presencialiter coram nobis, ubi, purgata contumacia, quam, ut prefertur, incurrere minime dubitasti, volumus quibusdam articulis concernentibus causam fidei et heresim per dilectum filium procuratorem fiscalem in dicta curia contra te appositis et oblatis, iuxta interrogatoria satisfaciendo respondeas; sciturus, quod, nisi huiusmodi nostris parueris mandatis cum effectu, contra te procedemus, prout divina et humana pariter iura disponunt. Dat. Paniscole, Dertusensis diocesis, VIIII Kalendas Iulii, anno decimo nono.

Rabbi Davidi Abenpinac [*sic*], Iudeo aliame civitatis Oscensis, viam veritatis ... ut in prima supra proxima. Dat. ut in eadem.
Perfet Bonsenyor, Iudeo aliame Castilionis Impuriarum, Gerundensis diocesis... Dat....
Salomoni Albala, Iudeo aliame ville Montisalbani, Cesaraugustane diocesis... Dat....
Astruch Cohen, Iudeo aliame ville Barbastri, Oscensis diocesis... Dat....
Ysach Comparat, Iudeo aliame ville Barbastri, Oscensis diocesis... Dat....
Bonastruch Dezmaestre, Iudeo aliame civitatis Gerundensis... Dat....

Source: ASV, Reg. Aven. 340, fols. 32v–33r.

Publication: Posnanski, *Colloque de Tortose*, p. 168 (French translation).

Bibliography: Baer, *Spanien* 1, p. 799; Eubel, *Verhalten der Päpste*, p. 36; Posnanski, *op. cit.*, pp. 74f.

523   Morella, 27 July 1414

Mandate, if the facts are established, to the official in Lerida to allow Ludovicus Benedicti of Tamarite, in the diocese of Lerida, to convert the local synagogue into a chapel, and some houses attached to it into a hospital for the poor. The property had been abandoned, since most Jews in Tamarite had been converted to Christianity.

Dilecto filio officiali Ilerdensi, salutem etc. Ad ea libenter intendimus, que divini cultus augmentum et Christiane fidei exaltacionem recipere [*sic*] dinoscuntur. Cum itaque, sicut exhibita nobis nuper pro parte dilecti filii Ludovici Benedicti, laici, habitatoris ville de Tamarit de Litera, Ilerdensis diocesis, peticio continebat, Iudei olim in dicta villa habitantes, pro maiori parte de cecitate Iudaica ad fidem ipsam Christianam conversi existant, et propterea quedam sinagoga, que cum certis domibus ei contiguis, ad ipsam sinagogam pro usu olim ipsorum Iudeorum pertinentibus, constructa existebat, ab ipsis olim Iudeis vacua derelicta existat, ipseque Ludovicus, de bonis a Deo sibi collatis, in eadem sinagoga ad omnipotentis Dei et Sancti Benedicti abbatis ac totius curie celestis gloriam et honorem, unam capellam sub invocacione ipsius Sancti Benedicti, ac in ea unum, duo aut tria altare seu altaria construere ac etiam edificare, et in predictis domibus quoddam hospitale pro Christi pauperibus receptandis in eo fundare proponat, pro parte ipsius Ludovici ac dilectorum filiorum iuratorum et consilii predicte ville nobis fuit humiliter supplicatum, ut eis premissa faciendi licenciam concedere, necnon in quodam spacio iuxta sinagogam et domos predictas consistente, ad hoc congruo et honesto, cimiterium pro dictis pauperibus, qui in eodem hospitali decedent pro tempore sepeliendis, deputari et assignari mandare, de benignitate apostolica dignaremur. Nos igitur divinum cultum augmentari totis viribus affectantes, huiusmodi supplicationibus inclinati, discretioni tue, de qua in his et aliis in Domino fiduciam gerimus specialem, per apostolica scripta committimus et mandamus, quatenus de premissis auctoritate nostra te diligenter informes, et, si per informationem huiusmodi ita esse, ac sinagogam ad capellam, et domos ad hospitale, spatiumque predicta ad cimiterium huiusmodi ydonea fore reppereris, eisdem Ludovico et iuratis ac consilio, ut ipsi in sinagoga capellam, et in ea unum, duo seu tria altare vel altaria construendi ac eciam edificandi, et in domibus ipsis unum hospitale fundandi, necnon in eadem capella postquam constructa seu edificata fuerit, super dictis altaribus missas et alia divina officia, eciam alta voce, per proprios vel alios sacerdotes ydoneos celebrari, faciendi, auctoritate nostra licenciam largiaris; et nichilominus cimiterium in dicto spacio pro pauperibus antedictis, quos, ut prefertur, in eodem hospitali contigerit decedere, sepeliendis, eadem auctoritate deputes et assignes; iure parrochialis ecclesie et cuiuslibet alterius, in omnibus semper salvo. Dat. Morelle,

Dertusensis diocesis, VI Kalendas Augusti, anno vicesimo. Exp. V Idus Augusti, anno XX.

Source: ASV, Reg. Aven. 344, fol. 691r-v.

Note: On the Jews of Tamarite de Litera and their synagogue, see Baer, *Spanien* 1, pp. 795f.

Bibliography: Eubel, *Verhalten der Päpste*, p. 36; Simonsohn, *Kirchliche Judengesetzgebung*, p. 8.

524   San Mateo, 15 September 1414

Mandate, if the facts are established, to the prior of St. Maria de Pinna (la Peña) in Calatayud to compel the Jews and converted Jews of that locality to forgo the claim of interest from the local inhabitants and return that already collected, following a moratorium granted the debtors by King Ferdinand I of Aragon.

Dilecto filio — priori secularis et collegiate ecclesie Beate Marie de Pinna de Calataiubio, Tarasonensis diocesis, salutem etc. Ad audienciam nostram pervenit, quod nonnulli Iudei, habitatores ville civitatis nuncupate de Calataiubio, Tirasonensis diocesis, multa extorserunt et adhuc extorquere nituntur a dilectis filiis communitate et singularibus locorum, aldearum nuncupatorum, de Calataiubio, dicte diocesis, per usurariam pravitatem, de solvendis usuris huiusmodi, exacto ab eis nichilominus iuramento, confectis exinde publicis instrumentis, fideiussionibus aliisque cautionibus datis ab ipsis, factis renunciationibus etiam fori ecclesiastici summissionibus et penis adiectis; in quibus quidem instrumentis nonnulla conventiones et pacta dolosa et in fraudem usurarum concepta contineri dicuntur, que communitas et singulares predicti promiserunt se huiusmodi iuramento medio servaturos; quodque olim per carissimum in Christo filium Ferdinandum, regem Aragonum illustrem, accepto, quod communitas dictorum locorum et singulares ipsorum, adeo erant mole debitorum oppressi, quod, nisi per regem ipsum de infrascripto remedio succurreretur eisdem, oporteret ipsos lares proprios deserere, et per mendicata suffragia alibi ostiatim querere vitam suam, prefatus rex, volens super hoc de congruenti remedio providere, universis et singulis officialibus suis, ex certa scientia mandavit, ut contra communitatem et singulares predictos et alios, de contributione locorum ipsorum, vel eorum aliquem, seu bona ipsorum vel alicuius eorum, pro exigendis debitis in quibus Iudeis ipsis tenebantur, ad ipsorum Iudeorum instantiam vel alicuius eorum nomine, infra certum tempus tunc expressum, minime procederent, nisi in tribus terminis tunc expressis, et sub certa forma etiam tunc expressa, contra Iudeos ipsos contrafacientes seu iura et acciones ipsorum in Christianos aliquos transferentes, certis etiam tunc expressis adiectis remediis atque penis, prout in litteris dicti regis super hoc confectis, plenius dicitur contineri; cum autem, sicut petitio pro parte communitatis et singularium predictorum nobis nuper exhibita continebat, nonnulli ex Iudeis huiusmodi iuribus et accionibus huiusmodi cum instrumentis in fraudem usurarum conceptis, ea in Christianos aliquos transferendo cesserint per Christianos eosdem, alii vero ex eisdem Iudeis ad Catholicam fidem conversi, per se ipsos, in animarum suarum periculum, communitatem et singulares predictos, racione iuramenti seu summissionis huiusmodi, coram iudicibus ecclesiasticis trahere, et contra eos procedere non ommictant, in elusionem provisionis regie ac animarum suarum periculum, dictorumque communitatis et singularium magnum incommodum ac preiudicium et gravamen, fuit pro parte communitatis et singularium predictorum nobis humiliter supplicatum, ut providere eis super his, paterna diligentia curaremus. Nos igitur, huiusmodi supplicationibus inclinati, discretioni tue per apostolica scripta mandamus, quatinus, si est ita, dictos usurarios, quod huiusmodi iuramentum relaxent et fideiussores super hoc datos ab huiusmodi fideiussione absolvant, Christianos videlicet, monitione premissa, per censuram ecclesiasticam, Iudeos vero, per subtractionem communionis fidelium, eodem iuramento relaxato, dictisque fideiussoribus absolutis, sua sorte contenti, non obstantibus instrumentis, litteris, caucionibus, renunciacionibus, summissionibus, conventionibus, pactis et penis predictis, communitati et singularibus supradictis extorta restituant, et ab usurarum exactione desistant, Christianos videlicet, per penam in Lateranensi concilio contra usurarios editam, Iudeos vero prefatos, per substractionem communionis huiusmodi, appellacione remota, compellas; attentius provisurus, ne auctoritate presentium in negocio procedas eodem, nisi communitas et singulares predicti restituerint vel adhuc restituant, si quas aliquando extorserunt usuras, cum eis legis auxilium suffragari non debeat, qui committunt in legem. Testes etc. Dat. apud Sanctum Matheum, Dertusensis diocesis, XVII Kalendas Octobris, anno vicesimo. Exp. XII Kalendas Octobris, anno XX.

Source: ASV, Reg. Aven. 344, fol. 811r-v.

525 San Mateo, 23 October 1414

Mandate to Diego Lopez de Zuniga, bishop of Calahorra, to deal with and decide the claim of Fernandus Gomecii de Gallinero in the diocese of Osma to have returned to him his father's estate, which some individuals, including the Jews Abraham, his wife and Barahilon, had usurped.

Benedictus episcopus, servus servorum Dei, venerabili fratri episcopo Calaguritano, salutem et apostolicam benedictionem. Exhibita nobis pro parte dilecti filii Fernandi Gomecii de Gallinero, pauperis orphani, laici Oxomensis diocesis, peticio continebat, quod, licet olim quondam Fernandus Gomecii de Gallinero, presbiter dicte diocesis, pater suus, cum quondam Iohanna de los Molinos de Posada de Rey, unica et virgine, ante presbiterium huiusmodi, matrimonio [sic] per verba legitime, de presenti publice contraxisset, et ex eadem Iohanna post contractum huiusmodi, cum ea matrimonialiter cohabitando, prefatum Fernandum, laicum, eius filium, suscepisset, tamen idem quondam Fernandus postquam dicta Iohanna viam fuisset universse carnis ingressa, se fecit ad omnes sacros ordines promoveri, et quod deinde, quamquam idem quondam Fernandus, prefato Fernando laico omnium bonorum suorum herede universsali relicto, extiterit vita functus, tamen dilecti filii, nobilis vir Iohannes Garssie de Gallinero, milex, Petrus Lupi de Pipalo, Iohannes de Molina de Sancto Andrea, presbiteri, Fernandus[?] de Soria, et dilecta in Christo filia Maria Dominici de Novicertas, quondam Michaelis Dominici laici relicta vidua, et Abrahen et Orivida[?], eius uxor, Iudea, et Barahilon, Iudei, et quamplures alii, tam clerici quam laici et mulieres in dicta diocesi commorantes, omnia bona predicta post obitum dicti quondam Fernandi rapuerunt et occuparunt, et in proprios usus converterunt eaque detinuerunt, prout detinent, indebite occupata. Cum autem idem Fernandus Gomecii, laicus, sicut asserit, dictorum occupantium potenciam merito perhorrescens, eos infra civitatem et dictam diocesim Oxomensem nequeat convenire secure, fraternitati tue per apostolica scripta mandamus, quatinus illum seu illos sub quorum iurisdicione prefati miles, laici et vidua, ac Iudei bonorum predictorum detentores conssistant [sic], attentius moneas, ut eidem pauperi super hiis exhiberi faciant iusticie complementum; alioquin, tu tam quo ad eos, quam alias, quo ad omnes alios et singulos supradictos, partibus convocatis, audias causam, et, usuris cessantibus [sic], appellatione remota, debito fine decidas; faciens quod decreveris, a Iudeis per subtractionem communionis fidelium, a Christianis vero, per censsuram ecclesiasticam, firmiter observari. Testes autem... Non obstante... Datum apud Sanctum Matheum, Dertusensis diocesis, X Kalendas Novembris, pontificatus nostri anno vicesimo primo. Exp. XV Kalendas Decembris, anno XXI.

Source: ASV, Reg. Aven. 347, fol. 781r-v.

526   San Mateo, 23 October 1414

Mandate to Martinus de Cabanyas, a doctor in the diocese of Saragossa, to examine in medicine Martinus de Sivilla, a Jewish convert, and if he passes, to grant him a medical degree.

Dilecto filio Martino de Cabanyas, laico, Cesaraugustane diocesis, in artibus et in medicina magistro, salutem etc. Sincere devocionis affectus, quem dilectus filius Martinus de Sivilla, laicus Ispalensis, ad nos et Romanam gerit Ecclesiam, promeretur, ut peticionibus suis, quantum cum Deo possumus, favorabiliter annuamus. Nuper siquidem pro parte dicti Martini nobis exposito, quod ipse de Iudaica cecitate, splendore superni luminis illustratus, ad fidem orthodoxam conversus fuerat, et perantea in civitate Ispalensi et alibi in artibus, per aliqua tempora insudaverat ac in medicina tam Ebraicis quam Latinis linguis studuerat, in eisdem artibus et medicina gradum bacallariatus suscipere desiderabat, nos, eiusdem Martini in ea parte supplicationibus inclinati, ut litterarum studio, ubi illud vigeret generale, aliquis magister in medicina, quem ipse Martinus duceret eligendum, si, post diligentem examinationem, ad hoc repertus fuisset ydoneus, sibi inibi gradum bacallariatus in eisdem artibus et medicina, cum honoribus et preeminenciis consuetis elargiri valeret, duximus per nostras litteras concedendum, prout in eisdem litteris plenius continetur. Cum autem, sicut exhibita nobis postmodum pro parte dicti Martini peticio continebat, littere ipse nondum fuerant sortite effectum, ac idem Martinus cupiat gradum huiusmodi in Romana curia, ubi residet de presenti, suscipere, nos, volentes ipsum Martinum favore prosequi gratie amplioris, eius in hac parte supplicationibus inclinati, discretioni tue per apostolica scripta committimus et mandamus, quatinus, si, post diligentem examinacionem, dictum Martinum ad hoc ydoneum esse repereris, sibi in eadem curia gradum bacallariatus in artibus et medicina huiusmodi, cum honoribus et preeminenciis consuetis, auctoritate apostolica, tenore presentium largiaris. Dat. apud Sanctum Matheum, Dertusensis diocesis, X Kalendas Novembris, anno vicesimo primo. Exp. IIII Kalendas Novembris, anno XXI.

Source: ASV, Reg. Aven. 347, fol. 285v.

527   Murviedro, 7 December 1414

Commission and mandate, if the facts are established, to the official in Lerida to allow the community in Monzon and a Jewish convert there to convert a synagogue into a church, following the conversion to Christianity of most Jews in Monzon.

Dilecto filio officiali Ilerdensi, salutem, etc. Ad ea libenter intendimus, que divini cultus augmentum et Christiane fidei exaltacionem respicere dinoscuntur. Cum itaque, sicut exhibita nobis nuper pro parte dilectorum filiorum iuratorum, universitatis ac Iohannis Salvatoris Conmel, clerici, noviter ad fidem ipsam conversi, ville Montissoni, Ilerdensis diocesis, peticio continebat, Iudei olim habitantes in villa ipsa, pro maiori parte de cecitate Iudaica sint ad eandem fidem Christianam conversi, ac quedam sinagoga, midras Ebraice nuncupata, per quondam Gento Rimioff, Iudeum, predicte ville, avum prefati Iohannis Salvatoris, infra parrochiam Beate Marie ville predicte constructa existat, in cuius circuitu eciam pro maiori parte Christiani noviter ad fidem ipsam conversi habitant, cupiantque sinagogam ipsam ad omnipotentis Dei et gloriose Virginis Marie ac tocius curie celestis gloriam et honorem, sub invocacione Sancti Salvatoris, in ecclesiam erigi, ac postmodum inibi missas et alia divina officia facere celebrari, pro parte iuratorum et universitatis ac Iohannis Salvatoris predictorum fuit nobis humiliter supplicatum, ut dictam sinagogam in ecclesiam, sub invocacione Sancti Salvatoris, erigere, de benignitate apostolica dignaremur. Nos igitur, divinum cultum augmentari totis conatibus affectantes, huiusmodi supplicationibus inclinati, discretioni tue, de qua in his et aliis in Domino fiduciam gerimus specialem, per apostolica scripta committimus et mandamus, quatinus de premissis auctoritate nostra te diligenter informes, et, si per informacionem huiusmodi ita esse, et sinagogam huiusmodi ad ecclesiam ydoneam fore reppereris, sinagogam ipsam in ecclesiam, sub eiusdem Sancti Salvatoris invocacione, auctoritate predicta erigas; et nichilominus, iuratis et universitati ac Iohanni Salvatori predictis eadem auctoritate concedas, ut ipsi in eadem ecclesia unum, duo, tria aut plura altare seu altaria construere ac edificare, seu construi edificarique, necnon inibi missas et alia divina officia, eciam alta voce, per proprios vel alios sacerdotes ydoneos celebrari facere, libere et licite possint; constitutionibus et ordinacionibus apostolicis ac provincialibus et sinodalibus et aliis contrariis non obstantibus quibuscunque; iure parrochialis ecclesie et alterius cuiuslibet, in omnibus semper salvo. Dat. apud Murumveterem, Valentine diocesis, VII Idus Decembris, anno vicesimo primo. Exp. III Kalendas Februarii, anno XXI.

Source: ASV, Reg. Aven. 347, fol. 339r-v.

Note: Rimioff is probably Rimoch.

Bibliography: Baer, *Spanien* 1, pp. 824f.; Eubel, *Verhalten der Päpste*, pp. 36f.; Grayzel, *Avignon Popes*, p. 11; Simonsohn, *Kirchliche Judengesetzgebung*, p. 8.

528   Murviedro, 7 December 1414

Mandate to the official in Lerida to set up, once the church in Monzon converted from a synagogue is constructed, a benefice, to be financed from the income of two confraternity endowments, attached to the former synagogue. The confraternities were Calbarim (= Cabarim = burial society) and Talmittora (= Talmud Torah = Study of Torah society).

Dilecto filio officiali Ilerdensi, salutem etc. Ad ea, que divini cultus augmentum respiciunt, libenter partes nostre solicitudinis adhibemus. Hodie siquidem, pro parte dilectorum filiorum, iuratorum et universitatis ac Iohannis Salvatoris Conmel, clerici, noviter ad fidem Christianam conversi, ville Montissoni, Ilerdensis diocesis, nobis exposito, quod Iudei olim habitantes in villa ipsa, pro maiori parte de cecitate Iudaica essent ad fidem Christianam ipsam conversi, ac quedam sinagoga, midras Ebraice nuncupata, per quondam Gento Rimof, Iudeum, dicte ville, avunculum prefati Iohannis Salvatoris, infra parrochiam Beate Marie ville predicte constructa existeret, in cuius circuitu eciam pro maiori parte Christiani ad fidem ipsam noviter conversi habitabant, ac pro parte iuratorum, universitatis et Iohannis Salvatoris predictorum nobis humiliter supplicato, ut dictam sinagogam in ecclesiam, sub invocacione Sancti Salvatoris, exigere [sic] dignaremur, nos, huiusmodi supplicationibus inclinati, tibi aliis nostris dedimus litteris in mandatis, ut de premissis auctoritate nostra te diligenter informares, et, si per informacionem huiusmodi ita esse, et sinagogam huiusmodi ad ecclesiam ydoneam fore reppereris, sinagogam ipsam in ecclesiam, sub eiusdem Sancti Salvatoris invocacione, auctoritate predicta exigeres [sic]; ac eisdem iuratis, universitati et Iohanni Salvatori, ut ipsi in eadem ecclesia unum, duo, tria aut plura altare seu altaria construere ac edificare seu construi edificarique facere, ac inibi missas et alia divina officia celebrari facere possent, eadem auctoritate concederes, prout in eisdem litteris plenius continetur; cum autem, sicut exhibita nobis pro parte iuratorum, universitatis et Iohannis Salvatoris predictorum peticio continebat, in circuitu prefate sinagoge nonnulla domus, census et tributa, et infra dictam villam eiusque territorium alique possessiones pro duabus confratriis, quarum altera de Calbarim [sic], alia vero de Talmittora [sic] Ebraice nuncupantur, secundum damnatum ritum et abusum Iudeorum instituta existant, perpetuo deputata et assignata, pro parte ipsorum iuratorum, universitatis et Iohannis Salvatoris fuit nobis humiliter supplicatum, ut in predicta ecclesia, cum erecta fuerit, ut prefertur, unum perpetuum beneficium institui, eique, pro dote ipsius, domus, census, tributa et possessiones predicta, quorum omnium fructus, redditus et proventus vigintiquinque libras monete Iaccensis, ut ipsi iurati, universitas et Iohannes Salvator asserunt, valent communiter annuatim, assignari mandare, de benignitate apostolica dignaremur. Nos igitur, huiusmodi supplicationibus inclinati, discretioni tue, de qua in his et aliis in Domino fiduciam gerimus specialem, per apostolica scripta committimus et mandamus, quatinus in predicta ecclesia, cum, ut premittitur, erecta fuerit, unum perpetuum simplex beneficium auctoritate nostra instituas, sibique, pro eius dote, domus, census, tributa et possessiones huiusmodi, eadem auctoritate consignes; contradictores, si Iudei, per subtractionem communionis fidelium, et si fideles fuerint, per censuram ecclesiasticam, appellatione postposita, compescendo. Volumus autem, quod domus, census, tributa et possessiones predicta ad manus iuratorum predictorum recipiantur, ac de ipsis redditus, de quibus tibi videbitur, pro uno presbitero, qui in ipsa ecclesia missam et alia divina officia quotidie celebret aut celebrari faciat, auctoritate predicta deputes et assignes, donec de iure patronatus beneficii huiusmodi ac collatione et provisione ipsius aliter duxerimus ordinandum. Dat. apud Murumveterem Valentine [diocesis], VII Idus Decembris, anno vicesimo primo. Exp. ut supra.

Source: ASV, Reg. Aven. 347, fols. 339v–340r.

Bibliography: Baer, *Spanien* 1, pp. 824f.; Eubel, *Verhalten der Päpste*, pp. 36f.; Grayzel, *Avignon Popes*, p. 11; Simonsohn, *Kirchliche Judengesetzgebung*, p. 8.

529   Murviedro, 10 December 1414

Commission and mandate to Petrus de Traslomur, in Monzon, in the diocese of Lerida, to divide, together with Mosse Azardi, a Jew, the debt contracted by the Jewish community in Monzon, between the Jewish guarantors of the loans, and those who had converted to Christianity.

Dilecto filio Petro de Traslomur, laico, habitatori ville Montissoni, Ilerdensis diocesis, salutem etc. Iustis petencium votis libenter annuimus eaque favore prosequimur oportuno. Exhibita siquidem nobis nuper pro parte dilectorum filiorum, iuratorum et universitatis ville Montissoni, Ilerdensis diocesis, peticio continebat, quod dudum aliama Iudeorum eiusdem ville, pro nonnullis ipsorum necessitatibus certam pecuniarum summam tunc expressam, a quibusdam personis mutuo receperunt, quibus quidem personis tunc certi nominati Iudei eiusdem aliame pro summa huiusmodi se et bona sua efficaciter obligarunt; et subsequenter, certa pars Iudeorum aliame predicte, reiecta cecitate Iudaica, ad fidem Christi Catholicam fuerunt, divina clementia operante, conversi; cum autem, sicut eadem peticio subiungebat, ipsi conversi unacum Iudeis aliame prefate per personas predictas ad solvendum ipsis pensiones annuas, censualia nuncupatas, racione summe pecuniarum huiusmodi compellantur iidemque conversi de parte summe seu pensionum huiusmodi ipsos contingente personis prefatis satisfacere sint parati, pro parte iuratorum et universitatis predictorum fuit nobis humiliter supplicatum, ut providere eisdem conversis super hoc de oportuno remedio dignaremur. Nos, volentes super his salubriter providere, huiusmodi supplicacionibus inclinati, discretioni tue per apostolica scripta commictimus et mandamus, quatinus, vocatis qui fuerint evocandi, tu unacum Mosse [A]zardi, Iudeo aliame prefate, super summe pecuniarum satisfactione et pensionum huiusmodi solucionibus, facta calculacione debita et fideli, eisdem conversis, ut ipsi tot de summa et pensionibus huiusmodi quot de ipsis, prout tibi [*sic*] iuste et racionabiliter eosdem conversos contingit, per se, et absque Iudeis prefatis, personis predictis persolvant, auctoritate nostra taxes; non obstantibus... Volumus autem, quod, si cum prefatis [*sic*] Mosse Azardi, Iudeo, super calculacione et taxacione huiusmodi super discordia huiusmodi forsitan non concordes, dilectus filius Iacobus le Nyader, alias Gilabert, laicus, habitator ville prefate, vobiscum assistat taliter, quod taxacio huiusmodi fiat concorditer et absque personarum predictarum et iuris alieni preiudicio cuiuscunque. Dat. apud Murumveterem, Valentine diocesis, IIII Idus Decembris, anno vicesimo primo. Exp. ut supra.

Source: ASV, Reg. Aven. 347, fol. 340r-v.

530   Valencia, 6 March 1415

Prohibition to Jews to stay for periods exceeding fifteen days on market-days and three on other occasions in Alcañiz, or other places in the diocese of Saragossa under the jurisdiction of the Order of Calatrava, to avoid contact with converted Jews there.

Ad perpetuam rei memoriam. Urget nos cura solicitudinis apostolice illa statuere ac eciam ordinare, per que noviter ad Christianam fidem ortodoxam conversi, in eadem solidi atque firmi permaneant, et a ritu et erroribus cecitatis abiecte, Deo propitio, efficaciter preserventur. Cum itaque, sicut exhibita nobis nuper pro parte dilectorum filiorum iuratorum et universitatis ville de Alcanicio, Cesaraugustane diocesis, peticio continebat, omnes Iudei olim in villa predicta commorantes, Spiritus Sancti gratia mediante, fuerint ad eandem fidem conversi, cupiantque in illa solidari et ab erroribus vetustatis antique penitus liberari, et propterea Iudeorum consorcia totaliter evitare, pro parte iuratorum et universitatis ac conversorum predictorum nobis fuit humiliter supplicatum, ut providere eis super his, de oportuno remedio dignaremur. Nos igitur, huiusmodi supplicationibus inclinati, ex certa sciencia, auctoritate apostolica statuimus ac eciam ordinamus, quod deinceps nullus Iudeus in dicta villa, seu aldeis, aut quibusdam carreriis nuncupatis, et aliis locis eiusdem ville, aut aliis villis et locis similibus in dicta diocesi, sub dominio milicie Calatrave consistentibus, nisi nundinarum, et tunc ultra quindecim, aliis vero temporibus ultra tres dies continuos moram facere, aut cum ipsis conversis, eciam diebus predictis, aliqualiter participare possit; privilegiis, statutis et consuetudinibus milicie ac villarum et locorum predictorum, eciam iuramento, confirmacione apostolica, vel alia quacumque firmitate vallatis, et aliis contrariis non obstantibus quibuscumque. Nulli ergo etc.... Dat. in civitate Valentina, provincie Terraconensis, II Nonas Martii, anno vicesimo primo. Exp. IIII Idus Aprilis, anno XXI.

Source: ASV, Reg. Aven. 347, fol. 428r.

Note: On the conversion of the Jews in Alcañiz, see Baer, *Spanien* 1, pp. 409f.

531   Valencia, 17 March 1415

Mandate, if the facts are established, to the official in Saragossa to convert the synagogue in Belchite into a church and consecrate it.

Dilecto filio officiali Cesaraugustano, salutem etc. Pia vota fidelium, que divini cultus augmentum et animarum salutem respiciunt, libenter apostolico favore prosequimur, eisque assensum benivolum impartimur. Cum itaque, sicut exhibita nobis nuper pro parte dilectorum filiorum habitatorum Christianorum ville de Belchit, Cesaraugustane diocesis, peticio continebat, Iudei in eadem villa commorantes a Christianis ipsius ville separati existant, ac sinagoga Iudeorum predictorum, ad ecclesiam ibidem fundandam canonice adiudicata existat, pro parte habitatorum exponencium predictorum, nobis fuit humiliter supplicatum, ut sinagoga[!] ipsa[!] in ecclesiam erigi ac consecrari mandare, de benignitate apostolica dignaremur. Nos igitur, huiusmodi supplicationibus inclinati, discretioni tue per apostolica scripta mandamus, quatinus, si est ita, eisdem habitatoribus sinagogam predictam, si ad hoc congrua et honesta fuerit, in ecclesiam erigi, ac ipsam per aliquem Chatholicum[!] antistitem, gratiam et communionem apostolice sedis habentem, consecrari faciendi, auctoritate nostra licenciam largiaris. Non obstantibus... Iure parrochialis ecclesie et cuiuslibet alterius, in omnibus semper salvo. Per hoc autem archiepiscopo Cesaraugustano pro tempore existenti nullum volumus imposterum preiudicium generari. Dat. in civitate Valentina, provincie Terraconensis, XVI Kalendas Aprilis, anno vicesimo primo. Exp. VI Nonas Maii anno XXI.

Source: ASV, Reg. Aven. 347, fol. 445v.

Note: This follows the partial destruction of the local Jewish community in 1391 and the following years.

532   Valencia, 22 March 1415

Mandate, if the facts are established, to the official in Toledo to allow two Jewish converts to wed, although related in a grade normally precluding marriage among Christians. Their marriage had been contracted but had not been consummated.

Dilecto filio officiali Toletano, salutem etc. Oblate nobis pro parte dilecti filii Iohannis Gundissalvi Roma, et dilecte in Christo filie Mercie Gundissalvi, puelle Toletane diocesis, peticionis series continebat, quod olim ipsi, qui, ut asserunt, de Iudaismo ad fidem Christi orthodoxam conversi fuerunt, ignorantes inter eos aliquod impedimentum existere quominus possent insimul matrimonialiter copulari, matrimonium invicem contraxerunt per verba legitime de presenti, carnali copula minime subsecuta, quodque postmodum ad eorum pervenit noticiam, quod ipsi, ab uno tertio, et ab alio lateribus quarto consanguinitatis gradibus invicem sunt coniuncti, propter quod in sic contracto matrimonio remanere non possunt, dispensatione super hoc apostolica non obtenta. Quare pro parte Iohannis et Mercie predictorum nobis fuit humiliter supplicatum, ut providere ipsis super hoc de oportune dispensationis gratia, de benignitate apostolica dignaremur. Nos igitur, huiusmodi supplicationibus inclinati, cum etiam Toletana pastore, cui esset in hac parte scribendum, careat de presenti, discretioni tue, de qua in his et aliis specialem in Domino fiduciam obtinemus, per apostolica scripta committimus et mandamus, quatinus, si est ita, cum eisdem Iohanne et Mercia, dummodo ipsa propter hoc rapta non fuerit, ut ipsi, impedimento, quod ex consanguinitate huiusmodi provenit, non obstante, matrimonium invicem contrahere, et in eo, postquam contractum fuerit, remanere, libere et licite valeant, auctoritate nostra dispenses; prolem, ex huiusmodi matrimonio suscipiendam, legitimam nunciando. Dat. in civitate Valentina, provincie

Terraconensis, XI Kalendas Aprilis, anno vicesimo primo. Exp. Nonis Aprilis, anno XXI.

Source: ASV, Reg. Aven. 347, fol. 282r.

533   Valencia, 5 April 1415

Grant to Odoardus Caporta, a Jewish convert in Monzon, of an annual pension of fifty pounds. Mandate to Francis Alfonso, bishop of Orense, the abbot of Poblet, in the diocese of Tarragona, and the official in Lerida to see to it that the convert receives his grant.

Dilecto filio Odoardo Caporta, laico, habitatori ville Montissoni, Ilerdensis diocesis, salutem etc. Sincere devocionis affectus, quem ad nos et Romanam geris Ecclesiam, non indigne meretur, ut illa tibi liberaliter concedamus, que tibi fore conspicimus oportuna. Cum itaque de preceptoria domus hospitalis Sancti Iohannis Ierosolimitani de Montessono, Ilerdensis diocesis, tunc per obitum quondam Alamanni de Feruxano, ipsius domus preceptoris, qui extra Romanam curiam diem clausit extremum, dilecto filio Roderico de Luna, eiusdem domus preceptori, familiari nostro, per nostras litteras duxissemus providendum, idemque Rodericus preceptoriam predictam, earundem litterarum vigore, extiterit pacifice assecutus, nos, volentes tibi, qui nuper viam veritatis agnoscens, reiecta cecitate Iudaica, Christiane fidei ortodoxe firmiter adherens, ipsamque sponte credens, fervore devocionis accensus, fuisti baptismatis unda renatus, horum intuitu, de alicuius subventionis auxilio providere, gratiamque facere specialem, pensionem annuam quinquaginta librarum monete Iaccensis, de fructibus, redditibus, proventibus, iuribus et obventionibus et emolumentis dicte preceptorie, tibi, vel procuratori tuo ad hoc a te speciale mandatum habenti, quamdiu vixeris in humanis, per dictum Rodericum et successores suos, preceptores dicte domus pro tempore existentes, medietatem videlicet in Augusti et aliam medietatem pensionis huiusmodi in Aprilis mensibus proxime futuris, et sic deinceps in similibus terminis, annis singulis, persolvendam, auctoritate apostolica, ex certa sciencia, tenore presentium concedimus, constituimus et etiam assignamus; volentes et auctoritate statuentes eadem, quod, si ipsi Rodericus seu preceptores, tibi vel eidem procuratori in eisdem terminis, vel saltem infra octo dies, terminos ipsos immediate sequentes, pensionem huiusmodi, super hoc requisiti, non persolverint, eo ipso sentenciam excommunicacionis incurrant, et, si iidem Rodericus seu preceptores infra alios octo dies, prefatos octo immediate sequentes, pensionem ipsam non solverint, ut prefertur, ab administratione bonorum dicte preceptorie, ipso facto, suspensi existant, quodque nullus ab huiusmodi excommunicationis sententia, preterquam in mortis articulo, absolvi valeat, ac suspensio huiusmodi relaxari non possit, donec tibi de huiusmodi pensione tunc tibi debita, fuerit integre satisfactum. Non obstantibus... Nulli ergo etc.... Dat. in civitate Valentina, provincie Terraconensis, Nonis Aprilis, anno vicesimo primo.

In eodem modo venerabili fratri episcopo Auriensi, et dilectis filiis, abbati monasterii Populeti, Terraconensis diocesis, ac officiali Ilerdensi, salutem etc. Sincere devocionis etc. usque specialis. Quocirca discretioni vestre per apostolica scripta mandamus... Non obstantibus ... etc. Dat. ut supra. Exp. XVIII Kalendas Iulii, anno XXI.

Source: ASV, Reg. Aven. 347, fols. 513r–514r.

Note: On the conversions in Monzon, see above, Doc. **527,** and Baer, *Spanien* 1, pp. 824f.

534   Valencia, 21 April 1415

Mandate to Francis Alfonso, bishop of Orense, and the officials in Tortosa and Huesca to grant to Gaspar dela Cavalleria of Saragossa, a Jewish convert, the office of *iustitiatus* in Casp, in the diocese of Saragossa, provided it is vacant, with an income of no more than 20 florins.

Venerabili fratri episcopo Auriensi, et dilectis filiis Dertusensi ac Oscensi officialibus, salutem etc. Sincere devocionis affectus, quem dilectus filius Gaspar dela Cavalleria, laicus Cesaraugustanus, ad nos et Romanam gerit Ecclesiam, promeretur, ut sibi reddamur ad gratiam liberam liberales. Cum itaque, sicut accepimus, officium iusticiatus ville de Casp, Cesaraugustane diocesis, quod quondam Garsias de Urus, laicus, iusticia[!] dicte ville dum viveret obtinebat, per obitum ipsius Garsie, qui extra Romanam curiam diem clausit extremum, vacaverit et vacet ad presens, nos, volentes dicto Gaspari, qui nuper viam veritatis agnoscens, reiecta cecitate Iudaica, fuit ad fidem Christi conversus et baptismatis unda renatus, horum intuitu gratiam facere specialem, discretioni vestre per apostolica scripta mandamus, quatinus vos vel duo aut unus vestrum, per vos vel alium seu alios, officium predictum, quod per priorem, castellanum nuncupatum, prioratus, castellanie nuncupati, hospitalis Sancti Iohannis Iherosolimitani de Emposta, Dertusensis diocesis, personis laicis conferri, et per ipsas personas gubernari consuevit, cuiusque fructus, redditus et proventus, illud pro tempore obtinenti ac ei non deservienti, ultra viginti florenos auri de Aragonia, ut ipse Gaspar asserit, non valent communiter annuatim, sive ut premittitur, sive alias quovismodo, et per quamcumque aliam personam, vacet, dummodo tempore date presentium non sit in eo alicui specialiter ius quesitum, cum omnibus iuribus, emolumentis et pertinenciis suis, eidem Gaspari auctoritate nostra conferre et assignare curetis, inducentes eum vel procuratorem suum, eius nomine, in corporalem possessionem officii iuriumque ac emolumentorum et pertinenciarum predictorum, et defendentes inductum, amoto exinde quolibet illicito detentore, ac facientes ipsum vel dictum procuratorem pro eo ad illud, ut est moris, admitti, sibique de ipsius officii fructibus, redditibus, proventibus, emolumentis, iuribus et obventionibus universis integre responderi; contradictores per censuram etc. Non obstantibus... Dat. in civitate Valentina, provincie Terraconensis, XI Kalendas Maii, anno vicesimo primo. Exp. IIII Nonas Septembris, anno XXI.

Source: ASV, Reg. Aven. 347, fols. 505r–506r.

Note: On the convert, see Baer, *Spanien* 1, pp. 823f.

535   Valencia, 23 April 1415

Grant for life to Michael Mercer, a Jewish convert in Tortosa, of one of the three prebends of the church in Tortosa, belonging to the local bishop (whose seat is currently vacant). Mandate to Francis Alfonso, bishop of Orense, the abbot of Benifaza, in the diocese of Tortosa, and the official of Tarragona to see to it that this is implemented.

Dilecto filio Michaeli Mercer, laico Dertusensi, salutem etc. Sincere devocionis affectus, quem ad nos et Romanam geris Ecclesiam, promeretur, ut illa tibi liberaliter concedamus, que tibi fore conspicimus oportuna. Cum itaque ecclesiam Dertusensem ordinis Sancti Augustini, pastore carentem, ad manus nostras retineamus, nos, volentes tibi, qui nuper viam veritatis agnoscens, reiecta cecitate Iudaica, ad fidem Christi orthodoxam conversus, et baptismatis unda renatus fuisti, horum intuitu, de alicuius subventionis auxilio providere, gratiamque facere specialem, unam ex tribus prebendis seu porcionibus canonicalibus ecclesie predicte, ad mensam episcopalem Dertusensem pertinentibus, et quas episcopus Dertusensis existens pro tempore percipere consuevit, tibi quo advixeris, vel procuratori tuo ad hoc a te speciale mandatum habenti, per prepositos ecclesie supradicte seu mensatas facientes, tradendam et realiter persolvendam, apostolica tibi auctoritate, ex certa sciencia, tenore presentium concedimus, constituimus et etiam assignamus; volentes et auctoritate statuentes eadem, quod, si ipsi prepositi seu mensatas, ut premittitur, facientes, quotiens per decem dies continuos prebendam seu porcionem huiusmodi tradere aut solvere, ut prefertur, distulerint, ipsis decem diebus elapsis, sententiam excommunicacionis incurrant, a qua absolvi nequeant, donec tibi de prebenda seu porcione huiusmodi tunc tibi debita fuerit integre satisfactum. Non obstantibus... Nulli ergo... Dat. in civitate Valentina, provincie Terraconensis, VIIII Kalendas Maii, anno vicesimo primo. In eodem [modo] venerabili fratri episcopo Auriensi, et dilectis filiis, abbati monasterii de Benifaçano, Dertusensis diocesis, ac officiali Terraconensi, salutem etc. Sincere devocionis etc. usque specialis. Quocirca discretioni vestre per apostolica scripta mandamus, quatinus vos vel duo aut unus vestrum, per vos vel alium seu alios, dicto Michaeli, vel procuratori suo, eius nomine, de huiusmodi prebenda seu porcione per eosdem prepositos seu mensatas, ut premittitur, facientes, iuxta huiusmodi nostre concessionis tenorem, faciatis auctoritate nostra integre responderi; necnon, cum vobis seu alteri vestrum constiterit ipsos prepositos sive mensatas facientes, ut prefertur, excommunicatos fore, tandiu eos excommunicatos existere nuncietis ac nunciari, et ab aliis artius evitari, eadem auctoritate curetis, donec eidem Michaeli de prebenda seu porcione huiusmodi tunc sibi debita, integre fuerit satisfactum; non permittentes ipsum Michaelem, vel dictum procuratorem pro eo, super his ab aliquo indebite molestari. Non obstantibus... Contradictores per censuram etc. Dat. ut supra. Exp. Nonis Maii, anno XXI.

Source: ASV, Reg. Aven. 347, fol. 467r-v.

536   Valencia, 27 April 1415

Mandate to the official in Huesca to have the synagogue in Barbastro turned into a church, and the adjacent space into a cemetery.

Dilecto filio officiali Oscensi, salutem etc. Pia vota fidelium, que divini cultus augmentum et animarum salutem respiciunt, libenter apostolico favore prosequimur eisque assensum benivolum impartimur. Cum itaque, sicut exhibita nobis nuper pro parte dilectorum filiorum habitatorum ville de Barbastro, Oscensis diocesis, peticio continebat, Iudei olim in eadem villa commorantes, divina gratia mediante, sint ad fidem Christi ortodoxam conversi, ac sinagoga olim Iudeorum predictorum ad ecclesiam ibidem fundandam, et certum spacium ei contiguum pro cimiterio deputata existant, pro parte habitatorum exponencium predictorum nobis fuit humiliter supplicatum, ut sinagoga[!] ipsa[!] in ecclesiam erigi et consecrari, ac cimiterium huiusmodi benedici mandare, de benignitate apostolica dignaremur. Nos igitur, huiusmodi supplicationibus inclinati, discretioni tue per apostolica scripta mandamus, quatinus eisdem habitatoribus sinagogam predictam, si ad hoc congrua et honesta fuerit, in ecclesiam erigi et consecrari, necnon cimiterium huiusmodi benedici per aliquem Catholicum antistitem, gratiam et communionem apostolice sedis habentem, faciendi, auctoritate nostra licentiam largiaris. Non obstantibus apostolicis ac provincialibus et sinodalibus constitutionibus et aliis contrariis quibuscumque; iure parrochialis ecclesie et cuiuslibet alterius, in omnibus semper salvo. Dat. in civitate Valentina, provincie Terraconensis, V Kalendas Maii, anno vicesimo primo. Exp. II Nonas Maii, anno XXI.

Source: ASV, Reg. Aven. 347, fol. 364v.

Bibliography: Baer, *Spanien* 1, p. 825; Eubel, *Verhalten der Päpste*, p. 37.

537   Valencia, 6 May 1415

Mandate, if the facts are established, to the official in Tortosa to allow two Jewish converts to marry, although related to each other in a grade normally precluding marriage among Christians. Their marriage had been contracted but had not been consummated.

Dilecto filio officiali Dertusensi, salutem etc. Oblate nobis pro parte dilecti filii Petri Borreda, laici, et dilecte in Christo filie Alamande Mercer, dilecti filii Michaelis Mercer nate, mulieris Dertusen. peticionis series continebat, quod olim ipsi Petrus et Alamanda, qui noviter ad fidem Christi conversi fuerunt, ignorantes inter se aliquod impedimentum existere quominus possent matrimonialiter copulari, matrimonium inter se publice contraxerunt per verba legitime de presenti, carnali copula minime subsecuta, quodque postmodum ad eorum pervenit noticiam, quod ipsi tercio affinitatis gradu insimul sunt coniuncti, ex eo proveniente, quod Tadilla, Iudea, uxor, dum viveret, dicti Petri, tunc Samuelis Quatorze nuncupati, et prefata Alamanda, simili consanguinitatis gradu ab eorum communi stipite distabant. Quare pro parte Petri et Alamande predictorum nobis fuit humiliter supplicatum, ut providere ipsis super hoc de opportune dispensationis gratia, de benignitate apostolica dignaremur. Nos igitur, huiusmodi supplicationibus inclinati, cum ecclesia Dertusensis pastore, cui esset in hac parte scribendum, careat de presenti, discrecioni tue, de qua in his et aliis in Domino fiduciam gerimus specialem, per apostolica scripta committimus et mandamus, quatinus, si est ita, cum eisdem Petro et Alamanda, dummodo Alamanda ipsa propter hoc rapta non fuerit, ut ipsi, impedimento, quod ex affinitate huiusmodi provenit, non obstante, matrimonium de novo invicem contrahere, et in eo, postquam contractum fuerit, remanere, libere et licite valeant, auctoritate nostra dispenses; prolem, ex huiusmodi matrimonio suscipiendam, legitimam nunciando. Dat. in civitate Valentina, provincie Terraconensis, II Nonas Maii, anno vicesimo primo. Exp. XVII Kalendas Iunii, anno XXI.

Source: ASV, Reg. Aven. 347, fols. 412v–413r.

Note: See above, Doc. **532**. On Michael Mercer, see above, Doc. **535**.

538   Valencia, 11 May 1415

Constitution imposing restrictions, prohibitions and other ordinances on Jews, including the following: Talmud and related literature, as ordained by Gregory IX and Innocent IV; production, retention and the like of Christian sacred articles; appointment of Jewish judges for internal jurisdiction; para-judicial proceedings, such as arbitration; synagogues; doctors, other medical professions, intermediaries and other professions among Christians; communion with and services by Christians; separate quarters; badge; usury; contracts between Jews and Christians; rights of succession by converts; and compulsory sermons. Threats of severe punishment for non-observation and for transgression.

Ad perpetuam rei memoriam. Etsi doctoris gentium instruamur notissimo documento, nichil ad nos de hiis, qui foris sunt, pertinere, ipso tamen apostolo edocente, ramos illos ex Iudeorum populo, propter incredulitatem suam siquidem fractos ex radice, tamen sancta patriarcharum et prophetarum progenie ortos, si in sua incredulitate non permanserint, proprie olive Salvatori Ihesu Christo, qui ex tribu Iuda in sacratissimo Virginis utero pro humani generis redemptione, tanquam oliva fructifera, carnem sumpsit, aliquando fore legimus inserendos; nec enim, inquit apostolus, adeo offenderunt, ut caderent, sed illorum delicto salus gentibus facta est; sic profecto, cecitas in Israel contigit ex parte, donec plenitudo gentium intraret, et sic omnis Israel salvus fieret. Hec siquidem, nedum in codicibus legimus, sed etiam corporeis oculis cothidie intuemur, dum in diversis mundi partibus, ex conversione Iudeorum, fetu nove prolis ecclesia fecundata, illos, quos inimicos prius habuerat, in pacis filios letatur esse conversos. Nos itaque, quos, licet immeritos, celestis agricola vinee sue dignatus est his impacatis temporibus preesse custodes, quamvis aliis grandibus et arduis negociis, unionem Sancte

Matris Ecclesie et extirpacionem pestiferorum scismatum concernentibus, que illam omnino devastare conantur, quamplurimum occupati, quantum tamen in nobis fuit, Domino cooperante, huic insercioni dedimus operam efficacem. A biennio namque citra, quocirca inserendos ramos huiusmodi efficacius intendere cepimus, Iudeorum magistros, quos ipsi rabinos appellant, qui repperiri commode potuerunt, multosque alios peritiores et notabiliores, in dicione carissimi filii nostri Ferdinandi, Aragonum regis illustris, intra cuius regni fines cum nostra curia moram a dicto tempore citra traximus et trahimus etiam de presenti, nostro fecimus conspectui presentari, cum quibus tam assiduis altercationibus quam crebris informacionibus, tum in nostra presentia tum absentia, per illos, quos ad hoc deputavimus, insistentes, actum est, ut, Deo inspirante, eorum quamplurimi sacrum baptisma puro corde reciperent, et mente devota suis se codicibus convictos publice confitentes, illum, in quem sui predecessores transfixerant Christum Ihesum, scilicet Natzarenum, verum Messiam, Salvatorem suum et Dominum, cognoscentes, humiliter adorarent; sic quod tam in nostra curia quam alibi, illo cooperante qui potens est de induratis lapidibus Israel, filios suscitare, fere tria milia hominum, mediantibus altercatione et informacione prefatis, ex eorum gente fidem Catholicam susceperunt, quos etiam copiosa multitudo, tam in regno predicto quam in aliis Ispanie partibus, Deo inspirante, sequi speratur in brevi; verum, quia, prout manifesta percepimus experiencia, et fideles ex prefata conversione testantur, occasio Iudaice cecitatis, que corda eorum indurat et oculos agravat intellectus, ut illum, qui illuminat omnem hominem venientem in hunc mundum, videre non valeant, quedam perversa doctrina potissima est, que post Ihesu Christi Salvatoris adventum, per quosdam Sathane filios confecta et apud Iudeos Talmud vocata, sub diversis librorum nominibus ac in multis voluminibus scripta dinoscitur, cuius doctrine fabricatores impii, ut maioris auctoritatis apud Iudeos haberetur, divinam legem datam a Domino Moysi, sine scriptura, seu oretenus perperam mentiuntur, in qua siquidem doctrina multiplices errores ac hereses continentur, nedum contra Novi, sed etiam Veteris Testamenti seriem, bonos mores naturalemque racionem, que nulla possunt congrua exposicione deffendi, nec cavillacione aliqua palliari, prout in diversis instanciis in ipsorum Iudeorum presentia examinari fecimus studiose; nos itaque, omne velamen ab eorum oculis evellere cupientes, attento, quod predecessores nostri, Gregorius VIIII et Innocencius IIII, prefatos libros Talmud eandem perversam doctrinam, ut dictum est, continentes, propter errores et hereses in ea contentos, comburi iusserunt, nos eorum vestigia immitantes, prefatam doctrinam una cum suis actoribus [sic], fautoribus et deffensoribus reprobantes, statuimus, ut nemo fidelis vel infidelis, cuiscumque status, condicionis aut secte existat, doctrinam ipsam audire, legere aut docere presumat publice vel occulte; et, ut tanto facilius presens nostra constitutio observetur, quanto minor aderit transgrediendi facultas, decernimus et mandamus, ut infra mensem a die publicacionis presentis constitutionis, in cathedrali ecclesia cuiusvis diocesis imposterum computandum, omnes libri seu volumina ac codices quicumque doctrinam prefatam continentes, aut per modum glosse aut postille, summe, compendii vel alias quovis modo, directe vel indirecte, ad doctrinam eandem quomodolibet pertinentes, in manu seu potestate diocesani vel sui vicarii designati, per inventarium, absque alia quacumque excusacione, ponantur, qui penes se illos conservent et nobis intiment, facturi de ipsis, prout sedes apostolica duxerit ordinandum, diocesanis locorum et inquisitoribus heretice pravitatis in virtute sancte obediencie iniungentes, quatinus, post lapsum dicti termini contra tenentes vel occultantes aliquos de libris, scripturis vel codicibus antedictis procedant viriliter, eciam per capcionem personarum, ut contra vehementer suspectos de heretica pravitate, illis dumtaxat exceptis, quibus, ad predictorum Iudeorum perfidiam convincendam, tenere aliquos de predictis libris concessum fuerit, de sedis apostolice licencia speciali. Et ut premissa plenius executioni mandentur, predictis locorum diocesanis et inquisitoribus precipiendo mandamus, quatinus saltem de biennio in biennium, per se vel alios, in quibuslibet locis suarum diocesium, in quibus Iudeos aliquos habitare cognoverint, diligenter inquirere, et eos, quos in premissis culpabiles reppererint, iuxta huiusmodi nostre constitutionis tenorem punire, ullatenus non omictant, si canonicam et sedis apostolice effugere voluerint ultionem. Ceterum, quia dissimulare illius obprobria non debemus, qui probra nostra deluit, statuimus, ut nullus Iudeus de cetero libellum illum, qui apud eos Mace Ihesu nominatur, quique in contumeliam Redemptoris nostri affirmatur compositus, legere, audire aut apud se retinere presumat; quod si contrafecerit, eo ipso tanquam convictus de blasfemia puniatur. Et hoc idem de illo censemus, qui apud se quemcumque librum, breviarium seu scripturam, maledictiones, vituperia seu contumelias contra Salvatorem nostrum Ihesum Christum, sacratissimam Virginem, eius matrem, aliquem sanctorum, seu contra fidem Catholicam, ecclesiastica sacramenta, sacra vasa, libros vel alia ecclesiastica ornamenta seu ministeria, aut contra Christianos quoslibet continentes, presumpserit retinere. Simili pena Iudeus quicumque plectatur, qui Christum Dominum, Virginem matrem eius, aliquem sanctorum, sacramentum Eucaristie sive quecumque alia sacramenta vel ministeria, crucem, vasa sacra, ornamenta ecclesiastica, seu quicquid aliud apud Christianos sacrum aut religiosum vel divino cultui dedicatum reputetur, turpibus nominibus aut in obprobrium, contumeliam seu vituperium vel contemptum sonantibus, publice vel occulte, Ebrayca vel alia lingua, presumpserit nominare. Et quia Iudei contra crucem, vasa sacra et alia ecclesiastica ornamenta et libros Christianorum, nedum linguas suas actenus in contumelias relaxare, sed eciam factis et operibus contra ipsa consueverunt temere perpetrare, nos, ut Iudeis ipsis super hoc oportunitas auferatur, statuimus, ut Iudeo, qui crucem, calicem, vasa sacra vel ad sacrum ministerium dedicanda, aliave ornamenta ecclesiastica fabricare, facere vel reparare, aut causa pignoris, vel alias, recipere vel retinere, vel libros Christianorum, in quibus nomen Ihesu Christi vel beate Virginis Marie sit scriptum, ligare presumpserit, per loci diocesanum Christianorum communio subtrahatur, donec ad eiusdem diocesani arbitrium satisfecerint competenter; Christianus autem, qui aliquid predictorum pro arte, causa, vel in casu Iudeis superius interdictis, cuiquam Iudeo tradiderit, excommunicationis sententia eo ipso se noverit innodatum. Insuper, licet Iudeis officium iudicandi lex civilis etiam interdicat, ad apostolatus nostri tamen sepe pervenit auditum, quod in quibusdam partibus Catholicis subiectis principibus, Iudei, privilegiis regum seu aliorum dominorum secularium se pretendentes munitos, ausu temerario, iudices inter se constituere non verentur. Cum autem valde sit absonum, et religioni contrarium Christiane, ut, quos mors Ihesu Christi tradidit servituti colencium Christum, privilegia sic exaltent, eosdem reges et dominos exortamur, ne huiusmodi concedant privilegia de cetero, vel servent, aut servari faciant, vel permittant, eciam iam concessa; et, ut tanto facilius illum, qui mittendus erat, Iudei Christum iam venisse cognoscant, quantum per effectum operis nullum sceptrum prerogative aut excellencie inter se perceperint remansisse, presencium tenore decernimus et iubemus, ut nullus Iudeus de cetero, quibuscumque privilegiis fuerit communitus, in aliquibus causis criminalibus, civilibus, aut aliis quibuscumque privilegiis, eciam contra illos, quos ipsi malsinos appellant, vel quocumque alio exquisito colore, iudex existere aut iudicandi officium, eciam inter Iudeos quomodolibet audeat exercere. Et, ne huiusmodi constitutionem fraudandi occasio relinquatur, statuimus et mandamus, ut nec arbitrium in se suscipere, aut per viam compromissi seu arbitramenti quomodocumque, aut inter quascumque personas pronunciare presumant, decernentes irritum et inane quicquid contra premissa fuerit attemptatum. Et nichilominus Iudeus, qui presentis nostri decreti extiterit violator, pena supra proxime designata se noverit puniendum. Porro, quamvis novas sinagogas fabricare, tam imperialibus legibus quam predecessorum nostrorum Romanorum pontificum decretis, et antiquas in ampliores vel preciosiores extollere, sit Iudeis penitus interdictum, ipsi tamen, sicut accepimus, in diversis mundi partibus, tam de novo construendo quam antiquas in preciosiores fabricas ampliando, decreta prefata servili audacia violare multociens presumpserunt. Nos itaque, dissimulare talia ulterius non valentes, et statuta canonica exequentes, decernimus et mandamus, quod diocesani locorum, infra duos menses a publicacione presencium in eorum cathedralibus ecclesiis imposterum computandos, per se vel per alios, omnes sinagogas in eorum diocesibus consistentes claudi faciant taliter, quod Iudeis ad eas nullus pateat aditus vel ingressus; ita tamen, quod ubi una tantum fuerit sinagoga, si preciosa non fuerit, non claudatur; ubi autem fuerint due vel plures, una tantum de non preciosioribus, dimittatur. In locis autem, ubi, iuxta huiusmodi nostre constitutionis tenorem, omnes sinagogas, si plures ibi essent, vel unam, si illa tantum ibi esset, claudi contigerit, Iudeis ipsis impedimentum non fiat, quominus, si voluerint, hac vice tantum, unam solam possint domum habere hedificii competentis, ad diocesani arbitrium vel sui vicarii generalis; porro, in cognicione habenda super iam dicta preciositate, diocesanorum consciencias oneramus. Hoc tamen presenti constitutioni adiicimus, quod, si de aliqua sinagoga legitime possit constare, quod aliquo tempore fuisset ecclesia, vel super hoc fama laboret, indistincte claudatur. Prefatas itaque sinagogas, sicut premittitur, clausas, iidem diocesani ad manus suas faciant retineri, donec per apostolicam sedem aliter fuerit ordinatum, nisi infra sex menses a die publicacionis premisse coram nobis, vel ad id per nos specialiter deputatis, ipsi Iudei ostendant, quo eis titulo eas habere contra statuta canonica licuisset. Si quis vero, cuiuscumque dignitatis, status aut condicionis existat, diocesanum ipsum seu eius vicesgerentem in premissis presumpserit impedire, nisi tercio monitus omnino destiterit, ipso facto sententiam excommunicacionis incurrat, a qua absolvi nequeat, nisi ad arbitrium diocesani prefati satisfecerit competenter. Preterea statuimus, ut nemo Iudeorum utriusque sexus artem seu officium medici, cirurgici, apotecarii, pigmentarii, obstetricis, mediatoris seu presonete [sic], tractatoris seu concordatoris sponsalium, vel matrimoniorum, vel campsoris, inter fideles, vel ad opus cuiuscumque fidelis exercere, aut alicuius fidelis redditus colligere, vel arrendare in domo vel bonis Christiani officium vel administracionem, aut cum Christiano societatem in aliqua arte vel artificio habere, aut nutricem vel alium familiarem vel servitorem fidelem tenere, aut cum fideli in balneo vel convivio communicare, aut in Sabbato vel alio festo Iudeorum servicium accendendi ignem vel parandi cibum, aut aliud opus servile in favorem cultus sui festi a Christiano recipere, aut panes azimos seu alia victualia, ad suarum festivitatum observanciam deputata, vel carnes per eos refutatas, quas trufa[!] vocant, Christiano vendere seu donare presumant. Iudeo autem, qui contra aliquod premissorum commiserit, per loci diocesanum Christianorum communio subtrahatur, donec ad eius arbitrium satisfecerit competenter; Christianus autem, in aliquo predictorum Iudeo participans, excommunicacionis sentencia eo ipso se noverit innodatum. Ut autem tanto facilius illicita conversacio inter Christianos et Iudeos evitetur, quanto diligentius communicandi occasio invicem subtrahetur [sic], fideles principes et alios dominos temporales ortamur in Christo, ut in suis civitatibus, villis aut locis, in quibus Iudei morantur, certos assignent limites, extra quos eis non liceat habitare. Iudeus vero, qui extra limites assignatos domum sue continue habitacionis habuerit, arceatur pena iam superius designata; fideles vero, qui Iudeo domum vendere, locare, commodare, vel alias concedere presumpserint, si singulares sint persone, excommunicacionis, si autem collegium vel alia universitas fuerit, interdicti sentencias ipso facto se noverint incursuros. Ad hec antiqua iura exequentes, que utriusque sexus Iudeos in omni Christianorum provincia qualitate habitus publice ab aliis fidelium populis distingui mandarunt, statuimus, ut in partibus in quibus Iudei tempore date presencium ita patens et eminens signum non portant, sicut in huiusmodi constitutione disponimus, amodo signum eminens bipartiti coloris, rubei scilicet et crocei affixum deferant patenter, videlicet mares in superiori veste super pectus, femine vero super frontem, eius scilicet magnitudinis atque forme, quas in presentibus fecimus designari; Iudeis autem huius iuris transgressoribus pena plectendis superius expressata. Exigit quoque ipsorum Iudeorum cupiditas, que ad exercendam usurariam pravitatem novos quotidie et exquisitos satagit invenire colores, ut non simus antiquorum iurium provisione contenti, sed novis eorum fraudibus, nova eciam remedia prebeamus. Cum itaque, sicut fidedignorum relacione percepimus, nonnulli Iudeorum, per privilegia regum et principum, sibi hoc asserentes impune cum certa moderatione licere, extorquere a Christianis usuras aperte seu publice non formidant, quidam vero ex eis, subtili circa hoc utentes astucia, debitores suos, quibus pecunias mutuant sub usuris, alios faciunt simulare contractus, sicque fit, ut sub specie venditionis, empcionis vel aliorum contractuum, in quibus, si dolus abesset, iuxta naturam eorum non committeretur usura, occultum mutuum, quod sub usuris in rei veritate contrahunt, tali fraudulenta simulacione satagunt palliare; alii vero tali cautela utuntur, quod debitores suos in maiori quantitate, quam ab eis receperint, obligari facientes, sub appellacione sortis principalis, usuras exigere non verentur, inducentes insuper Christianos eosdem ad prestandum de servandis huiusmodi contractibus iuramentum, quodque talia debita coram aliquo ecclesiastico recognita iudice, nisi infra conventum inter eos terminum persolverint, excommunicacionis se paciantur sententia innodari. Unde, nos ipsorum Iudeorum maliciis cupientes, quantum cum Deo possumus, obviare, statuimus, ut nullus Iudeorum de cetero contractum aliquem sive tractatum inire presumat, cuius causa seu occasione Christianus aliquis ad solvendum, restituendum, dandum sive tradendum pecuniam aut quamcumque rem in futurum, seu cum futuri temporis tractu, alicui Iudeo, aut ad eius utilitatem, directe vel indirecte, teneatur aut remaneat obligatus. Nos enim, omnem tractatum huiusmodi, quem eo ipso de usuraria pravitate suspectum habemus, necnon iuramenta quecumque, iudiciales recognitiones et excommunicacionis, aut quascumque sentencias alias, que vel quas super huiusmodi aut alio quocumque contractu per Iudeum, vel ad eius utilitatem, sub usura, vel in fraudem usurarum confecto, fieri vel ferri contigerit, et quicquid ex premissis, vel ob ea, secutum fuerit, auctoritate omnipotentis Dei, cuius causam in hoc prosequimur, cassamus, irritamus, annullamus et haberi volumus pro infectis, decernentes neminem Christianorum ad observacionem talium contractuum, iuramentorum aut sentenciarum quovis modo teneri; non obstantibus quibuscumque constitutionibus, iuribus, statutis, privilegiis sive indulgentiis, per quoscumque principes, dominos, vel superiores ipsorum, ecclesiasticos aut seculares, editis, sive concessis, seu imposterum edendis aut concedendis, que, quantum huiusmodi nostre constitutioni contradicunt, eadem auctoritate haberi volumus pro infectis; nullus autem prelatorum, officialium aut iudicum ecclesiasticorum aut secularium, aliquem ex dictis contractibus aut eius recognicionem seu confessionem coram se aut in suis curiis fieri permittat, aut super eo penam, auctoritatem vel decretum imponere, aut excommunicationis vel aliam quamcumque sententiam promulgare, vel alias favorem prestare presumat. Nullus eciam notariorum seu tabellionum super aliquo predictorum contractuum, aut eius recognitione, confessione, pena, decreto, auctoritate, excommunicacione vel alia sententia supradictis, instrumentum vel scripturam conficiat; quod si aliquis prelatorum, officialium, iudicum aut notariorum seu tabellionum aliquid huic nostre inhibitioni contrarium fecerit, eo ipso sententiam excommunicacionis incurrat; et nichilominus officialis ipse, iudex aut notarius seu tabellio huiusmodi nostre constitutionis transgressor, si ab ecclesia officium, iurisdictionem aut auctoritatem suscepit, ab ipso per annum continuum sit eo ipso suspensus. Et quia, sicut ad audienciam nostram nonnullorum relacione pervenit, in quibusdam mundi partibus ipsi Iudei, timentes in predictis fraudibus facilius deprehendi, novum genus fraudis reperire conantur, de persona quidem ad personam fraudulentum transitum facientes, Christianos aliquos loco sui in eisdem contractibus submitti seu surrogari procurant, ita quod contractus, qui timetur fieri per Iudeum, in personam Christiani, de quo Iudeus confidit, fraudulenter conficiatur et ficte. Nos itaque, volentes in premissis Christianorum indempnitati salubrius providere, prohibemus, ne de cetero aliquis fidelis contractum aliquem, qui Iudeum concernat, in personam suam seu sub suo nomine concipi ullo modo seu colore quesito permittat, aut cuicumque Iudeo in hoc auxilium, consilium aut favorem ad illudendum mentem huius nostre constitutionis vel contra eam in aliquo veniendum, directe vel indirecte, occulte vel publice impendere seu exhibere presumat; sciturus, si contrarium fecerit, excommunicationis se ipso facto sententia sentiat innodatum, quem per loci ordinarium, in virtute sancte obediencie, tamdiu publice nunciari mandamus, quousque, debita satisfactione premissa, fuerit absolutus. Et quia cedit in iniuriam fidei Christiane, quod Iudei filios aut alios consanguinitate sibi coniunctos, volentes converti ad fidem Catholicam, a sancto proposito retrahunt, auferendo eis spem succedendi in bonis suis, quorum successionem, conversione cessante, se crederent verisimiliter habituros, nos, huic tam evidenti impedimento fidei, quantum cum Deo possumus, providere volentes in eiusdem fidei favorem huic nostre sanctioni duximus annectendum, quod omnes et singuli utriusque sexus, qui ex Iudeorum gente, inspirante Domino, ad fidem Catholicam actenus sunt conversi, aut converti contigerit in futurum, et generaliter, quicumque Christicole, qui Iudeos in consanguinitatis gradu habuerunt sibi coniunctos, in bonis Iudeorum in infidelitate sua decedencium, eo modo succedant, ac si prefati Iudei sic, ut premittitur, decedentes, tempore mortis sue fuissent Christiane fidei professores, et nullum fecissent aut ordinassent testamentum, vel aliam ultimam voluntatem; decernentes, ut nullum testamentum vel aliqua ultima voluntas, nec ulla inter vivos, vel causa mortis, donacio, vel alia alienacio facta in fraudem constitutionis huiusmodi, nec lex aliqua Iudeorum, vel consuetudo, eciam inter eos actenus observata, Christianis obstare valeant, quominus in bonis infidelis defuncti successionem legitimam consequantur iuxta formam iurium, quibus Christiani illarum parcium in Christianorum ab intestato decedencium successionibus regulantur. Demum vero, quia morum cultori provido vicia sarculo extirpare non sufficit, nisi, quantum in se est, virtutes laboret inserere, nobis, qui Iudeorum fraudulentas astucias coibere, caliginosamque nebulam cecitatis ab eorum obtutibus tergere, presencium constitutionum tenore conamur, restat, ut ad imprimendum in eis veri luminis claritatem totis viribus insurgamus. Statuimus itaque propterea et ordinamus, quod in quibuscumque civitatibus, villis seu locis, in quibus Iudeos in competenti multitudine secundum arbitrium diocesanorum contigerit habitare, per magistros sacre pagine, aut alios viros ydoneos, quos ad hoc diocesani ipsi duxerint deputandos, fiant sermones publici ter in anno, quorum primum in secunda Dominica Adventus, secundum in crastinum Resurrectionis Dominice, tercium vero, in Dominica qua cantatur Evangelium: "Cum appropinquasset Ihesus Iherusalem, videns civitatem, flevit super eam", presentibus omnibus Iudeis utriusque sexus a duodecim annis supra, qui in civitate, villa seu loco poterint [!] repperiri, omnino fieri volumus et mandamus; contra Iudeos autem, qui interesse neglexerint, procedi volumus per dictos diocesanos per subtractionem communionis Christianorum, quousque ad diocesani arbitrium satisfecerint competenter. Erit autem materia primi sermonis, veri Messie, Ihesu Christi Salvatoris nostri, diucius optatum adventum apertissime declarare, et per auctoritates, quibus Iudei refragari non possunt, eis ostendere Messiam, quem ipsi venturum sperant, longe iam retroactis temporibus advenisse, prout ex processu contra Iudeos in curia nostra formato faciliter ille colligere poterit, cui onus incumbet predictum proponendi sermonem. Secundus vero sermo, circa illam versetur materiam, ut, in quam[!] varias hereses et errores Iudaica cecitas postquam Christum Dominum venientem in carne videre intellectualibus oculis cognoscendo renuit, inciderit manifeste, ipsis Iudeis notificetur, ad plenum recitatis videlicet circa hoc vanitatibus ridiculosis, damnatis erroribus, mendaciis et heresibus execrandis, contentis in Iudeorum Talmuto, confecto per illos nequam ipsius actores, quos tamen ipsi Iudei maxime auctoritatis et prudencie viros putant, prout eciam ex prefato processu facile colligi poterit et videri. Qui vero tercium sermonem proponet, ad hoc principaliter intendat, ut eisdem Iudeis destructionem templi et civitatis Iherusalem, prout Christus cum sanctis concordando prophetis predixerat, perpetuitatemque captivitatis eorum aperte declaret. Et demum, in fine sui sermonis, has nostras constitutiones publice legat voce intelligibili, eas, prout melius poterit, omnibus declarando, ut efficacius memorie commendetur[!].

Et, quia parum prodesset ordinare salubria, nisi foret qui ordinata execucioni mandaret, diocesanis locorum, in virtute sancte obediencie precipiendo mandamus, quatinus in exequendis premissis, adeo se promptos solicitosque exhibeant, in fidei Christiane de ipsius hostibus triumphalem victoriam, Sancte Matris Ecclesie de nove prolis fecunditate leticiam, et cunctorum fidelium de fratrum in Christo nova progenie sibi aucta, consolacionem et gloriam, sicut ad eorum spectat officium, querere subiectis sibi populis, manifesta experiencia se ostendant. Congruit autem religioni ac mansuetudini Christiane, libenter Iudeis contra iniustas persecuciones humanum prestare subsidium; sinendi sunt enim usque in tempus messis crescere, ne forte credentes erradicare zizaniam[!], triticum, quod in agro gentis prefate bonus ille paterfamilias, seminator recti consilii, Deus, suis vivificandum temporibus seminavit, immatura adhuc segete et indiscreta anticipatione, erradicari contingat. Plus enim blandimentis, quam asperitatibus erga eos agendum est, ne quos Christiana benignitas ad viam rectam forsitan revocaret, pellat procul inhumana asperitas in ruinam. Universos, igitur, Catholicos principes obnixe rogamus et hortamur actente, et nichilominus omnibus ecclesiarum prelatis ac ceteris Christi fidelibus in virtute sancte obediencie districte precipiendo mandamus, quatinus sic Iudeos ipsos ad observanciam presencium constitutionum, quantum in eis fuerit et ad cuiuslibet eorum officium pertinet, non omittant compellere, quod tamen ipsos ultra ea, que in predictis constitutionibus aut aliis sanctionibus continentur, gravari, molestari, seu in eorum personis offendi, aut bona eorum diripi, sive alias quoquomodo absque racionabili causa vexari, ulterius non permittant, quin ymo eos tractent humaniter et clementer, ac per alios eciam, quantum ad eorum officium pertinet, faciant sic tractari, ita quod, tali mediante suffragio, ab iniuriosis inquietacionibus valeant preservari. Tunc enim in cordis ara sacrificium Deo acceptum, tribulatus spiritus vere creditur immolari, cum inspectori cordium illud offertur voluntarie, non coacte. Nam, secundum sacrorum canonum sanctiones, consultius agitur, si ad veritatis cognitionem et divini cultus amorem piis monitis informando et predicando, quam violenciam inferendo, a fidelibus inducantur. Nulli ergo etc.... Dat. et actum in civitate Valentina, provincie Terraconensis, V Idus Maii, anno vicesimo primo.

Source: ASV, Reg. Aven. 345, fols. 10r–14r; 347, fol. 323r-v (partly); BAV, Ottob. Lat. 351, fols. 353r–361r.

Publication: Amador de Los Rios, *Historia* 2, pp. 630f.; Bartolocci, *Bibliotheca Magna Rabbinica* 3, pp. 731f.; Döllinger, *Beiträge* 2, pp. 393f.; O'Callaghan, *Catedral de Tortosa*, pp. 294f.

Bibliography: Baer, *Spanien* 1, p. 828; Bardinet, *Condition civile*, p. 4; Baron, *Social and Religious History* 9, pp. 69f., 253, 272f.; Browe, *Religiöse*

Duldung, pp. 15, 61; Id., *Judenmission*, p. 26; Bzovius, *Annalium* 3, a. 1415, § 35; Depping, *Juden im Mittelalter*, pp. 306f.; Eckert, *Hoch- und Spätmittelalter*, pp. 233, 245f.; Erler, *Historisch-kritische Übersicht* 7, p. 16; Grayzel, *Sicut Judeis*, p. 276; Id., *Talmud*, p. 235; Simonsohn, *Kirchliche Judengesetzgebung*, pp. 1f.; Stow, *Burning of the Talmud*, p. 436; Vendrell, *Pragmatica de Benedicto XIII*.

539   Valencia, 19 June 1415

Grant to Ferrarius Ram, a Jewish convert in Alcañiz, of an annual pension of 50 solidi from the income of the church in Saragossa, of the Augustinian Order, presently held by the pope. Mandate to Francis Alfonso, bishop of Orense, and the officials of Lerida and Tortosa to see to it that this is implemented.

Dilecto filio Ferrario Ram, laico, habitatori ville de Alcanicio, Cesaraugustane diocesis, salutem etc. Sincere devocionis affectus, quem ad nos et Romanam geris Ecclesiam, promeretur, ut illa tibi libenter concedamus, que tibi fore conspicimus oportuna. Cum itaque camerariam ecclesie Cesaraugustane, ordinis Sancti Augustini, ad manus nostras retineamus, nos, volentes tibi, qui nuper viam veritatis agnoscens, reiecta cecitate Iudaica, ad fidem Christi orthodoxam conversus et baptismatis unda renatus fuisti, horum intuitu de alicuius subventionis auxilio providere gratiamque facere specialem, pensionem annuam quingentorum solidorum monete Iaccensis super fructibus, redditibus et proventibus dicte camerarie, medietatem videlicet in Domini nostri Ihesu Christi, et aliam medietatem pensionis huiusmodi in Sancti Iohannis Baptiste Nativitatum festivitatibus proxime futuris, et sic deinceps tibi quo advixeris, vel procuratori tuo ad hoc speciale mandatum habenti, per receptores seu collectores fructuum et emolumentorum predictorum, per nos seu nostro nomine deputatos et imposterum forsitan deputandos, et camerarium dicte ecclesie pro tempore existentem, tradendam et realiter persolvendam, tibi, auctoritate apostolica, ex certa sciencia, tenore presentium concedimus, constituimus et etiam assignamus; volentes et auctoritate statuentes eadem, quod, si iidem receptores seu collectores aut camerarius per decem dies singulos terminos ipsos immediate sequentes requisiti tamen pensionem huiusmodi solvere recusaverint, sentenciam excommunicationis incurrant, a qua absolvi nequeant, donec de pensione huiusmodi tunc tibi debita fuerit integre satisfactum. Non obstantibus... Nulli ergo etc.... Dat. in civitate Valentina, provincie Terraconensis, XIII Kalendas Iulii, anno vicesimo primo.

In eodem modo venerabili fratri, episcopo Auriensi, et dilectis filiis Ilerdensi ac Dertusensi officialibus, salutem etc. Sincere devocionis etc. usque specialis. Quocirca discretioni vestre per apostolica scripta mandamus, quatinus vos vel duo aut unus vestrum per vos vel alium seu alios faciatis dicto Ferrario vel procuratori suo eius nomine de huiusmodi pensione annis singulis per receptores seu collectores et camerarium supradictos, iuxta huiusmodi nostre concessionis tenorem, auctoritate nostra, integre responderi; necnon, cum vobis seu alteri vestrum constiterit predictos receptores seu collectores aut camerarium excommunicatos, ut premittitur, fore, tamdiu ipsos excommunicatos existere nuncietis et nunciari et ab aliis artius evitari, eadem auctoritate faciatis, donec predicto Ferrario fuerit de pensione huiusmodi tunc sibi debita, ut premittitur, satisfactum; non permittentes ipsum Ferrarium vel dictum procuratorem super his ab aliquo molestari. Non obstantibus... Dat. ut supra. Exp. Nonis Iulii, anno XXI.

Source: ASV, Reg. Aven. 347, fols. 380v–381r.

---

540   Valencia, 19 June 1415

Grant to Ursula March, a widow and Jewish convert in the diocese of Tarragona, and her son Johannes March, of an annual pension amounting to 20 pounds of Barcelona, derived from the revenues of the bishopric in Tortosa. Mandate to Francis Alfonso, bishop of Orense, Jerome de Ochon, bishop of Elne, and the abbot of Benifaza, in the diocese of Tortosa, to see to it that this is implemented.

Dilecte in Christo filie Ursule March, vidue, mulieri Terraconensis diocesis, salutem etc. Sincere devotionis affectus... Cum itaque ecclesiam Dertusensem pastore carentem ad manus nostras retineamus, nos, volentes tibi ac dilecto filio Iohanni March, laico Terraconensis diocesis, nato tuo, qui et tu nuper viam veritatis agnoscentes, reiecta cecitate Iudaica, fuistis ad fidem Christi orthodoxam conversi, horum intuitu de alicuius subventionis auxilio providere ... pensionem annuam viginti librarum monete Barchinonensis super fructibus ... ad mensam episcopalem Dertusensem pertinentibus, tibi quo advixeris, ac post obitum tuum dicto Iohanni ... tenore presentium concedimus. Non obstantibus... Nulli ergo etc.... Dat. in civitate Valentina, provincie Terraconensis, XIII Kalendas Iulii, anno vicesimo primo.
In eodem modo venerabilibus fratribus Auriensi et Elnensi episcopis, ac dilecto filio abbati monasterii Benifaçano, Dertusensis diocesis, salutem

etc. Sincere devotionis etc. usque specialis. Quocirca ... mandamus... Dat. ut
supra. Exp. IIII Kalendas Novembris, anno XXII.

Source: ASV, Reg. Aven. 347, fols. 644v–645v.

Note: As above, preceding doc.

541   Valencia, 20 June 1415

Grant to Gabriel de Cervilione, a Jewish convert in the diocese of Saragossa,
of an annual pension of ten pounds of Jaca from the income of the church in
Lerida, currently held by the pope. Mandate to Francis Alfonso, bishop of
Orense, and the officials in Saragossa and Tortosa to see to it that this is
implemented.

Dilecto filio Gabrieli de Cervilione, laico Cesaraugustane diocesis, salutem
etc. Sincere devocionis affectus... Cum itaque ecclesiam Ilerdensem pastore
carentem ad manus nostras retineamus, nos, volentes tibi, qui nuper viam
veritatis agnoscens, reiecta cecitate Iudaica, ad fidem Christi orthodoxam
conversus... fuisti, horum intuitu de alicuius subvencionis auxilio providere ...
pensionem annuam decem librarum monete Iaccensis super fructibus ...
quatuor porcionum canonicalium ecclesie predicte ... tibi quo advixeris ...
tenore presencium concedimus... Non obstantibus... Nulli ergo etc.... Dat. in
civitate Valentina, provincie Terraconensis, XII Kalendas Iulii, anno vicesimo
primo.
In eodem modo venerabili fratri episcopo Auriensi, et dilectis filiis
Cesaraugustano ac Dertusensi officialibus, salutem etc. Sincere devotionis
etc. usque specialis. Quocirca mandamus... Non obstantibus... Dat. ut supra.
Exp. Nonis Iulii, anno XXI.

Source: ASV, Reg. Aven. 347, fols. 379v–380r.

Note: As above, Doc. **539.**

542   Valencia, 20 June 1415

Grant to Gaspar dela Cavalleria, a Jewish convert in Saragossa, of an annual pension of ten pounds of Jaca derived from the revenues of the church in Saragossa, currently held by the pope. Mandate to Francis Alfonso, bishop of Orense, and the officials in Huesca and Tortosa to see to it that this is implemented.

Dilecto filio Gaspari dela Cavalleria, laico Cesaraugustano, salutem etc. Sincere devocionis affectus... Cum itaque ecclesiam Cesaraugustanam pastore carentem ad manus nostras retineamus, nos, volentes tibi, qui nuper viam veritatis agnoscens, reiecta cecitate Iudaica, ad fidem Christi orthodoxam conversus ... fuisti, horum intuitu de alicuius subventionis auxilio providere ... pensionem annuam decem librarum monete Iaccensis super fructibus ... scribanie officialatus Cesaraugustani, ad mensam archiepiscopi Cesaraugustani pro tempore existentis pertinentibus ... tibi quo advixeris ... tenore presencium concedimus... Non obstantibus... Nulli ergo etc.... Dat. in civitate Valentina, provincie Terraconensis, XII Kalendas Iulii, anno vicesimo primo. In eodem modo venerabili fratri episcopo Auriensi, et dilectis filiis Dertusensi ac Oscensi officialibus, salutem etc. Sincere etc. usque specialis. Quocirca ... mandamus... Contradictores per censuram etc. Dat. ut supra. Exp. XIIII Kalendas Augusti, anno XXI.

Source: ASV, Reg. Aven. 347, fol. 589r-v.

Note: As above, Doc. **539**. On the convert, see above, Doc. **534**.

543   Valencia, 20 June 1415

Grant to Salvatore Manuelis, a Jewish convert in the diocese of Saragossa, of an annual pension of 10 pounds of Jaca, derived from the revenues of the church in Lerida, currently held by the pope. Mandate to Francis Alfonso, bishop of Orense, Andrea Bertrandi, canon in Valencia, and the official in Saragossa to see to it that this is implemented.

Dilecto filio Salvatori Manuelis, laico, Cesaraugustane diocesis, salutem etc. Sincere devotionis affectus... Cum itaque ecclesiam Ilerdensem pastore carentem ad manus nostras retineamus, nos, volentes tibi, qui nuper viam veritatis agnoscens, reiecta cecitate Iudaica, ad fidem Christi orthodoxam conversus ... fuisti, horum intuitu de alicuius subventionis auxilio providere ... pensionem annuam decem librarum monete Iaccensis super fructibus, redditibus, proventibus quatuor porcionum canonicalium ecclesie predicte ... tibi quo advixeris ... tenore presentium concedimus... Non obstantibus... Nulli

ergo... Dat. in civitate Valentina, provincie Terraconensis, XII Kalendas Iulii, anno vicesimo primo.
In eodem modo venerabili fratri episcopo Auriensi, et dilectis filiis, Andree Bertrandi, canonico Valentino, ac officiali Cesaraugustano, salutem etc. Sincere devocionis etc. usque specialis. Quocirca ... mandamus... Contradictores auctoritate etc. Dat. ut supra. Exp. V Idus Iulii, anno XXI.

Source: ASV, Reg. Aven. 347, fol. 634r-v.

Note: As above, Doc. **539**. A convert named Manuel Salvador is mentioned by Baer, *Spanien* 1, pp. 703f.

544   Valencia, 20 June 1415

Grant to Franciscus Baro, a Jewish convert in Saragossa, of an annual pension of 20 pounds of Jaca, derived from the revenues of the church in Saragossa, presently held by the pope. Mandate to Francis Alfonso, bishop of Orense, the abbot of St. Fé, in the diocese of Saragossa, and the official in Lerida to see to it that this is implemented.

Dilecto filio Francisco Baro, laico Cesaraugustano, licenciato in medicina, salutem etc. Sincere devocionis affectus... Cum itaque ecclesiam Cesaraugustanam pastore carentem ad manus nostras retineamus, nos, volentes tibi, qui nuper viam veritatis agnoscens, reiecta cecitate Iudaica, ad fidem Christi orthodoxam conversus ... fuisti, horum intuitu de alicuius subventionis auxilio providere ... pensionem annuam viginti librarum monete Iaccensis super fructibus, proventibus, emolumentis scribanie officialatus Cesaraugustani ... tibi quo advixeris ... tenore presentium concecimus... Non obstantibus... Nulli ergo etc.... Dat. in civitate Valentina, provincie Terraconensis, XII Kalendas Iulii, anno XXI.
In eodem modo venerabili fratri episcopo Auriensi, et dilectis filiis, abbati monasterii Sancte Fidis, Cesaraugustane diocesis, ac officiali Ilerdensi, salutem etc. Sincere devocionis etc. usque specialis. Quocirca ... mandamus... Non obstantibus... Contradictores... Dat. in civitate Valentina, provincie Terraconensis, XII Kalendas Iulii, anno XXI. Exp. VIII Idus Iulii, anno XXI.

Source: ASV, Reg. Aven. 347, fol. 635r-v.

Note: As above, Doc. **539**.

545   Valencia, 20 June 1415

Grant to Ludovicus Palatii, a Jewish convert in the diocese of Tortosa, of an annual pension of 10 pounds of Barcelona, derived from the income of the church in Tortosa, currently held by the pope. Mandate to Francis Alfonso, bishop of Orense, the abbot of Benifaza, in the diocese of Tortosa, and the official in Tortosa to see to it that this is implemented.

Dilecto filio Ludovico Palatii, laico Dertusensis diocesis, salutem etc. Sincere devocionis affectus etc. Cum itaque ecclesiam Dertusensem pastore carentem ad manus nostras retineamus, nos, volentes tibi, qui nuper viam veritatis agnoscens, reiecta cecitate Iudaica, ad fidem Christi orthodoxam conversus ... fuisti, horum intuitu de alicuius subventionis auxilio providere ... pensionem annuam decem librarum monete Barchinonensis super fructibus ... trium porcionum canonicalium ecclesie predicte ... tibi tenore presentium concedimus... Non obstantibus... Nulli ergo etc.... Dat. in civitate Valentina, provincie Terraconensis, XII Kalendas Iulii, anno vicesimo primo. In eodem modo venerabili fratri episcopo Auriensi, et dilectis filiis, abbati monasterii de Benifaçano, Dertusensis diocesis, ac officiali Dertusensi, salutem etc. Sincere devotionis etc. usque specialis. Quocirca ... mandamus... Dat. ut supra. Exp. VIII Idus Iulii, anno XXI.

Source: ASV, Reg. Aven. 347, fols. 635v–636r.

Note: As above, Doc. **539**.

546   Valencia, 20 June 1415

Grant to Ludovicus Sancii de Funes, a Jewish convert in the diocese of Saragossa, of an annual income of 10 pounds derived from the revenues of the church in Saragossa, currently held by the pope. Mandate to the abbot of Rueda, in the diocese of Saragossa, the precentor of the church in Segorbe and the official in Valencia to see to it that this is implemented.

Dilecto filio Ludovico Sancii de Funes, laico Cesaraugustane diocesis, salutem etc. Sincere devocionis affectus... Cum itaque ecclesiam Cesaraugustanam pastore carentem ad manus nostras retineamus, nos, volentes tibi, qui nuper viam veritatis agnoscens, reiecta cecitate Iudaica, ad fidem Christi orthodoxam conversus ... fuisti, horum intuitu de alicuius subventionis auxilio providere ... pensionem annuam decem librarum monete Iaccensis super

fructibus ... scribanie officialatus Cesaraugustani, ad mensam archiepiscopi Cesaraugustani pro tempore existentis pertinentibus, tibi ... tenore presentium concedimus... Dat. in civitate Valentina, provincie Terraconensis, XII Kalendas Iulii, anno vicesimo primo.
In eodem modo dilectis filiis, abbati monasterii de Rueda, Cesaraugustane diocesis, et precentori ecclesie Segobricensis, ac officiali Valentino, salutem etc. Sincere devotionis etc. usque specialis. Quocirca ... mandamus... Dat. ut supra. Exp. VIII Idus Iulii, anno XXI.

Source: ASV, Reg. Aven. 347, fols. 636r–637v.

Note: As above, Doc. **539**.

547   Valencia, 20 June 1415

Grant to Andrea Clementis, a Jewish convert in the diocese of Tortosa, of an annual pension of 15 pounds of Barcelona, from the revenues of the church in Tortosa, at present held by the pope. Mandate to Francis Alfonso, bishop of Orense, the abbot of Benifaza, in the diocese of Tortosa, and the official in Tarragona to see to it that this is implemented.

Dilecto filio Andree Clementis, laico Dertusensis diocesis, salutem etc. Sincere devocionis affectus... Cum itaque ecclesiam Dertusensem pastore carentem ad manus nostras retineamus, nos, volentes tibi, qui nuper viam veritatis agnoscens, reiecta cecitate Iudaica, ad fidem Christi orthodoxam conversus ... fuisti, horum intuitu de alicuius subventionis auxilio providere ... pensionem annuam quindecim librarum monete Barchinonensis super fructibus ... trium porcionum canonicalium ecclesie predicte, quas episcopus Dertusensis pro tempore existens percipere consuevit ... tibi ... tenore presentium concedimus... Dat. in civitate Valentina, provincie Terraconensis, XII Kalendas Iulii, anno XXI.
In eodem modo venerabili fratri episcopo Auriensi, et dilectis filiis, abbati monasterii de Benifaçano, Dertusensis diocesis, ac officiali Terraconensis, salutem etc. Sincere devotionis etc. usque specialis. Quocirca ... mandamus... Dat. ut supra. Exp. VIII Idus Iulii, anno XXI.

Source: ASV, Reg. Aven. 347, fol. 637r-v.

Note: As above, Doc. **539**.

548   Valencia, 20 June 1415

Grant to Egidius Martini de Rueda, a Jewish convert in the diocese of
Saragossa, of an annual pension of ten pounds of Jaca, from the income of the
church in Lerida, currently held by the pope. Mandate to the abbot of Rueda,
in the diocese of Saragossa, the precentor of the church in Segovia and the
official in Valencia to see to it that this is implemented.

Dilecto filio Egidio Martini de Rueda, laico Cesaraugustane diocesis,
salutem etc. Sincere devocionis affectus... Cum itaque ecclesiam Ilerdensem
pastore carentem ad manus nostras retineamus, nos, volentes tibi, qui nuper
viam veritatis agnoscens, reiecta cecitate Iudaica, ad fidem Christi orthodoxam
conversus ... fuisti, horum intuitu de alicuius subventionis auxilio providere ...
pensionem annuam decem librarum monete Iaccensis super fructibus ...
quatuor porcionum canonicalium ecclesie predicte, quas episcopus Ilerdensis
... percipere consuevit tibi quo advixeris ... tenore presentium concedimus...
Dat. in civitate Valentina, provincie Terraconensis, XII Kalendas Iulii, anno
vicesimo primo.
In eodem modo dilectis filiis, abbati monasterii de Rueda, Cesaraugustane
diocesis, et precentori ecclesie Segobricensis, ac officiali Valentino, salutem
etc. Sincere devotionis etc. usque specialis. Quocirca ... mandamus... Dat. ut
supra. Exp. VIII Idus Iulii, anno XXI.

Source: ASV, Reg. Aven. 347, fols. 637v–638v.

Note: As above, Doc. **539.**

549   Valencia, 25 June 1415

Grant to Andrea de Sancto Georgio, a Jewish convert in the diocese of Lerida,
of an annual pension of ten pounds of Jaca, derived from the revenues of the
church in Urgel, currently held by the pope. Mandate to John de Valtierra,
bishop of Tarazona, the abbot of Scarp, in the diocese of Lerida, and the
official in Lerida to see to it that this is implemented.

Dilecto filio Andree de Sancto Georgio, laico Ilerdensis diocesis, salutem
etc. Sincere devocionis affectus... Cum itaque ecclesiam Urgellensem pastore
carentem ad manus nostras retineamus, nos, volentes tibi, qui nuper viam
veritatis agnoscens, reiecta cecitate Iudaica, ad fidem Christi orthodoxam
conversus ... fuisti, horum intuitu de alicuius subventionis auxilio providere ...

pensionem annuam decem librarum monete Iaccensis super fructibus ...
scribanie officialatus Urgellensis, ad mensam episcopi Urgellensis pro tempore
existentis pertinentibus ... tibi quo advixeris ... tenore presentium
concedimus... Non obstantibus... Nulli ergo etc.... Dat. in civitate Valentina,
provincie Terraconensis, VII Kalendas Iulii, anno vicesimo primo.
In eodem modo venerabili fratri episcopo Tirasonensi, et dilectis filiis, abbati
monasterii de Scarp, Ilerdensis diocesis, ac officiali Ilerdensi, salutem etc.
Sincere devocionis etc. usque specialis. Quocirca ... mandamus... Dat. ut
supra. Exp. Idibus Iulii, anno XXI.

Source: ASV, Reg. Aven. 347, fols. 503v–504v.

Note: As above, Doc. **539**.

550　　　　　　　　　　　　　　　　　　Valencia, 3 July 1415

Grant for life to Ferdinandus of Saragossa, a Jewish convert in the diocese of
Toledo and former rabbi, of the income from the property attached to the
larger of the two synagogues in Maqueda, about to be shut down, following
the papal edict to this effect.

Dilecto filio Ferdinando de Caragoça, laico Toletane diocesis, salutem etc.
Sincere devocionis affectus, quem ad nos et Romanam geris Ecclesiam,
promeretur, ut illa tibi libenter concedamus, que tibi fore conspicimus
oportuna. Cum itaque, sicut exhibita nobis nuper pro parte tua peticio
continebat, in loco de Maqueda, Toletane diocesis, due sinagoge existant,
quarum maior, iuxta constitutiones per nos contra Iudeos noviter editas,
claudi debeat, ipsaque sinagoga certis vineis, campis et olivetis dotata existat,
quorum omnium fructus ultra triginta florenos auri de Aragonia, ut asseris,
non valent communiter annuatim, quique uni rau iuxta ritum Iudeorum in
sinagoga ipsa pro tempore existenti assignabantur, quodque Iudei in loco
predicto commorantes, attendentes, quod plures sinagoge in regno Castelle
consistentes, a paucis citra temporibus create fuerunt in ecclesias, ac timentes,
ne modo simili de ipsa maiori sinagoga fieret, magnam partem hereditatum
huiusmodi, et de melioribus hereditatibus ipsis, a duobus annis citra, inter se
vendiderunt, ac res preciosas mobiles ipsius sinagoge alienaverunt et in usus
alios transportarunt, ne ad manus Christifidelium devenirent, pro parte tua
nobis fuit humiliter supplicatum, ut vineas, campos et oliveta huiusmodi, tibi,
qui nuper tunc rau secundum ritum Iudeorum inter ipsos existebas, viam
veritatis agnoscens, reiecta cecitate Iudaica, ad fidem Christi orthodoxam

conversus et baptismatis unda renatus fuisti, quique, ut asseris, nullum officium habes, unde te et uxorem ac prolem quas habes possis commode sustentare; nos tibi, premissorum intuitu, pio ac paterno compacientes affectu, teque favore prosequi gratie specialis intendentes, tuis in hac parte supplicacionibus inclinati, vineas, campos et oliveta huiusmodi tibi quo advixeris, auctoritate apostolica, tenore presentium concedimus et eciam assignamus, tibi nichilominus hereditates, ac res venditas et alienatas huiusmodi, ut prefertur, ad predictam maiorem sinagogam pertinentes, cum omnibus iuribus et pertinenciis suis, petendi, exigendi, et super his coram quibuscumque iudicibus ecclesiasticis vel secularibus agendi, ac hereditates et res a duobus annis citra, ut premittitur, venditas seu alienatas, recuperandi ac conservandi, donec super illis aliud duxerimus ordinandum, potestatem plenariam concedendo. Nulli ergo etc.... Dat. in civitate Valentina, provincie Terraconensis, V Nonas Iulii, anno vicesimo primo. Exp. Idibus Iulii, anno XXI.

Source: ASV, Reg. Aven. 347, fol. 662r-v.

Note: See below, Docs. **621, 622.**

Bibliography: Baer, *Spanien* 2, p. 279 (who erroneously has 27 April); Eubel, *Verhalten der Päpste*, pp. 37f.

551   Valencia, 7 July 1415

Mandate to the dean of St. Maria Maior in Calatayud to have the synagogue in Calatayud, built by Don Juce Abencabra, since converted and named Johannes Martini dela Cabra, turned into a chapel, and to allow Johannes Martini and his descendants to be buried there.

Dilecto filio decano secularis et collegiate ecclesie Beate Marie Maioris de Calataiubio, Tirasonensis diocesis, salutem et apostolicam benedictionem. Pia fidelium vota, que divini cultus augmentum et animarum salutem respiciunt, libenter apostolico favore prosequimur eisque assensum benivolum impartimur. Cum itaque, sicut exhibita nobis nuper pro parte dilecti filii Iohannis Martini dela Cabra, laici, habitatoris ville civitatis nuncupate de Calataiubio, Tirasonensis diocesis, peticio continebat, ipse, qui olim, tunc Iudeus, Don Yuce Abencabra nuncupatus, et qui nuper, Iudaica in qua perstiterat cecitate relicta, veri splendore luminis illustratus, ad fidem Christi orthodoxam conversus et baptismatis unda renatus fuit, quandam sinagogam infra aliamam Iudeorum ville predicte construi ac edificari fecerat, cupiat sinagogam ipsam in capellam erigi ac etiam benedici, pro parte ipsius Iohannis fuit nobis humiliter supplicatum, ut eandem sinagogam in capellam sub invocatione beati Pauli erigi ac benedici mandare, de benignitate apostolica dignaremur. Nos igitur, huiusmodi supplicationibus inclinati, discretioni tue per apostolica scripta mandamus, quatinus eidem Iohanni sinagogam predictam, si ad hoc congrua et honesta fuerit, in capellam, et in ea unum, duo vel tria altaria, et illa preter principale, cum invocacionibus, de quibus tibi videbitur, erigi, ac ipsam per aliquem Catholicum antistitem, graciam et communionem apostolice sedis habentem, faciendi, auctoritate nostra licenciam largiaris; et nichilominus, eidem Iohanni auctoritate predicta concedas, ut ipse et alii, ab eo legitime descendentes, infra dictam capellam sepeliri, libere et licite possint; apostolicis ac provincialibus et sinodalibus constitutionibus contrariis nequaquam obstantibus quibuscumque; iure parrochialis ecclesie et cuiuscumque alterius, in omnibus semper salvo. Dat. in civitate Valentina, provincie Terraconensis, Nonis Iulii, pontificatus nostri anno vicesimo primo. Exp. Idibus Iulii, anno XXI.

Source: ASV, Reg. Aven. 347, fols. 608v–609r.

Bibliography: Baer, *Spanien* 1, p. 825; Eubel, *Verhalten der Päpste*, p. 38.

552   Valencia, 7 July 1415

Indulgence of a year and forty days to the visitors to the chapel to be erected in Calatayud in place of the synagogue built by the convert Johannes Martini dela Cabra when still a Jew.

Universis Christifidelibus presentes litteras inspecturis, salutem et apostolicam benedictionem. Quoniam, ut ait apostolus, omnes stabimus ante tribunal Christi, recepturi prout unusquisque in corpore gessit, sive bonum sive malum, oportet nos diem messionis extreme misericordie operibus prevenire, et talia seminare in terris, que cum multiplicato fructu recolligere valeamus in celis, firmam spem fiduciamque tenentes, quod, qui parce seminat, parce et metet, et qui seminat in benedictionibus, de benedictionibus et metet vitam eternam. Hodie siquidem, ad dilecti filii Iohannis Martini dela Cabra, laici, habitatoris ville civitatis nuncupate de Calataiubio, Tirasonensis diocesis, supplicacionis instanciam, quandam sinagogam infra aliamam Iudeorum ville predicte in capella[m] sub invocacione beati Pauli erigi mandavimus, prout in nostris inde confectis litteris plenius continetur. Nos, cupientes, ut capella ipsa, cum erecta fuerit, ut prefertur, congruis honoribus frequentetur, et ut Christi fideles eo libentius causa devocionis confluant ad eandem, et ad fabricam, seu reparacionem ac ornamenta ipsius, et luminaria in ea ministranda, manus promptius porrigant adiutrices quo ex his ibidem uberius dono celestis gratie conspexerint se refectos, de omnipotentis Dei misericordia et beatorum Petri et Pauli apostolorum eius auctoritate confisi, omnibus vere penitentibus et confessis, qui in Nativitatis, Circumcisionis, Epiphanie, Resurrectionis, Ascensionis et Corporis Domini nostri Ihesu Christi ac Pentecoste, necnon Nativitatis, Annunciationis, Purificacionis et Assumptionis beate Marie Virginis, ac Nativitatis beati Iohannis Baptiste, sanctorumque Petri et Pauli apostolorum predictorum, et ipsius capelle dedicacionis festivitatibus, et in celebritate Omnium Sanctorum, et per ipsarum Nativitatis, Epiphanie, Resurrectionis, Ascensionis, et Corporis Domini, necnon Nativitatis et Assumptionis beate Marie, ac Nativitatis beati Iohannis Baptiste et apostolorum Petri et Pauli predictorum festivitatum octabas, et per sex dies dictam festivitatem Pentecostes immediate sequentes, capellam ipsam devote visitaverint annuatim, et ad fabricam seu reparacionem ac ornamenta et luminaria huiusmodi manus porrexerint adiutrices, singulis, videlicet beati Pauli duos, et beate Marie Virginis unum annos, et totidem quadragenas, et aliarum festivitatum, et celebritatis, centum, octabarum vero, et sex dierum predictorum diebus, quibus capellam ipsam devote visitaverint et manus porrexerint, ut prefertur, quinquaginta dies de iniunctis eis penitenciis misericorditer relexamus[!]. Ceterum, ut omnia et singula, que per eosdem fideles pro relexacionis[!] huiusmodi gracia consequenda, offerri contigerit vel donari, in usus ad quos oblata vel donata fuerint, integre convertantur, sub interminacione divini iudicii districtus[!] inhibemus, ne quis, cuiuscumque status vel condicionis existat, quicquam de oblatis vel donatis ipsis, sibi aliquatenus approp[r]iet vel usurpet. Si quis autem hoc attemptare presumpserit, non possit a reatu presumpcionis huiusmodi ab aliquo, nisi apud sedem apostolicam, ac satisfaccione debita per eum, de illis que sibi appropriaverit vel usurpaverit, realiter prius impensa, preterquam in mortis articulo constitutus, absolucionis beneficium obtinere. Dat. in civitate Valentina, provincie Terraconensis, Nonis Iulii, pontificatus nostri anno vicesimo primo. Exp. Idibus Iulii, anno XXI.

Source: ASV, Reg. Aven. 347, fol. 609r-v.

Note: See above, preceding doc.

Bibliography: Eubel, *Verhalten der Päpste*, p. 38.

553   Perpignan, 13 September 1415

Mandate and commission to the vicar of the church in Urgel and the bailiff
and consuls of the town to protect the local Jews.

Dilectis filiis, vicario in spiritualibus et temporalibus ecclesie, et baiulo ac
consulibus civitatis Urgellensis, salutem etc. Ad nostrum, pro parte Iudeorum
aliame civitatis Urgellensis coram nobis proposita querimonia, pervenit
auditum, quod ipsi Iudei preter constitutiones per nos contra ipsos canonice
editas, molestantur et oprimuntur indebite ac iniuste. Nos, eorundem
Iudeorum, quos sub nostra salvagardia seu protectione presencium auctoritate
suscipimus, incommodis ac iniuriis occurrere cupientes, discretioni vestre per
apostolica scripta committimus et mandamus, quatinus Iudeos predictos seu
ipsorum aliquem, servatis tamen constitutionibus ipsis, molestari seu
inquietari nullatenus permittatis, dictosque Iudeos libertate, qua ipsi ante
publicacionem constitutionum predictarum gaudebant, constitutionibus ipsis
in omnibus observatis, libere uti etiam permittatis. Dat. Perpiniani, Elnensis
diocesis, Idibus Septembris, anno vicesimo primo. Exp. V Nonas Octobris,
anno XXI.

Source: ASV, Reg. Aven. 347, fol. 665r.

Bibliography: Eubel, *Verhalten der Päpste*, p. 38.

554   Perpignan, 13 September 1415

Mandate to the bailiff of Urgel to send to the pope the minutes of the trial of
Bonafos Abraham and Bonsenyor Deuslosal, Jews in that locality, currently
held in prison.

Dilecto filio baiulo civitatis Urgellensis, salutem etc. Pro parte Bonafos
Abraham et Bonsenyor Deuslosal, Iudeorum civitatis Urgellensis, querelose
fuit propositum coram nobis, quod Iudei ipsi in curia officii baiulie civitatis
predicte maliciose et contra iustitiam detinentur carceribus mancipati. Quare
pro parte ipsorum Iudeorum nobis fuit humiliter supplicatum, ut providere
eis super hoc de oportuno remedio dignaremur. Nos igitur, huiusmodi
supplicacionibus inclinati, discretioni tue per apostolica scripta mandamus,
quatinus processum contra Iudeos predictos premissorum occasione factum,
diligenter et integre recollectum, sigillatum, unacum presentibus ad nos absque

dilatione transmittere non postponas. Dat. Perpiniani, Elnensis diocesis, Idibus Septembris, anno vicesimo primo. Exp. V Nonas Octobris, anno XXI.

Source: ASV, Reg. Aven. 347, fol. 665v.

Bibliography: Eubel, *Verhalten der Päpste*, p. 38.

555   Perpignan, 14 September 1415

Concession to Franciscus Clement, a Jewish convert in Tortosa, of an annual salary of 50 pounds as collector and administrator of the revenues of the church in Tortosa, at present held by the pope, this to continue after the appointment of a bishop at Tortosa. Ludovicus de Prades, bishop of Majorca and papal chamberlain, had made the original concession.

Dilecto filio Francisco Clement, civi Dertusensi, salutem etc. Sincere devocionis affectus, quem ad nos et Romanam geris Ecclesiam, promeretur, ut te, qui dudum de Iudaismo fuisti ad Christi fidem, operante gratia Spiritus Sancti, conversus, paterne caritatis prosequentes affectu, circa ea que utilitates et commoda tua respicere dinoscuntur, quantum cum Deo possumus, favorabiliter intendamus. Nuper siquidem, de tuis fidelitate ac industria fiducialiter confidentes, tibi officium procurandi, exigendi, recipiendi et administrandi omnes et singulos fructus, redditus et proventus ac iura et emolumenta ad episcopum Dertusensem pro tempore existentem ac eius mensam episcopalem, quam et ecclesiam Dertusensem ordinis Sancti Augustini tunc proprio pastore carentem, ad manus nostras tenebamus, prout retinemus eciam de presenti, et alias officium huiusmodi plenius exercendi, cum salario quinquaginta librarum monete in partibus illis currentis tibi annis singulis exhibendo, per litteras venerabilis fratris Ludovici, episcopi Maioricensis, camerarii nostri, concedi mandamus[!]. Cum itaque nos intendamus eidem ecclesie de pastore proprio providere, ac cupiamus tibi, ut onera matrimonii et filiorum utriusque sexus, quibus habundare nosceris, facilius supportare valeas, de subventionis auxilio specialis salubriter providere, officium procurandi fructus, redditus, proventus, iura et emolumenta huiusmodi, ut prefertur, eciam postquam eidem ecclesie de pastore proprio provisum fuerit seu providi contingat quomodolibet in futurum, cum salario quinquaginta librarum predictarum, per prefatum episcopum pro tempore existentem, tibi de fructibus, redditibus, proventibus, iuribus et emolumentis predictis, annis singulis quo advixeris exhibendum[!], auctoritate apostolica concedimus, constituimus et etiam assignamus. Volumus autem, quod de receptis et administratis, quamdiu ecclesiam predictam ad manus nostras retinebimus, gentibus camere nostre apostolice, cum vero ad eandem ecclesiam proprius pastor accedat, ei, seu illi vel illis, quem seu quos ipse ad hoc deputandum duxerit, seu etiam deputandos, rationem et compotum reddere tenearis, quodque de fructibus, redditibus, proventibus, iuribus et emolumentis eisdem, in redditione compoti huiusmodi, dictas quinquaginta libras dumtaxat pro salario huiusmodi annuatim penes te valeas libere retinere. Non obstantibus... Nulli ergo etc.... Dat. Perpiniani, Elnensis diocesis, XVIII Kalendas Octobris, anno vicesimo primo. Exp. XIIII Kalendas Februarii, anno XXII.

Source: ASV, Reg. Aven. 347, fols. 552v–553r.

Note: On Franciscus Clement, see Baer, *Spanien* 1, pp. 833f.

556   Peñiscola, 10 August 1416

Mandate and commission, if the facts are established, to Didacus Gomez de Fuensalida, bishop of Zamora, to transfer the convent of St. Maria de las Duanas outside Zamora, of the Augustinian Order, to a basilica inside the town, which had been a synagogue.

Venerabili fratri episcopo Zamorensi, salutem etc. Piis fidelium votis libenter annuimus eaque favore prosequimur oportuno. Cum itaque, sicut exhibita nobis nuper pro parte dilectarum in Christo filiarum, priorisse et monialium monasterii Sancte Marie de las Duanas, extra muros Zamorenses, ordinis Sancti Augustini, sub cura fratrum Predicatorum viventium, petitio continebat, ipse in eodem monasterio, propter inundationes aquarum, quas inibi frequenter contingunt, absque periculo personarum nequeant remanere, et propterea, ac etiam causa devotionis, ad quandam basilicam infra civitatem Zamorensem fundatam, que olim sinagoga Iudeorum existens, per carissimum in Christo filium nostrum Iohannem, regem Castelle illustrem, priorisse ac monialibus antedictis pro monasterio ibidem ad usum ipsarum fundando extitit regia liberalitate donatum[!], cupiant se transferre, pro parte priorisse ac monialium predictarum fuit nobis humiliter supplicatum, ut se de dicto monasterio ad prefatam basilicam transferendi et inibi aliud monasterium ad usum ipsarum fundandi, construendi ac edificandi, eis licenciam concedere, de benignitate apostolica dignaremur. Nos, huiusmodi supplicationibus inclinati, de premissis tamen certam noticiam non habentes, fraternitati tue, de qua in his et aliis specialem in Domino fiduciam obtinemus, per apostolica scripta committimus et mandamus, quatinus de premissis auctoritate nostra te diligenter informes, et si per informacionem huiusmodi ea vera, et basilicam predictam locum ad hoc congruum, habilem et honestum fore reppereris, priorisse et monialibus supradictis, se de predicto monasterio ad eandem basilicam transferendi, et ibidem unum monasterium ad usum earum cum ecclesia, campanili, campana, claustro, dormitorio et aliis domibus et necessariis officinis, absque parrochialis ecclesie et iuris cuiuslibet alieni preiudicio, fundandi, construendi ac edificandi, cuiuscumque licencia minime requisita, apostolicis ac provincialibus et sinodalibus constitutionibus, necnon statutis et consuetudinibus dicti ordinis, etiam iuramento, confirmatione apostolica vel quacumque firmitate alia roboratis, contrariis nequaquam obstantibus, plenam et liberam auctoritate predicta licentiam largiaris. Et nichilominus, prefatis priorisse et monialibus eadem auctoritate concedas, quod monasterium ipsum, postquam fundatum fuerit, omnibus et singulis privilegiis, libertatibus et indulgentiis, primodicto monasterio concessis, gaudeat pariter et utatur, proviso, quod ecclesia et alia loca sacra primodicti monasterii huiusmodi ad profanos usus nullatenus revertantur. Dat. Paniscole, Dertusensis diocesis, IIII Idus Augusti, anno vicesimo secundo. Exp. II Nonas Septembris, anno XXII.

Source: ASV, Reg. Vat. 328, fols. 485v–486r.

Bibliography: Baer, *Spanien* 2, p. 279; Eubel, *Verhalten der Päpste*, pp. 38f.

557   Peñiscola, 1 March 1417

Request to all Christians to assist Alexander Huadedualveri, a convert born in the Canary Islands, to transfer his relatives and others to Christian lands and to bring about their conversion.

Universis Christi fidelibus presentes litteras inspecturis, salutem etc. Super gregem Dominicum nostre vigilancie divinitus creditum, vigilis speculatoris officium, prout nobis desuper conceditur, exercentes, pro animarum salutem[!] cunctorum, illorum presertim, qui fidem Catholicam non noverunt, aciem interne consideracionis extendimus, et oportune provisionis remedia, paterne diligencie studiis adhibemus. Cum itaque, sicut dilectus filius Alexander Huadedualveri[?], laicus Rubicensis diocesis, exposuit humiliter coram nobis, ipse, qui superno lumine illustratus, fidem Christi suscepit, pro conversione habitancium in magna insula Canarie, dicte diocesis, unde ipse oriundus existit, ad fidem eandem, vel saltem illorum, qui de parentela sua existunt, quique, ut asserit, de maioribus eiusdem insule sunt, totis conatibus laborare intendat, ipsosque ad partes Christifidelium trahere desideret et proponat, nos, cupientes, ut habitatores ipsi ad fidem convertantur eandem viamque veritatis agnoscant, vos omnes et singulos per viscera misericordie Ihesu Christi ortamur, requirimus et monemus, quatinus Alexandrum predictum cum uxore et natis suis et aliis de parentela sua, eciam si nondum fidem susceperint antedictam, ad portus, partes et terras vestros venire, stare, morari et conversari, ac exinde ad propria, quotiens voluerint, eciam cum mercimoniis redire, pro Dei ac nostra et apostolice sedis reverencia, libere permittatis, nullam eis in personis, bonis vel rebus ipsorum inferendo iniuriam vel offensam, necnon quoscumque alios prefate insule ad triennium, a die qua idem Alexander ad ipsam insulam applicuerit computandum, eciam venire, stare, morari, conversare[!] et redire, absque iugo alicuius captivitatis, similiter permittatis, ipsos benigne tractando, eisque grata caritatis subsidia erogando, ac[!] per ministerium nostrum huiusmodi, predicti, qui ignorancie nubilo sunt detenti, ad eandem fidem converti valeant, vosque per hec et alia que, inspirante Domino, feceritis, ad eterne possitis felicitatis gaudia pervenire. Dat. Paniscole, Dertusensis diocesis, Kalendis Marcii, anno vicesimo tercio.

Source: ASV, Reg. Aven. 349, fol. 389r.

Note: There is no record of Jewish presence in the Canary Islands at this time, thus Alexander's being a Jewish convert is only a remote possibility.

558   Peñiscola, 2 April 1417

Mandate to the official in Palencia to allow the Jewish converts in Cisneros to construct a chapel in their former synagogue.

Dilecto filio officiali Palentino, salutem etc. Pia fidelium vota, que divini cultus augmentum et animarum salutem respiciunt, libenter favore apostolico prosequimur eisque assensum benivolum impartimur. Cum itaque, sicut exhibita nobis nuper pro parte dilectorum filiorum, ad fidem Christi orthodoxam noviter conversorum, loci de Cisneros, Legionensis diocesis, peticio continebat, ipsi et alii nonnulli Christifideles in loco predicto commorantes, in domo olim pro sinagoga Iudeorum ipsius loci facta seu constructa, unam capellam fundare ipsamque dotare proponant, pro parte exponencium predictorum fuit nobis humiliter supplicatum, ut premissa faciendi licenciam concedere, de benignitate apostolica dignaremur. Nos, divinum cultum augmentari totis viribus affectantes, huiusmodi supplicacionibus inclinati, discretioni tue per apostolica scripta mandamus, quatenus exponentibus supradictis unam capellam in domo predicta, si sit locus ad hoc congruus et honestus, edificandi, fundandi ac etiam construendi, necnon in ea missas et alia divina officia per proprium vel alium sacerdotem ydoneum celebrari faciendi, dote sufficienti pro uno perpetuo capellano, inibi perpetuo Domino servituro, primitus assignata, licenciam auctoritate apostolica largiaris; iure tamen parrochialis ecclesie et alterius cuiuscumque in omnibus semper salvo. Dat. Paniscole, Dertusensis diocesis, IIII Nonas Aprilis, anno vicesimo tercio. Exp. V Idus Aprilis, anno XXIII.

Source: ASV, Reg. Vat. 328, fol. 497r.

Bibliography: Baer, *Spanien* 2, p. 279; Eubel, *Verhalten der Päpste*, p. 39.

Innocent VII (de' Migliorati)
17 Oct. 1404 – 6 Nov. 1406

559   Rome, 11 November 1404

Confirmation of concession to Iacobus Petrucii de Porchiano of Ascoli of a
house there, which had belonged to Angelus Genettani, alias Rome, a Jew,
formerly of Ascoli, declared a rebel, and which had been granted him by
Boniface IX and not confirmed before his death.

Innocentius etc. dilecto filio nobili viro Iacobo Petrucii de Porchiano,
domicello Esculano, salutem etc. Racioni congruit etc. Dudum siquidem,
felicis recordationis Bonifacio pape VIIII predecessori nostro, per te exposito,
quod olim tu, pro recuperatione civitatis nostre Esculane ad obedientiam
Sancte Romane Ecclesie, importabilia dampna eras passus, et quedam domus
tue, que in eadem civitate consistebant, funditus destructe et ad ruinam posite,
necnon quidam germanus et nepos tui, a certis rebellibus tunc eidem Ecclesie,
crudeliter interempti fuerant, et pro parte tua eidem predecessori humiliter
supplicato, ut domum Angeli Genettani, alias Rome nuncupati, Iudei, olim
habitatoris eiusdem civitatis, que quidem domus, porta erat civitatis eiusdem,
in Sexterlocanetarum nuncupata, quam tunc inhabitasti, cum ipse Iudeus,
tanquam rebellis statui dicte civitatis, extra eam tunc moraretur, tibi pro te
tuisque natis et heredibus concedere, de benignitate apostolica dignaretur;
idem predecessor, volens te propter sincere devocionis affectum, quem ad eum
et dictam Ecclesiam gerebas prout geris, ac etiam premissa per te passa, ut
prefertur, favore prosequi gratie specialis, predictam domum, quam tunc
inhabitabas, ut prefertur, cum omnibus iuribus et pertinentiis suis, tibi pro te
ac eisdem natis, per te et eos pro tempore tenendam et possidendam, videlicet
XVI Kalendas Decembris, pontificatus sui anno terciodecimo, auctoritate
apostolica duxerat concedendam. Ne autem, pro eo quod super concessione
prefata littere apostolice, dicti predecessoris superveniente obitu, confecte
non fuerunt, huiusmodi concessionis frustreris effectum, volumus et apostolica
auctoritate decernimus, quod concessio predicta, perinde a dicta die, videlicet
XVI Kalendas Decembris, consequatur effectum, ac si super ipsa concessione
dicti predecessoris littere sub ipsius diei data confecte fuissent, prout superius
enarratur, quodque presentes littere ad probandum plene concessionem

antedictam, ubique plene sufficiant, nec ad id probacionis alterius adminiculum requiratur. Nulli ergo etc. ... Si quis autem etc. Datum Rome, apud Sanctum Petrum, tercio Idus Novembris, anno primo.

Source: ASV, Reg. Lat. 120, fol. 75r-v.

560   Rome, 11 November 1404

Confirmation to Angelo, son of Manuele, of the privileges granted him by Boniface IX on 6 April 1399, and confirmed on 20 February 1404, and the additional privileges granted him by the same pope and confirmed on papal instructions by Conrad Caracciolo, papal chamberlain.

Innocentius etc. Angelo Manuelis, Iudeo, in Urbe commoranti, spiritum consilii sanioris. Sedes apostolica, pia mater, Iudeos, qui sub eiusdem sedis protectione morantur, quique per solicita studia se reddunt Christianis acceptos, libenter favore oportuno prosequitur, et illis, que pro ipsorum utilitate rationabiliter facta sunt, ut illibata persistant, adminiculum confirmationis apostolice impertitur. Hinc est, quod nos, tuis in hac parte supplicacionibus inclinati, tenores quarundam litterarum felicis recordationis Bonifacii pape VIIII predecessoris nostri, et venerabilis fratris nostri Conradi, episcopi Militensis, camerarii nostri, qui de verbo ad verbum inferius describuntur, per eos tibi concessarum, et quecumque inde secuta, rata habentes et grata, ea, auctoritate apostolica, ex certa sciencia, confirmamus et presentis scripti patrocinio communimus. Tenores vero dictarum litterarum tales sunt: "Bonifacius episcopus, servus servorum Dei. Ad futuram rei memoriam. Probate dilectionis affectus... Dat. Rome, apud Sanctum Petrum, VIII Idus Aprilis, pontificatus nostri anno decimo.
Conradus, miseratione divina episcopus Militensis, domini pape camerarius, discretis viris magistris Angelo magistri Manuelis, Leutio et Manueli, eius filiis, Iudeis, cirurgicis, de regione Transtiberim, domini nostri pape familiaribus, viam agnoscere veritatis. Ex fidelitatis affectu... Dat. Rome, apud Sanctum Petrum, sub anno Domini millesimo quadringentesimo quarto, indictione duodecima, die vigesimo mensis Februarii, pontificatus sanctissimi domini nostri, domini Bonifacii, divina providentia pape VIIII, anno quintodecimo." Nulli ergo ... etc. Dat. Rome, apud Sanctum Petrum, tertio Idus Novembris, anno primo.

Source: ASV, Reg. Lat. 122A, fols. 43v–47r; 128, fols. 111v–115r.

Note: See above, Docs. **487, 503**. The doc. is contained in the confirmation by Gregory XII. See below, Doc. **575**.

561   Rome, 19 April 1405

Authorization to Nicolò Corrado Pocciarelli, bishop of Segni and papal treasurer in the March of Ancona, to impose a tax on all the inhabitants of the March, including the Jews, and excluding the cardinals, Conrad Caracciolo, papal chamberlain, and the members of the Hospitallers of St. John of Jerusalem and the Teutonic Orders, to finance the papal soldiery and administration.

Innocentius etc. venerabili fratri Nicolao, episcopo Segniensi, in provincia nostra Marchie Anconitane pro nobis et Romana Ecclesia thesaurario, salutem etc. Postquam ad apicem summi apostolatus fuimus assumpti, novit almus scrutator cordium, ad nil ardencius cordis nostri curas extendimus, quam quod nostros et Ecclesie Romane peculiares filios et devotos ab oneribus et angustiis relevare possemus, ut pacis pulchritudine et opulenta possent tranquillitate letari. Post assumptionem autem huiusmodi, recensitis facultatibus apostolice camere, quam non solum exhaustam substantiis, maxime pro satisfactionibus preteritorum stipendiorum ac provisionum, per eandem cameram tam dilectis filiis, nobilibus viris Paulo de Ursinis, Romano, Mostarde de Strata, Forliviensi, domicellis, ac Conti, militi de Carraria, Ceccholino de Michelottis, Perusino, Cinccio de Paterno, etiam domicellis, nonnullarum gentium prefate Ecclesie armigerarum capitaneis, et quamplurimis peditum conestabulis, ac roccharum, cassarorum, bastitarum et fortelliciorum dicte Ecclesie custodibus ac castellanis, ut alia innumera expensarum onera transeamus, necessario faciendis, sed incomprehensibilibus ac variis debitis pregravatam invenimus, quod dolenter referimus ... auctoritate apostolica ac tenore presentium, ex certa scientia declaramus atque decernimus, quod omnes et singuli episcopi, electi, abbates, prelati, alieque persone ecclesiastice seculares et regulares, eorumque capitula et conventus, exempti et non exempti, Cisterciensis, Cluniacensis, Cartusiensis, Premonstratensis, Sanctorum Benedicti et Augustini et aliorum quorumcumque ordinum preceptores, priores atque magistri, et alii quicumque in dicta provincia Marchie Anconitane beneficia obtinentes et obtenturi, necnon universitates et singulares persone civitatum, terrarum, castrorum et locorum dicte provincie, tam laici quam etiam Ebrei habitatores eorundem, et cuiuslibet ipsorum, cuiuscumque preeminentie, status, gradus, dignitatis, ordinis, religionis vel conditionis existant ... preterquam venerabilibus fratribus nostris, Sancte

Romane Ecclesie cardinalibus, ac Conrado, episcopo Militensi, camerario nostro, beneficia aliqua in dicta provincia obtinentibus, qui nobiscum assidue indefessis laboribus onera universalis Ecclesie partiuntur, necnon dilectis filiis hospitalium Sancti Iohannis Ierosolimitani et Beate Marie Teutonicorum magistris, prioribus, preceptoribus et fratribus, qui contra hostes fidei Christiane exponunt iugiter se et sua, quos quidem ... a prestatione infrascripti subsidii et tallie exemptos esse volumus et immunes ... quasquidem pecuniarum et florenorum summas predictis et quolibet eorum solvere debentibus, ut supra prefertur, eidem fraternitati tue dicto nomine petendi, exigendi et percipiendi et de perceptis dumtaxat quitandi ... plenam et liberam, tenore presentium, concedimus facultatem ... Datum Rome, apud Sanctum Petrum, terciodecimo Kalendas Maii, pontificatus nostri anno primo.

Source: ASV, Reg. Vat. 333, fols. 232v–234r.

Note: A similar tax was imposed in 1401 by Boniface IX; see above, Doc. **494**.

562   Rome, 15 June 1405

Transfer to jurisdiction of Rupert, emperor and king of the Romans, of dispute between Henricus Perniken, a squire of bad habits from Colmanach, and an unnamed Jew.

Innocentius etc. carissimo in Christo filio Ruperto, regi Romanorum illustri, salutem etc. Iustis et honestis supplicum votis libenter annuimus illaque favoribus prosequimur oportunis. Exhibita siquidem nobis nuper pro parte dilectorum filiorum proconsulum, consulum et scabinorum, ac Henrici Herdan, Henrici Wisse dicti Zum Rebenstock, Erwini Hartrad et Iohannis Ebir, opidanorum opidi Franckfordensis, Maguntine diocesis, peticio continebat, quod olim pro parte dilecti filii Henrici Perniken de Colmanach, armigeri Bambergensis diocesis, nobis exposito... Licet de facto et hiis non contenti, predicti proconsules, consules et scabini per quosdam eorum officiales et familiares, ad instanciam cuiusdam Iudei tunc expressi, sumpta quadam falsa et conficta occasione tunc eciam expressa, dictum armigerum denuo violenter in eodem opido capi facere satagentes... Et cum postea dictus armiger, aliquibus annis tunc elapsis, vitam ducendo lascivam et dissolutam, frequenter in verba et facta contumeliosa et opprobriosa contra plerosque prorupisset, nec vitam in melius emendare curaret, sed, more garcionum, eciam ludos taxillorum frequentans, una vice cum quodam eius satellite, predictum Iudeum, cum quo ipse sacellos tunc lusit ad hasardum, in eodem opido propria temeritate cepisset ac privatis carceribus mancipasset, eum in quadam sibi tunc per dictum Iudeum soluta et eciam in quadam alia imposterum ei solvenda pecuniarum summis, cum minis et contumeliis exactionando seu mulctando, et, ut sui mali propositi tunc consequeretur effectum, ensem evaginatum corpori dicti Iudei sic per eum tunc detenti sepius applicando, unde contigit super capcione et aliis maleficiis huiusmodi per eundem armigerum contra ipsum Iudeum perpetratis, ut prefertur, tunc detectis, propterea contra ipsum armigerum necnon quendam suum complicem, in ea parte similiter tunc expressum, ac eciam dictum Iudeum, per eandem curiam, ex officio, inquisicionem formari; sed dictus armiger hoc sentiens, tamquam sibi ipsi male conscius, et timens subire iudicium, dicta inquisicione pendente et antequam sententialiter pronunciatum esset in eadem, a loco iudiciali suam presenciam subtraxit ... easdem causas cum omnibus suis emergentibus, incidentibus, dependentibus et connexis, necnon partes invicem dissidentes huiusmodi, ad audienciam regiam tenore presentium duximus remittendas, nichilominus dicto episcopo inhibentes, ne ipse deinceps, pretextu dicte commissionis per nos sibi, ut premittitur, facte, in causis eisdem aliquid faciat seu attemptet. Nos enim, ex nunc irritum decernimus et inane, si secus super hiis a quoquam, quavis auctoritate, scienter vel ignoranter, contigerit attemptari. Dat. Rome, apud Sanctum Petrum, decimo septimo Kalendas Iulii, anno primo.

Source: ASV, Reg. Lat. 120, fols. 16v–18v.

563   Viterbo, 27 January 1406

Confirmation to Elia Sabbati, professor and practitioner of medicine, of Roman citizenship and other privileges granted him and his descendants by Johannes Franciscus de Ponciatis, Lellus Capucie and Symeon Paulleli, notwithstanding his being Jewish and in view of the advantage to Christians of his skill. Having sworn fidelity on the Hebrew Scriptures, Elia and his family are exempted from wearing the badge, and he and his brother may bear arms. Elia is to receive annually 20 gold ducats from the tax of the Jewish community for the games of *Agone* and *Testaccio*. He is to enjoy full freedom to travel by land or sea with his personal effects and books.

Innocentius etc. Ad futuram rei memoriam. Licet Iudei in sua magis velint obstinacia perdurare, quam prophetarum verba et sacrarum scripturarum archana cognoscere, atque ad Christiane fidei et salutis noticiam pervenire, tamen defensionem nostram et auxilium postulant, et Christiane pietatis mansuetudinem interpellant. Sane, sicut exhibita nobis nuper pro parte Elye Sabbati, Iudei, medicinalis scientie professoris, petitio continebat, nuper dilecti filii, nobilis vir Iohannes Franciscus de Panciaticis, miles Pistoriensis, alme Urbis senator, et Lellus Capucie, ac Symeon Paulelli, cives Romani, conservatores camere dicte Urbis, prefatum Elyam civem Romanum fecerunt, et voluerunt de cetero eundem Elyam, eiusque posteros, ea prerogativa et libertate potiri, qua Romani cives potiuntur, et nonnulla alia concesserunt eidem, prout in auctenticis litteris super hiis confectis, ipsorum senatoris et conservatorum ac Romani populi sigillis munitis, quarum tenorem de verbo ad verbum presentibus inseri fecimus, plenius continetur. Quare pro parte dicti Elye nobis fuit humiliter supplicatum, ut litteris predictis et in eis contentis robur apostolice confirmationis adiicere, de speciali gratia dignaremur. Nos igitur, huiusmodi supplicacionibus inclinati, litteras prefatas et omnia in eis contenta rata habentes et grata, ea, auctoritate apostolica, ex certa sciencia confirmamus, et presentis scripti patrocinio communimus, supplentes omnes defectus, si qui forsan intervenerint in premissis. Tenor vero dictarum litterarum talis est: "In nomine Domini, Amen. Nos, Iohannes Franciscus de Panciaticis de Pistorio, miles et legum doctor, Urbis Rome senator illustris, et nos, reformatores Urbis et administratores pacis et guerre Romani populi, scientifico viro magistro Elye Sabbati, Iudeo, ac medico phisico et medicine doctori, salutem et gratiam nostram. Etsi Iudeorum, quos universarum rerum Creator creavit, sit reprobanda perfidia, et incredulitatis eorum durities conculcanda, utilis tamen est et necessaria quodammodo Cristianis conservacio [sic] eorumdem, illorum precipue, qui in arte medicinali sufficienter instructi, languentibus et egrotis Christicolis optate sanitatis perhibentes salubria documenta, ipsorum Christicolarum corpora, languore et egrotacione depulsis, ad pristinam incolumitatem beneficio medicinalis cure reducunt. Cum itaque, sicut experientia teste didicimus, tu, actis retro temporibus, et etiam nunc, non solum cives nostros, sed forenses et advenas, diversas patientes infirmitates et variorum morborum species, ad te pro tuo salutari opere recurrentes, per medicinalem artem, qua non sine probate industrie tue laude plurimum pollere dinosceris, curavisti, prout curas cottidie de presenti; nos, considerantes quantum vita tua in premissis [sit] necessaria et oportuna, ac ante oculos mentis nostre ponentes, quantum esse poteris et eris, auctore Deo, egritudinum civium Romanorum et aliorum fructuosus sanator, sane, etiam, cum ex tuarum sanarum precum tenore concepimus, cupiasque tante gloriose Urbis citadantia decorari, et ibidem, ut ceteri nostri concives civitatis frui assuetis honoribus ac muneribus quibuscumque, nos igitur, tenentes ex merito causis multiplicibus, iustis tuis postulationibus inclinati, gratum afferentes assensum decreto sacri senatus, et omni meliori modo et ballia, quibus fungimur, te Romanum civem efficimus et sanccimus, prout decet perpenso studio, et nos diu cura solicitat, ad tantum illustrem apicem senatorie dignitatis assensus [*sic*], te posterosque tuos, ea deinceps Urbis gloriose prerogativa et libertate potiri, qua ceteri Romane civitatis alumpni potiuntur, et qui Urbis eiusdem civilitatem ferunt, libertatibus et muneribus gloriantur; itaque vigore parigiorum quorumcumque represaliarum, diffidationumque factarum in preteritum, et que fieri contingeret in futurum, de quacumque civitate vel castro, a qua ortum sumpsisti, nullo modo intelligaris incurri, vigore quarum fodi, capi nec impediri minime possis, quia coram nobis comparuisti iurans super Ebraicis scripturis perpetuo fidelitatem servare ac colere ipsam Urbem cum capitulis consuetis, liberantes te posterosque tuos et res tuas, prout decet, in exsolvendis passagiis et angariis aliisque daciis et alia illicita solucione per Urbem et eius territorium; preterea, cum tue merita probitatis exposcant, quod non solum te, sed tuos, tui consideratione, amplioris dono gratie prosequamur, Deodato germano tuo, matri tue, uxori tue, socrui tue, bailis filiorum tuorum, familiari tuo et fratris tui, vel pluribus, quos vestrum quilibet ad utriusque vestrum servicia divisim et coniunctim deputaveritis, sive prefati familiares vobiscum, sive a vobis absentes, per Urbem incederent, impune sine alia lesione nostrorum officialium, per Urbem et extra, sine habitu, quem Iudei et Iudee secundum consuetudinem Urbis sub certa pena portare tenentur, plenam et liberam tenore presencium concedimus potestatem [*sic*]; volentes eos et eas, quorum et quarum prefecimus mencionem, ad portandum huiusmodi habitum non teneri, nec posse ob id eos et eas a quocumque invite coerceri, puniri nec molestari, nec penam ab illis exigi. Annotaciones quascumque de ipsis in camera faciendas per officiales quoscumque ex nunc penitus revocamus, ita, quod contra eos modo aliquo executionem aliquam minime mereantur; similemque facultatem concedimus per presentes ipsi magistro Elye, fratri predicto familiaribusque predictis licere per dictam Urbem arma portare die noctuque, sine aliqua pena camere persolvenda. Annotationes etiam de eis, si contigerit faciendas in camera sepedicta, ex nunc procul dubio revocamus, ita, quod ob id minime valeant aggravari; volentes insuper pro sui probitate aliquatenus providere, et ei de aliquali dono gratie condescendere, decernimus et providemus eidem omni anno, dum vitam idem magister Elyas duxerit in humanis, de viginti ducatis auri persolvendis sibi singulis annis de pecunia debita et debenda per universitatem Iudeorum Urbis ac per ipsos Iudeos solvenda camere Urbis pro ludis Agonis et Testacie, per quoscumque camerarios et antepositos super ipsa pecunia recipienda et expendenda eligendos et per tempora deputandos, quibus ex nunc prout ex tunc stricte precipiendo mandamus, quod ipsi et quilibet ipsorum, presentibus ostensis, sine aliqua alia opodissa [*sic*] super hiis destinanda, dent, pagent et persolvant cum effectu, omni postposita mora, dictos viginti ducatos auri eidem magistro Elye, vel integralis dicta pecunia vel in partem fuerit persoluta; et si negligentes fuerint in predictis solvendis antepositi et camerarii prelibati, in centum ducatos auri camere volumus eos et quemlibet ipsorum incurrere ipso facto, quibus solutis, ad eorum exitum scribant et annotent, quos viginti ducatos auri vel plures idem magister Elyas annuales solitus est persolvere et contribuere ex causa dicti ludi; concedentes insuper dicto magistro Elye plenissimam facultatem extra Urbem per terram et per aquam balissias extrahendi cum rebus, libris et aliis sibi usualibus, sine alia camere solucione et alia speciali licencia obtenta pro sui usu, subiectis mandamus, amicos rogamus, ut prefato magistro Elye favere debeant in peragendis suis, et etiam si scorta egerit aliquorum, pro sui cura, placeat destinare. Si quis autem, temerario ausu aliquid presumpserit attemptare contra predicta, indignationem nostram sacrique senatus se noverit incursurum, et ne id fiat, cunctis perpetuo presenti prohibemus edicto. In cuius rei testimonium presens privilegium exinde tibi fieri iussimus, sigilli sacri senatus Romani populi impressione munitum. Datum in Capitolio, sub anno Domini millesimo quatricentesimo quinto, pontificatu domini Innocentii pape VII, mense Novembris, die ultimo, quartadecima [!] indictione. Egidius Sanse, prothonotarius, Antonius Laurencii, notarius dictorum dominorum sss. Nos, Lellus Bucii Capucie et Symeon Palelli, duo ex tribus conservatoribus camere Urbis et vicemgerentes Petri Palucii, nostri college, et administratores officii pacis et guerre Romani populi, potestatibus, quibus fungimur, et omni alio modo, via, iure et forma, quibus melius possumus et debemus, presens privilegium et omnia et singula in eo contenta ratificamus, omologamus et confirmamus et sic haberi iussimus, ex eo quod constat appositum et descriptum esse in capitulis nostris et Romani populi, quibus fungimur, et ad uberiorem fiduciam subscribi fecimus per infrascriptum notarium nostrum. Datum in Capitolio, die vigesimo mensis Decembris, quartadecima indictione. Gocius, notarius dominorum conservatorum". Nulli ergo omnino hominum liceat hanc paginam nostre confirmationis, communitionis et suppletionis infringere etc. Si quis etc. Datum Viterbii, sexto Kalendas Februarii, anno secundo.

Source: ASV, Reg. Vat. 334, fols. 15v–17v.

Publication: Münster, *Grande figure d'Elia de Sabbato*, pp. 59f.; Stern, *Urkundliche Beiträge* 1, pp. 18f. (partly); Theiner, *Codex Diplomaticus* 3, pp. 147f.

Bibliography: Friedenwald, *Jews and Medicine* 2, pp. 566f.; Marini, *Archiatri Pontifici* 1, p. 293; Mosti, *Medici Ebrei*, pp. 135f.; Münster, *Elia di Sabbato*, p. 246; Rodocanachi, *Saint-Siège*, p. 172; Simonsohn, *Kirchliche Judengesetzgebung*, p. 31; Vernet, *Martin V*, p. 394; Vogelstein-Rieger, *Rom* 1, pp. 320f.

564   Rome, 22 March 1406

Appointment of Salamon de Methasia de Sabaduchio, a Jew in Perugia, to the status of member of the papal household, and grant of papal protection.

Innocentius etc. dilecto nostro Salomoni de Methasia de Sabaduchio, Iudeo Perusino, familiari nostro, viam agnoscere veritatis. Grata servitia... Nulli ergo etc. Si quis autem etc. Datum Rome, apud Sanctum Petrum, undecimo Kalendas Aprilis, anno secundo.

Source: A.S.V., Reg. Vat. 334, fol. 73r.

Note: See above, Doc. **482**.

Bibliography: Eubel, *Verhalten der Päpste*, p. 39; Friedenwald, *Jews and Medicine* 2, p. 567.

565   Rome, 22 March 1406

Appointment of Consilius de Dactolo, a Jew, to the status of member of the papal household, and grant of papal protection.

Innocentius etc. dilecto nostro Consilio de Dactalo, Iudeo, familiari nostro, viam agnoscere veritatis. Grata servitia, que nobis et Ecclesie Romane hactenus impendisti et adhuc sollicitis studiis impendere non desistis, merito nos inducunt etc. ut in precedenti per totum. Datum Rome, apud Sanctum Petrum, undecimo Kalendas Aprilis, pontificatus nostri anno secundo.

Source: ASV, Reg. Vat. 334, fol. 73v.

Note: See above, preceding doc.

566   Rome, 22 March 1406

Appointment of the brothers Alucio, Manuel, Ventura and Bonaiuto, in Bologna, sons of the late Moyse of Bologna, to the status of members of the papal household, and grant of papal protection.

Innocentius etc. dilectis nostris Alucio, et Manueli, ac Venture, et Bonaiuto, fratribus, natis quondam Moysi de Bononia, Iudeis Bononiensibus, familiaribus nostris, viam agnoscere veritatis. Grata servicia, que nobis et Romane Ecclesie hactenus impendistis, et adhuc sollicitis studiis impendere non desistitis, merito nos inducunt, ut vos specialibus favoribus prosequamur ac attollamus honoris gratia specialis. Ut igitur in effectu percipiatis quod suggerit nostre mentis affectus, vos et quemlibet vestrum in familiares nostros suscipimus, vosque et omnia et singula bona vestra mobilia etc. ut supra folio LXXIII, mutato numero singulari in pluralem. Datum Rome, apud Sanctum Petrum, undecimo Kalendas Aprilis, anno secundo.

Source: ASV, Reg. Vat. 334, fol. 121v.

Note: See above, Docs. **482, 564.** Some of the brothers are probably among those mentioned by Loevinson, *Notizie e dati statistici.*

Bibliography: Eubel, *Verhalten der Päpste*, p. 39; Friedenwald, *Jews and Medicine* 2, p. 567.

567   Rome, 10 July 1406

Confirmation to Magister Moyse de Tivoli, professor of medicine, of Roman citizenship and other privileges, identical with those granted the physician Elia Sabbati.

Innocentius etc. Ad futuram rei memoriam. Licet Iudei in sua magis velint obstinacia perdurare, quam prophetarum verba et sacrarum scripturarum archana cognoscere, atque ad Christiane fidei et salutis noticiam pervenire, tamen defensionem nostram et auxilium postulant, et Christiane pietatis mansuetudinem interpellant. Sane, sicut exhibita nobis nuper pro parte magistri Moyses de Tyvoli, Iudei, medicinalis sciencie professoris, petitio continebat, nuper dilecti filii, nobilis vir Iohannes Franciscus de Panciaticis, miles Pistoriensis, alme Urbis senator illustris, et Lellus Capucie, ac Simeon Paulelli, cives Romani, conservatores camere dicte Urbis, prefatum magistrum Moysen eiusque posteros ea prerogativa et libertate potiri, qua Romani cives potiuntur, et nonnulla alia concesserunt eidem, prout in auctenticis litteris super hiis confectis, ipsorum senatoris et conservatorum ac Romani populi sigillis munitis, quarum tenorem de verbo ad verbum presentibus inseri fecimus, plenius continetur. Quare pro parte dicti magistri Moyses nobis fuit humiliter supplicatum, ut litteris predictis et in eis contentis robur apostolice confirmationis adiicere, de speciali gratia dignaremur. Nos igitur, huiusmodi supplicationibus inclinati, litteras prefatas et omnia in eis contenta rata habentes et grata, ea, auctoritate apostolica, ex certa scientia confirmamus, et presentis scripti patrocinio communimus, supplentes omnes defectus, si qui forsan intervenerint in premissis. Tenor vero dictarum litterarum talis est: "In nomine Domini, Amen. Nos, Iohannes Franciscus de Panciaticis, miles et legum doctor, Urbis Romane senator illustris, et nos, reformatores Urbis et administratores officii pacis et guerre Romani populi, scientifico viro, magistro Moysi de Tyvoli, Iudeo, ac medico phisico et medicine doctori, salutem et gratiam nostram. Etsi Iudeorum, quos universarum rerum Creator creavit, sit reprobanda perfidia et incredulitas etc. ut supra folio XVI in bulla Elye, mutato nomine, usque ibi amplioris dono gratie prosequamur, germanis tuis et matri tue, uxori tue, socrui tue, bailio filiorum tuorum, familiari tuo et fratris tui, vel pluribus, quos vestrum cuilibet ad utriusque vestrum servicia coniunctim et divisim deputaveritis, sive prefati familiares vobiscum, sive a vobis absentes etc." ut supra dicto folio. Datum Rome, apud Sanctum Petrum, sexto Idus Iulii, anno secundo.

Source: ASV, Reg. Vat. 334, fols. 120v–121r.

Publication: Mosti, *Medici Ebrei*, pp. 137f.

Note: See above, Doc. **563.**

Bibliography: Friedenwald, *Jews and Medicine* 2, p. 567; Marini, *Archiatri Pontifici* 1, p. 293; Mosti, *loc. cit.*; Stern, *Urkundliche Beiträge* 1, p. 21; Vogelstein-Rieger, *Rom* 1, pp. 320f.

568 Rome, 15 July 1406

Confirmation to Magister Moyse of Lisbon, a Jewish physician, and his family of the Roman citizenship granted him on 7 February 1406 by the *conservatores* and other governors of Rome, including exemption from taxes and from wearing the Jewish badge, the sole jurisdiction of the Roman Senate, and an annuity of 20 florins to be deducted from the payments of the Jewish community in Rome for the games of the carnival.

Innocentius etc. Ad futuram rei memoriam. Licet Iudei in sua magis velint obstinacia perseverare, quam prophetarum verba et sacrarum scripturarum archana agnoscere, atque ad Christiane fidei et salutis notitiam pervenire, tamen defensionem nostram et auxilium postulant, et Christiane pietatis mansuetudinem interpellant. Sane, sicut exhibita nobis nuper pro parte Moyse, Iudei Ulixbonensis, medicine artis periti, peticio continebat, nuper dilecti filii, nobilis vir Iohannes Franciscus de Panciaticis, miles Pistoriensis, alme Urbis senator, et Lellus Capucie, ac Symeon Paulelli, cives Romani, conservatores camere dicte Urbis, prefatum Moysen eiusque familiam, ea prerogativa et libertate potiri, quibus Romani cives potiuntur, et nonnulla alia concesserunt eidem, prout in auctenticis litteris super hiis confectis, ipsorum senatoris et conservatorum ac Romani populi sigillis munitis, quarum tenorem de verbo ad verbum presentibus inseri fecimus, plenius continetur. Quare pro parte dicti Moyse nobis fuit humiliter supplicatum, ut litteris predictis et in eis contentis robur apostolice confirmacionis adiicere, de speciali gratia dignaremur. Nos igitur, huiusmodi supplicationibus inclinati, litteras prefatas et omnia in eis contenta rata habentes et grata, auctoritate apostolica, ex certa scientia, confirmamus, et presentis scripti patrocinio communimus, supplentes omnes defectus, si qui forsan intervenerint in premissis. Tenor vero dictarum litterarum talis est: "Nos, Iohannes Franciscus de Panciaticis, miles de Pistorio, Dei gratia alme Urbis senator illustris, Lellus Capucie de Capocinis, Simeon Palelli et Petrus Paulucii, conservatores camere Urbis, scientifico viro magistro Moysi, Ebreo Ulixbonensi, vere fidei vestigiis inherere. Sequentes privilegium et decretum tibi concessum per nobiles viros Stephanum Pauligocii et eius collegas, tunc conservatores camere Urbis, sacri senatus officium exercentes, et administratores officii pacis et guerre Romani populi, ac etiam per Paulum Toti, Rentium Stati, tunc bandarenses, et eorum collegas, quatuor consiliarios felicis societatis Pavesatorum et Balistariorum Urbis predicte, necnon et confirmacionem eiusdem decreti et privilegii factam per magnificum virum Malatestam de Malatestis de Arimino, tunc senatorem Urbis, et etiam aliam confirmacionem dicti privilegii et decreti demum factam per magnificum virum Bente de Bentevoglis, militem Bononiensem, comitem Sancti Georgii, dudum senatorem dicte Urbis, ac etiam per Lellum Alexii de Cinchiis, dominum Gualterium domini Thadei legum doctorem, Petrum Battaglerii, Nardum Speciarium et alios eorum collegas, gubernatores libertatis reipublice Romanorum, quia, sicut apud eos, ita apud nos, fidedigno testimonio commendaris in supradictis scienciis, in quibus, et presertim in sciencia medicine, te novimus experimentis variis approbatum, dignum et consonum racioni censemus, ut tibi reddamur ad gratiam liberales. Sane, sicut tuarum precum tenore comperimus, cum huius inclite Urbis citadantie privilegio decoratus, et privilegiis aliorum nostrorum civium, sicut ceteri Romani cives, eisdem cupias decorari et conveniri tam in hac Urbe felici quam in civitate Tiburis, in qua medicine artem te dudum laudabiliter novimus exercuisse, et cum tua familia moram traxisse ibidem artem huiusmodi studiosius exercendo, ac etiam in aliis quibuscumque terris et locis Romani populi dicioni subiectis, dum tamen tute degere possis, non obstantibus infrascriptis, necnon a muneribus seu oneribus omnibus, realibus et personalibus, ordinariis et extraordinariis, tam in hac Urbe quam in civitate Tiburis supradicta et quolibet alio loco nostre dicioni subiecto, penitus eximaris, nos, attendentes, quod Romani populi prudentia circumspecta personarum virtute pollencium, considerantes qualitates et attenta meditatione prospicientes, quod omnis respublica bonorum virorum adiuncta [*sic*] consiliis et sublevata suffragiis, status sui continuum recipit augmentum, licet forinsici et alterius secte fidei existant, illos nonnunquam extollit honoribus, et in partem ipsius civilitatis ipsius studet possetenus observare, et ad felicem ipsius reipublice statum et oportunitatem civium, tam huius Urbis quam civitatis Tiburtine supradicte volentes diligenter intendere, et immunitatem, privilegium et decretum predicta illibata et in suo robore permanere, tuis igitur supplicacionibus, dignis animis annuentes et gratum prebentes assensum, decreto et auctoritate sacri senatus et ex potestate, arbitrio et balia, nobis, com civem Romanum, tenore presentium in hiis scriptis decernimus et gratiose confirmamus ac dignum esse censemus et omnibus privilegiis, immunitatibus, exemptionibus, libertatibus, prerogativis, quibus veri cives Romani potiuntur et gaudent, ex nunc in posterum potiri et omni tempore congaudere, auctoritate et potestate huiusmodi decernentes te ab omnibus tractari debere veluti verum civem Romanum, et quemadmodum ceteros cives huius inclite civitatis, non obstante quod in dicta civitate Tiburis maiorem fortunarum tuarum partem possideas; insuper etiam, te cum eadem familia, dum vitam duxeris in humanis, liberum facimus et exemptum, et pro exempto et libero te cum tua familia decernimus, et immunem ab omnibus et singulis dativis, collectis, impositionibus, angariis et perangariis ac pedagiis et oneribus, realibus et personalibus, ordinariis et extraordinariis quibuscumque, tam in dicta Urbe quam etiam in civitate Tiburis supradicta et alio quocumque loco nostre dicioni subiecto impositis vel indictis, vel imposterum imponendis, ita, quod occasionibus supradictis tu vel tua familia valeas seu valeat a quoquam nullatenus molestari seu eciam coartari; mandantes insuper omnibus et singulis communitatibus et aliis officialibus quibuscumque dicte civitatis Tiburis, tam presentibus quam pro tempore existentibus, cuiuscunque conditionis seu qualitatis existant et quocunque nomine nuncupentur, quatenus, sub pena fidelitatis et obedientie et mille florenorum a quolibet contrafaciente de facto exigendorum et applicandorum camere Urbis, contra dictum magistrum Moysen et bona sua in dicta civitate Tiburis existencia, et suis in dicta civitate institoribus seu factoribus, tam presentibus quam futuris, occasione et pretextu quarumcunque dativarum sive collectarum, angariarum et perangariarum et aliorum quorumcunque onerum in dicta civitate imponendarum, vel aliter quomodocunque et qualitercumque, nullum [!] inferant vel inferri faciant, seu quomodolibet permittant noxiam novitatem, immo, ne predicta fiant vel fieri attemptentur eidem et suis institoribus et factoribus, oportunis remediis resistant, eisque prestent auxilia et favores. Nichilominus, ad removendum de

tua mente quidquid tibi posset materiam terroris afferre, et ne ob aliorum
scelera et defectus in persona vel bonis tuis dampnum vel iniuriam perpeti
valeas quoquomodo, sicut tu etiam postulasti, de uberioris dono gratie,
auctoritate et potestate predictis, decernimus, volumus et sanximus, quod tam
occasionibus antedictis, quam etiam occasione quorumcunque maleficiorum,
delictorum, culparum, excessuum, que per te quocunque loco vel tempore,
usque in presentem diem, dici possent quomodolibet extitisset [sic] commissos,
de quibus esset cognitum vel non cognitum, nullatenus hic vel in dicta Tiburis
civitate, aut aliis quibuscumque locis valeas conveniri, nec modo aliquo
molestari, quodque quorumcumque excessuum, processuum, sententiarum,
diffidationum, represaliorum [!], parigiorum, concessionum, scripturarum,
capcionum, vel aliorum contra dictam civitatem Tiburis vel quascunque
civitates et loca, in speciali vel in communi concessorum, usque in presentem
diem, et etiam in futurum concedendorum per officiales dicte Urbis, presentes,
preteritos aut futuros, vel alios quoscunque, quacunque ratione, non possis
nec valeas capi, gravari, detineri, carcerari vel aliquo modo impediri, realiter
seu personaliter, civiliter aut criminaliter, in personis vel bonis tuis, per
quemvis officialem Urbis et civitatis predictarum aut quemcunque alium,
quocunque nomine nuncupetur, aut quacumque prefulgeat dignitate, ponentes
[sic] te cum tua familia supradicta recepimus per presentes, auctoritate et
potestate huiusmodi, statuentes, quod sub aliquo alio iudice vel officiale dicte
Urbis vel loci alterius cuiuscunque dumtaxat, nisi per senatus officium dicte
Urbis sub cuius te protectione suscepimus, nec civiliter vel criminaliter valeas
nullo tempore conveniri aut modo aliquo coartari, omnibus aliis dominis et
officialibus quibuscunque, quo ad te, iurisdictionem aliquam quamcumque
auferentes, decernentes irritum et inane quidquid per quosvis alios contra te et
hoc nostrum decretum, quavis auctoritate, scienter vel ignoranter, contingerit
attemptari. Insuper, tibi concedimus de gratia speciali, quatenus, familiares
tui, domestici ac nutrices familie tue, in domo tua et ad tua et familie tue
servicia commorantes, non teneantur portare Ebraicas vestes more aliorum
Iudeorum et Iudearum in hac alma Urbe commorantium, ymmo ipsos tuos
familiares et nutrices predictas a portacione dictarum vestium, ex potestate
auctoritateque dictorum nostrorum officiorum, et omni alio modo, via, iure et
forma, quibus melius possumus et debemus, eximimus et exemptos facimus
per presentes, volentes et declarantes, quod premissorum occasione ad penam
aliquam non teneantur; non obstantibus quibuscunque statutis, legibus,
privilegiis, capitulis, ordinamentis, bandimentis, reformationibus et aliis in
contrarium facientibus quoquomodo, quibus omnibus contrariis supradictis,
decreto et auctoritate predictis, quantum ad hec, tenore presencium
derogamus. Insuper, volumus ac statuimus et decernimus per presentes te,
occasionibus antedictis et qualibet earumdem, perpetuo fore securum et
perpetua debere gaudere plenissima securitate; que quidem omnia et singula
supradicta duximus facienda, quia, prout in privilegio tibi, ut premittitur,

concesso, de quo supra fecimus mentionem, continetur super perpetua civilitate dicte Urbis et de arte huiusmodi medicine, tam in dicta Urbe quam in civitate Tiburis predicta, ad curam civium, secundum gratiam tibi a Deo concessam, fideliter exercendam, prestitisti in forma debita iuramentum; in quorum omnium testimonium atque fidem, ad perpetuam rei memoriam, presentes tibi nostras inde fieri per infrascriptum secretarium nostrum, et nostrorum sigillorum duximus impressione muniri, contra quas nullus audeat seu presumat aliquid attemptare. Si quis autem contra illas audaci spiritu aliquid attemptare presumpserit, post debitam satisfactionem dampnorum et expensarum et interesse, si quas incurreres aut feceris occasione predicta, quam decernimus faciendam, indignationem sacri senatus populique Romani ac penas a iure concessas, quas in casu huiusmodi a transgressoribus auferri iubemus, se noverit incursurum. Datum Rome, in palacio Capitolii, sub anno Domini millesimo quadringentesimo sexto, pontificatu sanctissimi in Christo patris et domini nostri, domini Innocentii, divina favente clementia pape septimi, indictione XIIII, mensis Februarii die septimo. Paulus Iohannis Particappa prothonotarius Gocius de Granellis, notarius dictorum dominorum conservatorum." Volentes insuper tibi pro tua pericia, que, ut audimus, multis iam variis morbis egrotantibus opitulata est, et cottidie opitulari non desistit, huius intuitu de aliquo uberioris dono gratie providere, tibi, ut singulis annis, dum vitam egeris in humanis, habeas et habere debeas ac recipere cum effectu a camera alme Urbis viginti ducatos, annuatim tibi persolvendos, de pecunia debita et debenda per universitatem Iudeorum dicte Urbis ac per ipsos Iudeos solvenda camere prefate pro ludis Testatie et Agonis, presencium auctoritate concedimus et decernimus; mandantes quibuscunque camerariis et antepositis pro tempore deputatis ad dictam pecuniam recipiendam, quatinus ipsi et quilibet ipsorum, cum effectu, omni postposita mora atque tarditate, summam predictam tibi dent et persolvant; quos quidem viginti ducatos, vel plures, tu quolibet anno ex causa dictorum ludorum, ut asseris, solitus es persolvere et unacum ceteris contribuere; concedentes insuper tibi plenam facultatem extra Urbem per terram et per aquam valisias extrahendi cum rebus, libris et aliis tuis usualibus, sine ulla solucione pedagii, portorii, gabelle vel alterius oneris cuiuscumque et alia speciali licencia nostra obtenta. Nulli ergo etc.... Si quis etc. Datum Rome, apud Sanctum Petrum, Idibus Iulii, anno secundo.

Source: ASV, Reg. Vat. 334, fols. 130v–133v.

Note: Cf. above, Docs. **487, 563.**

Bibliography: Eubel, *Weitere Urkunden*, p. 187 (who has Elias); Friedenwald, *Jews and Medicine* 2, p. 567; Marini, *Archiatri Pontifici* 1, p. 293; Mosti, *Medici Ebrei*, pp. 142f.; Stern, *Urkundliche Beiträge* 1, p. 21; Vogelstein-Rieger, *Rom* 1, p. 320.

569*   Rome, 15 July 1406

Confirmation to the Jews of their privileges, including freedom of religious worship, the wearing of the badge not to exceed past local customs, rules for dealing with pawns, taxation, and forced baptism.

Leonardus, miseratione divina electus Firmanus, domini pape camerarius, universis et singulis Iudeis utriusque sexus ubicumque locorum moram trahentibus, salutem debitam et viam agnoscere veritatis. Exhibita nobis pro parte vestrorum petitio continebat, quod in vestris sinagogis, festivitatibus, domibus atque rebus et bonis quibuscumque, acquisitis et acquirendis, aut aliis quibusvis, propter observantiam vestre legis a nemine valeatis gravari, inquietari vel modo aliquo molestari, et quod in ferendis signis, aliter quam sit vobis gratum et consueveritis, ac de presenti etiam faciatis, vexari etiam et impediri ab aliquo non possitis; item, quod pignora vobis pignorata, elapso anno a die mutui facti, vendere et alienare valeatis impune; item, quod pro rebus furto subtractis et pignoratis, gravari non debeatis, nisi prius satisfacto de eo, quod super illis recipere debeatis; item, quod ad aliquas prestantias, tallias, sive onera, realia vel personalia sive mixta, ordinaria vel extraordinaria, quodque pro subsidiis, si que imponi contingat de mandato quorumcumque dominorum seu officialium aut aliarum personarum, simul cum aliis concurratis et tractemini; item, quod vestrum aliquis ad fidem vestram dimittendam, eo et eis parentibus invitis, a quoquam [non] valeant quomodolibet molestari; item, quod omnia et singula privilegia per Romanos pontifices et quoscumque alios ipsorum et Sancte Romane Ecclesie officiales, temporales et spirituales, vobis et universitati vestre concessa, approbare et etiam confirmare, vigore et auctoritate nostri officii dignaremur. Nos, de mandato domini nostri pape super hoc nobis facto oraculo vive vocis, ac vigore et auctoritate nostri camerariatus officii, considerantes predicta omnia diutina consuetudine non carere, et bonis respectibus ac rationibus ab aliis fuisse concessa, et pro more volentes vos favore prosequi gratioso, et maiorum nostrorum etiam uti exemplo, dictam petitionem vestram tenore presentium admictimus et admicti volumus et servari, eamque et omnes partes ipsius per presentes concedimus, et privilegia ipsa et omnia alia vobis ut prefertur concessa, mandato, vigore et auctoritate nostri officii huiusmodi approbamus et etiam confirmamus; mandantes omnibus et singulis officialibus et subditis Sancte Romane Ecclesie et aliis ad quos presentes pervenerint, ut ea debeant integre et effectualiter observare, vosque tractare favorabiliter et benigne, ita, quod per Christiane mansuetudinis interventum vos convertant ad bone fidei nostre et salutis integerrime documentum. In quorum testimonium presentes litteras fieri et sigilli nostri camerariatus officii, quo utimur, iussimus apensione muniri. Datum Rome, apud Sanctum Petrum, sub anno Domini millesimo quadringentesimo sexto, indictione quarta decima, die quinta decima mensis

Iulii, pontificatus sanctissimi in Christo patris et domini nostri, domini Innocentii divina providentia pape septimi, anno secundo.

Source: AS Modena, Cancelleria Ducale, Documenti di Stati e Città, busta 90.

Note: See below, following doc. The passage dealing with the conversion of Jews and their relatives against their will probably refers to children under twelve. See below, Doc. **591**.

Bibliography: Balletti, *Gli ebrei e gli Estensi*, p. 54.

570   Rome, 1 August 1406

Confirmation to the Jews of their privileges, including those granted by Leonardo Fisici, bishop-elect of Fermo and papal chamberlain.

Innocentius etc. universis Iudeis utriusque sexus ubilibet commorantibus, viam veritatis agnoscere et agnitam custodire. Quamvis potius velitis in perfidia obstinatis animis perdurare, quam prophetarum verba et sacrarum scripturarum archana cognoscere, necnon ad Christiane fidei et salutis noticiam pervenire, defensionem nostram et auxilium petitis et Christiane pietatis mansuetudinem postulatis. Hinc est, quod nos vestris supplicacionibus inclinati, omnia privilegia et indulta, tam spirituales quam temporales gratias continentia, per quoscunque Romanos pontifices predecessores nostros, necnon per dilectum filium Leonardum, electum Firmanum, camerarium nostrum, vobis communiter, aut singularibus personis ex vobis, concessa, quorumcumque tenorum existant, auctoritate apostolica, tenore presentium confirmamus et presentis scripti patrocinio communimus. Nulli ergo etc. nostre confirmacionis et communicionis infringere etc. Si quis etc. Datum Rome, apud Sanctum Petrum, Kalendis Augusti, pontificatus nostri anno secundo.

Source: ASV, Reg. Vat. 334, fol. 186v; AS Modena, Cancelleria Ducale, Documenti di Stati e Città, busta 90.

Bibliography: Balletti, *Gli ebrei e gli Estensi*, p. 54; Eubel, *Verhalten der Päpste*, p. 39; Grayzel, *Sicut Judeis*, p. 267.

571   Rome, 1 August 1406

Protection to Angelus Salomonis magistri Angeli, and Mele, his son, and exemption from wearing the Jewish badge.

Innocentius etc. Angelo Salomonis magistri Angeli, et Mele, eius nato, Iudeis in regione Sancti Angeli alme Urbis commorantibus, viam agnoscere veritatis. Grata servicia, que nobis et Romane Ecclesie hactenus impendistis et adhuc impendere solicite non desistitis, merito nos inducunt, ut vos et utrumque vestrum specialibus favoribus prosequamur et attollamus honoris gratia specialis. Ut igitur, in effectu percipiatis quod suggerit nostre mentis affectus, vos cum liberis, familia et bonis vestris, ubique et quibuscunque partibus consistentibus, sub beati Petri et nostra ac Romane Ecclesie protectione suscipimus; volentes, ut futuris perpetuis temporibus illis privilegiis, quibuscunque munitionibus [*sic*], prerogativis, honoribus, libertatibus et gratiis, quibus illi, qui sub huiusmodi protectione per sedem apostolicam recepti sunt, potiuntur et gaudent, potiri et gaudere possitis; vobis nichilominus de uberioris dono gratie concedentes, quod ad ferendum seu portandum cappam rubeam vel tabardum aut signum aliquod distinctivum minime teneamini; mandantes universis et singulis ecclesiarum et monasteriorum prelatis, dominis etiam temporalibus, et officialibus, potestatibus, iudicibus, rectoribus, vicariis et locatenentibus eorumdem, communitatibus quoque et universitatibus, ceterisque personis ecclesiasticis et secularibus, exemptis et non exemptis, ubilibet constitutis, quibuscunque fungantur officiis et nominibus censeantur, ut vos et utrumque vestrum ac liberos, familiam et bona vestra huiusmodi, pro nostra et apostolice sedis reverentia, manuteneant et defendant, ac huiusmodi privilegiis, immunitatibus, libertatibus, honoribus, prerogativis ac gratiis, plene et libere gaudere permittant, nullamque vobis vel alicui vestrum in personis, liberis et bonis vestris predictis molestiam inferant vel offensam, nec vos invitos ad portandum cappam vel tabardum rubea aut signum huiusmodi aliquatenus compellant seu compelli permittant, quodque vos vel alterum vestrum cum equis, armis, valisiis et ceteris rebus ad usum vestrum spectantibus, per passus, portus atque loca eorum libere transire permittant; statutis et consuetudinibus dicte Urbis in contrarium editis non obstantibus quibuscunque. Nulli ergo etc. nostre suscepcionis, voluntatis, concessionis, licencie et mandati infringere etc. Si quis etc. Dat. Rome, apud Sanctum Petrum, Kalendis Augusti, anno secundo.

Source: ASV, Reg. Vat. 334, fols. 186v–187r.

Bibliography: Eubel, *Verhalten der Päpste*, p. 40 (has Mag. Angelus Sohn Angelus Salmonis und dessen Sohn Mela); Friedenwald, *Jews and Medicine* 2, p. 567.

572   Rome, 1 August 1406

Appointment of Manuel, son of the late Vitalucio, of Rimini to the status of member of the papal household, and grant of papal protection.

Innocentius etc. dilecto nostro Manueli, quondam Vitalucii, Iudeo Ariminensi, viam agnoscere veritatis. Grata servicia etc. ut in precedenti, mutato numero plurali. Ut in effectu percipias ... Nulli ergo etc. nostre receptionis, voluntatis, concessionis et mandati infringere etc. Si quis etc. Datum Rome, apud Sanctum Petrum, Kalendis Augusti, pontificatus nostri anno secundo.

Source: ASV, Reg. Vat. 334, fol. 187v.

Note: Identical with Docs. **477, 482, 564, 565, 566.**

Bibliography: Eubel, *Verhalten der Päpste*, p. 40; Friedenwald, *Jews and Medicine* 2, p. 567.

573   Rome, 1 August 1406

Appointment of Abraham, a physician, son of the late Ligucio, a physician, of Padua, to the status of member of the papal household, and grant of papal protection.

Innocentius etc. dilecto nostro Abrahe, medico, quondam Ligucii, phisici et medici[ne] doctoris, Iudeo Paduano, viam agnoscere veritatis. Grata servicia etc.... Nulli ergo etc. nostre suscepcionis, concessionis, voluntatis et mandati infringere etc. Si quis etc. Dat. Rome, apud Sanctum Petrum, Kalendis Augusti, anno secundo.

Source: ASV, Reg. Vat. 334, fol. 188r-v.

Note: Identical with Docs. **477, 482, 564, 565, 566, 572.** On Abraham son of Ligucio (Elia), physician and banker in Padua, see Carpi, *Jews of Padua*, pp. 22f.

Bibliography: Eubel, *Verhalten der Päpste*, p. 40; Friedenwald, *Jews and Medicine* 2, pp. 567f.

574   Rome, 6 August 1406

Appointment of Manuel de Daniele, a Roman Jew in Rieti, to the status of member of the papal household, and grant of papal protection.

Innocentius etc. dilecto nostro Manueli de Daniele, Iudeo de Urbe in civitate Reatina commoranti, viam agnoscere veritatis. Grata servitia... Nulli ergo etc. nostre suscepcionis, concessionis, mandati et voluntatis infringere etc. Si quis etc. Dat. Rome, apud Sanctum Petrum, VIII Idus Augusti, anno secundo.

Source: ASV, Reg. Vat. 334, fols. 187v–188r.

Note: Identical with Docs. **477, 482, 564, 565, 566, 572, 573.**

Bibliography: Eubel, *Verhalten der Päpste*, p. 40.

Gregory XII (Correr)
30 Nov. 1406 – 4 Jul. 1415

575   Rome, 10 January 1407

Confirmation to Angelo, son of Manuel, in Rome, of the privileges granted him by Boniface IX on 6 April 1399 and confirmed on 20 February and 11 November 1404.

Gregorius etc. Angelo Manuelis, Iudeo in Urbe commoranti, spiritum consilii sanioris. Convenit, ut sedes apostolica Iudeos, quorum pauci de tam famoso quondam populo remanserunt, et apud Christianos diversimode sunt dispersi, presertim humanitatis gratia benigne foveat et solita clementia prosequatur, quia, testante Domino, ipsorum tandem reliquie salve fient. Dudum siquidem felicis recordationis Bonifatius VIIII, et successive Innocentius VII, predecessores nostri, per eorum litteras quasdam per certos officiales pro tunc Urbis, et successive quasdam alias per dilectum filium nostrum Conradum, tituli Sancti Grisogoni presbiterum cardinalem, tunc camerarium eiusdem Bonifatii pape, immunitates tibi concessas, auctoritate apostolica confirmarunt, prout in eisdem litteris plenius continetur, quarum tenor talis est: "Innocentius episcopus, servus servorum Dei, Angelo Manuelis, Iudeo in Urbe commoranti, spiritum consilii sanioris. Sedes apostolica ..." Nos igitur, caritatis intuitu, volentes tue providere quieti, tuis in hac parte supplicationibus inclinati, ac eorundem predecessorum vestigiis inherentes, predictas immunitates et litteras desuper confectas et quecumque inde secuta rata habentes et grata, ea, auctoritate apostolica, ex certa scientia, confirmamus ac presentis scripti patrocinio communimus, supplentes omnes defectus, si qui intervenerint in eisdem. Nulli ergo etc. nostre confirmationis, communitionis et suppletionis infringere etc. Si quis autem etc. Datum Rome, apud Sanctum Petrum, quarto Idus Ianuarii, anno primo.

Source: ASV, Reg. Lat. 128, fols. 111v–115r.

Note: See above, Docs. **487, 503, 560.**

Bibliography: Eubel, *Verhalten der Päpste*, p. 40; Friedenwald, *Jews and Medicine* 2, p. 568.

576   Rome, 15 January 1407

Confirmation of their privileges to Jews in the papal dominions.

Leonardus, miseratione divina electus Firmanus, domini pape camerarius, universis et singulis Ebreis utriusque sexus, in Urbe ac in terris et locis aliis Sancte Romane Ecclesie et domini nostri pape dominio et potestati subiectis, et alibi ubilibet constitutis, viam agnoscere veritatis. De mandato domini nostri pape nobis facto oraculo vive vocis, omnia et singula privilegia, capitula, immunitates et gratias quascumque continentia, cuiuscumque tenoris existant, vobis et vestrum cuilibet per nos et alios quoscumque in vestrum favorem et commodum facta, edita et quoquomodo concessa, tenore presentium roboramus, ratificamus et per omnia confirmamus; mandantes propterea omnibus et singulis officialibus et iudicibus in terris et locis Sancte Romane Ecclesie et domini nostri pape constitutis et constituendis, ac aliis quibuscumque ad quos spectat et pertinet seu spectare et pertinere poterit quoquomodo, sub excommunicationis pena, quam, si contra premissa fecerint, eos et ipsorum quemlibet incurrere volumus ipso facto, quatenus prefata capitula, gratias et immunitates iuxta eorum seriem et tenorem vobis debeant observare illesa et, quantum in eis fuerit, facere inviolabiliter observari. In quorum testimonium presentes litteras fieri et sigilli nostri camerariatus officii, quo utebamur dum Esculane ecclesie preeramus, iussimus appensione muniri. Datum Rome, apud Sanctum Petrum, sub anno Domini millesimo quadringentesimo septimo, indictione quintadecima, die quintadecima mensis Ianuarii, pontificatus sanctissimi domini nostri domini Gregorii pape duodecimi anno primo.

Source: AS Modena, Cancelleria Ducale, Documenti di Stati e Città, busta 90.

577   Lucca, 20 February 1408

Mandate, if the facts are established, to the dean of St. Mary *Novicollegii* in Eichstätt to have Wilibaldus Romer and his son Winubaldus, Jewish converts in the diocese of Eichstätt, enjoy inheritance rights in the estate of a Jew related to them.

Gregorius etc. dilecto filio — decano ecclesie Beate Marie Novicollegii Eystetensis, salutem etc. Etsi cunctis Christi fidelibus se reddere debeat sedes apostolica gratiosam, tamen illorum, qui, divina illustrati gratia, de Iudaismo ad Catholicam fidem conversi sunt, petitiones rationabiles et honestas libenter exaudit, eosque favore prosequitur oportuno. Sane, petitio dilectorum filiorum Wilibaldi Romer, et Winubaldi, eius nati, laicorum Eystetensis diocesis, nobis nuper exhibita continebat, quod olim, postquam ipsi de Iudaice cecitatis perfidia ad Catholicam fidem, divina cooperante clementia, conversi fuerunt, quondam Noel de Amberg et tres eius liberi utriusque sexus, Iudei, in opido Nurembergensi, Bambergensis diocesis, in quo tunc degebant, et qui quidem Noel dicti Wilibaldi patruus erat, successive decesserunt, in quorum bonis idem Wilibaldus, si ad fidem conversus non fuisset eandem, tanquam proximior in gradu consanguinitatis, succedere debuisset; cum autem, sicut eadem petitio subiungebat, Smohel Abrahe, dicti Sprincz, et Ioseph, gener Libmanni Prope Fontem, et Abraham de Monaco, Iudei, necnon Guthaus, Iudea, in eodem opido moram trahentes, de bonis predictis de facto se communiter intromiserint illaque occuparint et detinuerint, ac detineant indebite occupata, in ipsorum Wilibaldi et nati non modicum preiudicium et gravamen, pro parte Wilibaldi et nati eorundem, qui, ut asserunt, paupertate non modica pregravantur, nobis fuit humiliter supplicatum, ut ipsis, quod in predictis necnon aliis paternis et agnatorum et cognatorum suorum Iudeorum bonis succedere valeant, concedere, de speciali gratia dignaremur. Nos igitur, huiusmodi supplicationibus inclinati, discretioni tue per apostolica scripta mandamus, quatinus, si est ita, Wilibaldo et nato prefatis, quod in predictis, necnon quibuscumque aliis paternis ac agnatorum et cognatorum predictorum bonis, cuiuscumque qualitatis et valoris existant, et in quibus, si, quod absit, in Iudaismo permansissent, iuxta ritus et consuetudines Iudeorum succedere potuissent, succedere, illaque recipere et retinere libere et licite valeant, auctoritate nostra licenciam largiaris. Non obstantibus, si inter Wilibaldum et natum ex una parte, ac Smohel, Ioseph, Abraham et Guthaus prefatos super eisdem bonis, que ad eosdem Noel et liberos pertinuerunt, ut prefertur, et eorum occasione ex altera, lis, cuius statum presentibus haberi volumus pro expresso, pendeat indecisa, ac constitutionibus apostolicis, necnon legibus imperialibus et statutis municipalibus, ac aliis contrariis quibuscumque. Dat. Luce, decimo Kalendas Martii, anno secundo.

Source: ASV, Reg. Lat. 131, fol. 134r-v.

578   Lucca, 15 May 1408

Commission to Bartolinus de Zambonis, papal *reformator* in the March of Ancona, to deal with the complaint of inhabitants of Ancona, Christians and Jews, about excessive taxation.

Gregorius etc. dilecto filio nobili viro Bartolino de Zambonis, domicello Cremonensi, ac in provincia nostra Marchie Anconitane pro nobis et Romana Ecclesia reformatori, salutem etc. Exhibita nobis nuper pro parte dilectorum filiorum — antianorum communis et populi civitatis nostre Anconitane petitio continebat, quod, cum propter varias et diversas remissiones, extenuationes et exgravationes seu etiam exemptiones, per quosdam Romanos pontifices predecessores nostros, necnon apostolice sedis legatos, vicarios, rectores, reformatores dicte provincie et partium vicinarum, per eandem sedem in ipsa provincia hactenus deputatos, seu eorum locatenentes vel commissarios eorumdem, hactenus nonnullis communitatibus et singularibus personis dicte provincie variis et diversis causis, ut asseritur, factas, dicti antiani, populus et commune Anconitani, tam clerici quam laici, hospitalia, ac etiam nonnulli Hebrei cives, in subeundis et perferendis oneribus subsidiorum et tallearum, que in dicta provincia, maxime pro solutionibus stipendiorum ac provisionum armigerarum gentium, hactenus conductarum per eandem Ecclesiam pro defensione dicte provincie et partium vicinarum, ultra debitum insupportabiliter fuerint aggravati et aggraventur assidue, habita consideratione ad exgravationes, extenuationes et reductiones huiusmodi, et ad taxam tempore bone memorie Egidii, episcopi Albanensis [*sic*] dudum pro eadem sede in partibus Italie legati, et in constitutionibus dicte provincie editam, et per alios vicarios et rectores hactenus confirmatam, ac etiam in aliquibus ampliatam, quare pro eorum parte nobis fuit humiliter supplicatum, quatenus ipsis pio ac paterno compatientes affectu, eis de alicuius extenuationis, adequationis et exgravationis providere remedio, de benignitate apostolica dignaremur. Nos igitur, attendentes, quod adequationes onerum equabilius perferuntur a subditis, huiusmodi supplicationibus inclinati, et de premissis certam notitiam non habentes, nobilitati tue, de qua in hiis et aliis specialem in Domino fiduciam obtinemus, de premissis omnibus et singulis et eorum circumstanciis universis auctoritate nostra se informandi, et super adequationis [*sic*] huiusmodi tallearum et onerum, necnon extenuatione et exgravatione perpetuis, vel ad tempus, conditionaliter vel precise, prout iustum fore prospexeris, providendi, declarandi, mandandi et decernendi, et in regestris huiusmodi tallearum seu taxe registrari et aptari faciendi, plenam et liberam tenore presencium concedimus facultatem; mandantes dilectis filiis thesaurario et ceteris officialibus nostris et prefate Ecclesie, et aliis ad quos spectat, quatenus iuxta moderationem et adequationem tuas procedere et omnia in premissis exequi teneantur et debeant servare; constitutionibus apostolicis et dicte provincie et aliis contrariis, non obstantibus quibuscunque. Volumus autem, quod de hiis que declaraveris seu feceris in premissis, dilectos filios gentes apostolice camere celeriter informare procures. Datum Luce, Idus Maii, pontificatus nostri anno secundo.

Source: ASV, Reg. Vat. 336, fols. 220v–221r.

Note: See also below, following docs. Tax debts of Jews in the March of Ancona are mentioned on 30 October 1410 in a letter written on the pope's instructions to the bishop of Teano. ASV, Reg. Vat. 335, fol. 184r. Egidio Albornoz, author of the *Constitutiones* (1357), was cardinal bishop of Sabina.

579   Siena, 28 July 1408

Assignment to Rodulfus da Varano and his sons Gentilpandolfus and Berardus, papal vicars in St. Genesio and elsewhere, of the taxes of various localities and of some Jewish communities, to pay on behalf of the pope for 220 soldiers.

Gregorius etc. dilectis filiis nobilibus viris Rodulpho, Gentilipandulpho et Berardo, dicti Rodulphi natis, de Varano, domicellis, in Sancti Genesii et quibusdam aliis terris nostris pro nobis et Romana Ecclesia in temporalibus vicariis, salutem etc. Cum vos, racione conducte, de vobis cum ducentis viginti lanceis inter vivas et mortuas ad stipendia et servitia nostra et Romane Ecclesie de anno proxime preterito, cum pactis, modis et conditionibus in capitulis dicte conducte denotatis, que hic alias haberi volumus pro sufficienter expressis, facte, pro complemento solucionis et satisfactionis stipendii vobis racione dicte conducte pro personis vestris et dictis ducentis viginti lanceis debitis et debendis usque ad finem conducte huiusmodi, et pro omnibus, que propterea a Romana Ecclesia et apostolica camera communiter vel divisim recipere teneremini quoquo modo, posito, sicut accepimus, super assignatis et habitis et premissis omnibus calculo cum dilectis filiis gentibus camere prefate, recipere teneamini a Romana Ecclesia et apostolica camera predictis in totum summam septem milium trecentorum decem novem florenorum auri de eadem camera, nos, volentes de septem milibus trecentis et decem novem florenis predictis pro complemento satisfactionis omnium premissorum vobis debite providere, infrascriptas nostras communitates in provincia nostra Marchie Anconitane situatas, pro quantitatibus infrascriptis per vos vel procuratores vestros ab eis et qualibet earum petendis, levandis et exigendis nomine camere supradicte, pro talleis per eas debitis pro anno presenti, videlicet: Castrum Belfortis pro ducentis nonaginta septem ducatis, bologninis triginta duobus et denariis sex; civitatem Camereni pro quatuor milibus octuaginta uno ducatis, bologninis quatuor; Montechium pro quingentis ducatis; Montem Sancti Martini pro ducatis quadringentis octo, bologninis quatuor; Montem Fortinum pro trecentis octuaginta sex ducatis et bologninis duobus; Pennam Sancti Iohannis pro quingentis uno ducatis, bologninis viginti; Sernanum pro ducatis sexcentis octoginta novem, bologninis quindecim; Iudeos de Camereno pro ducatis nonaginta duobus et bologninis quatuor; Iudeos de Tolentino pro ducatis viginti tribus, bologninis triginta tribus; Iudeos de Montechio pro ducatis quatuordecim, bologninis triginta; Iudeos de Sernano pro ducatis quindecim et bologninis quinque; Iudeos de Sancto Genesio pro ducatis novem et bologninis triginta tribus; Vissum, Cerretum et Montemsanctum, Camerinensis, Spoletane et Firmane diocesium, pro trecentis ducatis, in complementum ac etiam satisfactionem omnium premissorum, vobis tenore presencium assignamus et deputamus quietandi, liberandi, finiendi, absolvendi et perpetuo liberandi communitates prefatas et singulares personas earum, nomine Romane Ecclesie et camere prefatarum, de hiis, que ab eis vel earum aliqua seu aliis pro eis receperitis, per vos aut procuratores vestros ad hec sufficiens mandatum habentes, nichilominus concedentes harum serie ac procuratori uno vel pluribus vestris in solidum plenam et liberam facultatem; ac mandantes dilecto filio — thesaurario nostro, qui est pro tempore in dicta provincia, quatenus ad racionem et computa dictarum communitatum solvencium, quidquid perceperitis, ad vestram aut illarum communitatum instanciam ponere teneatur et debeat quociens fuerit requisitus, prout fuerit oportunum. Dat. Senis, quinto Kalendas Augusti, pontificatus nostri anno secundo.

Source: ASV, Reg. Vat. 336, fols. 242v–243r.

Note: Gregory XII was deposed on 5 June 1409, but continued to act as pope and to rule over some of the papal territories. He raised small armies, and financed their pay from the taxes of the Christian and Jewish population. Antonio Correr, cardinal bishop of Porto and bishop of Bologna and papal chamberlain, signed three contracts to raise soldiers for his master. One is copied in ASV, Reg. Vat. 335, fols. 184v–189r, issued at Gaeta on 16 November 1410, and contains a list of Jewish communities, and the demands made of them:

In nomine Domini, Amen. Anno a nativitate eiusdem millesimo quadringentesimo decimo, indictione tertia, die sexta decima mensis Novembris, pontificatus sanctissimi in Christo patris et domini nostri domini Gregorii, divina providentia pape XII anno quarto. Infrascripta sunt pacta et capitula inhita, habita et firmata inter reverendissimum in Christo patrem et dominum, dominum Antonium, episcopum Portuensem cardinalem Bononiensem ac domini nostri pape camerarium, agentem, stipulantem et recipientem vice et nomine et pro parte prefati sanctissimi domini nostri pape Sancteque Romane Ecclesie et camere apostolice ex una, et nobilem virum Iohannem magistri Tomasii medici de civitate Firmana, procuratorem et procuratorio nomine ad hec et alia faciendum magnifici viri militis domini Ludovici de Melioratis, capitanei ducentarum viginti quinque lancearum inter vivas et mortuas, ut de ipsius mandato plene constat per instrumentum procure scriptum et publicatum per Dionisium quondam magistri Marci Dionisii de civitate Camerini, presentibus anno, indictione et pontificatu, die decimoseptimo mensis Octobris, et a me Gerardo, notario infrascripto, visum et lectum, dicto procuratorio nomine agentem, stipulantem et recipientem, ex altera partibus. In primis...

Et e converso, prefatus reverendissimus dominus Antonius, cardinalis ac camerarius prefatus, nomine quo supra, per sollemnem stipulationem convenit et promisit dicto Iohanni magistri Thomasii, procuratori et procuratorio nomine predicto, presenti, stipulanti et recipienti vice et nomine dicti domini Ludovici, dari et solvi facere per modum infrascriptum eidem domino Ludovico capitaneo aut aliisuo nomine legitime recipienti, quolibet mense, dicta eius firma durante, ad racionem ducatorum decem auri, tam pro lancea viva quam mortua, stando vel militando, et pro provisione persone ipsius capitanei, ducatos ducentos viginti quinque consimiles ubicumque steterit, mensibus singulis, ipsa firma durante, que quidem provisio et stipendium prefato domino Ludovico capitaneo, vel deputando per eum, debeant dari et solvi in hunc modum, videlicet: pro dictis quidem ducentis vigintiquinque lanceis inter vivas et mortuas et pro provisione persone dicti domini capitanei, dictus dominus cardinalis et camerarius prefatus, nomine quo supra, promisit dicto Iohanni magistri Thomasii, procuratori predicto, recipienti nomine quo supra, facere, et ex nunc fecit et facit dicto Iohanni, nomine quo supra recipienti, ac eidem domino Ludovico capitaneo, licet absenti, validas assignationes pro toto tempore dicte firme, pro dictis lanceis ducentis vigintiquinque, super talleis camere apostolice pro dicto tempore debitis, in terris, civitatibus, castris et locis et a personis que inferius per ordinem describentur, cum summis unicuique predictorum contingentibus, iuxta unumquodque nomen appositis, ita quod prefatus dominus Ludovicus capitaneus dictas talleas eidem assignatas pro stipendio dictarum lancearum ducentarum vigintiquinque ac provisione sue persone exigat et exigi faciat ac exigere et exigi facere possit et sibi liceat per commissarium a sanctissimo domino nostro deputatum vel deputandum, ab infrascriptis terris, civitatibus, castris et locis prefate Ecclesie Romane et personis cum effectu tenendo in exactione earumdem tallearum modos solitos et consuetos teneri per alios capitaneos, quibus assignationes fiunt de talleis in terris Ecclesie, iuxta tabulam per dictam cameram dicto commissario transmittendam. Hoc tamen acto et expresse declarato in presentibus capitulis, quod, si supradicte tallee assignate vel aliqua pars earum non exigerentur vel exigi non possent, quocumque casu possibili evenire, etiam inexcogitato vel fortuito, aut exigerentur per deputatum ibidem, et de exactis solucio per eundem deputatum ipsi domino Ludovico vel alii pro eo non fieret, tunc dicto domino Ludovico imputetur omne dampnum, nec in aliquo tamen predictorum casuum camere apostolice noceat, set omnino sit totaliter libera et absoluta a solucione stipendii dictarum lancearum ducentarum vigintiquinque et provisione persone dicti domini

Ludovici capitanei pro toto tempore dicte firme durantis, in contrarium facientibus non obstantibus quibuscumque.

Insuper est actum inter prefatos contrahentes, nominibus quibus supra, ex pacto expresse habito inter eos, quod, si tallee infrascriptarum terrarum, clericorum et Hebreorum non erunt sufficientes, predicta firma durante, ad satisfaciendum predicto capitaneo pro dictis ducentis vigintiquinque lanceis, ad racionem predictam ponatur una sextaria in tempore dicte firme ultra talleas consuetas in infrascriptis terris, locis ac personis et clericis, ac in omnibus terris, civitatibus, locis et villis, quas magnificus Rodulfus de Camerino tenet ab Romana Ecclesia, ut dicto capitaneo satisfieri integre possit in eo quod deficeret in summis tallearum infrascriptarum terrarum, personarum et locorum... Nomina vero civitatum, terrarum, castrorum et locorum ac personarum, de quibus supra fit mentio, cum summa tallearum unicuique distinctim et sigillatim pro dicto tempore contingentium solvendarum, annotata sunt hec, videlicet ...

Ebrei

Ebrei de Sancto Elpidio	pro ducatis IIII, bologninis XXX
de Monte Sancte Marie in Cassiano	pro ducatis I, bologninis XV, denariis XII
de Macerata	pro ducatis XI, bologninis I, denariis XII
de Ancona	pro ducatis LXXXXVI, bologninis V
Ebrei Teutonici de Ancona	pro ducatis CLXV
de Monte Ulmo	pro ducatis IIII, bologninis V
de Matellica	pro ducatis V, bologninis XX
de Sancto Severino	pro ducatis XXIII, bologninis XXIII
de Fabriano	pro ducatis XIIII, bologninis XVII
de Monte Rubiano	pro ducatis I, bologninis XV
de Ripa Transonis	pro ducatis XIIII, bologninis XXXI
de Sancta Victoria	pro ducatis XIIII, bologninis XXXI
de Forze	pro ducatis II, bologninis XXX
de Firmo	pro ducatis XLIIII
de Montesancto	pro ducatis V, bologninis XX ...

Actum in civitate Gaiete, in domo habitationis ad presens prefati reverendissimi domini cardinalis et camerarii, posita in capella sive parrochia Sancte Marie maioris ecclesie prefate civitatis, in tertio solario eiusdem domus, in camera paramenti prefati domini cardinalis, presentibus venerabili ac egregio legum doctore domino Nicolao de Urbeveteri, prefate apostolice camere clerico, egregio viro ser Michaele de Cascina de Pisis, apostolicarum litterarum scriptore ac prefate camere notario, et discreto viro Iohanne Iacobi Minelli de Viterbio, ser Dionisio Marci de Camerino ac ser Iohanne Michaelis de Florencia, habitatore Camerini, testibus, et pro testibus ad premissa omnia et singula vocatis pariter et rogatis, ac me Gerardo de Pisis, apostolice camere notario, pro notario et in notarium ad premissa requisito pariter et rogato.

Ego, Gerardus de Pisis, apostolica et imperiali auctoritate notarius ac apostolice camere notarius atque iudex ordinarius, predictis omnibus et singulis dum sic agerentur interfui, et ea rogatus scribere, scripsi et publicavi et in hanc formam redegi, aliisque variis occupatus negociis, per alium fidelem hic transcribi feci contenta in novem cartas, hac computata, et quia facta cum originali collacione concordare inveni, nichil addito vel diminuto quod mutet sensum vel variet intellectum, me subscripsi nomenque meum et signum apposui consueta.

Another, copied in ASV, Reg. Vat. 335, fols. 190v–193v, also at Gaeta, on 8 January 1412, contains a similar list of Jewish communities and the demands made of them:

Capitula conducte regie maiestatis cum camera.
In nomine Domini, Amen. Anno nativitatis eiusdem millesimo quadringentesimo duodecimo, indictione quinta, die octava mensis Ianuarii, pontificatus sanctissimi in Christo patris et domini nostri, domini Gregorii, divina providentia pape XII anno sexto.

Infrascripta sunt pacta et capitula inhita, habita et firmata inter reverendissimum in Christo patrem et dominum, dominum Antonium, episcopum Portuensem cardinalem Bononiensem ac prefati domini nostri pape camerarium, agentem, stipulantem et recipientem vice et nomine ac pro parte prefati sanctissimi domini nostri pape Sancteque Romane Ecclesie et camere apostolice ex una, et egregium virum dominum Honofrium de Penna, secretarium serenissimi principis et illustrissimi domini, domini Ladizlai, Ierusalem et Sicilie regis, ac procuratorem ad hec specialiter constitutum prefati domini regis, conducentis se nunc cum prefato domino nostro cameraque apostolica cum lanceis ducentis quadraginta gentium armigerarum, ad racionem trium equuorum [!] pro lancea, prout de ipsius mandato plene constat per instrumentum procure inde scriptum et rogatum per me, Michaelem de Cascina de Pisis, prefate apostolice camere notario [!], anno Domini millesimo quadringentesimo undecimo, indictione quarta, pontificatus prefati domini nostri pape anno quinto, die vigesimoquarto Septembris, dicto procuratorio nomine pro eo agentem, stipulantem et recipientem, ex altera partibus In primis...

Et e converso, prefatus reverendissimus dominus, dominus Antonius, cardinalis et camerarius prefatus, nomine quo supra, convenit et promisit dicto domino Honofrio, procuratori prefato, stipulanti et recipienti pro dicto domino rege, dari et solvi facere per modum infra scriptum, dicta firma durante, ad racionem florenorum duodecim auri de camera pro stipendio, et floreni unius pro provisione prefate regie maiestatis, pro qualibet lancea, tam viva quam mortua, mense quolibet dicte firme; assignavit equidem prefato domino Honofrio, recipienti pro dicto domino rege, pro stipendio et provisione ac integra solucione dictarum gentium, ac assignationes validas fecit et facit pro toto tempore dicte firme unius anni prefati super talleis camere apostolice debitis, in terris, civitatibus, castris et locis et a personis que inferius per ordinem describentur ...

Nomina vero civitatum, terrarum, castrorum et locorum ac personarum, de quibus supra fit mentio, cum summa tallearum unicuique distinctim et sigillatim pro dicto tempore firme unius anni contingentium solvendarum, annotata sunt hec, videlicet...

Ebrei

Ebrei de Sancto Elpidio	pro florenis IIII, bologninis XXX
de Monte Sancte Marie in Cassiano	pro florenis I, bologninis XXV, denariis XII
de Macerata	pro florenis XI, bologninis I, denariis XII
de Monte Ulmo	pro florenis IIII, bologninis V
de Matelica	pro florenis V, bologninis XX
de Sancto Severino	pro florenis XXIII, bologninis XXIII
de Fabriano	pro florenis XIV, bologninis XVII
de Monte Rubiano	pro florenis I, bologninis XV
de Ripa Transonis	pro florenis XIIII, bologninis XXXI
de Sancta Victoria	pro florenis XIIII, bologninis XXXI
de Forze	pro florenis II, bologninis XXX
de Firmo	pro florenis XLIIII, bologninis XXXIII
de Tollentino	pro florenis XXIII, bologninis XXXIII
de Camerino	pro florenis LXXXXII, bologninis IIII
de Monticulo	pro florenis XIIII, bologninis XXXIIII
de Cingulo	pro florenis XIII, bologninis XXVI
de Rocchacontrata	pro florenis XV, bologninis XXI, denariis XII
de Sernano	pro florenis XV, bologninis V

...

Infrascripte vero civitates, terre et loca ac persone tenentur in infrascriptis quantitatibus pro tempore quo non servivit dominus Ludovicus, set rebellavit, cui fuerant deputate pro toto tempore sue conducte.

Ebrei

Ebrei de Sancto Elpidio	pro florenis I, bologninis XXIII, denariis VIII
de Monte Sancte Marie in Cassiano	pro bologninis XXII
de Macerata	pro florenis III, bologninis XXVII, denariis IIII
de Monte Ulmo	pro florenis I, bologninis XV
de Matelica	pro florenis I, bologninis XXIII, denariis VIII
de Sancto Severino	pro florenis VII, bologninis XXXVIIII, denariis VIII
de Fabriano	pro florenis IIII, bologninis XXXIII
de Monte Rubiano	pro bologninis XVIII, denariis XVIII
de Ripa Transonis	pro florenis IIII, bologninis XXXVII
de Forze	pro bologninis XXXVI, denariis XVI
de Firmo	pro florenis XIIII, bologninis XXVII
de Montesancto	pro florenis I, bologninis XXXIII, denariis VIII

...

Acta sunt hec Gaiete, in domo habitationis prefati reverendissimi domini cardinalis ac camerarii, in qua ad presens moram trahit, posita in parrocchia maioris ecclesie prefate civitatis, presentibus prefatis dominis camerario et Honofrio, nominibus quibus supra paciscentibus, contrahentibus et stipulantibus, ac venerabili et egregio decretorum doctore, domino Archangelo de Bonifaciis de Aquila, sacri palatii apostolici causarum auditore, et egregiis viris domino Matheo de Strata, secretario prefati domini nostri pape, ac Gerardo de Cascina de Pisis, notariis prefate camere apostolice, testibus, ac pro testibus ad premissa vocatis pariter et rogatis, ac me, Michaele de Cascina de Pisis, notario, et pro notario de premissis omnibus rogato ac requisito.
Ego Michael Francisci de Cascina de Pisis, apostolica ac imperiali auctoritatibus ac prefate camere apostolice notarius ac iudex ordinarius, predictis omnibus et singulis dum sic agerentur interfui et presens fui, ac rogatus scribere, scripsi et in hanc formam redegi, aliisque variis occupatus negociis —

> The third, copied in ASV, Reg. Vat. 335, fols. 198v–201r, at Rimini, on 10 September 1414, contains yet another, similar list:

In nomine Domini, Amen. Anno nativitatis eiusdem millesimo quadringentesimo quartodecimo, indictione septima, die decima mensis Septembris, pontificatus sanctissimi in Christo patris et domini nostri, domini Gregorii, divina providentia pape duodecimi anno octavo.
Infrascripta sunt capitula inita, habita et firmata inter reverendissimum in Christo patrem et dominum, dominum Antonium, episcopum Portuensem cardinalem Bononiensem ac prefati domini nostri pape camerarium,

presentem, agentem, stipulantem et recipientem vice et nomine ac pro parte prefati sanctissimi domini nostri pape Sancteque Romane Ecclesie ac camere apostolice ex una, et egregium legum doctorem, dominum Iacobum de Certalto, procuratorem ad hec specialiter constitutum magnifici domini, domini Malateste, filii quondam bone memorie domini Galaotti de Malatestis, conducentis se nunc cum prefato domino nostro cameraque apostolica cum lanceis trecentis treginta gentium armigerarum, ad racionem equorum trium pro lancea, prout de ipsius mandato plene constare dicitur per instrumentum procure inde scriptum et rogatum per ser Iohannem Menghi de Arimino, notarium publicum, de presenti mense confectum, dicto procuratorio nomine pro eo presentem, agentem, stipulantem et recipientem, ex altera partibus In primis... Et e converso

Nomina vero civitatum, terrarum, castrorum et locorum ac personarum habentium solvere, de quibus supra fit mentio, et quantitates pro anno dicte firme, sunt infrascripta, videlicet:

Ebrei

Ebrei de Sancto Elpidio	ducatos quatuor, bononinos treginta
Ebrei de Civitanova	ducatos tres, bononinos viginti quatuor, denarios novem
Ebrei de Montesancto	ducatos quinque, bononinos viginti
Ebrei de Murrovallium	ducatum unum, solidos duos, denarios sex
Ebrei de Montelupone	ducatos sex, bononinos treginta quatuor, solidos duos
Ebrei de Monte Sancte Marie in Cassiano	ducatum unum, bononinos quatuordecim, solidos tres
Ebrei de Macerata	ducatos undecim, solidos tres
Ebrei de Castroficardo	ducatum unum, bononinos viginti octo, solidum unum, denarios sex
Ebrei de Auximo	ducatos viginti unum, bononinos duodecim, solidum unum
Ebrei de Ancona	ducatos nonaginta sex, bononinos decem
Ebrei Theutonici de Ancona	ducatos centum sexaginta quinque
Ebrei de Serra Sancti Quiricii	ducatum unum, solidos duos, denarios sex
Ebrei de Racaneto	ducatos septuaginta, bononinos octo, solidum unum, denarios sex
Ebrei de Montemilone	bononinos viginti, solidum unum, denarios sex

Ebrei de Monteulmo	ducatos quatuor, bononinos quatuor, solidos duos
Ebrei de Tholentino	ducatos viginti tres, bononinos treginta duos, solidos duos
Ebrei de Camarino	ducatos nonaginta duos, bononinos quatuor
Ebrei de Mathelica	ducatos quinque, bononinos viginti
Ebrei de Sancto Severino	ducatos viginti tres, bononinos treginta duos, solidos duos
Ebrei de Monticulo	ducatos quatuordecim, bononinos treginta quatuor
Ebrei de Cingulo	ducatos tredecim, solidos sexdecim
Ebrei de Fabriano	ducatos quatuordecim, bononinos sexdecim, solidos tres
Ebrei de Rocchacontrata	ducatos quindecim, bononinos viginti, solidos tres
Ebrei de Callio	ducatos sex, bononinos quatuor, solidos duos
Ebrei de Urbino	ducatos quadraginta septem, bononinos treginta octo
Ebrei de Monte Rubiano	ducatum unum, bononinos quatuordecim, solidos tres
Ebrei de Ripa Transonum	ducatos quatuordecim, bononinos treginta, solidos duos, denarios sex
Ebrei de Sancta Victoria	ducatos quatuordecim, bononinos treginta, solidos duos, denarios sex
Ebrei de Force	ducatos duos, bononinos treginta
Ebrei de Sernano	ducatos quindecim, bononinos quatuor, solidos duos
Ebrei de Sancto Genisio	ducatos quatuordecim, bononinos treginta duos, solidos duos, denarios sex
Ebrei de Firmo	ducatos quadraginta quatuor

Acta sunt hec Arimini, in conventu Fratrum Predicatorum in antecamera prefati reverendissimi domini, domini cardinalis, presentibus nobili viro Seraphino de Spoleto, soldano, magistro Arnoldo quondam Severini Theutonico, scriptore, et Iacobello quondam Petri de Francischis de Venetiis, familiaribus apostolicis, magistro Georgio quondam Francisci de Mediolano, ser Mucciolo quondam Dominici, notario Ariminensi, Fuçolo quondam Paulini de Lonciano, comitatus Arimini, et Iohannino quondam Christofori de Mediolano, testibus ad predicta habitis et rogatis.

Et ego, Matheus de Strata, publicus imperiali auctoritate notarius et iudex ordinarius, ac notarius dicte camere apostolice, predictis omnibus presens fui, et rogatus a partibus publicum confeci instrumentum, et aliis occupatus, hoc per alium scribi feci, et quia cum meo originali concordare inveni, ad fidem et robur me subscripsi et signum meum apposui consuetum.

Ego Bartolus de Forosinfronio, canzellarius dicti magnifici domini Malateste de sui mandatome subscripsi, et eius sollitum sigillum apposui in fidem premissorum.

Note: On Ladislaus, king of Naples 1386–1414, and his political and military activities in conjunction with pope Gregory XII, see Cutolo, *Re Ladislao d'Angio-Durazzo* 1, pp. 313f.

580   Gaeta, 9 January 1410

Mandate to John Cecchi de Offida, (titular) bishop of Nicopolis, who lives in Castignano, to hear and decide the case of Cola Lucii and Johannes, son of the late Emyndericus Lucii, of Ascoli, against Angelus Mosecti Angelelli and the heirs of the late Angelus Heliye Sabbati, Jews, over a debt of 385 gold ducats claimed by the latter after the lapse of over six years. Judgement had been given against Cola and Johannes, and they had appealed to Ladislaus, king of Naples and papal regent in Ascoli.

Gregorius etc. venerabili fratri Iohanni, episcopo Nicopolensi, in terra nostra Castiniani, Esculane diocesis, commoranti, salutem etc. Exhibita nobis pro parte dilectorum filiorum Cole Lucii et Iohannis quondam Emynderici Lucii laici nati, civium Esculanorum, peticio continebat, quod, licet in constitutionibus provincie nostre Marchie Anconitane hactenus observatis caveatur expresse, quod ex contractu Iudei vel cuiuscumque usurarii, qui producitur in iudicio ultra sex annos a die initi contractus, talis Iudeus vel usurarius nullum consequatur effectum, et, contra Iudeum ipsum sex annorum spacio prescribatur, prout in dictis constitutionibus hec et alia dicuntur plenius contineri, tamen, pro eo, quod Angelus Mosecti Angelelli et heredes quondam Angeli Helye Sabbati, Iudei, ipsos cives super summam tricentorum et octuagintaquinque ducatorum auri, in qua ipsos cives prefatis Iudeis obligatos fore pretendebant, post sex annos et prescriptionem huiusmodi contra formam constitutionum predictarum, et nonnulla convenciones et pacta super hiis habita, molestare et impetere nitebantur, prout adhuc nituntur, iidem cives Iudeos prefatos super hoc petendo se ab impeticione dictorum Iudeorum absolvi et ipsis Iudeis super summa predicta perpetuum silencium imponi, coram dilecto filio nobili viro potestate civitatis nostre Esculane, que de provincia ipsa consistit, fecerunt ad iudicium evocari; et postquam prefatus potestas in dicta causa ad nonnullos actus, citra tamen conclusionem, processerat, ac ipsis civibus nonnulla gravamina tunc expressa irrogaverat, prefati cives, sentientes exinde indebite se gravari, ad carissimum in Christo filium nostrum Ladislaum, Iherusalem et Sicilie regem illustrem, eandem civitatem pro nobis et Ecclesia Romana regentem, appellarunt, et causa appellationis huiusmodi per ipsum regem, alio quam regio titulo non expresso, dilecto filio Iohanni Archymono, civi Neapolitano, commissa, idem Iohannes vigore commissionis huiusmodi ad nonnullos actus, citra tamen conclusionem, in dicta appellacionis causa dicitur processisse. Cum autem, sicut eadem peticio subiungebat, a nonnullis dubitetur premissa viribus non subsistere, pro parte dictorum civium nobis fuit humiliter supplicatum, ut omnes et singulas causam et causas huiusmodi alicui in partibus de novo committere, cum potestate prefatis Iudeis certum peremptorium terminum competentem, infra quem omnia instrumenta, scripturas et apodixas continencia quascumque pecuniarum summas per dictos Colam et Iohannem eisdem Iudeis forsan debitas, exhibere et producere teneantur, assignandi, et dicto elapso termino et racionabili causa cessante, si ea exhibere et producere neglexerint, extunc illa cassa, irrita et nulla declarandi, ac alias eis in premissis de oportuno remedio providere, misericorditer dignaremur. Nos igitur, supplicacionibus huiusmodi inclinati, ac statum omnium premissorum habentes presentibus pro expresso, fraternitati tue per apostolica scripta mandamus, quatinus, vocatis qui fuerint evocandi, omnes et singulas causas huiusmodi, cum predictis et aliis emergentibus, incidentibus, dependentibus et connexis ex eis, summarie, simpliciter et de plano ac sine strepitu et figura iudicii, audias, et, appellatione remota, usuris cessantibus, etiam iuxta tenorem dictarum constitutionum, dummodo fuerint rationabiles et approbate, prout iustum fuerit, debito fine decidas, faciens quod decreveris, ab eisdem Iudeis per subtractionem communionis fidelium, ab aliis vero per censuram ecclesiasticam, firmiter observari. Testes autem... Dat. Gaiete, quinto Idus Ianuarii, anno quarto.

Source: ASV, Reg. Lat. 133, fols. 162r–163r.

Note: See also below, following doc.

Bibliography: Eubel, *Verhalten der Päpste*, pp. 40f.

581   Gaeta, 26 January 1410

Mandate to the abbot of St. Marianus in Campli, in the diocese of Teramo, to
lift the excommunication imposed on Clarus Emindii de Montesanto, a priest
in the diocese of Ascoli, and Johannes, son of the late Erasmus Macti, also of
Ascoli, in a dispute with the heiresses of the late Angelus Elye, a Jew. The late
Johannes, prior of Ripa in the diocese of Ascoli, had borrowed some money
from Angelus, and Clarus and Johannes had stood surety. Litigation had
ensued over a residual debt — hence the sentence of excommunication.

Gregorius etc. dilecto filio abbati secularis et collegiate ecclesie Sancti
Mariani de Terra Campli, Aprutine diocesis, salutem etc. Humilibus et
honestis supplicum votis libenter annuimus illaque favoribus prosequimur
oportunis. Exhibita siquidem nobis nuper pro parte dilectorum filiorum Clari
Emindii de Montesancto, presbiteri Esculane diocesis, et Iohannis quondam
Erasmi Macti laici nati, civis Esculani, peticio continebat, quod in
constitutionibus provincialibus provincie nostre Marchie Anchonitane
hactenus observatis cavetur expresse, quod ex contractu Iudei vel cuiuscunque
usurarii, qui producitur in iudicio ultra sex annos a die initi contractus, talis
Iudeus vel usurarius nullum consequatur effectum, et contra ipsum sex
annorum spacio prescribatur, prout in dictis constitutionibus hec et alia
dicuntur plenius contineri, quodque quondam Angelus Elye, Iudeus, quondam
Iohanni, priori de Ripa, dicte diocesis, nonnullas pecuniarum summas tunc
expressas mutuavit, et idem prior nonnulla pignora tunc expressa penes
dictum Angelum deposuit, necnon predictus Clarus et prefatus Erasmus ac
Anthonius Mucepti, laici, et quilibet ipsorum, in solidum, si forsan idem prior
non solveret summam huiusmodi, summam ipsam solvere promiserunt; et
deinde, cum prefatus prior predictam summam eidem Angelo pro maiori
parte solvisset, ac prior et Angelus prefati, pignoribus antedictis non restitutis,
decessissent, Stella et Bruna, eiusdem Angeli nate, Iudee, pignora huiusmodi
eisdem Claro et Iohanni nato restituere recusarunt falsosque [sic] pretendentes,
quod dictus Clarus huiusmodi summas eis dare et solvere legitime tenebatur,
super hoc petendo ipsum damnari et compelli ad solvendum eisdem Iudeis
summas huiusmodi coram dilecto filio Stephano Marini, vicario in
spiritualibus generali venerabilis fratris nostri Iohannis, episcopi Esculani,
non ex delegacione apostolica, fecerunt ad iudicium evocari. Et licet
procurator dicti Clari coram eodem vicario in iudicio in statuto sibi termino
legitime comparuisset, ac pro parte dictarum Iudearum fuisset excipiendo
propositum, quod idem Clarus in hac causa comparere per procuratorem non
poterat nec debebat, certo statuto municipali civitatis nostre Esculane in
premissis obstante, prefatus vicarius, perperam in huiusmodi causa procedens,
dictum procuratorem audire contra iusticiam non curavit, ipsumque Clarum
contumacem reputavit, ac in eum excommunicationis sententiam promulgavit

ipsumque mandavit et fecit excommunicatum publice nunciari; propter que idem Clarus, senciens indebite se gravari, ad sedem apostolicam appellavit, quam quidem appellacionem ex certis causis legitimis non fuit infra tempus debitum prosecutus. Cum autem, sicut eadem peticio subiungebat, sex anni et ultra die celebrati contractus inter prefatos Angelum et priorem effluxerunt, pro parte dictorum Clari et Iohannis nati nobis fuit humiliter supplicatum, ut eum a dicta sentencia excommunicationis absolvere et omnes causas huiusmodi alicui in partibus committere et alias sibi in premissis oportune providere, de benignitate apostolica dignaremur. Nos igitur huiusmodi supplicationibus inclinati ac statum omnium premissorum habentes presentibus pro expresso, discretioni tue per apostolica scripta committimus et mandamus, quatinus eundem Clarum, si hoc humiliter petierit, a dicta excommunicationis sentencia, auctoritate nostra, prout iustum fuerit, simpliciter vel ad cautelam, hac vice dumtaxat, absolvas, iniunctis inde sibi pro modo culpe penitentia salutari ac aliis, que de iure fuerint iniungenda. Et nichilominus, vocatis qui fuerint evocandi, causam et causas appellacionis et negocii principalis huiusmodi, cum emergentibus, incidentibus et dependentibus ex eis, summarie, simpliciter et de plano et sine strepitu et figura iudicii, sola facti veritate inspecta, audias, et, appellacione remota, usuris cessantibus, etiam iuxta formam predictarum constitutionum, si eas rationabiles et approbatas inveneris, debito fine decidas, faciens quod decreveris, a dictis Iudeis per subtractionem communionis fidelium, ab aliis vero per censuram ecclesiasticam, firmiter observari; et insuper, easdem Iudeas, ut pignora huiusmodi eidem Claro restituant, auctoritate predicta, previa ratione, compellas. Testes autem... Dat. Gaiete, septimo Kalendas Februarii, anno quarto.

Source: ASV, Reg. Lat. 133, fols. 153r–154r.

---

582   Gaeta, 18 February 1410

Mandate to Anthony, bishop of Terracina, to compel Jews to pay the tithe on property obtained from Christians.

Gregorius etc. venerabili fratri Anthonio episcopo Terracenensi, salutem etc. Iustis et honestis supplicum votis libenter annuimus illaque favoribus prosequimur oportunis. Exhibita siquidem nobis nuper pro parte tua peticio continebat, quod Iudei utriusque sexus in tuis civitate et diocesi Terracenensi habitantes, de bonis et possessionibus, que a Christianis ad eosdem Iudeos devenerunt, decimas tibi et ecclesiis parrochialibus dictarum civitatis et diocesis infra quarum limites degunt debitas, solvere non curant, in tui et rectorum earundem ecclesiarum preiudicium et gravamen. Quare pro parte tua nobis fuit humiliter supplicatum, ut in premissis de oportuno remedio providere, de benignitate apostolica dignaremur. Nos igitur, huiusmodi supplicacionibus inclinati, fraternitati tue per apostolica scripta mandamus, quatinus, si est ita, dictos Iudeos, ut decimas prediales de bonis et possessionibus huiusmodi tibi et rectoribus ipsis, ut tenentur, exolvant, monitione premissa, per subtractionem communionis fidelium, quacumque consuetudine contraria non obstante, appellatione remota, compellas, seu si eisdem Iudeis, quod huiusmodi communio eis subtrahi non possit, a sede apostolica indultum existat, per litteras apostolicas non facientes plenam et expressam ac de verbo ad verbum de indulto huiusmodi mentionem. Dat. Gaiete, duodecimo Kalendas Martii, anno quarto.

Source: ASV, Reg. Lat. 133, fol. 159r-v.

Alexander V (Philarghi)
26 Jun. 1409 – 3 May 1410

Pisa, 30 August 1409

Commission to Pons Feugeyron, a Franciscan and inquisitor of Avignon, the Comtat Venaissin, Provence, Dauphiné and other parts of southern France, to proceed against schismatics, heretics, and Christians and Jews who are involved in heretical activities and practise magic and the like, and against Jews who try to induce Jewish converts to revert to Judaism and corrupt minds with the Talmud and other Jewish books — all this in accordance with the commissions issued by Gregory XII and Benedict XIII.

Alexander etc. dilecto filio Poncio Feugeyronis, ordinis Fratrum Minorum professori, in sacra theologia magistro, inquisitori heretice pravitatis Avinionen. nominato, in provinciis Arelaten., Aquen. et Ebredunen. et in omnibus terris et locis infra dictarum provinciarum terminos constitutis, necnon in Lugdunen., Viennen., Bellicen., Gratianopolitan., Maurianen., Dien., Valentinen., Vivarien., Tarentasien. et Augusten. civitatibus et diocesibus, ac in Dalphinatu comitatibusque Provincie, Forcalquerii et Venayssini ac in principatu Auraycen., necnon in civitate et diocesi Avinionen. certisque aliis terris et locis auctoritate apostolica deputato, salutem etc. Ab exordio nascentis Ecclesie pastores vigilare ceperunt contra pseudochristicolas, qui vineam Domini Sabaoth, Catholicam videlicet Ecclesiam, diffusam per orbem, quasi vulpecule demoliri conantur; quorum pastorum exemplo laudabili predecessores nostri Romani pontifices, qui fuerunt pro tempore, se murum defensionis pro domo Domini opponentes, ardore Christiane fidei et religionis accensi, circumspecta vigilantia studuerunt ordinare per diversa mundi climata inquisitores contra maculatos heretica pravitate eorumque fautores et defensores diversarum sectarum, ad instar vulpium caudas habentium colligatas, eisdem inquisitoribus auctoritate concessa procedendi contra eos iuxta canonicas xanctiones ac privilegia et stilum huiusmodi inquisitionis officii hactenus observatum. Sane, nuper dolenter audivimus, quod infra terminos in quibus inquisitor herectice pravitatis es auctoritate apostolica deputatus, videlicet in Arelaten., Aquen. et Ebredunen. provinciis, necnon Lugdunen., Viennen., Bellicen., Gratianopolitan., Maurianen., Dien., Valentinen., Vivarien., Tarantasien. et Augusten. civitatibus et diocesibus et in omnibus terris et locis infra dictorum provinciarum et diocesium terminos constitutis ac in Dalphinatu, comitatibusque Provincie, Forcalquerii et Venayssini, ac in principatu Auraycen., necnon in civitate et diocesi Avinionen. et nonnullis aliis terris et locis illarum partium, plerique nescientes in semitis iustitie dirigere gressus suos, sed diversa Catholice fidei ac etiam sacris canonibus adversa seu contraria, per que se ipsos et multos simplices secum trahunt damnabiliter in gehennam, conantur dogmatizare, et etiam salutares determinationes generalis concilii nuper in civitate Pisana, in qua cum nostra curia residemus, celebrati, super reintegratione ac unione universalis Ecclesie salubriter factas, et potissime ac specialiter condemnationem de Angelo Corario, qui olim in sua obedientia Gregorius XII, et Petro de Luna, qui olim in sua obedientia Benedictus XIII nominabantur, inveterati schismatis quod tunc in predicta vigebat Ecclesia pertinacibus nutritoribus et fautoribus, necnon invicem de papatu contendentibus, ymo verius colludentibus, etiam in eodem concilio sententialiter factam verbo et facto, temere satagunt impugnare, in fomentum schismatis ac favorem Angeli et Petri predictorum eisque adherentium et faventium in hac parte; quodque nonnulli Christiani ac perfidi Iudei infra eosdem terminos constituti, novas sectas et prohibitos ritus eidem fidei repugnantes inveniunt, quos saltem in occulto dogmatizant, docent, predicant et affirmant; suntque etiam infra eosdem terminos multi Christiani et Iudei sortilegi, divinatores, demonum invocatores, carminatores, coniuratores, superstitiosi, augures, utentes artibus nephariis et prohibitis, quibus Christianum populum seu plerosque simplices illarum partium maculant et pervertunt. Preterea quidam predictorum Iudeorum nonnullos neophitos, seu ad eandem fidem noviter de Iudayca cecitate conversos, ad reiudayzandum seu ad ritus Iudaycos execrabiles resumendum directe vel indirecte, mediate vel immediate, inducere satagunt; necnon ipsorum rudibus librum, quem Talamut appellant, aliisque libris suis plures tam scriptos quam etiam alios damnatos errores publice astruunt, quibus utique corda simplicium etiam sepe maculant et confundunt, machinantes [Ms.: muchentes] muchentes contra fidem Catholicam et doctrinam veritatis atque etiam in sua lege Mosayca multipharie deficientes. Demum etiam quidam Christiani et Iudaei earundem partium non verentur asserere, quod usura non sit peccatum aut recipere decem pro centum mutuo datis, seu quicquam aliud ultra sortem, in his et similibus atque in nonnullis aliis spiritualibus et gravibus peccatis multipliciter excedunt et plerosque deludunt. Nos igitur, qui dictorum predecessorum vestigia ferventibus imitamur affectibus, ac desideramus eiusdem fidei et religionis ampliari cultum, et extirpare huiusmodi errores et etiam pravitates, discretioni tue, de cuius fidelitate et industria ac circumspectione fiduciam gerimus in Domino precipuam, tenore presentium specialiter committimus, quatenus ad extirpationem omnium huiusmodi pravitatum et errorum ab eisdem omnibus et singulis terminis et partibus, cooperante Domino, vigilanter insistas contra ipsos Christianos et Iudeos, qui huiusmodi errores fovere seu astruere, defendere aut alias sequi presumunt, atque eorum fautores, receptatores et defensores ac sequaces. Nos enim tibi, inquirendi, eosque citandi, examinandi, et contra ipsos usque ad difinitivam sententiam inclusive, unacum diocesanis, locorum ordinariis, et alias, prout de iure fieri consuevit in talibus, procedendi, prout iuris fuerit et rationis, summarie et de plano, necnon absque iudiciorum ac advocatorum strepitu et forma iudicii, illos quoque, quos per inquisitionem huiusmodi dictos errores committere aut fovere, seu alias in aliquo premissorum culpabiles aut etiam pravitates exercere reppereris, iuxta eorundem delinquentium excessus et demerita puniendi, seu per censuram ecclesiasticam et alia, tam iuris quam consuetudinis, opportuna remedia, appellatione postposita, compescendi; invocato ad hoc, si opus fuerit, auxilio brachii secularis, et omnia alia et singula in premissis et circa ea necessaria seu quomodolibet opportuna exequendi, statuendi et ordinandi iuxta prudentiam a Domino tibi datam, plenam et liberam tenore presentium concedimus facultatem; mandantes etiam universis et singulis Christi fidelibus sub examine districti iudicii, quatenus in omnibus et singulis, que ad huiusmodi commissionem spectant, tibi obediant efficaciter et intendant, ac, prout expedierit et eos requisieris, prestent auxilia, consilia et favores. Non obstantibus ... Dat. Pisis, tercio Kalendas Septembris, anno primo.

Source: ASV, Reg. Lat. 136, fols. 177r–178r.

Publication: Eubel, *Bullarium* 7, pp. 413f.; Hanse, *Quellen*, p. 16 (partly); Ripoll, *Bullarium* 2, pp. 566f.; Wadding, *Annales* 9, pp. 327f.

Note: Our edition of the text is made up of elements from the manuscript version in ASV, and the published editions.

Bibliography: Baron, *Social and Religious History* 9, p. 69; Erler, *Historisch-kritische Übersicht* 7, p. 15; Grayzel, *Talmud*, pp. 239f.; Guiraud, *Medieval Inquisition*, p. 172; Marx, *Inquisition en Dauphiné*, pp. 45, 52; Vidal, *Bullaire*, pp. 487f.

---

584 Pisa, 28 September 1409

Authorization to Peter de Thury, bishop of Maillezais, cardinal priest of St. Susanna and papal legate, to put at the disposal of Pons Feurgeyron, a Franciscan and inquisitor in southern France, 300 florins annually to cover his expenses and those of his staff. The allocation is to be defrayed by the Jews in Avignon and the Comtat Venaissin, as well as from other supplementary sources.

Alexander etc. dilecto filio Petro, tituli Sancte Susanne presbytero cardinali, apostolice sedis legato, salutem etc. Pridem per alias litteras nostras, ex certis causis, dilectum filium Pontium Feugeyronis, ordinis Fratrum Minorum professorem, in sacra theologia magistrum, inquisitorem heretice pravitatis in provinciis Arelaten., Aquen., et Ebredunen. ac omnibus terris et locis infra dictarum provinciarum terminos constitutis, necnon in Lugdunen., Viennen., Bellicen., Grationopolitan., Maurianen., Dien., Valentinen., Vivarien., Tarantasien., et Augusten. civitatibus et diocesibus, ac in Dalphinatu, comitatibusque Provincie, Folcalquerii et Venayssini, necnon in principatu Auraycen., ac in civitate et diocesi Avenionen. et nonnullis aliis terris et locis, auctoritate apostolica duximus deputandum, ac sibi inquirendi contra quoscumque hereticos eorumque defensores et receptatores ac fautores et plerosque alios in fide Catholica devios, seu contra eam facientes, eadem auctoritate concessimus facultatem, prout in dictis litteris plenius continetur; cum itaque congruum sit, quod inquisitor ipse pro se et socio ac notario et famulo, quibus [in] exercendo congrue dictum officium, indiget, in necessariis sumptibus relevetur, et, ne alias, quod absit, forsan propter eorumdem sumptuum carentiam, officium inquisitionis huiusmodi, per nos sibi commissum negligatur, circumspectioni tue deputandi eidem inquisitori trecentos florenos auri de camera, boni et iusti ponderis, super Iudeis nostrorum civitatis Avenionen., et comitatus Venayssini, aut alias ei, prout melius fieri poterit, et tibi expedire videbitur, auctoritate nostra providendi, vel saltem statuendi et ordinandi, quod singuli episcopi, in quorum civitatibus et diocesibus inquisitor per nos deputatus existit, quando visitabit eorum civitates et dioceses huiusmodi in eis predicando et inquirendo, interim quod in eis manebit, sibi cum eisdem socio, notario et famulo, de expensis provideant, seu quod quilibet ipsorum episcoporum eisdem, annis singulis, de causis piis et legatis incertis per procuratorem animarum teneatur et debeat de summa decem florenorum auri de camera dicto inquisitori providere, ac omnia alia et singula in premissis et circa ea quomodolibet opportuna faciendi et disponendi, super quibus tuam conscientiam oneramus; contradictores quoque per censuram ecclesiasticam, appellatione postposita, compescendi, plenam et liberam concedimus tenore presentium facultatem. Sic igitur mandatum nostrum huiusmodi reverenter et efficaciter adimplere procures, quod de zelo Catholice fidei et probata obedientia possis non immerito commendari. Dat. Pisis, quarto Kalendas Octobris, anno primo.

Source: ASV, Reg. Lat. 136, fols. 279v–280r.

Publication: Wadding, *Annales* 9, p. 329.

Bibliography: Marx, *Inquisition en Dauphiné*, pp. 64f.; Vidal, *Bullaire*, p. 488.

John XXIII (Cossa)
17 May 1410 – 29 May 1415

Rome, 8 July 1411

Confirmation to Angelo, son of the late Manuel, a Jewish surgeon in Trastevere in Rome, of the privileges granted him and his family by Boniface IX and later confirmed.

Iohannes etc. Ad futuram rei memoriam. Iustis et honestis supplicum votis libenter annuimus illaque favoribus prosequimur oportunis. Sane, peticio pro parte Angeli quondam Hemanuelis, Iudei, cirugici, de regione Transtiberim de Urbe, nobis nuper exhibita continebat, quod olim quondam Bonifatius nonus in eius obedientia nuncupatus, attendens grata devocionis et familiaritatis obsequia, que idem Angelus erga statum et personam dicti Bonifatii habuerat et exercebat assidue, quedam privilegia, gratias, exemptiones et indulta eidem Angelo et natis ac familie suis, ac etiam quondam Hemanueli, dicti Angeli quondam genitori, dilecti filii magistratus prefate Urbis concesserant, auctoritate sua confirmavit, et quedam de novo indulsit et fecit eadem auctoritate etiam indulgeri, prout in litteris dicti Bonifatii et bone memorie Conradi, tunc episcopi Militensis et dicti Bonifatii camerarii, desuper confectis, quarum tenores inferius describuntur, plenius continetur; quare pro parte dicti Angeli nobis fuit humiliter supplicatum, ut huiusmodi litteris et contentis in eis robur apostolice confirmacionis adiicere, de benignitate apostolica dignaremur. Nos itaque intendentes ipsum Angelum suosque natos et familiam ob ipsorum excellentiam prosequi favore gratie specialis, huiusmodi supplicacionibus inclinati, dictas litteras, quas in camera nostra diligenter inspici fecimus, et contenta in eis, ex certa sciencia, auctoritate apostolica, tenore presentium confirmamus et presentis scripti patrocinio communimus, ac illa ipsis eadem auctoritate de novo concedimus per presentes. Tenores autem dictarum litterarum sequuntur et sunt tales, videlicet: "Bonifacius episcopus, servus servorum Dei, ad futuram rei memoriam. Probate dilectionis affectus ... Dat. Rome, apud Sanctum Petrum, sub anno Domini millesimo quadringentesimoquarto, indictione duodecima, die vicesima mensis Februarii, pontificatus sanctissimi domini nostri domini Bonifatii, divina providentia pape noni, anno quintodecimo." Nulli ergo etc. ...

Si quis autem etc. Dat. Rome, apud Sanctum Petrum, octavo Idus Iulii, anno secundo.

Source: ASV, Reg. Vat. 353, fols. 77v–83v; Ibid., Reg. Lat. 153, fols. 24r–28v.

Note: See above, Docs. **487, 503, 560,** and below, Doc. **605.**

586   Bologna, 7 March 1414

Mandate, if the facts are established, to Petrus Sacco, canon of St. Peter in Rome, to deal with the complaint of Salamon, son of the late Musettus, a Jew in Bologna, against the abbot Franciscus and the monastery St. Stephen in Bologna, owners of the land on which stands a house purchased by Salamon. They are trying to question Salamon's ownership of the house.

Iohannes etc. dilecto filio Petro Sacco, canonico basilice Principis Apostolorum de Urbe, salutem etc. Exhibita nobis nuper pro parte Salamonis quondam Museti, Iudei, habitatoris civitatis nostre Bononiensis, peticio continebat, quod, licet ipse pridem, duobus vel circiter annis iam elapsis, a dilecto filio Iohanne quondam Nicolai de Ludovisiis, cive Bononiensi, quandam domum iuxta publicam viam Braine dicte civitatis positam, et tunc ad eundem Iohannem legitime pertinentem, pro ducentarum librarum bologninorum precio, tunc eidem Iohanni proinde realiter persoluto, cum dilecti filii Franciscus abbas et conventus monasterii Sancti Stephani Bononiensis, domini fundi dicte domus, super hoc primitus debite requisiti, se domum ipsam emere velle recusassent in perpetuum, sub annuo censu prefato monasterio persolvi consueto, emerit, et tandem, emptionis huiusmodi titulo, domum ipsam ex tunc pacifice possidens, se terminis solitis censum ipsum abbati dicti monasterii et eisdem conventui realiter solvere velle obtulerit, tandem idem abbas Iudeum ipsum, asserens eum censum prefatum debite non solvisse, ac sibi renovacionem debitam non fecisse, super eadem domo, ut eam premissorum occasione sibi cupiat, perturbare mollitur; quare dictus Iudeus nobis fecit humiliter supplicari, ut providere sibi super hoc, de benignitate apostolica dignaremur. Nos igitur, huiusmodi supplicacionibus inclinati, discretioni tue per apostolica scripta mandamus, quatinus, si, vocatis abbate et conventu predictis ac aliis qui fuerint evocandi, repereris eundem Iudeum ad ea ad que ratione dicte domus habebatur obnoxius, eisdem abbati et conventui prestanda paratum obtulisse ipsosque abbatem et conventum ipsum ad hoc admictere recusasse, eidem Iudeo, quod occasione non solucionis seu non renovacionis huiusmodi, dummodo eas infra mensem a data presencium computandum, realiter faciat, per abbatem et conventum predictos molestari, seu propterea ad iudicium trahi nequeat, auctoritate nostra concedas; districtius inhibendo eisdem abbati et conventui, ne contra concessionem huiusmodi quicquam attemptare quoquomodo presumant; constitutionibus ac consuetudinibus dicte civitatis ceterisque contrariis non obstantibus quibuscunque. Dat. Bononie, Nonis Martii, anno quarto.

Source: ASV, Reg. Lat. 172, fol. 219r-v.

Note: On several Salomons who lived in Bologna at this time, see Loevinson, *Notizie e date statistici.*

Martin V (Colonna)
11 Nov. 1417 – 20 Feb. 1431

Rome, 1417–1431

Grant of safe-conduct to Magister Elia (Sabbati) to travel freely to and from Rome and other parts of the papal dominions.

Discreto viro magistro Helie, Ebreo, viam veritatis agnoscere et agnitam custodire. Cum, sicut audivimus, ad nonnullas civitates et terras nobis et Romane Ecclesie immedietate subiectas, et precipue ad almam Urbem venire desideres, et ibidem pro tuis negociis agere et practicare, sed ex certis causis accedere dubites nostra fiducia non obtenta, nos, tuis supplicationibus inclinati, tibi, ut ad Urbem, civitates et terras predictas libere et secure venire, et in eis stare, et pro libito voluntatis tue recedere possis cum familiaribus tuis, non obstantibus aliquibus represaliis aut debitis, quorum vigore posses alias molestari, aut quibuscumque tuis, usque ad presens tempus, excessibus, culpis et maleficiis et delictis perpetratis, plenam in personis et rebus securitatem et fiduciam tenore presentium impartimur; mandantes universis et singulis rectoribus Urbis, civitatum et terrarum predictarum et subditis nostris, quod te et dictos familiares, occasione represaliarum et debitorum et quorumcumque processuum, culparum aut maleficiorum seu delictorum per te usque ad presens tempus commissorum, arrestare, detinere aut perturbare quomodolibet non presumant. Presentibus post sex menses, a data presentium computandos, tantummodo valituris. Datum Rome.

Source: ASV, Arm. XXXIX, vol. 6, fol. 122r.

Note: No date is given. On Magister Elia Sabbati Beer, see above, Doc. **563** and below, Doc. **634.**

Bibliography: Vernet, *Martin V,* p. 423.

588   November–December 1417

Permission to certain Jews in Schweinfurt to collect taxes from other Jews.

Note: The text has not survived. On the Jews in Schweinfurt, see *Germania Judaica* 2, p. 756.

Bibliography: Beck, *Schweinfurt* 2/2, cols. 25f.; Erler, *Historisch-kritische Übersicht* 7, p. 17; Simonsohn, *Kirchliche Judengesetzgebung*, p. 21; Wiener, *Regesten*, p. 180.

589   Constance, 20 January 1418

Approval of petition submitted by Johannes, burgrave of Nürnberg, to appoint a competent judge to deal with his claim against Christian and Jewish moneylenders, alleged to have extorted usury from him and his father, Fredericus. The case is to be committed to the local ordinary.

Beatissime pater. Cum devotus sanctitatis vestre et Sancte Romane Ecclesie filius Iohannes, burggravius Nuremburgensis, in celestibus thesaurizare cupiens, ob suam et ipsius predecessorum animarum salutem, nec non divini cultus augmentum...
Item, cum nonnulli Christiani et Iudei, sub diversorum dominorum spiritualium et temporalium iurisdictione degentes, a quondam Friderico, eius genitore, et etiam ab ipso burggravio multa extorserunt per usurariam pravitatem, supplicat sanctitati vestre humiliter dictus burggravius, quatenus sibi aliquos probos viros, et, si placet, in diocesi Bambergensi decanum Herbipolen. et Eysteten. prepositos earundem ecclesiarum, et Ratisponensem episcopum in Ratisponensi, seu eius in spiritualibus vicarium, in iudices in eisdem partibus deputare dignemini, qui de causis usurariis, quas idem burggravius dictis Christianis et Iudeis communiter vel divisim movere proponit, cognoscant, et partibus exhibeant iusticie complementum, habentes eorundem Christianorum et Iudeorum nomina et cognomina pro expressis. Constitutionibus apostolicis et aliis contrariis etc. ut supra. Committatur ordinario. O[tto Colonna]. Dat. Constancie, tercio decimo Kalendas Februarii, anno primo.

Source: ASV, Reg. Suppl. 108, fols. 231r–232v.

Note: On the Jews of Nürnberg and their moneylending activities and relations with the burgrave, see Müller, *Juden in Nürnberg*, pp. 68f.

Confirmation and approval of appointment of Pons Feugeyron, a Franciscan, as inquisitor in Avignon, the Comtat Venaissin and other French provinces, to proceed against heretics, magicians, Jewish converts who revert to Judaism, the Talmud, and those who claim that the exaction of usury was no sin.

Dilecto filio Pontio Feugeyronis, ordinis Fratrum Minorum professori, in theologia magistro, inquisitori heretice pravitatis Avenionen. nominato, in Arelatensi, Aquensi et Ebredunensi provinciis, necnon in Lugdunen., Viennen., Bellicen., Gratianopolitan., Maurianen., Gebennen., Valentin., Vivarien., Dien., Tarantasien. et Augusten. civitatibus et diocesibus, et in omnibus terris et locis infra dictarum provinciarum et diocesium terminos constitutis, ac in Delphinatu, comitatibusque Provincie et Folcalquerii, et Venayssini, ac in principatu Auraicensi, necnon in civitate ac diocesi Avenionen. et nonnullis aliis terris et locis, auctoritate apostolica, deputato etc. Licet ubilibet apostolice sedis providentia circumspecta circa heretice pravitatis labe respersos, quorum nequitia serpit ut cancer, ne in aliorum perniciem sua venena diffundant, remedium libenter adhibet opportunum, tamen in Arelaten., Aquen., Ebredunen. provinciis, necnon in Lugdunen., Viennen., Bellicen., Gratianopolitan., Maurianen., Gebennen., Valentin., Vivarien., Dien., Tarantasien. et Augusten. civitatibus et diocesibus, ac in omnibus terris et locis infra dictarum provinciarum et diocesium terminos constitutis, ac in Delphinatu, comitatibusque Provincie, Folcalquerii et Venaysini, ac in principatu Auraicensi, necnon in civitate nostra et diocesi Avenionen. et nonnullis aliis partibus et locis, ad que et eorum incolas affectum gerimus specialem, precipue cupimus, ut negotia fidei iugi profectu, elisis omnino eradicatisque erroribus, prosperentur, fidesque Catholica fortius invalescat. Sane, dudum ad quondam Alexandri in eius obedientia ita nominati, auditum pervenit, quod infra terminos et partes prefatas plerique, nescientes in semitis iustitie dirigere gressus suos, sed per diversa Catholice fidei ac etiam sacris canonibus adversa et contraria, per que se et multos simplices secum trahebant damnabiliter in gehennam, conabantur dogmatizare; quodque nonnulli Christiani et perfidi Iudei infra eosdem terminos constituti, novas sectas et prohibitos ritus eidem fidei repugnantes inveniebant, quos saltem in occulto dogmatizabant, docebant, predicabant et affirmabant; erantque etiam infra eosdem terminos multi Christiani et Iudei sortilegi, divinatores, demonum invocatores, carminatores, coniuratores, superstitiosi augures utentes artibus nefariis [et] prohibitis, quibus Christianum populum, seu plerosque simplices illarum partium maculabant et pervertebant; preterea quidam prefatorum Iudeorum nonnullos neophytos, seu ad eandem fidem noviter de Iudaica cecitate conversos, ad reiudaizandum, seu ad ritus Iudaicos execrabiles resumendum, directe vel indirecte, mediate vel immediate, inducere satagebant, necnon impium librum, quem Talmud appellant, aliosque libros, plures tam scriptos quam etiam alios errores damnatos, publice astruebant, quibus utique corda simplicium etiam sepe maculabant et confundebant, invehentes contra fidem Catholicam et doctrinam veritatis, atque etiam in sua lege Mosaica multifarie deficientes; demum etiam quidam Christiani et Iudei illarum partium non verebantur asserere, quod usura non sit peccatum, aut recipere decem pro centum mutuo datis, seu quidquam aliud ultra sortem; in his et similibus, atque in nonnullis aliis spiritualibus et gravibus peccatis multipliciter excedebant et plerosque illudebant; idem Alexander tunc papa nominatus, volens eiusdem fidei et religionis ampliare cultum et extirpare huiusmodi errores et pravitates, tibi per suas litteras commisit, quatenus ad extirpationem omnium huiusmodi pravitatum et errorum ab eisdem omnibus et singulis terminis et partibus vigilanter insisteres contra ipsos Christianos et Iudeos, qui huiusmodi errores fovere, seu astruere, defendere, aut alias sequi presumerent atque eorum fautores et receptatores ac sequaces, et tibi inquirendi, eosque citandi, examinandi, contra ipsos usque ad definitivam sententiam inclusive procedendi, prout iuris foret par et rationis, summarie et de plano, necnon absque iudiciorum et advocatorum strepitu et forma iudicii, illos quoque, quos per inquisitionem huiusmodi dictos errores committere, aut fovere, seu alias in aliquo premissorum culpabiles, aut etiam pravitates exercere reperires, iuxta eorumdem delinquentium excessus et demerita puniendi, seu per censuram ecclesiasticam et alia tam iuris quam consuetudinis opportuna remedia, appellatione postposita, compescendi, invocato ad hoc, si opus foret, auxilio brachii secularis, et omnia alia et singula in premissis et circa ea necessaria et quomodolibet opportuna exequendi, statuendi et ordinandi, iuxta datam tibi a Domino prudentiam, plenam et liberam concessit facultatem, prout in eisdem litteris plenius continetur. Quare pro parte tua nobis fuit humiliter supplicatum, ut deputationi ac commissioni prefatis et aliis et omnibus et singulis in eisdem litteris contentis, robur apostolice confirmationis adiicere, necnon alias in premissis pro Catholice fidei augmento providere, de benignitate apostolica dignaremur. Nos igitur, huiusmodi supplicationibus inclinati, dictasque deputationem, facultatem et omnia in eisdem litteris contenta, auctoritate apostolica, tenore presentium confirmantes et approbantes, ac nihilominus ad personam tuam, quam religionis et fidei sinceritate ac maturitate morum et litterarum scientia multarumque aliarum virtutum donis, earum largitor, Dominus, insignivit, dirigentes intuitum nostre mentis, te, qui ad generale concilium Constantiense, pro parte totius ordinis Fratrum Minorum destinatus fuisti, et quem ex multarum notabilium personarum nobis facta relatione fideli, ad huiusmodi officium sufficientem et idoneum reputamus, inquisitorem heretice pravitatis in omnibus et singulis terminis supradictis, iuxta prefatarum litterarum tenorem et formam, auctoritate prefata, tenore presentium deputamus. Mandantes etiam universis et singulis Christifidelibus sub examine districti iudicii, quatenus in omnibus et singulis, que ad huiusmodi deputationis et inquisitionis spectant officium, tibi obediant efficaciter et intendant, ac prout expedierit et eos requisieris, prestent auxilia, consilia et favores. Non obstante... Nulli ergo etc.... Si quis etc. Datum Constantie, III Nonas Februarii, anno I.

Source: ASV, Reg. Lat. 190, fols. 97r–98v.

Publication: Ripoll, *Bullarium* 2, pp. 566f.; Sbaralea, *Bullarium* 7, No. 1371; Wadding, *Annales* 10, pp. 2f.

Note: See above, Doc. **583.**

Bibliography: André, *Recteurs pontificaux*, p. 89; Bardinet, *Condition civile*, p. 5; Erler, *Historisch-kritische Übersicht* 7, p. 17; Simonsohn, *Kirchliche Judengesetzgebung*, p. 32; Vernet, *Martin V*, p. 410; Vidal, *Bullaire*, p. 488.

---

591   Constance, 12 February 1418

Confirmation to the Jews in Germany, Savoy and Bresse, at the request of King Sigismund, of the privileges granted them by the pope's predecessors, and additional privileges detailed by Louis Aleman, papal vice-chamberlain. Attached are the vice-chamberlain's clarifications, dated 22 February, dealing with the jurisdiction of the Church over the Jews in Germany, the badge, freedom of Jewish worship, and the forced baptism of minors.

Martinus episcopus, servus servorum Dei, universis Iudeis utriusque sexus in partibus Alamanie et Germanie et in ducatu Sabaudie et in Bretia commorantibus, viam veritatis agnoscere et agnitam custodire. Quamvis potius velitis in perfidia obstinatis animis perdurare, quam prophetarum verba et sacrarum scripturarum archana cognoscere, necnon ad Christiane fidei et salutis notitiam pervenire, defensionem nostram et auxilium petitis et Christiane pietatis mansuetudinem postulatis. Hinc est quod nos, consideratione carissimi in Christo filii nostri Sigismundi, regis Romanorum illustris, nobis super hoc humiliter supplicantis, vestris supplicationibus inclinati, omnia privilegia, tam spirituales quam temporales gratias continentia, per quoscunque Romanos pontifices predecessores nostros, tempore unionis Sancte Matris Ecclesie concessa vobis, ac etiam nonnullos articulos, certas immunitates et gratias continentes, per dilectum filium Ludovicum Alamandi, decretorum doctorem, custodem Lugdunensem, vicecamerarium nostrum, suis litteris declarandos, quorumcunque tenorum existant, auctoritate apostolica, tenore presentium confirmamus et presentis scripti patrocinio communimus. Nulli ergo etc.... Si quis etc.... Dat. Constancie, II Idus Februarii, pontificatus nostri anno primo. Ludovicus Alamandi etc. decretorum doctor, custos ecclesie Lugdunensis, reverendissimi in Christo patris et domini Francisci, miseratione divina archiepiscopi Narbonensis, domini pape camerarii a Romana curia presentialiter absentis, in huiusmodi camerariatus officio locumtenens[?], universis et singulis Iudeis utriusque sexus in partibus Alamanie et Germanie ac in ducatu Sabaudie commorantibus, salutem debitam et viam agnoscere veritatis. Exhibita nobis pro parte vestra petitio continebat, quod sanctissimus in Christo pater et dominus noster, dominus Martinus, divina providentia papa quintus, nuper ad serenissimi principis domini Sigismundi, Dei gratia Romanorum et Ungarie regis in imperatorem electi et confirmati, supplicationis instantiam, nonnulla privilegia per Romanos pontifices vobis tempore unionis concessa, confirmare dignatus est ac renovare, de gratia speciali, necnon certos articulos, alias per aliquos sedis apostolice camerarios concessos et per sedem eandem etiam confirmatos, nostris sub litteris declarandos, de novo concedere. Quare nobis humiliter supplicari fecistis, quatenus articulos huiusmodi declarare vellemus. Nos igitur, attendentes, quod, etsi Iudeorum nephanda perfidia sit reprobanda, ipsorum tamen conversatio est utilis, et, cum Salvatoris nostri ymaginem habeant, sunt a Christifidelibus favorabiliter aliqualiter pertractandi, ut sic inducantur ad fidei Catholice reductionem, quoniam eorum reliquie salve fient, ideo, ob Christiane pietatis mansuetudinem, etiam obtentu prefati serenissimi domini Romanorum regis, vestris supplicationibus inclinati, predictos articulos in hunc modum duximus declarandos. Et primo, ut nullus Iudeus vel Iudea cuiuscumque citationis vel processus vigore a quocumque iudice spirituali, quacumque auctoritate infra Alamaniam seu Germaniam deputato seu deputando, emisso seu emittendo, teneatur coram eodem comparere aut respondere, nisi in causis concernentibus Catholicam fidem, sanctam sedem apostolicam, eorumque legem, dictum dominum Romanorum regem, dominum ducem Sabaudie, reverendissimos dominos Sancte Romane Ecclesie cardinales, archiepiscopos et episcopos et alios dominos superiores spirituales, in quorum dominiis consistunt, eorumque iura, et nisi presenti privilegio renuntiando, curie spirituali talis Iudeus vel Iudea se sponte summiserit; sed, si quis contra eosdem aliquam causam vel causas quascumque moveret seu movere intenderet, quod tunc ab eisdem coram iudice eorum ordinario et competenti iustitiam recipiat. Item, si quis Iudeus vel Iudea aliquam domum vel habitationem ab aliquo Christiano conduceret seu locaret, quod talis Christianus propter hoc non possit conveniri nec citari aut quovis modo molestari per aliquem iudicem spiritualem. Item, quod ipsi Iudei in ferendis signis, aliter quam sit consuetum in regione in qua degunt, non arceantur, nec quovis modo impediantur. Item, quod in eorum synagogis, festivitatibus, domibus, libris, cimiteriis, rebus et bonis quibuscumque, acquisitis et acquirendis seu in aliis quibusvis propter observantiam eorum legis, a nemine valeant gravari, ita tamen, quod in premissis illum observent ordinem ipsis a dominis Romanis pontificibus predictis indultum et concessum. Item, quod eorum aliquis ad legem suam dimittendam et ad fidem Catholicam agnoscendam, minor XII annorum, eo et parentibus suis invitis, a quoquam non valeat quomodolibet molestari. Item, quod Iudei existentes seu moram trahentes sub sacro imperio et in predicta patria Alamanie et Germanie, debitam reverentiam et obedientiam eidem, sicut tenentur facere, faciant et exhibeant. Quocirca, de speciali et expresso prefati sanctissimi domini nostri pape mandato vive vocis oraculo nobis super hoc facto, ac virtute et auctoritate officii nostri predicti, prefatos articulos et eorum quemlibet tenore presentium declarantes, mandamus omnibus et singulis officialibus et subditis Sancte Romane Ecclesie et aliis ad quos presentes pervenerint, ut eadem privilegia et articulos ipsos vobis et vestrum cuilibet debeant integre et effectualiter observare vosque tractare favorabiliter et benigne, ita quod per Christiane benignitatis dulcedinem vos convertant ad bone nostre fidei documentum. In quorum testimonium presentes litteras fieri fecimus et sigilli prefati domini camerarii fecimus appensione muniri. Dat. Constantie, provincie Maguntine, die XXII mensis Februarii, anno a Nativitate Domini M°CCCCXVIII°, indictione XIª, pontificatus prefati domini nostri pape anno primo.

Source: ASV, Reg. Vat. 352, fols. 109v–110r; Ibid., Arm. XXIX, vol. 4, fols. 73v–75v.

Publication: *Analecta iuris pontificii*, ser. XII, cols. 385f.; Segre, *Piedmont* 1, pp. 18f; Stern, *Urkundliche Beiträge* 1, pp. 21f.; Tautu, *Acta Martini V* 1, p. 67.

Bibliography: Albanes-Chevalier, *Gallia Christiana Novissima* 3, col. 1313; Cohen, *Letter of R. Jacob Halevi*, pp. 176f.; Erler, *Historisch-kritische Übersicht* 7, p. 17; Kerler, *Besteuerung der Juden*, p. 8; Kober, *Juden im Rheinland*, pp. 261f., n. 93; Kracauer, *Frankfurt* 1, pp. 155f.; Lang-Freyberg, *Regesta* 12, p. 276; Marini, *Archiatri Pontifici* 1, p. 135; Simonsohn, *Kirchliche Judengesetzgebung*, p. 21; Vernet, *Martin V*, pp. 376, 410; Vogelstein-Rieger, *Rom* 1, p. 324, 2, p. 4; Wiener, *Regesten*, p. 181.

592 Constance, 8 April 1418

Mandate to the archdeacon in the church of Osma to hear the appeal of Samuel Pesquer, a Jew in Soria, against the procedural interim verdict given in favour of a group of Christians and the community of Daruelo de la Sierra in a financial dispute.

Martinus etc. dilecto filio—archidiacono de Aza in ecclesia Oxomensi, salutem etc. Exhibita nobis pro parte Samuelis Pesquer, Iudei in castro Sorie, Oxomensis diocesis, moram trahentis, petitio continebat, quod, cum olim inter ipsum ex una parte, et dilectos filios, Iohannem de Palaciis, Fernandum de Lazaro, Dominicum Fernandi, ac Petrum Sancii, Fernandum Petri, Egidium de Gilmoro, laicos, et universitatem castri de Duruelo, dicte diocesis, super quibusdam pecuniarum summis et rebus aliis tunc expressis, ex altera, dissensionis materia suborta fuisset, tandem partes predicte in certos arbitros, arbitratores et amicabiles compositores, eciam tunc expressos, sub certa pena compromittere curaverunt, et nichilominus iuraverunt, quod quicquid per dictos arbitros seu arbitratores et amicabiles compositores arbitratum seu diffinitum foret, efficaciter adimplerent et inviolabiliter observarent, et, licet predicti arbitri, prefato arbitrio in se sponte suscepto, et eius forma servata, equum tulissent arbitrium inter partes, quia tamen predicti laici et universitas, falso asserentes predictum arbitrium fore nullum, illud servare, contra iusticiam, non curarunt, reatum periurii damnabiliter incurrendo, eosdem laicos et universitatem super hoc petendo ipsos condemnari et compelli ad servandum iuramentum huiusmodi, coram officiali in eodem castro dilecti filii nostri Alfonsi, Sancti Eustachii dyaconi cardinalis administratoris ecclesie Oxomensis, auctoritate apostolica deputati in spiritualibus et temporalibus generalis, traxit in causam; idemque officialis reputans eosdem laycos et universitatem, quia in certo termino peremptorio competenti eis prefixo, coram ipso comparere contumaciter non curarunt, quo ad hoc prout erant merito reputans contumaces, in eosdem laycos et singulares personas ex universitate predicta, excommunicationis sententiam promulgabat, ipsosque mandabat et faciebat excommunicatos publice nunciari; dictique laici et universitas, asserentes, licet falso, ac propterea ab eodem officiali indebite se gravari, ad vicarium eiusdem administratoris in spiritualibus generalem, cum ab ipso officiali ad episcopum Oxomensem seu eius in spiritualibus vicarium generalem, de antiqua et approbata et hactenus pacifice observata consuetudine appellari consueverit, appellarunt, dictumque Iudeum fecerunt in causa appellationis huiusmodi coram eodem vicario ad iudicium evocari; et licet predictus vicarius in causa appellationis huiusmodi ad nonnullos actus inter partes ipsas processerit, in ea tamen ulterius procedere, absque causa rationabili, indebite contradicit, super hoc per eundem Iudeum loco et tempore congruis humiliter requisitus, in ipsius Iudei non modicum preiudicium atque damnum; quare pro parte dicti Iudei nobis fuit humiliter supplicatum, ut super hoc sibi oportune providere curaremus. Nos igitur, huiusmodi supplicationibus inclinati, discretioni tue per apostolica scripta mandamus, quatinus, vocatis dictis laycis et universitate ac aliis qui fuerint evocandi, dictam appellationis causam in eo statu, in quo ultimo coram eodem vicario remansit, auctoritate nostra resumens, illam ulterius audias et debito fine decidas, faciens quod decreveris per censuram ecclesiasticam firmiter observari. Testes autem... Dat. Constancie, sexto Idus Aprilis, anno primo.

Source: ASV, Reg. Lat. 195, fols. 142r–143r.

Note: Samuel Pesquer is listed in 1413 as *contador* of Don Carlos, *el mariscal*, of Aragon. See Baer, *Spanien* 2, p. 309.

593   Geneva, 24 July 1418

Approval of petition of the Christian community in Avignon to have the representative of the papal vicar present whenever the inquisitor wishes to proceed against Jews, and to accept the oath of Jewish merchants concerning transactions of up to the value of 25 florins, provided this is borne out by a Christian witness; and to have Jews own or sell unredeemed pawns after the lapse of three years.

Beatissime pater. Pro parte humilium et devotorum filiorum ... sindicorum et consilii ... civitatis Avinionensis humiliter supplicatur, quatenus eis et dicte civitati dignetur eadem sanctitas benigne concedere que sequuntur...
Item, quod dignetur sua sanctitas confirmare privilegium concessum carrerie Iudeorum civitatis Avinionensis super facto domini inquisitoris, ex causis et rationibus sibi referendis et alias descriptis, vel eos saltim sibi vel vicario suo in factis fidei specialiter reservare, vel eum cum dicto inquisitore adiungere, et in aliis communibus delictis dominis vicario et iudicibus curie temporalis dicte civitatis remittere, pro bono et utilitate nedum dicte carrerie, sed eciam totius civitatis et rei publice, prout sua sanctitas poterit informari. Fiat, quod detur adiunctus inquisitori per locumtenentem nostrum. O[tto Colonna].
Item, providere dignetur eadem sanctitas super privilegio quod alias Iudeis Avinion. concesso super emptis rebus per eos, an emerint in carreria publica vel non, et quod credatur eorum simplici iuramento contra Christianum de tempore et quantitate usque ad summam XXV florenorum, quibus res aliqua fuerit eis pignorata et de facultate vendendi, prout in tenore privilegii eis tradito continetur. Fiat, addito testimonio unius Christiani. O[tto Colonna].

Item, providere dignetur super quodam privilegio etiam Iudeis carrerie
Iudearie Avinion. concesso per dominum Clementem VII, quod ipsis
mutuantibus super quibusvis pignoribus, lapsis tribus annis, pignora ipsa
retineri vel vendi possint, alicuius iudicis vel pretoris licencia minime obtenta,
et sine aliquo preiudicio. Et ulterius, quod credatur eis simplici eorum verbo
super summa in et super dictis pignoribus mutuata et eciam pignora vendantur,
parte non citata vel appellata, et sine iudicis mandato. Fiat, quod teneantur
tales Ebrei eo casu intimare locumtenenti nostro vel iudicibus, et etiam de
pretio ex pignoribus habendo, taliter, quod ita simpliciter et nude non credatur
eis de summa mutuata, et eum de licencia huiusmodi requiretur, quam
concedere teneatur sine aliqua solutione pecunie... O[tto Colonna].
Dat. Gebennis, VIIII Kalendas Augusti, anno primo.

Source: ASV, Reg. Suppl. 115, fol. 161r.

Note: See following doc., in which the papal order concerning the inquisitor
is spelled out in detail. Clement VII's permission concerning the pawns was
given between 31 October 1384 and 30 October 1385; see above, Docs. **462,
464.**

594   Geneva, 24 July 1418

Provision whereby a representative of Francis Conzié, papal vicar general in
Avignon, or of his successor is to be present whenever Ponce Feugeyron, a
Franciscan and inquisitor in Avignon, or his successor starts proceedings
against Jews. Past orders and provisions in this context are quoted.

Martinus etc. Ad futuram rei memoriam. Sic decet contra hereticam
pravitatem inquisicionis officium exerceri, quod exinde non opprimatur
innoxius, nec Christiane proveniat fidei scandalum. Exhibita siquidem nuper
nobis pro parte dilectorum filiorum sindicorum, consilii et communis nostre
civitatis Avinionensis peticio continebat, quod olim quondam Alexandro V^{to}
in sua obediencia nuncupato, pro parte dilecti filii Poncii Fougeyronis[!],
ordinis Fratrum Minorum professoris, in theologia magistri, ac in civitate
predicta et diocesi Avinionen. ac nonnullis aliis partibus heretice pravitatis
inquisitoris per sedem apostolicam deputati exposito, quod, cum dudum pro
parte omnium et singulorum Iudeorum utriusque sexus dicte civitatis, felicis
recordationis Urbano V et Gregorio XI, Romanis pontificibus predecessoribus
nostris, ac quondam Clementi VII in sua obediencia nominato, expositum
fuisset, quod, licet a decem, viginti, triginta, quadraginta et quinquaginta

annis tunc elapsis, ac tanto tempore cuius contrarii hominum memoria non
existebat, omnimoda punicio ac iurisdictio, tam in civilibus quam in
criminalibus causis omnium et singulorum Iudeorum utriusque sexus in
predicta civitate commorantium, ad dilectos filios vicarium et iudices curie
secularis civitatis predicte pertinuisset et spectasset, et tunc eciam pertineret et
spectaret, ac ad eos, tanquam ad iudices ordinarios, iuxta statuta civitatis
predicte, tam pro eis quam contra eos, recursum fuisset hactenus et
recurreretur tunc, sive ad parcium instanciam sive ex officio procederetur
contra eos, tamen nulli[!] parcium illarum ipsos molestare, perturbare et
vexare, ipsisque iniurias et violencias inferre, ac ab eis pecunias iniuste et
indebite extorquere eatenus presumpserant et presumebant, tunc iidem
predecessores et Clemens, premissorum occasione moti, inter alia indulta per
eos et eorum quemlibet universitati Iudeorum predictorum et singulis
universitatibus eiusdem[!] Iudeorum predictorum graciose concessa,
indulxerunt auctoritate apostolica, quodque [sic] predicti vicarii et iudices
omnium et singulorum Iudeorum utriusque sexus, in dicta civitate pro tempore
commorantium, imperpetuum essent eorum iudices et ordinarii, ipsosque et
eorum iudices et ordinarios dumtaxat constituerunt et voluerunt, statuentes
eosdem Iudeos de cetero non trahendos coram aliis iudicibus quibuscumque,
tam ecclesiasticis quam secularibus, in quibuscumque causis, et de quibus,
tam civilibus quam criminalibus, sive ad parcium instanciam sive ex officio
procederetur, quam coram vicario et iudicibus antedictis, ac inhibentes et
mandantes quibuscumque iudicibus super hoc datis et dandis, ne contra
premissa venire, aut de predictis Iudeis, seu eorum causis, de cetero se
intromittere presumerent vel deberent quoquo modo; ac subiuncto, quod in
civitate et diocesi, necnon terris huiusmodi nonnulli Iudei perfidi novas sectas
et prohibitos ritus, ipsi fidei repugnantes, inveniebant, docebant, predicabant
et affirmabant, multi quoque ex eis sortilegi, divinatores, supersticiosi augures
existebant, artibus utentes nephariis et prohibitis, quibus Christianum
populum ac simplices parcium earundem maculabant pariter et pervertebant,
quidam eciam Iudeorum predictorum nonnullos neophitos, sive ad eandem
fidem de Iudaica cecitate conversos, ad reiudaizandum, sive ritus Iudaicos
execrabiles resumendum, directe vel indirecte, mediate vel immediate inducere
satagebant, necnon in ipsorum, quem Talmut appellant, aliisque libris suis,
plures tam scriptos quam eciam alios dampnatos errores publice astruebant,
et tam ipsi quam nonnulli ex Christianis prefatis usurariam exercebant
pravitatem, aut decem pro centum mutuo datis, seu quicquid aliud contra[!]
sortem recipere, non esse peccatum asserebant, in hiis et aliis multipliciter
excedentes, dictus Alexander V Poncium predictum in civitate et diocesi ac
partibus prefatis inquisitorem deputans pravitatis eiusdem, per suas litteras
sibi inter alia commiserit, ut ad extirpationem omnium pravitatum ac errorum
eorundem in prefatis civitate, diocesi et partibus, contra huiusmodi Iudeos,
qui dictos errores fovere, astruere seu deffendere, aut alias sequi presumerent,

illorumque fautores, receptatores, deffensores aut sequaces, vigilanter insisterent[!], sibi inquirendi, illosque citandi, examinandi et contra ipsos usque ad diffinitivam sentenciam, eciam prout iuris et racionis existeret, summarie et de plano, necnon absque iudiciorum et advocatorum strepitu et forma iudicii procedendi, eos quoque per inquisicionem huiusmodi dictos errores committere aut fovere, seu alias in aliquo premissorum culpabiles fore reperiret, iuxta delinquencium excessus et demerita puniendi, seu per censuram ecclesiasticam et alia tam iuris quam consuetudinis oportuna remedia, appellatione postposita, et ad hoc, si opus foret, brachii secularis invocato auxilio, compescendi, ac omnia alia et singula in premissis et circa ea necessaria seu quomodolibet oportuna exequendi, faciendi et ordinandi, plenam et liberam concesserit facultatem, prout in ipsorum Urbani, Gregorii, Clementis et Alexandri inde confectis litteris dicitur plenius contineri. Cum autem, sicut eadem peticio subiungebat, premissa per dictum Poncium exposita non utique veritate nitantur, ipseque prefatos Iudeos, pretextu dictarum litterarum, contra iusticiam vexare, ac verisimiliter dubitant per successores dicti Poncii, inquisitores huiusmodi heretice pravitatis, qui erunt pro tempore in civitate predicta, similiter vexari, nisi eis super hoc per sedem apostolicam oportune provideatur; quare pro parte dictorum sindicorum, consilii et communis nobis fuit humiliter supplicatum, ut in hoc debite provisionis remedium adhibere, de benignitate apostolica dignaremur. Nos igitur, actendentes ut quod in augmentum fidei salubriter est provisum, dum sub pietatis specie gravantur innoxii, cedit in fidelium detrimentum, huiusmodi supplicacionibus inclinati, auctoritate apostolica, tenore presencium statuimus et eciam ordinamus, quod venerabilis frater noster Franciscus archiepiscopus Narbonensis camerarius et in dicta civitate in spiritualibus vicarius noster, necnon ille qui pro tempore fuerit pro Ecclesia Romana in dicta civitate similis vicarius, aliquem probum et discretum clericum iurisperitum, quandocumque et quociens eis salubre et utile videbitur, prefatis Poncio et singulis eius successoribus in dicto inquisicionis officio contra eosdem Iudeos in civitate predicta moram trahentes, auctoritate apostolica possit et debeat adiungere, super quo eis auctoritate predicta licenciam concedimus specialem; decernentes Poncium seu eius singulos successores, inquisitores predictos, coniunctim in huiusmodi inquisitionis officio, tam in inquisicionibus, processibus, causarum audicionibus, decisionibus et determinationibus, ac sententiarum prolationibus, quam et aliis inde sequendis, contra Iudeos prefatos, alias tamen iuxta canonicas sanctiones, fore procedendum; necnon inquisiciones, processus, decisiones, determinationes, sentencias et alia inde secuta contraria, irrita et inania, nulliusque existere roboris vel momenti. Nulli ergo etc. nostri statuti, ordinacionis et concessionis et constitutionis infringere etc. Si quis etc. Dat. Gebennis, nono Kalendas Augusti, pontificatus nostri anno primo.

Source: ASV, Reg. Vat. 348, fols. 101r–102r; Ibid., Reg. Lat. 189, fols. 267v–268v.

Note: See above, Docs. **443, 459, 464, 590.** On the Inquisitor Pons Feugeyron, see Vidal, *Bullaire*, pp. 487f.

Bibliography: Erler, *Historisch-kritische Übersicht* 7, p. 17; Vernet, *Martin V*, pp. 388f., 410f.; Wadding, *Annales* 10, pp. 3f.

595   Mantua, 29 October 1418

Mandate, after due process of law, to Hugone de Genasio, dean in the church of Valence, to hear and decide the appeal of Symone de Luto, his wife Anthonete, and their son Ludovicus, of Avignon, against the verdict given in favour of Salamite de Lunello, a Jew of Avignon, over the repayment of 30 francs.

Martinus etc. dilecto filio Hugoni de Genasio, decano ecclesie Valentin., salutem etc. Exhibita nobis pro parte dilectorum filiorum, Symonis de Luto et Ludovici eius nati, laicorum, ac dilecte in Christo filie Anthonete, eiusdem Symonis uxoris, in nostra civitate Avinionensi moram trahencium, petitio continebat, quod, licet olim dictus Symon, Salamite de Lunello, Iudeo, eciam in dicta civitate moram trahenti, de summa triginta francorum auri in quibus persolvendis eidem obligatus extiterat, realiter et integraliter satisfecisset, et de satisfactione predicta dilectus filius Alexander Tudeley, clericus, notarius publicus in dicta civitate commorans, quittantiam ab eodem Iudeo pro dicto Symone recepisset in notam, tamen postea, dicto Iudeo tacito de satisfactione et quittantia predictis, ac falso suggerente dilecto filio Foresio Nini, tunc iudici causarum secularis curie dicte civitatis, quod prefatus Symon eandem summam triginta francorum ei adhuc dare et solvere legitime tenebatur, quodque ad illam solvendam dicto Iudeo sub carceris et certis aliis tunc expressis penis obligatus existeret, idem iudex, quia prefatus Symon, qui pre inopia instrumentum super eadem obligatione confectum, ab eodem Iudeo recuperare non potuerat, et pro eo non valebat instrumentum quittantie coram eodem iudice producere, quod nota prefata penes, simul cum quibusdam aliis predicti notarii scripturis, igne casuali consumpta fuerat, huiusmodi suggestionibus circumventus, prefatum Symonem carceribus dicte curie mancipari, ac tandiu mancipatum detineri fecit, donec ipsi coniuges et natus de novo se prefato Iudeo in summa triginta florenorum monete currentis dicte civitatis, per eos ipsi Iudeo, certis successivis terminis tunc expressis, obligarunt. Postmodum vero, cum predicti coniuges et natus, certis elapsis ex huiusmodi solutionis terminis, minime satisfecissent, prefatus iudex, ad instantiam dicti Iudei, tam Symonem quam uxorem predictos capi et in eisdem carceribus mancipari fecit, ac demum coniuges et natus predicti ad ostendendum secundam obligationem huiusmodi fuisse ab eis minus canonice extortam, prefatum Iudeum super hoc petendo decerni et declarari ipsam secundam obligationem fuisse et esse minus iustam et ex falsa causa factam, ipsosque coniuges et natum ad solutionem dicte summe secunde obligationis huiusmodi non teneri, coram dilecto filio Ludovico Boneti, tunc iudice dicte curie, fecerunt ad iudicium evocari; et deinde, postquam dictus Ludovicus in causa huiusmodi ad nonnullos actus inter partes ipsas processerat, dilectus filius Antonius Thomassii, locumtenens dicti Ludovici, in eius absentia, de eiusdem Ludovici mandato, predicto Ludovico tunc absente, legitime et iuris ordine observato in huiusmodi causa procedens, diffinitivam, per quam prefatos coniuges ab impetitione dicti Iudei absolvit, ipsosque ab eisdem carceribus relaxavit, sententiam promulgavit, a qua dictus Iudeus, eam iniquam fore falso asserens, ad vicarium dicte curie, iudicem causarum appellationum a iudicibus eiusdem curie interpositarum, ad quam de antiqua et approbata et hactenus pacifice observata consuetudine a dictis iudicibus appellari potest, appellavit; idemque vicarius causam appellationis huiusmodi dilecto filio Aymoni Gerbassii, decano ecclesie loci Romilhiaci, Gebennensis diocesis, tunc in civitate predicta moram trahenti, audiendam commisit et fine debito terminandam, qui, perperam in huiusmodi causa procedens, prefatam sententiam eiusdem locumtenentis per suam diffinitivam sententiam revocavit; a qua quidem ultima sententia dictus Symon ad prefatum vicarium iuxta consuetudinem predictam appellavit, idemque vicarius causam ultime appellationis huiusmodi, dilecto filio Francisco Albenacii, etiam iurisperito, in civitate predicta commoranti, audiendam commisit et fine debito terminandam, qui in causa ultime appellationis huiusmodi unacum dilecto filio Iohanne Ruffi, in legibus licentiato, eidem Francisco in coniudicem adiuncto, perperam procedens, prefatam sententiam dicti Aymonis per suam diffinitivam sententiam confirmavit iniquam. Cum autem, sicut eadem petitio subiungebat, ab aliquibus asseratur, quod iuxta consuetudines in talibus in civitate predicta observatas, a secunda conformi sententia in seculari curia nequeat appellari, quia tamen de satisfactione predicta per eundem Symonem seu alium eius nomine dicto Iudeo, et litteris quittantie inde secutis predictis de summa triginta francorum prime obligationis huiusmodi, in partibus illis liquide constare poterit, pro parte dictorum coniugum et nati, nobis fuit humiliter supplicatum, ut ipsos ad appellandum a dicta ultima sententia restituere, et super premissis alias oportune providere, de benignitate apostolica dignaremur. Nos igitur, huiusmodi supplicationibus inclinati, discretioni tue per apostolica scripta mandamus, quatinus, si, vocatis dicto Iudeo et aliis qui fuerint evocandi, per depositionem testium aut aliam probationem legitimam tibi constiterit per ipsum Symonem, aut alium eius nomine, prefato Iudeo de predicta summa triginta francorum prime obligationis supradicte satisfactum, ipsumque Symonem quittatum fuisse ab eisdem, ut prefertur, coniuges et natum predictos ad appellandum ab eadem ultima sententia, auctoritate nostra restituas, necnon, iuramentis forsan per eos super hiis prestitis, per te eadem auctoritate relaxatis, ultimam appellationem huiusmodi ab eadem ultima sententia interiectam, confirmare vel infirmare, appellatione remota, procures, et alias facias, prout de iure fuerit faciendum. Non obstante... Dat. Mantue, quarto Kalendas Novembris, anno primo.

Source: ASV, Reg. Lat. 189, fols. 300r–301v.

596   Mantua, 31 January 1419

Reissue of *Sicut Judeis* Bull in defence of the Jews in central and northern Italy, with the exception of those in Bologna and Ancona.

Martinus etc. universis Christi fidelibus presentes litteras inspecturis, salutem et apostolicam benedictionem. Sicut Iudeis non debet permicti in eorum sinagogis presumere ultra quam permissum est eis lege, ita in hiis, que concessa sunt ipsis, nullum debent preiudicium substinere. Unde, quamvis ipsorum nephanda perfidia sit merito reprobanda, cum magis in sua velint duricia permanere, quam prophetarum et sacrarum scripturarum arcana cognoscere, atque ad Christiane fidei et salutis noticiam pervenire, quia tamen ymaginem Dei habent et reliquie eorum salve fient, ipsorumque conversatio utilis est Christianis, nostramque deffensionem et auxilium suppliciter postulant, et Christiane pietatis mansuetudinem misericorditer exposcunt, nos, felicis recordationis Calixti, Eugenii, Alexandri, Clementis, Celestini, Innocentii, Honorii, Gregorii, Urbani, Nicolai, Honorii et Clementis, aliorumque Romanorum pontificum predecessorum nostrorum, qui precibus eorum humanissime, ut in multis ipsorum apostolicis litteris vidimus contineri, annuerunt, vestigiis inherentes, eorundemque Iudeorum supplicationibus nobis oblatis benigniter inclinati, ipsorum in hac parte petitiones admittentes, ac eisdem, tam presentibus quam futuris, in Lombardie, Tuscie, Romandiole, Marchie Anchonitane et Marchie Trivisine provinciis, civitateque Veneciarum, Bononiensi cum eius comitatu ac Anconitana civitatibus exceptis, dumtaxat constitutis, protectionis nostre clipeum impartientes, tenore presentium, auctoritate apostolica statuimus et eciam ordinamus, quod ipsi in suis synagogis per quempiam nullathenus molestentur seu inquietentur, sed pocius in illarum usu, secundum quod temporibus retroactis illis usi sunt, inviolabiliter et illese conserventur; nec in eorum oratoriis, sepulturisque, aut studiis ipsorum consuete et observate legis, molestentur aliquo modo ab aliqua persona, ymo conserventur inter ipsos inviolabiliter, et observare possint, omni impedimento cessante, leges, iura, consuetudines atque ordinamenta ipsorum, ad bene tamen vivendum, et non in vilipendium Catholice fidei; nullusque Christianorum, cuiuscumque conditionis existens, per violentiam ad lavacrum sacri baptismatis aliquem Iudeum, cuiuscumque etatis existentem, venire compellat quoquomodo; nec Iudei ipsi aliquas festivitates celebrare aut solempnitates servare ultra leges ipsorum, factis vel verbis, in here, vel personis molestentur quovis modo ab aliquo, ultra ordinem legis ipsorum; sed non propter hoc extra domos ipsorum, seu alias in publicum, Dominicis diebus ac in festivitatibus et solempnitatibus civitatum et locorum in quibus Ebrei ipsi habitant seu habitabunt, operari, aut huiusmodi Dominicos dies festivitatesque et solempnitates offendere audeant seu presumant; iidem Ebrei, qui etiam nullo tempore astringantur per aliquem ad portandum signum aliquod ultra antiquam consuetudinem civitatum, locorum et terrarum in quibus ipsos habitare contigerit, eandem tamen consuetudinem plene observare teneantur; et nichilominus, eisdem Iudeis et cuilibet ipsorum quaslibet licitas tamen et honestas mercimonias et artes inter se et in societate Christianorum, si tamen ipsis Christianis placuerit, ad illasque et ob eas exercendas et faciendas, ydoneas a Christianis conducere habitaciones, quemadmodum alii mercatores et artifices faciunt, facere et exercere liceat, quolibet impedimento cessante, ut cum minori peccato vivere valeant, et soli nostre nostrorumque specialium commissariorum atque nostrorum successorum ordinariorumque locorum correctioni et punitioni subsint. Si quis autem, premissis cognitis, temere, quod absit, contraire temptaverit, honorum et officii sui periculum patiatur ac condigna ulcione plectatur. Illos autem ex Iudeis predictis dumtaxat huiusmodi protectionis presidio volumus gaudere, qui nil machinari presumpserint in subversione fidei memorate. Nulli ergo... Si quis autem... Dat. Mantue, II Kalendas Februarii, pontificatus nostri anno secundo.

Source: ASV, Reg. Vat. 352, fols. 234v–235v.

Publication: Raynaldus, *Annales Ecclesiastici,* a. 1419, § 2 (partly).

Note: This Bull was the result of the Jewish efforts, following upon the resolutions of the meeting in Forlì (Finkelstein, *Jewish Self-Government*, pp. 281f).

Bibliography: Bardinet, *Condition civile*, p. 6; Browe, *Judenmission*, p. 35; Erler, *Historisch-kritische Übersicht* 7, p. 17; Grayzel, *Sicut Judeis*, p. 268;

Lenfant, *Hussites* 1, p. 58; Simonsohn, *Kirchliche Judengesetzgebung*, pp. 23f.; Simonsohn, *Mantua*, pp. 4f.; Stern, *Urkundliche Beiträge* 1, p. 25; Synan, *Popes*, p. 135; Vernet, *Martin V*, pp. 378, 411f.; Vogelstein-Rieger, *Rom* 2, p. 4.

597   Mantua, 1 February 1419

Prohibition to all Christians to molest Misolus Angeli, a Jew in Ferrara, on account of his divorce from Dolceta, daughter of Gay, of Ferrara.

Martinus etc. universis Christifidelibus presentes litteras inspecturis, salutem etc. Etsi Iudeorum nephanda perfidia merito sit reprobanda, ipsorum tamen conversatio utilis est Christianis, et, cum Dei ymaginem habeant, sunt a Christi fidelibus humaniter tractandi, quia ipsorum reliquie salve fient. Oblate nobis pro parte Misolis[!] Angeli, Ebrei de Ferraria, petitionis series continebat, quod, licet matrimonium dudum inter ipsum et quandam Dolcetam, filiam Gay Ebrei, eciam de Ferraria, secundum legem Ebraicam contractum, et in quo pluribus annis permanserant, secundum dictam legem et ritum eorumdem Iudeorum fuerit separatum, seu divortium inter eos factum, prout publicis documentis secundum legem et ritum huiusmodi confectis continetur, nichilominus aliquando ipse per dilectos filios heretice pravitatis inquisitores et alios officiales et personas occasione divortii huiusmodi multipliciter vexatur, molestatur et inquietatur, cuius vexationis et inquietationis pretextu, ipsum sepe suam vexationem redimendo, pecunias dare oportuit, in eius preiudicium non modicum et gravamen; quare nobis humiliter supplicari fecit, ut sibi de oportuno provisionis remedio, de benignitate apostolica providere dignaremur. Nos, igitur actendentes, quod veris existentibus supradictis, irrationabile et iniquum existit ipsum Misolum sic molestari et pecunia redimi facere, cum talia facientes non que Dei sunt, sed aliena querant, auctoritate apostolica, presencium tenore, locorum ordinariis prefatisque inquisitoribus ceterisque aliis officialibus et personis, presentibus et futuris, stricte inhibemus, ne deinceps, premissis veritate nitentibus, prefatum Misolum in persona, vel bonis, occasione vel causa dicti divortii impetant, molestent seu vexent, aut aliquid recipiant propterea ab eodem; contrarium vero facientes, se nostram sentiant indignationem incursuros. Nulli ergo etc.... Si quis autem etc. Dat. Mantue, Kalendis Februarii, pontificatus nostri anno secundo.

Source: ASV, Reg. Vat. 353, fol. 315r-v.

Publication: Tautu, *Acta Martini V* 1, pp. 214f.

Bibliography: Stern, *Urkundliche Beiträge* 1, p. 25; Vernet, *Martin V*, p. 412.

597a   Florence, 23 August 1419

Approval of petition submitted by Johannes Alfonsi de Benevento in Zamora to convert a former synagogue and its appurtenances into a church and hospice, following the removal of the Jews in Zamora to separate quarters and the abandonment of the synagogue. He claims the property as part of the dowry of his wife, a recently converted Jewess.

Beatissime pater. Sanctitati vestre pro parte devoti Iohannis Alfonsi de Benevento, civis Zamorensis, humiliter exponitur, quod cum olim serenissimus princeps dominus rex Castelle omnibus et singulis Iudeis utriusque sexus in civitate Zamorensis moram trahentibus, sub certa pena tunc expressa, ut se a Christianis dicte civitatis absentarentur et cum Christianis non conversarentur, sed ad unum locum civitatis a Christianis distinctum [se] transferant, expresse mandavit. Judei vero predicti, sinagogis suis derelictis, mox se ad locum eis ibidem assignatum transtulerunt, prefatusque Iohannes super quadam sinagoga sita iuxta ecclesiam Beate Marie Nove dicte civitatis sic per Iudeos, ut premittitur, derelicta, que ad eum ratione dotis uxoris sue, noviter ad fidem converse, dinoscitur pertinere, quasdam sententias pro se et contra nonnullos in hac parte adversarios coram certis iudicibus secularibus litigando dicitur reportasse. Verum, pater sancte, dictus Iohannes ex magno devotionis fervore dictam sinagogam cum attinentiis suis cupit in ecclesiam et hospitale pauperum Christifidelium facere consecrari, sed timet sibi hoc non licere licentia sedis apostolice super hoc non obtenta. Quare supplicat eidem sanctitati vestre idem Iohannes, quatenus de dicta olim sinagoga cum iuribus et pertinentiis ecclesiam Christifidelium et hospitale pauperum ut premittitur, libere et licite facere consecrari valeat, licentiam dignemini misericorditer impertiri. Cum non obstantiis et clausulis oportunis. Fiat et committatur. O[tto Colonna]. Dat. Florentie, decimo Kalendas Septembris, anno secundo.

Source: ASV, Reg. Suppl. 130, fol. 240r-v.

Publication: Tautu, *Acta Martini V* 1, pp. 262f.

Note: On another converted synagogue in Zamora see above, Doc. **556.**

598   Florence, 16 October 1419

Concession to Dyamante de Ostia, canon and archdeacon in the church in
Narbonne and master of medicine, of his rights in these offices and the
prebend connected with them. The original concession had failed to mention
that formerly he had been a Jew, named Magister Avigdor of Arles, and the
omission is now corrected.

Martinus etc. dilecto filio Dyamanti de Ostia, canonico Narbonensi ac
archidiacono Redensi [ms.: Residii] in eadem ecclesia, magistro in medicina,
salutem etc. Litterarum sciencia, vite ac morum honestas aliaque laudabilia
probitatis et virtutum merita, super quibus apud nos fidedigno commendaris
testimonio, nos inducunt, ut te specialibus gratiis et favoribus apostolicis
prosequamur. Nuper siquidem, tibi de canonicatu et prebenda ecclesie
Narbonensis ac archidiaconatu Redensi [ms.: Redesii] in eadem, quos
quondam Michael Bolosonis, eiusdem ecclesie canonicus ac archidiaconus, in
eadem dum viveret, obtinebat, per eiusdem Michaelis obitum, qui, litterarum
apostolicarum scriptor et abbreviator existens, extra Romanam curiam diem
clauserat extremum, vacantibus, et antea disposicioni apostolice reservatis,
per alias nostras litteras gratiose duximus providendum, prout in ipsis litteris
plenius continetur; cum autem, sicut exhibita nobis nuper pro parte tua
peticio continebat, tu timeas per aliquos, forsitan curiosos, racione statutorum,
aut alias de ipsius ecclesie consuetudine vel de iure, dictam provisionem de
ipsis canonicatu et prebenda ac archidiaconatu per nos tibi, ut premictitur,
factam, impugnari posse, aut surrepticiam reputari, ex eo presertim, quod tu
solum a sex annis citra de Iudaismo ad fidem Christi conversus, et ante
huiusmodi conversionem in medicina gradum susceperas, quique ante
conversionem huiusmodi magister Salamon Avigdor vocabaris, de Arelate
oriundus, de quibus in eisdem litteris nulla prorsus mentio facta fuit, tuque
propterea dubites provisionem et litteras prefatas de surreptione impugnari,
teque super illis posse imposterum molestari, nos, ne ipsarum effectu careris
litterarum providere teque premissorum meritorum tuorum intuitu specialis
favoris [*sic*] gratie prosequi volentes, tuis in hac parte supplicacionibus
inclinati, volumus et apostolica tibi auctoritate concedimus, quod provisio et
littere prefate, necnon processus habiti per easdem, et quecumque inde secuta,
etiam si fructus, redditus et proventus canonicatus et prebende ac
archidiaconatus predictorum usque ad centum florenos auri de camera ultra
primum eorum valorem in eisdem litteris expressum, asscendant[!]
communiter annuatim, ac executores in prefatis litteris denotati ad earum
executionem procedere in omnibus et per omnia perinde a data presencium
valeant plenamque obtineant roboris firmitatem, ac si in eis, quod tu solum a
sex annis citra de Iudaismo ad fidem Christi conversus et ante huiusmodi
conversionem in medicina huiusmodi gradum susceperas, ac magister

Salamon Avigdor vocaveris, de Arelate oriundus aliisque premissis, plena et expressa mentio facta fuisset. Non obstantibus... Nulli ergo etc.... Si quis etc. Dat. Florentie, decimo septimo Kalendas Novembris, anno secundo.

Source: ASV, Reg. Lat. 202, fol. 162r-v.

Note: On Magister Salomon Avigdor of Arles and his licence to practice medicine obtained on 15 May 1402, see Hildenfinger, *Juifs d'Arles*, p. 67, n. 4. On 23 November 1415 he still acted as bailiff of the Jewish community, *ibid.*

598a   Florence, 29 December 1419

Approval of petition submitted by Leonardus and Yolanda de Sancto Angelo, uncle and niece, Jewish converts in the diocese of Tarazona, to consummate their marriage, contracted as Jews, not permissible to Christians.

Beatissime pater. Dudum devoti vestri Leonardus de Sancto Angelo et Yolans de Sancto Angelo, nunc neophyti, tunc Iudei, Tirasonensis diocesis, licet idem Leonardus et pater ipsius Yolandis filii fratrum, et idem Leonardus frater matris ipsius Iolandis existeret, attamen, secundum ritum eorum et legem Iudaicam licite contrahere poterant, inter se secundum legem et ritum predictos matrimonium contraxerunt, carnali copula minime subsecuta, quibus sic existentibus, parentes ipsius Yolandis ac Yolans et Leonardus prefati, cecitate Iudaica abiecta, ad fidem Christianam sunt conversi. Cum autem, pater sancte, contrahentes predicti in facie Ecclesie huiusmodi matrimonium consummare desiderent, et secundum aliquos hoc sine dispensatione seu licentia sedis predicte facere nequeunt, quapropter sanctitati vestre pro parte Leonardi et Yolandis contrahentium predictorum humiliter supplicatur, quatenus cum eis, ut, premissis consanguinitatis seu affinitatis gradibus non obstantibus, matrimonium predictum consummare in facie Ecclesie possint et valeant, dignemini misericorditer dispensare seu licentiam impertiri, prolem ex huiusmodi matrimonio suscipiendam legitimam decernendo, constitutionibus apostolicis et aliis non obstantibus quibuscunque, cum clausulis oportunis. Fiat ut petitur. O[tto Colonna]. Datum Florentie, quarto Kalendas Ianuarii, anno tertio.

Source: ASV, Reg. Suppl. 137, fol. 4v.

Publication: Tautu, *Acta Martini V* 1, p. 296.

599   Florence, 17 January 1420

Approval of petition submitted by Leonard Palavicini, bishop of Chios, to allow him to impose the wearing of the badge on the Jews in Chios.

Beatissime pater. Exponitur sanctitati vestre pro parte devote creature vestre Leonardi, episcopi Chyensis, quod, cum olim ipse, considerans, quod ex hoc, quod Iudei habitatores civitatis Chiensis aliquem specialem habitum, per quem inter Christianos conversantes possent cognosci, non portabant, ac etiam Christianos[!] sclavas seu alios in suis tenebant serviciis, nonnunquam Iudei Christianas et Christiani Iudeas carnaliter cognoverant, ac errores et peccata atque scandala plurima oriebantur et commictebantur, volens super hiis providere, Iudeos huiusmodi, ut habitum distinctum seu signum, per quem seu quod a Christianis descerni[!] possent et cognosci, monuisset, iidem Iudei, monitis suis huiusmodi vilipensis et spretis, id facere distulerunt ac differunt, in Christiane religionis detrimentum ac ipsius episcopi confusionem non modicam et despectum. Supplicatur, igitur, sanctitati vestre pro parte dicti episcopi, quatinus ad evitandum errores, peccata et scandala huiusmodi, statuere et ordinare dignemini, quod Iudei utriusque sexus, habitatores dicte civitatis habitum seu signum huiusmodi per ipsum episcopum seu per alios, quibus id sanctitas vestra duxerit commictendum, eisdem Iudeis assignandum et deputandum, portare debeant et teneantur, aliquibus super hoc per sanctitatem vestram executoribus deputatis, qui eosdem Iudeos per censuram ecclesiasticam ac alia iuris remedia, eciam, si opus fuerit, sub pecuniariis et aliis penis, et etiam cum invocacione brachii secularis, ad hoc compellant et, ne eciam de cetero sclavas vel alios Christianos in eorum teneant serviciis, sub similibus penis et remediis iuris eis inhibeant; in contrarium facientibus non obstantibus quibuscumque, et cum executoribus et clausulis oportunis. Fiat ut petitur. O[tto Colonna]. Dat. Florencie, decimo sexto Kalendas Februarii, anno tercio.

Source: ASV, Reg. Suppl. 137, fol. 164r.

Publication: Tautu, *Acta Martini V* 1, p. 407.

Note: On the wearing of the badge by the Jews of Chios, see Jacoby, *Chios*, p. 192. See also below, Doc. **619**.

600   Florence, 11 March 1420

Mandate to the abbot of St. Benedict in Scalocchio, in the diocese of Città di
Castello, to have Ysaac Manuelis, a Jew in Città di Castello, rehabilitated
after he had been found guilty of crimes and blasphemy, had been punished,
and had been rehabilitated by the civil authorities.

Martinus etc. dilecto filio abbati monasterii Sancti Benedicti de Scalochio,
Civitatis Castelli diocesis, salutem etc. Pium misericordis regis opus
exequimur, si temperamus condimento rigorem ac venia largiflui lapsis simus
post reatum. Sane, pro parte Ysaac Manuelis, Iudei in civitate nostra Civitatis
Castelli moram trahentis, nobis nuper exhibita peticio continebat, quod, cum
olim ipse in curia seculari dicte civitatis super nonnullis, que sibi imponebantur
falsi criminibus, post inquisiciones desuper habitas, iudicialiter convictus
fuisset, ipse, curie predicte servato ritu, falsarii, ad instar blasphemie, mitra
eius imposita capiti, publice cum preconizacionibus et tubis per civitatem
ductus est eandem; quare pro parte dicti Iudei, asserentis se per dilectos filios
commune civitatis prefate, quantum in eis fuit, adversus crimina et
blasphemiam huiusmodi, ad famam statumque pristinos restitutum existere,
nobis fuit humiliter supplicatum, ut super hiis sibi et eidem statui oportune
providere, de benignitate apostolica dignaremur. Nos igitur, huiusmodi
supplicacionibus inclinati, discretioni tue per apostolica scripta mandamus,
quatinus, vocatis qui fuerint evocandi, si et postquam singulis, qui occasione
criminum predictorum vel alicuius eorundem, forsitan lesi fuerint, congrua
propterea per dictum Iudeum extiterit satisfactio impensa, omnes et singulos
processus habitos, necnon sentencias latas premissorum occasione in dicta
curia contra eum, auctoritate nostra casses et irrites, ac nullius decernas
existere firmitatis, ipsumque adversus illos necnon dicta crimina et
blasphemiam, in statum pristinum, quo videlicet erat ante quam crimina
commicterentur huiusmodi, auctoritate prefata restituas pariter et reponas,
abolendo nichilominus omnem infamie maculam sive notam, per ipsum eadem
occasione contractam. Non obstantibus... Dat. Florencie, quinto Idus Marcii,
anno tercio.

Source: ASV, Reg. Lat. 208, fol. 78v.

Note: On the Jews of Città di Castello, see Toaff, *Città di Castello*.

601   Florence, 12 June 1420

Order to the Jews in Italy to contribute to the expenses of the Jews in Rome in connection with the financing of the carnival festivities, and mandate to the prelates in Italy to assist the Jews of Rome in collecting from the Jews in Italy their share in the tax.

Martinus etc. Ad perpetuam rei memoriam. Humilibus et honestis supplicum votis, illis presertim, que a rationis tramite non discordant, libenter annuimus ac favorem apostolicum impertimur. Sane, pro parte universorum Iudeorum alme Urbis nobis nuper exhibita peticio continebat, quod, licet alii Iudei per civitates, terras, castra et loca parcium Italie constituti, seu in illis pro tempore commorantes, a tempore cuius contrarii memoria non existit, in solutione mille et centum ac triginta florenorum auri, camere dicte Urbis annis singulis facienda pro celebratione ludorum, qui in Agone et Testacia, locis celebribus dicte Urbis, in laudabilem commemoracionem de Ierosolimis obtente victorie et mirifice habite Veronice, per Romanos anno quolibet celebrantur, cum eisdem Iudeis Urbis contribuere, et porcionem eos contingentem ratione dictorum ludorum persolvere, ac eidem camere vel deputatis ab ea assignare consueverint, tamen, a quibusdam citra temporibus, alii Iudei predicti in ipsa solutione, sicut hactenus fieri consuevit, contribuere recusarunt, prout hodierna die recusant, in ipsorum Iudeorum Urbis non modicum dispendium et gravamen. Cum autem, sicut eadem peticio subiungebat, Iudei prefate Urbis, qui in magno numero esse solebant, propter mortalitates et alias calamitates, que Urbem ipsam et partes finitimas diucius, proh dolor, afflixerunt, ad modicum numerum et multam pauperiem devenerunt, ita quod ad solvendum summam florenorum huiusmodi solummodo per se ipsos, se vident nimium aggravari, et ad satisfaciendum quasi penitus impotentes, pro parte dictorum Iudeorum Urbis nobis fuit humiliter supplicatum, ut eis et eorum statui super hiis providere de oportuno remedio, de benignitate apostolica dignaremur. Nos igitur, dictis Iudeis Urbis, Christiane pietatis mansuetudinem ostendere, et, ne tante victorie, per defectum eiusdem contribucionis, memoria deleatur, providere volentes, ac actendentes, quod divisa in partes onera levius perferuntur, huiusmodi supplicacionibus inclinati, auctoritate apostolica, tenore presentium ordinamus ac volumus, statuentes, quod de cetero, omnes et singuli utriusque sexus Iudei in eisdem civitatibus, terris, castris et locis Italie pro tempore residentes, in eadem florenorum solucione pro ipsis ludis, ut premittitur, celebrandis, secundum quod unumquemque sua rata continget, iuxta consuetudinem huiusmodi hactenus observatam, eisdem Iudeis Urbis contribuere, et quotienscumque pro parte antepositorum et officialium dictorum Iudeorum Urbis, aut alicuius eorum, fuerint debite requisiti, porcionem suam persolvere, eisque, prout est consonum rationi, effectualiter assignare teneantur, et etiam sint astricti, et ad ipsorum antepositorum ac officialium requisitionem et instanciam compelli possint et etiam coarctari. Nos enim eisdem antepositis et officialibus, presentibus et futuris, quotiens eos ad huiusmodi civitates, terras, castra et loca, pro exactione et levatione eiusdem contribucionis contigerit proficisci, ut occasione debitorum per eos cum aliis Iudeis aut quibuscumque personis vel dominis illarum parcium, in genere vel in specie, forsitan contractorum, per eosdem Iudeos, vel quosvis officiales, aut magistratus, quovis nomine censeantur, detineri vel arrestari, seu eis vel eorum alicui reprehensalie fieri, aut alias a prosecutione exactionis contribucionis huiusmodi, pro ea vice dumtaxat, quomodolibet molestari non possint, eadem auctoritate, harum serie indulgemus. Non obstantibus... Nulli ergo etc.... Si quis autem etc. Dat. Florencie, secundo Idus Iunii, anno tercio. Simili modo venerabilibus fratribus patriarchis, archiepiscopis et episcopis, ac dilectis filiis electis, abbatibus, prioribus, prepositis, ceterisque ecclesiarum et monasteriorum prelatis, ad quos presentes nostre littere pervenerint, salutem etc. Hodie in favorem ac sublevationem onerum et gravaminum universorum Iudeorum alme Urbis, ad que perferenda et subeunda in solucione mille et centum ac triginta florenorum auri pro celebrandis ludis in Agone et Testacia, locis insignibus dicte Urbis, in memoriam victorie Terre Sancte, annis singulis sunt astricti et que ex certis tunc expressis causis commode supportare nequibant, litteras nostras concessimus in hec verba: "Martinus episcopus, servus servorum Dei. Ad perpetuam rei memoriam. Humilibus et honestis supplicum votis, illis presertim, que a rationis tramite non discordant, libenter annuimus ac favorem apostolicum impertimur. Sane, pro parte universorum Iudeorum alme Urbis etc. ut supra, usque." Cupientes itaque perpetuo litteras ipsas inviolabiliter observari, discretioni vestre per apostolica scripta mandamus, quatinus vos et vestrum quilibet, per vos vel alium seu alios, litteras ipsas, omniaque et singula in eis contenta, ubi et quando expedire videritis et ab eisdem Iudeis Urbis fueritis requisiti, solemniter publicantes, eaque ad quorumcumque nobilium virorum nostrorum et Romane Ecclesie in temporalibus vicariorum, ceterorumque officialium civitatum, terrarum, castrorum et locorum eiusdem Ecclesie, ac aliorum temporalium dominorum et communitatum parcium Italie noticiam deducentes, illaque iuxta ipsarum litterarum seriem et tenorem executioni debite demandantes, eosdem alios Iudeos per Italiam constitutos, cuiuscumque status, gradus aut condicionis extiterint, ad contribuendum in solutione huiusmodi florenorum, pro dictis ludis celebrandis, sicut hactenus fieri consuevit, si tamen primitus per eosdem antepositos et officiales Iudeorum Urbis benigne et humaniter requisiti, porcionem eos occasione dicte solucionis contingentem solvere recusaverint vel neglexerint, auctoritate nostra compellatis, eos nichilominus, necnon contradictores quoslibet et rebelles, qui secus egerint in premissis, per districtionem temporalem, qua convenit, et alia iuris remedia compescentes; invocato ad hoc, si opus fuerit, vicariorum, communitatum, dominorum ac officialium Ecclesie prefatorum, et alias, auxilio brachii secularis; facientes eosdem alios Iudeos in ipsa solutione, iuxta dictarum litterarum tenorem et formam effectualiter contribuere, ac porcionem et ratam eos contingentem, eisdem antepositis et officialibus Iudeorum Urbis, vel aliis, quos circa exactionem huiusmodi contribucionis duxerint deputandos, integraliter exhiberi et etiam consignari. Non obstantibus... Dat. Florencie, ut supra.

Source: ASV, Reg. Lat. 208, fols. 25r–26r.

Note: The Bull is mentioned in the Bull of Paul II *Cum Iudei ymaginem*, see below, Doc. **926**.

Bibliography: Marini, *Archiatri Pontifici* 2, p. 72; Natali, *Ghetto*, p. 106; Simonsohn, *Kirchliche Judengesetzgebung*, p. 31; Stern, *Urkundliche Beiträge* 1, p. 30; Vernet, *Martin V*, p. 413; Vogelstein-Rieger, *Rom* 2, pp. 7, 17f.

602   Florence, 2 September 1420

Approval of petition submitted by Anthonius, lord of Hauteville and a knight in the diocese of Geneva, to absolve him of a monetary obligation to Vivandus, a Jew in Geneva, which he assumed under allegedly fraudulent circumstances, and that he be given back some money and property allegedly misappropriated by his guardian.

Beatissime pater. Exponitur sanctitati vestre pro parte humilis et fidelis sanctitatis vestre et Sancte Romane Ecclesie filii Anthonii, domini loci de Altavilla, Gebennensis diocesis, militis, quod olim ipse, cum adhuc infra vicesimum quartum etatis sue annum, et sub potestate curatorum constitutus, ac iuventutis seu adolescencie, ac inconsulte iuventutis vel adolescencie sue annos agens, minus providus vel circumspectus existeret, nec quid ageret sane intelligeret, suasu fraudulento ad hoc inductus, se quandam scutorum auri quantitatem tunc expressam, a quodam Vivando decime [*sic*] Iudeo, Gebennis habitante, ex causa veri mutui, licet illam nunquam ab eo habuerit, recepisse, et in illa se sibi efficaciter obligatum esse, confessus extitit, illamque sibi infra certum tunc expressum, iam dudum effluxum, terminum, realiter solvere promisit; necnon, quod nobili Francisco de Chissiaco, tunc eius in dicto loco tutori, seu castellano illius, ad hoc similiter dolo ductus, certam aliam pecunie quantitatem, ac nonnulla alia res et bona tunc expressa ad ipsum Antonium legitime spectantia, in quibus idem Franciscus dicto Anthonio legitime tenebatur, et que tunc in suis manibus tenebat, habebat seu possidebat, prorsus remicteret, eumque de illis penitus quitaret, ac quod dicto Iudeo huiusmodi recognitam, infra dictum terminum efficaciter persolveret, et illam ab eo, necnon ab eodem Francisco sibi remissa huiusmodi pecuniarum summas ac alia res et bona, de cetero nunquam repeteret, nec eos super illis molestaret, neque contra recognicionem, remissionem, quitacionem et alia premissa quomodolibet veniret, etiam cum quarumlibet exceptionum, defensionum et cuiusvis alterius eciam iuris suffragii, per que se forsan contra eadem premissa iuvare posset, renunciacione corpalia [sic] prestitit iuramenta, prout sic vel aliter in certis instrumentis seu litteris desuper confectis dicuntur contineri, que, si sic vel aliter qualitercumque gesta sint, sanctitas vestra presentibus habere dignetur pro expressis. Cum autem, pater sancte, prefatus Anthonius in suis iuribus et pertinenciis, que ipse tempore pactionis premissorum penitus ignorabat, et alias in premissis sit graviter lesus, ipseque, ut premittitur, dolo et fraude circumventus ea fecerit, et iuramenta huiusmodi, quorum ac eciam aliorum premissorum vim et effectum, seu potius machinaciones, prorsus ignoraverat, prestiterit, supplicatur sanctitati vestre pro parte dicti A[ntonii], quatinus ad obstruendum ora sibi obloquencium, ipsum ad absolucionem[!] dictarum recognitarum pecuniarum prefato Iudeo minime teneri, neque obligatum fuisse vel esse, ipsumque prefata alia pecunias, res et bona huiusmodi, per eum, ut prefertur, dicto F[rancisco] remissa, licite repetere atque exigere et recipere potuisse et posse, et eum ad observacionem iuramentorum et aliorum premissorum huiusmodi obligatum esse, vel teneri, illaque sibi ad reatum periurii, vel aliam quamvis notam vel culpam imputari, vel de illis eciam quomodolibet notari [minime?] posse, decernere et declarare, dictaque iuramenta sibi ad cautelam, vel simpliciter, in quantum et prout expedit, penitus relaxare, et eum adversus illa in integro et in illum statum in quo ante illorum prestacionem fuerat, restituere et reintegrare dignemini de gratia speciali; iuramentis et aliis premissis, ceterisque contrariis non obstantibus quibuscumque. Fiat et committatur. O[tto Colonna]. Datum Florencie, quarto Nonas Septembris, anno tercio.

Source: ASV, Reg. Suppl. 146, fols. 108r–109r.

Note: On the Jews in Geneva, see Nordmann, *Genève*.

603   Rome, 27 November 1420

Mandate, if the facts are established, to Anselm of Neuningen, bishop of Augsburg, to release Abraham of München, a Jew in Ingolstadt, from the subtraction of intercourse with Christians, imposed on him for failing to meet

his obligation to pay Sweggerus de Gundelfingen, a knight in the diocese of
Freiburg, 200 florins. Sweggerus had extorted the undertaking from Abraham
by violence, and he had also extorted a cash sum of 1,000 florins, which is to be
returned without interest.

Martinus etc. venerabili fratri, episcopo Augustensi, salutem etc. Exhibita
nobis pro parte Abrahe de Monaco, Iudei, in opido Ingolstad, Eystetensis
diocesis, moram trahentis, peticio continebat, quod olim dilectus filius
Sweggerus de Gundelfingen Iunior, armiger Frisingensis diocesis, ipsum
Iudeum temeritate propria captivavit, ipsumque variis tormentis et penis,
tamdiu donec ab eo summam mille florenorum auri extorsit, et pro sui
liberatione in ducentis florenis similibus eidem armigero postmodum
tradendis, coram nonnullis eiusdem armigeri complicibus, adiectis penis et
promissionibus etiam iuramento vallatis de premissis non publicandis, metu,
qui cadere poterat in constantem, previo, obligavit, diris carceribus detinuit
mancipatum, et deinceps ipsum Iudeum, pretextu quarundam litterarum
generalis synodi Constantiensis, apostolica sede vacante, occasione
ducentorum florenorum huiusmodi, a fidelium communione subtrahi
procuravit, in ipsius Iudei enorme preiudicium et gravamen; quare pro parte
ipsius Iudei, asserentis, quod ipse potenciam ipsius armigeri merito
perhorrescens, eum infra civitatem seu diocesim Frisingensem nequeat
convenire secure, fuit nobis humiliter supplicatum, ut providere sibi super
hoc, de benignitate apostolica dignaremur. Nos igitur, actendentes, quod ea,
que vi vel metu fiunt, carere debent roboris firmitate, huiusmodi
supplicacionibus inclinati, fraternitati tue per apostolica scripta mandamus,
quatinus, vocatis dicto armigero et aliis qui fuerint evocandi, super premissis
auctoritate nostra te diligenter informes, et, si per eandem informationem ita
esse reppereris, ipsum Iudeum, eo primitus ad communionem fidelium
restituto, et iuramento predicto hac vice dumtaxat relaxato, ad solucionem
dictorum ducentorum florenorum non teneri declares, dictumque armigerum
ad quitandum prefatum Iudeum ab eadem obligatione, necnon ad
restituendum sibi predictam florenorum summam, ab eo, ut premictitur,
extortam, usuris cessantibus, prout iustum fuerit, per censuram ecclesiasticam,
appellatione postposita, previa ratione, compellas. Testes autem... Non
obstantibus... Dat. Rome, apud Sanctum Petrum, quinto Kalendas
Decembris, anno quarto.

Source: ASV, Reg. Lat. 212, fol. 21r.

Note: On the Jews in Ingolstadt at the beginning of the fifteenth century, see
Friedmann, *Juden in Ingolstadt*, p. 22.

Authority to Johannes, a priest of Pisa and vicar of Peter Donati, archbishop of Crete, and to Nicolaus de Bari, a priest and treasurer of Crete, to punish more harshly heretics and judaizers, following the report that a relapsed Jewish convert had not been punished with sufficient severity.

Martinus etc. dilectis filiis, Iohanni, presbitero Pisano, venerabilis fratris nostri Petri archiepiscopi Cretensis in spiritualibus vicario generali, et presbitero Nicolao de Bari, thesaurario Cretensi, salutem etc. Inter precipuas sollicitudines, quibus ad salutare regimen universalis Ecclesie, iuxta suscepti apostolatus officium, nostra iugis cura pastoralis intendit, hec maxime gerimus cordi ac propensiori studio prosequimur, et merito conamur efficaciter operari, que saluberrimam orthodoxe fidei veritatem, adversus pestifera damnabilium heresum et errorum figmenta protegunt, fovent, conservant et tuentur, ut ipsa Catholice fidei veritas irrefragabilis, in sue sincerissime puritatis integritate perdurans, omnemque insurgentem adversum se hereticam pravitatem confutans et convincens, semper victrix et gloriosa triumphet. Cum itaque, sicut non sine cordis amaritudine nuper accepimus, vir quidam depravate voluntatis et maligni spiritus, excecatus errore, in insula Cretensi moram trahens, a suscepta fide Catholica et Christiana religione devians, apostataverit, et in Iudayce perfidie damnabilem lapsus fuerit cecitatem, sicut ex variis eiusdem viri privatis operibus, quibus iudayzare visus est, potuit deprehendi; que, postquam ad tuam, Iohannes, venere noticiam, tu unacum dilecto filio Antonio, ordinis Fratrum Predicatorum professore, illis in partibus auctoritate apostolica inquisitore heretice pravitatis, contra prefatum ex officio procedens, hereticum ipsum capi, detineri et carceribus mancipari fecisti, et debitis adversus eundem, de fide inquisitione et informatione factis, ipsum tandem errasse convictum, certis modo et forma condemnasti, subiciens eum carceris, instalationis, infamie, et aliis quibusdam penis, in talibus, secundum Ecclesie iudicium, infligi solitis, quas in spe correctionis sue, et quibusdam visis in eo penitentie signis, temperatiores mitioresque fecisti, quam forte multorum eiusdem loci hominum iudicio et communi voce populi, suorum magnitudo scelerum, exigere videretur, acclamantibus plurimis eundem hereticum debuisse ac debere penis gravioribus subiacere ac proinde ibidem subortum fuisse scandalum et conturbationem plurimorum. Nos igitur, debite fidei Catholice protectioni summopere cupientes intendere ac eiusdem fidei et Christiane religionis discriminibus et scandalis occurrere, et in hiis de oportuno remedio providere volentes, ad hoc etiam devotius instante et humiliter supplicante venerabili fratre Petro, archiepiscopo Cretensi, referendario nostro, cum de premissis nondum plenam habeamus noticiam, discretioni vestre, de qua in hiis et aliis specialem in Domino fiduciam obtinemus, rursum contra prefatum hereticum, eiusque sequaces, fautores et complices et quoscumque alios simili morbo laborantes in dicta insula, auctoritate nostra procedendi, inquirendi, ipsosque diris carceribus perpetuo detrudendi, penis debitis iuxta canonicas sanctiones, pro qualitate scelerum et immanitate facinorum corrigendi ac puniendi, dictamque iudayzantium heresim protinus extirpandi, ovesque infectas doctrina salubri ad ovile Dominicum reducendi, prefatumque hereticum, ad fidei tutelam et debitam scandalorum sedationem, gravioribus penis, prout suorum deposcet qualitas criminum, subiciendi, adiudicandi, aliaque omnia et singula, que pro tanta labe penitus delenda, necessaria vel quomodolibet oportuna fuerint, faciendi et exercendi, tenore presencium, auctoritate apostolica, plenam concedimus facultatem; que omnia, ubi expedire iudicaveritis, ut promptissime exequamini, vobis etiam districte precipiendo mandamus; volentes ea per vos in premissis fieri et efficaciter debite executioni mandari, que sunt ad gloriam Dei, conservationem et augmentum fidei Catholice, ipsorumque oberrantium correctionem et terrorem, edificationemque fidelium et animarum salutem. Dat. Rome, apud Sanctum Petrum, III Kalendas Decembris, pontificatus nostri anno quarto.

Source: ASV, Reg. Vat. 353, fols. 74r–75r.

Publication: Tautu, *Acta Martini V* 1, pp. 410f.

Bibliography: Simonsohn, *Kirchliche Judengesetzgebung*, p. 33; Stern, *Urkundliche Beiträge* 1, p. 30 (who has 1421); Vernet, *Martin V*, p. 412.

605   Rome, 11 December 1420

Confirmation to the brothers Liucio and Manuel, sons of the late Angelo, son of Manuel, in Trastevere in Rome, of the privileges granted Angelo by Boniface IX and John XXIII.

Martinus etc. Ad futuram rei memoriam. Humilibus et honestis petentium desideriis dignum est nos facilem prebere assensum, et votis eorum, que a rationis tramite non discordant, favorem apostolicum impartiri. Exhibita siquidem nobis pro parte Liucii et Manuelis fratrum Iudeorum, quondam Angeli Hemanuelis Iudei natorum, in alma Urbe in regione Transtiberim commorantium, petitio continebat, quod olim pro parte dicti Angeli quondam Bonifacio VIIII in eius et successive bone memorie Baldassari in sua obedienciis Iohanni XXIII nuncupatis exposito, quod olim regimina dicte Urbis, actendentes, quod Hemanuel et Angelus prefati, tam in arte cirugie

quam alias populo Romano et singularibus personis eiusdem Urbis, diversa
obsequia impenderunt et impendere non cessabant, eosdem, necnon dicti
Angeli natos et nonnullos alios ei attinentes, ab omnibus daciis, collectis,
subsidiis, prestanciis, angariis et perangariis, que universitati Iudeorum in
eadem Urbe commorantium, imporentur [*sic*], seu alias ab eis per quamvis
personam quicquam quovis modo exigi posset, liberaverant, et liberos,
exemptos et immunes esse voluerant, et concesserant, quod ipsi, seu ipsorum
alter, eorum uxores, filii et filie nurus non tenerentur, nec cogi possent portare
tabarrum, guarnellum, seu quodcumque aliud vestimenti genus, vel signum,
quod alii Iudei, tam ex forma statutorum dicte Urbis, quam ex quacumque
consuetudine, portare tenebantur; et cum prefati universitas pro ludo in
Agone et Testacia faciendo, mille et centum ac triginta florenos, monete
Romane, eisdem populo solvere tenerentur, nonnulli officiales dicte Urbis,
Hemanuelem, Angelum, filios et attinentes, solutionis huiusmodi voluerant
esse participes, concesserunt tamen eisdem, quod ipsorum Angeli et filiorum
vita durante, ipsi ad solutionem huiusmodi minime tenerentur; et
nichilominus, contemplatione Hemanuelis et Angeli predictorum, de
huiusmodi summa mille et centum ac triginta florenorum, dictos triginta
florenos defalcarant, statuentes, quod de cetero, vita Angeli et filiorum
predictorum durante, pro ludo huiusmodi mille et centum floreni duntaxat
per dictos universitatem solverentur; et deinde nonnulli alii eiusdem Urbis
officiales prohibuerunt, ne aliquis, sub certa pena tunc expressa, occasione
cuiusvis exercitus, seu cavalcate, equos seu ronzenos ipsorum Angeli et
filiorum reciperet, seu receptos teneret, ac nonnullas alias libertates,
immunitates, honores et exemptiones eis concesserant; Bonifacius primo, et
deinde Baldassar, tunc Iohannes XXIII, prefati, premissa omnia et singula
habentes rata et grata, ea apostolica et dominii temporalis eiusdem Urbis
auctoritatibus confirmarant, supplentes omnes defectus, si qui intervenerant
in eisdem, prout in litteris apostolicis dicti Baldassaris, tunc Iohannis XXIII,
inde confectis, quarum tenorem de verbo ad verbum presentibus inseri fecimus,
plenius continetur; quare pro parte Liucii et Manuelis prefatorum nobis fuit
humiliter supplicatum, ut litteris apostolicis eiusdem Baldassaris, tunc
Iohannis XXIII, et omnibus in eis contentis, pro ipsorum subsistencia firmiori,
robur apostolice confirmationis adiicere, de benignitate apostolica
dignaremur. Nos itaque, volentes Liucium et Angelum [*sic*], natos prefatos,
qui, ut asseritur, in cirugia huiusmodi periti existunt, favoribus prosequi
graciosis, huiusmodi supplicationibus inclinati, predictas litteras eiusdem
Baldassaris, tunc Iohannis XXIII, necnon liberationem, exemptionem et
concessiones, ac omnia alia in dictis litteris contenta, rata habentes et grata,
ea, auctoritate apostolica, ex certa sciencia, tenore presencium confirmamus
et presentis scripti patrocinio communimus, supplentes omnes defectus, si qui
forsan intervenerint in premissis. Tenor vero dictarum litterarum talis est:
"Iohannes episcopus, servus servorum Dei. Ad futuram rei memoriam. Iustis

et honestis supplicum votis ... de novo concedimus per presentes. Tenores autem dictarum litterarum sequuntur et sunt tales, videlicet: "Bonifacius episcopus, servus servorum Dei. Ad futuram rei memoriam. Probate dilectionis affectus quem Angelus quondam Manuelis natus... Dat. Rome, apud Sanctum Petrum, VIII Idus Aprilis, pontificatus nostri anno decimo. Conradus, miseratione divina episcopus Militensis, domini nostri pape camerarius, discretis viris, magistris Angelo magistri Manuelis, Leutio et Manueli, eius filiis, Iudeis, cirugicis de regione Transtiberis, domini nostri pape familiaribus, viam agnoscere veritatis. Ex fidelitatis affectu... Dat. Rome, apud Sanctum Petrum, sub anno Domini millesimo quadringentesimo quarto, indictione duodecima, die vigesima mensis Februarii, pontificatus sanctissimi domini nostri, domini Bonifacii, divina providencia pape noni, anno quintodecimo." Nulli ergo omnino etc. nostre confirmationis, communitionis et supplectionis infringere etc. Si quis etc. Dat. Rome, apud Sanctum Petrum, III Idus Decembris, pontificatus nostri anno quarto.

Source: ASV, Reg. Vat. 353, fols. 77v–83v.

Note: See above, Docs. **487, 503, 585.**

Bibliography: Baron, *Social and Religious History* 9, pp. 45, 261; Marini, *Archiatri Pontifici* 1, p. 108; Reumont, *Rom* 3, p. 67; Stern, *Urkundliche Beiträge* 1, p. 26; Vernet, *Martin V*, pp. 396, 412; Vogelstein-Rieger, *Rom* 1, p. 321; 2, p. 6.

606   Rome, 1 January 1421

Statute and order that Jewish minors under the age of twelve in Germany and under the rule of the Doge of Venice must not be baptized against their own wishes and those of their parents, unless special papal permission is first obtained. Earlier papal pronouncements to this effect are cited. Transgressors are threatened with excommunication.

Martinus etc. Licet Iudeorum omnium, quos Sacrosancta Romana Ecclesia tolerat in testimonium Christi nostri, sit reprobanda perfidia, tamen ex divine voluntatis indulgencia et benignitate processit, quod ipsis inter Christiani nominis professores vitam servilem ducere sit permissum, ut illorum monitis et exemplis nostri discant Redemptoris noticiam obtinere, et viam agnoscere veritatis. Nuper siquidem, nonnullorum Iudeorum in marchia Trevisina et partibus Alamanie consistencium insinuacione, percepimus, quod nonnunquam contingit plurimos ex eisdem utriusque sexus Iudeis, presertim infra annos sue pueritie constitutos, per aliquos Christianos variis adulacionibus et persuasionibus a suorum parentum laribus et conversacione subtractos, quandoquidem[?] invitos et coactos, baptizari per Catholice fidei sacerdotes, qui sic tandem vel minis vel blanditiis baptizati, postquam se in libertatem propriam vendicarunt, in Christi fide non remanent, sed ad suos redeundo confugiunt, de suscepto per vim baptismate lamentantes. Unde, ne ex premissis scandalum inter eos, si premissa fieri permittantur, resultare possit in posterum in eorum preiudicium et contemptum, pro parte eorundem Iudeorum nobis fuit humiliter supplicatum, ut ipsorum statui et quieti super hiis, Christiana pietate et mansuetudine providere, de benignitate apostolica dignaremur. Nos igitur, attendentes, quod ab illorum generacione processit nostre fidei firmamentum, quodque prefati Iudei a felicis recordationis Urbano IIII et Honorio IIII, Romanis pontificibus predecessoribus nostris, per eorum privilegia sibi indulgeri obtinuerunt, quod nullus ex eisdem Iudeis per aliquem Christianum baptizaretur invitus, et propterea eorundem predecessorum vestigiis inherentes, huiusmodi supplicationibus inclinati, auctoritate apostolica statuimus et ordinamus, quod nullus ex Iudeis utriusque sexus infra duodecimum sue etatis annum constitutus, in partibus Alamanie ac omnibus civitatibus, terris et locis temporali dominio dilectorum filiorum ducis et communitatis Venetorum subiectis consistens, cum ad annos discretionis pervenerint, ipso et parentibus suis invitis, ad lavacrum sacri baptismatis per aliquem Catholicum antistitem recipiatur vel admittatur, aut per aliquem dominum temporalem, sub cuius dominio prefati Iudei consisterent, seu aliquam communitatem vel singularem personam, cuiuscumque status, gradus, ordinis, dignitatis, preeminencie vel condicionis extiterit, ad huiusmodi suscipiendum baptisma compelli, cogi, vel quomodolibet valeat coartari; districtius inhibentes ac mandantes venerabilibus fratribus patriarchis, archiepiscopis et episcopis, ac dilectis filiis electis, abbatibus ac prioribus ceterisque ecclesiarum et monasteriorum prelatis, rectoribus quoque parrochialium ecclesiarum, ac aliis, quibus eiusdem cura baptismatis canonice est commissa, sub excommunicationis pena, quam contrafacientes incurrere volumus eo ipso, ne aliquem vel aliquam ex predictis Iudeis infra annum huiusmodi constitutum seu constitutam, invitum aut invitam, et parentibus suis invitis, baptizare presumant absque sedis apostolice licencia speciali; volentes nichilominus et eadem auctoritate decernentes, quod omnia et singula privilegia, immunitates, libertates, gracie et indulta, tam per nos et eosdem predecessores, quam alios, qui pro Romanis pontificibus in eorum obedienciis se gesserunt, sub quacumque verborum forma vel conceptione appareant, quatinus rite et provide facta sint, eisdem Iudeis concessa, eciam si de illis eorumque totis tenoribus de verbo ad verbum habenda foret in presentibus mencio specialis, in iudicio vel extra, ubicumque exhibita fuerint vel ostensa, inviolabiliter debeant observari. Non obstantibus constitutionibus apostolicis ac statutis municipalibus, ceterisque contrariis quibuscumque. Nulli ergo etc. nostre constitucionis, prohibicionis, mandati et voluntatis. [Datum Rome, apud Sanctum Petrum, Kalendis Ianuarii, pontificatus anno quarto.]

Source: ASV, Reg. Vat. 347, fols. 157v–158r.

Publication: Schlager, *Wiener Skizzen* 2, pp. 209f.; Stern, *Urkundliche Beiträge* 1, pp. 26f.; Vernet, *Martin V*, pp. 400f., n. 6 (partly).

Note: The text in Reg. Vat. lacks end and date. Schlager's and Stern's versions have decimo kal. Januarii and kal. Jan. respectively. They also have: *"temporali dominio dilectorum filiorum Austriae et Venetiarum ducum"*.

Bibliography: Baron, *Social and Religious History* 9, pp. 16, 248; Erler, *Historisch-kritische Übersicht* 7, p. 18; Simonsohn, *Kirchliche Judengesetzgebung*, pp. 25f.; Vernet, *op. cit.*, pp. 400f., 422f.; Vogelstein-Rieger, *Rom* 2, p. 5; Wiener, *Regesten*, p. 184.

607   Rome, 19 February 1421

Mandate to Guido Memo, Bishop of Verona, to judge the complaint of Salomon, son of the late Emanuel, a Jew of Verona, against Johannes of Istria, who had acted as bishop-elect of Trento and had occupied Riva. Salomon alleged that Johannes had arrested him and had extorted from him large sums of money.

Martinus etc. venerabili fratri episcopo Veronensi, salutem etc. Exhibita siquidem nobis nuper pro parte Salomonis quondam Emanuelis, Iudei in civitate Veronensi residentis, peticio continebat, quod dum ipse a modico tempore citra ad terram Ripetridenti, Tridentine diocesis, accessisset, quamprimum ad eandem terram se transtulit, per dilectum filium Iohannem de Isuma [*sic*], pro electo Tridentino se gerentem et terram ipsam occupantem, seu de eius mandato, nulla rationabili causa subsistente, sed de facto captus extitit et carceribus mancipatus, et, ut idem Salomon pristine restitueretur libertati vi et necessitate compulsus, pro mille ducatis auri et tribus peciis pannorum Veronensium, quarum quelibet viginti quinque ducatorum similium precii fuerat, eidem Iohanni solutis et consignatis, ab eisdem carceribus se redemit, promittens insuper eidem Iohanni, quod sibi trecentos ducatos similes numeraret, de quibus infra mensem solvendis, solemniter certum fideiussorem deputavit, spondens insuper eidem Iohanni se nunquam conqueri de premissis; et demum idem Iudeus ad dictam civitatem reversus, ac sentiens prefatum fideiussorem propter fideiussionem huiusmodi pro eius liberatione detentum, centum similes ducatos eidem Iohanni, incumbente necessitate, persolvit, in ipsius Iudei grave dispendium et iacturam; quare pro parte prefati Iudei nobis fuit humiliter supplicatum, ut sibi super hiis oportune providere, de benignitate apostolica dignaremur. Nos igitur, de premissis certam noticiam non habentes, huiusmodi supplicacionibus inclinati, fraternitati tue, de qua in hiis et aliis specialem in Domino fiduciam obtinemus, per apostolica scripta committimus et mandamus, quatinus, vocatis dicto Iohanne et aliis qui fuerint evocandi, super premissis summarie, simpliciter et de plano, ac sine strepitu et figura iudicii, partibus convocatis, et auditis hinc inde propositis, auctoritate nostra, previa ratione, procedas, ac utrique parti iusticiam administres, faciens quod decreveris per censuram ecclesiasticam, appellatione remota, firmiter observari. Testes autem... Dat. Rome, apud Sanctum Petrum, undecimo Kalendas Marcii, anno quarto.

Source: ASV, Reg. Lat. 212, fols. 96v–97r.

608   Rome, 20 September 1421

Declaration, at the request of the Jews in Spain, that Jews are not to be forcibly baptized.

Martinus episcopus, servus servorum Dei, ad futuram rey memoriam. Veram Christianorum fidem habere non creditur qui ad Christianorum babtisma non spontaneus sed invitus, cognoscitur pervenire. Consideracione itaque premissorum inducti, nec non universorum Iudeorum in Ispaniarum partibus comorancium precibus inclinati, ut Iudei per Christianos ad babtismum suscipiendum inviti compelli non possint, eciam si Iudei ipsi cuiquam promissionem fecerint, nisi in actu babtismi constet de persone babtitzande libera voluntate, nec propterea aliquam penam incurrant, auctoritate apostolica, statuimus per presentes; constitucionibus apostolicis ceterisque contrariis non obstantibus quibuscumque. Nulli ergo... Si quis autem... Dat. Rome, apud Sanctam Mariam Maiorem, XII Kalendas Octobris, pontificatus nostri anno quarto.

Source: Perpignan, Archives des Pyrénées Orientales, B 232, fol. 119v.

Publication: Vidal, *Juifs de Roussillon*, p. 16.

Bibliography: Baer, *Spanien* 1, pp. 854f.

609   Rome, 20 September 1421

Abolition of the prohibitions decreed by Benedict XIII, and permission to Jews in Spain to treat sick Christians, act as intermediaries, moneychangers, etc.

Martinus etc. Ad futuram rei memoriam. Licet Iudei ad Christianam fidem et salutis noticiam pervenire contempnant, inter Christiane tamen religionis professores degere permittuntur, ut ipsorum professorum exemplis moniti, Salvatoris nostri noticiam possint habere. Premissorum namque consideratione inducti, auctoritate apostolica, tenore presentium statuimus, quod Iudei in partes Hispaniarum habitantes, et successores eorum, mederi possint Christianis impugne[!], et volumus, quod propterea tam Christiani quam Iudei prefati penas et sentencias per Petrum de Luna, in eius obediencia de qua partes ille tunc erant, Benedictum XIII nuncupatum, contra huiusmodi Iudeos medendi arte utentes, predicta obediencia durante, inflictas et promulgatas, nequaquam incurrant; necnon Iudeis prefatis officio corrictorie sive prosenetarum uti, excepto super matrimoniis inter Christianos tractandis, ac Christianorum procuratores et campsores inter Christianos existere, redditus insuper, et proventus a Christianis arrendare et colligere, ac cum Christianis societatem in bonis contrahere, et cum eis in itinere sociari, et inter eosdem Christianos emptoria et apothecas et operatoria ac mercancias tenere, et eorum opera facere et laborare valeant; constitucionibus et ordinationibus apostolicis, necnon prohibitionibus eiusdem Petri de Luna, et aliis contrariis non obstantibus quibuscumque, auctoritate presentium indulgemus. Nulli ergo... Si quis autem... Dat. Rome, apud Sanctum Petrum, XII Kalendas Octobris, pontificatus nostri anno quarto.

Source: ASV, Reg. Vat. 370, fols. 242v–243r.

Publication: Stern, *Urkundliche Beiträge* 1, p. 29 (partly); Vernet, *Martin V*, pp. 379f. (partly).

Bibliography: Baer, *Spanien* 1, pp. 854f.; Hofer, *Johannes von Capestrano*, p. 109; Lenfant, *Hussites* 1, p. 59; Marini, *Archiatri Pontifici* 1, p. 135; Simonsohn, *Kirchliche Judengesetzgebung*, pp. 25f.; Starr, *Johanna II*, p. 75; Vernet, *op. cit.*, p. 413; Vidal, *Juifs de Roussillon*, pp. 16f.; Vogelstein-Rieger, *Rom* 2, p. 6.

610   Rome, 1 December 1421

Renewal, confirmation and approval of declarations and instructions by the
pope's predecessors, following complaints of Jews in Avignon: In cases
brought against them by the Inquisition they must be notified of the names of
the witnesses and the accuser, and Jews are to be considered *impotentes*. In all
cases other than those subject to the Inquisition, the sole judges of the Jews are
the *viguier* and judges of the *cour temporelle*, the papal chamberlain, or the
papal vicar general in Avignon, or their lieutenants.

Martinus etc. Ad futuram rei memoriam. Etsi Iudeorum perfidia cunctis
orthodoxe fidei cultoribus merito displicibilis habeatur, quia tamen demum
eorum reliquias salvandas et Catholice fidei aggregandas propheticus sermo
commemorat, eos a finibus Christianorum, quibus eciam obsequiosos se
prebent, non eliminandos, apostolice sedis censuit auctoritas, sed potius eos,
Deitatis, cuius gerunt ymaginem, et humanitatis intuitu, aliquibus congruis
privilegiis et favoribus communiri. Sane, petitio pro parte baylonorum
universitatis Iudeorum utriusque sexus civitatis nostre Avinionensis nobis
nuper exhibita continebat, quod, licet felicis recordationis Gregorius papa
XI^us predecessor noster, Kalendis Iunii, pontificatus sui anno secundo,
universis et singulis Iudeis utriusque sexus in nostra civitate Avinionensi
constitutis, concesserit auctoritate apostolica, quemadmodum pie memorie
Bonifacius octavus, eciam predecessor noster, Nonis Iulii, pontificatus sui
anno decimo [*sic*], Iudeis et Iudeabus comitatus nostri Venayssini concesserat,
quod, non obstante, quod idem Bonifacius eadem auctoritate antea decrevisset
et ordinasset, ut, cessante periculo quod propter potentiam personarum contra
quas inquireretur super heretica pravitate testibus in causa huiusmodi
inquisitionis receptis et accusatoribus, imminere posset, eisdem personis
eorundem testium et accusatorum nomina, prout in aliis fiebat iudiciis,
publicarentur, dilecti filii inquisitores huiusmodi heretice pravitatis, dum in
casibus in quibus contra ipsos Iudeos dicta auctoritate ad inquirendum
descendebant, asserentes ipsos Iudeos potentes, huiusmodi publicationem
facere aliquando denegabant, ex quo debite defensionis facultas subtrahebatur
eisdem, et odientibus eos iniuste, nocendi materia parabatur, ipsi nichilominus
inquisitores, huiusmodi publicationem eisdem Iudeis tanquam impotentibus
facere tenerentur, nisi potencia illius eorum contra quem inquireretur adeo
esset notoria, quod nulla possit tergiversatione celari, vel per denegationem in
dubium revocari quin potens foret, ad cognitionem Romani pontificis pro
tempore existentis, actamen inquisitores ipsi eorumdem testium et
accusatorum publicationem, eisdem Iudeis, in eorum non modicum
preiudicium, facere denegabant, et denegant indebite et iniuste, cum Iudei ipsi
non essent seu sint tante potentie, quod testibus et accusatoribus nocere
possent seu possint; quodque, quamvis eciam quondam Clemens VII^us, sic in

sua obediencia de qua partes ille existebant, nominatus, dictis Iudeis in eadem civitate tunc morantibus et imposterum moraturis concesserat executores super concessionem huiusmodi, statuendo quod pro quibusvis causis, eciam usurariis, eciam si res ipsa de qua ageretur ecclesiastica existeret, civiliter aut criminaliter ad quarumvis ecclesiasticarum, secularium, vel regularium aut laycalium personarum, cuiuscumque status, gradus, conditionis, dignitatis, ordinis vel preeminencie, seu eciam persone ipse sui vel Sancte Romane Ecclesie cardinalium familiares forent, instanciam, coram alio iudice, ecclesiastico vel seculari, sive apostolica sive ordinaria aut alia quavis auctoritate fungeretur, eciam in huiusmodi causis usurariis specialiter deputato vel imposterum deputando, eciam auditore causarum curie camere apostolice, quam coram iudicibus curie temporalis Avinionensis, vel camerario apostolico, qui pro tempore forent, conveniri non possent, nec ipsi respondere aliquatenus tenerentur, et ad id compelli, eciam per litteras apostolicas plenam et expressam de huiusmodi indulto mentionem facientes, minime possent, nichilominus modernus dicte pravitatis inquisitor et dilectus filius magister Petrus Cotini, decanus ecclesie Sancti Petri Avinionensis, decretorum doctor, camere apostolice clericus ipsi inquisitori per alias nostras certi tenoris litteras adiunctus, ac auditor prefati, seu ipsius auditoris vicegerens ibidem ordinatus, et officialis Avinionensis aliique pleri iudices eorumque locatenentes, contra tenorem privilegiorum huiusmodi, eosdem Iudeos multipliciter molestaverant et inquietaverant, et Iudei ipsi per eos imposterum inquietari et molestari dubitabant; quare pro parte eorumdem baylonorum fuit nobis humiliter supplicatum, ut universitati dictorum Iudeorum, qui sunt et essent pro tempore, super premissis, de benignitate et mansuetudine nostris et sedis apostolice, de oportune provisionis remedio providere dignaremur. Nos igitur, actendentes predecessores nostros et Clementem predictos magna cum maturitate et previa deliberatione concessiones sive indulta predicta fecisse et concessisse, et eorumdem Iudeorum conversacionem Christiane religioni utilem existere, eorum in hac parte supplicationibus inclinati, concessiones et indulta predicta et eorum quodlibet, quorum tenores presentibus haberi volumus pro sufficienter expressis, auctoritate apostolica innovantes, confirmantes et approbantes, ac presentis scripti patrocinio communientes, statuimus eadem auctoritate et ordinamus, eisdemque Iudeis, presentibus et futuris, concedimus, quod deinceps publicatio seu manifestatio testium et accusatorum predictorum per inquisitores et adiunctum pro tempore existentes et locorum ordinarios, iuxta tenorem litterarum Bonifacii et Gregorii predictorum, in casibus superius expressis, omnino inviolabiliter fiat, habeanturque et censeantur in hac parte predicti Iudei impotentes, nisi ubi notorietas prescripta locum haberet; quodque iidem Iudei pro dictis causis, eciam usurariis, eciam si res maior, seu gravior eadem usuraria, vel alia, ac ecclesiastica fuerit, civiliter vel criminaliter, ad superius nominatarum aut aliarum quarumvis personarum instanciam, seu eciam ex officio, coram alio vel aliis iudicibus ecclesiasticis et secularibus, delegatis, subdelegatis, eciam conservatoribus, et ordinariis, apostolica vel alia quacumque auctoritate fungentibus et functuris, eciam super usuris deputatis vel deputandis, aut eciam inquisitore, adiuncto, auditore, vicegerente et locatenente predictis, quam coram vicario et iudicibus curie temporalis dicte nostre civitatis, aut camerario apostolico predictis, vel vicario generali pro nobis et Romana Ecclesia partibus in illis pro tempore existentibus, vel locatenentibus ipsorum, trahi aut conveniri non valeant, seu ipsi Iudei respondere teneantur, nec ad id a quoquam inviti compelli seu artari possint, aut quomodolibet molestari; illis dumtaxat causis exceptis ipsorum Iudeorum, in quibus dictus inquisitor ex dispositione iuris communis canonici esse potest iudex, in quibus, cum adiuncto vel adiungendo predicto, iidem inquisitor et adiunctus vel adiungendus, contra ipsos Iudeos in Avinione duntaxat inquirere, et alias procedere debite duntaxat possint et debeant, extraordinaria ipsius inquisitoris potestate, facultate et privilegio cessantibus quibuscumque, quoniam pro predictos[!] causis supranarratis aut aliis quibusvis, eosdem Iudeos extra civitatem ipsam trahi aut conveniri, quacumque auctoritate et per quascumque litteras apostolicas non facientes plenam et expressam ac de verbo ad verbum de indulto huiusmodi mentionem, nolumus nec intendimus, eciam si huic clausule aliquando derogatum extiterit; districtius auctoritate predicta prefatis inquisitoribus, adiuncto et adiungendo, ordinariis, auditori, vicegerenti, officiali, ceterisque iudicibus ecclesiasticis et secularibus, eciam delegatis et subdelegatis, ubicumque locorum constitutis et constituendis, presentibus et futuris, inhibentes, ne deinceps prefatam universitatem Iudeorum aut aliquem ex suppositis eiusdem in communi vel particulari, contra tenorem presencium inquietare, molestare, vexare, aut perturbare quoquo modo audeant seu presumant. Prefato camerario et vicario ac successoribus ac locatenentibus suis, ac executoribus in dictis litteris prefati Clementis deputatis dicta auctoritate commictentes, quatenus Iudeos predictos, coniunctim et divisim indultis et concessionibus ipsorum Gregorii, Bonifacii et Clementis, ac omnibus in presentibus litteris contentis uti et gaudere faciant plenarie, iuxta earundem litterarum tenorem, venerabilem fratrem episcopum Avinionensem et alios locorum ordinarios, auditorem, vicegerentem, inquisitorem, adiunctum et adiungendum, officialem, et alios predictos, aliosque contradictores quoslibet et rebelles, dicta auctoritate, appellatione postposita, compescendo, invocato ad hoc, si opus fuerit, auxilio brachii secularis; decernentes ex nunc irritum et inane, si secus super premissis vel aliquo eorum contigerit attemptari; non obstantibus eiusdem Bonifacii et tam de una ac duabus dietis in concilio generali et aliis constitutionibus et ordinationibus apostolicis, ac statutis et consuetudinibus forsan contrariis, eciam iuramento, confirmatione apostolica vel quacumque firmitate alia roboratis, quam aliis quibuslibet, per que effectus predictorum impediri valeat quomodolibet vel differri, eciam si de ipsis et totis eorum tenoribus, ac de verbo ad verbum esset presentibus specialis et expressa mentio facienda. Nulli ergo etc.... Si quis etc. Dat. Rome, apud Sanctum Petrum, Kalendis Decembris, pontificatus nostri anno quinto.

Source: ASV, Reg. Vat. 353, fols. 322v–324v.

Note: See Docs. **280, 422, 464, 593,** and below, Doc. **611.**

Bibliography: Simonsohn, *Kirchliche Judengesetzgebung*, p. 32; Vernet, *Martin V*, pp. 389, 413.

611   Rome, 23 December 1421

Declaration and order to the inquisitor Pons Feugeyron, a Franciscan, and his adjunct, Pierre Cotin, dean of St. Peter in Avignon, papal chaplain and cleric in the papal chamber, and their successors, to proceed against Jews in accordance with ordinary canon law, and not inquisitorial law. Jews are to be informed of the identity of accusers and witnesses. Failure to obey rules is to be punished by excommunication, in which case substitutes are to be appointed.

Martinus etc. Ad futuram rei memoriam. Etsi Iudeorum perfidia cunctis orthodoxe fidei cultoribus merito displicibilis habeatur, quia tamen demum eorum reliquias salvandas et Catholice fidei aggregandas propheticus sermo commemorat, eos a finibus Christianorum, quibus eciam obsequiosos se prebent, non eliminandos apostolice sedis censuit auctoritas, sed potius, deitatis cuius gerunt ymaginem et humanitatis intuitu, aliquibus congruis privilegiis et favoribus communiri. Sane, petitio pro parte baylonorum universitatis Iudeorum utriusque sexus civitatis nostre Avinionensis nobis exhibita continebat, quod, licet dudum, ad dilectorum filiorum sindicorum et concilii ipsius nostre civitatis supplicationis instanciam, in ipsorum Iudeorum favorem statuerimus, voluerimus et ordinaverimus, quod venerabilis frater Franciscus, archiepiscopus Narbonensis, camerarius noster et in eadem civitate et comitatu nostro Venayssini ac aliis terris eis adiacentibus ad nos et Romanam Ecclesiam pertinentibus, pro nobis et Romana Ecclesia in temporalibus vicarius generalis, ac eius in officio vicariatus huiusmodi successor, quandocumque et quocienscumque eis et eorum cuilibet utile vel expediens videretur, aliquem probum et discretum clericum iurisperitum, dilecto filio Poncio Feugeyronis, ordinis Fratrum Minorum et in theologia professori, ac in dicta civitate et eius diocesi ac certis aliis ultramontanis partibus heretice pravitatis inquisitori, et eius in dicte inquisitionis officio successoribus, in causis dictos Iudeos tangentibus, posset auctoritate apostolica adiungere, ac Poncium ipsum et eius predictos successores compellere, ut cum predicto adiuncto seu adiungendo contra eosdem iudices [*sic*] iuxta canonicas sanxiones, tam in processibus causarum, auditionibus, decisionibus et determinationibus ac prolationibus sententiarum, quam aliis quibuscumque inde secuturis procedere [*sic*], ac inquisitiones, processus, decisiones, determinationes et alia inde secutura aliter facta, irrita et inania, nulliusque existere roboris vel momenti decreverimus; quodque, quamvis prefatus vicarius eidem Poncio inquisitori, eciam eo petente, adiunctum, iuxta dictorum nostrorum decreti, statuti et voluntatis tenorem, dilectum filium magistrum Petrum Cotini, decanum ecclesie Sancti Petri Avinionensis, cappellanum nostrum et camere apostolice clericum, decretorum doctorem, dederit et deputaverit, iidemque bayloni postmodum, nomine dicte universitatis, et quidam alii particulares Iudei, ex officio dicte inquisicionis, in causam coram eisdem Poncio et Petro, tracti, ab ipsis petierint, ut nomina accusatorum suorum et testium, qui deposuerant super eis, sibi publicare seu declarare, et copiam titulorum sive articulorum inde contra eosdem Iudeos formatorum eisdem concedere et dare vellent, ut ipsi bayloni et Iudei deliberare valerent, an accusatores et testes huiusmodi essent legitimi, et causarum de quibus in dictis titulis mentio fiebat examen et cognitio ad ipsos Poncium et Petrum coniunctim vel divisim, vel ad dilectos filios vicarium et iudices curie temporalis eiusdem nostre civitatis pertinerent, et perinde coram quibus eorum respondere tenerentur, asserentes ipsi bayloni et Iudei, sic secundum canonicas sanxiones fieri debere, iidem tamen Poncius et Petrus, hoc in eorum non modicum preiudicium et gravamen facere distulerunt et denegaverunt, et, ut sic in futurum faciant, verisimiliter per Iudeos dubitatur memoratos, cum eciam ultra hec pretendat idem Poncius se in solidum, aut saltem cum dicto adiuncto contra dictos Iudeos super novis sectis et ritibus fidei Catholice repugnantibus, ac sortilegiis, divinationibus et aliis artibus nephariis, et quibusdam aliis certis erroribus, posse procedere, et maxime auctoritate quarundam litterarum quondam Alexandri pape quinti, sic in sua obedientia de qua partes ille existebant, nuncupati, per nos, ut dicebat, confirmatarum, quamvis postmodum ex certis causis per nos suspensarum, ac eidem Poncio seu eius locumtenenti per dictum camerarium, de nostro mandato, ne dictis litteris uti seu gaudere aliquatenus presumeret vel auderet, donec aliud per nos super hoc ordinatum existeret, inhibitum fuerit et mandatum, prout in diversis nostris et dicti camerarii et vicarii super hoc confectis litteris, premissa plenius continentur; cum autem, sicut dictorum baylonorum subiungebat petitio, premissis non obstantibus, prefati Poncius et Petrus eisdem baylonibus et Iudeis nomina accusatorum et testium predictorum publicare, ac titulos prefatos dare, contra iuris disposicionem, et in ipsorum Iudeorum preiudicium non modicum et gravamen, recusaverint, licet indebite, pro parte dictorum baylonorum et Iudeorum fuit nobis humiliter supplicatum, ut eis super hoc de debite provisionis remedio, presertim penarum et sentenciarum adiectione, pro meliori observatione premissorum, providere, de benignitate apostolica dignaremur. Nos igitur, actendentes, quod parum prodesset privilegia et gratias concedere, nisi hii, quibus concessa sunt, ipsis plene, iuxta ipsorum tenorem, gaudere valerent, et considerantes, quod, ob temporum varietatem et hominum plus solito ubique prevaricantium malignitatem, premissa absque penarum et sententiarum adiectione observari non potuerunt, et quod Iudeorum predictorum conversatio religioni Christiane utilis existit, ipsorum eciam in hac parte supplicacionibus inclinati, presencium tenore statuimus et ordinamus, quod predictus inquisitor et successores ac locatenentes, seu pro tempore existentes cognoscant, cum dicto Petro adiuncto vel alio imposterum adiungendo, iuxta tenorem litterarum nostrarum predictarum tantum de causis ad suum inquisitionale officium, secundum formam iuris communis canonici pertinentibus, seu de quibus, ex ipsius iuris canonici dispositione, specialibus indultis potestatibus seu concessionibus per Alexandrum prefatum aut alios quoscumque Romanos pontifices, seu pro talibus habitos, contra dicti iuris communis canonici tenorem quomodolibet concessis cessantibus quibuscumque, cognoscere possunt, que, in quantum concernunt et concernent ipsos Avinionenses, presentes et posteros, cassamus, revocamus et anullamus, quo vero ad alios Iudeos, in statu solido permanere volentes; et insuper, statuimus et ordinamus, quod, nisi inquisitor ac adiunctus vel adiungendus, seu eorum successores, aut locatenentes predicti, coniunctim vel divisim, dicta privilegia, concessiones, voluntates, statuta, ordinationes, adiunctiones, et alia superius declarata super publicatione et manifestatione dictorum testium et accusatorum ac titulorum et adiunctione predictis, iuxta tenorem litterarum nostrarum predictarum, quas, et presentes, eciam ad alios Iudeos, aliorsum Avinion. causa tamen more continue inibi faciende, venturos, extendimus, non servaverint, vel servaverit, aut contra ipsa seu eorum aliquod, aliquid fecerint seu fecerit, et in hiis, sex dierum spacio perseveraverint seu perseveraverit, excommunicationis sentenciam, quam ex nunc pro tunc in eos, eciam divisim, ferimus in hiis scriptis, incurrant ipso facto, a qua nisi per Romanum pontificem vel dictum Franciscum camerarium, aut eius in camerariatus aut vicariatus officiis successores, aut per ipsos seu eorum alterum deputandos, nequeant absolvi; et, si huiusmodi sententiam per unum mensem post dictorum sex dierum spacium sustinuerint, ipsos et eorum quemlibet ab inquisitionis et adiunctionis officiis huiusmodi suspendimus; quam suspensionem, si per alium mensem sustinuerint, ipsos et eorum quemlibet officiis huiusmodi et quolibet ipsorum, auctoritate apostolica privamus et privatos nunciamus, decernentes ipsos nullo unquam tempore posse aut debere ad huiusmodi officia reassumi; et ultra, quod penam pecuniariam aut aliorum bonorum suorum, de qua camerario, vicario, successoribus vel locatenentibus predictis seu eorum alteri videbitur, post tempora supradicta, qualibet vice, qua inquisitor, adiunctus, successores vel locatenentes ipsius inquisitoris, vel alter eorum, contrarium fecerint, eo ipso et absque alia declaratione incurrant; volentes nichilominus, quod camerarius, vicarius, successores et deputandi predicti vel alter ipsorum, ad publicacionem dictarum excommunicationis, suspensionis, privationis et pecuniarie penarum irremissibiliter exactionem, absque alio mandato, procedant aut procedat, seu procedi faciant aut faciat, viriliter et rigide, quotiens sibi constiterit Poncium, adiunctum, adiungendum, successores et eorum locatenentes predictos, et ipsorum quemlibet in eisdem incidisse; item, eciam camerario, vicario et successoribus predictis pro tempore existentibus iniungimus et mandamus, plenamque et liberam potestatem eisdem et eorum cuilibet concedimus, quod, si et quando ac quociens iidem Poncius, adiunctus vel adiungendus, et successores, vel locatenentes, aut alter eorum in penas predictas inciderint vel inciderit, de alio vel aliis ydoneo vel ydoneis inquisitore et adiuncto in casibus supradictis, quacumque appellatione remota, provideant et provideat, perpetuo aut ad tempus, prout ipsis videbitur; non obstantibus constitutionibus et ordinationibus apostolicis dicti Alexandri atque nostris et quorumcumque aliorum Romanorum pontificum, seu pro talibus habitorum, eciam privilegiis et exemptionibus sub quacumque forma vel expressione verborum, eciam iuris corpore clausis, seu alias quomodolibet concessis et per nos forsan confirmatis, necnon statutis et consuetudinibus contrariis, eciam iuramento, confirmatione apostolica vel quacunque firmitate alia roboratis, ac stilo auditorii seu curie dicti inquisitoris, ac aliis contrariis quibuslibet, per que effectus presencium impediri valeat quomodolibet vel differri, et de quibus inquisitor et adiunctus, successores et locatenentes predicti, vel eorum alter se iuvare possent, eciam si de ipsis et totis eorum tenoribus, ac de verbo ad verbum foret in presentibus specialis et expressa mentio facienda; decernentes ex nunc quicquid per inquisitorem et adiunctum vel eorum successores et locatenentes predictos, coniunctim vel divisim contra premissa vel eorum aliquod, seu contra id quod per dictum camerarium, vicarium et eius successores actum et ordinatum extiterit, irritum et inane, ac nullius penitus existere roboris vel momenti. Nulli ergo etc.... Si quis etc. Dat. Rome, apud Sanctum Petrum, decimo Kalendas Ianuarii, pontificatus nostri anno quinto.

Source: ASV, Reg. Vat. 353, fols. 320r–322r.

Publication: Tautu, *Acta Martini V* 1, pp. 544f.

Note: See above, preceding doc. and Doc. **593**.

Bibliography: Simonsohn, *Kirchliche Judengesetzgebung*, p. 32; Vernet, *Martin V*, pp. 389, 413f.

612   Rome, 27 December 1421

Confirmation, approval and ratification of the statutes of the Jewish community in Avignon and of their papal privileges, granted by Francis Conzié, papal chamberlain and vicar general, Guido Spiffani (Roussillon), bishop of Avignon, and Louis Aleman, vice-chamberlain in Rome. The chamberlain and his successors are to act as sole judges of the Jews.

Martinus etc. universis Iudeis utriusque sexus nostre civitatis Avinionensis, viam veritatis agnoscere et agnitam colere. Licet a fide Catholica devii sitis, et induratis animis in vestra velitis potius manere perfidia, quam viam veritatis et salutis animarum vestrarum agnoscere, quia tamen sustentationis et protectionis nostra suppliciter postulatis auxilia, ut ab inquietationibus indebitis, oportunis casibus sublevemini, illa ex pietate et mansuetudine apostolica, sperantes, quod tandem, deposita cecitate, vestre reliquie salve fient, libenter concedimus, et vestris, pietatis intuitu, supplicationibus inclinamur. Exhibita siquidem nobis nuper pro parte vestra petitio continebat, quod hactenus diversis vicibus et temporibus, venerabilis frater Franciscus, archiepiscopus Narbonensis, camerarius noster et in civitate nostra Avinionensi pro nobis et Romana Ecclesia in temporalibus vicarius generalis, etiam tempore, quo solum camerariatus officio utebatur, pro vestris necessitatibus et actibus universitatem vestram tangentibus, et, ut commodius inter vos in honestate morum et sub debito regimine iustitie vivere valeatis, diversa constitutiones, statuta, ordinationes, dispositiones, articulos, capitula seu titulos nuncupata, edidit, ac per vos seu inter vos edita, sua confirmavit et approbavit auctoritate, ac pro premissis et aliis causis, ipse necnon venerabiles fratres nostri Guido Avinionensis alias, ac nuper, videlicet decima octava die mensis Novembris proxime preteriti, Ludovicus, Magalonensis episcopi, dicti camerarii in Romana curia locumtenens, de speciali mandato nostro sibi super hoc vive vocis oraculo, multa et varia gratias, privilegia, immunitates, indulta, articulos sive capitula, vobis et universitati vestre non mediocriter necessaria et utilia, ut in suis diversis super hoc confectis litteris plenius continetur, concesserunt, indulserunt et dederunt; quodque, cum aliqua ex premissis iam, propter appositum in eis tempus, seu alias, expiraverint, et aliquorum finis instet ex similibus causis, ut adhuc similia et alia inter vos constitutiones, statuta, dispositiones, articulos seu capitula edantur, ac gratie, privilegia et indulta similia, vel alia, vobis confirmentur et concedantur, pro parte vestra fuit nobis humiliter supplicatum, ut iam factis et editis constitutionibus, statutis, articulis et capitulis, ac gratiis, privilegiis et indultis concessis, ut iuxta ipsorum continentiam et tenorem inviolabiliter observentur, robur confirmationis apostolice adicere, ac eidem camerario alia vel similia faciendi et concedendi imposterum, licentiam elargiri, de benignitate apostolica dignaremur. Nos igitur, attendentes, quod, quamvis vestra perfidia nobis et cunctis Christifidelibus merito displicibilis, vestra tamen conversatio Christiane religioni utilis existant, et considerantes predicta per camerarium et episcopos prefatos et eorum quemlibet, eorumque confirmationes, necnon gratias, privilegia, immunitates et indulta huiusmodi, et alia vobis per sedem apostolicam hactenus concessa, magna cum maturitate et previa deliberatione facta et concessa fuisse, sperantes etiam nil in eis religioni Catholice contrarium, nilque a ratione et equitate exorbitans existere, vestris supplicationibus inclinati, prefata omnia et singula constitutiones, ordinationes, statuta, articulos, capitula, confirmationes, gratias, privilegia, immunitates et indulta, auctoritate apostolica, tenore presentium confirmamus, approbamus, ratificamus et presentis scripti patrocinio communimus; volentes et eadem auctoritate precipientes, ut predicta et eorum quodlibet, iuxta ipsorum continentiam et tenorem inviolabiliter observentur; et insuper, de probitate, fidelitate et circumspectione prefati camerarii, sepius in arduissimis comprobatis, merito confidentes, et sperantes in ipsius virtutibus et conscientia, quod nil a fide Catholica devium, nilque iuri et rationi dissonum, sed quod iustitia, ratio et equitas suadebunt, et pro utilitate et sustentatione vestris debitis et honestis, ac pro scandalorum evitatione, et prout secundum canonicas sanctiones viderit expedire confirmabit, edet vel concedet, vobis et universitati vestre, quecumque constitutiones, dispositiones, statuta, articulos seu capitula, predictis similia vel alia, etiam pro commoditate vestra edenda, semel tantum confirmandi, approbandi et ratificandi, necnon gratias, privilegia, immunitates et indulta alia, vel predictis similia, etiam cum interpositione decreti irritantis, ac etiam semel tantum, vobis, dummodo etiam nil in dedecus seu preiudicium dicte fidei, nostri aut successorum nostrorum, contineatur, concedendi et indulgendi, plenam et liberam, eadem auctoritate, licentiam elargimur per presentes. Ceterum, vos vestramque universitatem volentes peramplius favoribus prosequi gratiosis, volumus et ordinamus, ac eadem auctoritate concedimus, quod camerarius, prefatus, aut eius, in camerariatus Romana curia ultra, citra vero montes existente, in vicariatus, officiis, successores, si qua[!] super premissis aut quibusvis aliis gratiis, privilegiis, iuribus, indultis aut litteris apostolicis eis sub quacumqe forma vel expressione verborum concessis, inter vos vel vestram universitatem ac alios quoscumque, coniunctim vel divisim dubia, emerserint, illa per se solum declarent, decidant et interpretentur, prout secundum Deum et iustitiam expedire prospexerint; lites vero, controversias et causas civiles et criminales, si que ob premissa vel alias ex quacumque causa insurrexerint, per se etiam vel alium seu alios, ut ipsis et eorum cuilibet visum fuerit, cum emergentibus, incidentibus, dependentibus et connexis ex eisdem, etiam summarie, simpliciter et de plano, sine strepitu et figura iudicii, sola facti veritate inspecta, et cum potestate inhibendi vicario, iudicibus, procuratori fiscali curie temporalis dicte nostre civitatis, ac aliis officialibus et personis quibuscumque, etiam ecclesiasticis quibusvis, ne obvient premissis, queque decreverint inviolabiliter observari faciendo, audiant, decidant et fine debito terminent, quoniam plenam concedimus eis super hoc potestatem et auctoritatem; contradictores quoslibet et rebelles dicta auctoritate, appellatione postposita, per censuram ecclesiasticam aut districtionem temporalem et alia iuris remedia oportuna compescendo; non obstantibus... Nulli ergo etc.... Si quis autem etc. Dat. Rome, apud Sanctum Petrum, sexto Kalendas Ianuarii, pontificatus nostri anno quinto.

Source: ASV, Reg. Vat. 353, fols. 325r–326v.

Publication: Tautu, *Acta Martini V* 1, pp. 548f.

Note: On Pope Martin V's attitude towards the Jews of Avignon, see Bardinet, *Condition*, pp. 5f.

Bibliography: Albanes-Chevalier, *Gallia Christiana Novissima* 3, col. 1320; Vernet, *Martin V*, pp. 389f., 414.

613   Rome, 11 January 1422

Reissue of *Sicut Judeis* Bull, and confirmation of privileges to Jews in Viterbo.

Martinus etc. universis Christi fidelibus presentes litteras inspecturis, salutem etc. Sicut Iudeis non debet esse licentia in synagogis suis ultra quam premissum[!] est eis lege presumere, ita in hiis, que ipsis provide indulta sunt, nullum debet preiudicium irrogari; et quamquam Iudei in sua obstinacione permanentes prophetarum verba ac sacrarum scripturarum archana agnoscere non curent, de divine tamen pietatis indulgentia processisse videtur, quod ipsis licitum sit inter Christiani [nominis] professores convivere, ut ipsorum exemplis et monitis ad nostri Redemptoris noticiam valeant pervenire. Hinc est, quod nos universorum Iudeorum utriusque sexus in civitate nostra Viterbiensi commorantium, precibus annuentes, privilegia et apostolicas et quascumque alias litteras et gratias per quoscumque Romanos pontifices predecessores nostros, et nos, necnon apostolice sedis legatos et nuntios, et alios eiusdem sedis officiales, tam in spiritualibus quam in temporalibus, auctoritate apostolica concessa, in provincia nostra Patrimonii beati Petri in Tuscia, et dicta civitate constitutos et alios quoscumque facta et concessa, prout provide et iuste processerunt et facta sunt, auctoritate apostolica, tenore presentium confirmamus, et presentis scripti patrocinio communimus; statuentes, ut nullus Christianus Iudeos ipsos invitos vel nolentes ad baptismi lavacrum, nisi canonicum fuerit, venire compellat, nec aliquis illos in eorum festivitatum celebratione quoquomodo perturbet; nullus etiam Christianus eorundem Iudeorum personas, sine iudicio illius, qui civitatem prefatam gubernat, vulnerare aut occidere, vel suas illis pecunias auferre presumat, aut bonas quas hactenus in eadem civitate consuetudines habuerunt, immutare, nec ab eis aliquis coacta servitia exigat, nisi ea, que preteritis temporibus consueverant facere seu prestare; preterea nullus Christicola Iudeorum predictorum cimiteria mutilare, seu minuere, seu aliquam eis noxiam et[!] novitatem inferre, aut exinde corpora iam humata fodere audeat vel presumat, quin immo ab omnibus illesa serventur. Et quia, ut accepimus, sepe contingit, quod Iudei ipsi diversis personis, receptis ab eis pigneribus, pecunias mutuant, et persone ipse in dictarum pecuniarum restitutione et huiusmodi pignerum repetitione et rehabitione eosdem Iudeos variis coloribus circumveniunt, eis damna multipliciter inferendo, ad hec pravitati et avarie[!] malorum hominum obviantes, decernimus, quod dicti Iudei ad restitutionem huiusmodi pignerum cogi non possint, nisi prius de mutuata per eos pecunia duntaxat, sit eis per easdem personas integraliter satisfactum; quodque, quia predictis Iudeis per speciales litteras concessum extitit, quod pignera huiusmodi, si dicte persone illa recolligere retardarent, postquam per unum annum et mensem pignera ipsa tenuissent, vendendi liberam facultatem haberent, nos, facultatem huiusmodi moderantes, volumus et etiam ordinamus, quod predicti Iudei, dictis anno et mense elapsis, teneantur personas, quarum pignera existunt, prius coram competenti eorum iudice evocare, et facta prefato iudici certa notitia de premissis, dummodo dictus iudex subito non providerit, seu debitor pignera prefata redimere effectualiter noluerit, sive non potuerit, tunc eisdem Iudeis licitum sit vendere pignera supradicta. Volumus autem, quod Iudei in prefata civitate commorantes, ad solvendum aliquid ultra quantitatem, quam annis singulis in festo Carnisprivii solvere consueverunt, nullatenus compellantur, nec ad id gravari seu quovis modo cogi valeant, sive possint; quodque super aliis oneribus imposterum imponendis, nisi onera ipsa omnibus civibus Viterbiensibus Christianis generaliter imponantur, aliquatinus non graventur. Et insuper, memorati Iudei in dicta civitate commorantes, pro salario rectoris dicte provincie pro tempore existentis, singulis mensibus ducatos decem solvere teneantur, et ad solvendum aliquid ultra illos, nullatenus cogi possint. Nos enim, processus et sententias, quos et quas adversus predictos Iudeos contra tenorem et formam predictorum omnium fieri contigerit seu etiam promulgari, irritos decernimus et inanes. Illos autem Iudeos duntaxat premissorum presidio volumus communiri, qui nichil machinari presumpserint in subversionem fidei Christiane. Nulli ergo etc.... Si quis autem etc. Dat. Rome, apud Sanctum Petrum, tertio Idus Ianuarii, anno quinto.

Source: ASV, Reg. Lat. 222, fol. 197r-v.

Publication: Tautu, *Acta Martini V* 1, pp. 566f.

Note: On the Jews in Viterbo at the beginning of the fifteenth century, see Milano, *Ebrei a Viterbo*, pp. 141f.

614   Rome, 20 February 1422

Reissue of *Sicut Judeis* Bull, including prohibition to Christian preachers, mendicant friars and others to rouse the Christian populace against the Jews, and confirmation of Jewish privileges.

Martinus episcopus, servus servorum Dei, universis Christifidelibus presentes licteras inspecturis, salutem et apostolicam benedictionem. Sicut Iudeis non debet esse licencia in sinagogis suis ultra quam permissum est eis a lege presumere, ita in hiis, que concessa sunt ipsis, nullum debent preiudicium sustinere. Licet igitur, prefati Iudei in sua magis velint duricia perdurare, quam prophetarum verba et sacrarum scripturarum archana cognoscere et ad Christiane fidei et salutis noticiam pervenire, quia tamen defensionem nostram et auxilium postulant et Christiane pietatis mansuetudinem interpellant, nos, felicis recordacionis Calixti, Eugenii, Alexandri, Innocencii, Gregorii, Honorii et Nicolai, Romanorum pontificum predecessorum nostrorum vestigiis inherentes, ipsorum Iudeorum peticiones admictimus, eisque protectionis nostre clipeum impartimur. Sane, querelam quorundam Iudeorum nuper accepimus, continentem, quod nonnulli predicatores verbi Dei, tam Mendicancium, quam eciam ordinum aliorum ad populum predicantes, inter alia Christianis inhibent per expressum, ut fugiant et evitent consorcia Iudeorum, nec cum eis quoquo modo participent, neque eis panem coquere, aut ignem, vel aliquid ad laborandum ministrare, seu ab illis recipere, aut Iudeorum pueros lactare et alere audeant vel presumant, quodque contrafacientes sint eo ipso gravibus excommunicacionum sentenciis et censuris ecclesiasticis innodati; propter que nonnunquam inter eos et Christianos dissensiones et scandala oriuntur, daturque materia Iudeis ipsis, qui se forsan ad Christianam fidem converterent, si pie et humane tractarentur, in eorum perfidia perdurandi. Nonnunquam eciam plurimi Christiani, ut dictos Iudeos redimi facere, ac eos bonis et substanciis suis spoliare, et lapidibus cedere possint, fictis occasionibus et coloribus asserunt, mortalitatum et aliarum calamitatum temporibus, Iudeos ipsos venenum in fontibus iniecisse, et suis azimis humanum sanguinem miscuisse, ob que scelera, eis sic iniuste obiecta, talia astruunt ad perniciem hominum evenire; ex quibus occasionibus populi commoventur contra Iudeos ipsos, eosque cedunt, et variis persecucionibus et molestiis afficiunt et affligunt. Nos igitur, considerantes, quod religioni convenit Christiane Iudeis eo libencius contra persecutores et molestatores ipsorum, oportunum prestare subsidium, quo specialius sunt in testimonium orthodoxe fidei reservati, eorum testante propheta: "tandem reliquie salve fient", quecumque per ipsos predicatores contra ipsos Iudeos, ne cum Christianis conversari debeant, vel e contra dicta sunt, ac excommunicacionis sentenciam nullius firmitatis existere decernentes, universitati vestre et presertim locorum ordinariis et superioribus ordinum[!] Predicatorum districtius inhibemus, ne de cetero talia vel similia contra Iudeos utriusque sexus ubilibet constitutos, in eorum diocesibus, civitatibus, terris et locis, per quosvis predicatores religiosos vel seculares, cuiuscumque status, gradus, ordinis, religionis, vel condicionis existant, populis predicare permictant; volentes, quod quilibet Christianus Iudeos ipsos humana mansuetudine prosequatur, nec eis in personis, rebus aut bonis suis inferat iniuriam, molestiam vel offensam, sed, sicut permissum est eis cum Christianis vicissim conversari, liceat eciam mutua commoda alterutrum suscipere; quibus eciam Iudeis de speciali gracia indulgemus, ut omnibus et singulis privilegiis, graciis, libertatibus et indultis, quacumque auctoritate, et per quoscumque, sub quacumque verborum forma concessis, et in posterum concedendis, que eis volumus debere ab omnibus inviolabiliter observari, libere uti valeant, et eciam gaudere; statuentes, quod, de cetero, inquisitores heretice pravitatis nullam in eos Iudeos, qui in spiritualibus sub eisdem ordinariis, in temporalibus vero, sub dominis et eorum curiis temporalibus sunt subiecti, auctoritatem, iurisdictionem, aut dominium valeant exercere, seu ab eis quicquam exigere, neque eos ad subeundum aliquod iudicium inquietare vel molestare presumant, per se vel alios quovismodo; contrafacientes vero quomodolibet in premissis, sint eo ipso excommunicacionis sentencia innodati. Illos autem Iudeos duntaxat huiusmodi protectionis presidio volumus communiri, qui nichil machinari presumpserint in subversionem fidei memorate. Verum, quoniam difficile videretur presentes licteras singulis exhiberi, volumus, quod huiusmodi licterarum ac privilegiorum, graciarum, libertatum et indultorum predictorum transumptum[!], manu publici notarii, in publicam formam redactum, ac eius signo munitum, personis, et in locis singulis, ubi et quando dictis Iudeis expedire videbitur, transmicti et insinuari possit; cui quidem transum[p]to, velut originalibus licteris ubique dari volumus et decernimus plenam fidem; non obstantibus constitucionibus apostolicis et aliis contrariis quibuscumque. Nulli ergo omino hominum liceat hanc paginam nostre inhibicionis, voluntatis, concessionis, statuti et constitucionis infringere vel ei ausu temerario contraire. Si quis autem hoc actemptare presum presumserit, indignacionem omnipotentis Dei et beatorum Petri et Pauli, apostolorum eius, se noverit incursurum. Dat. Rome, apud Sanctum Petrum, X Kalendas Marcii, pontificatus nostri anno quinto.

Source: ASV, Reg. Vat. 367, fol. 158r-v; AS Milano, Registri Ducali 109, pp. 528–531; Perpignan, Archives des Pyrénées Orientales, B 226, fol. 102r-v.

Publication: *Analecta iuris pontificii*, ser. XII, cols. 387f; Grayzel, *Sicut Judeis*, p. 268, n. 2 (partly); Raynaldus, *Annales Ecclesiastici*, a. 1422, § 36 (partly); Stern, *Urkundliche Beiträge* 1, pp. 30f.; Id., *Blutbeschuldigung*, pp. 24f.

Note: The text at Perpignan is a transcript of a copy made at Rome in the house of Elia Sabbati of Bologna, the physician, on 30 March 1422.

Bibliography: Baer, *Spanien* 1, pp. 854f.; Bardinet, *Condition*, p. 6; Baron, *Social and Religious History* 9, pp. 75, 275; Browe, *Judenmission*, pp. 35f.; Id., *Judenbekämpfung*, p. 225; Eckert, *Hoch- und Spätmittelalter*, pp. 226f., 272; Erler, *Historisch-kritische Übersicht* 7, pp. 18f.; Grayzel, *Popes, Jews and Inquisition*, p. 157; Hofer, *Johannes von Capestrano*, p. 109; Lenfant, *Hussites* 1, p. 58; Marini, *Archiatri Pontifici* 1, p. 135; Simonsohn, *Kirchliche Judengesetzgebung*, p. 26; Synan, *Popes*, p. 136; Vernet, *Martin V*, pp. 380f., 414; Wiener, *Regesten*, p. 187.

615   Rome, 26 February 1422

Approval of petition, submitted by the church of Geneva and John de Rochetaillée, the local bishop, to safeguard their jurisdiction in the town and its government in their dispute with the townspeople. Among other things, the townspeople are accused of allowing Jews to live in the same house with Christians and of tolerating usurers.

Beatissime pater. Ad audienciam vestre sanctitatis ac sancte sedis apostolice noticiamque[!] deducitur, quod, licet civitas Gebennensis in spiritualibus et totali[?] dominio temporali ecclesie et episcopi Gebennensis, qui est et fuit pro tempore, sit et fuerit, per tantum et tale tempus, quod hominum in contrarium memoria non existit, nec iurisdictio aliqua in eadem, spiritualis aut temporalis ordinaria possit nec debeat exerceri, nisi sub auctoritate ipsius ecclesie et eius episcopi pro tempore existentis, nichilominus burgenses, sive cives et habitatores eiusdem civitatis ... permictunt Iudeos cohabitare cum Christianis, eciam in eadem domo, et usurarios, eciam publicos, infra dictam civitatem, et in multis aliis attemptant et excedunt ... dignetur, igitur, sanctitas vestra committere alicui prelato, qui dictam civitatem adire debeat, quatenus de omnibus et singulis premissis inquirat et se informet summarie, simpliciter et de plano, et si reppererit dictos de civitate nullum ius eis competere in premissis, aut altero ipsorum, hoc declarare debeat et teneatur, et si quod eis competat, illud eciam declaret; et in omnibus, que videbuntur reformanda, reformet, et pro bono regimine civitatis et bona policia habenda in eadem, que statuenda et ordinanda videbuntur, statuat et ordinet, et per censuram ecclesiasticam et alia iuris remedia ipsa faciat diligenter observari; et si opus fuerit, pro efficaciori executione eorundem, invocare possit et valeat auxilium et potentiam alterius de tribus conservatoribus, auctoritate imperiali eidem ecclesie et episcopo sive ipsius administratori ad conservandum iura et libertates eorundem deputatis, videlicet ducis Mediolani, comitis Burgundie et advocati communitatis Berne, vel si commode et sine detrimento iuris dicte ecclesie ac episcopi seu administratoris eiusdem fieri possit, ducis Sabaudie vicarii imperialis dominantis in regione et locis vicinis dicte civitati Gebennensi, qui eum debeant et teneantur reddere fortem in executione premissorum et dependentium ex eis, et quoscumque contradicentes seu rebelles per detencionem personarum ac rerum et bonorum suorum quorumcunque, ac per alia iuris remedia ad ipsius prelati requestam compescere, appellacione cessante, iuribus ac constitutionibus apostolicis et imperialibus, necnon dicte civitatis statutis et consuetudinibus, ceterisque contrariis non obstantibus quibuscumque, et cum clausulis oportunis. Fiat ut petitur et committatur. O[tto Colonna]. Dat. Rome, apud Sanctum Petrum, quarto Kalendas Marcii, anno quinto.

Source: ASV, Reg. Suppl. 160, fols. 237r–238r.

Note: On the Jews in Geneva, see Nordmann, *Genève*. On p. 17 Nordmann mentions the summary of a Bull by Benedict XIII, contained in a letter from an official in Grenoble to the clergy (1411). The official states that the pope had been apprised of the complaints against the Jews of Geneva. These refer to the non-observance by the Jews of the orders to wear the badge and to live separated from Christians. They also owe the clergy rent on some property. The pope issued instructions to have the abuses corrected.

616   Rome, 23 October 1422

Commission to Seraphinus de Staccolis, doctor of law in Urbino, to investigate the accusation that Maymon Salomonis of Barcelona, a Jew presently in Ancona, has committed serious crimes, and if that is found to be true, to punish the offender, otherwise to declare him innocent.

Martinus etc. dilecto filio Seraphino de Staccolis, legum doctori Urbinati, salutem etc. Ad illa, ex apostolice sedis providencia libenter intendimus, per que scelerati et iniqui homines animadversione debita puniantur, boni vero sua pace et tranquillitate letentur. Cum itaque, sicut accepimus, quidam Maymon Salomonis de Barchinona, Iudeus, habitator ad presens nostre civitatis Anconitane, de nonnullis facinoribus, enormibus excessibus et delictis per eum commissis et perpetratis, ex quibus inter Christianos et Iudeos illarum et aliarum parcium gravia scandala sunt suborta, apud nos et in illis partibus publice diffamatus existat, nos, ne talia transeant impunita, providere volentes, ac de tua fide et industria ac in bene gerendis rebus experientia, sumentes in Domino fiduciam singularem, ac sperantes, quod ea, que providencie tue commiserimus, laudabiliter exequeris, tibi, per te vel alium seu alios, quibus id duxeris committendum, de huiusmodi facinoribus, excessibus et delictis per ipsum Maymonem, ut asseritur, perpetratis, te auctoritate nostra informandi, et super illis seu altero ipsorum, omnibus modis, viis et remediis oportunis, prout melius tibi videbitur, inquirendi diligenter de premissis, dictumque Maymonem ad confitendum coram te de dictis criminibus veritatem, per districtionem temporalem, qua convenit, cogendi, compellendi, et contra eum civiliter et criminaliter procedendi, processum quoque formandi, aggravandi et reaggravandi, sentenciam promulgandi, exequendi ac exequi faciendi, et testes quoscumque super hoc pro inquirenda veritate premissorum examinandi, et personaliter detinendi et constringendi, et super hiis omnibus, quociens opus erit, auxilium brachii secularis invocandi, et nichillominus[!] prefatum Maymonem, si sua facinora et delicta sponte confiteri nollet, et tibi videatur, ex etate vel aversa valetudine, ipsum ad predicta urgeri non posse, ne propterea veritas lateat et delicta remaneant impunita, si per diffamacionem publicam, vel ex verissimilibus indiciis, vel alias, tibi videbitur ipsum talia excessus, facinora et crimina commisisse, vel ex eis aliquod grave facinus perpetrasse, prout eius demerita id exegerint et tibi videbitur, tam in persona quam in ere, eciam civiliter et criminaliter, puniendi, mulctandi, corrigendi et condemnandi, exequendi et exequi faciendi, appellatione remota, eiusque res, pecunias et bona quecunque, in quibuscunque pondere, numero vel mensura, et ubicumque ac penes quascumque personas consistant, apostolice camere confiscandi, incorporandi et applicandi, eumque, si forsan de premissis innocens et inculpabilis per te repertus fuerit, relaxandi, liberandi et absolvendi, ac alia in premissis agendi, mandandi, ordinandi et exequendi, que noveris oportuna, eciam si talia essent, que in hoc casu mandatum exigerent speciale, et in presenti commissione non caderent, plenam et liberam auctoritate presencium concedimus facultatem; non obstantibus constitucionibus provincie nostre Marchie Anconitane, ac statutis, ordinamentis et privilegiis municipalibus, ad quorum observanciam te minime volumus astringi, et legibus imperialibus, necnon quibusvis privilegiis et litteris apostolicis eidem Maymoni, sub quacumque verborum forma per sedem apostolicam vel aliunde forsan concessis, que sibi in hoc casu nullum volumus afferri presidium, eciam si de illis eorumque totis tenoribus de verbo ad verbum habenda esset in presentibus mencio specialis, ceterisque contrariis quibuscumque; nos enim sentenciam sive penam, quam vigore presencium in eundem Maymonem tuleris seu statueris, ratam et gratam habebimus, illamque faciemus, auctore Domino, usque ad satisfacionem condignam, inviolabiliter observari. Dat. Rome, apud Sanctam Mariam Maiorem, X Kalendas Novembris, pontificatus nostri anno quinto.

Source: ASV, Reg. Vat. 354, fols. 149v–150r.

Publication: Tautu, *Acta Martini V* 1, pp. 608f.

Note: Maimon was found guilty. He was fined 2,590 florins, an enormous sum in those days. See Vernet, *Martin V*, pp. 397, 414.

Bibliography: Stern, *Urkundliche Beiträge* 1, p. 36; Vernet, *loc. cit.*

617   Rome, 3 November 1422

Safe-conduct valid for one year to Angelus Salomonis, a Roman in Cori, to visit Rome and other papal territories, notwithstanding debts or punishments he may have incurred.

Ludovicus etc. prudenti viro Angelo Salomonis, Iudeo de Urbe, habitatori terre Core, Ostiensis diocesis, salutem et viam veritatis agnoscere et agnitam custodire. Licet Iudeorum omnium, quos Sacrosancta Romana Ecclesia tollerat in testimonium Christi nostri, sit reprobanda perfidia, tamen ex divine voluntatis indulgentia et benignitate processit, quod ipsis inter Christiani nominis professores vitam servilem ducere sit permissum; unde eis, si quando in eorum necessitatibus apostolice sedis auxilium postulant, Christiane pietatis mansuetudinem et clementiam non intendit denegare. Hinc est, quod sanctissimus in Christo pater et dominus noster, dominus Martinus, divina providentia papa quintus, tuis eidem oblatis supplicationibus inclinatus, tibi, qui, ut asseris, ex certis causis in alma Urbe libere conversari et in illa negotiari non potes pro tue beneplacito voluntatis, tam ad eandem almam Urbem quam alia quecumque civitates, terras, castra et loca ad prefatum dominum nostrum papam et eandem Ecclesiam pertinentes, cum familia ac familiaribus, animalibus, salmis, rebus et aliis bonis tuis veniendi, ibique standi, morandi et negotiandi, iuxta morem Ebreorum, indeque recedendi et ad partes alias accedendi, quotiens tibi videbitur oportunum, libere et impune, plenariam licentiam, liberum et salvum conductum, per unum annum a data presentium computandum, die huiusmodi date presentium nobis presentibus, vive vocis oraculo, auctoritate apostolica, duxit elargiendum, et nos, de ipsius domini nostri pape mandato, eodem oraculo nobis facto, tenore presentium elargimur; mandantes omnibus et singulis domini nostri pape et Ecclesie predictorum officialibus, tam in eadem alma Urbe quam alibi ubicumque commorantibus, quocumque nomine nuncupentur, communitatibus quoque et universitatibus ac singularibus quibuscumque personis civitatum, terrarum, castrorum et locorum eorundem, ad que te et illos forsan pro tempore declinare contigerit, quatenus te tuosque filios et familiares huiusmodi, presenti salvo conductu durante, per huiusmodi civitates, terras, castra, loca, territoria, passus, pontes, portus et flumina, et tam per mare quam per terram, ire, stare, morari, recedere et redire permittant, nullamque tibi, familie et familiaribus, in personis, rebus vel bonis, presentibus et futuris, occasione alicuius debiti, pignoris seu rei, ad cuius restitutionem forsan tenereris, molestiam inferant, iniuriam vel offensam, aut aliquam noxiam novitatem, quin ymo pro ipsius domini nostri pape et dicte sedis reverentia, te et illos benigne videant, et debita humanitate pertractent. Non obstantibus quibuscumque excessibus, maleficiis et delictis ac processibus, sententiis et condemnationibus contra te forsan latis aut ferendis, ac debitis per te hactenus contractis, seu rebus et pignoribus a quibuscumque personis per te habitis et receptis, ad quorum restitutionem, ut premittitur, forsan tenereris, obligationibus quoque et promissionibus de quibuscumque pecuniarum summis et rebus aliis quibusvis personis factis, que omnia, huiusmodi salvo conductu durante, prefatus dominus noster voluit, et nos volumus, non nocere, ceterisque contrariis quibuscumque; iure tamen tertii in omnibus semper salvo. In quorum etc. Dat. Rome, apud Sanctam Mariam Maiorem, die tercia mensis Novembris, sub anno a Nativitate Domini millesimo quadringentesimo vicesimo secundo, indictione XVª, pontificatus etc. anno quinto.

Source: ASV, Arm. XXIX, vol. 7, fol. 115r-v.

Bibliography: Vernet, *Martin V*, p. 414.

618   c. 1423

Mandate to Peter Aemiliani, bishop of Vicenza, to investigate the complaint of Abraham Salomonis of Montagnana that his minor son Ysaac had been abducted and baptized against his and his family's will. Following his findings and after due consultation, he is to take suitable action, avoiding injustice to the Jews.

Martinus. Venerabili fratri Petro, episcopo Vicentino, salutem et apostolicam benedictionem. Nuper pro parte Abrahe Salomonis, Hebrei, cum gravi querela fuit propositum coram nobis, quod de opido Montegnane, Paduane diocesis, cuius opidi ipse habitator existit, quidam natus eius, Ysaac, minor annis duodecim, subtractus in die sancta Passionis Domini de anno presenti, et traductus ad villam Rouredi tue diocesis, et ibi, parentibus dicti Ysaac insciis et invitis, baptizatus et retentus invitus fuit per dilectum filium Iohannem, presbiterum, in dicta villa commorantem; et licet ipse Abraham, repetens natum suum, conquestus fuisset coram te et officialibus laicis illorum locorum de huiusmodi subtractione et baptizatione violenta, tamen adhuc predictum Ysaac, minorem, ut asserit, rehabere non potuit. Quare nobis humiliter supplicabat, ut, cum predictus eius natus, minor, esset tali modo subtractus, et, invitis parentibus, invitus ipse eciam, baptizatus, eum sibi restitui mandaremus, iuxta formam iuris et litterarum nostrarum, quas, inherentes vestigiis felicis recordationis Urbani quarti et Honorii quarti, Romanorum pontificum predecessorum nostrorum, Iudeis concessimus, ut talia scandala vitarentur, et ne sanctum lavacrum pollueretur et in ludibrium duceretur. Nos igitur, de subtractione pueri et baptizatione premissis certam noticiam non habentes, fraternitati tue per presentes committimus et mandamus, quatenus super hiis, diligenti informatione prehabita, et auditis puero predicto et parentibus eius, ac ipso presbitero, qui eum dicitur baptizasse, et vocatis aliis qui fuerint vocandi, habito etiam consilio cum aliquibus ex doctoribus iuris et magistris in sacra pagina, universitatis Paduane, de quibus tibi videbitur, super hoc casu taliter provideas et exequaris, quod Hebreis, quos Ecclesia tolerat in hac conditione servili pro testimonio veritatis et fidei Christiane, iniusticia non fiat nec iniuria ipsi Catholice fidei et sancto baptismatis sacramento. Dat. etc.

Source: ASV, Arm. XXXIX, vol. 4, fols. 295v–296v; vol. 6, fols. 162v–163r.

Publication: Vernet, *Martin V*, pp. 401f.

Note: There is no date. The last date given in this volume is on fol. 114r: VIIII Kalendas Augusti, anno sexto, i.e. 24 July 1423. See Doc. **606.**

Bibliography: Stern, *Urkundliche Beiträge* 1, p. 29; Vernet, *loc. cit.* and p. 423.

619   Rome, 17 January 1423

Mandate to Leonard Palavicini, Bishop of Chios, to see to it that the Jews wear a distinctive badge and to proceed against transgressors.

Martinus etc. venerabili fratri Leonardo, episcopo Chiensi, salutem etc. In agro Domini diligentia solertis agricole planctas steriles a frugiferis separat et discernit, ne ipsarum confusa permixtio nocumentum pariat et errorem. Cum itaque, sicut nuper nobis significare curasti, Iudei in insula Chiensi et tua diocesi commorantes et ad eandem etiam ab aliis partibus venientes, licet habitum distinctum ab habitu Christianorum tam de iure quam de consuetudine observata deferre teneantur, tamen hunc ita deferre non curent, sed incedant in omni extrinseca apparentia similes Christianis, a quibus non possunt aliquo vestitus signo discerni, et ex eo plerumque contingat eosdem cum Christianis mulieribus commisceri, in grave scandalum et periculum fidelium animarum. Nos super hoc providere volentes, fraternitati tue, de qua in hiis et aliis plenam in Domino fiduciam obtinemus, presentium tenore committimus et mandamus, quatinus quoscumque Iudeos utriusque sexus, tam habitatores continuos dicte insule quam extraneos illuc declinantes, facias a Christianis aliquo vestitus signo discerni, eos ad hoc oportunis monitionibus et preceptis compellendo, et super hoc taliter ordinando, quod de cetero propter omnimodam similitudinem habitus error aliquis sive scandalum non sequatur; et nichilominus Iudeos ipsos in diocesi tua repertos, si rebelles et inobedientes extiterint et habitum differentem, iuxta ordinacionem tuam, deferre recusaverint, capiendi, mulctandi, carcerandi et contra eos prout iustum fuerit procedendi, plenam et liberam tibi auctoritate nostra, tenore presentium concedimus facultatem; statutis et consuetudinibus dicte insule aut privilegiis super hoc Iudeis ipsis ab aliqua seculari potestate concessis, et aliis in contrarium facientibus, non obstantibus quibuscumque. Dat. Rome, apud Sanctum Petrum, sexto decimo Kalendas Februarii, anno sexto.

Source: ASV, Reg. Lat. 231, fol. 150r-v.

Publication: Tautu, *Acta Martini V* 1, p. 299.

Note: On the Jews in Chios under Genoese rule (1346–1566) and the wearing of the badge, see Jacoby, *Chios*, p. 192, and above, Doc. **599**. Eubel, *Hierarchia Catholica* 1, 185, n. 3, mentions our Bull, but has 6 January.

620   Rome, 1 February 1423

Mandate to all prelates and to Branda, cardinal priest of St. Clement and papal legate to Bohemia and some parts of Germany, to annul and revoke and to invalidate all copies of the Bull issued on 20 February 1422, which had limited the freedom of action of Christian preachers to attack the Jews and to foment hatred against them, and in which the privileges of the Jews had been confirmed. The Bull is alleged to have been extorted by circumvention and importunity.

Martinus etc. dilectis filiis universis locorum ordinariis, ad quos presentes littere pervenerint, salutem etc. Nuper siquidem ad audienciam nostram quorundam insinuacione pervenit, quod ex quibusdam litteris, que, videlicet decimo Kalendas Marcii, pontificatus nostri anno quinto, a nobis emanasse dicuntur, per quas inter cetera universis Christifidelibus et presertim locorum ordinariis et superioribus ordinum Mendicancium dicimur inhibere, ne contra Iudeos utriusque sexus ubilibet constitutos in eorum diocesibus, civitatibus, terris, castris et locis, per quosvis predicatores religiosos vel seculares populis predicare permittant, ut ipsi Christiani fugiant et evitent consorcia Iudeorum, nec cum eis quoquomodo participent, neque eis panem quoquere aut ignem, vel aliquid ad laborandum ministrare seu ab illis recipere, aut Iudeorum pueros lactare, alere, vel eos suis substanciis spoliare, aut lapidibus cedere, redimi facere, vel iniuriis et persecucionibus affligere presumant; ipsisque Iudeis per easdem litteras dicimur concessisse, ut omnibus et singulis libertatibus, graciis, privilegiis et indultis, quacumque auctoritate et per quoscumque concessis eisdem et imposterum concedendis, que eis ab omnibus inviolabiliter observari deberent, uti possent et eciam gaudere; ita quod de cetero inquisitores heretice pravitatis nullam in eosdem Iudeos auctoritatem, iurisdicionem aut dominium exercere valerent, aut ab eis quicquam exigere, neque eos ad subeundum aliquod iudicium inquietare presumerent; contrafacientes vero quomodolibet in premissis essent eo ipso excommunicacionis sentencia innodati, prout in dictis litteris dicitur plenius contineri. Nos igitur, actendentes, quod in concessione prefatarum litterarum, si forsan a nobis emanasse reperiantur, ut prefertur, fuimus circumventi, et propterea eas, tamquam a nobis per huiusmodi circumvencionem et importunitatem extortas, merito inefficaces et invalidas reputantes, easque nullius efficacie, roboris vel momenti existere decernentes, discrecioni vestre per apostolica scripta committimus et mandamus, quatenus, si forsan prefate littere vel earum transumpta ad noticiam vel manus vestras pervenerint, litteras ipsas cum omnibus in eis contentis clausulis et aliis inde secutis, auctoritate nostra cassetis, revocetis et anulletis, ac nullius fuisse aut existere roboris vel momenti, eadem auctoritate decernatis atque declaretis; quas quidem litteras et quecumque inde secuta nos etiam pro revocatis, cassis et irritis haberi volumus et infectis; non obstantibus premissis litteris, sub quacumque verborum forma concepte appareant, eciam si de illis earumque totis tenoribus de verbo ad verbum habenda foret in presentibus mencio specialis, ceterisque contrariis quibuscumque. Dat. Rome, apud Sanctum Petrum, Kalendis Februarii, pontificatus nostri anno sexto.

Martinus etc. dilecto filio Brande tituli Sancti Clementis presbytero cardinali, apostolice sedis legato, salutem etc. Nuper siquidem etc.... ut in precedenti...

Source: ASV, Reg. Vat. 354, fols. 199v–200r.

Publication: Tautu, *Acta Martini V* 1, p. 300.

Note: The reason given for the revocation does not shed enough light on the causes. Vernet, *Martin V*, pp. 381f., 415f., though attempting some explanation, resigns himself to: "...le laconisme des explications déroute notre envie de savoir". Simonsohn, *Kirchliche Judengesetzgebung*, pp. 28f., attributes the change of mind to anti-Jewish pressures exerted on the pope. Grayzel, *Sicut Judeis*, p. 270, appears to accept this explanation. Hofer, *Johannes von Capestrano*, p. 110, attributes Martin's change of heart to Capistrano's influence.

Bibliography: Grayzel, *loc. cit.*; Stern, *Urkundliche Beiträge* 1, p. 37; Vernet, *loc. cit.*; Vogelstein-Rieger, *Rom* 2, p. 5.

621   Rome, 26 February 1423

Approval of petition submitted by Fernandus of Saragossa, a Jewish convert, to grant him an income of 150 gold ducats, to be derived from former synagogues of the Jews. He and other learned Jews (i.e., rabbis) had enjoyed such income from those synagogues before their conversion. He is preaching to the Jews and claims to have achieved many conversions.

Exponitur sanctitati vestre pro parte devoti oratoris vestri, magistri Fernandi de Cesaraugusta, vicini de Toleto, viri licterati et ad fidem Catholicam reducti, quod dudum, tempore generalis conversionis Iudeorum in partibus Yspanie, ipse et alii sapientes ante conversionem predictam recipiebant sustentationem eis assignatam per Iudeos et infideles de certis propriis et redditibus, vulgariter synogas [*sic*] in illo tempore nuncupatas, et modo alique ex dictis synagogis sunt clause, et nonnulli Christiani ipsas intrarunt et occuparunt, et aliquas ex eis benedictionis titulo alienarunt, propter quod prefatus orator et alii sapientes non possunt habere vite sustentamentum, pro quo quidem oratore illustrissimus et devotus filius vester rex Aragonum, attento, quod dictus magister Fernandus post conversionem suam per diversa mundi clismata[!] suis predicationibus et disputationibus de induratis lapidibus filios Israel suscitavit et multos ex eisdem ad fidem Catholicam convertit, hinc inde, non sine magnis laboribus et expensis, vestre sanctitati Gebennis supplicavit, ut eidem assignaret centum quinquaginta ducatos auri in fructibus, redditibus dictarum synagogarum, et, si in predictis fructibus et redditibus minime possit haberi ista quantitas centum quinquaginta ducatorum auri, ipse magister Fernandus valeat et possit quascumque ex dictis synagogis clausis edificare in domus habitationis et conducere, ut numerum centum et quinquaginta ducatorum auri plene et sane recipiat super dictis fructibus, redditibus ac synagogis; supplicat igitur sanctitati vestre humiliter et devote predictus magister Fernandus, quatenus, attento fidei fervore, super quo non cessat insudare, crebris disputationibus pariter et sermonibus, et quod laborantibus in vinea Domini pre maxime in tam arduo et sanctissimo negotio sit aliqua mercedis exhibitio tribuenda, et ne dictus magister F., ex eo, quod infidelis existens, supradictos redditus accipiebat, modo [?] conversus ad fidem et in ea tam viriliter laborando deterioris conditionis existat, centum quinquaginta ducatos auri in fructibus et redditibus ac synagogis in elemosina pro sua sustentatione, in regnis Castelle et Aragonum misericorditer eadem sanctitas vestra assignare dignetur, de dono et gratia speciali; non obstantibus dictis alienationibus de fructibus et redditibus supradictis, si que facte fuerint; constitutionibus et ordinationibus apostolicis et aliis in contrarium facientibus non obstantibus quibuscumque. Fiat beneficium perpetuum et gaudeat fructibus ad vitam. O[tto Colonna]. Datum Rome, apud Sanctum Petrum, quarto Kalendas Martii, anno sexto.

Source: ASV, Reg. Suppl. 166, fols. 133r-v.

Note: The convert had had a similar petition approved by Benedict XIII. See above, Doc. **550** and below, following doc.

622   Rome, 26 February 1423

Mandate, if the facts are established, to the archdeacon in the church of Toledo to set up a sinecure benefice for Ferdinandus of Saragossa, a converted rabbi, to bring in 150 gold florins annually for life. It is to be derived from the buildings which formerly contained the synagogues in Ocaña, Maqueda and elsewhere. Ferdinandus claims to have been the recipient of income from public funds before his conversion, and to be propagating the Christian faith among Jews after his conversion.

Martinus etc. dilecto filio archidiacono ecclesie Toletane, salutem etc. Ad ea libenter intendimus, que divini cultus augmentum et Christiani nominis exaltationem respiciunt, humilibus quoque supplicum votis libenter annuimus eaque favoribus prosequimur oportunis. Sane, pro parte dilecti filii Fernandi de Cesaraugusta, laici, litterati, habitatoris civitatis Toletane, nobis nuper exhibita petitio continebat, quod ipse, qui de gente Iudeorum traxit originem et in lege Mosayca edoctus existit, et antequam ad agnitionem vere fidei perveniret, dum in Iudaismo persisteret, pro doctrina in lege prefata Iudeis aliis exhibenda, congruam sustentationem de certis redditibus, synagogis vulgariter nuncupatis, percipiebat, postquam viam veritatis agnoscens, sacrum baptisma susceperat, redditus huiusmodi ulterius non percepit, quodque in de Ocanya et de Maqueda villis, Toletane diocesis, ac aliis diversis civitatibus, castris et villis, infra dicionem carissimi in Christo filii nostri Iohannis, regis Castelle et Legionis illustris, consistentibus, sunt nonnulle domus, que ante magnam conversionem Iudeorum, nuper gratia inspirante divina in partibus illis factam, eorundem Iudeorum, synagoge existebant, et que per diversas personas occupate detinentur, ex quibus posset eidem Fernando pro ipsius vite sustentatione congrue provideri. Quare pro parte dicti Fernandi fuit nobis humiliter supplicatum, ut sibi quoad vixerit, tot ex domibus seu synagogis predictis, quot eorum fructus, redditus et proventus summam centum et quinquaginta florenorum auri de camera, secundum communem extimationem valeant annuatim, pro vite sue sustentatione assignare, de benignitate apostolica dignaremur. Nos igitur, tam eidem Fernando, qui, ut asserit, pro conversione huiusmodi Iudeorum hactenus viriliter laboravit, ne in opprobrium Christianitatis mendicare cogatur, quin ymo congrue valeat sustentari, quam alias in premissis salubriter providere volentes, huiusmodi supplicationibus inclinati, discretioni tue per apostolica scripta committimus et mandamus, quatinus, si est ita, super quo tuam conscientiam oneramus, de prefatis in de Ocanya et de Maqueda ac tot in aliis villis, necnon civitatibus et castris dicionis predicte, huiusmodi domibus, synagogis nuncupatis, quot earum fructus, redditus et proventus centum et quinquaginta florenorum auri de camera huiusmodi, secundum communem extimationem valorem annuum ascendant, unum perpetuum beneficium ecclesiasticum sine cura servitorium in aliqua ecclesia de qua tibi videbitur, auctoritate nostra creare ac fundare et dotare procures, ac illius fructus, redditus et proventus prefato Fernando pro sue vite sustentatione per eum quoad vixerit percipiendos, levandos et in sustentationem suam huiusmodi convertendos, prefata auctoritate concedas pariter et assignes, ita quod beneficium huiusmodi, quoad ipse Fernandus vixerit, nemini conferatur, sed duntaxat post eius obitum clericis secularibus assignetur; inducens per te vel alium seu alios eundem Fernandum vel procuratorem suum eius nomine in corporalem possessionem beneficii seu domorum, synagogarum nuncupatarum huiusmodi, ac iurium et pertinentiarum earundem, et defendens inductum, amotis quibuslibet illicitis detentoribus ab eisdem, ac faciens eidem Fernando de ipsorum beneficii, seu domorum, synagogarum nuncupatarum, fructibus, redditibus, proventibus, iuribus et obventionibus universis quoad vixerit, ut prefertur, integre responderi; contradictores auctoritate nostra etc. Non obstantibus... Dat. Rome, apud Sanctum Petrum, quarto Kalendas Marcii, anno sexto.

Source: ASV, Reg. Lat. 231, fol. 235r-v.

Note: See above, Doc. **550** and preceding doc.

623   Rome, 3 March 1423

Mandate to Francis Conzié, archbishop of Narbonne, papal chamberlain and vicar general in Avignon and the Comtat Venaissin, to hand over to the grandfather, a baptized Jew, his two minor grandchildren, whose father is not yet emancipated, in order to baptize them, notwithstanding the opposition of the Jewish parents. This follows examination of the case by William Filastre, cardinal priest of St. Mark, and Peter Morosini, cardinal deacon of St. Maria in Domnica, and consultation in secret consistory.

Martinus etc. venerabili fratri Francisco, archiepiscopo Narbonensi, camerario nostro ac in civitate Avinionensi et comitatu Venessini pro nobis et Romana Ecclesia in temporalibus vicario generali, salutem etc. Litteras tue fraternitatis accepimus, quibus nobis significasti in nostra Avinionensi curia pendere huiusmodi questionem: Quidam Iudeus, filium habens in patria potestate Iudeum coniugatum, duos filios habentem ex uxore Iudea, unum in duorum annorum, reliquum in quattuor mensium etate constitutos, Iudeos, agnito lumine veritatis, ad fidem Christi conversus, prefatos suos nepotes ex filio vendicat, petens illos sibi traddi apud eum educandos, et ut illos Deo offerens, ab errore Iudaico retrahat et faciat baptizari, patre et matre predictis, Iudeis, contradicentibus et dicentibus prefatos duos filios apud eos debere manere; teque super questione huiusmodi cum pluribus doctoribus et utriusque iuris divini et humani peritis consultaciones plurimas et maturas diligenter habuisse, et super ipsa questione oppiniones contrarias et cum subtilibus utriusque iuris argumentis et allegacionibus pro utraque parte reperiens, allegacionesque predictas una cum dictis litteris tuis transmictens, nos de re tam dubia consulere voluisti. Nos igitur, fraternitatis tue diligenciam commendantes, rem et allegaciones predictas per dilectos filios nostros Guillelmum, tituli Sancti Marci presbiterum, et Petrum, Sancte Marie in Domnica diaconum, Sancte Romane Ecclesie cardinales, singulariter primo examinari et attendi fecimus diligenter, et demum per eosdem cardinales facta nobis super hoc in nostro secreto consistorio relacione fideli, et habita super hoc cum fratribus nostris deliberacione matura, prout rei gravitas postulabat, consultacioni tue respondemus, fraternitati tue per apostolica scripta mandantes, quatenus avo predicto converso, pro cuius parte iura pociora facere conspeximus, dictos nepotes suos traddi facias et realiter assignari. Datum Rome, apud Sanctum Petrum, V Nonas Marcii, pontificatus nostri anno sexto.

Source: ASV, Reg. Vat. 354, fols. 195v–196r.

Publication: Tautu, *Acta Martini V* 2, pp. 638f.; Vernet, *Martin V*, p. 402, n. 2.

Bibliography: Bardinet, *Condition*, p. 6; Vernet, *op. cit.*, pp. 402f., 415.

624   Rome, 24 April 1423

Mandate to Dalmatius de Mur, Archbishop of Tarragona, Hugo de Lupia y Bagés, Bishop of Valencia, and Andreas Bertram, Bishop of Gerona, to examine the papal privileges granted to the Jews, and to eliminate those which had aroused opposition in Spain and which the prelates deemed unsuitable for that country.

Martinus etc. venerabilibus fratribus archiepiscopo Terraconensi, et Valentino ac Gerundensi episcopis, salutem etc. Licet nos dudum Iudeis in Ispaniarum partibus moram trahentibus certas litteras pro ipsorum quiete et pacifico more vivendi duxerimus concedendas, nonnullorum tamen crebra relacione percepimus, quod ex litteris ipsis et contentis in eis, id quod Iudeis eisdem pro remedio sui pacifici status concessum videbatur, eorum crescente malicia, tendat ad noxam adeo, ut in populis earundem parcium sint scandala verissimiliter secutura. Nos, volentes huiusmodi scandalis, quantocius possumus, opportunis remediis obviare, fraternitati vestre per apostolica scripta mandamus, quatenus vos aut vestrum quilibet in suis civitatibus et diocesibus, generali premisso edito cum competentis termini prefixione, vocatis qui fuerint evocandi, quascumque litteras, ex quarum tenore et observacione inter Christicolas scandalum generaretur aut quomodolibet oriri posset, faciatis per Ebreos huiusmodi, quorum interest, vobis realiter et cum effectu exhiberi, quas et singula in eis contenta inspiciatis et examinetis, ac faciatis per alios ydoneos et litteratos viros examinari diligenter, et, si per inspicionem et examinacionem huiusmodi reppereritis in eisdem litteris aliqua moribus Christifidelium illarum parcium obviancia, ex quibus scandala inter eosdem generentur aut, ut prefertur, sint verissimiliter secutura, super quibus vestras consciencias oneramus, illas et omnia et singula in eis contenta, auctoritate nostra cassetis, irritetis nulliusque roboris vel momenti esse decernatis. Dat. Rome, apud Sanctum Petrum, VIII Kalendas Maii, pontificatus nostri anno sexto.

Source: ASV, Reg. Vat. 354, fol. 204r.

Publication: Tautu, *Acta Martini V* 2, p. 654.

Bibliography: Simonsohn, *Kirchliche Judengesetzgebung*, p. 28; Stern, *Urkundliche Beiträge* 1, p. 37; Vernet, *Martin V*, pp. 382f., 415.

625   Rome, 18 September 1423

Prohibition to Ser Angelus Petri de Gualdo, papal collector in the March of Ancona and elsewhere, and to all those to whom it may concern, to pursue his lawsuit with the brothers Salomon and Magister Guillelmus, sons of the late Isaya of Urbino, before any judge other than Dominicus de Capranica. The case is over some money matters, and at first had been entrusted to Felix, prior of St. Sergius in Urbino.

Ludovicus etc. egregio viro ser Angelo Petri de Gualdo, fructuum, reddituum et proventuum aliorumque iurium in provincia Marchie Anconitane et nonnullis aliis partibus apostolice camere debitorum collectori, omnibusque aliis et singulis quorum interest vel intererit aut interesse posset vel poterit quomodolibet in futurum, quosque presens concernit negotium, coniunctim vel divisim, ad quem seu quos presentes pervenerint, salutem etc. Pridem de mandato sanctissimi in Christo patris et domini nostri, domini Martini, divina providentia pape quinti, super hoc vive vocis oraculo nobis facto, causam et causas appellationis vertentes inter Salomonem et magistrum Guillelmum, fratres et filios quondam Isaye, Ebreos, cives et habitatores civitatis Urbini, ex una, et vos, ser Angelum, tamquam collectorem predictum, de et super nonnullis pecuniarum summis et earum occasione, partibus, ex altera, pridem per eundem dominum nostrum papam commissas venerabili viro domino Felici, priori Sancti Sergii Urbinat., ad nos et cameram apostolicam advocavimus, easque commisimus venerabili et circumspecto viro, domino Dominico de Crapanica[!], decretorum doctori, apostolice camere clerico, audiendas summarie, simpliciter et de plano, sine strepitu et figura iudicii, sola facti veritate inspecta ac iuris ordine aliisque iuris solemnitatibus pretermissis, iustitiam hinc inde partibus faciendo usque ad diffinitivam sententiam exclusive; post quarum quidem cause et causarum huiusmodi advocationem atque commissionem per nos eidem domino Dominico, ut premittitur, factam, idem dominus Dominicus commissarius, commissionem nostram huiusmodi acceptavit et ad nonnullos actus citra tamen conclusionem in causa et causis huiusmodi processit. Tandem vero ad circumspecti viri domini Guillelmi de Callio, litterarum apostolicarum scriptoris, ac procuratoris et procuratorio nomine predictorum Salomonis et magistri Guillelmi, Ebreorum, principalium in causa huiusmodi principaliter nominatorum petitionem, fuimus instantissime requisiti, ut vobis, syr Angele, collectori asserto in eadem causa principaliter nominato, omnibusque aliis supradictis in dicta causa inhibere more solito dignaremur. Nos igitur, attendentes, quod causa huiusmodi coram dicto domino Dominico indecisa pendente, nihil sit interim alibi per vos vel alium seu alios attentandum seu etiam innovandum, volentesque in causa et causis huiusmodi inter partes iustitiam, ut tenemur, cum equalitate debita ministrari, auctoritate apostolica nobis in hac parte commissa, vobis aliisque omnibus supradictis in causa et causis huiusmodi duximus inhibendum et tenore presentium inhibemus, ne vos, ser Angele, aut aliquis vestrum seu quicumque alii, per vos vel alium seu alios, publice vel occulte, directe vel indirecte, quovis quesito colore, in preiudicium dictorum Ebreorum principalium, nostreque iurisdictionis, seu nostre commissionis huiusmodi, aut presentis inibitionis vilipendium et contemptum quicquam innovare, attemptare vel ordinare quomodolibet presumatis seu alter vestrum presumat; intimantes nihilominus vobis et vestrum cuilibet, quod, si secus factum fuerit, nos id totum revocare et in pristinum statum reducere curabimus, iustitia mediante. In quorum etc. Dat. Rome, apud Sanctam Mariam Maiorem, die decima octava mensis Septembris, sub anno a Nativitate Domini millesimo quadringentesimo vicesimo tertio, indictione prima, pontificatus etc. anno sexto.

Source: ASV, Arm. XXIX, vol. 8, fol. 13r-v.

Note: On Isaia, son of Daniel, banker in Urbino, and his successors, see Luzzatto, *Urbino*, pp. 26f.

Bibliography: Vernet, *Martin V*, pp. 415f.

626   Rome, 13–16 February 1424

Approval of petition submitted by the Catholic Armenians to remove the
Metropolitan church of Sultanie from there to Caffa, because the archbishop
in Sultanie was subject to the vexations of heretics and Jews and was unable to
exercise his office. The church of St. Michael in Caffa is to be set aside for this
purpose, and is to be exempted from the jurisdiction of the local bishop.

Beatissime pater. Pro parte Catholicorum devotorumque vestrorum
Armeniorum sanctitati vestre exponitur, quod cum ecclesia metropolitana
Soltaniensis in partibus ultramarinis Armenie Maioris careat habitatio[ne] in
qua archiepiscopus pro tempore existens commorari possit et episcopalia iura
exercere, licet tamen in eadem ecclesia sine sui corporis magno periculo
morari non auderet, propter circumiacenciam hereticorum et Iudeorum, qui
ipsum cum Christifidelibus ad eundem recursum habentibus vexare
turbareque non desistunt, et cum in civitate Caffanensi[!] circa ecclesiam
Sancti Michaelis sit locus, qui foret satis competens pro habitatione dicti
archiepiscopi, ubi tute commorari et sua iura exercere posset, [?] tutela tocius
cleri et populi sibi subiecti ad ipsum confluentis, ideo, ut ipse archiepiscopus
suam iurisdictionem exercere libere et ipsum inquietantibus resistere valeat,
supplicatur vestre sanctitati, quatenus predictam ecclesiam Sancti Michaelis
cum locis sibi adiacentibus, pro usu et habitatione dicti archiepiscopi, qui
nunc est, et aliorum qui in posterum erunt, archiepiscoporum Soltaniensium,
statuere et deputare in perpetuum, ipsamque Sancti Michaelis ecclesiam et
loca ac archiepiscopos ab omni iurisdictione decimali sive quocumque alio
onere episcopi Caffanensis absolvere, liberare et exemptare dignemini, ita
quod ecclesia Sancti Michaelis predicta cum omnibus sibi annexis bonis,
presentibus, si qua habeat, pariter et [in] futurum habituris, perpetuo iure per
archiepiscopum Soltaniensem pro tempore existentem possideatur, in qua
benedictiones, consecrationes, ordinationes[?] ceterosque omnes actus
archiepiscopales, ac si in propria sua sede archiepiscopali resideret, in clerum
et populum sibi subiectum facere possit et exercere, cum non obstantiis et
clausulis oportunis. Fiat. O[tto Colonna].

Source: ASV, Reg. Suppl. 176, fol. 5r.

Publication: Tautu, *Acta Martini V* 2, pp. 701f.

Note: No date is given. The preceding doc. is dated 13 February, and the one
following is dated 16 February.

627*   Rome, 1 March 1424

Safe-conduct for one year to Moyse Habrahe, a Jew, to visit Rome, including immunity during that time from prosecution in criminal matters and reprisals. He may still be sued civilly for money and goods owed.

Universis etc. Ludovicus etc. salutem etc. Universitati etc. quod nos de mandato sanctissimi in Christo patris et domini nostri, domini Martini, divina providentia pape quinti, super hoc vive vocis oraculo nobis facto, tenore presentium damus et concedimus plenam securitatem ac tutum et liberum salvum conductum Moysi Habrahe, Ebreo, accedendi ad hanc almam Urbem et curiam Romanam cum rebus et bonis suis quibuscumque, inibique standi, morandi et pernoctandi, indeque recedendi et redeundi, ac quocumque maluerit remeandi, ac per quascumque civitates, terras, castra, portus, passus, pontes et alia loca quecumque, eundo, stando et redeundo, transeundi tute, libere et impune, die noctuque, semel et pluries, ad omnem ipsius Moysis libitum voluntatis, absque iniuria, lesione, molestia vel offensa eidem Moysi quomodolibet inferendis; debitis singularium personarum, aut quibuscumque aliis per eum ubicumque aut qualitercumque contractis, aut diffidationibus, condemnationibus, exbannimentis et represaliis contra eum specialiter seu generaliter concessis sive factis, ac aliis in contrarium editis vel facientibus, non obstantibus quibuscumque; volumus tamen, quod, si aliquis contra eundem Moysem pro aliqua pecuniarum aut rerum quantitate agere vel intemptare vellet, possit et valeat ipsum Moysem coram suo iudice competente in eius bonis quibuscumque civiliter convenire; presentibus usque ad unum annum a die date presentium inantea proximum computandum tantummodo valituris. In quorum etc. Dat. Rome, apud Sanctum Petrum, die prima mensis Martii, sub anno a Nativitate Domini MCCCCXXIIII, indictione secunda, pontificatus etc. anno septimo.

Source: ASV, Arm. XXIX, vol. 8, fol. 109r.

Bibliography: Vernet, *Martin V*, p. 416; Vogelstein-Rieger, *Rom* 2, p. 7.

628*   Rome, 1 March 1424

Safe-conduct for one year to Angelus Habrahe, a Jew, to visit Rome, and immunity during that time from criminal prosecutions and reprisals.

Universis etc. Ludovicus etc. salutem etc. Universitati etc. quod nos de mandato etc. ut supra, Angelo Habrahe, Ebreo, accedendi ad hanc almam Urbem et curiam Romanam, inibique standi, morandi et pernoctandi, indeque recedendi et redeundi, ac quocumque maluerit remeandi, ac per quascumque civitates, terras, castra, portus, passus, pontes et alia loca quecumque, eundo, stando et redeundo, transeundi tute, libere et impune, die noctuque, semel et pluries, ad omnem ipsius Angeli libitum voluntatis, absque iniuria, lesione, molestia vel offensa eidem Angelo quomodolibet inferendis; diffidationibus, condemnationibus, exbannimentis et represaliis contra eum specialiter seu generaliter concessis et factis, necnon culpis, maleficiis, excessibus, criminibus et delictis per eum qualitercumque commissis et perpetratis, ac aliis in contrarium editis vel facientibus, non obstantibus quibuscumque; presentibus usque ad unum annum a die date presentium inantea proximum computandum tantummodo valituris. In quorum etc. Dat. Rome, apud Sanctum Petrum, die prima mensis Martii, sub anno a Nativitate Domini millesimo quadringentesimo vicesimo quarto, indictione secunda, pontificatus etc. anno septimo.

Source: ASV, Arm. XXIX, vol. 8, fol. 110r.

Bibliography: Vernet, *Martin V*, p. 416; Vogelstein-Rieger, *Rom* 2, p. 7.

629   Rome, 3 June 1425

Approval of petition submitted by Bartholomeus Borromeus of Milan, an Augustine canon in the monastery of St. Leonard outside Verona, just returned from overseas, including the proposal to impose the wearing of the badge on Jews in the Orient under Christian rule, especially in Caffa, and to forbid Jews to trade in Christian slaves with the infidels of the region.

Beatissime pater... Item, cum Iudei utriusque sexus, tam in civitate et regione predictis, quam in aliis ipsarum ultramarinarum parcium terris, Christianorum dicioni subditis, commorantes, qui plurimi numero sunt, nullum super vestimentis eorum signum deferant speciale, per quod a Christianis eisdem, sicut convenit, discernantur, et ex defectu signi huiusmodi plerumque Iudei ipsi multa illicita et enormia in dedecus et obprobrium Christianorum eorundem attemptare presumant, supplicat eidem sanctitati dictus frater Bartholomeus zelo quo supra ductus, quatinus de eadem benignitate statuere et decernere dignemini, quod Iudei ipsi, presentes et futuri, signum, quod eis per ordinarios locorum seu temporales gubernatores civitatis, regionis et terrarum predictarum impositum fuerit vel decretum, deinceps perpetuis futuris temporibus deferre debeant et etiam teneantur, sub illis penis, sentenciis et censuris, quibus ceteri Iudei in civitatibus et terris Christianorum citramarinis commorantes ad deferendum signum suum subici dinoscuntur; quodque eciam nullus ex prefatis Iudeis, qui eciam dictarum nacionum Christianos eisdem Sarracenis et infidelibus vendere et de illis ad eos exactissimas mercancias facere non expavent, eciam ad terras ipsorum infidelium ea occasione personaliter accedendo, in maximam dicti Christiani nominis ignominiam pariter et iacturam, de cetero vendiciones seu mercancias huiusmodi facere quoquomodo audeat vel presumat, sub penis Christianis similes vendiciones facientibus imponendis, et ulterius perpetue expulsionis et perpetui exilii a terris Christianorum, quas inhabitant supradictis; cum non obstantiis et clausulis oportunis. Fiat ut petitur de omnibus tribus. O[tto Colonna]. Datum Rome, apud Sanctos Apostolos, tertio Nonas Iunii, anno octavo.

Source: ASV, Reg. Suppl. 185, fols. 252r–253r.

Publication: Tautu, *Acta Martini V* 2, pp. 794f. (who has 13 June).

Note: The approval culminated in the publication of two Bulls; see following doc. On the Jews in Caffa during the fifteenth century, see Musso, *Caffa Genovese*; Id., *Ebrei nel Levante genovese*, pp. 25f.

630   Rome, 3 June 1425

Threat of severe punishments to the Jews in the Genoese possessions in the Crimea if they do not desist from trading in Christian slaves of the Greek Orthodox persuasion, and if they fail to wear the badge. Admonition and mandate to Giffridus Cigalla, bishop of Caffa, and Anthony de Levanto, bishop of Tana, and to officials and authorities to publish the injunction and to see to its application.

Martinus etc. Ad perpetuam rei memoriam. Sedes apostolica pietatis et clementie sue gremium Iudeis continuo reserans, quo ipsos ad gratiam recol[l]igat, si viam velint agnoscere veritatis, adversus illos ex eis, qui Christianam religionem et proficientes [*sic*] eandem offendere non verentur, eo gravius dedignatur et dedignantius commovetur, quo benignius et favorabilius illos in terris Christianorum, sub spe conversionis eorundem, noscitur substinere. Ad audientiam siquidem nostram fidedignis relatibus nuper, non sine gravi nostre mentis turbatione pervenit, quod nonnulli Iudei

utriusque sexus, qui in Caffensi et Tanensi ac aliis ultramarinarum partium
civitatibus, terris et locis Christianorum dicioni subiectis, commorantur, de
eorum obstinatione non contenti, sub fraudis et malitie palliatione, tamquam
nullum in eorum habitu speciale signum, quo pro Iudeis agnosci valeant,
deferentes, quamplurimis etiam utriusque sexus Christianis civitatum,
terrarum et locorum predictorum, eos minime noscentibus, se Christianos
ostentare multaque exinde atque varia enormitates et scelera detestabilia
temerariis ausibus commictere non formidant; et inter alia, quod utique solo
auditu horrendum [Ms.: terrendum] est, Zichorum, Rossorum, Alanorum,
Mingrellorum et Anogusiorum, sub Christiani nominis professione iuxta
Grecorum ritum baptizatorum, personas utriusque sexus, quotquot possunt,
emunt, et emptas Saracenis aliisque infidelibus, eiusdem nominis perpetuis et
immanissimis hostibus, eciam pro decuplo pluri quam eas emerint pretio,
crudeliter vendunt, ac exactissimas mercantias de eis faciunt, personas ipsas
nonnunquam ad eorundem Saracenorum et infidelium terras ob eam causam
corporaliter abducendo, ex quo inde sequitur, quod Saraceni et infideles ipsi
personas easdem sic eis venditas, fidem Catholicam abnegare compellunt,
eisque etiam per enorme et nepharium sodomicium abutuntur, in earum
perpetue supplantationis et perditionis miserabilem iacturam, Christiane
religionis opprobrium, ac scandalum fidelium plurimorum. Quare
Christifidelium indempnitatibus, prout nostra interest, salubriter providere,
et Iudeorum talia patrantium predictorum fraudibus atque nequitiis resistere
intendentes, auctoritate apostolica, tenore presentium statuimus et etiam
ordinamus, quod quilibet dictorum Iudeorum utriusque sexus in habitu suo
aliquod speciale et eminens signum, sibi vigore presentium per locorum
ordinarios ut a Christifidelibus discernantur, indicendum seu imponendum,
deinceps in perpetuum deferant, quo in oculis omnium Iudeus, si masculus, et
si femina fuerit, Iudea, evidenter appareat, et absque illo nunquam incedere,
nec ullus ipsorum aliquam vel aliquas personam seu personas huiusmodi per
se vel alium seu eciam pro se vel alio, publice vel occulte, aliqua racione vel
causa prefatis Saracenis sive infidelibus vendere, dare, tradere, accomodare,
donare seu alienare, aut alias ipsis infidelibus auxilium vel favorem in
Christianorum dispendium prestare quoquomodo presumant. Nos vero,
quemlibet ex ipsis Iudeis, qui huiusmodi sibi indicium vel impositum signum
deferre neglexerit, eo ipso penas et sentencias contra Iudeos in civitatibus et
terris et locis nobis et Romane Ecclesie immediate subiectis commorantes,
signum eis indictum vel impositum non deferentes inflictas incurrere, illosque
puniendos fore decernimus; et quod quicumque ex eis, qui contra huiusmodi
constitutionem et ordinationem nostram in persone vel personarum venditione
seu alias auxilii vel favoris infidelibus prestatione huiusmodi venire
presumpserit, res et bona sua omnia, in quibuscumque et ubicumque ac
quibusvis pondere, numero et mensura consistant, prorsus amittat, eo ipso in
redemptionem ipsius vel ipsarum vendite seu venditarum persone vel

personarum, si redimi poterit aut poterunt[!], alioquin in fabricam, reparationem et conservationem ecclesiarum, hospitalium et aliorum piorum locorum, aut in defensionem prelibate fidei contra eius inimicos, seu civitatis, terre vel loci, cuius idem contraveniens incola vel habitator fuerit, fortificationem et utilitatem integre convertenda; quodque idem contraveniens a civitate, terra vel loco huiusmodi expellatur et ab illa vel illo perpetuis temporibus exul fiat, nec in aliqua alia civitate, terra vel loco Christianorum morari valeat; si inde capi possit, debite puniantur[!] et castigentur[!], iuxta canonicas sanctiones; monentes et in Domino exortantes venerabiles fratres nostros Caffensem et Tanensem episcopos, ac alios huiusmodi aliorum locorum ordinarios, necnon dilectos filios nobiles viros gubernatores, consules, potestates, capitaneos, rectores, officiales, communitates et universitates civitatum, terrarum et locorum predictorum, eis universis et singulis nichilominus per apostolica scripta mandantes, ut omnia et singula supradicta in eisdem civitatibus, terris et locis, auctoritate nostra solemniter publicent et faciant per alios publicari, ne aliquis Iudeorum prefatorum imposterum valeat de premissis ignoranciam pretendere seu eciam allegare, necnon indicent, imponant, tradant et assignent Iudeis ipsis huiusmodi signum, per eos, ut premittitur, deferendum, ac faciant huiusmodi constitutionem et ordinationem nostram inviolabiliter observari ac eam in omnibus et per omnia, cum necesse fuerit, studeant per se vel per alios executioni debite demandare. Contradictores quoslibet et rebelles, videlicet episcopi et ordinarii per censuram ecclesiasticam, si ei locus fuerit, gubernatores vero et alii seculares predicti districtione qua convenit temporali, postposita appellatione, compescant, et in presentibus contenta litteris in favorem fidei Catholice diligenter et efficaciter exequentur. Non obstantibus privilegiis et litteris eisdem Iudeis per quoscunque, quavis auctoritate fungentes seu dignitate fulgentes, ecclesiastica vel mundana, concessis, ac municipalibus et aliis statutis, necnon consuetudinibus ibidem hactenus observatis, ceterisque contrariis quibuscunque. Nulli ergo etc.... Si quis autem etc. Dat. Rome, apud Sanctos Apostolos, tertio Nonas Iunii, anno octavo.

Source: ASV, Reg. Vat. 358, fols. 213v–214v.

Publication: *Bullarium Romanum* 4, pp. 718f.; Tautu, *Acta Martini V* 2, pp. 796f.

Note: This Bull is followed by another, similarly worded, addressed to Christians who sell Christian slaves to infidels. Reg. Vat. 358, fols. 214v–215r (Published: *Bullarium Romanum, loc. cit.*).

Bibliography: Baron, *Social and Religious History* 9, pp. 25, 251; Erler, *Historisch-kritische Übersicht* 7, p. 19; Kahn, *Martin V*, p. 15; Rodocanachi,

Saint-Siège, pp. 147, 165; Simonsohn, *Kirchliche Judengesetzgebung*, p. 33;
Vernet, *Martin V*, pp. 383f., 416; Vogelstein-Rieger, *Rom* 2, p. 8.

631*   Rome, 8 June 1425

Mandate to Anthony da Anagni, bishop of Montefiascone, to hear and decide
the financial disputes between Moyse Abrae, a Jew of Terni, and his wife
Dulcetta Gaii, on the one hand, and Vitale Angeli of Aquila, acting for
Dactalus Angeletti and Abraham, heirs of the late Genatanri Gaii of Aquila,
on the other.

Reverendo in Christo patri domino —, Dei gratia episcopo Montisflas-
conensi. Benedictus etc. salutem etc. De mandato sanctissimi in Christo patris
et domini nostri, domini Martini, divina providentia pape quinti, super hoc
vive vocis oraculo nobis facto, vobis presentium tenore committimus et
mandamus, quatenus quandam causam que futura est inter Moysem Abrae,
Iudeum de Interamne, et Dulcettam Gaii, Iudeam, ipsius uxorem, ex parte
una, et Vitalem Angeli, Iudeum, habitatorem civitatis Aquile ut procuratorem
et procuratorio nomine Dactali Angeletti et Abrae, hered[um] quondam
Genatanri[!] Gaii, Ebreorum et habitatores [*sic*] dicte civitatis Aquile, ex
parte altera, de et super quodam pretenso laudo inter ipsas partes lato per
Moysem Gaii, Iudeum, habitatorem civitatis Reatine, in quo dictus Moyses et
Dulcetta condemnati fuerunt in quantitate centum quinque ducatorum auri,
ac etiam aliam causam, que inter dictas partes de presenti incepta est in
civitate Interamnensi, de et super quodam instrumento depositi, in quo dicitur
contineri prefatos Moysem et Dulcettam esse debitores in quantitate centum
quinque ducatorum auri prefati Vitalis, nomine quo supra, et per dictos
Moysem et Dulcettam dicitur dictum instrumentum fuisse ficticium et
simulatum, cognoscatis summarie, simpliciter et de plano, ac sine strepitu et
figura iudicii, ipsasque causas et quamlibet earum de iure similiter decidatis et
terminetis, prout vobis videbitur fore iustum. In quorum etc. Dat. Rome,
apud Sanctos Apostolos, die octava mensis Iunii, sub anno a Nativitate
Domini MCCCCXXV, indictione tertia, pontificatus etc. anno octavo.

Source: ASV, Arm. XXIX, vol. 9, fol. 80r.

Note: On the Jews in Aquila, see Pansa, *Ebrei in Aquila, passim*. See also
below, following doc.

Bibliography: Vernet, *Martin V*, p. 416.

632*   Rome, 16 June 1425

Commission to Jacob Bucii, bishop of Spoleto, to hear and decide the financial disputes between Moyse Abrae, a Jew of Terni, and his wife Dulcetta Gaii on the one hand, and Vitale Angeli of Aquila, acting for Dactalus Angeletti and Abraham, heirs of the late Genatanri Gaii of Aquila, on the other.

Reverendo in Christo patri domino Iacobo, Dei gratia episcopo Spoletano. Benedictus etc. salutem etc. De mandato sanctissimi in Christo patris et domini nostri, domini Martini, divina providentia pape quinti, super hoc vive vocis oraculo nobis facto, quandam causam, que futura est inter Moysem Abrae, Iudeum de Interamne, et Dulcettam Gaii, Iudeam, eius uxorem, ex parte una, et Vitalem Angeli, Iudeum, habitatorem civitatis Aquile, suo proprio et privato nomine principaliter pro se ipso, ac etiam ut et tamquam procuratorem et procuratorio nomine Dactali Angeletti et Abrae heredum quondam Genactanri[!] Gaii, Ebreorum et habitatorum dicte civitatis Aquile, dictis nominibus et quolibet dictorum nomine, ex alia partibus, de et super quodam laudo inter ipsas partes lato per Moysem Gaii, Iudeum, habitatorem civitatis Reatine, in quo dicti Moyses Abrae et Dulcetta, ut dicitur, condemnati fuerunt in quantitate centum quinque ducatorum auri, ac etiam quandam aliam causam, que inter dictas partes de presenti incepta est in civitate Interamnensi coram potestate dicte civitatis, de et super quodam instrumento depositi ducatorum octuaginta auri, quod instrumentum per Moysem Abrae et Dulcettam prefatos asseritur fuisse ficticium et simulatum, quam causam a dicto potestate tenore presentium advocamus, paternitati vestre committimus audiendas, cognoscendas, decidendas et fine debito terminandas, cum omnibus et singulis ipsarum causarum et cuiuslibet earum incidentibus, dependentibus, emergentibus et connexis, procedentes in dictis causis et qualibet earum summarie, simpliciter et de plano ac sine strepitu et figura iudicii, sola facti veritate inspecta, ac partibus ipsis hinc inde equa lance celerem et expeditam iustitiam ministrantes, cum potestate citandi partes predictas et quamlibet earum, ipsasque partes et earum quamlibet ad exequendum quidquid per vos in dictis causis et earum qualibet fuerit terminatum, de mandato simili compellendi. In quorum etc. Dat. Rome, apud Sanctos Apostolos, die sextadecima mensis Iunii, sub anno a Nativitate Domini millesimo quadringentesimo vicesimo quinto, indictione tertia, pontificatus etc. anno octavo.

Source: ASV, Arm. XXIX, vol. 9, fol. 89v.

Note: The case had been entrusted a few days earlier to the bishop of

Montefiascone (see above, preceding doc.), and was now being transferred to
the bishop of Spoleto for unspecified reasons.

Bibliography: Vernet, *Martin V*, p. 416.

633   Rome, 28 June 1425

Mandate to John V Martinez de Contreras, archbishop of Toledo, Alvaro
Nuñez de Isorna, bishop of Cuenca, and Alfonso de Cusanca, bishop of Leon,
to investigate complaints by King John II of Castile, that Franciscans and
Dominicans were exceeding their authority and attacking in their sermons the
regular clergy and some converts from Judaism, and to punish the culprits.

Martinus etc. venerabilibus fratribus, archiepiscopo Toletano, et Conchensi
ac Legionensi episcopis, salutem etc. Ex iniuncto nobis desuper apostolice
servitutis officio, ad ea libenter intendimus et paterna diligencia vigilamus, per
que sentes et vepres heresum et errorum pul[l]ulantes in vinea Domini
Sabaoth, per nostre providencie ministerium penitus extirpentur, ac scelerati
et iniqui homines sub ficto religionis velamine diversimode delinquentes ac
secum alios in baratrum et precipi[ti]um provocantes, animadversione debita
puniantur, et luant pro demeritis dignas penas. Nuper siquidem, ad audienciam
nostram, carissimo in Christo filio nostro Iohanne, rege Castelle et Legionis
illustri, referente, pervenit, quod nonnulli fratres Predicatorum et Minorum
ordinum professores, proprie salutis immemores, volentes plus sapere quam
oporteat, nonnunquam heretica et heresim sapiencia aliaque quamplurima
presumptuosa, temeraria et scandalosa, maxime contra clerum et rectores
ecclesiarum, et etiam nonnullos Spiritus Sancti gratia perfusos, de infidelitate
et Iudaica pravitate ad fidem Christi conversos, infra regna et dominia eidem
regi subiecta constitutos, in suis publicis sermonibus predicare, asserere et
affirmare non formidant, unde sepius rumores, tumultus et discordie in
populis illarum partium contra personas ecclesiasticas oriuntur. Et licet
locorum ordinarii, fratres errantes et delinquentes huiusmodi nonnunquam
de eorum erroribus corrigere et punire nixi fuerint, ipsi tamen fratres, suis
versutiis et nequitiis inherentes, seque ab eisdem ordinariis a sede apostolica
exemptos existere asserentes, in suis erroribus hactenus remanserunt impunes,
in vilipendium non solum religionis eorum, verum etiam doctrine et fidei
Christiane, animarum periculum ac exemplum detestabile plurimorum. Quare
pro parte dicti regis nobis fuit humiliter supplicatum, ut adversus
temeraritatem[!] fratrum predictorum et quorumlibet aliorum talia vel similia
presumencium quomodolibet attemptare, super hiis oportunum remedium

adhibere, eorumque insolenciam et errores debita animadversione compescere, paterna diligencia dignaremur. Nos igitur, ne talia remaneant impunita, et detur aliorum exemplo aliis occasio delinquendi, super hiis, quantum cum Deo possumus, oportune providere volentes, et de premissis certam noticiam non habentes, huiusmodi supplicacionibus inclinati, fraternitati vestre per apostolica scripta committimus et mandamus, quatinus vos vel duo aut unus vestrum, vocatis qui fuerint evocandi, de premissis omnibus et eorum circumstanciis universis auctoritate nostra vos informetis et inquiratis diligencius veritatem. Et nichilominus contra quoscumque fratres dictorum ordinum professores, quos a fide Catholica devios illique[!] contraria predicasse et asseruisse, ac in premissis culpabiles fuisse reppereritis, eadem auctoritate procedatis, ac causas quascumque eisdem fratribus per quascumque personas ecclesiasticas et seculares premissorum occasione quomodolibet motas et movendas, cum omnibus et singulis suis emergentibus, incidentibus, dependentibus et connexis audiatis, decidatis et fine debito terminetis, ipsosque fratres, qui errores suos emendare non curaverint, per vos vel alium seu alios, quibus id duxeritis committendum, iuxta delictorum, excessuum et criminum suorum qualitatem puniatis, corrigatis et condemnetis. Nos enim, vobis et cuilibet vestrum, ac a vobis deputandis, super erroribus, falsis sermonibus, heresibus et aliis excessibus per eosdem fratres commissis et perpetratis, informandi, eosque coram vobis citandi, monendi atque vocandi, et contra eosdem fratres eorumque receptores, defensores, fautores, complices et sequaces, ac alios quoscumque regulares, exemptos et non exemptos, cuiuscumque status, gradus, ordinis vel condicionis existant, et quavis prefulgeant dignitate, qui taliter delinquerunt, et quos premissis erroribus, heresibus et presumpcionibus inveneritis quovis modo irretitos, etiam summarie, simpliciter et de plano, ac sine strepitu et figura iudicii, prout eorum demerita et delictorum ac errorum gravitas id exegerint, per vos vel alium seu alios, quibus id duxeritis committendum, inquirendi et procedendi, necnon inquiri et procedi faciendi, causasque quascumque premissorum occasione quomodolibet motas et movendas, audiendi, cognoscendi, decidendi et fine debito terminandi, ac processus formandi, illosque aggravandi et reaggravandi, sentencias promulgandi et exequendi et exequi faciendi, et si aliquos ex eisdem errores, falsos sermones, presumpciones, excessus atque delicta commisisse, vobis sola facti veritate inspecta constiterit, super quibus vestras consciencias oneramus, suorum errorum, delictorum et excessuum gravitate pensata, in personis et rebus suis arrestandi, detinendi et incarcerandi, ac arrestari, detineri et incarcerari faciendi, ipsosque previa iusticia puniendi, castigandi, corrigendi et condemnandi, ac ab eorum officiis, dignitatibus, honoribus et gradibus deponendi, privandi, amovendi et solemniter degradandi ... plenam et liberam, auctoritate apostolica, tenore presentium concedimus facultatem; non obstantibus... Nos insuper, sentencias sive penas, quas in eosdem fratres et quoslibet alios rebelles rite tuleritis seu statueritis, ratas et gratas habebimus, illasque faciemus, auctore Domino, usque ad satisfactionem condignam inviolabiliter observari. Dat. Rome, apud Sanctos Apostolos, quarto Kalendas Iulii, anno octavo.

Source: ASV, Reg. Lat. 251, fols. 13r–14v.

634   Rome, 11 July 1425

Exhortation to the priors of Fermo to treat well Magister Elia Sabbati of Bologna, who had been arrested on the unfounded suspicion of having committed a crime and had been released.

Martinus papa V. — Dilecti filii, salutem et apostolicam benedictionem. Existimantes discretum virum magistrum Eliam Sabbati de Bononia, propter certas informationes nobis datas, de quibusdam fuisse culpabilem, ipsum mandavimus detineri. Verum postea melius informati, ipsum invenimus esse sibi obiectis innocentem, nobisque fidelem et obedientem etiam antequam veniret ad provinciam nostram in omnibus extitisse. Et propterea ipsum Eliam restitui fecimus pristine libertati et quem[!] habemus in nostra gratia, sicut prius. Quocirca hortamur vestram devocionem, ut dictum Eliam, cum nostra bona licencia ad propria redeuntem, tamquam fidelem servitorem nostrum in omnibus rebus et oportunitatibus suis habeatis favorabiliter recommissum. Datum Rome, apud Sanctos Apostolos, sub anulo Piscatoris, die XI Iulii, pontificatus nostri anno octavo.

Source: Fermo, Bibl. Com., Arch. Diplom., Perg. Firmum, No. 1451.

Publication: Münster, *La grande figure d'Elia di Sabbato*, p. 31; Id., *Elia di Sabbato*, pp. 249f.

Note: On Magister Elia Sabbati da Fermo, see above, Doc. **563** and below, Doc. **718.**

635   Rome, 9 September 1425

Permission to Dactalus Angelecti, a Jew in Aquila, to dispose of his property, by will or otherwise, as he sees fit.

Martinus etc. discreto viro Dactulo Angelecti, Ebreo Aquile commoranti, viam veritatis agnoscere et agnitam custodire. Quamquam Iudei in sua magis velint duricia perseverare, quam prophetarum verba et sacrarum scripturarum archana cognoscere, et ad Christiane fidei et salutis noticiam pervenire, quia tamen in suis necessitatibus apostolice benignitatis clementiam implorant, eis Christiane pietatis mansuetudinem non intendimus denegare. Nos itaque, tuis in hac parte supplicacionibus inclinati, tibi, ut de quibuscumque bonis tuis, mobilibus et immobilibus, per te acquisitis, et que ad te omnimode pertinere dinoscuntur, libere testari, ac de illis secundum tue voluntatis arbitrium consanguineis et amicis tuis disponere, relinquere et erogare possis, plenam et liberam auctoritate presentium concedimus facultatem. Non obstantibus... Dat. Rome, apud Sanctos Apostolos, quinto Idus Septembris, anno octavo.

Source: ASV, Reg. Lat. 251, fol. 150r.

Note: Attached is the petition, submitted on behalf of Dactulus by his relative, Magister Salomon, son of Magister Ventura, a physician in Anagni. The petition is contained in ASV, Suppl. 190, fol. 15v, published by Tautu, *Acta Martini V* 2, p. 845. On Dactulus, see above, Docs. **631, 632,** and Pansa, *Ebrei in Aquila.*

636   Rome, 25 January 1426

Commission to Paul, bishop of Gerace, to try and punish Jews in Calabria, who take interest, do not wear the badge, and commit other crimes.

Martinus etc. venerabili fratri episcopo Gyracensi, in partibus utriusque Calabrie commissario nostro, salutem etc. Cum te ad partes provincie utriusque Calabrie pro quibusdam nostris et Ecclesie Romane negotiis presentialiter destinemus, nos volentes, ut commissionem nostram eo facilius exequaris, quo maiori per nos fueris auctoritate munitus, te in provincia et partibus predictis commissarium nostrum ad procedendum et inquirendum contra Iudeos utriusque sexus, in provincia et partibus predictis residentes et usurariam pravitatem cum Christianis hominibus exercentes, usque ad beneplacitum nostrum, auctoritate presentium facimus, constituimus et etiam ordinamus; tibi nichilominus contra Iudeos prefatos publice exercentes usuras, et contra non portantes signum debitum, ut discernantur a Christianis, secundum iura et constitutiones et laudabiles consuetudines regni nostri Sicilie, necnon de ipsorum Iudeorum excessibus, maleficiis, criminibus et delictis, per eos commissis et perpetratis et interim forsan per eos committendis et perpetrandis, et etiam de debitis, in quibus apostolice camere quacumque de causa tenerentur, suadente iusticia, etiam summarie, simpliciter et de plano, ac sine strepitu et figura iudicii, cognoscendi, inquirendi et procedendi, processus formandi, aggravandi et reaggravandi, sentencias promulgandi illasque exequendi et exequi faciendi, dictosque Iudeos excedentes et delinquentes iuxta tue discretionis arbitrium puniendi, corrigendi et condempnandi, ac penas, condempnationes et multas in reparationem et fabricam ecclesiarum alme Urbis convertendas et exponendas, per te vel alium exigendi, et super hiis, quotiens opus fuerit, auxilium secularis brachii invocandi, et ab ipsis Iudeis quecunque pecunias, condempnationes, res et bona nobis et apostolice camere debita et debenda quacumque de causa, ut prefertur, nostro et eiusdem camere nomine petendi, exigendi et recuperandi, et de receptis et consignatis quoscumque solventes et consignantes dicto nomine absolvendi, quitandi et liberandi, et alia in premissis faciendi, mandandi et exequendi, que super hiis noveris opportuna, plenam et liberam facultatem harum serie concedentes, ratum et gratum habituri quicquid per te, et a te deputandos, factum fuerit in premissis, idque faciemus, auctore Domino, usque ad satisfactionem condignam inviolabiliter observari. Datum Rome, apud Sanctos Apostolos, VIII Kalendas Februarii, pontificatus nostri anno nono.

Source: ASV, Reg. Vat. 350, fol. 183r-v.

Publication: Tautu, *Acta Martini V* 2, pp. 884f.

Bibliography: Simonsohn, *Kirchliche Judengesetzgebung*, p. 28; Starr, *Johanna II and the Jews*, p. 76; Stern, *Urkundliche Beiträge* 1, pp. 37f.; Vernet, *Martin V*, pp. 417f.; Vogelstein-Rieger, *Rom* 2, p. 8.

637   Rome, 2 July 1426

Mandate to John II of Streitberg, bishop of Ratisbon, to hear and judge the appeal filed by Hadmar, Baron Laaber, against Miche de Strawbinga (Straubing), Yosel Smohel and Mosse de Ratispona (Ratisbon), all Jews living in the bishop's diocese, over a question of usury. The case had dragged on, and the Jews had been deprived of intercourse with Christians. The bishop is to restore the Jews to intercourse with Christians after they have sworn to obey the verdict.

Martinus etc. venerabili fratri episcopo Ratisponensi, salutem etc. Exhibita nobis pro parte Michee de Strawbinga, Yosel Smohel et Mosse de Ratispona, Iudeorum in tua diocesi commorancium, peticio continebat, quod olim dilectus filius nobilis vir Hadmarus, baro baronie de Laber, dicte diocesis, falso asserens, quod ipsi Iudei multa ab eodem barone extorserant per usurariam pravitatem, contra ipsos Iudeos nostras super hiis ad dilectum filium abbatem monasterii Sancti Iacobi Scotorum, Ratisponensis, eius proprio nomine non expresso, in ea forma litteras impetravit, ut, si ita esset, dictos Iudeos, ut sua sorte contenti, dicto baroni restituerent sic per eos extorta, monicione premissa, per subtractionem communionis fidelium, appellatione remota, compelleret; prefatusque baro minus veraciter pretendens, quod iidem Iudei tempore impetracionis dictarum litterarum et tunc certas florenorum summas tunc expressas per huiusmodi pravitatem ultra sortem extorserant ab eodem, dictos Iudeos super hoc petendo ipsos condemnari et compelli ad restituendum sibi sic extorta, coram dilecto filio Donato, abbate dicti monasterii, huiusmodi litterarum pretextu, fecit ad iudicium evocari, et postquam coram eodem abbate in causa ipsa inter partes prefatas ad nonnullos actus citra tamen ipsius cause conclusionem processum fuerat, dictus baro ex quodam sufficienti conficto gravamine, sibi ab eodem abbate, ut falso dicebat, illato, ad sedem apostolicam appellavit. Nosque causam appellacionis huiusmodi et negocii principalis quondam Capo de Laturre, tunc ad instanciam dicti baronis primo, et deinde ex certis causis dilecto filio magistro Cunczoni de Zwola, capellanis nostris et palatii apostolici causarum auditoribus, audiendam commisimus et fine debito terminandam; qui quidem Cunczo, auditor, in huiusmodi causa procedens ad dicti baronis instanciam, prefatos Iudeos ad respondendum cuidam libello pro parte dicti baronis in hac causa exhibito ac litem super eo contestandam primo, simpliciter, et deinde, ipsis in hoc contumaciter satisfacere non curantibus, secundo, sub pena subtractionis communionis huiusmodi, et demum, ipsis eciam in contumacia huiusmodi perseverantibus, tercio, ad dicendum causam racionabilem, si quam haberent, quare dicta communio eis subtrahi non deberet, in audiencia publica successive citari fecit, ad certos terminos peremptorios competentes; et licet prefati Iudei dicto libello, tanquam nimis generali et obscuro, et que essent extorta huiusmodi minime declaranti, respondere non tenebantur, ipse tamen Cunczo, auditor, reputans eosdem Iudeos propter non responsionem huiusmodi, licet non essent contumaces, eis propter contumaciam huiusmodi, ut dicebat, communionem eandem subtraxit. Subsequenter vero, nos causam huiusmodi dilectis filiis magistris Iohanni Schallerman primo, et deinde Geminiano de Prato, capellanis nostris et auditoribus causarum palatii predicti, ex certis causis successive audiendam commisimus et fine debito terminandam, qui etiam in causa huiusmodi ad nonnullos actus, citra tamen conclusionem, processisse dicuntur etiam successive. Cum autem, sicut eadem peticio subiungebat, melius et commodius de meritis huiusmodi cause in partibus illis constare poterit, quam in curia memorata, pro parte dictorum Iudeorum nobis fuit humiliter supplicatum, ut causam huiusmodi coram prefato Geminiano adhuc indecisam pendentem, ad nos advocare, illamque alicui probo in partibus illis committere, necnon Iudeos predictos ad huiusmodi communionem, ad cautelam restitui mandare, et alias eis in premissis oportune providere, de benignitate apostolica dignaremur. Nos igitur, causam huiusmodi ad nos tenore presencium advocantes, ac ipsius statum habentes presentibus pro expresso, huiusmodi supplicacionibus inclinati, fraternitati tue per apostolica scripta mandamus, quatinus, vocatis dicto barone et aliis qui fuerint evocandi, predictos Iudeos et quemlibet eorum, si hoc humiliter pecierint, prestito per eos singulos, quod mandatis Ecclesie parebunt, corporali iuramento, ad eandem communionem restituas, causamque predictam, in eo statu in quo ultimo coram dicto Geminiano auditore remanserat, resumens, illam ulterius audias et fine debito decidas, faciens quod decreveris, per subtractionem communionis eiusdem a Iudeis predictis, et ab aliis per censuram ecclesiasticam, firmiter observari. Testes autem... Non obstantibus... Dat. Rome, apud Sanctos Apostolos, sexto Nonas Iulii, anno nono.

Source: ASV, Reg. Lat. 260, fol. 70r-v.

Note: On Michel of Straubing, see Straus, *Regensburg*, p. 132.

638   Rome, 7 July 1426

Licence, valid for five years, to Emanuel magistri Menaguzoli, a Jewish physician in Velletri, to treat Christians.

Martinus etc. Emanueli, magistri Menaguzoli, Iudeo, phisico, in civitate Velletrensi commoranti, viam veritatis agnoscere et agnitam custodire. Quamquam Iudeorum sit reprobanda perfidia, nichilominus quia apud Christianos humanitatis gratia sunt fovendi, quoniam, dicente propheta, ipsorum tandem reliquie salve fient, illos qui presertim de virtutum meritis commendantur, favoribus apostolicis et gratiis prosequimur oportunis. Cum itaque, sicut accepimus, tu in phisica certis annis studueris et in ea bene profeceris et expertus existas, nos, volentes te propterea benigno favore prosequi, tibi cives Velletrenses et quoscunque alios Christianos in civitate Velletrensi et in quocunque alio loco ad quem te contigerit declinare, medendi et inter eos phisicam exercendi, prefatisque civibus et aliis Christianis quibuscunque a te huiusmodi medicamenta libere et licite recipiendi, constitutionibus et ordinationibus apostolicis ceterisque contrariis nequaquam obstantibus, auctoritate apostolica, tenore presentium licenciam elargimur; presentibus post quinquennium a data presentium computandum minime valituris. Datum Rome, apud Sanctos Apostolos, Nonis Iulii, anno nono.

Source: ASV, Reg. Lat. 263, fol. 154r.

Publication: Tautu, *Acta Martini V* 2, p. 846.

Note: On the Jews in Velletri, see Gabrielli, *Velletri, passim.*

639*   Rome, 15 November 1426

Appointment of Leucio, son of Magister Angelo, as governor of the Jews in Rome, following dissensions and quarrels among the Jews.

Benedictus etc. discreto viro, magistro Leucio magistri Angeli, Ebreo Rome habitanti, viam veritatis agnoscere et agnitam custodire. Cum universitas et singulares persone Iudeorum Rome commorantium ita magnis inter se discordiis et dissensionibus elaborent, quod facile presumi possit, nisi de aliquo opportuno provideatur remedio, ut eorum discordie removeantur, esse dictos Ebreos de brevi ad maiores discordias et scandala perventuros; eapropter dominus noster papa, volens dictis dissensionibus et contentionibus obviare, dictorumque Ebreorum statui et quieti providere, attendensque sollicitudinem et industriam tuam et in agendis experientiam, sperat, quod quanto maiori licentia munitus fueris et amplius facultas tua poterit exerceri, tanto ampliora pro statu et honore sanctitatis sue efficere poteris, nobis vive vocis mandavit oraculo, ut te preficientes prelibatis Ebreis in gubernatorem, personam tuam apud eos honorabilem faceremus. Hinc est, quod te de mandato predicto super universis et singulis Iudeis utriusque sexus Rome commorantibus, gubernatorem, usque ad domini nostri pape beneplacitum, tenore presentium facimus, constituimus et etiam deputamus, tibique super prefatis Ebreis gerendi, faciendi et exercendi omnia et singula, que ad pacem et tranquillitatem dictorum Ebreorum pertinere cognoveris, dictosque universitatem et Ebreos generaliter vel specialiter ortandi, requirendi, monendi, vel si delinquerint aut inobedientes tibi fuerint, citandi, inquirendi, condempnandi, mulctandi, puniendi, penasque et mulctas camere apostolice applicandi, quas infra unum diem notificare dicte camere debeas, ut de dictis penis et mulctis executiones seu executiones[!] fieri faciamus, necnon officiales, qui tibi pro pace et tranquillitate predictis videbuntur debere fieri, faciendi et deputandi, illosque removendi et reponendi secundum tue beneplacitum voluntatis, harum litterarum serie concedimus facultatem; mandantes de mandato prefato ac auctoritate camerariatus officii, cuius curam gerimus de presenti, omnibus et singulis Ebreis prefatis, ut tibi in hiis, que ad predictorum executionem pertineant, dicto durante beneplacito, pareant effectualiter et intendant. Nos enim sententias et penas, quas rite tuleris in dictos Ebreos inobedientes ac rebelles, gratas habebimus, et faciemus usque ad satisfactionem condignam inviolabiliter observarii; tu itaque sic in premissis te habere studeas fideliter, sollicite [et] prudenter, quod apud prefatum dominum nostrum papam ex hoc de sollicitudine et prudentia tuis valeas merito commendari. Dat. Rome, apud Sanctos Apostolos, sub sigilli etc. anno Domini 1426, indictione quarta, die XV mensis Novembris, pontificatus etc. domini Martini, divina providentia pape quinti, anno nono.

Source: ASV, Arm. XXIX, vol. 11, fols. 15v–16r.

Publication: Vogelstein-Rieger, *Rom* 2, pp. 411f.

Note: On the Jewish physician, Magister Leucio, see above, Doc. **605**.

Bibliography: Stern, *Urkundliche Beiträge* 1, p. 38; Vernet, *Martin V*, p. 417; Vogelstein-Rieger, *op. cit.*, p. 6.

640   Rome, 11 December 1426

Mandate to Zbigniew Olesnicki, bishop of Cracow, to absolve the former consuls of Bochnia and all others involved from all ecclesiastical censure for having sentenced to death one Nicholas Mlynek, a cleric, for having committed various crimes, including the rape of a number of Christian women and a Jewess.

Martinus etc. venerabili fratri, episcopo Cracoviensi, salutem etc. Solet sedis apostolice clementia recurrentium ad eam cum humilitate personarum statui libenter consulere, et per que suarum peramplius prodire speratur salus animarum, remedia solicitius instaurare. Sane, pro parte Ianussii Bonafid, Francisci Warczowini, Nicolai Gorczyza, Iacobi Czelenthko, Laurentii Sartoris et Boguslay Sectoris, salis opidanorum opidi Bochnensis tue diocesis, nobis nuper exhibita petitio continebat, quod olim quondam Nicolaus Mlynek, postquam a carceribus, quibus eum propter aliqua per ipsum patrata scelera mancipari feceras, relaxatus erat, ad opidanos eosdem, qui tunc ipsius opidi consules erant, personaliter accedens, se ab eis, ut aliorum inibi opidanorum securitate ac libertate frui posset, in opidanum ibidem recipi maxima cum instantia postulavit, singulis tunc eiusdem opidi moribus, legibus, iurisdictioni, statutis et consuetudinibus sponte se submittens, illisque stare, nec contra eos, etiam in delictis, quibus committi posset, aliquo[!], quo ipsorum consulum iudicium declinare valeret, privilegium allegare velle, proprio firmans iuramento; postea vero, cum ipse laicali habitu et armis publice incedens, mercibusque et negociis secularibus dietim se immiscens, hostis suasu antiqui, plurima in dicto opido et extra illud rapinas, spolia et furta vicibus plerisque commisisset, violentias diversas intulisset, et neglecta ipsorum tunc consulum, ut a talibus resipisceret, correctione fraterna, malis scelestiora ferens, Christianas plures et quandam Iudeam virgines deflorasset, coniugatas rapuisset, aliorum bona multa vi, clam et palam abstulisset, damnisque et verberibus plurimos affecisset; prefati tunc consules eum prospicientes incorrigibilem fore, nec volentes graves adeo excessus, etiam propter eorum in quos perpetrati fuerant clamores et persecutionem, deinceps equanimiter tollerare, prefatum Nicolaum, iudicio et iustitia suadentibus, capite plectendum fore sententialiter condemnarunt, etiam premissum se privilegium habere penitus ignorantes. Cum autem, sicut eadem petitio subiungebat, tu, ad cuius forsitan notitiam deductum fuit ipsum Nicolaum clericum existere, et huiusmodi privilegio potiri debere occasione decapitationis eiusdem, tunc consules predictos generaliter a canone in favorem ordinis clericalis promulgatam excommunicationis sententiam incidisse declaraveris, ipsumque opidum ecclesiastico supposueris interdicto, quod postmodum usque ad festum Nativitatis Domini, spe quod interim super hiis sedes consulatur apostolica, duxisti relaxandum, pro parte dictorum tunc consulum, asserentium sententiam decapitationis huiusmodi in predicti ordinis contemptum sive vilipendium nullatenus processisse et se occasione declarationis huiusmodi magno perurgeri suarum scrupulo conscienciarum, nobis fuit humiliter supplicatum, ut pro potiori ipsorum ac dictorum aliorum opidanorum, necnon universorum et singulorum eiusdem opidi habitatorum et incolarum cautela super hiis eis ipsorumque statui et indemnitatibus oportune providere, de benignitate apostolica dignaremur. Nos itaque, qui salubrem nobis crediti [g]regis progressum studiis prosequimur indefessis, huiusmodi supplicationibus inclinati, fraternitati tue per apostolica scripta mandamus, quatinus tunc consules predictos, necnon omnes alios et singulos, qui sententie condemnationis et decapitationis huiusmodi conscii quomodolibet censeri poterunt, sive in illis consilium prestiterunt, auxilium vel favorem, si hoc humiliter petierint, ab huiusmodi excommunicationis sententia, quam premissorum occasione quomodolibet incurrisse noscuntur, auctoritate nostra hac vice duntaxat absolvas in forma Ecclesie consueta, iniunctis inde pro modo culpe eis penitentia salutari et aliis que de iure fuerint iniungenda; et insuper interdictum huiusmodi penitus et omnino tollas atque relaxes, cum illis quoque ex ecclesiasticis personis, que ipso interdicto durante forsitan missas et alia divina officia, non tamen in contemptum clavium, inibi celebraverint sive illis se immiscuerint, super irregularitate per illas propterea contracta, ipsis prius ad tempus de quo tibi videbitur, a suorum ordinum executione suspensis, eadem auctoritate dispenses, et aboleas omnem inhabilitatis et infamie maculam sive notam per illos exinde quovis modo contractam; non obstantibus premissis ceterisque contrariis quibuscumque. Dat. Rome, apud Sanctos Apostolos, tertio Idus Decembris, anno decimo.

Source: ASV, Reg. Lat. 269, fols. 285r–286r.

641   Rome, 4 January 1427

Mandate to Louis Aleman, cardinal priest of St. Cecilia and papal legate in Bologna and elsewhere, to hear and decide the case between Flora, daughter of the late Deodatus and wife of Moyse Consilii, in Ascoli, and Stella, widow of Manuel Genetai, in Rimini, over the estate left by the late Rosa, daughter of the late Abraham Manuelis Genetai and of Flora. Peter Emigli, abbot of Rosazzo, in the diocese of Aquila, and vicar general in the March of Ancona, had entrusted the case to Johannes de Mazancollis, doctor of law, podestà of Ascoli, but had since died, so that the commission to the podestà had come to an end.

Martinus etc. dilecto filio Ludovico, tituli Sancte Cecilie presbitero cardinali, in civitate nostra Bononie et nonnullis aliis partibus apostolice sedis legato, salutem etc. Exhibita nobis pro parte Flore, nate quondam Deodati et uxoris Moysis Consilii, Iudeorum, in civitate Exculana moram trahencium, [petitio continebat], quod, [cum] Stella, relicta quondam Manuelis Genetai, in civitate Ariminensi commorans, super quibusdam pecuniarum summis et rebus aliis ad ipsam Floram ratione hereditatis quondam Rose quondam Abrahe Manuelis Genetai, Iudei, et ipsius Flore nate, spectantibus, iniuriaretur eidem, ipsa Flora apostolicas super hiis contra prefatam Stellam ad bone memorie Petrum, abbatem monasterii de Rosatio, Aquilegensis diocesis, tunc in provincia nostra Marchie Anconitane pro nobis et Sancta Romana Ecclesia in temporalibus vicarium generalem, in communi forma litteras impetravit, et Stellam predictam, que tempore impetrationis earundem litterarum et tunc etiam prefate Flore dicta ratione in quibusdam pecuniarum summis et rebus aliis tunc expressis, etiam ex causa tunc expressa, legitime tenebatur, petendo super hoc ipsam condemnari et compelli ad solvendum pecuniarum summas et ad dandum eidem Flore res huiusmodi, coram dicto abbate vigore litterarum huiusmodi fecit ad iudicium evocari; ipseque abbas dilecto filio Iohanni de Mazancollis, legum doctori, tunc potestati dicte civitatis Exculane, vices suas commisit, qui in illa ad nonnullos actus, citra tamen conclusionem, dicitur processisse; cum autem prefatus abbas debitum nature persolverit, sicut eadem peticio subiungebat, dicta Flora se in prefata civitate Ariminensi, in qua dicta Stella moram trahit, ut prefertur, contra ipsam non speret consequi iustitie complementum, pro parte eiusdem Flore nobis fuit humiliter supplicatum, ut providere ei super hoc oportune, de benignitate apostolica dignaremur. Nos igitur, huiusmodi supplicacionibus inclinati, ac causam huiusmodi, illius statum presentibus habentes pro expresso, ad nos presentium serie advocantes, circumspectioni tue per apostolica scripta mandamus, quatinus, vocatis dicta Stella et aliis qui fuerint evocandi, et causa huiusmodi in eo statu, in quo coram prefato potestate remansit, per te resumpta, illam audias, et, usuris cessantibus, appellatione remota, debito fine decidas; faciens quod decreveris per subtractionem communionis fidelium firmiter observari. Testes autem... Non obstantibus... Dat. Rome, apud Sanctos Apostolos, secundo Nonas Ianuarii, anno decimo.

Source: ASV, Reg. Lat. 269, fol. 77r-v; 276, fols. 291v–292r.

Publication: Tautu, *Acta Martini V* 2, pp. 973f.

Note: On Pietro Emigli, abbot of Rosazzo and papal governor of the March of Ancona, see Partner, *Papal State*, pp. 82f. and *passim*. Giovanni Mazzancoli of Terni was appointed judge in the March of Ancona on 5 February 1424 (Partner, *op. cit.*, p. 105, n. 8). On Mosetto, son of Consiglio of Ascoli, see Fabiani, *Ascoli*, p. 16. On the family of Stella in Rimini, see Colorni, *Prestito*, pp. 47f.

---

642   Rome, 30 January 1427

Mandate to Louis Aleman, cardinal priest of St. Cecilia and papal legate in Bologna and elsewhere, to hear and define any appeal that may be made to the Apostolic See in the case pending between Isaac Elye and Iacob Salomonis, Jews of Bologna, and Stella, widow of the late Manuel Genetai, a Jewess in Rimini, over a financial claim. The case had been entrusted by Aleman to the abbot of Intermontibus, of the Benedictine Order, in the diocese of Geneva, at present in Bologna.

Martinus etc. dilecto filio Ludovico, tituli Sancte Cecilie presbitero cardinali, in civitate nostra Bononiensi et nonnullis aliis partibus apostolice sedis legato, salutem etc. Exhibita nobis pro parte Isaac Elye et Iacob

Salamonis, Iudeorum in civitate Bononiensi moram trahentium, petitio continebat, quod olim ipsi Stellam, relictam quondam Manuelis Genetai, Iudeam in civitate Ariminensi commorantem, que nonnullas peccuniarum summas et res alias tunc expressas, ex certa causa etiam tunc expressa, eisdem Isaac et Iacob communiter dare et solvere legitime tenebatur, petendo super hoc ipsam condemnari et compelli ad solvendum summas et dandum ipsis Isaac et Iacob res huiusmodi, coram te traxerunt in causam, tuque causam eandem dilecto filio abbati monasterii de Intermontibus, ordinis Sancti Benedicti, Gebennensis diocesis, Bononie residenti, commisisti audiendam et fine debito terminandam, qui in ea ad nonnullos actus, citra tamen conclusionem, inter partes ipsas dicitur processisse. Nos igitur, ut causa huiusmodi eo celerius terminetur debito fine, ipsorum Isaac et Iacob in hac parte supplicationibus inclinati, circumspectioni tue per apostolica scripta committimus et mandamus, quatinus, si a sententia per eundem abbatem vel quemcumque alium ferenda, vel alias, per aliquam partium earundem in dicta causa, seu alias, ad sedem apostolicam appellari contigerit, tu appellationis causam huiusmodi per te alicui alteri ydoneo, quotiens opus fuerit, absque aliqua alia speciali commissione sedis apostolice, usque ad ipsius cause finalem conclusionem, audiendam et fine debito terminandam, auctoritate nostra committas, faciens quod decreveris, a fidelibus per censuram ecclesiasticam, a Iudeis vero per subtractionem communionis fidelium, firmiter observari. Testes autem... Non obstantibus... Dat. Rome, apud Sanctos Apostolos, tertio Kalendas Februarii, anno decimo.

Source: ASV, Reg. Lat. 269, fol. 256r-v.

Publication: Tautu, *Acta Martini V* 2, pp. 974f.

Note: Another claim against Stella was also entrusted to Louis Aleman; see above, preceding doc.

643   Rome, 1 February 1427

Mandate, if the facts are established, to the provost of the church Mons St. Petrus in Brno, in the diocese of Olomuc (Olmütz), to allow the people of Ihlava (Iglau) to convert the local synagogue into a church. The Jews had been expelled by Albert V, duke of Austria and marquis of Moravia, because of the danger they might have constituted to the spiritual well-being of the Christian population by importing heresies and errors from the near-by kingdom of Bohemia, which was filled with heretics and enemies of Christendom.

Martinus etc. dilecto filio preposito ecclesie Montis Sancti Petri in Brunna, Olomucensis diocesis, salutem etc. Variis quamvis distracti curis, efficere hoc summopere cupimus, ut ecclesiis et locis singulis devote solicitudinis studio veneretur Altissimus, et ad intendenda superne maiestatis obsequia, divinus vigeat ubique cultus. Sane, pro parte dilectorum filiorum, magistri civium, consulum et communitatis opidi Yglavia, Olomucensis diocesis, nobis nuper exhibita petitio continebat, quod alias dilectus filius nobilis vir Albertus, dux Austrie marchioque Moravie, cuius temporali dicioni opidum ipsum subiectum est, provide considerans, quod per Iudeos, qui in suis domibus in dicto opido, etiam inibi synagogam habentes, inter Christifideles moram tunc trahebant, communitati huiusmodi ac ipsius opidi habitatoribus et incolis, a regno Boemie, quo plerique perfidi et heresum erroribus implicati Christianique nominis inimici versantur, non longe distantibus, gravia possent damna animarumque pericula detestabiliter instaurari, Iudeos ab ipso opido expulit et domos huiusmodi inter Christifideles eosdem distribui et illis assignari mandavit. Cum autem, sicut eadem petitio subiungebat, ipsi magister civium, consules et communitas, qui plures numero sunt, et manu suffragante Domini, multos de dicto regno heresis labe respersos prostrarunt, ad potiorem nominis extollenciam et cultus huiusmodi incrementum, ac pro Iudaica peramplius inibi confundenda spurcitia, si desuper eis apostolice sedis opituletur auctoritas, opus non mediocriter sumptuosum alias synagoge eiusdem, in capellam, in honorem et sub vocabulo sacratissimi Corporis Dominici et gloriosissime Dei genitricis, Marie Virginis, decemque milium martirorum et omnium sanctorum erigere, et in illa unum, duo vel plura beneficia ecclesiastica sine cura pro totidem personis ydoneis missas inibi et alia divina officia pro tempore celebraturis, instituere sufficienterque dotare proponant, affectantes quod ius patronatus et presentandi loci ordinario personas prefatas hac prima vice et quotiens in antea vacaverint, eis perpetuo reservetur, pro parte ipsorum magistri civium, consulum et communitatis, asserencium plures ecclesias circa dictum opidum per huiusmodi perfidos destructas, et in eodem opido unam dumtaxat parrochialem ecclesiam fore, nobis extitit humiliter supplicatum, ut huiusmodi eorum proposito et affectui pie annuere, de benignitate apostolica dignaremur. Nos igitur, qui cultum eundem vigere et adaugeri intensis desideriis affectamus, huiusmodi supplicationibus inclinati, discretioni tue per apostolica scripta mandamus, quatinus, si est ita, magistro civium, consulibus et communitati predictis opus in capellam erigendi ac beneficia huiusmodi instituendi et dotandi, ut prefertur, auctoritate nostra licentiam largiaris; et insuper ius patronatus ac presentandi eidem ordinario personas predictas ad huiusmodi beneficia, hac prima vice et quotiens illa in antea vacaverint, ipsis magistro civium, consulibus et communitati imperpetuum, eadem auctoritate reserves; iure tamen parrochialis ecclesie et alterius cuiuslibet in omnibus semper salvo. Dat. Rome, apud Sanctos Apostolos, Kalendis Februarii, anno decimo.

Source: ASV, Reg. Lat. 269, fols. 320v–321r.

Note: Albert V, duke of Austria, later king of Bohemia and Hungary, expelled the Jews from Iglau for their alleged ties with the Hussites. See Gold, *Juden in Iglau*, p. 244. The petition of the people of Ihlava is contained in ASV, Reg. Suppl. 206, fols. 222v–223r, published by Tautu, *Acta Martini V* 2, pp. 981f. The petition mentions the Hussites by name.

644   Rome, 13 February 1427

Licence to Magister Vitale Graciani, a Jewish doctor on the island of Rhodes, to treat Christians and to wear the clothes and insignia of his profession.

Martinus etc. prudenti viro magistro Vitali Graciani, Ebreo Rodi commoranti, viam veritatis agnoscere et agnitam custodire. Grata tue persone obsequia, que dilectis filiis magistro et conventui Hospitalis Sancti Iohannis Ierosolimitani te hactenus fidedigna relacione impendisse percepimus, et assidue impendere non desistis, nos inducunt, ut tuis precibus nos favorabiles invenias et benignos. Hinc est, quod nos, volentes te premissorum intuitu Christiana pietate et humanitate complecti, tuis in hac parte supplicacionibus inclinati, tibi, ut artem medicine, in qua peritus laudabiliter esse dinosceris, inter Christianos ubilibet exercere, ac ipsis Christianis, qui ad hoc te requisiverint, mederi libere et licite valeas, auctoritate apostolica, tenore presentium indulgemus. Non obstantibus... Nulli ergo etc.... Si quis etc. Dat. Rome, apud Sanctos Apostolos, Idibus Februarii, anno decimo.
Martinus etc. prudenti viro magistro Vitali Gratiani ... tuis in hac parte supplicacionibus inclinati, tibi, qui in arte medicine laudabiliter peritus esse dinosceris, ut pellibus variis et aliis foderaturis ceterisque insigniis, quibus magistri in medicina utuntur et uti possunt, tu uti ac illa portare libere et licite valeas, tenore presentium indulgemus. Nulli ergo etc. ... Si quis etc. Dat. Rome, apud Sanctos Apostolos, Idibus Februarii, anno decimo.

Source: ASV, Reg. Lat. 269, fol. 266r.

Publication: Tautu, *Acta Martini V* 2, p. 846.

Note: On the relations between the Order of St. John (Knights Hospitallers) and the Jews on Rhodes, see Starr, *Romania*, pp. 85f.

Bibliography: Luzzatto, *Ricordi Storici*, p. 317; Marini, *Archiatri Pontifici*

1, p. 294; Natali, *Ghetto*, p. 181; Simonsohn, *Kirchliche Judengesetzgebung*, p. 32; Stern, *Urkundliche Beiträge* 1, p. 38; Vernet, *Martin V*, pp. 395, 418; Vogelstein-Rieger, *Rom* 2, p. 6.

645   Rome, 16 February 1427

Mandate to Riciardus de Riciardellis, canon in Rieti, to hear the case pending between Abraham in Aquila and his debtors. In Rieti the statutes limit the collection of debts to eight years, but Abraham had legitimate reasons for not collecting his debts within the statutory limits. If that is so Riciardus is to hear the case notwithstanding the statutory provisions to the contrary.

Martinus etc. dilecto filio Riciardo de Riciardellis, canonico Reatino, salutem etc. Exhibita nobis pro parte Abrahe, Iudei in civitate Aquile commorantis, petitio continebat, quod, cum iuxta statuta et ordinationes civitatis nostre Reatine, inter alia, quod nisi quis infra octo annos debitum a creditore recuperaverit, lapsis annis huiusmodi recuperare non potest, caveatur expresse, sintque nonnulli in dicta civitate et illius comitatu commorantes eiusdem Iudei creditores et sibi in diversis pecuniarum summis et rebus aliis legitime obligati, quos idem Iudeus, potentiam dilecti filii Raynaldi de Alfanis, civis dicte civitatis illiusque dominium tunc occupantis, merito perhorrescens illaque impeditus, infra annos prefatos, iuxta formam statutorum et ordinationum eorundem, super hiis non potuerit secure convenire. Et sicut eadem petitio subiungebat, prefatus Iudeus, sublatis, quo ad hoc, statutis et ordinationibus antedictis, in civitate prefata contra creditores eosdem, qui plures existunt, consequi speret iusticie complementum, pro parte ipsius Iudei nobis fuit humiliter supplicatum, ut providere sibi super hoc oportune, de benignitate apostolica dignaremur. Nos igitur, huiusmodi supplicationibus inclinati, discretioni tue per apostolica scripta committimus et mandamus, quatinus, si quod de impedimentis huiusmodi proponitur, veritate fulcitur, statuta et ordinationes huiusmodi declares, auctoritate nostra, prefatum Iudeum, quo ad effectum agendi, nullatenus impedire. Et nichilominus, vocatis creditoribus predictis, sub quocumque numero consistant, et aliis qui fuerint evocandi, audias causam, et auditis hinc inde propositis, quod iustum fuerit, appellatione postposita, usuris cessantibus, decernas; faciens quod decreveris a Iudeo predicto, per subtractionem communionis fidelium, ab aliis vero per censuram ecclesiasticam, firmiter observari. Testes autem... Non obstante... Dat. Rome, apud Sanctos Apostolos, quartodecimo Kalendas Marcii, anno decimo.

Source: ASV, Reg. Lat. 269, fol. 119r-v.

Note: Instead of *creditores* read: *debitores*.

645a   Rome, 17 March 1427

Mandate, if the facts are established, to John Bertoldi, bishop of Fano, to stop the slanders maligning Musca Symonis of Spain in Fano and other Jews.

Martinus etc. Venerabili fratri episcopo Fanensi, salutem etc. Humilibus supplicum votis libenter annuimus, eaque favoribus prosequimur oportunis. Exhibita siquidem nobis nuper pro parte Musce Symonis, Ebrei de Ispania, in civitate nostra Fanensi commorantis, petitio continebat, quod nonnulli ipsius Musce emuli tam ipsum quam quosdam alios Ebreos in dicta civitate habitantes, alias bone conditionis et fame, sub diversis exquisitis coloribus, contra tamen veritatem, accusare et diffamare nituntur, in eorundem Ebreorum grave preiudicium et iacturam. Cum autem, sicut eadem petitio subiungebat, Musca et Ebrei prefati, qui pro suis peragendis negociis ad diversa loca sepius habent se conferre, ex huiusmodi accusationibus et diffamationibus plura incommoda et damna sustineant, et quandoque tormenta patiantur, ipsique propterea variis discriminibus subiciantur, pro parte Musce et Ebreorum predictorum nobis fuit humiliter supplicatum, ut eorum statui in premissis oportune providere, de benignitate apostolica dignaremur. Nos igitur, attendentes quod religioni Christiane convenit Ebreos, eo libentius contra indebitos persecutores et molestatores ipsorum oportunum prestare subsidium, quo sunt in testimonium orthodoxe fidei reservati, eorum testante propheta: 'tandem reliquie salve fient', fraternitati tue per apostolica scripta committimus et mandamus, quatenus de predictis omnibus auctoritate nostra te diligenter informes et inquiras diligentius veritatem, et si per informationem huiusmodi ea inveneris veritate fulciri, contra dictos accusatores et diffamatores, prout iustum fuerit, eadem auctoritate procedas, nec ad accusandum de cetero dictos Ebreos alias quam personas idoneas admittas, nec per alios permittas admitti, faciens quod decreveris per censuram ecclesiasticam et alia iuris remedia firmiter observari. Testes autem... Dat. Rome, apud Sanctos Apostolos, sexto decimo Kalendas Aprilis, anno decimo.

Source: ASV, Reg. Lat. 272, fol. 285r-v.

Publication: Tautu, *Acta Martini V* 2, pp. 1007f.

Note: ASV, Reg. Suppl. 209, fol. 61r, of the same date (published Tautu, *loc. cit.*) contains the petition of Musca and his fellow Jews. The slander included the accusation that the Jews had been baptized.

646   Rome, 7 June 1427

Approval of petition submitted by John Capistrano, a Franciscan, to extend his authority as inquisitor in Italy to include all heresies; to approve the abrogation of all privileges granted to the Jews in violation of Church laws or of other laws in the dominions of Queen Johanna II of Naples; and to entrust him with the execution of the queen's decree.

Beatissime pater. Exponitur sanctitati vestre pro parte devoti oratoris vestri fratris Iohannis de Capistrano, ordinis Minorum, qui, cum placuerit s. v. ipsum heretice pravitatis instituisse inquisitorem per totam Ytaliam, maxime contra fraticellos de opinione, et multa occurrunt hereticalia et a fide devia hinc inde per orbem, ut sortilegia, sacrilegia et similia nephanda, quare pro parte predicti v. s. humiliter supplicatur, quatenus dignemini predictam commissionem generalem declarare extendi ad quascunque heresum species, sine preiudicio tamen ordinariorum ceterorumque inquisitorum pro deffendenda fide Catholica, de vestra benignissima gratia et providencia speciali. Item, cum nuper illustrissima domina, domina regina Iohanna secunda concesserit per autenticum rescriptum pro divino honore, animarum salutis [*sic*] et sacre fidei Catholice defensione, omnia et singula privilegia per suam magestatem necnon et quoscumque predecessores Iudeis concessa contra formam iuris ecclesiastici, ultra sive preter formam predicti iuris ceterorum iuriumque quorumcumque, extunc prout exnunc, revocata, cassata, irrita et annullata esse et haberi censuit et decrevit per totum suum regnum Sicilie, quod etiam illustrissimus dux Calabrie eiusdemque serenissime domine regine filius unicus, et post eius mortem in dicto regno successor et heres, per totam provinciam Calabrie confirmaverit[!], quare pro parte dicti oratoris v. s. humiliter supplicatur, quatenus dignetur predicta decreta et rescripta nedum in toto predicto regno, sed eo amplius, quo v. s. placuerit, per totam[!] regnum vel ultra devocius confirmare, predictoque fratri Iohanni executionem committere, ut predictos Iudeos astringi facere possit [ad] omnia, que observari debent, secundum dispositionem ecclesiastici iuris ceterorumque iurium, ut supra, de vestra benignissima gratia et providentia speciali. Fiat de utroque et gratis ubique. O[tto Colonna]. Dat. Rome, apud Sanctos Apostolos, septimo Idus Iunii, anno decimo.

Source: ASV, Suppl. 213 , fol. 81r.

Publication: Eubel, *Bullarium Franciscanum* 7, p. 654; Tautu, *Acta Martini V* 1, pp. 188f.

Note: The queen's decree is dated 3 May 1427; see Wadding, *Annales* 10, pp. 566f.; Hermann, *Capistranus Triumphans*, pp. 272f. On Capistrano's influence on Pope Martin, see Hofer, *Johannes von Capistrano*, pp. 134f. The pope intervened with the Queen to mitigate the measures against the Jews. He had been approached over this matter by Magister Salomone di Ventura of Anagni and Vitale d'Angelo d'Abramo of Aquila. On 20 August the queen revoked Capistrano's authority and renewed the Jews' privileges. See Minieri-Riccio, *Notizie Storiche*, p. 33; Hofer, *op. cit.*, p. 137: "... Et dicta reintegratio fit ad exortationem Domini Summi Pontifici quia ipsa Sancta Mater Ecclesia eos supportat et ibi ad instantiam Magistri Salomonis Magistri Venture de Ananio medici doctoris fisici familiaris et Vitalis Angeli Abrahe de Aquila Iudeorum procuratorum universitatis Iudeorum utriusque Apruti." See also Faraglia, *Giovanna II*, p. 334.

Bibliography: Ferorelli, *Ebrei nell'Italia meridionale*, p. 68; Hofer, *op. cit.*, pp. 134f.; Simonsohn, *Divieto*, pp. 135f.; Starr, *Johanna II*, p. 74.

647*   Rome, 13 June 1427

Safe-conduct, valid for one year, to Angelus Salomonis, a Jew, to travel in the Papal States and to Cori and back, during which time he is to be immune from criminal prosecution and reprisals.

Universis etc. Benedictus etc. salutem etc. Universitati etc. quod nos de mandato sanctissimi in Christo patris et domini nostri, domini Martini etc. oraculo vive vocis, presentium tenore damus et concedimus plenam securitatem ac tutum et liberum salvum conductum provido viro Angelo Salomonis, Hebreo, accedendi ad terram Chore eiusque roccham, territorium et districtum omnesque civitates, terras, castra, territoria et districtus sanctissimo domino nostro pape et Romane Ecclesie supposita et subiecta, cum rebus et bonis suis quibuscumque, inibique standi, morandi et pernoctandi, ac etiam residendi indeque recedendi, ac totiens quotiens sibi placuerit redeundi et quocumque maluerit remeandi, ac per quascumque civitates, terras, castra, portus, passus, pontes et alia loca quecumque eundo, stando et redeundo, transeundi tute, libere et impune, die noctuque, semel et pluries, ad omnem ipsius Angeli libitum voluntatis, absque iniuria, lesione, molestia vel offensa eidem Angelo aut rebus et bonis suis quibuscumque quomodolibet inferendis; diffidationibus, condempnationibus, exbannimentis et represaliis contra eum specialiter seu generaliter concessis et factis, necnon culpis, maleficiis, excessibus, criminibus et delictis per eum qualitercumque comissis et perpetratis, ac aliis in contrarium edictis vel facientibus, non obstantibus quibuscumque; presentibus post lapsum unius anni a die date presentium in antea computandi minime valituris. In quorum etc. Dat. Rome, apud Sanctos Apostolos, sub anno a Nativitate Domini millesimo quadringentesimo vicesimo septimo, indictione quinta, die tertia decima mensis Iunii, pontificatus. etc. anno decimo.

Source: ASV, Arm. XXIX, vol. 11, fol. 100v.

Note: See above, Doc. **617**.

Bibliography: Vernet, *Martin V*, p. 417; Vogelstein-Rieger, *Rom* 2, p. 7.

647a   Rome, 1 July 1427

Approval of petition submitted by Alienora, a Jewish convert, to be allowed to marry a Christian, following the reversion to Judaism of her husband Caravita Vitale, who had been converted together with her.

Beatissime pater. Dudum inter devotam vestre sanctitatis oratricem Alienoram, olim Hebream, nunc vero fidelissimam Christianam, et Caravitam Vitalem, tunc Hebreos, Gerundensis diocesis, matrimonio, iusta eorum tunc legem Moysis contracto, et carnali copula consummato, prefati coniuges ad frugem vite melioris, Christianam religionem, pervenire cupientes, unanimiter et concordes, divino spiritu illustrati, sacrum baptisma insimul assumpserunt, et expostea per tempus et tempora sanctam fidem Catholicam matrimonialiter insimul coluerunt; quo non attento, prefata[!] Caravita, velut proprie salutis immemor, diabolica instigatione subductus, velut canis ad vomitum, ad perfidam fidem Hebraycam est reversus, dicta Alienora, minore vigintiquinque annis, maritali solatio destituta. Cum igitur, pater sancte, dicta Alienora sit, ut premittitur, minor vigintiquinque annis, apta ad soboles procreandas, in augmentum cultus divine fidei Christianitatis, s. v. pro eius parte humiliter supplicat[!], quatenus sibi specialem gratiam facientes, secum taliter placeat dispensare, quod ipsa prefata Alienora cum alio Christiano viro valeat matrimoniale fedus inhire et illud debite ac continue observare; cum clausulis et non obstantiis ad hoc necessariis et oportunis. Fiat ut petitur. O[tto Colonna]. Datum Rome, apud Sanctos Apostolos, Kalendis Iulii, anno decimo.

Source: ASV, Reg. Suppl. 213, fol. 267r-v.

Publication: Tautu, *Acta Martini V* 2, p. 1040.

647b   Rome, 19 July 1427

Approval of petition submitted by the Infanta Catherine of Castile to have consecrated the church converted from one of two synagogues in Ocaña. The number of Jews in Ocaña had diminished due to conversion, following the preaching of Fra Vincente (Ferrer), and they no longer needed two synagogues.

Beatissime pater. Cum in villa de Ocanna, diocesis Toletane, que de dominio prefati magistri existit, preteritis temporibus due synagoge Iudeorum haberentur, ex quibus Iudeis, predicationibus fratris Vincentii, multi ad Christi fidem devenerunt, et propterea predicta devota filia vestra Catherina, infantissa Castelle et Legionis, considerans quod una ex huiusmodi synagogis, Iudeis in sua iudaica perfidia remanentibus, sufficeret, in earum altera altare sub invocatione Sancte Catherine erigi, et inibi in sui presentia per sacerdotes et episcopum divina officia pluries celebrari fecit. Supplicat igitur sanctitati vestre infantissa predicta, quatenus alicui episcopo, quem ipsa duxerit eligendum, comittere dignemini et mandare, quod ad ipsius seu ex eius parte requisitus, synagogam predictam in ecclesiam, etiam parochialem, si eidem infantisse visum fuerit, ad honorem Dei et fidei Christiane exaltationem, apostolica autoritate, sub invocatione Sancte Catherine, erigat et consecret, loci ordinarii et alterius cuiuscunque licentia minime requisita; iuribus, constitutionibus et ordinationibus apostolicis, aliisque contrariis non obstantibus quibuscunque; cum clausulis oportunis. Fiat ut petitur et comittatur. O[tto Colonna]. Dat. Rome, apud Sanctos Apostolos, quartodecimo Kalendas Augusti, anno decimo.

Source: ASV, Reg. Suppl. 215, fol. 151r.

Publication: Tautu, *Acta Martini V* 2, pp. 1040f.

Note: "Prefati magistri" is Henry, infante of Aragon and Sicily.

648   Rome, 3 August 1427

Injunction to Francis Conzié, archbishop of Narbonne, papal chamberlain and vicar general in Avignon and the Comtat Venaissin, to confiscate from the Jews Bulls which had been revoked and forbid the Jews to make use of them.

... Martinus, papa V, venerabili fratri Francisco, archiepiscopo Narbonensi, camerario nostro. Venerabilis frater, salutem et apostolicam benedictionem. Iustissima indignatione commoti sumus adversus Iudeos in partibus Avinionen. residentiam facientes; nam percepimus, quod ipsi utuntur quibusdam bullis per nos eisdem concessis, quas, cognita litterarum continentia, iam diu revocavimus; propterea fraternitati tue iniungimus per presentes, ut ommi studio et diligentia procures et ordinem adhibeas, quod tam originales bulle quam earum transsumpta ad manus tuas deveniant, quas ad nos transmittere quantocius procures. Et insuper, sub penis formidabilibus dictis Iudeis mandes, ne palam sive occulte bullis predictis sive ipsarum transsumptis utantur; super quarum rerum executione per totam patriam investigatores diligentes transmittere studeas. Dat. Rome, apud Sanctos Apostolos, sub anulo Piscatoris, die IIIa Augusti, pontificatus nostri anno decimo.

Source: ASV, Arm. XXIX, vol. 10, fol. 24r-v.

Note: The text is contained in a document dated 5 September 1427, issued on orders of the archbishop of Narbonne.

Bibliography: Simonsohn, *Kirchliche Judengesetzgebung*, p. 32; Vernet, *Martin V*, p. 417.

649   Rome, 13 August 1427

Mandate, if the facts are established, to Peter de Cotigny, bishop of Montauban and rector of the Comtat Venaissin, to grant the Jews in Avignon a moratorium on the payment of their debts.

Martinus etc. venerabili fratri Petro, episcopo Montisalbani, rectori comitatus nostri Venayssini, ad Romanam Ecclesiam nullo medio pertinentis, salutem etc. Quamquam Iudei, quos in diversis mundi partibus commorantes, Sacrosancta tolerat Ecclesia in testimonium Ihesu Christi, in sua magis duricia perseverare velint quam prophetarum verba et sacrarum scripturarum archana cognoscere, atque ad Christiane fidei et salutis noticiam pervenire, quia tamen in suis necessitatibus auxilium nostrum postulant humiliter et devote, eorum peticiones admittimus, eisque Christiane pietatis mansuetudinem non intendimus denegare. Sane, pro parte universorum Iudeorum in civitate nostra Avinionensi commorantium, nobis nuper exhibita peticio continebat, quod ipsi dudum propter guerrarum turbines, que in partibus illis tunc viguerunt, necnon prestationes subsidiorum eis impositorum variaque alia onera, que eos propterea necessario subire oportuit, quasdam pecuniarum quantitates, ad summam quindecim milium vel circa florenorum monete Avinionensis ascendentes, sub diversis contractibus, titulis, modis et formis a variis illarum parcium personis mutuo receperunt, quodque ipsi postmodum pro solucione dicte summe, ac propter nova subsidia eis, durantibus et invalescentibus guerris predictis, pro defensione prefate civitatis similiter imposita, mortalitatibus ac monetarum mutacionibus et diversis aliis successive, prohdolor, supervenientibus, calamitatibus in partibus eisdem causantibus, cum alias suis necessitatibus providere non possent, quamplures et maximas alias pecuniarum quantitates a diversis suis creditoribus sub variis coloratis, videlicet violariorum emptionis et vendicionis, aliisque titulis, contractibus et modis, de novo recipere compulsi fuerunt, seque propterea ac omnia bona sua diversis curiis tam ecclesiasticis quam secularibus obligarunt et etiam submiserunt, prout in quibusdam litteris autenticis ac publicis instrumentis super premissis confectis, quorum eciam aliqua eorundem Iudeorum iuramento firmata sunt, dicitur plenius contineri. Verum, sicut eadem peticio subiungebat, licet Iudei prefati occasione contractuum et debitorum huiusmodi diversas et onerosas solverint hactenus et persolvant plerisque suis creditoribus pensiones annuas et pecuniarum quantitates, ipsi tamen, premissis guerris et calamitatibus aliisque necessitatibus suis, adeo oppressi et paupertate gravati fuerunt, quod de dictis debitis non solum hactenus satisfacere non potuerunt, verum eciam debita ipsa ad summam quadraginta milium florenorum similium excreverunt, ad quorum solucionem, eciam si omnia bona eorum venderentur, Iudeorum predictorum facultates non suppeterent de presenti, et propterea plerique a dicta civitate recesserunt, diversique alii ex Iudeis eisdem ad alienas mundi partes se transferre coguntur, nisi super premissis eis provideatur oportune. Quare pro parte Iudeorum predictorum nobis fuit humiliter supplicatum, ut eos Christiana pietate complecti eisque et eorum statui in premissis paternaliter et oportune providere, de benignitate apostolica dignaremur. Nos igitur, considerantes, quod religioni convenit Christiane Iudeis eo libencius in suis necessitatibus oportunum prestare subsidium, quo specialius in testimonium orthodoxe fidei sunt reservati, ac de premissis certam noticiam non habentes, huiusmodi quoque supplicacionibus inclinati, fraternitati tue, de qua in hiis et aliis specialem in Domino fiduciam obtinemus, per apostolica scripta committimus et mandamus, quatinus super premissis omnibus et eorum circumstanciis universis auctoritate nostra te diligenter informes, et si per informacionem huiusmodi ea vera esse reppereris, super quo tuam conscienciam oneramus, eisdem Iudeis super singulorum ex premissis per eos quovis modo contractorum debitorum solucionibus competentes dilaciones, prout discretioni tue videbitur expedire, auctoritate nostra concedas; non permittens eos, eisdem durantibus dilacionibus, per creditores predictos aut aliquem ex eis super solucionibus, debitis et penis huiusmodi iuxta dilacionum earundem formam et tenorem gravari quomodolibet vel eciam molestari. Contradictores per censuram etc. Non obstantibus... Dat. Rome, apud Sanctos Apostolos, Idibus Augusti, anno decimo.

Source: ASV, Reg. Lat. 268, fols. 299r–300v; [Montpellier/Nîmes? Archives Départementales de l'Hérault, Sénéchaussée de Nîmes, ser. A., t. VII, pp. 17–33.]

Publication: Kahn, *Martin V,* pp. 16f. (who has t. X).

Note: The Bull is also contained in an order issued by Peter, now bishop of Castres, on 4 February 1428. The bishop fixed the moratorium, granted the Jewish community, at twenty years.

Bibliography: Delpal, *Avignon,* p. 125; Grayzel, *Sicut Judeis,* p. 267, n. 3; Kahn, *op. cit.,* pp. 1f.

649a   Rome, 26 September 1427

Approval of petition submitted by the Jews in Avignon to confirm the mandate issued by Francis Conzié, archbishop of Narbonne and papal chamberlain, that the names of those who accuse Jews must be given to the accused to facilitate the punishment of detractors over and above that established by law.

Beatissime pater. Licet subiecti vestri communitas Iudeorum vestre civitatis Avinion., pro ipsorum tranquilitate, de licentia vigerii dicte civitatis, iam pridem ordinassent et statuissent, ut, sub pena maledictionis iuxta legem ipsorum latam[!] seu comminatam[!], et quinquaginta florenorum, nullus eorum reliquum apud iustitiarios vigerii curie temporalis dicte civitatis, super crimine conficto seu minus veridico, accusaret, tamen, cum nonnulli ipsorum per invidiam reliquos eorundem secrete et per interpositas personas super diversis criminibus falsis et confictis, erga dictos iustitiarios sine rationabili causa accusarent, unde maxime vexabantur, reverendissimus in Christo pater dominus Franciscus archiepiscopus Narbonensis, eiusdem sanctitatis camerarius, malitiis particularium huiusmodi oviare[!] et quieti dicte communitatis providere cupiens, iudicibus et officiariis dicte curie et eorum locatenentibus dedit in mandatis, ut quotiens tales accusationes seu denuntiationes sibi fierent, ipsi nomen et cognomen accusantis seu denunciantis eisdem accusatis reserare, tradere et declarare tenerentur, ut exinde tales accusantes seu indebite denunciantes, et hoc fieri procurantes, ultra penam iuris punirentur, prout in statuto et litteris supradictis plenius continetur. Cum autem, pater sancte, communitas huiusmodi, qui etiam a diversis curiis dicte civitatis consimili modo turbari possent, desiderent premissa pro eorum quiete auctoritate apostolica confirmari, et pro huiusmodi quiete ampliori, etiam in aliis curiis perturbari non posse, supplicant igitur eidem sanctitati vestre, quatenus statuti et mandati predictorum tenores habentes pro expressis, ipsa cum omnibus inde secutis rata et grata habentes, omnesque defectus, si qui forsan in premissis intervenerint, ex certa scientia supplentes, auctoritate apostolica corroborare et confirmare, ac omnia supradicta iudicibus et officiariis supradictis, ut ea observent, de novo committere et mandare, huiusmodique indultum etiam ad alias curias et officiarios dicte civitatis in ipsis Iudeis iurisdictionem habentes, seu habere pretendentes, extendere dignemini, de gratia speciali; in contrarium facientibus non obstantibus quibuscumque, cum clausulis oportunis. Fiat ut petitur. O[tto Colonna]. Dat. Rome, apud Sanctos Apostolos, sexto Kalendas Octobris, anno decimo.

Source: ASV, Reg. Suppl. 216, fol. 68v.

Publication: Tautu, *Acta Martini V* 2, pp. 1055f.

Note: The additional punishment consisted of excommunication (Shamta) and a fine of fifty florins, ordained by the Jewish community in Avignon.

650 Rome, 22 October 1427

Mandate, if the facts are established, to Alvarus Lupi, a canon of Lisbon, to have a casale belonging to the Order of St. John in Lisbon leased to Didacus Alvari of Lisbon, instead of to the current leaseholder Iacob Macoude, a Jew, provided Didacus's terms are more advantageous.

Martinus etc. dilecto filio Alvaro Lupi, canonico ecclesie Ulixbonensis, salutem etc. Ad ea, per que piorum locorum profectui et indemnitatibus consulitur, libenter intendimus, eaque favoribus prosequimur oportunis. Exhibita siquidem nobis nuper pro parte dilecti filii Didaci Alvari, laici in civitate Ulixbonensi commorantis, petitio continebat, quod Iacob Macoude, Iudeus in dicta civitate moram trahens, quoddam casale, infra districtum eiusdem civitatis consistens et ad preceptoriam domus Sancti Blasii Ulixbonensis Hospitalis Sancti Iohannis Ierosolimitani, legitime pertinens, sub annuo censu sive canone per ipsum preceptori dicte domus pro tempore existenti annis singulis exolvendo[!], in firmam sive arrendam tenet ad presens, ipseque Didacus, si huiusmodi casale sibi taliter concedatur, de illo congruentem, et de quo dicte preceptorie conditio melior fieret, censum sive canonem dicto preceptori prefatis annis exsolvere paratus existit. Quare pro parte dicti Didaci nobis fuit humiliter supplicatum, ut sibi casale predictum per eum tenendum et possidendum sub huiusmodi congruenti censu sive canone concedi mandare, de benignitate apostolica dignaremur. Nos igitur, qui de premissis certam noticiam non habemus, huiusmodi supplicationibus inclinati, discretioni tue per apostolica scripta mandamus, quatinus, si, vocatis preceptore et Iudeo predictis ac aliis qui fuerint evocandi, ita esse et huiusmodi concessionem, si fiat, in evidentem utilitatem ipsorum domus et preceptorie cedere reppereris, super quo tuam conscienciam oneramus, firmam sive arrendam predictam ipsi Iudeo, quavis etiam auctoritate factam, auctoritate nostra casses et revoces nulliusque decernas existere firmitatis, ipsumque casale dicto Didaco sub huiusmodi congruenti censu sive canone per ipsum dicto preceptori annis prefatis persolvendo, eadem auctoritate nostra concedas. Non obstantibus... Dat. Laterani, undecimo Kalendas Novembris, anno decimo.

Source: ASV, Reg. Lat. 268, fols. 199v–200r.

651   Rome, 11 March 1428

Approval of petition submitted by Meyerius de Volobrica, alias Senhemage, a Jew in Malaucène, to confirm to him the long-term lease of two plots of land.

Beatissime pater. Cum nobilis vir Thomas de la Merlia, quondam vestri comitatus Venayssini thesaurarius, dederit et concesserit Meyerio de Volobrica, alias Senhemage, Iudeo habitatori loci de Malaucena, vestri predicti comitatus ad novum accappitum[!], sive in emphiteusim perpetuam, possessiones sequentes: primo, quandam terram seminis quinque saumatarum vel circa, vulgariter nuncupatam de Raychassat; item, quandam aliam terram

seminis duarum saumatarum vel circa, vulgariter nuncupatam Prat Granet[?],
iuxta seu prope dictam terram existentem, sitas in territorio predicti loci de
Malaucena, quas hic habere dignemini pro sufficienter expressis, retento
super eisdem possessionibus dominio directo et certo censu seu servitio annuo
ac perpetuo canone annis singulis camere vestre apostolice comitatus predicti
solvendis; supplicat igitur idem Meyerius eidem sanctitati vestre, quatinus
huiusmodi concessionem sibi, ut prefertur, factam, ratam et firmam habentes,
ex certa sciencia confirmare ac de novo eidem misericorditer concedere
dignemini; constitutionibus apostolicis ceterisque contrariis non obstantibus
quibuscumque, et cum clausulis oportunis. Fiat et committatur camerario.
O[tto Colonna]. Dat. Rome, apud Sanctos Apostolos, quinto Idus Marcii,
anno undecimo.

Source: ASV, Reg. Suppl. 230, fol. 14r-v.

Note: On the Jews in Malaucène, see Gross, *Gallia Judaica*, pp. 360f.

652   Rome, 19 March 1428

Approval of petition submitted by the rector of the church of St. Jacob
outside Beja, which had been destroyed during a war, on orders of the king of
Portugal, and had been rebuilt in a former synagogue, to grant indulgences to
those who should assist in the rebuilding and endowing of the church and of a
suitable cemetery, and permission to levy fines for the same purposes upon
clerics beneficed in that church, who fail to reside.

Beatissime pater. Dudum regni Portugalie guerris durantibus, illustrissimus
princeps, dominus rex Portugalie existens, quandam notabilem parrochialem
ecclesiam Sancti Iacobi, extra muros opidi de Begia, Elborensis diocesis,
sitam, pocius inimicorum quam ipsius parrochianorum receptaculum fore
considerans, pro conservacione patrie ac Christifidelium in ea degencium,
eandem ecclesiam demoliri, ipsaque demolita, aliam in synagoga Iudeorum de
novo, in qua Christifidelibus ecclesiastica sacramenta ministrari deberent,
edificari mandavit; in qua quidem sic edificata, nondum locus aut cymiterium
ad ecclesiasticam sepulturam decedentibus parrochianis ministrandam fuit
deputatus; quin ymo in cymiterio ecclesie predicte, ut premittitur, demolite,
corpora huiusmodi decedencium oporteat sepeliri, in parrochianorum ac
rectorum eorundem non modicum fastidium; quin ymo propter hec inter
clerum et populum iurgia, divisiones et scandala sepius suscitantur ac
Christifidelium non modicum tepescit devocio; ad sedandum igitur iurgia,
divisiones et scandala predicta, populumque ad devocionem reducendum et in

ea manutenendum, devotus vester orator Rodericus Laurencii, ipsius ecclesie rector, premissis attentis, parrochianis ac ecclesie predicte sua possibilitate subventura territorium ad ecclesiasticam huiusmodi sepulturam faciendam ecclesie ac parrochianis ipsis congruam, acquirere, eandemque in suis partibus ac ornamentis ecclesiasticis, quibus indigere dinoscitur, subvenire cupit et intendit, quod per se ipsum commode, sine Christifidelium pro caritatis subsidio, facere, nequit; et ut ad id fortunis animentur, quo magis ex hoc animarum commodum se speraverint adipisci, supplicat sanctitati vestre dictus Rodericus rector, quatinus omnibus et singulis vere penitentibus et confessis, dictam ecclesiam visitantibus, et ad reparacionem, manutenenciam et augmentacionem eiusdem ac huiusmodi cymiterii acquisicionem manus porrigentibus adiutrices, aut pia caritatis subsidia largientibus, septem annos et totidem quadragenas in Sancti Iacobi et aliis diebus et festivitatibus per cancellariam sanctitatis vestre dari consuetis, de iniunctis sibi penitenciis, in Domino misericorditer relaxare dignemini; constitutionibus et ordinationibus apostolicis ceterisque contrariis non obstantibus quibuscumque, cum clausulis oportunis. Item, beatissime pater, cum propter virorum ecclesiasticorum carenciam in ecclesia predicta divinus cultus nimium diminutus existit eritque successu temporis peramplius, nisi per sanctitatem vestram providenter de remedio subveniatur oportuno, et cum per inibi beneficiatos quam per alios ipsum verisimilius[?] videatur adaugeri debere, supplicat sanctitati vestre dictus Rodericus rector, quatenus omnes et singulos porcionarios ac in dicta ecclesia quovismodo beneficiatos pro tempore existentes, ad personaliter in eadem residendum ac horis canonicis et divinis officiis interessendum astringere, et astringi et compellere, ac per ipsius ecclesie rectorem pro tempore existentem astringi et compelli posse et debere, alias quidem fructus etc. porcionum aut beneficiorum suorum huiusmodi, quamdiu divinis inibi celebrandis officiis non interfuerint, privari, ipsosque fructus etc. ad huiusmodi divini cultus augmentacionem aut ipsius ecclesie fabricam secundum ipsius rectoris discretionem applicare et applicari cedereque debere, decernere dignemini; non obstante, quod ipsis aut eorum aliquibus, ut fructus etc. porcionum aut beneficiorum huiusmodi generali studio aliquo beneficiorum suorum aut alio quocumque honesto loco residentes percipere possent, per sedem apostolicam sit generaliter vel specialiter indultum seu imposterum indulgeri contingat, etiam si de indulto huiusmodi specialem et expressam ac de verbo ad verbum in presentibus oporteret facere mencionem, voluntate et decreto in eisdem appositis; constitutionibus et ordinationibus apostolicis, statutis et consuetudinibus, ceterisque contrariis non obstantibus quibuscumque, cum clausulis oportunis. Fiat de utroque in forma. O[tto Colonna]. Datum Rome, apud Sanctos Apostolos, quarto decimo Kalendas Aprilis, anno undecimo.

Source: ASV, Reg. Suppl. 225, fols. 86v–87r.

653   Rome, 11 April 1428

Approval of petition submitted by Albertus Martini de Perchtolstorf, a priest
in the diocese of Passau, to absolve him of all guilt in connection with the
death of a Jew or with the payments which he had made to papal officials and
to the bishop who had ordained him to his last two orders. Before he had taken
holy orders, Albertus had been present at the torture of a Jew, pressed to
divulge the whereabouts of some money, who had died as a result of it.
Albertus had been given dispensation before obtaining lower orders, but he
had qualms about the validity of the dispensation and about the manner in
which he had obtained higher orders. Penitence is imposed on Albertus.

Beatissime pater. Exponit sanctitati vestre humilis et devota creatura
sanctitatis eiusdem, Albertus Martini de Perchtolstorf, presbiter Pataviensis
diocesis, quod ipse olim torture sive questionibus, ubi quidam Iudeus super
exhibendis et ostendendis pecuniis suis examinatus fuerat, et de qua tortura
postmodum infra paucos dies, ut dicitur, expiravit, personaliter interfuit, et
ad torturam ipsam cum complacencia animi sui dumtaxat, cum illam alias
non posset promovere vel impedire, consensum prebuit et favorem; et ultra
hoc, quantum memorari potest, ex inadvertencia quadam in hec vel similia
verba prorupit dicendo, si ille Iudeus ultra torqueretur, ipse bene diceret ubi
pecunia sua iacet; cumque postmodum ipse A., qui tunc purus laicus existebat,
ex devocionis fervore cuperet ad sacerdocium promoveri, apostolicam sedem
propter premissa personaliter adiit, apud quem[!] dispensacione super eisdem
premissis per eum obtenta, similiter apud sedem eandem ad omnes minores
ad[!] sacros ordines alias tamen rite promotus fuit, et in illis eciam subsequenter
pluries ministravit divina officia celebrando et alias immiscendo eisdem;
tandem vero idem A. cum aliorum doctrina et consiliis peritior effectus,
dictam dispensacionem diligentius intuens, nullam de consensu suo seu favore,
ut prefertur, torture dicti Iudei per ipsum prestitos, ac prolacione verborum
premissorum per eum ex inadvertencia prolatorum in ea reperiens factam
mencionem expresse, quamvis per ea nullatenus nocere dicti[!] Iudei[!]
intenderet, nec ex tortura tunc ipsi Iudeo applicata, iuxta communem legem,
credebatur mortem sequi debere, nec fuerit ipse Iudeus propter consensum et
verba ipsius A. graviora[!] tortura afflictus vel punitus; idcirco dubitat ipse A.
dictam dispensacionem ob non expressionem premissorum viribus non
subsistere, et propterea, ac eciam ex eo, quod post promocionem suam ad
ordines supradictos, cuidam notario camere pro litteris testimonialibus sive
formatis, ac examinatori qui ipsum examinaverat, necnon cuidam alteri, qui
commissionem super examinacione ipsius A. impetravit, ac episcopo, qui ad
ultimos duos ordines ipsum promovit, certas pecunias, quas ab ipso tamquam
ex solito debitas exegerant, nulla tamen promissione vel condicione precedente
vel pacto interveniente, persolvit, conscientiam habet graviter lesam, pro

cuius remedio et serenatione ad dictam sedem et vestram sanctitatem iterato personaliter accessit, supplicans humiliter et devote, quatinus sibi, ut minor penitentiarius eiusdem sanctitatis, quem elegerit, ipsum A. a reatu homicidii, si quod ex consensu et favore ad torturam dicti Iudei prestitis ac prolacione verborum per eum prolatorum, ut prefertur, incurrit, necnon a symonie labe, quam timet se occasione solucionis dictarum pecuniarum, ut premittitur, incurrisse, ac excessibus huiusmodi ac peccatis suis aliis, eciam si talia forent, propter que s. v. foret specialiter requirenda, necnon a quibuscumque excommunicationis, suspensionis et interdicti sententiis, censuris et penis aliis, si quibus forsan per legatorum sedis predicte, aut generales, provinciales seu synodales constitutiones, ordinationes et statuta alia quecumque et qualiacumque, a iure vel ab homine generaliter promulgatis, ligatus censeatur, absolvere, secumque super irregularitate et inhabilitate occasione premissorum consensus et favoris prestacionis ac verborum prolacionis, aut quod dictis sententiis vel aliqua earum ligatus, divina officia, non tamen in contemptum clavium, celebraverit, aut illis se immiscuerit, per eum forsan contractam[!], necnon super dictorum per eum susceptorum ordinum execucione dispensare, omnem quoque inhabilitatis et infamie maculam sive notam per premissa seu eorum aliquod, sive alias undecumque contractam et commissam, abolere, in foro consciencie dumtaxat possit et valeat, absque aliquarum super presentibus confectione litterarum, dignemini misericorditer concedere de gratia speciali; apostolicis et aliis quibuscumque constitutionibus et ordinationibus ceterisque contrariis non obstantibus quibuscumque. Fiat ut petitur, imposita penitentia. O[tto Colonna]. Dat. Rome, apud Sanctos Apostolos, tertio Idus Aprilis, anno undecimo.

Source: ASV, Reg. Suppl. 225, fol. 26r-v.

654   Rome, 29 April 1428

Approval of petition submitted by the rector and clerics of St. Peter in Cisneros to incorporate into their church a chapel which had been a synagogue prior to the conversion of the local Jews.

Beatissime pater. Exponitur sanctitati vestre pro parte humilium et devotorum vestrorum rectoris et clericorum, perpetuorum beneficiatorum in parrochiali ecclesia Sancti Petri ville de Cisneros, Legionensis diocesis, quod, cum olim Iudei in dicta villa moram trahentes, haberent infra limites parrochie dicte ecclesie quandam synagogam seu domum orationis, Dei gratia postquam ad gremium Sancte Matris Ecclesie et fidem Catholicam sunt conversi facta extitit capella, et sub honore et vocabulo Sancti Iacobi apostoli consecrata. Cum autem, pater sancte, dicta capella redditus aliquos non habeat, nec in ea est aliquod beneficium institutum, nec qui celebret officium, nisi devocione inbutus, supplicatur igitur s. v. pro parte ipsorum rectoris et clericorum humiliter, quatenus dictam capellam prefate ecclesie annectere et incorporare perpetuo, misericorditer dignemini de gratia speciali; in contrarium facientibus non obstantibus quibuscumque, et cum clausulis oportunis. Fiat ut petitur et committatur. O[tto Colonna]. Dat. Rome, apud Sanctos Apostolos, tercio Kalendas Maii, anno undecimo.

Source: ASV, Reg. Suppl. 225, fols. 230v–231r.

Note: On the construction of the chapel in place of the synagogue, see above, Doc. **558**.

655   Rome, 26 May 1428

Mandate to Thibaud de Rougemont, archbishop of Besançon, to publish the revocation of those parts of the charter of privileges granted the town of Toul by Emperor Sigismund which infringed on the rights of the clergy, and to compel the town to erase them from their records. The objectionable provisions were the subjection of the clergy to the townspeople in matters of taxation, collection of debts and the like; and permission to Jews and moneylenders to enter Toul to ply their trade, in violation of the dean's and chapter's traditional jurisdiction over usury.

Martinus etc. venerabili fratri archiepiscopo Bisuntino, salutem etc. Inter cetera, quibus apostolicam decet intendere providenciam, id precipuam deposcit instantiam, ut eius opera solertie singulis ecclesiis et personis ecclesiasticis, quas damnis et iacturis affici comperit, sublevaminis presidiale succedat antidotum, per quod huiusmodi ecclesie et persone preserventur a noxiis, et prosperis iugiter divine operacionis ministerio proficiant incrementis. Sane, pro parte dilectorum filiorum decani et capituli ecclesie Tullensis, Romane Ecclesie immediate subiecte, necnon cleri civitatis Tullensis, nobis exhibita peticio continebat, quod plerique ex dilectis filiis magistro, scabinis, necnon iusticiariis, civibus, habitatoribus et incolis civitatis predicte, quorum caritas et devocio plurimum refrigescere cernuntur, minus consulte firmare et astruere satagunt quod carissimus in Christo filius noster Sigismundus, Romanorum rex illustris, magistro, scabinis, civibus, habitatoribus et incolis prefatis eciam antea eis concessa privilegia confirmans, per suas litteras concessit, quod ipsi debitores eorum, cuiuscumque dignitatis seu condicionis sint, cum suis bonis et personis, pro debitis in dicta civitate, quotiens ad illa declinaverint, arrestare et usque ad huiusmodi debitorum satisfactionem retinere, ac pro reparacionibus murorum, fossatorum et custodia civitatis eiusdem et illius supportandis oneribus, super omnibus hereditagiis, domibus et habitacionibus infra muros et sub custodia huiusmodi consistentibus, tallias et collectas quibusvis personis, eciam ecclesiasticis, quociens eis videbitur, imponere ab illisque levare, et quascumque domos et possessiones infra dictam civitatem ad ruinam tendentes, certis proclamationibus previis, reparare et sibi vendicare, ac omnes et singulos census necnon redditus in hereditagiis, domibus et possessionibus civitatis predicte et districtus eiusdem, etiam ecclesiasticis personis pro tempore debitos, qui ecclesiis et beneficiis in earum fundacionibus appropriati non fuerunt, eciam si dictis ecclesiis et ecclesiasticis personis ex testamento vel donatione concessa sint, pro preciis, quibus vendi consueverunt, seu minori, quo haberi possint valore, reemere et recuperare, necnon Iudeos et num[m]ularios undecumque venerint, in dicta civitate recipere ac retinere et ab ipsis pensiones aliaque commoda recipere et exigere, et si magistro, scabinis ac civibus predictis visum fuerit, etiam ipsi mensam nummulariam in dicta civitate ad eius utilitatem tenere seu per quoscumque teneri facere valeant, ad eos quoque super Iudeos et nummularios predictos eorumque familiares iurisdictio et dominium, suarumque causarum cognicio et bonorum confiscacio debeant pertinere, nonnullis adiectis aliis, prout in dictis litteris dicitur plenius contineri. Cum autem, sicut eadem peticio subiungebat, nonnunquam diversi decani, capituli ac cleri, predictorum sive aliquorum ex eis subditi, et qui coram eis dumtaxat in civilibus causis iudicio sisti tenentur, ipsorum civium debitores sint, et ex quorum inibi arrestacione et detencione prefati cives eorundem decani, capituli ac cleri, sive ex illis aliquorum iurisdictionem infringerent ac usurpent, pluresque ex ipsis domibus et possessionibus, quas magistri necnon scabini, iusticiarii et cives predicti occasione ruine huiusmodi vendicare sibi molirentur, ad dictas ecclesias personasque ecclesiasticas pertineant, et si census ac redditus premissi pro huiusmodi preciis sive valore reemi et recuperari possent, ut prefertur, omnia inibi ecclesiastica beneficia fere potioribus suis facultatibus passim redderentur destituta, in ipsa quoque mensa usure consueverint exerceri, necnon huiusmodi civilium cognicio causarum quoscunque, eciam si Iudei forent, in quibusdam dicte civitatis locis moram trahentes pro tempore contingencium, ad eosdem decanum et capitulum, de antiqua et approbata hactenusque pacifice observata consuetudine, pertinere noscatur, ipsique magister, scabini, iusticiarii et cives, pretendentes eorum super huiusmodi privilegiorum et concessionum obtinenda confirmacione peticionem per nos signatam fore, dictis concessionibus et litteris tenacius inherentes, illarum occasione nonnulla contra libertatem ecclesiasticam et huiusmodi iurisdic-tionem, inibi in grave ipsorum decani, capituli et cleri preiudicium et dispendium, attemptare prosequique conentur, pro parte decani, capituli et cleri predictorum nobis fuit humiliter supplicatum, ut eis super premissis oportune providere, de benignitate apostolica dignaremur. Nos itaque, attendentes, quod plereque ex ipsis concessionibus et litteris, si que sint, nedum huiusmodi ecclesiastice libertati derogare, sed et evidentem, potissime in eo, quod in dicta mensa usure exerceri possint, peccati materiam fovere noscuntur, et propterea, ne earum pretextu ecclesiis et personis ecclesiasticis predictis inferantur gravamina, necnon aliarum animarum pericula peramplius instaurentur, super hiis, prout ex pastoralis officii debito tenemur, oportune providere volentes, huiusmodi quoque supplicationibus inclinati, concessiones et litteras predictas in eis partibus, quibus magistrum, scabinos, iusticiarios et cives prefatos ipsis ecclesiasticis personis tallias et collectas, quotiens eis videbitur, imponere et ab illis levare, necnon domos et possessiones ad ecclesias et personas ecclesiasticas spectantes occasione ruine huiusmodi sibi vendicare, et pro predictis exercendis usuris mensam nummulariam huiusmodi tenere seu per alios teneri facere posse, continere videntur, et in quantum per illas magister, scabini, iusticiarii et cives, eorundem decani, capituli et cleri sive alicuius ex ipsis iurisdictionem infringerent vel usurparent, necnon ecclesie et persone ex premissis reemptione et recuperatione lederentur, ac usure huiusmodi in ipsa mensa permitterentur exerceri, et quecumque inde secuta, auctoritate apostolica nullius decernimus existere firmitatis, et, quatinus de facto processerunt, revocamus, cassamusque et irritamus, tibi nichilominus per apostolica scripta mandantes, quatinus huiusmodi constitutionem, revocacionem, cassacionem et irritacionem, ubi et quando expedire videris, eadem auctoritate solemniter publicans, magistro, scabinis, iusticiariis et civibus prefatis, sub excommunicacionis et aliis congruentibus de quibus tibi videbitur penis, moneas, ac mandes eisdem, ut infra competentem, quem eis ad id prefixeris terminum, concessiones et litteras predictas, quo ad eas partes in quibus illas revocavimus, ut prefertur, de suis libris in quibus forsan inscripte sunt, omnino deleant ac tibi de huiusmodi delecione fidem faciant, alioquin illos ex dictis magistro, scabinis, iusticiariis et civibus, qui huiusmodi monicioni tuisque mandatis, quantum in eis fuerit, contumaciter non paruerint, predictas incidisse sententias, eadem auctoritate declares, non permittens ecclesiis, clero et personis ecclesiasticis prefatis vel cuiquam eorum, quotiens super hoc pro parte ipsorum alicuius requisitus fueris, pretextu revocatarum concessionum et litterarum huiusmodi a quoquam damna, iniurias vel iacturas quomodolibet irrogari. Contradictores per censuram ecclesiasticam etc. Non obstante... Dat. Rome, apud Sanctos Apostolos, septimo Kalendas Iunii, anno undecimo.

Source: ASV, Reg. Lat. 283, fols. 74r–75v.

Note: On the Jews in Toul, see Gross, *Gallia Judaica*, pp. 211f.

656   Rome, 25 June 1428

Approval of petition presented by Alvarus Martini, a Carmelite in Castile who preaches to Jews, Moslems and other infidels to convert, to preach also in the duchy of Biscay, and faculty to grant absolution to converts even in special cases.

Beatissime pater. Exponitur sanctitati vestre pro parte devoti oratoris vestri fratris Alvari Martini, in theologia magistri, ordinis Carmelitarum, in regno Castelle constituti, quod, cum ipse iam, diu per longa tempora, in predicto regno et aliis regnis verbum Dei predicando, Iudeos, Sarracenos et alios infideles ad fidem Catholicam reducendo et convertendo institerit et adhuc insistere intendit, cum adiutorio Summi Creatoris, Dei, auctoritateque beatitudinis sanctitatis vestre speret multum proficere; supplicatur igitur, eidem vestre sanctitati pro parte dicti Alvari, quatinus sibi specialem gratiam facientes, ut officium predicationis verbi Dei in tota patria Bischaya ad huiusmodi Iudeos, Sarracenos et alios infideles, ut ipsos ad fidem Ihesu Christi Domini nostri reducere possit, misericorditer concedere dignemini de gratia speciali; et nichilominus, quoscumque Iudeorum, Sarracenorum et infidelium predictorum, qui conversi et ad fidem Christi reducti fuerint, etiam in casibus specialibus absolvere possit et valeat, similiter concedere; necnon interdum propter parvitatem ecclesie, ad finem, ut totus populus missam audiat et Deum videat, liceat celebrare in cimiterio ecclesie vel in campo, in loco amplo et spatioso, tempore tamen debito et congruo, etiam altare portatile uti possit, ad quod[?] licentiam et facultatem concedere dignemini de gratia speciali; in contrarium facientibus non obstantibus quibuscumque, et cum clausulis oportunis. Fiat ut petitur, ad quinquennium. O[tto Colonna]. Datum Rome, apud Sanctos Apostolos, septimo Kalendas Iulii, anno undecimo.

Source: ASV, Reg. Suppl. 226, fols. 290v–291r.

657   Genazzano, 18 August 1428

Mandate, if the facts are established, to the provost of St. Martin in Pressburg to compel the brothers Werach and Nachmen de Eyslenis, Hyers Smerlem of Neustadt and some other Jews in the diocese of Salzburg to refund interest allegedly collected from the brothers Peregrinus and Johannes, barons Puchaym (Puchheim), who fear that powerful friends of the Jews will not allow them to obtain justice in Salzburg.

Martinus etc. dilecto filio preposito ecclesie Sancti Martini Posoniensis, Strigoniensis diocesis, salutem etc. Exhibita nobis pro parte dilectorum filiorum, nobilium virorum Peregrini et Iohannis, fratrum, baronum baronie de Puchaym, Pataviensis diocesis, peticio continebat, quod Werach et Nachmen, dicti de Eyslenis, fratres, ac Hyers Smerlem de Novacivitate, et quidam alii Iudei Salzeburgensis diocesis, multa ab ipsis baronibus extorserunt et adhuc extorquere non verentur per usurariam pravitatem; sed ipsi barones, propter potenciam nonnullorum ecclesiasticarum et secularium personarum, eisdem Iudeis faventium, dubitant in civitate vel dicta diocesi Salzeburgensi de ipsis Iudeis non posse consequi iustitie complementum; quare pro parte eorundem baronum nobis fuit humiliter supplicatum, ut causam et causas, quam et quas ipsi eisdem Iudeis communiter vel divisim super restitucione usurarum huiusmodi movere intendunt, alicui probo viro in partibus illis committere, de benignitate apostolica dignaremur. Nos itaque, huiusmodi supplicacionibus inclinati, discretioni tue per apostolica scripta mandamus, quatinus, vocatis dictis Iudeis et aliis qui fuerint evocandi, si ita esse inveneris, dictos Iudeos, ut sua sorte contenti sint, et ablata per usurariam pravitatem huiusmodi baronibus restituant antedictis, et ab usuraria exactione desistant, monitione premissa, per subtractionem communionis fidelium, appellacione remota, compellere procures. Testes autem... Non obstantibus... Dat. Genezani, Penestrine diocesis, quinto decimo Kalendas Septembris, anno undecimo.

Source: ASV, Reg. Lat. 283, fol. 274r.

Note: On the Jews in Salzburg, see Altmann, *Salzburg* 1, *passim*.

657a   Genazzano, 18 August 1428

Approval of petition submitted by Benedictus Dandulo, Venetian consul in Alexandria, on behalf of the Venetian merchants there, to allow Lazarus, a Jewish physician of Crete, to treat Christians in Alexandria and in Egypt.

Beatissime pater. Exponitur sanctitati vestre pro parte nobilis viri Benedicti Dandulo, pro serenissimo dominio Venetiarum consulis electi, et mercatorum Venetorum in partibus Alexandrie, quod cum ipsi careant medico et persona perita in medicina in partibus predictis, que tempore eorum egritudinibus possit de oportuno subventionis remedio providere, ob quod mercatores huiusmodi in maximo periculo sunt constituti, idcirco, cognita et prospecta virtute, sufficientia et legalitate egregii medici doctoris magistri Lazari, Ebrei, civis Cretensis, qui, licet Ebraicam legem servet, tamen conversatione Christicola reputari potest, cum ipse quasi continuo cum Christianis conversetur, ipsos in eorum sanitate et egritudinibus visitando; quare supplicatur pro parte consulis et mercatorum prefatorum eidem sanctitati, quatenus dignetur de gratia speciali concedere eidem magistro Lazaro quod, non obstantibus quibuscumque in contrarium editis, possit stare et habitare in dicto loco Alexandrie et mederi dictis consuli et merchatoribus, et aliis qui per tempora Christianis se ad dictum locum recipient; qui quidem magister Lazarus alias pro medico stetit in dicto loco Alexandrie quinque annis et in Rodo septem annis servivit religioni fratrum [Ms.: feriorum] Sancti Iohannis et in civitate Cretensi multo tempore continue conversando et visitando in dictis locis cives Christianos in eisdem commorantes adeo caritative, ac si unusquisque sibi in parentela fuisset proximus; propter quod ab omnibus locorum predictorum et aliis eum cognoscentibus unice diligitur et amatur. Insuper, pro eodem supplicatur, ut ultra predicta, sibi magistro Lazaro concedatur, quod etiam in aliis partibus Sorie possit, quotiens oportunum fuerit, cives devotos et alios mercatores Christianos in arte sua visitare ac ipsis mederi ac subvenire, cum in ipsis partibus Alexandrie et Sorie, non reperitur aliquis medicus Christianus, ac in aliis quibuscumque partibus Christianos possit dictam suam artem exercere; cum non obstantibus, consuetudinibus, statutis, legibus in contrarium facientibus quibuscumque; cum clausulis oportunis. Fiat. O[tto Colonna]. Datum Genezani, Penestrine diocesis, quintodecimo Kalendas Septembris, anno undecimo.

Source: ASV, Reg. Suppl. 228, fols. 235v–236r.

Publication: Tautu, *Acta Martini V* 2, pp. 847f.

658   Rome, 13 February 1429

Prohibition to preachers, including friars, in Italy to hold forth against the Jews and to rouse the Christian populace against them; confirmation of privileges granted to Jews; and threat of excommunication to transgressors.

Martinus episcopus, servus servorum Dei. Ad futuram rei memoriam. Quamquam Iudei, quos in diversis mundi partibus constitutos Sacrosancta tolerat Ecclesia in testimonium Iesu Christi, in sua magis velint duritia et cecitate perdurare, quam prophetarum verba et sanctarum scripturarum arcana cognoscere et ad Christiane fidei et salutis notitiam pervenire, quia tamen in suis necessitatibus nostra presidia et favores interpellant, nos eis pietatis Christiane mansuetudinem et clementiam non intendimus denegare, ut huiusmodi pietate allecti, suos recognoscant errores, et superna gratia illustrati, tamquam ad verum, quod Christus est, lumen properent charitatis. Sane, pro parte universorum Hebreorum in partibus Italie commorantium querelas nuper accepimus continentes, quod nonnulli predicatores verbi Dei, tam Mendicantium, quam etiam aliorum ordinum confessores partium diversarum, in suis ad populum sermonibus, Christianis inter alia inhibent per expressum, ut fugiant et evitent consortia Iudeorum, nec cum eis quoquo modo participent aut cum illis conversentur, ipsis panem coquere, ignem ac aliquid ad laborandum ministrare seu et[!] ab illis recipere nullatenus audeant vel presumant, contrafacientes gravibus excommunicationum sententiis et aliis censuris ecclesiasticis eo ipso fore innodatos, affirmando, plerique etiam Christiani Christiana pietate et clementia abutentes, ipsos Iudeos exactionare, suisque bonis et substantia spoliare valeant, diversos contra eos excessus et delicta, mortalitates et alias calamitates in Christiano populo, ut asserunt, non decentes confringere[?] non formidentur. Unde sepius Christiani ipsi contra Iudeos surgunt et excitantur, eosque verbis iniuriosis afficiunt, cedunt et verberant, aliaque varia in eos scandala generantur, ac Iudeis ipsis, qui se, si pie et humane tractarentur, forsan ad Christianam religionem converterent, materia datur in sua duritia diutiusque manere; quare pro parte dictorum Iudeorum nobis fuit humiliter supplicatum, ut eis super iis opportune providere, de benignitate apostolica dignaremur. Nos igitur, considerantes rationi fore consonum, quod sicut Iudeis licitum non existit in suis sinagogis ultra quam permissum est presumere, ita in iis, que a iure concessa sunt, ipsis nullum detur preiudicium substinere, quodque religioni convenit Christiane Iudeis eo libentius contra ipsorum persecutores prestare presidium, quo speciales[!] sunt in testimonium orthodoxe fidei reservati, eorum testante propheta 'tunc reliquie salve fient', in hoc etiam diversorum predecessorum nostrorum Romanorum pontificum vestigiis inherendo, huiusmodi quoque supplicationibus inclinati, universis et singulis predicatoribus et professoribus predictis, necnon inquisitoribus heretice pravitatis aliisque fidelibus Christianis et personis ecclesiasticis et secularibus in partibus predictis constitutis, auctoritate apostolica, tenore presentium districtius inhibemus, ne videlicet predicatores de cetero talia, ut prefertur, vel similia contra Iudeos ipsos sine expressa ordinariorum locorum licentia et consensu ad Christianum populum predicare, nec contra eos Christianos huiusmodi suis sermonibus excitare, necnon inquisitores commissum officium contra Iudeos ipsos, nisi in debitis[!] heresis factoriam[!] sapientibus, ac illa seu quodvis aliud in fide Catholica detrimentum et scandalum generandi aut fundationem[?] aliquam quovis modo exercere seu procedere, ipsisque[!] et alii fideles Christiani et persone prefate utriusque sexus Iudeis in personis, rebus et bonis suis iniuriam, molestiam vel offensam aliquam inferre seu inferri facere, nec ipsos Iudeos sine culpa cedere, ludere[!], capere vel ad Christianorum divina officia

audienda invitos compellere, nec aliquem ex Iudeis eisdem, qui duodecimum
sue etatis annum nondum gerent, aut alias doli aut discretionis capax non
fuerit, sine expressa suorum parentum aut alterius eorumdem consensu et
voluntate, baptizare seu ad suscipiendum baptisma et coarctare, nec ipsos
Iudeos ad laborandum seu manualia sua opera facienda Sabatis et aliis
diebus, quibus suos ritus et leges celebrare consueverunt, constringere,
compellere, quominus eorum ceremoniis, ritus, leges et statuta observare,
illisque uti et gaudere valeant, quovis quesito colore audeant vel presumant,
sed eos humana consuetudine prosequantur atque pertractentur; volentes et
eadem auctoritate apostolica decernentes, quod ipsis Hebreis possit
familiaritas intercedere cum Christianis, preterquam in casibus a iure
prohibitis, in quibus familiaritatem huiusmodi prohibemus, et volumus, quod
possint alia commoda suscipere, et quasvis domus, terras et possessiones a
Christianis emere et conducere ab illis et locare et super omnibus premissis et
quibusvis aliis rebus possint cum Christianis convenire licite tamen et honeste,
et cum eisdem Christianis negotiari in suis nundinibus[!] et permutare, et
eorum studia et scholas frequentare et scientiam ediscere, que eisdem Hebreis
videbitur et quas a Christianis docti erunt, in terris, locis tamen Italie et ad illas
mittere, et sic, ut eis videbitur, suos filios, ut scientiis imbuantur, hoc tamen
pacto quod non legantur libri neque scripture Catholice fidei contrarie, sed ille
omnino recipiantur et repellantur, et quod possint manutenere eorum scholas
et sinagogas et illas restaurare, reformare et reparare, quodque possint aliqua
loca stabilia pro eorum sepoltura habere et tenere, simulque dicti Hebrei
possint gaudere et frui omnibus et singulis privilegiis, gratiis, concessionibus
et indultis ipsis tam a sede apostolica, quam a regibus et aliis principibus et
dominis, sed[!] quibusvis formis et tenoribus legitime tantum concessis; quas
concessiones et pacta vobis ipsis officialibus et magistratibus civitatum et
locorum, ubi vobis inhabitare contigerit facta, et facta, ita tamen, quod recta
sint et non contraria sacris constitutionibus, volumus ab omnibus inviolabiliter
servari et de ill[!]is libere et licite gaudere possitis, et quod omnes represalie
contra Iudeos ipsos a quibusvis personis, universitatibus, communitatibus et
civitatibus ex quavis causa contra eosdem Hebreos tam coniunctim quam
separatim indebite tantum facta et promulgata a quavis persona quacumque
auctoritate fungenti vel functura, contra ipsos Hebreos et eorum bona in locis,
ubi eis inhabitare contigerit, revocate sint, et in omnibus et singulis eorum
causis, dissentionibus et controversiis super quavis causa et negotio possint
illas per viam compromissi aut alias per lauda et arbitria eorum concordare;
volentes quod superiores locorum, ubi ipsis Hebreis residere contigerit pro
tempore, non possint eos secus constringere et contra formam omnium
supradictorum, mandantes eisdem, quod debeant a contrario desistere et se
abstinere, alias eos censuris et excommunicationibus supponimus et
submittimus; decernentes ulterius, quod causas, lites seu controversias pro
tempore orituras inter ipsos Hebreos, domini locorum, ubi huiusmodi lites

mote fuerint, videre, decidere ac terminare, ac videri, decidi et terminari facere ab eorum officialibus et ministris deputatis, de iure, summarie, simpliciter, de plano et sine figura iudicii, iustitiam ministrando et ministrari faciendo, nec aliter, quam equum est, eos inquietare, gravare, perturbare tam in causis civilibus et negotiis, quam criminalibus, quodque illi ministrorum, qui ab ipsis Hebreis suspecti allegati fuerunt, statim debeant eorum causas remittere superioribus locorum aut magistratibus supradictis, qui pro tempore erunt in ipsis locis, aut aliis iudicibus ipsis Hebreis benevisis, nec observationem premissorum et presentium eis impediant, que inviolabiliter observari volumus et mandamus; nec ab ipsis Hebreis procurent tributa, subsidia et impositiones, nec penas, nisi tantum a rebellis et delinquentibus, nec premissorum occasione eos capere et carcerare aut eorum carceribus mancipare, declarantes, quod pro rebellis reputabimus omnes hi, qui huiusmodi nostre constitutioni et voluntati contravenerint et contrafacient, et omnibus premissis, de quibus habenda esset specialis ac plena et expressa mentio, derogamus, non obstantibus; volentes tamen, quod illi tantum Hebrei presentibus et gratiis in huiusmodi contentis uti et frui possint, qui iis non abutentur, nec contra eos aliquando in contrarium machinabuntur. Nulli ergo... Datum Rome, apud Sanctos Apostolos, die 13. Februarii, pontificatus nostri anno duodecimo.

Source: AS, Siena, Diplomatico Riformationi, 13.2.1429.

Publication: *All'Illustrissima Congregazione*, fol. A1f.; Grayzel, *Sicut Judeis*, pp. 270f., notes 4, 1 (partly); Stern, *Urkundliche Beiträge* 1, pp. 38f.

Bibliography: Bardinet, *Condition*, p. 7; Browe, *Judenmission*, pp. 35f.; Esposito, *Ebrei a Roma*, p. 815; Grayzel, *Talmud*, p. 237; Hofer, *Johannes von Capestrano*, pp. 278f.; Rodocanachi, *Saint-Siège*, pp. 146f.; Simonsohn, *Kirchliche Judengesetzgebung*, pp. 35f.; Starr, *Johanna II*, p. 76; Vernet, *Martin V*, pp. 382f., 418; Vogelstein-Rieger, *Rom* 2, p. 8.

659   c. 9 March 1429

Prohibition to Christian shipmasters to transport Jews to Palestine in retaliation for the seizure by the Moslem authorities in Jerusalem, allegedly instigated by the Jews there, of a chapel and other property belonging to the Franciscan Order on Mount Zion. Imposition of a fine on the Jews in the March of Ancona to indemnify the Franciscans for their losses; and request to the government of Venice and Queen Johanna II of Naples to adopt similar measures.

Note: The text has not survived. The contents are known from the orders of the Venetian authorities and of Queen Johanna of Naples to put the Bull into effect. The Venetian Senate adopted a resolution to that effect on 4 June 1429: Capta. Cum per venerabilem virum fratrem Johannem Belocho, guardianum conventus Fratrum Minorum Montis Sion presentata fuerit nostro dominio quedam apostolica bulla, in qua inter cetera continetur, qualiter perfidi Judei existentes in partibus Terre Sancte, ex suburnatione facta admiratis et aliis officialibus Soldano subiectis, fecerant subtrahi a dicto monasterio capellam David et aliorum regum et prophetarum, querentes illam ad usum Judaice superstitionis convertere. Ob quod summus pontifex inhibuit omnibus qui mare navigant sub pena excommunicationis, quod non possint super eorum navigiis Judeum aliquem levare neque eorum res pro conducendo ad dictas partes, et requirit per ipsas bullas nostrum dominium sicut etiam requisivisse asseritur alios navigantes ad dicta loca, quod talem inhibitionem etiam a parte nostra velimus facere et mandare omnibus nostris subditis, quod eam observent sub pena que nobis videbitur. Vadit pars, quod auctoritate huius consilii mandari debeat omnibus patronis navigiorum nostrorum iturorum ad partes Soldano subiectas, quod non possint nec debeant Judeum aliquem neque bona et havere suum conducere ad dicta loca, sub pena ducatorum centum in propriis bonis suis, et privationis perpetue patroniarum omnium navigiorum nostrorum armatorum et disarmatorum et predicta committantur inquirenda et exequenda provisoribus nostri comunis, habentibus partem de penis pecuniarum ut de aliis sui officii, et sic mandetur etiam rectoribus nostrum partium Levantis, quod observent et faciant observari habendo partem de pena pecuniarum prout haberent provisores comunis. De parte 82 — de non 2 — non sinceri 2.

The order was sent also to the Venetian colonies overseas. The text was published by Lattes, *Divieto*, Graetz, *Verbot*, and Noiret, *Documents inédits*, p. 329, from Registri del Senato di Venezia, Senato Misti R. 57, 1428-1430, fol. 111r (Noiret has 1429). See also Starr, *Johanna II*, p. 77. Queen Johanna of Naples issued similar orders: Exequatur super bulla pontificia qua mandatur quod venerunt de partibus Terre Sancte Iohannes Beloco guardianus monasterii Fratrum Minorum in Monte Sion, et Nicolaus de Corintho, frater dicti monasterii, exponentes vexationes quas patiuntur a Saracenis ex instigatione Iudeorum, unde mandat omnibus mare navigantibus, ne Iudeos transportare presumant, et dirigitur officialibus civitatum Neapolis, Gaiete, Putheoli, Surrenti et Amalfie. The text was published by Minieri-Riccio, *Notizie storiche*, p. 92, from the Angevin Archives in Naples, Reg. 1423 (*sic*), fol. 192. The prohibition to transport Jews to Palestine remained in force at least until 1436; see below, Doc. **718**.

Bibliography: Braslawski, *Emigration of German Jews*; Cassuto, *Ebrei nell' Italia meridionale,* p. 339; Faraglia, *Giovanna II,* pp. 342f.; Ferorelli, *Ebrei nell' Italia meridionale,* p. 69; Graetz, *op. cit.*; Hofer, *Johannes von Capestrano,* pp. 132f.; Iorga, *Croisades* 1, p. 492, 2, pp. 232f., 254; Jacoby, *Vie juive en Crète,* p. 117; Lattes, *op. cit.*; Lemmens, *Franziskaner,* pp. 92f.; Minieri-Riccio, *loc. cit.*; Noiret, *loc. cit.*; Prawer, *Friars of Mount Zion,* pp. 15f.; Schulwas, *Immigration of German Jews;* Simonsohn, M., *Kirchliche Judengesetzgebung,* pp. 33f.; Simonsohn, S., *Divieto;* Starr, *op. cit.,* pp. 76f.; Vernet, *Martin V,* p. 419; Vogelstein-Rieger, *Rom* 2, p. 8; Wadding, *Annales* 10, pp. 141, 568f.

660*   Rome, 17 May 1429

Mandate to the officials in the Patrimony to try all suits filed by Leguccius Meluccii, a Jew of Viterbo, and his sons Moise and Benedictus by summary procedure, and not by the dilatory procedures normally in force.

Benedictus etc. reverendissimi etc. Universis et singulis officialibus tam clericis quam laycis, tam presentibus quam futuris in provincia Patrimonii beati Petri in Tuscia, per dominum nostrum papam constitutis et deputatis, salutem etc. De mandato sanctissimi in Christo patris et domini nostri, domini Martini, divina providentia pape quinti, super hoc vive vocis oraculo nobis facto, vobis et cuilibet vestrum presentium tenore committimus et mandamus, quatenus Leguccio Meluccii, Hebreo de Viterbio, ac Moisi et Benedicto, filiis suis, aut procuratori seu procuratoribus suis in omnibus litibus, causis et controversiis, quas moverunt seu movere intendunt contra quemcumque civem seu habitatorem civitatis Viterbiensis, cuiuscumque status, gradus et conditionis existat, ius summarium faciatis, ne per longa dispendia litigiorum distrahantur; statutis et ordinamentis provincie antedicte et aliis in contrarium editis vel facientibus, non obstantibus quibuscumque. In quorum etc. Dat. Rome, apud Sanctos Apostolos, sub anno a Nativitate Domini millesimo quadringentesimo vicesimo nono, indictione VII, die decima septima mensis Maii, pontificatus vero domini nostri pape prefati anno duodecimo.

Source: ASV, Arm. XXIX, vol. 11, fol. 275r-v.

Note: See following doc.

Bibliography: Vernet, *Martin V,* p. 418.

661*   Rome, 17 May 1429

Permission to Leguccius Meluccii, a Jew in Viterbo, and his sons Moise and Benedictus to transport goods, left with them in pawn, from Viterbo to other parts of the Patrimony. Customs officials must let them pass with the goods free of charge.

Universis etc. Benedictus etc. salutem etc. Universitati etc. quod nos de mandato sanctissimi in Christo patris et domini nostri, domini Martini, divina providentia pape quinti, super hoc vive vocis oraculo nobis facto, tenore presentium damus et concedimus Leguccio Meluccii, Hebreo de Viterbio, et Moysi et Benedicto, filiis suis, licentiam extrahendi de civitate Viterbiensi pannos, laneos et lineos, argentarias, lectos, supelectilia et alias res quaslibet suas proprias, aut penes eos pigneri positas, que secundum formam statutorum et conventionum cum hiis, qui pigneri posuerunt, initarum, seu alias de consuetudine, sive per lapsum temporis, eidem Leguccio et filiis suis predictis dictarum rerum sic pigneri positarum sit licita venditio, vel res ipse ceciderint in commissum, et transportandi seu transportari faciendi ad quascumque civitates, terras, castra et loca Patrimonii beati Petri in Tuscia; mandantes omnibus et singulis gabellariis in dictis civitatibus, terris et locis constitutis et deputatis, quatenus predicta omnia sic, ut premittitur, extrahenda et transportanda, eorumque vectores et eorum animalia, absque solutione alicuius dacii, passagii, oneris vel gabelle aliaque exactione quacumque, transire et expediri libere permittant. Volumus autem, et sic eis harum litterarum serie mandamus, quatenus omnia et singula que per eos extrahentur, diligenter notentur et scribantur per ipsos gabellarios, seu notari et scribi faciant, et ad nos et cameram apostolicam quam citius possunt transmittere non postponant. In quorum etc. Dat. Rome, apud Sanctos Apostolos, sub anno a Nativitate Domini millesimo quadringentesimo vicesimo nono, indictione VII, die decima septima mensis Maii, pontificatus vero domini nostri pape prefati anno duodecimo.

Source: ASV, Arm. XXIX, vol. 11, fols. 275v–276r.

Note: On the Jews in Viterbo, see Milano, *Ebrei a Viterbo*.

Bibliography: Vernet, *Martin V*, p. 418.

662*   Rome, 26 May 1429

Safe-conduct, valid for one year, granted Angelus Salomonis of Cori to visit
Rome, Cori, or any other place subject to the Roman Church. During that
time Angelus is to be immune from all criminal and civil actions which have
been instituted against him.

Universis etc. Benedictus etc. salutem etc. Universitati etc. quod nos de
mandato sanctissimi in Christo patris et domini nostri, domini Martini, divina
providentia pape quinti, super hoc vive vocis oraculo nobis facto, tenore
presentium damus et concedimus plenam securitatem ac tutum et liberum
salvum conductum Angelo Salo[mo]nis, habitatori terre Chore, veniendi ad
hanc almam Urbem et ad dictam terram Chore in eisque standi, morandi et
pernoctandi, undeque[!] recedendi et quocumque maluerit remeandi, ac per
quascumque civitates, terras, castra, pontes, passus et alia loca quecumque
domino nostro pape prefato Sancteque Romane Ecclesie subiecta, transeundi,
tute, libere et impune sine iniuria, lesione, molestia vel offensa eidem Angelo
per quoscumque quacumque occasione realiter vel personaliter quomodolibet
inferendis; accusacionibus, inquisicionibus, processibus, sentenciis, condem-
nacionibus et diffidacionibus contra eum formatis et factis et concessis, necnon
culpis, maleficiis, excessibus, criminibus vel delictis per eum commissis et
perpetratis, ac eciam debitis et obligacionibus et fideiussionibus per eum
contractis et factis, in contrarium editis vel facientibus, non obstantibus
quibuscumque; presentibus post lapsum unius anni a die date presencium in
antea computandi minime valituris. In quorum etc. Dat. Rome, apud Sanctos
Apostolos, sub anno a Nativitate Domini millesimo quadringentesimo
vicesimo nono, indictione septima, die vicesima sexta mensis Maii,
pontificatus vero domini nostri pape prefati anno duodecimo.

Source: ASV, Arm. XXIX, vol. 11, fol. 277r.

Note: See below, Doc. **684**.

Bibliography: Vernet, *Martin V*, p. 419.

662a   Rome, 7 June 1429

Approval of petition submitted by King Charles III of Navarre and Queen
Bianca on behalf of Johannes de Sancto Johanne, a Jewish convert, to confer
on the latter the titles of master and doctor of medicine, provided he is found

to be qualified. Johannes had practised medicine and had been in attendance on the kings of Navarre.

Beatissime pater. Cum devotus orator vester Iohannes de Sancto Iohanne, de lege Iudaica ad fidem Christianam et Catholicam a pluribus annis conversus, ac prefate regine phisicus, in scientia et arte medicine per plures annos studuerit et insudaverit et in ea gradum licentie meruit obtinere, illamque scientiam in regno Navarre ac curia regia etiam in personas regis et regine predictorum, necnon inclite memorie Caroli quondam regis Navarre dum viveret et aliorum principum, dominorum et diversorum aliorum a longis temporibus exercuerit et practicaverit prudenter, ac in illa adeo expertus existat, quod gradum magisterii in eadem facultate, secundum humanum iudicium expertorum, obtinere mereatur, supplicant igitur sanctitati vestre rex et regina prefati in personam dicti Io[hannis] phisici, quatenus eidem, ut in dicta facultate medicine gradum magisterii et doctoratus cum insigniis ad hoc requisitis, sub venerabili patre Didaco Garsie, in eadem medicina magistro et professore ac dicti regis medico, aut sub quocumque alio magistro et doctore in eadem facultate per ipsum eligendo, in presentia dictorum regis et regine et in quocumque loco honesto et ad hoc per ipsum Io[hannem] etiam eligendo, etiam aliis magistris, doctoribus et peritis in eadem facultate, prout expediens fuerit, tunc assistentibus, recipere, ipseque Didacus, vel doctor eligendus, gradum huiusmodi sibi impendere possint et valeant eidem Io[hanni] ad hoc reperto idoneo; ita etiam, quod ipse Io[hannes] omnibus et singulis privilegiis, prerogativis et libertatibus, quibus ceteri magistri et doctores in eadem facultate in universitatibus generalibus graduati, tam de iure quam de consuetudine quomodolibet gaudent et potiuntur, uti et gaudere valeat, concedere et indulgere dignemini; constitutionibus et ordinationibus apostolicis, ac statutis et consuetudinibus quarumcumque universitatum, etiam iuramento vallatis, ceterisque contrariis nequaquam obstantibus, et cum clausulis oportunis. Fiat ut petitur. O[tto Colonna]. Dat. Rome, apud Sanctos Apostolos, septimo Idus Iunii, anno duodecimo.

Source: ASV, Reg. Suppl. 245, fols. 75v–76r.

Publication: Tautu, *Acta Martini V* 2, pp. 1008f.

663   Rome, 20 June 1429

Approval of petition submitted by Stella, widow of Manuel Genetai in Rimini, to have the appeal in her lawsuit with Flora, daughter of the late Deodatus in

Ascoli, heard in Rimini. Flora had cited Stella before Peter Emigli, abbot of Rosazzo, in the diocese of Aquila, and papal vicar general in the March of Ancona, who had entrusted the case to Johannes de Mazancollis, podestà of Ascoli. Peter having died before the podestà handed down a verdict, the pope transferred the case to Louis Aleman, papal legate in Bologna, who in turn entrusted the hearing to Peter, abbot of Tremontibus (Intermontibus), of the Benedictine Order, in the diocese of Geneva, then in Bologna. He ruled in favour of Stella, and Flora appealed. The appeal was entrusted to John Angelo, bishop of Alatri, and was still pending. Stella is old and decrepit and is unable to travel, hence her petition.

Exponitur sanctitati vestre pro parte Stelle Iudee relicte quondam Manuelis Genetai, Iudei, in civitate Ariminensi moram trahentis, qualiter Fiora quondam Didati[!] Iudei nata, in civitate Exculana commorans, prefatam Stellam ut tutricem legiptimam et aviam paternam Manuelis et Abrae, filiorum quondam Beniamin, et Manuelis filii quondam Leonis, Ebreorum, primo, coram bone memorie Petro, quondam abbate monasterii de Rosacio, Aquilegensis diocesis, tunc in provincia Marchie Anconitane gubernatore, obtentu litterarum apostolicarum sanctitatis vestre, traxit in causam, petendo Stellam ipsam super quibusdam pecuniarum summis et rebus aliis tunc expressis, ex causa etiam tunc expressa, indebite condempnari et compelli; qui abbas, aliis prepeditus negociis, nobili viro Iohanni de Mazancollis, legum doctori, tunc potestati civitatis Esculane, super hiis commisit vices suas, et deinde in huiusmodi causa per eundem potestatem ad nonnullos actus, citra tamen conclusionem, inter partes ipsas processo, eodemque abbate interim defuncto, prefataque causa sic indecisa pendente, sanctitas vestra, ad instanciam dicte Fiore, causam huiusmodi ad se advocavit, illamque in eo statu, quo coram dicto potestate remanserat, reverendissimo domino L[udovico] cardinali Arelatensi, tunc in civitate Bononiensi apostolice sedis legato, audiendam commisit et fine debito terminandam, cum facultate, ut, si a sententia sua per ipsum vel illum cui causam[!] ipsam[!] loci sui committeretur, in ea ferenda, seu alias interim per aliquam parcium earundem ad sedem apostolicam contigerit appellari, ipse cardinalis causam appellacionis huiusmodi alicui ydoneo, absque alia dicte sedis commissione, usque ad finalem ipsius cause decisionem committeret decidendam; postmodum venerabilis vir Petrus, abbas monasterii de Tremontibus, Gebennensis diocesis, tunc in dicta civitate Bononiensi residens, cui idem cardinalis super hiis vices suas commisit, pretextu litterarum advocationis huiusmodi et commissionis sibi facte, legiptime in ipsa causa procedens, diffinitivam tandem pro dicta Stella et contra dictam Fiorem actricem sententiam promulgavit, a qua dicta Fiora ad sedem appellasse dicitur eandem, et sanctitati vestre pro eiusdem Fiore parte humiliter supplicato, denuo causam appellationis huiusmodi sanctitas vestra ad ipsius Fiore instanciam, reverendo patri, domino episcopo

Alatrino, in provincia supradicta thesaurario, audiendam, ut asseratur[!], commisit, et fine debito terminandam, in qua tamen usque nunc non creditur ad aliquod in dicta lite processum. Cum autem, pater sancte, eidem Stelle, que senex est et decrepitam agit etatem, ac in eisdem pupillis, quorum etas parva ac imbecile et infirmum consilium, et quibus misericorditer debet subveniri, sit valde gravissimum codices racionum suarum, instrumenta, contractus, et alia eorum iura, non absque gravi periculo admissionis[!] eorum, ad tam varia et diversa loca portare, transire et decedere ex causa litigii huiusmodi, sitque iuri consonum, racionabile reum in loco dicte civitatis Ariminensis, ubi plenarie ipsa Fiora consequi potest ius, si quod habet, tam adversus Stellam quam pupillos prefatos, et totius iusticie complementum, quare pro parte Stelle et pupillorum predictorum sanctitati vestre humiliter supplicatur, quatinus dignemini causam appellacionis huiusmodi eidem thesaurario vel cuicumque alteri, ut asseritur, facte et commisse, ad vos advocare, eamque sic advocatam alicui ydoneo in civitate vel diocesi Ariminensi committere audiendam et fine debito terminandam et decidendam, cum omnibus et singulis incidentibus, emergentibus, dependentibus et connexis, et cum potestate alteram parcium predictarum, que contra premissa et conventa inter eas quomodolibet contravenissent aut contravenirent, in penam quantitatis pecuniarum stipulatam et promissa[!] solempniter condempnandi, et penam huiusmodi condempnacionis solvi faciendi, et in penam dicte Fiore, que tot et diversis locis eandem tutricem et pupillos fatigavit cum satis verisimile sit ex eo quod iam, ut premittitur, ipsa Fiora subcubuit de non bono iure suo, decernere et declarare, quod extra civitatem et diocesim Ariminensem de dicta causa cognosci non possit; non obstante dicta commissione appellacionis huiusmodi, eidem thesaurario, ut asseritur, vel alicui alteri facta, vel si in dicta lite ad aliquos actus coram dicto commissario processum esset, ceterisque contrariis non obstantibus quibuscumque. Placet O[tto Colonna]. Concessum quod committatur in Arimino cum advocacione, ut petitur etc. G[eraldus] Cons[eranen.]. Datum Rome, apud Sanctos Apostolos, duodecimo Kalendas Iulii, anno duodecimo.

Source: ASV, Reg. Suppl. 236, fols. 84r–85r.

Publication: Tautu, *Acta Martini V* 2, pp. 977f.

Note: See above, Doc. **641,** and below, following doc.

664   Rome, 20 June 1429

Mandate to Jerome Leopardi, bishop of Rimini, to hear and decide the appeal
of Flora against Stella, following lengthy litigation between the two, and
Stella's petition to have the case heard in Rimini (prev. doc.).

Martinus etc. venerabili fratri episcopo Ariminensi, salutem etc. Ex parte
Stelle relicte quondam Manuelis Genetai, Iudei, vidue Iudee in civitate
Ariminensi commorantis, Manuelis et Habrae quondam Beniamin, et
Manuelis Leonis, Hebreorum, natorum Iudeorum, pupillorum, eorumque
bonorum tutricis et gubernatricis, petitio nobis nuper exhibita continebat,
quod orta dudum inter eandem Stellam et Floram quondam Deodati Iudei,
natam, Iudeam, in civitate nostra Esculana moram trahentem, super nonnullis
pecuniarum summis et rebus aliis tunc expressis materia questionis, nos
causam huiusmodi quondam Petro, abbati monasterii Rossacensis, ordinis
Sancti Benedicti, Aquilegensis diocesis, tunc in provincia nostra Marchie
Anchonitane gubernatori per sedem apostolicam deputato, per nostras litteras,
ad instanciam dicte Flore, audiendam commisimus et fine debito
terminandam; et deinde, postquam dilectus filius Iohannes de Mazancollis,
legum doctor, in dicta civitate Esculana potestas, cui prefatus abbas totaliter
commiserat vices suas in causa huiusmodi, ad nonnullos actus, citra tamen
conclusionem, processerat, dictusque abbas rebus humanis exemptus fuerat,
nos, causam ipsam ab eodem Iohanne ad nos advocantes, illam dilecto filio
Ludovico, tituli Sancte Cecilie presbitero cardinali, tunc in civitate nostra
Bononiensi et nonnullis aliis partibus sedis apostolice legato, ad instanciam
dicte Flore, per similes litteras, in eo statu, quo coram dicto Iohanne
remanserat, audiendam commisimus et fine debito terminandam, cum
facultate in eisdem secundo litteris adiecta, quod, si a sententia eiusdem
cardinalis vel alterius, cui causa huiusmodi per ipsum cardinalem
committeretur, seu alias interim per aliquam partium earundem ad sedem
apostolicam appellari contingeret, idem cardinalis causam appellationis
huiusmodi alicui alteri ydoneo, absque alia dicte sedis commissione, usque ad
finalem ipsius cause decisionem, audiendam commicteret et fine debito
terminandam, cuius commissionis vigore dilectus filius Petrus, abbas
monasterii de Tremontibus, dicti ordinis, Gebennensis diocesis, in eadem
civitate Bononiensi tunc residens, cui idem cardinalis super hiis vices suas
commiserat, litterarum advocationis et commissionis huiusmodi vigore in
huiusmodi causa procedens, diffinitivam contra ipsam Floram super predictis
bonis sententiam promulgavit, a qua pro parte dicte Flore ad sedem predictam
appellato, nos causam appellationis huiusmodi venerabili fratri Iohanni,
episcopo Alatrino, in dicta provincia thesaurario, audiendam commisimus et
fine debito terminandam. Cum autem, sicut eadem petitio subiungebat, Stelle,
que ammodo in decrepitam vergitur etatem, et pupillis, quorum etas parva et

imbecillis conciliumque infirmum est, super predictis sit valde grave et dispendiosum codices rationum suarum ac instrumenta, contractus, et eorum iura, non absque gravi periculo perdicionis eorum ad tam varia et remota loca pro dicta causa deportare, quodque clarius et commodius de ipsius cause meritis seu veritate in prefata civitate Ariminensi, ubi prefata Flora ius suum, si quod habet, adversus Stellam et pupillos antedictos et tocius iusticie sue complementum consequi poterit, quam alibi liquere possit, pro parte Stelle et pupillorum eorundem nobis fuit humiliter supplicatum, ut eandem causam ab eodem episcopo ad nos advocare, illamque alicui probo in partibus illis audiendam et fine debito terminandam committere, de benignitate apostolica dignaremur. Nos itaque, huiusmodi supplicacionibus inclinati, dictam causam a prefato episcopo ad nos tenore presentium advocantes, fraternitati tue per apostolica scripta mandamus, quatinus, vocatis dicta Flora et aliis qui fuerint evocandi, causam predictam, in eo statu in quo ultimo coram dicto episcopo remansit, resumas, illamque ulterius audias et fine debito decidas, faciens quod decreveris per censuram ecclesiasticam, usuris cessantibus, appellatione postposita, firmiter observari. Testes autem... Dat. Rome, apud Sanctos Apostolos, duodecimo Kalendas Iulii, anno duodecimo.

Source: ASV, Reg. Lat. 288, fols. 34r–35r.

Note: See above, Docs. **641, 663.**

665   Ferentino, 31 August 1429

Pardon to Salomon Bonaventure, a Jew in Città di Castello, and his family for all offences and crimes which they may have committed during the rebellion of the town against papal rule.

Martinus etc. Salomoni Bonaventure, Ebreo de Civitate Castelli, viam cognoscere veritatis. Cum tu nuper cum familia tua moram traxeris in civitate nostra Civitatis Castelli, tempore quo nobis et Romane Ecclesie erat rebellis et bellum inibi vigebat, dubites, propter diversa maleficia, crimina, delicta et excessus inibi commissa contra nos et Ecclesiam Romanam posse imposterum molestari, nos securitati et quieti tue in hac parte consulere volentes, tibi et familie tue omnia et singula crimina, maleficia et excessus huiusmodi, quecumque, quotcumque et qualiacumque fuerint per te, dictis rebellione et bello durantibus, et usque in presentem diem commissa, et que pro sufficienter expressis habemus, in quantum publicum interesse concernunt seu cameram apostolicam, tibi tuisque familie et heredibus auctoritate apostolica remittimus

et condonamus, vosque ab eis plenarie absolvimus et tenore presentium
liberamus; districtius inhibentes universis et singulis nostris et sedis apostolice
officialibus ubilibet constitutis, qui sunt et erunt pro tempore, ne contra te aut
familiam predictam occasione huiusmodi maleficiorum, criminum, excessuum
et debitorum, in quantum huiusmodi publicum interesse concernunt seu
quomodolibet concernere possent, procedere, aut premissorum occasione
sententias seu condempnationes ferre, aut te molestare quoquomodo
presumant; decernentes ex nunc irritos et inanes quoscunque processus et
sententias, quos seu quas contigerit contra inhibitionem nostram huiusmodi
haberi seu etiam promulgari, ac ex nunc etiam quicquid in contrarium a
quoquam, quavis auctoritate, scienter vel ignoranter, contigerit attemptari. In
contrarium editis non obstantibus quibuscumque. Nulli ergo etc.... Dat.
Ferentini, II Kalendas Septembris, pontificatus nostri anno duodecimo.

Source: ASV, Reg. Vat. 356, fol. 34v.

Publication: Fumi, *Inventario*, p. 24; Toaff, *Città di Castello*, pp. 99f. (who
has 1428).

Bibliography: Vernet, *Martin V*, pp. 398f., 419.

666   Ferentino, 31 August 1429

Appointment of Nicholas Cesari, bishop of Tivoli, as sole competent judge in
all criminal cases, except those of treason and homicide, brought against
Salomon Bonaventure, a Jew in Città di Castello.

Martinus etc. Salomoni Bonaventure, Ebreo de Civitate Castelli, viam
cognoscere veritatis. Cum, sicut oblata nobis pro parte tue peticio continebat,
nonnulli Christiani, tam officiales nostri et Romane Ecclesie quam etiam
private persone, aliquando ad extorquendum a te pecunias, diversa crimina et
excessus causantes, te capi et arrestari faciunt et procurant, varias iniurias et
molestias tibi propterea inferentes, nos, tibi super hoc oportune providere
volentes, tibi auctoritate apostolica concedimus, statuentes nichilominus et
etiam ordinantes, quod venerabilis frater Nicholaus, episcopus Tiburtinus,
cubicularius noster, omnes et singulas criminales causas, in quibus te aut
familiam tuam aliqui, racione quorumvis excessuum accusare aut super quibus
te, aut ipsam, impetere vellent, et in quibus reus quomodolibet existeres, aut
etiam dicereris, exceptis dumtaxat lese maiestatis et homicidii criminibus,
audiat, terminet et decidat, iusticiamque faciat, prout, delictorum qualitate

pensata, viderit expedire. Nos enim, cognitionem et decisionem omnium criminum, delictorum et excessuum huiusmodi eidem episcopo auctoritate prefata reservamus; districtius inhibentes omnibus aliis et singulis nostris et dicte sedis officialibus, ne in criminalibus causis huiusmodi aliquid contra te aut familiam prefatam attemptare seu decidere vel iudicare, aut eorum pretextu te capere, arrestare vel detinere quoquomodo presumant; decernentes irritum et inane quicquid in contrarium a quoquam, quavis auctoritate, scienter vel ignoranter, contigerit attemptari. Nulli ergo etc.... Dat. Ferentini, II Kalendas Septembris, pontificatus nostri anno duodecimo.

Source: ASV, Reg. Vat. 356, fols. 34v–35r.

Publication: Fumi, *Inventario*, p. 24; Toaff, *Città di Castello*, p. 100 (who has 1428).

Bibliography: Vernet, *Martin V*, pp. 398f., 419.

667   Rome, 13 February 1430

Approval of petition submitted by Duke Amadeus VIII of Savoy and revocation of permission allegedly granted Jews outside Savoy to excommunicate their coreligionists in Savoy. Also prohibition to summon Jews to courts outside the duke's dominions, provided the said Jews lived in Savoy before litigation commenced.

Martinus etc. dilecto filio nobili viro Amedeo, duci Sabaudie, salutem etc. Sincere devotionis affectus, quo erga nos et sedem apostolicam clarere dinosceris, promeretur, ut personam tuam paterna benivolentia prosequentes, petitionibus tuis, quantum cum Deo possumus, favorabiliter annuamus. Sane, nobis nuper pro parte tua exhibita petitio continebat, quod in ducatu tuo Sabaudie, necnon in civitatibus, castris, terris et locis tuo temporali dominio subiectis, plures tam indigene quam alienigene utriusque sexus commorantur Iudei, quorum multi, propter guerras in partibus circumvicinis vigentes, ad ducatum et loca predicta recurrentes, domicilium inibi elegerunt, quodque, licet omnibus litem et causam moventibus aut agere volentibus contra ipsos Iudeos plenaria in dicto ducato et dominio iustitia ministretur, tamen nonnulli Iudei extra predictum dominium et districtum constituti, pretextu quorundam privilegiorum eis a sede apostolica, ut asserunt, concessorum, contra eosdem Iudeos infra dictum ducatum et loca habitantes, ad sententiam excommunicationis et alias penas secundum ritum eorum procedunt, quidam vero alii, tam Christiani quam etiam Iudei, prefatos Iudeos ad iudicium extra ducatum et districtum prefatum sepe trahunt et evocant, ex quo ipsi Iudei litibus, laboribus et dispendiis fatigati, aut liti et cause cedere aut alias componere cum eis necessario compelluntur; quare pro parte tua nobis fuit humiliter supplicatum, ut ipsis Iudeis super hoc oportune providere, de benignitate apostolica dignaremur. Nos igitur, tuis in hac parte supplicationibus inclinati, tibi, ut Iudei huiusmodi tam indigene quam alienigene, cuiuscumque conditionis extiterint, qui infra ducatum Sabaudie aut tuum dominium ante litem inchoatam domicilium elegerint, non possint ex quavis ratione vel causa, etiam pretextu quorumcumque privilegiorum per sedem apostolicam Iudeis vel quibusvis aliis concessorum, extra ducatum et dominium predicta ad iudicium evocari aut excommunicari vel aggravari seu aliis sententiis innodari; ita tamen, quod tam Christianis quam Iudeis ubilibet constitutis, qui adversus ipsos Iudeos in dictis ducatu et dominio consistentibus[!], quomodolibet agere, litem movere seu aliquid petere aut intentare vellent, debitam facias iustitiam ministrari; privilegiis supradictis, etiam si de illis et totis eorum tenoribus presentibus specialis et expressa ac de verbo ad verbum esset mentio facienda, et quibus alias derogare non intendimus, necnon constitutionibus et ordinationibus apostolicis ceterisque contrariis non obstantibus quibuscumque, devotioni tue de speciali gratia, tenore presentium indulgemus; decernentes irritum et inane quicquid in contrarium a quoquam, quavis auctoritate, scienter vel ignoranter, contigerit attemptari. Nulli ergo etc.... Si quis autem etc. Dat. Rome, apud Sanctos Apostolos, Idibus Februarii, anno tertio decimo.

Source: ASV, Reg. Lat. 295, fol. 54r-v; AS, Torino, Bullarium Felicis V, fols. 102v–103r.

Publication: Foa, *Bolla di Felice V,* pp. 485f.; Tautu, *Acta Martini V* 2, pp. 1215f.

Note: Duke Amadeus became Pope Felix V in 1439, and he confirmed this Bull on 31 August 1444; see below, Doc. **760.**

Bibliography: Segre, *Piedmont* 1, p. 72 (who has 9 February).

668   Rome, 29 March 1430

Notification to Aimo de Gervais, bishop of Saint-Jean-de-Maurienne, the abbot of Filly, in the diocese of Geneva, and Johannes Monachi, sacristan of the church in Sitten, of the agreement between Amadeus VIII, duke of Savoy, and the bishops of Geneva. The three churchmen had been appointed to settle the dispute between the parties, which included, among other things, the right of the bishops to expel the Jews from their part of the town. The assertion of this episcopal right was not to be construed as a denial of the duke's right to tax the same Jews.

Martinus etc. venerabili fratri episcopo Maurianensi, et dilectis filiis, abbati monasterii Filliaci, Gebennensis diocesis, ac Iohanni Monachi sacriste ecclesie Sedunensis, salutem etc. Hodie pro sedandis controversiis, dissensionibus et scandalis, que inter episcoporum Gebennensium, qui fuerunt pro tempore, ac dilecti filii nobilis viri Amedei, ducis Sabaudie ac progenitorum suorum officiarios et subditos, occasione temporalis iurisdictionis merique et mixti imperii, officium vicedonatus[!] civitatis Gebennensis concernentium, nonnullorumque aliorum iurium, que episcopi et dux ipsi inibi se pretendebant habere, suborta fuerunt et dietim oriebantur, necnon rei publice utilitate, statu pacifico et tranquillo, iustitieque exaltatione, nobis[!] inter alia quedam loca, res et bona tunc specificata et expressa, que dissensionum et scandalorum huiusmodi plerumque causa censebantur existere, ad episcopum et ecclesiam Gebennensem spectantia, cum prefato duce pro quibusdam redditibus, proventibus et obventionibus in diocesi Gebennensi consistentibus et ad eundem ducem pleno iure spectantibus, eidemque episcopo communiter in valore annuo, eque, bene et ultra, respondentibus, unacum tractatu et conclusione, finalis, amicabilis et perpetue compositionis per vos, iuxta quedam capitula premissa liquidantia, et que eorum occasione recollecta vobis presentibus inserta duximus destinanda, inter episcopum et ducem prefatos ac alios ad quos spectat, sub illis modis, pactis, formis et conditionibus, de quibus vobis alias tamen ipsa imitando capitula expedire videretur, permutandi et excambium faciendi, plenam et liberam, per alias nostras litteras, cum certis inibi contentis modis et clausulis, concessimus facultatem, prout in ipsis litteris plenius continetur. Ut igitur capitulorum eorundem notitiam habeatis pleniorem, illaque iuxta prefatarum continentiam litterarum imitari, et iuxta ea permutationem, excambium et compositionem huiusmodi concludere et terminare commodius valeatis, ea vobis presentibus de verbo ad verbum inserta mittimus, que talia sunt: In primis, pro assignatione compensativa... Item erit liberum episcopo edificare et edificari facere infra civitatem et dominium suum, sive sint edificia bassa, sive magnifica, sive sint turres, castrum, domus fortes pro fortificatione civitatis seu pro sua habitatione et securitate facere portas et muros civitatis pro ingressu et regressu suo civiumque et aliorum, Iudeos libere expellere de parte sua dicte civitatis, absque eo quod dictus dominus dux aut officiarii sui possint aut debeant in aliquo se intromittere, turbare vel impedire quocumque dato casu aut colore quesito, etiam pretextu regiminis aut fortificationis murorum civitatis, sive capitaneatus; episcopus vero, castrum Gebennensem, quod asserit sibi fuisse confiscatum et adiudicatum propter[!] extinguere ex toto rumores et controversias que fuerunt propter illud non poterit reedificare, sed ex toto demolietur, poterit tamen in loco et platea aliud quodcumque edificium facere fieri si voluerit, dum tamen non sit castrum; nec per premissa prohiberi intenditur dicto domino duci percipiendi super Iudeis utriusque sexus censivas et alia tributa consueta... Dat. Rome, apud Sanctos Apostolos, quarto Kalendas Aprilis, anno tertio decimo.

Source: ASV, Reg. Lat. 295, fols. 47r–52r.

Note: ASV, Reg. Lat. 295, fols. 52r–54r, contains the text of Martin's letter of appointment, also dated 29 March 1430.

669*   Rome, 3 May 1430

Safe-conduct, valid for six months, to Magister Gayo Salomonis, a Jewish physician in Rome, presently in Fermo, to travel to Rome and elsewhere in the papal dominions. During that period, Gayo and his family are to be immune from criminal prosecution, but not from civil suits and private debts.

Universis etc. Oddo etc. Universitati etc. quod nos de mandato etc. auctoritate etc. damus et concedimus plenam securitatem et tutum et liberum salvum conductum egregio medico magistro Gayo Salamonis, Ebreo de Urbe, de presenti habitatori Firmani, veniendi ad hanc almam Urbem, Romanam curiam omnesque et singulas provincias, civitates, terras, castra et loca sanctissimo domino nostro pape et Romane subiecta Ecclesie, et in eis standi, morandi et pernoctandi, ab inde recedendi, ad illam redeundi et illac transeundi, tute, libere, secure et impune et sine molestia, iniuria, impedimento, arrestatione vel offensa dicto magistro Gayo, familie aut rebus suis, tam per dicte Urbis senatorem illustrem, civitatis Firmi et Marchie Anconitane gubernatores, eorumque ac aliorum rectorum, gubernatorum familiares, subditos et officiales aliasque quascumque personas, quam per gentes armigerarum et ipsarum capitaneis[!] et consules ac conductores ad stipendia dictorum pape et Ecclesie militantes, quacumque occasione, qualitercumque et quomodolibet inferendis; inquisitionibus, accusationibus, processibus, sententiis, condemnationibus, diffidationibus, exbannimentis, represaliis contra eundem Gayum vel res suas atque familiam, per quoscumque, quavis auctoritate fungentes, quomodolibet factis, formatis, latis, promulgatis atque concessis, necnon criminibus, delictis, maleficiis, excessibus, obligationibus et fideiussionibus, debitis privatis dumtaxat exceptis, aliisque in contrarium editis etc. Exortamur autem benivolos et devotos domini nostri pape et Romane Ecclesie, subditis vero, districte mandamus, ut presentem salvum conductum seu securitatem plene observent et ab aliis faciant quantum in eis fuerit per alios observari; presentibus post sex menses a die date presentium in antea computandos tantummodo valituris. In quorum etc. Dat. Rome, apud Sanctos Apostolos, MCCCCXXX, indictione octava, die tertia Maii, pontificatus etc. anno tertio decimo.

Source: ASV, Arm. XXIX, vol. 13, fol. 68v.

Bibliography: Stern, *Urkundliche Beiträge* 1, p. 42; Vernet, *Martin V*, p. 420; Vogelstein-Rieger, *Rom* 2, p. 6.

670   Rome, 18 June 1430

Confirmation of the privileges of the Jews in Rome, granted them by Conrad, archbishop of Nicosia and papal chamberlain, on instructions of Boniface IX, on 15 April 1402.

Martinus etc. Ad perpetuam rei memoriam. Religioni convenit Christiane, ut ad ea que Iudeis pro eorum quiete et preservatione a molestiis provide concessa sunt, ut illibata persistant, eo libentius providere quo specialius sunt in testimonium orthodoxe fidei reservati. Sane, pro parte universitatis Iudeorum in alma Urbe commorantium nobis exhibita nuper petitio continebat, quod olim bone memorie Conradus, archiepiscopus Nicosiensis, tunc Bonifatii VIIII in sua obedientia nuncupati, camerarius pro Iudeorum quiete et commodo, de eiusdem Bonifatii mandato speciali, vive vocis oraculo sibi facto, quasdam concessiones eis fecit, et capitula concessit, et illa observari mandavit, prout in litteris ipsius Conradi exinde confectis, quarum tenores presentibus inseri fecimus, latius continetur; quare pro parte ipsorum Iudeorum nobis fuit humiliter supplicatum, ut huiusmodi concessionibus et capitulis pro eorum subsistentia firmiore robur apostolice confirmationis adiicere, de benignitate apostolica dignaremur. Nos igitur, huiusmodi supplicationibus inclinati, omnes et singulas huiusmodi concessiones in quorum, ut ipsi Iudei asserunt, pacifica possessione existunt, auctoritate apostolica, tenore presentium confirmamus et presentis scripti patrocinio communimus, supplentes omnes defectus, si qui forsan intervenerint in eisdem; ac insuper statuentes et etiam ordinantes, ut prefati Iudei florenos, de quibus in ipsis litteris fit mentio, quos tempore Carnisprivii pro celebrandis festis

Agonis et Testacii, et etiam quos vicario nostro preteritis temporibus solverunt et solvere tenentur annuatim, deinceps solvere teneantur et debeant ad eam rationem et computum, quibus et prout hactenus solvere consueverunt et non aliter; per has autem nostre confirmationis litteras iuri officialium nostrorum, si quod in eosdem Iudeos hactenus habuerunt, ac etiam privilegiis et indultis Liucio videt[?] quondam Angeli Hemanuelis Iudei nato, in alma Urbe in regione Transtiberim commoranti eiusque natis et nonnullis suis attinentibus super certis immunitatibus, exemptionibus et gratiis hactenus concessis et auctoritate nostra confirmatis, quarum tenores presentibus haberi volumus pro expressis, non intendimus in aliquo derogari, sed illa volumus in suo robore permanere. Tenor vero dictarum litterarum sequitur et est talis: Conradus etc. Nulli ergo etc.... Si quis autem etc. Dat. Rome, apud Sanctos Apostolos, quarto decimo Kalendas Iulii, anno tertio decimo.

Source: BAV, Vat. Lat. 9441, pars 4, fols. 1092r–1096r.

Publication: Vogelstein-Rieger, *Rom* 1, pp. 490f.

Note: See above, Doc. **499**. The original is badly damaged and has become almost illegible.

Bibliography: Grayzel, *Sicut Judeis*, p. 266, n. 1; Simonsohn, *Kirchliche Judengesetzgebung*, p. 31; Vernet, *Martin V*, p. 420; Vogelstein-Rieger, *op. cit.*, pp. 318f.

671*   Rome, 24 June 1430

Approval and confirmation to Salomon Bonaventure, a Jew in Città di Castello, of the agreement made between the brothers Manuel and Bonaventura (Salomon's father), sons of Abraham, and the community and people of Città di Castello. Declaration that similar agreements between the people of Città di Castello and other Jews were null and void. Similar approval and confirmation of the agreement signed by the aforementioned with the people of Borgo San Sepolcro and the Malatesta, lords of that locality.

Universis etc. Oddo etc. salutem, etc. Universitati etc. quod pro parte Salamonis Bonaventure, Ebrei de Civitate Castelli, cupientis ita caute sua negotia pertractare, quod vitam suam secure et sine iniuria agere valeat, ac metuentis contra eum in futurum aliquid innovari, coram nobis pro se suisque heredibus, sociis et factoribus quibuscumque humiliter supplicato, quatenus nonnulla capitula et scripturas alias inter communitatem, universitatem et cives Civitatis Castelli ex una, et Manuellum et Bonaventuram predictum, filios Abrae, germanos fratres ex altera partibus, dudum facta, concessa, inita, firmata atque conclusa, sanctissimus dominus noster papa, de sue liberalitatis munificentia approbare et confirmare favorabiliter auctoritate apostolica dignaretur. Idcirco, nos, de mandato etc. ac auctoritate etc., predicta capitula et scripturas, quorum omnium tenores et continentias hic haberi volumus pro sufficienter expressis, dummodo per ea vel ex eis directe vel indirecte iuribus camere apostolice nullatenus derogetur, tenore presentium approbamus ac etiam confirmamus; volentes, atque auctoritate, mandato et tenore predictis, omnibus et singulis gubernatoribus, potestatibus, officialibus, ceterisque quibuscumque mandantes ac etiam decernentes, quatenus dicta capitula et scripture, salvis iuribus dicte camere, ut prefertur, per omnes ad quos spectat, inviolabiliter observentur, observentque ea ac faciant, quantum in eis fuerit, observari, eadem capitula et scripturas infringi nullatenus facientes, vel quoquomodo etiam permictentes; ceterum, volentes, ut tenemur, prefate camere indemnitati omnimode providere, predicto tenore, ac de mandato et auctoritate prefatis, quecumque capitula et scripturas inter dictam communitatem, universitatem ac cives ex una parte, et quoscumque alios Iudeos ex altera partibus, quoquomodo facta, firmata atque conclusa, cassamus et annullamus, pro cassatis et annullatis haberi volumus, et nullius esse decernimus roboris vel momenti; usumque dictorum capitulorum, sub pena arbitrii nostri eis utentibus imponenda, omnimode prohibemus; ne deinceps aliqua inter Iudeos quoscumque et prefatam communitatem capitula seu scripture fiant, sub dicta pena per nos quibuscumque contrafacientibus imponenda, omnimode districte precipiendo, de dictis mandato, auctoritate ac tenore, mandantes; in contrarium editis vel facientibus non obstantibus quibuscumque. In quorum testimonium etc. Dat. Rome, apud Sanctos Apostolos, anno Domini MºCCCCXXX, indictione VIII, die vigesima quarta mensis Iunii, pontificatus etc. anno tertio decimo.

Universis etc. Oddo etc. salutem, etc. Universitati etc. quod pro parte Salamonis Bonaventure, Hebrei de Civitate Castelli, cupientis ita caute sua negotia pertractare, quod vitam suam secure et sine iniuria agere valeat, ac metuentis contra eum in futurum aliquid innovari, coram nobis pro se suisque heredibus, sociis et factoribus quibuscumque humiliter supplicato, quatenus nonnulla capitula et scripturas alias inter communitatem et universitatem et terrigenas Burgi Sancti Sepulchri, ac etiam magnificos dominos — dominos de Malatestis, tunc ipsius burgi dominos, ex una, et Manuellum et Bonaventuram predictum, filios Abrae, germanos fratres ex altera partibus, dudum facta, concessa, inita, firmata atque conclusa, quorum quidem capitulorum tempus iam elapsum est, sanctissimus dominus noster papa de novo concedere eidem Salamoni, pro tempore in illis capitulis tunc expresso, a die date presentium incipiendo et computando et ut sequitur finiendo, auctoritate apostolica dignaretur. Idcirco nos, de mandato etc. ac auctoritate etc., predicta capitula et scripturas... tenore presentium de novo concedimus... Dat. Rome, apud Sanctos Apostolos, anno Domini MCCCCXXX, indictione octava, die vicesima quarta Iunii, pontificatus etc. anno tertio decimo.

Source: ASV, Arm. XXIX, vol. 13, fols. 83r–84r.

Note: The condotta between the brothers Manuele and Bonaventura, sons of Abraham, of 21 January 1390 was published by Toaff, *Città di Castello*, pp. 40f.

Bibliography: Vernet, *Martin V*, pp. 420f. (who has 25 June).

672*   Rome, 30 June 1430

Permission to Andreas, formerly Bonsignor, a converted Jew, and his daughter Maria, formerly Regina, a converted Jewess, to sell their property in the territories of San Severino, the March of Ancona and elsewhere, and to come to Rome with the proceeds and reside there.

Universis etc. Oddo etc. salutem etc. Cum Andreas, Cristianus, olim, cum Iudeus esset, Bonsignor nuncupatus, et Maria eius filia, Cristiana, olim, cum Iudea esset, Regina nuncupata, fidem veram sequunte[!], cupiant pro eorum devotione Rome, ad sanctuaria visitanda, morari, et ob hoc oporteat pro supportandis in huiusmodi mora expensis, bona sua alienare, idcirco, de mandato domini nostri pape facto nobis oraculo vive vocis, ac auctoritate camerariatus officii, cuius curam gerimus de presenti, predictis Andre[e] et Marie bona sua quecumque, mobilia et immobilia, tam ratione dotis ad dictam Mariam, quam alia ratione ad eosdem pertinentia, de terra Sancti Severini et Marchia Anconitana extrahendi illaque Romam conducendi, necnon de dictis bonis mobilibus id faciendi quod sibi videbitur expedire, ac etiam bona, etiam immobilia quecumque, tam in dicta terra quam alibi consistentia, vendendi, alienandi et quicquid maluerint vel alter eorum maluerit faciendi, plenam et liberam licentiam concedimus et liberam facultatem harum serie litterarum, mandantes, de dictis mandato, auctoritate ac tenore, gubernatoribus, rectoribus, locatenentibus spiritualibus, potestatibus, officialibus aliisque quibuscumque, tam in provincia Marchie Anconitane et presertim dicta terra Sancti Severini, quam aliis locis quibuscumque Romane subiectis Ecclesie consistentibus, quatenus huiusmodi nostram licentiam et facultatem plenarie, in nullo contrafacientes observent, faciantque ab aliis, quantum in eis fuerit, inviolabiliter observari; constitutionibus dictarum provincie et terre statutisque ac consuetudinibus aliisque in contrarium editis vel facientibus, non obstantibus quibuscumque. In quorum etc. Datum Rome, apud Sanctos Apostolos, sub anno Nativitatis Domini MCCCCXXX, indictione VIIIª, die ultima mensis Iunii, pontificatus etc. anno tertio decimo.

Source: ASV, Arm. XXIX, vol. 13, fol. 85r.

Bibliography: Vernet, *Martin V*, p. 421.

673*   Rome, 26 July 1430

Safe-conduct, valid for one year, to Dactilus Salomonis, a Jew of Ripatransone in Narni, to travel to Rome, Narni and other localities in the papal states. During that period Dactilus is to be immune from criminal prosecution and civil suits, except for certain debts.

Universis etc. Oddo etc. salutem etc. Universitati etc. quod nos auctoritate etc. damus et concedimus plenum salvum conductum et liberam securitatem Dactilo Salamonis Ebreo, de Ripa Transonum, habitatori Narnensi, veniendi tam ad hanc almam Urbem et civitatem Narnie, quam alias civitates, terras, castra et loca domino nostro pape et Romane Ecclesie subiecta, inibique standi, morandi et pernoctandi, inde recedendi, illuc redeundi et illac transeundi, totiens quotiens sibi placuerit, ac sua negotia peragendi ad sue beneplacitum voluntatis, sine iniuria, impedimento, molestia vel offensa eidem Dactilo per quoscumque et quacumque ex causa, realiter vel personaliter inferendis; inquisitionibus, processibus, sententiis, aliisque quibusvis, quomodolibet per[!] eum factis, necnon excessibus, debitis et obligationibus, privatis debitis per eum contractis dumtaxat exceptis, si dicta debita ante duodecim annos proxime preteritos a die date presentium retro computandos, non tamen in dicta Urbe ac provinciis Campanie, Patrimonii beati Petri in Tuscia et ducatus Spoletani fuerunt forte contracta, aliisque in contrarium etc.; presentibus per unum annum a die date etc. tantummodo valituris. Dat. Rome, apud Sanctos Apostolos, sub sigilli camerariatus officii supradicti quo utimur appensione. Die XXVI mensis Iulii, anno Domini MCCCCXXX, indictione octava, pontificatus etc. anno tertio decimo.

Source: ASV, Arm. XXIX, vol. 13, fol. 101r.

Bibliography: Vernet, *Martin V*, p. 421.

674   Rome, 3 August 1430

Approval of petition submitted by Franciscus de Nerlis, a nobleman of
Avignon, on behalf of his daughter Anne, who contracted a loan, while still a
minor, with two Jews who acted for Christian moneylenders. Franciscus
wishes to contest the terms of the loan and the exaction of usury, and to claim
damages and expenses. He wants the case to be heard by an ecclesiastical
judge rather than by a lay court.

Beatissime pater. Exponitur sanctitati vestre pro parte devotorum vestre
sanctitatis nobilium, Francisci de Nerlis, patris et administratoris legitimi
Anne eius filie minoris XXV annis, et Verii de Medicis de Florencia, eius
mariti, habitatorum vestre civitatis Avinionensis, et dicunt, quod dicta Anna
existente etatis annorum XIIII vel circa, iam sunt septem anni, et nulla
necessitate cogente, sed etatis levitate et muliebri, sine licencia patris predicti
vel viri sui, diversis vicibus et temporibus a septem annis et citra, confessa fuit
recepisse a Vitale de Sestario, Ebreo, et a Regina relicta Bongue Vigerii, Iudeo
et Iudea, habitatoribus dicte civitatis Avinionensis, intervenientibus nomine
prosonetagio seu coramterio [sic] aut mediaterio certorum, quos tunc celabant,
licet postea decesserint, eos esse Iohannem de Lenilcasto, campsorem et civem
Avinionensem, ac alios certos, diversas pecuniarum summas usque ad
quantitatem quadringentorum et triginta quinque florenorum usualium sive
currencium in civitate Avinionensi, ex causa mutui sub usuraria pravitate
quarte partis, videlicet viginti quinque florenos pro centenario, dando per
dictam Annam annuatim, et pro summa huiusmodi tradiditque certas res
mobiles et preciosas magni valoris nomine pignoris, que per medium dictorum
Iudeorum predicti extorserunt a dicta Anna, et dicto tempore, tam pro usuris,
quam forsan computationibus falsis, quam comminacionibus, quod ipsi
predicti declararent patri vel viro dicte Anne predictis, quorum scienciam de
predictis dicta Anna multipliciter formidabat, terroribus eciam forsan illatis
dicte Anne, quod dicta pignora venundaret[!] nisi se redimeret, pro eisdem
cum ea computum posuerunt, quod ascendit usque ad summam duorum
milium ducentorum ducatorum huiusmodi, ultra predictam principalem
sortem; quibus per dictos exponentes intellectis, habuerunt ipsi recursum ad
vicarium et iudices ordinarios Avinionenses, qui tamen iudices modicum de
huiusmodi facti veritate dicere vel animadvertere potuerunt, tum propter iura
municipalia auctoritate camere et curie temporalis Avinionensis comprobata,
multum contra ius in talibus ad occultandam veritatem Iudeis faventia penalia,
tamen propter ius commune, propter statum infidelitatis Iudeos a testimonio
repellente[!], tum propter versutias faventatorum predictorum, qui eorum
machinacionis[!] diversissimis cautelis velant et fraudibus, quibus vix iura
mederi possunt, tum eciam propter difficilem convencionem predictorum
usurariorum, ex fori diversitate, quoniam aliqui se gerunt pro laicis, aliqui pro

clericis coniugatis sive solutis, aliquibus pro monetariis gerentibus, et quia ex eis aliqui a dicta civitate fugam arripuerunt et ad remota alia se loca transtulerunt; cum igitur, beatissime pater, difficile sit ipsis exponentibus predictos convenire coram dictis vicario et iudicibus ordinariis, qui etiam non possunt uti censuris ecclesiasticis, quia sunt laici, supplicant sanctitati vestre, ut reprimatur[!] usuraria pravitas, et seducentes minores et mulieres in aliena potestate constitutas, et tales indebitas exacciones facientes, causam et causas predictas, quas, coniunctim vel divisim, dicti exponentes moverunt seu movere intendunt, tam contra Iudeos quam contra usurarios ac delatos predictos et alios quoscumque hoc tangentes, tam super usuris quam super dictis pignoribus et deterioracionibus eorum, quam pro expensis, dampnis et interesse factis et fiendis, committere alicui prelato in dicta civitate Avinionensi audiendas et fine debito terminandas, summarie et sine figura iudicii, cum omnibus emergentibus, dependentibus, incidentibus et connessis, et cum potestate citandi predictos, tam laicos quam clericos et etiam privilegiatos quoscumque et monetarios, et ad civitatem Avinionensem et ad partes alias quas fugerunt seu resident aut fugient, tam specialiter quam eciam per dictum publicum, et cum potestate excommunicandi et omnes alias censuras exercendi tam contra predictos, quam contra omnes scientes et non relevantes[!], et cum potestate procedendi civiliter et criminaliter, ex officio vel ad partis instanciam, vocato etiam ad hoc, si opus erit, procuratore fiscali. Item dignetur vestra sanctitas eisdem supplicantibus indulgere, quod dictus iudex possit Iudeos quoslibet utriusque sexus in causis huiusmodi testes admictere super predictis omnibus et veritatem elicere quemadmodum si vere religionis Christiane essent, ne veritas occultetur; non obstantibus conventionibus, statutis et privilegiis civitatis predicte, quibus cavetur causas civium Avinionensium in curia temporali ordinaria coram iudicibus suis agitari et terminari debere, et exempcionibus ac privilegiis fori quibuslibet et aliis quibuscumque in contrarium facientibus non obstantibus, cum clausulis oportunis in forma; et non obstantibus quibuscumque litispendenciis in curia temporali vel spirituali, civiliter aut criminaliter, nec quibuscumque ordinationibus factis per dominum camerarium super civili seu criminali iudicio, et sub quacumque forma, quarum ordinacionum tenores placeat sanctitati vestre habere hic pro sufficienter expressis. Fiat ut petitur ad partis instanciam. O[tto Colonna]. Dat. Rome, apud Sanctos Apostolos, tercio Nonas Augusti, anno tercio decimo.

Source: ASV, Reg. Suppl. 261, fols. 36r–37r.

675*   Rome, 19 September 1430

Appointment of Dalcantus de Florentia, *marescallus* in the March of Ancona, to collect on behalf of the papal treasury all the property of Vitale, a Jew of Fermo, who is currently under arrest in the prison of the senator of Rome, to transmit it to the treasury and to render accounts.

Oddo etc. nobili viro domino Dalcauto de Florentia, in provincia Marchie Anconitane marescallo, salutem etc. Ex fideli, sollicita ac diligenti prudentia et probitate circumspecta, aliisque virtutibus, quibus fulgere dinosceris, presumimus evidenter, quod ea que tibi committenda duxerimus, solerti studio fideliter exequeris. Dudum siquidem, omnes et singulas pecunias, iura et actiones, aliaque bona mobilia et immobilia quovis iure spectancia et pertinencia ad Vitalem, Ebreum de Firmo, ad presens in carceribus senatoris illustris huius alme Urbis mancipatum, certis iustis et legitimis de causis, de mandato domini nostri pape ad hoc animum suum moventibus desuper oraculo[!] vive vocis oraculo, nobis facto, ac auctoritate camerariatus officii, cuius curam gerimus de presenti, pro nunc in apostolica camera deveniri sancivimus. Cum itaque, nulla esset sententia, nisi executioni mandaretur, de fidelitate, quam apud prefatum dominum nostrum papam, Romanam Ecclesiam et nos geris, hac[!] ac de tua discretione plurimum confidentes, te prefatarum pecuniarum, iurium, actionum aliorumque bonorum mobilium et immobilium, ut prefertur, ad prefatum Vitalem spectantium et pertinentium, collectorem, exactorem, receptorem et commissarium, prefate camere nomine, tenore presentium facimus, creamus, constituimus et plenarie deputamus; tibique ipsas pecunias, actiones, iura et bona investigandi, perquirendi, petendi, exigendi et percipiendi, de receptisque dumtaxat quitandi, liberandi et finiendi, quoscumque ipsius Vitalis debitores, ac alios penes quos dicte pecunie, actiones, iura et bona existant, vel illarum quomodolibet detentores ea tibi presentare atque consignare, nec non prefatos debitores et detentores scientes tibi revelare, primo per edicta certas penas continentia, quas contempnantibus[!] ea per te exigi et prefate camere apostolice applicari volumus per presentes, deinde per viam torture ac alias artiori modo si opus fuerit, in contrarium non obstantibus quibuscumque, compescendo, plenam et omnimodam, presentium tenore, concedimus facultatem; mandantes tenore predicto, de mandato et auctoritate prefatis, omnibus et singulis gubernatoribus, locatenentibus, rectoribus, potestatibus, capitaneis, iudicibus et officialibus in terris Romane Ecclesie immediate subiectis ubilibet constitutis, quatenus quotienscumque a te super premissis et quolibet premissorum requisiti fuerint seu alter ipsorum requisitus fuerit, tibi, omni exceptione postposita, pareant, et ab aliis parere faciant et intendant. Volumus autem, quod huiusmodi pecuniis, iuribus, actionibus et bonis, seu eorum parte, receptis et exactis per te, ad prefatam cameram illas et illa destinare studeas, necnon de dicta exactione nobis seu successori nostro rationes et computa reddere et assignare tenearis. Tu igitur, predictam commissionem, iuxta datam tibi a Deo prudentiam, sic studeas bene, fideliter, solerter et laudabiliter exercere, quod sperati fructus inde perveniant[!], tuque apud prefatum dominum nostrum ac nos possis non immerito commendari. In quorum etc. Datum Rome, apud Sanctos Apostolos, sub anno Nativitatis Domini MCCCCXXX^mo, indictione VIII^va, die decima nona mensis Septembris, pontificatus etc. anno tertio decimo.

Source: ASV, Arm. XXIX, vol. 13, fol. 115r-v.

Bibliography: Vernet, *Martin V*, p. 421.

676   Rome, 7 October 1430

Mandate to John Cicchini, bishop of Viterbo, to investigate the accusations made by Mele de Leo de Zacharia and others against Dactolus Concilii and his son Abraham, all Jews in Toscanella (Tuscania), following complaints of the latter that they were being maligned by the former. Having established the facts, the bishop is to punish the culprits.

Martinus etc. venerabili fratri episcopo Viterbiensi, salutem etc. Exhibita nobis pro parte Dactoli Concilii et Abrae eius nati, Iudeorum, in civitate nostra Tuscanensi commorancium, peticio continebat, quod, licet ipsi cum eiusdem Dactoli familia iuxta morem ipsorum sint homines pacifici, ac iuxta eorum tradiciones et statuta hactenus bone et honeste vixerint, et cum aliis conversati fuerint, absque eo quod de aliquo crimine per quemquam extiterint accusati, tamen Mele de Leo de Zacharia, Iudeus, et nonnulli alii Iudei in dicta civitate moram trahentes, eorundem Dactoli, Abrae et familie emuli, eosdem Dactolum, Abraam et familiam, communiter vel divisim, coram diversis iudicibus ecclesiasticis et secularibus de diversis forefactis, criminibus, defectibus seu delictis, contra iusticiam, in occulto diffamare temere presumpserunt et dietim presumunt, in eorum Dactoli, Abrae et familie preiudicium et gravamen; quare pro parte Dactoli et Abrae predictorum fuit nobis humiliter supplicatum, ut eis et familie huiusmodi super hiis oportune providere, de benignitate apostolica dignaremur. Nos igitur, huiusmodi supplicacionibus inclinati, fraternitati tue per apostolica scripta mandamus et commictimus, quatinus, vocatis dicto Mele et aliis qui fuerint evocandi, si prefatus Mele, seu aliquis alius, Dactolum seu Abraam aut familiam predictos de aliquo crimine iudicialiter accusare, seque in forma iuris inscribere

voluerint, postquam accusaverit et se inscripserit, extunc, alioquin, si nullus
apparuerit accusator, super premissis omnibus et singulis ac eorum
circumstanciis universis, auctoritate nostra te diligenter informes et inquiras
diligencius veritatem, et si per informacionem et inquisicionem huiusmodi,
Dactolum et Abraam ac familiam antedictos de forefactis, criminibus,
defectibus seu delictis huiusmodi insontes esse reppereris, ipsos ab huiusmodi
eis falso impositis absolvas, accusatoribus condignam penam infligendo,
eisque ac emulis antedictis super hiis perpetuum silencium imponendo;
alioquin, quos in premissis culpabiles esse reppereris, debita pena castiges,
prout de iure fuerit faciendum. Dat. Rome, apud Sanctos Apostolos, Nonis
Octobris, anno tertio decimo.

Source: ASV, Reg. Lat. 297, fol. 13r-v.

Publication: Tautu, *Acta Martini V* 2, p. 1261.

677   Rome, 6 January 1431

Confirmation to Leucius Melutii, a Jew in Viterbo, that he and his family are
subject to the sole jurisdiction of the bishop of Tivoli, to the exclusion of all
other judicial authorities, for a period of five years.

Martinus etc. Leucio Melutii, Iudeo, habitatori civitatis nostre Viterbiensis,
viam veritatis agnoscere et agnitam custodire. Humilibus supplicum votis
libenter annuimus, et cum a nobis petitur, eorum commodis providemus.
Hinc est, quod nos tuis in hac parte supplicacionibus inclinati, ut usque ad
quinquennium a data presentium computandum, tu tuique filii, nepotes et
familia ac cognatus, etiam aliquarum litterarum seu rescriptorum
apostolicorum de presenti indulto plenam et expressam ac de verbo ad verbum
mencionem non facientium, per quemcumque seu quoscumque interim
impetrandorum, super quibuscumque causis civilibus et criminalibus, bonis,
iuribus, actionibus et rebus aliis, coram quibuscumque officialibus,
commissariis seu iudicibus, delegatis vel subdelegatis, in causam trahi seu ad
iudicium evocari nequeatis inviti, tibi et eisdem filiis, nepotibus familie et
cognato, auctoritate presentium indulgemus; volentes, quod infra dictum
quinquennium, super quibusvis causis et negociis occurrentibus, coram
venerabili fratre nostro episcopo Tiburtino, de te vel aliquo ex ipsis filiis,
nepotibus, familia, cognato conquerentibus, tenearis et illi etiam teneantur
stare iuri et de iusticia respondere; decernentes omnes et singulos processus,
sententias et penas, quas contra te, filios, nepotes, familiam et cognatum

predictos, contra huiusmodi nostre concessionis tenorem, per quoscumque
alios officiales nostros haberi contigerit seu etiam promulgari, irritos et irritas
pariter et inanes, ac exnunc irritum et inane, si secus super hiis a quoquam
quavis auctoritate, scienter vel ignoranter, contigerit attemptari; non
obstantibus apostolicis ac provincie nostre Patrimonii constitutionibus,
ceterisque contrariis quibuscumque. Nulli ergo etc.... Si quis etc. Dat. Rome,
apud Sanctos Apostolos, octavo Idus Ianuarii, anno quarto decimo.

Source: ASV, Reg. Lat. 299, fol. 266v.

Note: On the Jews in Viterbo at this time, see Milano, *Viterbo*.

678*   Avignon, before 15 February 1431

Commission and mandate to Peter Cotini, bishop of Castres and rector of the
Comtat Venaissin, and Raimundus Taloni, *viceauditor* of the papal chamber
in Avignon, to see to the strict application of the charter of privileges granted
the Jews in Avignon.

Franciscus, miseratione divina archiepiscopus Narbonensis, domini pape
camerarius, ac pro eodem et Sancta Romana Ecclesia in civitate Avinionensi
et comitatu Venaissini ac certis aliis partibus citramontanis vicarius in
temporalibus generalis, iudexque commissarius et executor ad infrascripta a
sede apostolica specialiter deputatus, ut de huiusmodi commissione constat
litteris apostolicis, quarum tenor inferius est insertus, reverendo in Christo
patri domino Petro, eadem miseratione episcopo Castrensi dicti comitatus
rectori, necnon venerabili viro domino Raimundo Taloni, in decretis
licentiato, preposito ecclesie Forcalquerii, viceauditori curie camere apostolice
in dicta civitate Avinionensi ordinate, et eorum cuilibet, salutem in Domino.
Romane Ecclesie subditorum, qui nostro subsunt regimini, vexationes et
incommoda moleste gerimus, et ea libenter concedimus, per que sub statu
prospero et tranquillo valeant ab inquietudinibus preservari. Noveritis
siquidem, quod nos hactenus, tam ut vicarius in temporalibus generalis supra
intitulatus, quam etiam tempore quo solum camerariatus officio utebamur,
pro diversis necessitatibus et actibus ac bono et politico regimine statuque
tranquillo universitatis seu communitatis Iudeorum utriusque sexus presentis
civitatis Avinionensis, diversa constitutiones, ordinationes, statuta, capitula,
articulos, gratias, indulta, privilegia et immunitates, sub diversis vicibus et
temporibus ac ex variis causis, rationibus, respectibus et motivis tunc
occurrentibus, edidimus et concessimus, ac per ipsos Iudeos seu inter eos edita

confirmavimus, que sub diversis nostris litteris patentibus, sigillo nostro
roboratis, consistunt, quarum tenores hic haberi volumus pro expressis, et
que postmodum per sedem apostolicam confirmata, ratificata et approbata
fuerunt et sunt, prout in dictis litteris apostolicis inferius insertis plenius
continetur. Cum autem, sicut pro parte dicte universitatis nobis nuper fuit
expositum, nonnulli contra huiusmodi statuta, constitutiones, ordinationes,
articulos sive capitula, gratias, confirmationes, indulta, privilegia et
immunitates temere veniendo, prefatos Iudeos, tam in communi quam in
particulari, variis modis molestare et inquietare nisi fuerint et nitantur, in
ipso[rum] preiudicium et gravamen, nos, attendentes, quod parum prodesset
gratias et privilegia concedere, nisi hii quibus concessa sunt, iuxta ipsorum
tenorem, gaudere valerent, statut[a]que et ordinationes condere, nisi esset qui
prevaricantes reduceret et coherceret ad debitam observantiam eorundem,
attendentes etiam, quod nos, diversis aliis occupati negotiis, circa premissa
commode nequimus intendere nec vacare, ac de probitate, fidelitate et
circumspectione vestris in arduissimis sepius comprobatis, merito confidentes,
et propterea oblatis nobis super hoc pro parte ballonorum[!] et totius
communitatis dictorum Iudeorum supplicationibus inclinati, vobis, tamquam
rectori et viceauditori superius intitulatis, vestrisque in officiis huiusmodi
successoribus, ac vestrum et illorum cuilibet in solidum, tam auctoritate
apostolica nobis super hoc concessa, quam nostrorum camerariatus et
vicariatus officiorum, tenore presentium committimus et mandamus, quatenus
omnia et singula statuta, constitutiones, ordinationes, articulos sive capitula,
confirmationes, immunitates, gratias, indulta et privilegia quecumque, per
nos, ut premittitur, aut alios in dictis litteris apostolicis nominatos, hactenus
edita et concessa ac per sedem apostolicam confirmata, de quibus vobis
legitime constiterit, firmiter et inconcusse teneri, attendi et observari faciatis
et mandetis, nec quidquam permittatis in ipsorum Iudeorum commune vel
particulare dispendium seu preiudicium a quoquam in contrarium attemptari;
contradictores quoslibet per censuram ecclesiasticam aut districtionem
temporalem et alia iuris remedia opportuna, iuxta potestatem nobis in dictis
litteris apostolicis at[t]ributam, debite compescendo; de et super quibus
omnibus et singulis supradictis ac emergentibus, incidentibus, deppendentibus[!]
et connexis ex eisdem, tam vobis quam successoribus predictis et vestrum
cuilibet in solidum usque ad nostrum vel sedis prefate beneplacitum, vices
nostras plenarie commictimus et subdelegamus per presentes; salva tamen et
retenta nobis etiam plenaria potestate in premissis omnibus agendi et
procedendi, si, prout et quando nobis visum fuerit opportunum; non
intendentes commissionem nostram huiusmodi in aliquo revocare, nisi de
revocatione ipsa specialem et expressam fecerimus mentionem. Tenor vero
litterarum apostolicarum, de quibus supra fit mentio, sequitur et est talis:
Martinus episcopus, servus servorum Dei, universis Iudeis utriusque sexus
nostre civitatis Avinionensis etc. ut in registro grosso litterarum apostolicarum,

foliis CLXXXXI et CLXXXXII, de verbo ad verbum usque ad finem bulle. In quorum testimonium presentes litteras fieri fecimus et sigilli nostri camerariatus officii munimine roborari. Dat. Avinione, die quinta decima mensis Februarii, anno a Nativitate Domini millesimo quadringentesimo tricesimo primo, pontificatus domini nostri, domini Martini, divina providentia pape quinti, anno quarto decimo.

Source: ASV, Arm. XXIX, vol. 10, fols. 186v–187v.

Note: Reference is probably to the Bull of 27 December 1421 (see above, Doc. **612**).

Bibliography: Vernet, *Martin V*, p. 422.

Eugenius IV (Condulmaro)
3 Mar. 1431 – 23 Feb. 1447

Rome, 1 July 1431

Appointment of Johannes de Puteo, provost of the church in Carpentras, as papal treasurer in Avignon and the Comtat Venaissin and inspector of the accounts and reform of the Jewish community there. The appointment was made after consultation with and the assent of the following: Jordan Orsini, cardinal bishop of Albano, Anthony Corrario, cardinal bishop of Ostia, Branda de Castillione, cardinal bishop of Porto, Hugo de Lusignano, cardinal bishop of Preneste, John de Rochetaillée, cardinal priest of St. Lawrence in Lucina, Louis Aleman, cardinal priest of St. Caecilia, Anthony Casino, cardinal priest of St. Marcello, John Cervantes, cardinal priest of St. Peter ad Vincula, John de Casanova, cardinal priest of St. Sixtus, Alfonso de Carillo, cardinal deacon of St. Eustache, Lucido de Comitibus, cardinal deacon of St. Mary in Cosmedin, and Ardicino de Porta, cardinal deacon of SS. Cosma et Damian.

Eugenius etc. dilecto filio Iohanni de Puteo, preposito ecclesie Carpentoratensis, in comitatu Venaysini nobis et Romane Ecclesie immediate subiecto, thesaurario nostro, salutem etc. De tue fidelitatis industria, prudentia quoque, ac in agendis experientia, plurimum in Domino confidentes, ac sperantes, quod ea, que tibi commiserimus, diligenter et laudabiliter exequeris, te in dicto comitatu, nobis et Ecclesie Romane immediate subiecto, pro nobis et Romana Ecclesia thesaurarium usque ad nostrum beneplacitum, cum salario, emolumentis, honoribus et oneribus consuetis, tenore presentium, de venerabilium fratrum nostrorum Iordani Albanensis, Antonii Ostiensis, Brande Portuensis, Hugonis Prenestrini episcoporum, Iohannis Sancti Laurentii in Lucina, Ludovici Sancte Cecilie, Antonii Sancti Marcelli, Iohannis Sancti Petri ad Vincula, Iohannis tituli Sancti Sixti presbiterorum, Alfonsi Sancti Eustachii, Lucidi Sancte Marie in Cosmedin et Ardicini Sanctorum Cosme et Damiani diaconorum, Sancte Romane Ecclesie cardinalium, consilio et assensu, facimus, constituimus et etiam deputamus; commissiones quascumque, tam super perceptione et conservatione iurium, reddituum, proventuum et emolumentorum quorumcumque, ad cameram apostolicam in civitate nostra Avinionensi quomodocumque et qualitercumque spectantium et pertinentium, ac insuper, visiones computorum universitatis Iudeorum, tam civitatis quam comitatus predictorum, et status eorum reformationem, quam alias quaslibet facultates et commissiones olim tibi per felicis recordationis Martinum papam V predecessorem nostrum, quas et earum tenores hic haberi volumus pro sufficienter expressis, tibi in dictis civitate et comitatu concessas, tenore presentium, auctoritate apostolica confirmantes, ac illas de novo tibi etiam concedentes, tibique petendi, exigendi et recuperandi omnes et singulos fructus, redditus et proventus, emolumenta quoque et obventiones, ac etiam penas, condemnationes, mulctas et alia quecumque iura ad nos et prefatam Ecclesiam in dictis civitate et comitatu quomodolibet spectantia, ac super hisdem condemnationibus, penis et mulctis de voluntate tamen et consensu, quo ad comitatum rectoris in ipso, et quo ad civitatem, vigherii ibidem pro tempore existentium, componendi, paciscendi et transigendi, quitandi insuper omnes et singulos de prefatis civitate et comitatu de his, que receperis ab eisdem, et generaliter omnia alia et singula faciendi, gerendi et exercendi, que ad huiusmodi thesaurariatus officium ac commissionum exercitium pertinere noscuntur, tam de consuetudine quam de iure, et que alii thesaurarii et commissarii, qui pro tempore fuerunt, facere consueverunt aut etiam debuerunt, plenam et liberam autoritate apostolica concedimus tenore presentium facultatem. Datum Rome, apud Sanctum Petrum, anno Incarnationis Dominice millesimo quadringentesimo tricesimo primo, Kalendis Iulii, pontificatus nostri anno primo.

Source: ASV, Reg. Vat. 381, fols. 35v–36r.

Note: Cf. below, Doc. **683**.

680*   [Rome], 22 November 1431

Safe-conduct, valid for three months, to Dactolus Abrae of Narni, to travel to Rome and other places in the papal dominions. During that period he is to be immune from all prosecutions and claims except debts to the papal courts and the papal chamber.

Universis etc. Franciscus miseratione etc. salutem etc. Universitati vestre notum facimus per presentes, quod nos, de mandato etc. ac auctoritate etc. tenore presentium damus et concedimus plenam licentiam ac tutum et liberum salvum conductum Dactolo Abrae de Narnia, Ebreo, accedendi ad hanc almam Urbem et alia quecumque loca sanctissimo domino nostro pape et

Sancte Romane Ecclesie subiecta, ibidemque standi etc. cum quibuscumque suis rebus et bonis, tute, libere atque secure, absque aliqua lesione, offensione vel molestia eidem quomodolibet inferendis; non obstantibus quibuscumque etc. et aliis in contrarium etc.; mandantes propterea etc. dum tamen non sit obligatus alicui in Romana curia aut camere apostolice; presentibus post lapsum trium mensium a die date presentium in antea computandorum minime valituris. In quorum etc. Dat. etc. anno etc. die XXII Novembris, pontificatus etc. anno primo.

Source: ASV, Arm. XXIX, vol. 16, fol. 130v.

681   Rome, 1 December 1431

Approval of petition submitted by Tilmannus Slote, an acolyte in the diocese of Halberstadt, to absolve him of the killing of a Jew in self-defence at Erfurt some time earlier.

Beatissime pater. Pro parte devoti vestri Tilmanni Slote, acoliti, Halberstadensis diocesis, sanctitati vestre humiliter exponitur, quod, cum olim ipse in opido Erfordensi, Maguntine diocesis, ubi tunc in iure canonico studuit, tempore nocturno cum duobus aliis clericis sociis suis versus hospicium suum honeste transiret, contigit quod duo Iudei, quorum unus in habitu mulieris incessit, eis obviam dederunt, quem taliter incedentem considerans dictus exponens, ac volens, quemadmodum iuvenilis impellebat etas, que femina esset, et quo tali noctis tempore tenderet, experiri, cui idem taliter, ut premittitur, incedens Iudeus in hec errogancia[!], vel eis in effectu similia verba dixit: "quid ad te, tu ribalde, nisi nos dimiseris, male tibi succedet", multa ac diversa obprobriosa et contumeliosa verba sibi inferendo et prorumpendo, quod unus ex sociis ipsius exponentis sensiens, idque egre ferens, nec equanimiter tollerare valens, quendam quem huiusmodi transformatus in capite portabat pileum de huiusmodi capite traxit, et ad domum suam, que non remote erat, currendo portavit; Iudeus vero, videns se dicto suo pileo spoliatum fore, quendam alium ex sociis huiusmodi per vestes cepit, et eum per dictas vestes tenendo, alios, qui in proximo habitabant, et ut illi sibi in succursum venirent, Iudeos vocavit; et licet dictus exponens de restituendo pileum huiusmodi eidem Iudeo quantum potuit certificare conaretur, ipse tamen Iudeus, caucionibus eiusdem exponentis acquiescere nolens, sed magis ac magis pro tumultu aliorum Iudeorum laboravit; prefatus exponens videns sibi Iudeos ad vocem dicti transformati Iudei convenientes in magno numero appropinquare, ac satagens, ne sibi et socio suo ab eisdem appropinquantibus Iudeis aliquid mali contigeret, aufugere, eidem Iudeo exhortando dixit, quod suum socium dimitteret; sed cum ipse exponens dictum suum socium de manibus eiusdem Iudei, qui illum dimittere noluit, ne a supervenientibus Iudeis lederetur, eripere vellet, idem Iudeus in eundem exponentem animo in fremitu et irreverenti irruens et quendam, quem penes se sub vestibus cultellum habebat, animo et intencione ipsum exponentem inhumaniter ledendi, extrahere volens, quod videns exponens predictus, ne sic ab ipso Iudeo et aliis appropinquantibus Iudeis interficeretur, illum cum quodam, quem eciam supra se habebat cultello, vim vi repellendo, in capite percussit, ex cuiusmodi vulnere idem Iudeus post triduum fertur expirasse. Cum autem, pater beatissime, dictus exponens premissa vim vi, ut premittitur, repellendo, et non aliter fecerit, dolensque de premissis ab intimis, ac cupiat ad omnes sacros ordines promoveri et in illis Altissimo famulari, supplicat sanctitati vestre exponens predictus humiliter, quatinus ipsum a reatu homicidii et aliis excessibus huiusmodi absolvere, secumque super irregularitate, si quam premissorum occasione quomodolibet incurrisse censeatur, necnon quod ad huiusmodi ordines promoveri et in illis Altissimo famulari possit et valeat, dispensare dignemini de gracia speciali; non obstantibus contrariis quibuscumque. Concessum de absolucione in presencia domini nostri pape. B[lasius] Grad[ensis]. Dat. Rome, apud Sanctum Petrum, in presencia domini nostri pape, Kalendis Decembris, anno primo.

Source: ASV, Reg. Suppl. 272, fols. 163v–164r.

Bibliography: Arnold, *Repertorium Germanicum (Eugen IV)*, p. 343. See *op. cit.*, p. XVII, on the functions of Blasio, patriarch of Grado, *regens cancellariam,* during Pope Eugenius's illness.

682   1432

Confirmation of privileges of the Jews in Lombardy, the March of Ancona and Savoy.

Source: [ASV, Reg. Eugenii IV, annus 2, tom. 9, fol. 253.]

Note: The volume containing this Bull is no longer extant.

Bibliography: Stern, *Urkundliche Beiträge* 1, p. 45.

683   Rome, 13 January 1432

Annulment and cancellation of the judicial powers granted Johannes de
Puteo, papal treasurer of Avignon and the Comtat Venaissin, over Christians
and Jews by Martin V and Eugenius IV.

Eugenius etc. dilectis filiis, nobilibus viris sindicis et consilio civitatis nostre
Avinionensis, salutem et apostolicam benedictionem. Sedis apostolice
benignitas illis fidelium votis consuevit se reddere graciosam, que honestatem
in se habent, et pro condicionibus temporum salubria sunt et commoda locis
nostris. Sane quidem, per dilectos filios nobiles viros oratores nostros, nobis
fuit nuper expositum, quod dilectus filius Iohannes de Puteo, thesaurarius
noster et pro Romana Ecclesia in comitatu Venaisini auctoritate apostolica
sibi collata per pie memorie Martinum papam quintum predecessorem
nostrum, et postea per nos confirmata, certas facultates habebat in civitate
Avinionensi prefata, tam contra Christianos cives eiusdem civitatis quam
eciam contra Iudeos, que esse videbantur in preiudicium regiminis vestri, et
contra conventiones et libertates ipsius civitatis, et vobis per consequens
minus grate, cum per officiales deputatos in dicta civitate ydonee sit provisum
circa modum regiminis et alia spectancia ad iusticia ministranda, tam contra
Christianos cives quam contra Iudeos predictos; unde, cum pro forma et
consuetudine reddendi iuris et alia prosequendi in civitate prefata, que nostri
et Romane Ecclesie status firmitatem aspiciunt, sine ipsis facultatibus, eidem
thesaurario concessis, legitime fieri possit, immo propter diversitatem
quandam, si ipse thesaurarius dictis facultatibus uteretur, possent multa
inconveniencia provenire, proinde fuit nobis humiliter supplicatum, ut ipsas
facultates et auctoritates, quas prefatus thesaurarius habere videtur,
suspendere et avocare, prorsusque revocare dignaremur; nam ipse thesaurarius
contentus erat se exonerare ac renunciare omnibus facultatibus antedictis.
Nos vero, concipientes formam et modum regiminis vestri in civitate nostra
predicta procedere iuste atque prudenter, cum bona advertencia status et
honoris nostri et Romane Ecclesie, et sine facultatibus eisdem posse, dante
Domino, perseverare felici successu velut perseveravit hucusque, attento,
quod ipse Iohannes de Puteo, thesaurarius prelibatus, pro exoneracione sua et
contentamento nostro, ut nobis costat[!], fuit contentus dimittere et renunciare
omnem facultatem et auctoritatem quam habet tam contra Christianos quam
contra Iudeos prefatos, que a prelibato predecessore nostro sive a nobis sibi
concesse fuissent, de vestra virtute confisi, presentis scripti tenore omnes et
singulas facultates et auctoritates, ipsi Iohanni de Puteo a prefato predecessore
nostro pro nobisque thesaurariatus officio seu alio quovis modo concessas,
tam contra cives civitatis nostre predicte Avinionensis, Christianos vel Iudeos,
aut alios quosvis habitatores intra menia civitatis eiusdem, in preiudicium
regiminis vel contra libertates et conventiones ipsius civitatis quomodolibet

existentes, aut alias quascumque, quas hic haberi volumus pro sufficienter expressis, ex certis honestis causis mentem nostram digne moventibus, apostolica auctoritate nostra suspendimus, amovemus et revocamus; tenore presencium declarantes nullam auctoritatem vel facultatem alicui concessam valere in futurum in dicta civitate Avinionensi, que sit contra conventiones et privilegia vel statuta prefate civitatis; privilegiis aut litteris a predecessoribus nostris Romanis pontificibus, vel a nobis ipsi Iohanni de Puteo, thesaurario, vel officio eiusdem indultis quomodolibet vel concesssis, et aliis non obstantibus quibuscumque. Nulli ergo... Si quis etc. Datum Rome, apud Sanctum Petrum, anno Incarnacionis Dominice MCCCCXXXI, Id[ib]us Ianuarii, pontificatus nostri anno primo.

Source: ASV, Reg. Vat. 371, fols. 169r–170r.

Note: On the appointment, see above, Doc. **679**.

684*   [Rome], 23 January 1432

Safe-conduct, valid until further notice, to Angelus Salomonis of Cori and his family to travel to Rome and in the papal dominions. During that time they are to be immune from all prosecution and claims, without prejudice to the papal chamber and excise.

Universis etc. Franciscus etc. salutem etc. Universitati etc. quod nos, de mandato etc. ac auctoritate etc. damus et concedimus plenam licentiam et tutum atque liberum salvum conductum Angelo Salomonis, Ebreo, habitatori terre Core, veniendi ad hanc almam Urbem et alia quecumque loca sanctissimo domino nostro pape et Romane Ecclesie subiecta, cum sua familia, rebus et bonis quibuscumque, ibidemque standi etc. et inde recedendi et quo maluerit eundi, tute, libere atque secure, absque aliqua lesione, offensa vel molestia reali vel personali eidem Angelo ac familie et bonis predictis quomodolibet inferendis; mandantes propterea universis et singulis officialibus in terris et civitatibus, sanctissimo domino pape et Romane Ecclesie subiectis, quatenus eidem Angelo et sue familie nullam noxiam aut novitatem inferant; non obstantibus quibuscumque debitis, obligationibus, excessibus et maleficiis et aliis in contrarium facientibus, dum tamen non preiudicent iuribus camere et gabellarum; presentibus ad nostrum beneplacitum tantummodo valituris. In quorum etc. Dat. etc. die XXIII Ianuarii, pontificatus etc. anno primo.

Source: ASV, Arm. XXIX, vol. 16, fol. 173v.

685   Rome, 4 April 1432

Approval of petition submitted by Johannes de Cava, a doctor in the diocese
of Cosenza, to forbid Jewish doctors to treat Christians unless the patients
have first made their wills and confessed to their priests.

Beatissime pater. Sanctitati vestre pro parte devotissimi filii vestri Iohannis
de Cava doctoris Cusentinensis diocesis, humiliter exponitur, cum nuper in
ducatu Calabrie quamplures Iudei se intromittant de sciencia medicine se
immiscendo in Christianis, ita quod Christiani plus in verbis et factis illorum
Iudeorum fidem adhibent, quam in medicis Christianis, et cum casus accidit
dictos Christianos ex eorum infirmitatibus expirare aut migrare ad Dominum
inconfessi, sacramento Eucaristie non recepto et intestati, prochdolor, suos
dies claudunt extremos, eoque[!] dicti Iudei advocant eos in suis domibus, non
curantes spiritualiter ipsos salvare, nec ad eorum salutem ullo modo procurant,
sed tantummodo ad ipsorum predam, in dedecus et vilipendium fidis[!]
Catholice et Sancte Matris Ecclesie, et plus erit si eadem sanctitas in premissis
de remedio succurrat oportuno; ea propter supplicat eidem sanctitati vestre
humiliter dictus Iohannes, tam suo proprio nomine quam alias et nomine
dictorum Christianorum in dicto ducatu existentium, ad premissa obvianda,
sibi de uberioris dono gratie ad dictos Iudeos reformandos et inhibendos, ne
amodo se quovismodo intromittant ad curam Christianorum corporalem, nisi
primitus sua testamenta, ultimas voluntates etc. fecerint, et a suis propriis
sacerdotibus confessi et ordinati, secundum Deum et Christianorum
consuetudinem, sint, licenciam misericorditer concedere et impartiri dignemini
de gratia speciali; contrariis quibuscumque non obstantibus. Concessum et
committatur ordinario, in presencia domini nostri pape. B[lasius] Gradensis.
Datum Rome, apud Sanctum Petrum, in presencia domini nostri pape, pridie
Nonas Aprilis, anno secundo.

Source: ASV, Reg. Suppl. 276, fols. 46v–47r.

686*   [Rome], 15 May 1432

Mandate to John Vitelleschi de Corneto, bishop of Recanati and governor of
the March of Ancona, to lift the sequester on the property of Ricordus, son of
Magister Gaio, a Roman Jew in Montegiorgio, and to cancel the guarantee
given by him. He owed 300 florins to Magister Elia Sabbati of Fermo, who, in
turn, owed a larger sum to the papal chamber. Ricordus had since paid the
debt he owed Elia directly to the papal chamber.

Franciscus etc. reverendo in Christo patri domino Iohanni, Dei gratia episcopo Rachanatensi, provincie Marchie Anconitane pro Sancta Romana Ecclesia gubernatori, ceterisque officialibus in dicta provincia constitutis, presentibus et futuris, salutem in Domino. Cum alias de mandato nostro mobilia et immobilia Ricordi magistri Gaii Hebrei de Urbe, habitatoris in castro Montis Sancte Marie in Georgio, provincie Marchie Anconitane predicte, in summam trecentorum florenorum auri de camera debitoris magistri Helie Sabbati, etiam Hebrei, de Firmo, camere apostolice in maiori summa debitoris, et pro dicta summa per providum virum Iacobum de Tarvisio, tunc in dicta provincia commissarium, fuerint arrestata et sequestrata, et dictus Ricordus, ut habilius bonis ipsis, sic, ut premittitur, sequestratis, uti posset, certos fideiussores prestiterit de solvendo; verum, quia idem Ricordus dictos trecentos florenos pro prefato magistro Helia solvit camere apostolice prelibate, prout in quitantia dicti magistri Helie latius continetur, ea propter pro parte ipsius Ricordi fuit nobis humiliter supplicatum, quatenus dictas res sequestratas et fideiussores relaxari et liberari mandare dignaremur. Nos igitur, supplicationibus dicti Ricordi, tamquam iustis, inclinati, de mandato etc. ac auctoritate, omnia et singula bona dicti Ricordi sic ut prefertur dicta, per dictum Iacobum aut alium quemcumque sequestrata, necnon omnes et singulos fideiussores per eum datos et prestitos pro premissis, tenore presentium relaxamus, liberamus et absolvimus; mandantes propterea vobis, de mandato et auctoritate predictis, quatenus prefato Ricordo aut eius legitimo procuratori, cum primum quod [pro] ipsius parte fueritis requisiti, omnia eius bona, sic ut prefertur arrestata et sequestrata, restitui faciatis cum effectu, necnon fideiussores per eum dicta occasione prestitos et datos liberare debeatis, et de quibuscumque libris, in quibus descripti forsitan fuerint, cassare, annullare et abolere. In contrarium facientibus non obstantibus quibuscumque. In quorum etc. Dat. etc. MCCCCXXXII, indictione X, die XV mensis Maii, pontificatus etc. anno secundo.

Source: ASV, Arm. XXIX, vol. 16, fol. 236v.

Note: Magister Elia Sabbati is the well-known physician; see above, Doc. **563,** and below, Doc. **699.**

687   Rome, 10 June 1432

Mandate to Jerome Leopardi, bishop of Rimini, to enforce on the Jews of his diocese the wearing of the badge, notwithstanding Martin V's order to the contrary, following complaints by Galeotus Roberti, papal vicar in Rimini and elsewhere.

Eugenius etc. venerabili fratri episcopo Ariminensi, salutem et apostolicam benedictionem. Licet Romana Ecclesia Iudeos toleret in testimonium Christi nostri inter fideles conversari et eciam permanere, tamen decens est et convenit honestati, ut Iudei ipsi, tamquam alieni et extranei a fide nostra, signati appareant et evidentissime cognoscantur, ne eorum conversacio fidelibus noceat, aut scandalum pariat, vel afferat detrimentum. Sane, pro parte dilecti filii nobilis viri Galeoti Roberti domicelli Ariminensis, in Ariminensi et nonnullis aliis civitatibus, terris et locis pro nobis et Romana Ecclesia in temporalibus vicarii generalis, nobis nuper exhibita peticio continebat, quod, cum in civitatibus, terris et locis prefatis nonnulli Iudei commorentur, qui inter Christianos illarum partium continue conversantur, et ex eo quod aliquo precipuo signo minime sunt mutati[!], a nonnullis ut Christiani coluntur et eciam reputantur, in Christiane religionis opprobrium et eciam vilipendium. Quare pro parte dicti Galeoti Roberti nobis fuit humiliter supplicatum, ut in premissis oportune providere, de benignitate apostolica dignaremur. Nos, piam prefati Galeoti Roberti intencionem in Domino plurimum commendantes, ac volentes in hiis salubriter providere, fraternitati tue per apostolica scripta committimus et mandamus, quatenus omnes Iudeos, tam mares quam feminas, in civitatibus, terris et locis eiusdem Galeoti Roberti gubernacioni commissis commorantes, vel qui pro tempore morabuntur, ad deferendum aliquod signum, quod per eos portandum prout tibi videbitur duxeris ordinandum, ita ut inter Christianos ut Iudei manifestissime cognoscantur, auctoritate nostra compellas. Non obstantibus felicis recordacionis Martini pape V predecessoris nostri, et aliis privilegiis ac litteris apostolicis, illis presertim per que Iudeis illarum parcium concessum esse dicitur, quod ad deferendum signum aliquod per quod a Christianis cognoscantur minime valeant cohartari, que habentes presentibus pro sufficienter expressis, eis tenore presencium specialiter derogamus. Datum Rome, apud Sanctum Petrum, anno Incarnacionis Dominice MCCCCXXXII, IIII Idus Iunii, pontificatus nostri anno secundo.

Source: ASV, Reg. Vat. 372, fol. 18r-v.

Publication: Battaglini, *Malatesta*, pp. 609f.; Tonini, *Rimini* 5, pp. 138f.

Bibliography: Artom, *Rimini*, p. 3; Stern, *Urkundliche Beiträge* 1, p. 45 (who has 8 June); Tonini, *op. cit.* 6, pp. 748f.

688*   [Rome], 24 September 1432

Safe-conduct to Aligucius, a Jew of Vetralla, and his family to visit Rome and travel in the papal dominions. He is to be immune from all prosecutions, even in connection with the rebellion in Vetralla.

Universis etc. Angelus etc. salutem etc. quod nos, de mandato etc. ac auctoritate etc. damus et concedimus plenam securitatem ac tutum et liberum salvum conductum Aligucio de Vetralla, Iudeo, accedendi ad hanc almam Urbem, in eaque standi, morandi et pernoctandi, indeque recedendi et quocumque maluerit remeandi, cum sua familia, rebus et bonis quibuscumque, ac per quecumque loca prefato domino nostro pape Sancteque Romane Ecclesie subiecta transeundi, in eisque standi, morandi et pernoctandi, semel et pluries, ad eius libitum voluntatis, absque iniuria, lesione, molestia vel offensa eidem, familie, rebus et bonis quibuscumque quomodolibet inferendis. Non obstantibus quibuscumque maleficiis quomodolibet commissis, ac rebellione dicte Vetralle, ac aliis in contrarium facientibus non obstantibus quibuscumque. In quorum etc. Datum etc. M^moCCCC^moXXXII^o, indictione X, die XXIIII mensis Septembris, pontificatus etc. anno secundo.

Source: ASV, Arm. XXIX, vol. 17, fol. 46v.

Note: Angelo Cavazza, bishop of Arbe, lieutenant of the chamberlain Francesco Condulmar. See Arnold, *Repertorium Germanicum*, pp. XLVIII, LXf.

689   Rome, 25 October 1432

Mandate to John de Tossignano, bishop of Ferrara, to enforce on the Jews of his diocese the wearing of the badge, following the bishop's own complaints.

Eugenius etc. venerabili fratri episcopo Ferrariensi, salutem etc. Licet Romana Ecclesia... Datum Rome, apud Sanctum Petrum, anno Incarnacionis Dominice MCCCCXXXII^o, VIII Kalendas Novembris, pontificatus nostri anno secundo.

Source: ASV, Reg. Vat. 372, fol. 75r.

Note: See above, Doc. **687**.

Bibliography: Stern, *Urkundliche Beiträge* 1, p. 45.

690*   Rome, 31 October 1432

Mandate and commission to the treasurer or collector of the excise on wine in Viterbo, present and future, to repay from their revenues a loan of 2,004 florins, made to the papal treasury by a group of citizens in Viterbo, including Moyses Aliuci.

Franciscus etc. nobilibus viris camerario seu gabellario gabelle vini civitatis Viterbii presenti et futuris, salutem etc. Cum nobiles et circumspecti viri Honofrius Pescianolo, Laurentius Pauli Nardi, Iohannes de Alexandria, Larius Nicolai, alias Sanciliaco, Antonius Tomassi, Marianus de Senis, Antonius Lancearius, Antonius Petripalmi, Cristoforus Angeli Tinoti, Ieronimus Antonii Spetiarii, Bartholomeus Malanthe, Petrucius Iacobi Symonis, Nicolaus domini Bussa, Petrucius Della Cifarella, Matheus Marroti, Iohannes Nigri Anselmi, Nicolaus Mazzeri, Dominicus magistri Petrucii, Lucas Petrinicolai, Luca Baptiste Iohannis Ciapi, Antonius Pauli Folliani, Guillelmus Sutor, Marchus Bartholomeus Calzolarius, Dominicus Ser Angeli et Moyses Aliuci, Hebreus, cives et habitatores Viterbienses, de eorum propriis pecuniis, necessitatibus camere apostolice subveniendo, florenos duomilia quattuor, inter ipsos distributos, ad requisitionem domini nostri pape et nostri, ipsi camere liberaliter mutuaverunt atque solverunt, animo et intentione dictos duomilia et quattuor florenos super introitibus, redditibus et proventibus gabelle vini dicte civitatis Viterbii rehabendi et recuperandi, quo circa nos, eorum indemnitatibus providere cupientes, de mandato sanctissimi in Christo patris et domini nostri, domini Eugenii divina providentia pape quarti, facto nobis super hoc vive vocis oraculo, ac auctoritate camerariatus officii nostri, tenore presentium vobis et cuilibet vestrum committimus, precipimus et mandamus, quatenus de quibuscumque pecuniis dicte gabelle ad manus vestras seu alterius vestrum provenientibus et ad cameram apostolicam spectantibus et pertinentibus, quamprimum ipsis supranominatis civibus seu eorum procuratori ad hoc legitime constituto, detis, tradatis atque solvatis, usque ad integram satisfactionem dicte summe dictorum duorum milium et quattuor florenorum et de his que vos seu alterum vestrum solvere contigerit, duo publica instrumenta confici faciatis, quorum unum pro vestri[!] cautela, aliud vero, ad cameram apostolicam quamprimum destinare curetis; volumus insuper pro maiori cautela, quod omnes solutiones, quas vigore presentium facietis seu alter vestrum faciet, a tergo presentis in brevi forma annotare faciatis. Non obstantibus quibuscumque statutis, privilegiis, mandatis et aliis in contrarium facientibus. In quorum etc. Dat. Rome, apud Sanctum Petrum, sub anno a Nativitate Domini MCCCCXXXII°, indictione X^a, die ultima mensis Octobris, pontificatus etc. anno secundo.

Source: ASV, Arm. XXIX, vol. 17, fols. 70v–71r.

691*   Rome, 19 November 1432

Safe-conduct, valid until further notice, to Gaiellus de Bonaiuto, a Roman
Jew, to travel to Rome and in the papal dominions. During that time he is to
be immune from all criminal prosecutions, provided he has come to an
agreement with the papal vicar in Rome.

Universis etc. Franciscus etc. universitati etc. quod nos, de mandato
sanctissimi in Christo patris et domini nostri, domini Eugenii, divina
providentia pape quarti, facto etc. ac auctoritate etc. damus et concedimus
plenam securitatem ac tutum et liberum salvum conductum Gaiello de
Bonaiuto, Iudeo de Urbe, de regione Sancti Angeli, veniendi ad hanc almam
Urbem ac civitates, terras, castra et loca quecumque sanctissimo domino
nostro pape Sancteque Romane Ecclesie subiecta, in eisque standi, morandi et
pernoctandi, ac ab eis recedendi et quocumque maluerit remeandi, tute, libere
atque secure, absque iniuria, lesione, molestia vel offensa reali vel personali
eidem quomodolibet inferendis; non obstantibus quibuscumque maleficiis,
culpis, excessibus per ipsum commissis et perpetratis, actento quod pro dictis
delictis et criminibus cum generali in spiritualibus in alma Urbe domini nostri
pape prefati vicario composuit et concordavit, ceterisque in contrarium
facientibus non obstantibus quibuscumque; presentibus ad nostrum
beneplacitum tantummodo valituris. In quorum testimonium presentes etc.
Datum Rome, apud Sanctum Petrum, anno M^{mo}CCCCXXXII, indictione
X, die vero XVIIII Novembris, pontificatus prefati sanctissimi domini nostri
Eugenii pape IIII^{ti} anno secundo.

Source: ASV, Arm. XXIX, vol. 17, fol. 82v.

Note: See below, Doc. **707**.

692*   Rome, 29 November 1432

Safe-conduct, valid until further notice, to Magister Gaio Salomonis, a Roman
Jew in the March of Ancona, to travel to Rome and in the papal dominions.
During that time he is to be immune from all prosecutions, including those
already initiated.

Universis etc. Franciscus etc. salutem etc. universitati vestre etc. quod nos,
de mandato domini nostri pape super hoc vive vocis oraculo nobis facto, ac
auctoritate camerariatus officii nostri, tenore presentium damus et concedimus

plenam securitatem ac tutum et liberum salvum conductum magistro Gaio Salomonis de Urbe, habitatori Marchie Anconitane, Hebreo, accedendi ad hanc almam Urbem et ad omnia alia et singula loca domino nostro pape Sancteque Romane Ecclesie subiecta, in eisque standi, morandi et pernoctandi, indeque recedendi et quocumque maluerit remeandi, ac per quecumque loca transeundi, die noctuque, semel et pluries, ad ipsius libitum voluntatis, absque iniuria, lesione, molestia vel offensa reali aut personali eidem quomodolibet inferendis; culpis, maleficiis, excessibus, criminibus vel delictis per eum qualitercumque commissis et perpetratis, ac diffidationibus, exbannimentis, inquisitionibus, processibus et sententiis contra eum formatis et factis et promulgatis, aliisque in contrarium facientibus non obstantibus quibuscumque, ita quod nulla occasione vel causa possit gravari, molestari seu quomodolibet impediri in persona vel in bonis; presentibus usque ad nostrum beneplacitum valituris. In quorum etc. Dat. Rome, apud Sanctum Petrum, sub anno a Nativitate Domini millesimo quadringentesimo tricesimo secundo, indictione decima, die vicesima nona mensis Novembris, pontificatus vero sanctissimi domini Eugenii pape quarti anno secundo.

Source: ASV, Arm. XXIX, vol. 17, fol. 84v.

Note: See above, Doc. **669**.

693*   Rome, 5 December [1432]

Safe-conduct, valid until further notice, to Samuel alias Mele of Camerino and Angelus David of Civitanova to reside and travel in the papal dominions. During that time they are to be immune from all claims and prosecutions in connection with a verdict given against Samuel in favour of Salomon and Gaio of Ascoli. An appeal had been filed against the verdict.

Universis etc. Franciscus etc. salutem etc. Universitati vestre etc. quod nos, de mandato domini nostri pape super hoc vive vocis oraculo nobis facto, tenore presentium damus et concedimus plenam securitatem ac tutum et liberum salvum conductum Camueli alias Meli, habitatori Camerini, et Angelo David de Civitate Nova, eius procuratori, Hebreis, accedendi ad omnia et singula loca domino nostro pape Sancteque Romane Ecclesie subiecta, in eisque standi, morandi et pernoctandi, indeque recedendi et quocumque maluerint remeandi, et per dicta loca transeundi, die noctuque, semel et pluries, ad eorum libitum voluntatis, absque iniuria, lesione, molestia, vel offensa reali aut personali eisdem quomodolibet inferendis occasione cuiusdam sententie late contra ipsum Camuelem, alias Melem, in favorem Salomonis et Gaii, Hebreos[!] de Esculo, a qua sententia per supradictos extitit appellatum et huiusmodi lis dicitur pendere in curia generali provincie Marchie Anconitane; hunc autem salvum conductum eis concedimus, ut possint defendere iura sua, quia lite pendente, si carceribus traderentur, timent ne iura sua deffensione carerent; in contumaciam [*sic*] facientibus non obstantibus quibuscumque; presentibus usque ad nostrum beneplacitum duraturis. In quorum testimonium etc. Datum Rome, apud Sanctum Petrum, die quinta mensis Decembris, anno, indictione et pontificatu quibus supra.

Source: ASV, Arm. XXIX, vol. 17, fol. 87v.

694   Rome, 6 February 1433

Reissue of *Sicut Judeis* Bull, including the addition that Jewish communities under papal rule may invoke the aid of the authorities to collect the taxes owed them; and that Jews be exempt from reprisals imposed on the places where they live unless they themselves had been the cause.

Eugenius etc. universis Christifidelibus presentes litteras inspecturis, salutem et apostolicam benedictionem. Sicut Iudeis non debet esse licencia in synagogis suis ultra quam permissum est eis lege presumere, ita in hiis, que concessa sunt ipsis, nullum debent preiudicium sustinere. Licet igitur prefati Iudei in sua magis velint duritia perdurare, quam prophetarum verba et suarum scripturarum arcana cognoscere, atque ad Christiane fidei et salutis noticiam pervenire, quia tamen defensionem nostram et auxilium postulant et Christiane pietatis mansuetudinem interpellant, nos, felicis recordacionis Calisti, Eugenii, Alexandri, Celestini, Innocentii, Gregorii, Nicolai, Honorii et Nicolai quarti, Romanorum pontificum predecessorum nostrorum, vestigiis inherentes, ipsorum Iudeorum peticionem admittimus eisque protectionis nostre clipeum impartimur, statuentes, ut nullus Christianus Iudeos eosdem, invitos vel nolentes, ad baptismum per violenciam venire compellat, sed si quis eorum sponte ad Christianos fidei causa confugerit, postquam voluntas eis[!] fuerit patefacta, officiatur[!] absque alia calumpnia Christianus; veram enim Christianitatis fidem habere non creditur, qui ad Christianorum baptisma non spontaneus, sed invitus cognoscitur pervenire. Nullus eciam Christianus eorundem Iudeorum personas, sine iudicis competentis iudicio civitatis seu terre in qua habitant, vulnerare seu occidere, vel suas illis pecunias auferre presumat, aut bonas, quas hactenus in eadem regione, civitate, aut terra habuerint, consuetudines impedire seu immutare; preterea in suarum festivitatum celebratione quisquam fustibus vel lapidibus aut alias eos nullatenus non perturbet, nec aliquis ab eis coacta servicia exigat, nisi ea, que ipsis[!] preteritis temporibus consueverant facere seu prestare. Ad hoc malorum omni pravitati et avaricie obviantes, decernimus, ut nemo cimiterium Iudeorum mutilare vel minuere audeat, sive obtentu pecunie effodere corpora iam humata. Et quoniam iusta et equa postulantibus non est denegandus assensus, statuimus, ut in terris nobis et Romane Ecclesie immediate subiectis, omnes ordinarii provinciarum, terrarum vel locorum, iudices ecclesiastici seu temporales, in aliis vero ecclesiastici tantum, circa exactionem collectarum et onerum per universitatem seu ab universitate deputatos, impositorum seu imponendorum, exactione ad instanciam et requisicionem eorum Iudeorum, qui se ad eam rem deputatos per prefatam ipsorum universitatem docuerint, ius dicere, et obligatos ad solucionem prefatarum collectarum et onerum dumtaxat, cogere et compellere debeant, auctoritate presencium, iuris communis, seu prefatorum locorum constitucionum vel consuetudinum, et aliis remediis oportunis. Cum autem valde sit consonum equitati, ut qui commoda non sentiunt non debeant ipsis oneribus subiacere, decernimus, quod in quibus civitatibus, terris et locis Iudei prefati civium privilegiis et inmunitatibus non gaudeant, in eisdem prefatos Iudeos ad represalias contra cives illarum civitatum, terrarum vel locorum, que incolunt, institutas, nisi prefate represalie eorundem Iudeorum causa et contemplacione fuissent contra illas civitates, terras vel loca, que incolunt, institute, prefatos Iudeos non teneri, nec earundem vigore non conveniri debere. Illos autem Iudeos dumtaxat huiusmodi protectionis presidio volumus communiri, qui nichil machinari presumpserint in subversione fidei memorate. Nulli ergo etc.... Si quis etc. Datum Rome, apud Sanctum Petrum, anno Incarnacionis Dominice millesimo quadringentesimo tricesimo secundo, octavo Idus Februarii, pontificatus nostri anno secundo.

Source: ASV, Reg. Vat. 372, fol. 136r-v.

Publication: Grayzel, *Sicut Judeis*, pp. 272f. (partly); Neubauer, *Pope Eugenius IV*, pp. 530f.; Schlager, *Wiener Skizzen* 2, pp. 212f.; Stern, *Urkundliche Beiträge* 1, pp. 43f.

Note: The wording of the text following "... *iudices ecclesiastici...*" requires correction.

Bibliography: Browe, *Judenmission*, p. 35; Erler, *Historisch-kritische Übersicht* 7; Gemeiner, *Regensburgische Chronik* 3, p. 29; Grayzel, *Popes, Jews and Inquisition*, p. 157; Simonsohn, *Kirchliche Judengesetzgebung*, pp. 45f.; Vogelstein-Rieger, *Rom* 2, p. 10 (who has 6 February 1434).

695*   Rome, 6 June 1433

Commission to Franciscus de Folengiis of Mantua, papal chamberlain and treasurer of the March of Ancona, to act as judge in a dispute between Ser Mele Moisi of Civitanova in Camerino and Angelus Manuelis of Ripatransone on the one hand, and Salomon Abrami of Parma and Sabatus of Lodi on the other.

Francischus etc. venerabili decretorum doctori, domino Francisco de Folengiis, de Mantua, sanctissimi domini nostri cubiculario ac provincie Marchie Anconitane etc. pro eodem sanctissimo domino nostro tesaurario, salutem in Domino. In vestris scientia, virtute, legalitate et iusticia, quibus te novimus excel[l]ere, fiduciam in Domino capientes, ex autoritate nostri camerariatus officii, et de mandato sanctissimi domini nostri super hoc vive vocis oraculo nobis facto, vobis quandam causam, quam movere intendunt Ser Mele Moisi de Civitanova, habitator Camerini, et Angelus Manuelis de Ripa Transonis, Ebrei, vel alter eorum, per se vel procuratorem seu procuratores, civiliter vel criminaliter, vel miste, occasione innnovationis[?] vel pene inter eos convent. et commiss., tam pro eorum interesse, quam causam contra Salamonem Abrami de Parma et Sabatum de Laude, Ebreos, et quemlibet vel alterum eorum, et eorum procuratores et alias quoscumque homines et personas, audiendam, decidendam et terminandam usque ad sententiam inclusive, sum[m]arie et de plano, sola facti veritate inspecta, comictimus per presentes; mandantes ceteris officialibus dicte provincie, quod in dicta causa, quoad pendiderit coram vobis, non debeant se modo aliquo impedire. Has igitur litteras commisimus fieri et nostro quo utimur in nostro officio camerariatus sigillo muniri in testimonium premissorum. Dat. etc. die VI° Iunii, anno Nativitatis Domini M°CCCC°XXXIII°.

Source: ASV, Arm. XXIX, vol. 17, fol. 177v.

Note: Salomone, son of Abraham Galli, was a banker in Parma at about this time. See Simonsohn, *Parma*, pp. 230f.

696*   Rome, [6 June 1433]

Safe-conduct, valid until further notice, to Ser Mele Moisi of Civitanova in Camerino and Angelus Manuelis of Ripatransone to travel freely in the March of Ancona. They are to be immune from all claims and prosecutions, provided they supply suitable guarantors in Ripatransone that they will appear in court and obey it. This follows a petition to that effect by the *anziani* of Ripatransone, to enable the two to prosecute their lawsuit with Salomon Abrami of Parma and Sabatus of Lodi.

Franciscus etc. universis et singulis ad quos presentes advenerint, salutem in Domino. Notum vestre universitati facimus per presentes, quod ad supplicationem nobilium virorum antianorum populi et communis terre Ripe Transonum nobis porrectam per prudentes viros Iacobum Bertoli et Iacobum Pucii de Ripa Transonum, ambasiatores dicte communitatis, effectualiter continentem, quod Ser Meli Moisi, Ebreo de Civitanova, et Angelo Manueli[!] de Ripa Transonum et cuilibet eorum intendentibus causam agere contra Sabatum de Laude et Salamonem Abrami de Parma et quemlibet alium ad penam in quam incidissent sibi et camere apostolice ap[p]licandam, offerentibus dare in dicta terra Ripe Transonum fideiussores idoneos de stando iuri et iudicatum solvendo, pro omni causa civili vel criminali, pecuniaria, que contra eum intentaretur, nostrum salvum conductum ad nostrum beneplacitum concedere dignaremur, ne ab aliquo officiali in aliqua terrarum Marchie, mediate vel immediate Romane Ecclesie subiecta, neque in curia generali personaliter capi, detineri vel carcerari possent, fideiussione predicta idonea precedente; quare, intuitu dicte communitatis et quia iustum et consonum rationi est, ipso existente[!] solvendo, mediantibus fideiussoribus supradictis, ne personaliter molestetur, auctoritate nostri camerariatus officii, et de mandato sanctissimi domini nostri super hoc vive vocis oraculo nobis facto, supradictis Ser Meli et Angelo, standi, manendi, morandi, habitandi, eundi et redeundi in civitatibus, terris et locis, et per civitates, terras et loca provincie Marchie Anconitane tute, libere et secure, sine eo, quod ab aliquo officiali ecclesiastico, vel seculari, pro aliqua causa, civili vel criminali, pecuniaria, personaliter molestari, detineri, capi vel carcerari possit, ipsa fideiussione supradicta prius prestita et data in dicta terra Ripe Transonum, aliquibus debitis, publicis vel privatis, delictis, criminibus, bannis, condempnationibus pecuniariis supradictis, et aliis quibuscumque non obstantibus, licentiam, facultatem, securitatem et liberum salvum conductum ad nostrum valiturum beneplacitum, tenore presentium concedimus atque damus; mandantes eadem auctoritate universis et singulis rectoribus, gubernatoribus, potestatibus, vicariis et ceteris officialibus ac subiectis ecclesie in dicta provincia, quatenus presentes licentiam, securitatem et salvum conductum debeant inviolabiliter observare. Dat. etc.

Source: ASV, Arm. XXIX, vol. 17, fol. 178r.

Note: See above, preceding doc.

697   Rome [12 June 1433]

Mandate to a bishop to enforce the wearing of the badge on the Jews in his diocese.

Venerabilis frater, salutem. Licet Romana Ecclesia Iudeos tolleret in testimonium Ihesu Christi, tamen valde equum putamus et consonum racioni, quod Iudei prefati signum aliquod apud se habeant, ex quo a Christifidelibus facile cognoscantur. Quamobrem committimus et mandamus fraternitati tue tenore presencium, quatenus Iudeos prefatos in civitatibus, terris et locis tue gubernacioni commissis, commorantes, ad signum aliquod deferendum, quo mediante a Christianis cognoscantur et distinguantur, nostra auctoritate compellas. Dat. ut supra.

Source: ASV, Reg. Vat. 370, fol. 145r.

Note: See above, Docs. **687, 689**. The addressee is not given. The nearest date (on fol. 144v) is 12 June.

698   Rome, 1 December 1433

Approval of petition submitted by Petrus de Carmano, archdeacon of Calatayud in the church of Tarazona, to annul the appropriation by Benedict XIII of some revenues of the archdeaconate for the support of certain Jewish converts. Dalmatius de Muzo, archbishop of Saragossa, is to examine the case and act according to his findings.

Beatissime pater. Quia Petro de Luna, Benedicti[!] decimitercii[!] in sua obediencia nuncupato, ad manus suas retinente archidiaconatum de Calataiubio in ecclesia Tirasonensi cum nonnullis prestimoniis in eodem archidiaconatu consistentibus, tempore quo ipse persuadebat Iudeis, ut ad fidem Christi converterentur, quibusdam Ferdinando Catorre octuaginta florenos de Aragonia, et Berengario de Lacabea quinquaginta fanecas grani tritici et totidem ordei, noviter ad sedem[!] Christi conversis, pro tunc super fructibus etc. dicti archidiaconatus per ipsos quo adviverent recipiendos et habendos, et per receptores et collectores tunc dicti archidiaconatus et archidiaconos futuros eisdem, annis singulis, persolvendos, per suas certi tenoris litteras concesserit et assignaverit, sub certis censuris et penis in eisdem litteris apostolicis contentis et lacius specificatis, cumque, pater sancte, cause propter quas dicte pensiones seu assignaciones eisdem concesse fuerint non videantur exprimi in dictis litteris, nisi quia predicti versiti[!] artem medicine exercent, et pro tunc dictus dominus B[enedictus] duas sorores moniales in monasterio Sancte Clare de Calataiubio tenebat, et quod dictum monasterium, comtemplacione[!] ipsarum, ut creditur, visitarent, et eciam alias[!] ipsorum, ut pro tunc incepit Iudeos per suam predicacionem ad fidem Christi converteret, quodque a decem annis citra dicte sorores dicti domini B. viam universe carnis ingresse fuerint, aliasque predicaciones publicas a dicto tempore citra non exerceat, suntque dicte pensiones quamplurimum archidiacono onerose, que quasi terciam partem fructuum ordinariorum dicti archidiaconatus capiunt, ipsique nehophiti sint nunc laici, et cessare videatur causa, et propterea cessare debeat effectus, pro tanto humilis et devotus vester Petrus de Carmano, archidiaconus dicti archidiaconatus, vestre sanctitati humiliter supplicat, quatinus concessiones, assignaciones et constitutiones predictis neophitis, ut premittitur, factas, ex certa sciencia revocantes, cassantes et annullantes, ad illas predictis nehophitis[!] per dictum archidiaconum dandum et solvendum minime teneri, dignemini misericorditer declarare, litteras dicti domini B. eisdem concessas hic habentes pro sufficienter expressis vel in confectionem litterarum lacius explicand., cum non obstantiis et clausulis oportunis. Concessum et comitatur[!] archiepiscopo Cesaraugustano, si cause cessant, quod tollat vel moderet, prout sibi videbitur; in presencia domini nostri pape. B[lasius] Gradensis. Dat. Rome, apud Sanctum Petrum, Kalendis Decembris, anno tercio.

Source: ASV, Reg. Suppl. 293, fol. 49r-v.

699*   Rome, 5 February 1434

General pardon, civil and criminal, to Magister Elia Sabbati, doctor of medicine in Fermo.

Universis etc. Franciscus etc. universitati etc. quod nos, de mandato etc. facto nobis etc. ex eius certa scientia, ac autoritate etc. tenore presentium absolvimus et liberamus ac absolutum et liberatum decernimus magistrum Eliam Sabati, Ebreum de Firmo, arcium et medicine doctorem, ab omnibus et singulis diffamationibus, inquisitionibus, investigationibus, processibus, criminibus et delictis per eum hactenus commissis commissis [*sic*] et perpetratis ac contra ipsum factis et formatis, ac omnes et singulos fideiussores per eum prestitos occasione prestit. fideiuss. et oblig. quibuscumque, etiam manu cuiuscumque notarii appareant, relapsamus[!] et liberamus, penasque, quas occasione delictorum et criminum ac processuum, inquisitionum et informationum huiusmodi promeruisset seu promeruit et quibus condempnandi venisset, eidem de simili mandato et scientia plenarie remittimus et indulgemus; mandantes propterea venerabilibus viris, dominis iudicibus, commissariis, auditoribus, viceauditoribus ac notariis et scribis, ceterisque quibuscumque ad quos spectat seu spectare poterit quomodolibet in futurum, quatenus prefatum magistrum Eliam aut eius heredes et successores, aut dictos eius fideiussores, futuris perpetuis temporibus, occasione quorumcumque excessuum, criminum, maleficiorum, processuum, inquisitionum et informationum predictorum, aut alias quomodolibet de commissis et factis per eum et contra eum et fideiussores huiusmodi factos et prestitos usque in presentem diem, in persona vel bonis nullatenus vexent, inquietent aut molestent, quin immo processuum, inquisitionum seu fideiussionum huiusmodi notas et instrumenta de libris et regestris ubi scripta apparent, cassent, aboleant et cancellent; que nos etc.; non obstantibus quibuscumque statutis, legibus, constitutionibus, indultis, aut instrumentis etiam iuramento vallatis, ceterisque aliis. In quorum omnium fidem et testimonium presentes litteras fieri et sigilli nostri camerariatus officii supradicti fecimus appensione muniri. Dat. Rome, apud Sanctum Petrum, anno Domini MCCCCXXXIIII, indictione XII, die quinta Februarii, pontificatus sanctissimi domini nostri pape prefati anno tertio.

Source: ASV, Arm. XXIX, vol. 17, fol. 271v.

Note: On Magister Elia Sabbati, see above, Docs. **563** and following.

700   Rome, 1 April 1434

Approval of petition submitted by Edward, king of Portugal, including permission to employ Jewish physicians.

Beatissime pater. Exponitur sanctitati vestre pro parte devotissimi eiusdem sanctitatis et Sancte Romane Ecclesie filii Eduardi, Portugalie et Algarbii regis ... Item, beatissime pater, cum in prefatis regnis expertorum in arte medicine medicorum copia non existit, supplicat sanctitati vestre dictus E. rex, quatenus sibi, ut aliquos Iudeos in dicta arte peritos, qui sui ac suorum familiarium et servitorum pro tempore existencium curam gerere habeat[!], in sua curia tenere ac habere possit et valeat, facultatem et licenciam concedere dignemini, non obstantibus contrariis quibuscumque, cum clausulis oportunis. Concessum, si sine scandalo. B[lasius] Gradensis... Dat. Rome, apud Sanctum Grisogonum, Kalendis Aprilis, anno quarto.

Source: ASV, Reg. Suppl. 295, fols. 202r–203v.

701*   Rome, 11 May 1434

Safe-conduct, valid for three months, to Mele Angeli Salomonis of Rome to travel to and from Rome. During that time he is to be immune from all injury and molestation.

Universis etc. Franciscus etc. salutem etc. Universitati etc. quod nos, de mandato etc. super hoc vive vocis oraculo nobis facto, ac auctoritate etc. presentium tenore concedimus plenam securitatem ac tutum et liberum salvum conductum Meli Angeli Salomonis Ebreo, commoranti in regione Sancti Angeli Urbis, conversandi, standi, morandi et pernoctandi in dicta Urbe, indeque recedendi et quocumque maluerit remeandi ac etiam redeundi pro suo[!] libito voluntatis, absque iniuria, lesione, molestia vel offensa reali aut personali eidem quomodolibet inferendis; in contrarium facientibus non obstantibus quibuscumque; presentibus usque ad trium mensium spatium, et interim ad beneplacitum nostrum, a die date presentium in antea proxime computandorum tantummodo valituris. In quorum etc. Dat. Rome, apud Sanctum Grisogonum, sub anno a Nativitate Domini MCCCC°XXXIIII°, indictione XIIᵃ, die XIᵃ mensis Maii, pontificatus vero sanctissimi domini nostri pape prefati anno quarto.

Source: ASV, Arm. XXIX, vol. 18, fol. 42v.

702   Rome, 29 May 1434

Approval of petition to mention Saints Clement and Catherine in the concession which had granted indulgences to the chapel named after them in Mayorga de Campos, in the diocese of Leon, which had been a synagogue.

Beatissime pater. Nuper sanctitas vestra capelle Sanctorum Clementis et Catherine, site in villa de Meiorica, Legionensis diocesis, que prius sinagoga Iudeorum fuerat, indulgencias concessit in forma, ut in quadam peticione desuper signata continetur. Verum, pater sancte, quoniam dicta capella in honore dictorum sanctorum edificata est, et per cancellariam non veniret nisi alter eorundem sanctorum, supplicatur sanctitati vestre, quatinus bulla super eisdem indulgenciis conficiatur, et contineat utramque solemnitatem dictorum sanctorum, maxime quia in una septimana corrunt[!], concedere dignemini de gratia speciali, cum clausulis oportunis. Concessum in presencia domini nostri pape. B[lasius] Gradensis. Dat. Rome, apud Sanctam Mariam Transtiberim, quarto Kalendas Iunii, anno quarto.

Source: ASV, Reg. Suppl. 301, fol. 205v.

703   Florence, 15 July 1434

Approval of petition submitted by Johannes and Franciscus della Mirandola, counts of Concordia, to absolve them from punishment incurred for having admitted Jewish moneylenders into their dominions; they are to expel the Jews.

Beatissime pater. Exponunt sanctitati vestre devoti et humiles eius filii Iohannes et Franciscus, dicti Delamirandula, comites Concordie, Reginensis diocesis, quod olim ipsi, attendentes quod eorum subditi, dum pro suis necessitatibus interdum aliquo pecuniario subsidio indigerent, nonnunquam inter se per contractus illicitos, interdum vero a longinquis feneratoribus per laboriosas et sumptuosas usuras suis necessitatibus, non sine gravi eorum dispendio, providebant, cupientesque eorundem subditorum indemnitati succurrere, non credentes per hoc in legem commictere, permiserunt, ym[m]o procurarunt et ordinarunt, quod aliqui Iudei in aliqua ex eorum terris continue residere et artem fenoris exercere possent, et propter hoc certam domum ipsis Iudeis concesserunt sive locarunt, aut concedi seu locari fecerunt, pro huiusmodi exercicio et habitatione ipsorum. Cum autem, pater sancte, varie sint doctorum opiniones, an cap. "usurarum voraginem", de usuris li. VI. loquatur eciam de Iudeis, et bonarum mencium sit eciam ibi culpam timere, ubi illa minime reperitur, idcirco eidem sanctitati humiliter supplicant dicti comites, quatinus eos, in quantum opus sit, ab excommunicationis sententia, si quam propterea incurrerunt, absolven., eis et dictis subditis, pro minori eorum dampno atque dispendio, quod huiusmodi Iudeos, ut retinent, retinere, ac ipsis domum vel domos pro huiusmodi exercicio locare, et alia circa hec necessaria facere, libere, licite et impune possint et valeant, dignemini misericorditer indulgere; predicta[!], et aliis constitutionibus apostolicis, ceterisque contrariis non obstantibus quibuscumque, cum clausulis oportunis. Concessum de absolutione, expulsis primo Iudeis, in presencia domini nostri pape. B[lasius] Gradensis. Dat. Florentie, Id[ib]us Iulii, anno quarto.

Source: ASV, Reg. Suppl. 296, fol. 203r-v.

Note: On the Jews in Mirandola, see Balletti, *Gli ebrei e gli Estensi*, pp. 65, 68, 70.

704 Florence, 4 October 1434

Approval of petition submitted by King Edward of Portugal, including permission to employ Jewish physicians to cure Christians, owing to the shortage in Portugal of Christian physicians.

Beatissime pater. Ut devotissimus sanctitatis vestre et Sancte Romane Ecclesie filius Eduardus, Portugalie et Algarbii rex, apostolicos favores sibi profuturos percipiat, ac eo fervencius in devotione erga eandem sanctitatem et Sanctam Romanam Ecclesiam permaneat, supplicat eidem sanctitati, quatinus infrascriptas peticiones ad exaudicionis gratiam admictere dignemini... Item, beatissime pater, quia in regno Portugalie Christiane religionis expertorum in phisice ac medicine scienciis copiosus numerus non reperitur, ymo plures Iudei in arte medicine, necnon in practica ibidem circa egrotantium et languentium curas intendunt, unde dictus E. rex ex talium permissione eciam conscienciam lesam gerit, languencium tamen sanitatem et sospitatem quibusvis modis fervencius exoptat, quare supplicat eidem sanctitati, quatinus sibi, ut quicumque Iudei, alias in dicta arte circumspecti et experti, infirmorum et egrotancium curas exercere ac in dicta arte practicare et laborare possint ac valeant, concedere et indulgere dignemini; non obstantibus contrariis quibuscunque. Concessum de cirugia et deficientibus medicis Christianis. C[hristoforus] Cerviensis... Dat. Florencie, quarto Nonas Octobris, anno quarto.

Source: ASV, Reg. Suppl. 299, fols. 61r–63r.

Publication: Sousa Costa, *Monumenta Portugaliae Vaticana* 1, p. LXXIX (partly).

Note: See above, Doc. **700**.

705 Florence, 24 February 1435

Confirmation of commission to Pons Feugeyron, a Franciscan and inquisitor in France, issued by Alexander V and confirmed by Martin V, to proceed against heretics, magicians, Jewish converts who revert to Judaism, the Talmud, and those who claim that usury is no sin.

Dilecto filio Pontio Feugeyronis ordinis Fratrum Minorum, et in theologia professori, necnon in provinciis, civitatibus, diocesibus, comitatibus, principatu ac terris et locis infrascriptis heretice pravitatis inquisitori, salutem. Pastor ille celestis et episcopus animarum, qui de sinu Patris eterni ad mundi infima, carne nostre mortalitatis assumpta, descendit, ut genus humanum, quod post primi parentis lapsum vetusta sub peccati iugo servitus detinebat, clementer ac misericorditer liberaret, in mundo conversatus, nos salutaribus instruxit exemplis errantium omnium desiderare salutem, dum nonaginta novem relictis, ovem illam erraticam et vagabundam morsibusque luporum expositam, ad caulam suis humeris reportavit. Nos igitur, qui dicti Pastoris vices, licet insufficientibus meritis, gerimus in terris, pias eius admonitiones desuper amplectentes, summis desideramus affectibus oviculas per abrupta et scopulos infidelium errantes, ad ovile Dominicum reducere, necnon illuminatis errorum precipitiis, inter salvandos greges, in nostre villicationis redditione patrifamilias fideliter annotare. Sane, dudum, ad quondam Alexandri, in eius obedientia V. nominati, auditum deducto, quod in Arelaten., Aquen. et Ebredunen. provinciis, necnon in Lugdunen., Viennen. Bellicen., Gratianopolitan., Maurianen., Gebennen., Valentinen., Vivarien., Dien., Tarantasien. et Augusten. civitatibus et diocesibus, et in omnibus terris atque locis infra dictarum provinciarum et diocesium terminos constitutis, ac in Delphinatu, comitatibusque Provincie, Folcalquerii, et Venayssini, ac in principatu Auraicen., necnon in civitate nostra et diocesi Avenionen. plerique nescientes in semitis iustitie dirigere gressus suos, sed per diversa Catholice fidei, ac etiam sacris canonibus adversa, seu contraria, per que se et multos simplices secum trahebant damnabiliter in gehennam, conabantur dogmatizare, quodque nonnulli Christiani et perfidi Iudei infra eosdem terminos constituti, novas sectas et prohibitos ritus eidem fidei repugnantes inveniebant, quos saltem in occulto dogmatizabant, docebant, predicabant et affirmabant, erantque etiam infra ipsos terminos multi Christiani et Iudei sortilegi, divinatores, demonum invocatores, carminatores, coniuratores, superstitiosi, augures, utentes artibus nefariis et prohibitis, quibus Christianum populum, seu plerosque simplices illarum partium maculabant et pervertebant. Preterea, quidam prefatorum Iudeorum nonnullos neophytos, seu ad eamdem fidem noviter de Iudaica cecitate conversos, ad reiudaizandum, seu ad ritus Iudaicos execrabiles resumendum, directe vel indirecte, mediate vel immediate inducere satagebant, necnon ipsorum, quem Talmud appellabant, aliisque libris suis, plures tam scriptos, quam etiam alios damnatos errores publice astruebant, quibus usi corda simplicium etiam sepe maculabant et confundebant, invehentes contra fidem Catholicam et doctrinam veritatis, atque etiam in sua lege Mosaica multifarie deficientes. Demum etiam, quidam Christiani et Iudei illarum partium non verebantur asserere, quod usura non esset peccatum, aut recipere decem pro centum mutuo datis, seu quidquam aliud ultra sortem, in his et similibus, atque in nonnullis aliis spiritualibus et gravibus peccatis multipliciter excedebant, et plerosque deludebant, idem Alexander, tunc V. nominatus, volens eiusdem fidei cultum ampliare, necnon huiusmodi errores et pravitates extirpare, tibi per quasdam suas litteras commisit, primo, ut ad extirpationem omnium huiusmodi pravitatum et errorum ab eisdem terminis et partibus vigilanter insistens, tibi contra ipsos Christianos et Iudeos, qui huiusmodi errores fovere seu astruere, defendere, aut alias sequi presumerent, atque eorum fautores, receptatores, defensores et sequaces inquirendi, eosque citandi, examinandi, et contra ipsos usque ad difinitivam sententiam inclusive procedendi, prout iuris foret et rationis, summarie et de plano, necnon absque iudiciorum et advocatorum strepitu, et forma iudicii, illosque, quos per inquisitionem huiusmodi dictos errores committere, aut fovere, seu alias in aliquo premissorum culpabiles, aut etiam pravitates exercere reperires, iuxta eorumdem delinquentium excessus et demerita puniendi, per censuram Ecclesiasticam, et alia tam iuris quam consuetudinis remedia opportuna, appellatione postposita, compescendi, invocato ad hoc, si opus foret, auxilio brachii secularis, ac omnia alia et singula in premissis, et circa ea necessaria seu quomodolibet opportuna, exequendi, statuendi et ordinandi, iuxta datam tibi a Domino prudentiam, plenam et liberam concessit facultatem. Et deinde felicis recordationis Martinus papa V. predecessor noster, per alias suas litteras facultatem prefatam, ac omnia in ipsis prioribus litteris contenta, auctoritate apostolica approbans et confirmans, te inquisitorem heretice pravitatis in omnibus et singulis terminis supradictis, iuxta prefatarum priorum litterarum tenorem atque formam, auctoritate prefata deputavit, aliisque plerisque tunc adiectis, prout in ipsis litteris plenius continetur. Nos itaque, super eo, quod tu, quem Dominus, charismatum largitor omnium, diversis gratiarum donis insignivit, ad huiusmodi exercendum officium sufficiens et idoneus existis, fidedignorum plurimorum relatibus informati, necnon deputationem, facultatem, et alias litteras prefatas, ut uberioris apostolici muniminis presidio solidentur, eadem auctoritate approbantes, illas, et quecumque inde secuta subsistere debere decernentes robore firmitatis; et nihilominus te esse in provinciis, civitatibus, diocesibus, comitatibus, principatu, ac terris et locis premissis, eiusdem pravitatis inquisitorem, auctoritate prefata constituentes atque deputantes, simili te facultate fulcimus; universis et singulis districtius inibi mandantes Christifidelibus, ut tibi in his omnibus, que ad officium huiusmodi pertinent, efficaciter pareant et intendant, et quoties eos requisieris, auxiliis, consiliis et favoribus assistant opportunis. Non obstantibus omnibus, que dictus predecessor in ipsis suis litteris non obstare voluit, ceterisque contrariis quibuscumque. Datum Florentie, anno Incarnationis Dominice MCCCCXXXIV, VI Kalendas Martii, anno IV.

Publication: Wadding, *Annales* 10, pp. 223f.

Note: See above, Docs. **583, 590**.

Bibliography: Erler, *Historisch-kritische Übersicht* 7, p. 22; Vidal, *Bullaire*, p. 488.

706   Florence, 10 July 1435

Commission to Franciscus Quirino of Venice to collect the estate of the late Leonardus Condulmerio, the pope's relative, who had left him all his property, and in particular all outstanding debts, especially those of Struchus Judeus.

Eugenius etc. dilecto filio nobili viro Francisco Quirino, domicello de Venetiis, Castellane diocesis, salutem etc. Cum bone memorie Leonardo Condulmerio, germano nostro, occasione negotiationis et merchature, quam dum in humanis ageret exerciebat[!], a pluribus et variis personis nonnulle pecuniarum quantitates et summe deberentur, que neque ab ipso Leonardo, neque ab aliis quibuscunque heredibus aut in bonis suis succiessoribus[!] hactenus sunt reciepte[!], habite, vel exacte, eorumque omnium debitorum, bonorum, iurium et actionum, ad dictum Leonardum dum viveret pertinentium et spectantium, succiessionis[!] seu testamenti sui vigore fuerit in nos facta traslatio[!], nos, volentes huiusmodi debita, iura et exactiones[!] ad prefatum Leonardum, deinde ad nos, ut premictitur, pertinentia et aspectantia[!], ab omnibus et singulis debitoribus et huiusmodi bonorum possessoribus peti, exigi et elevari, devotioni tue, de qua specialem in Domino fiduciam obtinemus, omnes et singulas pecuniarum et bonorum quorumcunque quantitates et summas prefato Leonardo, ac deinde nobis, quacunque ratione vel causa debitas, a quibuscunque, cuiusvis status, qualitatis et condictionis[!] existat[!], presertim a quodam Strucho, Iudeo, commoranti in civitate, terra vel alibi, nostro nomine petendi, exigendi, recipiendi, elevandi et recuperandi, tam in iudicio quam extra, penes quemcunque et quoscunque iudicies[!] vel magistratus ecclesiasticos seu etiam seculares, et de recieptis[!] etiam quitandi, liberandi et absolvendi, et omnia alia agendi, gerendi et exerciendi[!], que ad huiusmodi mandati nostri executionem neciessaria[!] fuerint et etiam oportuna, plenam et liberam tenore presentium conciedimus[!] facultatem et potestatem. Datum Florentie, anno Incarnationis Dominicie[!], millesimo quadringentesimo trigesimo quinto, sexto Idus Iulii, pontificatus nostri anno quinto.

Source: ASV, Reg. Vat. 373, fol. 231r-v.

Note: It is not certain that Struchus was a Jew, notwithstanding the appellative. See, however, Doc. **734,** where another Jew is mentioned in connection with the late Condulmerio's affairs.

707*   [Florence], 19 August 1435

Safe-conduct, valid until further notice, to Gaiellus Bonaiuto, a Roman Jew, to visit the papal court and travel throughout the papal dominions. He is to be immune from all injury and molestation.

Universis etc. Franciscus etc. salutem etc. quod nos, de mandato domini nostri pape etc. ac auctoritate etc. presentium tenore damus et concedimus plenam securitatem ac tutum et liberum salvum conductum Gaiello Bonaiuti, Hebreo de Roma, de regione Sancti Angeli, accedendi ad Romanam curiam et ad omnia et singula loca domini nostri pape Sancteque Romane Ecclesie subiecta, in eisque standi, morandi et pernoctandi, indeque recedendi et quocumque maluerit remeandi, et per quecumque loca transeundi, die noctuque, ad eius libitum voluntatis, absque iniuria, lesione, molestia vel offensa, reali aut personali, eidem etc.; ita quod licite et impune ire, stare et redire possit absque aliquo impedimento; mandantes omnibus et singulis officialibus domini nostri pape Sancteque Romane Ecclesie ubicumque constitutis et deputatis, quatenus eidem nullam inferant molestiam seu lesionem, presenti salvo conductu durante. In contrarium etc.; presentibus ad nostrum beneplacitum valituris. In quorum etc. Dat. etc., die XVIIIIᵃ Augusti MCCCCXXXV, indictione XIII, pontificatus etc. anno quinto.

Source: ASV, Arm. XXIX, vol. 19, fol. 112r.

---

708   Florence, 19 March 1436

Indulgences of one hundred days to visitors to the miraculous host in the church of St. Gudule in Brussels who help with the conservation of the church. The host was alleged to have been profaned by Jews.

Eugenius episcopus, servus servorum Dei, universis Christifidelibus presentes litteras inspecturis, salutem et apostolicam benedictionem. Sacratissimum corpus Domini nostri Ihesu Christi, qui de hoc mundo transiturus ad Patrem, ad passionis et mortis sue memoriam, carnem suam in cibum, et sanguinem suum in poculum exhibuit populo Christiano, decet Christifideles pie devotionis reminiscentia venerari et panem angelorum celestem, quo nos spiritualiter reficit, veluti nostre peregrinationis, qua redimus ad patriam, viaticum, devotis mentibus ex intimis precordiis adorare. Cum itaque, sicut accepimus, ad ecclesiam Sancte Gudule Bruxellensis, Cameracensis diocesis, ob plurima que inibi in vera consecrata altaris hostia, que a Iudeis furtive subtracta, pedibus calcata et cultellis, prout in stigmatibus ex quibus sanguis effluxit adhuc apparet, perforata fuit, in prefata ecclesia in mundo ac decenti loco, iuxta quem in quadam capella, singulis quintis feriis, missa de sanctissimo Sacramento solemniter decantari solet, honorifice reservatur, Altissimus operari dignatus est miracula, ingens Christifidelium multitudo, singularis causa devotionis confluere consueverit; nos, cupientes, quod huiusmodi devotio ferventius vigeat et augeatur, ampliorque succedat inde salus animarum, et ut fideles ipsi ad ecclesiam prefatam eo libentius confluant, necnon ad illius conservationem et fabricam manus promptius porrigant adiutrices, quo ex hoc dono celestis gratie uberius conspexerint se refectos, de omnipotentis Dei misericordia ac beatorum Petri et Pauli apostolorum eius auctoritate confisi, omnibus vere penitentibus et confessis, qui in Dominicis eiusdem Corporis Domini et beate Margarete festivitates proxime sequentibus diebus, ecclesiam predictam necnon capellam, que pro ipsius hostie conservatione de novo notabiliter construi inchoata est, postquam perfecta fuerit, devote visitaverint annuatim, ac ad conservationem necnon fabricam predictas porrexerint manus adiutrices, in qualibet videlicet ipsarum dierum, quibus ecclesiam et capellam visitaverint, ad conservationem quoque et fabricam huiusmodi manus ipsas porrexerint, ut prefertur, quinque annos et totid[em qu]adragenas, necnon quotiens decantationi misse huiusmodi interfuerint, centum dies de iniunctis eis penitentiis misericorditer relaxamus, presentibus perpetuis futuris temporibus duraturis. Volumus autem, quod, si alias visitantibus ecclesiam, aut ad conservationem seu fabricam huiusmodi, vel dicte ecclesie reparationem manus porrigentibus adiutrices, aut alias inibi pias elemosinas erogantibus vel alias, aliqua alia indulgentia imperpetuum, seu ad certum tempus nondum elapsum, duratura, per nos concessa fuerit, presentes littere nullius existant roboris vel momenti. Datum Florentie, anno Incarnationis Dominice millesimo quadringentesimo tricesimo quinto, quarto decimo Kalendas Aprilis, pontificatus nostri anno sexto.

Source: ASV, Reg. Lat. 342, fols. 56r–57v; [Brussels, Archives Générales du Royaume, Archives Ecclésiastiques, carton 317, No. 1604].

Publication: Dom Liber, *Faux Miracle*, Annexes, pp. XXf.; Lefèvre, *Bulle d'indulgences*, pp. 166f.

Bibliography: *Analecta Iuris Pontificii* 5, p. 769; Browe, *Hostienschändungen*, pp. 174, 188f.; Lefèvre, *Miracle des hosties*.

709*   Bologna, 30 April 1436

Safe-conduct, valid for six months and then until further notice, to Manuellus Danielis of Ascoli and Manuellus Moysi of Reggio, Jacobus Salomonis of Ferrara, Jacobus Datali of Tivoli, and for six months only to Musetus Helia of Rimini, to visit the papal court and to travel throughout the papal dominions. During that time they are to be immune from all injury and prosecution.

Universis etc. Franciscus etc. salutem etc. Universitati etc. quod nos, de mandato etc. ac auctoritate etc. tenore presentium damus et concedimus plenam securitatem ac tutum et liberum salvum conductum providis viris Manuello Danielis, de Esculo, et Manuello Moysi, de Regio, accedendi ad curiam Romanam et ad omnes civitates et terras domini nostri pape Sancteque Romane Ecclesie subiectas, in eisque standi, morandi et pernoctandi, indeque recedendi et quocumque maluerint remeandi, die noctuque, semel et pluries, ad eorum libitum voluntatis, absque iniuria, lesione vel offensa, reali aut personali, eisdem quomodolibet inferendis; quibuscumque criminibus ac aliis in contrarium facientibus non obstantibus; presentibus per sex menses, et deinde ad nostrum beneplacitum valituris. In quorum etc. Datum Bononie etc., MCCCCXXXVI, indictione XIIII, die vero ultima Aprilis, pontificatus etc. anno sexto.
Similis salvus conductus provido viro Iacobo Salomonis, habitatori Ferrarie, in tali forma de verbo ad verbum ut precedenti, per sex menses et deinde ad nostrum beneplacitum valiturus. Datum ut supra.
Similis salvus conductus provido viro Iacobo Datali, de Tibure, accedendi ad curiam Romanam etc. ut in precedenti, concessus per sex menses duraturus, et deinde ad nostrum beneplacitum. Dat. etc., MCCCCXXXVI, indictione quarta decima, die secunda mensis Maii, pontificatus etc. anno sexto.
Similis salvus conductus et in tali forma, ut in precedenti, provido viro Musseto Helie, Hebreo de Arimino, criminibus, delictis, debitis, obligationibus,

excessibus ac aliis in contrarium facientibus non obstantibus quibuscumque; presentibus per sex menses tantummodo valituris. In quorum etc. Dat. etc. Bononie, MCCCCXXXVI, indictione XIIII, die vero tertia Maii, pontificatus etc. anno sexto.

Source: ASV, Arm. XXIX, vol. 19, fol. 167r.

Note: On Manuello son of Daniele Bonaventura of Ripatransone in Ascoli, see Fabiani, *Ascoli*, p. 16: Manuello, son of Moise, son of Manuele, the local banker. See also Balletti, *Gli ebrei e gli Estensi*, pp. 24f. Mussetto's safe-conduct was revoked by the chamberlain on 25 February 1437. See ASV, Arm. XXIX, vol. 19, fol. 245r.

710*   Bologna, 30 May 1436

Safe-conduct, valid for one year and then until further notice, to Vitale magistri Alegri of Imola, Daniele de Ysaya of Tossignano and David Consilii of Reggio to travel to Bologna and throughout the papal dominions. During that time they are to be immune from injury, offence and prosecution.

Universis etc. Franciscus etc. salutem etc. Universitati etc., de mandato etc. tenore presentium damus et concedimus plenam securitatem ac tutum et liberum salvum conductum provido viro Vitali magistri Alegri, Ebreo, de Imola, veniendi ad civitatem Bononien. et alias civitates et terras atque loca sanctissimo domino nostro pape Sancteque Romane Ecclesie mediate vel immediate subiecta, in eisque standi, morandi et pernoctandi, indeque recedendi et quocumque maluerit eundi, seu remeandi, die noctuque, semel vel pluries, ad ipsius libitum voluntatis, tute, libere et secure absque iniuria, lesione vel offensa, reali aut personali, eidem Vitali quomodolibet inferendis; debitis, maleficiis, excessibus, criminibus et delictis, ac aliis in contrarium facientibus non obstantibus quibuscumque; presentibus per unum annum proxime futurum et iterum ad nostrum beneplacitum valituris. In quorum etc. Dat. etc. Bononie, sub anno a Nativitate etc. MCCCCXXXVI, indictione XIIII, die vero tricesimo mensis Maii, pontificatus etc. anno sexto.
Similis salvus conductus fuit concessus provido viro Danieli de Ysaya, de Consigniano[!], Hebreo, habitatori in civitate Ymolensi etc. ut in precedenti de verbo ad verbum; presentibus per unum annum et interim[!] ad nostrum beneplacitum valituris. In quorum etc. Dat. ut supra, MCCCCXXXVI etc. XXX die Maii, pontificatus etc. anno sexto.
Similis salvus conductus pro Davide Consilii de Regio, Ebreo, de verbo ad

verbum, duraturus per unum annum et interim ad nostrum beneplacitum. Dat. Bononie, MCCCCXXXVI, die XV mensis Iunii, pontificatus etc. anno sexto.

Source: ASV, Arm. XXIX, vol. 19, fol. 171r.

711*   Bologna, 5 June 1436

Safe-conduct, valid for one (year), to Angelus de Mactasia, a Roman Jew, to travel to Bologna and elsewhere in the papal dominions. During that time Angelus is to be immune from injury, offence and prosecution, criminal and civil.

Universis etc. salutem etc. quod nos, de mandato sanctissimi in Christo patris et domini nostri, domini Eugenii etc. super hoc etc. ac auctoritate etc. tenore presentium plenam securitatem ac tutum et liberum salvum conductum provido viro Angelo de Mactasia, Ebreo, de Roma, accedendi ad civitatem Bononien. et quascumque terras, civitates et loca sanctissimo domino nostro pape Sancteque Romane Ecclesie, mediate vel immediate, subiecta, in eisque standi, morandi et pernoctandi, indeque recedendi quocumque maluerit, eundi et remeandi, die noctuque, semel et pluries, ad libitum sue voluntatis, absque iniuria, lesione vel offensa, reali aut personali, eidem Angelo quomodolibet inferendis; culpis, maleficiis, excessibus, criminibus et obligationibus publicis et privatis non obstantibus ac aliis in contrarium facientibus quibuscumque; presentibus per unum[...] In quorum etc. Datum Bononie, sub anno etc. MCCCCXXXVI, indictione XIIII, die quinta mensis Iunii, pontificatus etc. anno sexto.

Source: ASV, Arm. XXIX, vol. 19, fol. 173v.

712   Bologna, 26 June 1436

Confirmation to Ferdinand Guerra, archbishop of Braga, of arrangements concerning authority and jurisdiction in Braga, made in an agreement signed in 1402 between John I, king of Portugal, and Martin Pires de Charneca, archbishop of Braga, including a description of real estate let to the local Jewish community and to certain Jews.

Eugenius etc. Ad perpetuam rei memoriam. Licet suscepti cura regiminis dietim nos innumeris, quibus distrahi conspicimus negotiorum illidat incursibus, ad ea tamen precipue nostre convertimus affectionis intuitus, ut inter universos nostre vigilantie creditos iurgiorum contentionumque semotis dispendiis, pacis et quietis presidia ministremus ... Dudum siquidem, pro parte bone memorie Martini archiepiscopi, et dilectorum filiorum capituli Bracharensis, necnon clare recordationis Iohannis, Portugalie et Algarbii regis, quondam Innocentio in sua obedientia, de qua partes ille erant, tunc VII nominato, exposito, quod alias archiepiscopus et capitulum ac rex prefati, provide attendentes, quod olim inter nonnullos reges Portugalie et Algarbii, predecessores dicti regis tunc expressos, ex una, ac quosdam archiepiscopos Bracharenses, eiusdem archiepiscopi predecessores, et huiusmodi capitulum, diverse questiones et magne discordie super dominio et iurisdictione temporali civitatis Bracharensis, que cum mero et mixto imperio reges, ratione regni Portugalie, ad se, necnon archiepiscopi et capitulum prefati ad ecclesiam Bracharensem, ratione cuiusdam donationis olim per clare memorie Taresiam, reginam Portugalie illustrem, ad quam dominium et iurisdictio huiusmodi tunc pertinebant, ipsi ecclesie facte, spectare asserebant, ex altera partibus, orte fuissent, ac Martinus archiepiscopus et capitulum, necnon Iohannes rex predicti timerent similes questiones et discordias inter ipsos iterato insurgere vel oriri posse, ad sedandum illas, necnon pro publico bono ac evidenti commodo seu utilitate dicte ecclesie, super premissis ad quandam amicabilem compositionem et permutationem pervenerant, videlicet... Postmodum vero, sicut exhibita nobis nuper pro parte venerabilis fratris nostri Fernandi, archiepiscopi Bracharensis, et dictorum capituli peticio continebat, bone memorie Iohannes, tituli Sancti Petri ad Vincula presbiter cardinalis, tunc archiepiscopus Ulixbonensis, viso et examinato per eum quodam instrumento publico super permutatione sive excambio huiusmodi confecto, et in quo domus, bona et iura predicta seriatim expressa fuerant, ad ipsarum litterarum executionem procedens, quia per diligentem informationem per eum desuper habitam repperit permutationem sive excambium huiusmodi in evidentem utilitatem dicte ecclesie cedere, Martino archiepiscopo et capitulo prefatis faciendi de novo permutationem vel excambium huiusmodi, sive contractum desuper earundem vigore litterarum, licentiam auctoritatemque concessit, ac partes ipse permutationi aut excambio, sive contractui huiusmodi de novo consenserunt, eundem quoque contractum servare iurarunt, et quodquidem instrumentum in cancellaria apostolica diligenter inspici, illiusque tenorem de verbo ad verbum presentibus fecimus annotari. Cum autem, sicut eadem petitio subiungebat, ipsi Fernandus archiepiscopus et capitulum timeant, quod super huiusmodi permutationis aut excambii, sive contractus, existentia vel effectu, dubietates seu differentie debeant emergere tempore procedente, pro parte Fernandi archiepiscopi et capituli predictorum nobis fuit humiliter supplicatum, ut concessioni, permutationi vel excambio, sive contractui prefatis, et aliis in ipso instrumento contentis, pro illorum subsistentia firmiori, robur apostolice confirmationis adiicere, et alias super hiis oportune providere, de benignitate apostolica dignaremur. Nos itaque, predictis supplicationibus inclinati, concessionem, permutationem ... confirmamus... Tenor vero instrumenti huiusmodi talis est: "In nomine Domini, Amen. Noverint universi presentis instrumenti seriem specturi, quod anno a Nativitate Domini millesimo quatuor centesimo secundo, decima die mensis Ianuarii, in loco qui dicitur Couna, Ulixbonensis diocesis, in presentia mei, Valasci Dominici, cantoris Bracharensis, tabelionis generalis auctoritate regia in regnis Portugalie et Algarbii, et testium infrascriptorum, serenissimus princeps et dominus Iohannes, Dei gratia Portugalie et Algarbii rex, et reverendus in Christo pater, dominus Martinus, Dei et apostolice sedis gratia Bracharensis archiepiscopus, dixerunt, quod, cum olim inter bone memorie Alphonsum, Petrum, Fernandum, olim reges predictorum regnorum, et archiepiscopos Bracharenses, qui pro tempore fuerunt, et capitulum dicte Bracharensis ecclesie fuerit orta materia questionis super dominio et iurisdictione civitatis Bracharensis ... dictus dominus rex pro se et omnibus successoribus suis, et dictus dominus archiepiscopus pro se et sua ecclesia Bracharensi et successoribus sibi in eadem, et nomine dicti sui capituli, cuius procurator existit, secundum quod instrumento procurationis inferius scripto plenius continetur, presente me dicto tabellione et testibus infrascriptis, devenerunt ad talem conventionem, videlicet, quod dictus archiepiscopus ... concessit, dedit, transtulit dicto domino regi ... in cambium pro rebus et iuribus ... dominium et omnimodam iurisdictionem temporalem ... quod dicta sua ecclesia Bracharensis habet ... in dicta civitate et cauto suo... Et incontinenti, presente me dicto tabellione et testibus, dominus rex pro se suisque successoribus in dicto regno dedit in cambium pro dicto dominio et iurisdictione mero mixto imperio predicto domino archiepiscopo successoribusque suis, recipienti nomine dicte sue ecclesie et capituli, domos, loias, tendas et superficies, redditus et iura infrascripta, videlicet domos cum duabus tendis et cum duabus suis superficiebus, que sunt in civitate Ulixbonensi iuxta alfandegam, quas domos cum tendis seu superficiebus habet ad fitam Petrus Taveria, superiudex domini regis, in vita sua et duarum personarum, pro centum libris bone monete antique annuatim solvendis, et confronctant cum domibus in quibus fiunt computa regis, que sunt in dicta alfandega, et cum domibus dicti regis, quas habet Vitalis Iudeus apotecarius, et cum rua publica et cum scalla per quam asconditur ad domum ubi fiunt dicta computa. Item dedit sibi quatuor tendas cum suis superficiebus, quas habet ad fictam Benedictus Iudeus filius dicti Vitalis in sua vita, et confrontant cum supradictis tendis Petri Taverie, et cum aliis tendis dicti regis, et cum aliis domibus dicti regis, quas quatuor tendas habet ad fitam dictus Benedictus Iudeus pro centum et triginta libris dicte bone antique monete annuatim solvendis... Item dedit sibi superficies que sunt situate super arcos, qui sunt in strata que est ante alfandegam, quas superficies habet ad fictam Samuel Faaron, Iudeus, et Laurentius Iohannis, cansor, in vitis eorum et duarum personarum, pro quinquaginta libris dicte bone monete antique annuatim solvendis, et confrontant cum alfandega... Item dedit sibi quadraginta et quinque tendas et decem et octo sotonos et superficies in Iudaria nova, quas habet ad fictum seu censum in perpetuum comuna Iudeorum dicte civitatis pro quingentis et duodecim libris dicte bone antique monete annuatim solvendis. Item dedit sibi aliam domum in dicta Iudaria nova, quam habet ad fictum Isac Franco pro viginte[!] libris dicte bone antique monete annuatim solvendis, et confrontant[!] cum domibus quas habet Abraam Balais, et a parte posteriori cum domibus demorra. ... Quas quidem permutationes, donaciones, scambia, cessiones et iurium translationes, cum condicionibus et modificationibus suprascriptis, dictus dominus rex una cum regina Philipa uxore sua, et cum infantibus Eduardo primogenito, Petro et Enrico filiis suis legitimis, qui hiis omnibus interfuerunt, pro se et successoribus suis, in dictis regnis, et dictus dominus archiepiscopus pro se et successoribus suis nomine dicte sue ecclesie et capituli Bracharensis, aprobarunt, laudaverunt... Testes qui presentes fuerunt... Et ego supradictus tabellio ... signavi." Nulli ergo etc.... Si quis autem etc. Dat. Bononie, anno Incarnationis Dominice millesimo quadringentesimo tricesimo sexto, sexto Kalendas Iulii, anno sexto.

Source: ASV, Reg. Lat. 336, fols. 270v–279r.

Note: On the Jews in Braga, see Pimenta Ferro Tavares, *Portugal*, pp. 73, 103.

713*   Bologna, 4 July 1436

Safe-conduct, valid for one year, to Consilius Magistri Salomonis and his son, David of Reggio, to visit the papal court and travel throughout the papal dominions. During that period they are to be immune from all injury and prosecution. A similar safe-conduct, valid for six months, to Genetanus Moysi and his relative Helia, or Salomon de Mellis, a member of their household, and to the brothers Vitale and Bigniamim, sons of Consilius of Ferrara, valid for six months and from then on until further notice.

Universis etc. Franciscus etc. salutem etc. Universitati etc. quod nos, de mandato etc. vive vocis etc. facto, ac auctoritate nostri camerariatus officii, tenore presentium damus et concedimus plenam securitatem ac tutum et liberum salvum conductum Consilio magistri Salomonis et Davidi eius filio,

Hebreis, habitatoribus in Regio, accedendi ad curiam Romanam et quascumque civitates et terras sanctissimo domino nostro pape Sancteque Romane Ecclesie mediate vel immediate subiectas, in eisque standi, morandi et pernoctandi, indeque recedendi et quocunque maluerit eundi, absque iniuria, lesione vel offensa quomodolibet inferendis; culpis, maleficiis, excessibus, debitis et obligationibus, publicis vel privatis, ac aliis in contrarium facientibus non obstantibus quibuscumque; presentibus per unum annum a data presentium computandum valituris. In quorum etc. Dat. Bononie, sub anno etc. MCCCCXXXVI^to, die quarta mensis Iulii, pontificatus etc. anno sexto.

Similis salvus conductus Genetano Moysi et Helie eius germano, sive Salomoni de Mellis eorum familiari, et cuilibet in solidum, in precedenti forma concessus, per sex menses a data presentium computandos; non obstantibus culpis, maleficiis, debitis et obligationibus, publicis vel privatis, excessibus, criminibus et aliis in contrarium facientibus. Dat. Bononie, MCCCCXXXVI, indictione XIIII, die vero undecima mensis Iulii, pontificatus etc. anno sexto.

Similis salvus conductus Vitali et Bigniamim fratribus, filiis Consilii de Ferraria, Hebreis, conceditur in forma precedenti, duraturus per sex menses et interim ad nostrum beneplacitum. Dat. Bononie, die nona mensis Augusti MCCCCXXXVI, pontificatus etc. anno sexto.

Source: ASV, Arm. XXIX, vol. 19, fol. 179r.

Note: On Genetano (Zinatan), son of Moise, see Balletti, *Gli ebrei e gli Estensi*, pp. 31f.

714   Bologna, 12 July 1436

Confirmation to Magister Elia Sabbati of privileges granted him by the Roman senate in 1405.

Eugenius etc. Ad futuram rei memoriam. Hiis que pro commodo et utilitate Urbis Romane ac in ea degentium populorum provide ordinata, concessa et alias rite statuta sunt, ut firma persistant, libenter, cum a nobis petitur, apostolici muniminis adiicimus firmitatem. Exhibita siquidem nobis nuper pro parte Elie Sabati, Iudei, civis Romani, artium et medicine doctoris, peticionis series continebat, quod olim dilecti filii Iohannes Franciscus de Panciaticis, miles Pistoriensis, tunc senator, et reformatores prefate Urbis, considerantes quante foret utilitatis Romanis civibus, et etiam advenis ad ipsam Urbem confluentibus, conversatio, illorum precipue Iudeorum, qui in arte medicine periti, humana corpora langore depressa oportunis remediis ad pristinam incolumitatem beneficio artis huius medicine reducunt, ac experientia manifesta perdocti, quantum, inter ceteros huiusmodi artis peritos, idem Elias tam in dicta Urbe quam alibi in hac arte laudabili experimento profecerit pro commodo ipsius Urbis, ac meritis ipsius Elie permoti, ipsum Eliam cum omnimoda immunitate, franchisia et libertate, civitate[!] donarunt, ipsumque civem Urbis constituerunt et civilitatis titulo decorarunt, ac tam ipsum quam germanum, matrem, uxorem, socrum et ipsorum familiam certis etiam immunitatibus gaudere et perfrui voluerunt. Et nichilominus, ut ipsius Elie erga ipsius Urbis cives et alios ad ipsam Urbem pro tempore confluentes et[!] promptius foret in hac sua arte sedulitas quo sibi de aliquo subventionis beneficio provideretur, senator et reformatores huiusmodi deliberaverunt et etiam statuerunt, quod de pecuniis debitis et debendis annuatim per universitatem Iudeorum Rome commorantium camere ipsius Urbis pro ludis Agonis et Testacie, eidem Elie pro annuali sua provisione per officiales ipsius camere viginti ducati auri singulis annis deberentur et etiam assignarentur, prout in patentibus eorum litteris, quarum tenor de verbo ad verbum presentibus annotatur, plenius continetur, qui sequitur et est talis: "In nomine Domini, Amen. Nos Iohannes Franciscus de Panciaticis de Pistorio, miles et legum doctor, Urbis Rome senator illustris, et nos reformatores ... Et ad uberiorem fiduciam subscribi fecimus per infrascriptum notarium. Dat. in Capitolio, die vicesimo mensis Decembris, quintadecima[!] indictione. Gotius, notarius dominorum conservatorum". Quare pro parte Elie nobis fuit humiliter supplicatum, ut donationi civilitatis, immunitatum concessioni et consignationi summe ducatorum viginti, necnon aliis in dictis litteris contentis, pro eorum subsistentia firmiori, robur apostolice confirmationis adiicere et alias oportune providere, de benignitate apostolica dignaremur. Nos itaque, huiusmodi supplicationibus inclinati, donationem, immunitatem, libertatem, privilegia, necnon consignationem summe ducatorum huiusmodi, sicut rite et provide facta sunt, ac omnia inde secuta, et in dictis litteris contenta, auctoritate apostolica et ex certa sciencia, tenore presentium confirmamus et presentis scripti patrocinio communimus; mandantes omnibus et singulis nostris et dicte Urbis officialibus, tam presentibus quam futuris, ne contra donationem, assignationem et cetera eidem Elie et suis huiusmodi concessa et indulta aliquid attemptare quoquo modo presumant, quin ymmo concessiones, donationes, indulta et immunitates huiusmodi a quibuscumque observari et inviolabiliter adimpleri, iuxta huiusmodi privilegii continentiam atque formam, ad ipsius Elie et suorum predictorum requisitionem et instantiam, auctoritate nostra, faciant et procurent; invocato etiam ad hoc, si opus fuerit, auxilio brachii secularis; constitutionibus apostolicis et aliis in contrarium editis non obstantibus quibuscumque. Nos enim, ex nunc irritum decernimus et inane, si secus super hiis a quoquam, quavis auctoritate, scienter vel ignoranter, attemptatum forsan est hactenus, vel imposterum contigerit attemptari. Nulli ergo etc. ... Si quis autem etc. Dat. Bononie, anno Incarnationis Dominice millesimo quadringentesimo tricesimo sexto, quarto Idus Iulii, anno sexto.

Source: ASV, Reg. Lat. 336, fols. 103r–105v.

Note: For the text of the charter of 1405, see above, Doc. **563**. Vernet, Stern and Münster all have 1433, and therefore were unable to locate Pope Eugenius's confirmation in the Vatican Archives.

Bibliography: Münster, *Grande figure d' Elia di Sabbato*, p. 62; Id., *Elia di Sabbato*, p. 251; Stern, *Urkundliche Beiträge* 1, p. 45; Vernet, *Martin V*, p. 394, n. 3.

715*   Bologna, 26 October 1436

Safe-conduct, valid until further notice, to Moyse Israel, son of Consilius, and to Miriam Jacobi of Germany, to travel from Calabria and elsewhere to the papal court and throughout the papal dominions. During that time they are to be immune from injury and offence, including prosecution for civil and criminal claims.

Universis etc. Franciscus etc. salutem etc. Universitati etc. quod nos, de mandato etc. ac auctoritate etc. damus et concedimus plenam securitatem ac tutum et liberum salvum conductum Moysi Israel filio Consilii, Hebreo, accedendi de partibus Calabrie aut quibuscumque aliis partibus ad curiam Romanam et quascumque civitates, terras et loca sanctissimo domino nostro pape et Sancte Romane Ecclesie mediate vel immediate subiecta, in eisque standi, morandi et pernoctandi, indeque recedendi et quocumque maluerit eundi seu remeandi, die noctuque, semel et pluries, ad eius libitum et voluntatem, absque iniuria, lesione vel offensa, reali aut personali, eidem quomodolibet inferendis; culpis, maleficiis, excessibus, criminibus, debitis et obligationibus, publicis vel privatis, ac aliis in contrarium facientibus quibuscumque non obstantibus; presentibus usque ad nostrum beneplacitum valituris et duraturis. In quorum etc. Datum Bononie etc. MCCCCXXXVI, indictione XIIII, die XXVI mensis Octobris, pontificatus etc. anno sexto.
Universis etc. Franciscus etc. Universitati etc. quod nos, de mandato etc. ac auctoritate etc. damus et concedimus plenam securitatem ac tutum et liberum salvum conductum Miriam Iacobi de Almania, mulieri Hebree, accededendi etc. ut precedenti etc.; culpis, maleficiis, excessibus, criminibus, debitis et

obligationibus, publicis vel privatis, ac aliis in contrarium facientibus quibuscumque; presentibus usque ad nostrum beneplacitum valituris etc. In quorum etc. Datum etc. MCCCCXXXVI, indictione XIIII, die vero XXVI Octobris, pontificatus etc. anno sexto.

Source: ASV, Arm. XXIX, vol. 19, fol. 223r.

716*   Bologna, 24 November 1436

Safe-conduct, valid for six months, to Manuellus Moysi of Reggio, Manuellus Danielis of Ascoli and Manuellus Salomonis of Fano to travel to the papal court and throughout the papal states. During that time they are to be immune from injury and offence, including civil and criminal claims.

Universis etc. Franciscus etc. salutem etc. de mandato etc. ac auctoritate etc. damus et concedimus plenam securitatem ac tutum et liberum salvum conductum Manuello Moysi de Regio et Manuello Danielis de Esculo, Ebreis, accedendi ad Romanam curiam et quascumque civitates, terras et loca sanctissimo domino nostro pape etc. subiecta, in eisque standi, morandi et pernoctandi, indeque recedendi et quocumque maluerint eundi seu remeandi, die noctuque, semel et pluries, etc. absque iniuria, lesione vel offensa, reali et personali eisdem quomodolibet inferendis; culpis, maleficiis, criminibus, excessibus, debitis et obligationibus non obstantibus quibuscumque; presentibus per sex menses a data presentium computandos valituris et duraturis. In quorum etc. Dat. Bononie, MCCCCXXXVI, indictione XIIII, die XXIIII mensis Novembris, pontificatus etc. anno sexto.

...

Similis salvus conductus concessus Manuello Salomonis de Fano, Ebreo, in tali forma; presentibus per sex menses a data presentium computandos. In quorum etc. Dat. Bononie etc. MCCCCXXXVI^to, indictione XIIII, die duodecima mensis Decembris, pontificatus etc. anno sexto.

Source: ASV, Arm. XXIX, vol. 19, fol. 228v.

Note: See above, Doc. **709.**

717*   Bologna, 29 November 1436

Safe-conduct, valid for three months, to all the guests invited to the wedding of Magister Guillermus, son of Magister Helia in Bologna, to travel throughout the papal dominions. During that time they are to be immune from all injury and offence, and prosecution for civil and criminal claims.

Universis etc. Franciscus etc. salutem etc. Universitati etc. quod nos, de mandato etc. ac auctoritate etc. damus et concedimus plenam securitatem ac tutum et liberum salvum conductum omnibus et singulis Iudeis utriusque sexus accedendi ad nuptias magistri Guillermi filii magistri Helie, habitatoris Bononie, quas idem Guillermus facere intendit in civitate Corteti[!] ac per quascumque civitates, terras et loca sanctissimo domino nostro pape Sancteque Romane Ecclesie mediate vel immediate subiecta, transeundi, in eisque standi, morandi et pernoctandi, indeque recedendi et quocumque maluerint eundi seu remeandi, die noctuque, semel et pluries, ad omnem ipsorum libitum voluntatis, absque iniuria, lesione vel offensa, reali aut personali, eisdem Iudeis quomodolibet inferendis; culpis, maleficiis, debitis et obligationibus, publicis vel privatis, reprehensaliis non obstantibus ac in aliis in contrarium facientibus quibuscumque; presentibus per tres menses a data presentium computandos valituris et duraturis. In quorum etc. Dat. Bononie etc., MCCCCXXXVI^{to}, indictione quarta decima, die vero XXVIIII mensis Novembris, pontificatus etc. anno sexto.

Source: ASV, Arm. XXIX, vol. 19, fol. 229r.

Note: Magister Helia was probably the physician Elia Sabbati Beer. Corteto is probably Corneto.

718   Bologna, 7 December 1436

Permission to the physician Elia Sabbati of Rome, and his relatives, Consilius magistri Salamonis and his son David, Isaac of Pisa, Consilius of Gubbio and Dactollellus of Cortona to visit Jerusalem and return. Christian shipmasters and shipowners may convey them, notwithstanding Martin V's prohibition; Christian authorities are to allow them free passage.

Eugenius etc. dilecto nobis Elie Sabati, Iudeo de Urbe, in artibus et medicina magistro, in civitate nostra Bononiensi commoranti, viam veritatis agnoscere et tenere. Tue probitates et merita, quibus personam tuam, fidedignorum testimonio, plurimum iuvari percepimus, nos inducunt, ut peticiones tuas, illas presertim que honestatem sapiunt, ad exaudicionis gratiam admittamus. Hinc est, quod nos, tuis, qui, ut asseris, ad partes civitatis Ierusalem pro nonnullis tuis peragendis negotiis transfretare et transire desideras, in hac parte supplicacionibus inclinati, tibi, necnon Consilio magistri Salamonis, et Davidi eius nato, ac Isaac de Pisis, necnon Consilio de Eugubio, et Dactolello de Cortono, Iudeis, consanguineis tuis, et cuilibet vestrum, de per se cum familiis, familiaribus et servitoribus vestris quibuslibet, ad civitatem ipsam transfretandi et accedendi, ac inde denuo remeandi, semel dumtaxat, illaque vobiscum pro huiusmodi transfretacione et transitu deferendi ac etiam conducendi, sine quibus transitum huiusmodi adimplere commode non possetis, dummodo tu et dicti alii ad partes illas nulla alia deferatis vel deferri faciatis, que redundare valeant in profectum vel favorem hostium fidei Christiane; necnon omnibus et singulis Christifidelibus, tam nautis et navigiorum quorumcumque patronis, quam personis aliis huiusmodi navigia conducentibus, cuiuscumque status vel condicionis existant, te, tam cum tuis, quam prefatos alios, cum familiis, familiaribus et servitoribus huiusmodi in eorundem navigiis ad partes huiusmodi conducendi et deferendi, ac exinde denuo reducendi, felicis recordationis Martini pape V predecessoris nostri et quibuscumque aliis constitutionibus, prohibicionibus ac processibus sedis apostolice in contrarium factis et editis seu eciam promulgatis, penas et sentencias spirituales et temporales continentibus nequaquam obstantibus, plenam et liberam licentiam auctoritate presencium elargimur; universos et singulos Christifideles, tam prelatos et clericos quam principes et dominos, ac alias seculares personas ad quos presentes littere nostre pervenerint, rogantes et exortantes in Domino, quatinus tam te quam prefatos alios, cum familiis, familiaribus et servitoribus predictis, cum arnesiis, rebus vestris ac bonis aliis quibuslibet ad vos pertinentibus, dum per eorum territoria, pontes, passus, portus et loca declinare contigerit, tam per terram quam per aquam, pro nostra et dicte sedis reverentia, sine solucione datii, vel gabelle, seu cuiuscumque alterius oneris exactione, transire, morari et redire libere permittant, nec tibi aut aliis, seu familiis, servitoribus et familiaribus supradictis, in personibus[!] vel bonis huiusmodi molestiam aliquam inferant vel offensam, nec aliis, quantum in eis erit, inferri permittant, ymmo potius de securo conductu, scorta atque receptu, si ab eis vel aliquo eorum petieritis, vel alter vestrum petierit, necnon aliis oportunis sic liberaliter provideant et provideri faciant, quod exinde possit eorum devotio apud nos et eandem sedem non immerito commendari. Nulli ergo etc. ... Si quis etc. Dat. Bononie, anno Incarnationis Dominice millesimo quadringentesimo tricesimo sexto, septimo Idus Decembris, anno sexto.

Source: ASV, Reg. Lat. 339, fols. 106v–107v.

Note: On the physician Elia Sabbati Beer, see above, Docs. **563** and following. Isaac da Pisa is perhaps the banker of that name; see Cassuto, *Firenze*, passim; Id., *Famiglia da Pisa*, pp. 24f. The prohibition of Martin V was published in 1429; see above, Doc. **659**.

Bibliography: Simonsohn, *Divieto*, pp. 140f.

719   Bologna, 24 December 1436

Reissue of *Sicut Judeis* Bull to Jews in Castile and Leon in different wording, including regulations for facilitating conversion of Jews to Christianity, particularly with reference to property.

Eugenius etc. Ad futuram rei memoriam. Quamvis Iudei, quos in diversis mundi partibus constitutos Sacrosancta tollerat Ecclesia in testimonium Ihesu Christi, in sua magis velint duricia et cecitate perdurare, quam prophetarum verba et sacrarum scripturarum archana cognoscere, et ad Christiane fidei et salutis noticiam pervenire, quia tamen in suis necessitatibus nostra presidia et favores interpellant, nos eis Christiane pietatis et mansuetudinem et clemenciam non intendimus denegare, ut huiusmodi pietate allecti, suos recognoscant errores, et superna gratia illustrati, tandem ad verum, quod Christus est lumen properent claritatis. Sane, pro parte universorum Iudeorum in regnis Castelle et Legionis et dominiis regis Castelle commorancium querelam nuper accepimus continentem, quod plerique Christiani, tam ecclesiastici quam seculares, Christianam pietatem et clemenciam seponentes, Iudeos ipsos, absque causa vel eorum culpa, violenter invadere, occidere, percutere, ipsorum rebus et bonis spoliare, ac ritus et mores infringere, aliisque variis iniuriis, molestiis et iacturis, tam verbalibus quam personalibus, afficere, ac diversa inter eos et ipsos Christianos scandala suscitare non formidant, unde Iudeis ipsis, qui, si pie et humane tractarentur, forsan ad Christianam fidem converterentur, occasio sive materia datur in sua perfidia diucius remanendi. Nos igitur, considerantes racioni fore consonum, quod, sicut Iudeis licitum non existit in suis sinagogis ultra quam permissum est eis a lege presumere, ita in hiis que concessa sunt ipsis nullum debet illis preiudicium inferri, quodque religioni convenit Christiane Iudeis predictis eo libencius contra ipsorum persecutores et molestatores oportunum prestare presidium, quo specialius ipsi sunt in testimonium orthodoxe fidei reservati, eorum testante propheta: "tandem reliquie salve fient", in hoc etiam diversorum predecessorum nostrorum Romanorum pontificum vestigiis inherentes, universis et singulis inquisitoribus heretice pravitatis, ac civitatum, terrarum, locorum regnorum predictorum in quibus Iudeos ipsos residere pro tempore contigerit officialibus et magistratibus aliisque Christifidelibus, cuiuscumque status, gradus, ordinis vel conditionis fuerint, auctoritate apostolica, tenore presentium districtius inhibemus, ne de cetero predictos utriusque sexus Iudeos in suarum festivitatum celebratione, vel alias, sine ratione vel culpa, occidere, vulnerare, fustibus vel lapidibus cedere, nec ab ipsis coacta servicia, nisi que ipsi tempore preterito facere consueverunt, exigere, seu eis in personis, rebus vel bonis suis iniuriam, molestiam vel offensam aliquam inferre, seu inferri facere, vel eos ad audiendum vel interessendum Christianorum sermonibus, nisi id episcopis vel archiepiscopis in suis civitatibus vel diocesibus videatur, vel de consuetudine fuerit introductum, compellere, aut illorum sinagogas, nisi cum officiali camere vel alio iudice loci ubi sermones huiusmodi fecerint, et cum tali Christianorum numero, quod ab illis Iudei prefati nullatenus opprimi vel molestari possint, ad predicationem ingredi, aut quemque[!] invitum ex Iudeis ipsis qui[!] ad suscipiendum baptismatis sacramentum coartare, vel dictos Iudeos ad aliquid laborandum seu manualia opera exercendum Sabbatis et aliis, quibus iuxta suos ritus et leges celebrare consueverunt diebus constringere, aut quominus huiusmodi ritus et leges observare valeant impedire, eisdem etiam Iudeis [sic] prefatis diebus Christianos convenire, aut alias eis molestiam inferre non liceat, ipsique ac officiales predicti et magistratus Iudeos eosdem contra iusticiam vexare seu molestare quovis quesito colore audeant vel presumant, sed eos in spiritualibus ad locorum ordinarios, et in civilibus causis et negociis ad eos, quibus id competit, officiales libere et expedite remittant, aliasque humana qua decet mansuetudine prosequantur et pertractent; volentes et eadem Iudeis predictis auctoritate concedentes, quod ipsi, sicut hactenus eis permissum est, cum Christianis vicissim, semotis tamen nimia et assidua familiaritate ac aliis a iure prohibitis, conversari et mutua alterutrum commoda suscipere, et dictorum Christianorum, nisi id eis per competentes iudices interdicatur, licita communione frui, necnon Christiani Iudeis predictis panem coquere, ignem et singula alia victui necessaria ministrare, ac Iudei prefati cum Christianis eisdem mercari, ipsorumque Christianorum fructus, redditus et proventus arrendare et colligere, cum illis quoque, cessantibus usuris, super quibusvis rebus et negociis quecumque licita contractus, conventiones et pacta inire et confirmare, computatores, recadatores, thesaurarios et campsores ipsorum Christianorum et rerum suarum existere, apothecas, emptoria et mercancias tenere, ac inibi operari, Iudaicos libros et facultates, qui execrabiles et Veteri Testamento non sint contrarii, in suis sinagogis secrete legem studere et audire valeant; ac cuilibet Iudee que, suo coniuge baptizato, in Iudaismo remanserit, et cum coniunx ipse de cetero cohabitare non voluerit, de sua dote necessaria vite alimenta dumtaxat, si vero baptizatus huiusmodi cum aliqua muliere fideli matrimonium contraxerit, dos integra, si potest, alias in quantum facere possit et non amplius, minist[r]ari; singuli quoque ex ipsis Iudeis, qui ad predictam fidem conversi et baptizati fuerint, illis dumtaxat portionibus que eis, si conversi vel baptizati non essent, ex testamento vel successione in aliorum Iudeorum bonis competerent, contentari, ipsique Iudei omnibus et singulis privilegiis, gratiis, concessionibus et indultis, eis tam a sede apostolica quam a regibus et aliis principibus ac dominis temporalibus, sub quacumque verborum forma alias tamen rite concessis, et in quibus nichil sit quod canonicis obviet institutis, uti et gaudere libere et licite, possint. Ac mandantes universis et singulis civitatum, terrarum et locorum predictorum ordinariis, ut omnes et singulos sibi subditos Christianos, qui Iudeos predictos contra predicta molestare, inquietare vel gravare presumpserint, de quibus eis legitime constiterit, sub excommunicationis pena, quotiens opus fuerit, moneant et requirant, eisque precipiant et mandent, ut a talibus de cetero desistant, alioquin eos, quos mandatorum et monitionum huiusmodi contemptores et rebelles invenerint, canonica monitione premissa, excommunicent et excommunicatos publice nuncient, ac faciant ab aliis nunciari. Non obstantibus ... Illos autem dumtaxat ex ipsis Iudeis presentium litterarum presidio communiri volumus, qui illis non abutentur, nec quicquam machinari presumpserint in subversionem fidei memorate. Nulli ergo ... Si quis ... Dat. Bononie, anno Incarnatiohnis Dominice millesimo quadringentesimo tricesimo sexto, nono Kalendas Ianuarii, pontificatus nostri anno sexto.

Source: ASV, Reg. Vat. 370, fols. 241v–242v.

Publication: Suarez Fernandez, *Castilla*, p. 373.

Note: See below, Doc. **739**.

720   Bologna, 28 January 1437

Mandate to the archdeacon in the church in Parma to absolve Marchus de Scazolis, provost in the same church, provided he does penitence, from all punishment, including excommunication, for the sins he committed, comprising his having allowed Jews to use his house to lend money at interest.

Eugenius etc. dilecto filio — archidiacono ecclesie Parmensis, salutem etc. Sedes apostolica pia mater recurrentibus ad eam cum humilitate filiis post excessum, libenter se propitiam exhibet et benignam. Exhibita siquidem nobis nuper pro parte Marchi de Scazolis, prepositi ecclesie Parmensis, petitio continebat, quod ipse alias, clericalis status decore postposito, pudicitieque laxatis habenis, publice fornicatus fuit, et quandam domum ad eum pertinentem, quam quibusdam Christianis locaverat per Iudeos, qui illam ab eisdem Christianis exinde susceperant, pro usu sui fenoris ac usuris inibi publice exercendis tenere permisit, sententiam excommunicationis incurrendo; et nichilominus sententia huiusmodi ligatus, missas et alia divina, non tamen in contemptum clavium, celebrare, seu potius prophanare, non expavit, in anime sue periculum ac ecclesiasticarum censurarum vilipendium, scandalum quoque plurimorum. Quare pro parte dicti Marchi nobis fuit humiliter supplicatum, ut sibi et statui suo super premissis providere, de benignitate apostolica dignaremur. Nos igitur, volentes dictum Marcum, apud nos alias de vite ac morum honestate aliisque probitatis et virtutum meritis multipliciter commendatum, horum intuitu, favore prosequi gratioso, huiusmodi supplicationibus inclinati, discretioni tue per apostolica scripta mandamus, quatinus dictum Marcum, si hoc humiliter petierit, ab huiusmodi excommunicationis aliisque sententiis, censuris et penis, quas occasione premissorum incurrisse dinoscitur, auctoritate nostra, hac vice dumtaxat absolvas in forma Ecclesie consueta, iniunctis inde sibi pro modo culpe penitentia salutari, et aliis, que de iure fuerint iniungenda, necnon cum eodem Marco super irregularitate, quam propterea incurrisse dinoscitur, eadem auctoritate dispenses, omnemque aboleas inhabilitatis et infamie maculam sive notam per eum dicta occasione contractam. Dat. Bononie, anno Incarnationis Dominice millesimo quadringentesimo tricesimo sexto, quinto Kalendas Februarii, anno sexto.

Source: ASV, Reg. Lat. 339, fols. 258v–259r.

Note: On Jewish moneylending in Parma in the fifteenth century, see Simonsohn, *Parma, passim.*

721   Bologna, 31 January 1437

Approval of petition submitted by *conversos* in Catalonia and the kingdom of Valencia to put an end to the discrimination practised against them and their descendants by the Old Christians. Some three thousand Jews had been baptized there at the time of the insurrection of Christians against Jews and later, in the days of Benedict XIII. Old Christians wish to treat them as infidels and are quoted as saying that it would have been better if they had remained Jews.

Beatissime pater. Olim in partibus Cathalonie et regni Valentie dominationis serenissimi regis Aragonum, in multis civitatibus et terris ubi habitabant

Iudei, insurrexerunt Christiani insultando contra ipsos in tantum quod multi ex eis fuerunt interfecti, et multi fugerunt ad partes extraneas, multi vero tunc receperunt fidem Catholicam. Et licet tunc fuissent omnino bonis suis privati, Christus tamen, sua clementia direxit sic baptizatos, quod postea creverunt et habuerunt suis licitis laboribus et ingeniis multa bona, et habent suas licitas artes, sicut alii Christiani vixerunt etiam et vivunt Catholice, et fere omnes illi, qui tunc occasione illius insultus fuerant baptizati, sunt mortui, et omnes qui nunc supersunt, pro maiori parte sunt nati in fide Catholica et nutriti in ea, et vivunt secundum ritus fidei orthodoxe. Sunt etiam alii, qui tempore domini Petri de Luna, olim Benedicti XIII in partibus illis nuncupati, per inductionem dicti domini Benedicti et per predicationem nonnullorum notabilium virorum, cognoscentes veritatem et illuminati vero lumine, disputato et altercato diu per viros notabiles Catholicos et nonnullos ex Iudeis rabinos de lege et superstitionibus Iudeorum in presentia dicti domini Benedicti, devotissime cum uxoribus et liberis suis, regenerationis sancte lavacrum, expoliantes veterem hominem et induentes novum, voluntarie et alacriter receperunt; fueruntque tunc, gratia Christi cooperante, baptizati in partibus illis ultra tria millia hominum, qui exinde vixerunt et vivunt ut boni et veri Catholici, ac si non esset memoria de infidelitate ipsorum, et gloriantur sub ovili veri et eterni pastoris obumbrari. Quidam tamen iniquitatis filii, qui solo nomine Christiani dicuntur, nituntur facere separationem inter istos sic de novo ad fidem Christi conversos, et nedum inter eos, sed ipsorum etiam posteritatem in gremio Sancte Matris Ecclesie productam et alios Christianos, nolentes ipsos [admittere] ad iustitie[!] ad officia publica nec ad consilia et regimen universitatum, et super hoc faciunt aliqua statuta et ordinationes, volentes dictos sic conversos et ipsorum posteritatem tractare sicut infideles, nec volunt contrahere matrimonia cum eis, nec etiam compaternitatem; in tantumque vituperium sunt deducti, quod sunt peioris conditionis quam si adhuc essent in Iudaysmo, ymmo Iudei et alii infideles irrident eos, dicentes quod nihil lucrati fuerunt per baptismum, et quod melius successisset eis si remansissent in cecitate Iudayca, quod absit; propter que plerique Iudei retrahuntur a voluntate recipiendi baptismum. Cumque dicti conversi et ipsorum filii et progenies videant se sic oppressos et separatos a gremio fidelium, et quasi scissos ab unitate Ecclesie et ovili Christi Iesu, qui ex gente ipsorum in sacratissimo Virginis utero pro totius humani generis redemptione, et primo propter oves que perierant, domus Israel, pretiosam carnem sumpsit; prima etiam et principalia Ecclesie fundamenta ex Iudeis concessis fundavit, recurrunt lacrimabiliter et cum dolore cordis ac ingenti angustia ad sanctitatem vestram, qui estis Christi vicarius in terris, ad quem pertinet reducere oves ad unum ovile et servare unitatem Ecclesie indecisam, supplicantes humiliter, quatenus dignetur sanctitas vestra consolari dictos oppressos et tribulatos, et annullare quecumque statuta et ordinationes, per quoscunque super premissis contra dictos conversos facta et fienda, cum concernant derogationem fidei

orthodoxe. Dignetur etiam vestra beatitudo precipere diocesanis quod per
censuram ecclesiasticam et alia iuris remedia compescant et retrahant officiales
seculares, quacumque dignitate fulgentes, ac etiam universitates et alias
personas, tam publicas quam privatas, a predictis, et provideant taliter, quod
dicti noviter conversi et ipsorum progenies tractentur in omnibus et per omnia
sicut alii Christiani, non facta differentia inter ipsos et alios, eo pretextu quia
de gente Iudeorum descendunt; cum non obstantiis et clausulis necessariis et
opportunis. Concessum ut petitur in presentia domini nostri pape. Io[hannes]
de Mella. Dat. Bononie, pridie Kalendas Februarii, anno sexto.

Source: ASV, Reg. Suppl. 331, fols. 155v–156v.

Publication: Beltran de Heredia, *Bulas de Nicolas V*, pp. 37f.

Note: Cf., however, Baer, *Spain*, p. 383, who dates the beginning of the
discrimination against the *conversos* from 1449.

722*   Bologna, 16 February 1437

Safe-conduct, valid for ten years, to Moyse Ysrael, son of Consilius, alias
Iacob Consilii, to travel from Calabria and throughout the papal dominions.
During that period he is to be immune from injury, offence and prosecution,
civil and criminal.

Universis etc. Franciscus etc. salutem etc. universitati etc. quod nos, de
mandato etc. ac auctoritate etc. damus et concedimus plenam securitatem ac
tutum et liberum salvum conductum Moysi Ysrael filio Consilii, Ebreo, qui
alias vocabatur Iacob Consilii, accedendi de partibus Calabrie aut
quibuscumque aliis civitatibus et terris ad Romanam curiam et quascumque
civitates, terras et loca sanctissimo domino nostro pape etc. mediate vel
immediate subiecta, in eisque standi, morandi et pernoctandi, indeque
recedendi et quocumque maluerit eundi seu remeandi, die noctuque, semel et
pluries, ad omne ipsius voluntatis libitum, absque iniuria, lesione vel offensa,
reali aut personali, eidem quomodolibet inferendis; culpis, maleficiis,
excessibus, criminibus, ac aliis in contrarium facientibus non obstantibus
quibuscumque; presentibus per decem annos a data presentium in antea
computandos valituris et duraturis. In quorum etc. Datum Bononie, die sexta
decima mensis Februarii, MCCCCXXXVII, indictione XV, pontificatus etc.
anno sexto.

Voluit autem prefatus Moyses quod, si aliqua querela veniret de eo, presens salvus conductus intelligatur ipso facto revocatus.

Source: ASV, Arm. XXIX, vol. 19, fol. 242v.

Note: Cf. Doc. **715.**

723*   Bologna, 7 March 1437

Safe-conduct, valid for six months, to the brothers Helia and Genetanus, sons of the late Moysetus of Modena in Vicenza, and Salomon de Melle, their business agent, to travel to the papal court and in the papal dominions. During that time they are to be immune from all unjury, offence and prosecution, civil and criminal. Similar safe-conduct, valid for six months and from then until further notice, to Vitale, son of the late Datulus of Modena, and his family.

Universis etc. Franciscus etc. salutem etc. universitati etc. quod nos, de mandato etc. ac auctoritate etc. damus et concedimus presencium tenore plenam securitatem ac tutum et liberum salvum conductum Helie et Genetano fratribus filiis quondam Moyseti de Modena, habitantibus in Vizenza, Ebreis, et Salomoni de Melle, eorum factori, accedendi ad curiam Romanam et quascunque civitates, terras et loca sanctissimo domino nostro pape Sancteque Romane Ecclesie mediate vel immediate subiecta, in eisdemque standi, morandi et pernoctandi, indeque recedendi et quocumque maluerint eundi seu remeandi, die noctuque, semel et pluries, ad eorum voluntatis libitum, absque iniuria, lesione vel offensa, reali aut personali, eisdem quomodolibet inferendis; culpis, maleficiis, excessibus, criminibus, debitis et obligationibus, publicis et privatis, et aliis in contrarium facientibus non obstantibus quibuscunque; presentibus per sex menses a data presencium computandos valituris. In quorum etc. Datum Bononie, sub anno a Nativitate Domini millesimo quadringentesimo tricesimo septimo, indictione XV, die septima mensis Marcii, pontificatus etc. anno sexto.
Universis etc. Franciscus, salutem etc. universitati etc. quod nos etc. de mandato etc. damus et concedimus plenam securitatem ac tutum et liberum salvum conductum Vitali quondam Datuli de Modena et eius familie, accedendi ad curiam Romanam etc. ut in precedenti salvo conductu; culpis, maleficiis, excessibus, criminibus, debitis et obligationibus, publicis vel privatis, non obstantibus ac aliis in contrarium facientibus quibuscumque; presentibus per sex menses et interim ad nostrum beneplacitum valituris. In

quorum etc. Datum Bononie etc. MCCCCXXXVII, indictione XV, die tercia decima mensis Marcii, pontificatus etc. anno septimo.

Source: ASV, Arm. XXIX, vol. 19, fol. 249r.

Note: On Genatano, son of Museto, and his brothers, of Modena in Vicenza, see Balletti, *Gli ebrei e gli Estensi*, pp. 31f.

724*   Bologna, 8 April 1437

Safe-conduct, until further notice, to Magister Elia Sabbati, the physician, to travel to the papal court and in the papal dominions. During that period he is to be immune from injury, offence, and prosecution, civil and criminal.

Universis etc. Franciscus etc. salutem etc. universitati etc. de mandato etc. damus et concedimus tenore presentium plenam securitatem ac tutum et liberum salvum conductum magistro Helie Sabbati, Hebreo, artium et medicine doctori, de Urbe, accedendi ad curiam Romanam et quascumque civitates etc. sanctissimo domino pape Sancteque Romane Ecclesie mediate vel immediate subiectas, in eisque standi, morandi et pernoctandi, indeque recedendi, et quocumque maluerit eundi seu remeandi, die noctuque, semel et pluries, ad eius voluntatis libitum, absque iniuria, lesione vel offensa, reali aut personali, eidem quomodolibet inferendis; culpis, maleficiis, excessibus, criminibus, represaliis, debitis et obligationibus, publicis vel privatis, ac aliis in contrarium facientibus non obstantibus quibuscumque; presentibus usque ad nostrum beneplacitum valituris. In quorum etc. Datum Bononie etc. MCCCCXXXVII, indictione XV, die vero octava mensis Aprilis, pontificatus etc. anno septimo.

Source: ASV, Arm. XXIX, vol. 19, fol. 257r.

Note: On Magister Elia the physician, see above, Docs. **563** and following.

725   Bologna, 14 April 1437

Mandate to Angelo Grassi, bishop of Ariano, to confirm the verdicts given against Bettinus de Paneriis, and stop all further action on his part or that of others. Johannes Bartholomeus, a converted Jew, formerly Abraham Bignamim de Nursia, acknowledged in his testament a debt to Musettus Ventura and other Jews in Bologna, following a verdict handed down by Troilus de Castignano, a doctor of law, and confirmed by Baldassar de Offida, podestà of Bologna and Bartholomew de Vincio, bishop of Valva-Sulmona. Bettinus contested the bequest on the grounds that he had adopted the convert, and thus had become heir to his estate, but lost the case, heard by Zanon de Castiglione, bishop of Bayeux, and then by Franciscus de Salimbenis, podestà of Bologna. Bettinus had appealed to the Apostolic See.

Eugenius etc. venerabili fratri, episcopo Arianensi, salutem etc. Iustis et honestis supplicum votis libenter annuimus, eaque prosequimur favoribus oportunis. Exhibita siquidem nobis nuper pro parte Musetti Venture, Iudei, in nostra civitate Bononiensi commorantis, peticio continebat, quod, licet olim quondam Iohannes Bartholomeus, qui antea Iudeus et Abraam Bignamim de Nursia nuncupabatur, ac postea Christianus effectus fuerat, condens in eius ultima voluntate testamentum, inter cetera quandam diffinitivam sententiam super certis pecuniarum summis et rebus aliis tunc expressis, per eum nonnullis Iudeis, qui tunc in causa predicta actores extiterant, debitis, contra se et pro eisdem Iudeis per dilectum filium Troilum de Castignano, legum doctorem, tunc dilecti filii nobilis viri Baldassaris de Offida militis et civitatis predicte potestatis, latam, approbasset, confirmasset, ac iuste latam esse duxisset et affirmasset, illamque etiam successive venerabilis frater noster Bartholomeus, episcopus Valvensis, ex delegatione apostolica approbasset et similiter confirmasset, prout ex testamenti et confirmationis ipsius episcopi publicis instrumentis desuper confectis, quorum tenores presentibus haberi volumus pro expressis, plenius continetur, nichilominus tamen, quidam Bettinus de Paneriis, civis Bononiensis, falso pretendens, ex eo quod ipsum Iohannem Bartholomeum tunc in humanis agentem, in eius conversione de Iudaica perfidia ad Christianitatem huiusmodi tunc, ut asserebat, in filium adoptaverat, sibi in bonis et hereditate ipsius Iohannis Bartholomei conversi ius competiisse et competere, prefatum Musettum et alios Iudeos in dicta sententia nominatos et expressos, primo coram venerabili fratre nostro Zanono, episcopo Baiocensi, et successive coram dilecto filio nobili viro Francisco de Salimbenis, milite Senensi et dicte nostre civitatis potestate, petendo ex simili delegatione traxit in causam, petens Musettum et alios Iudeos huiusmodi, ad quos sententiarum prefatarum, sicut premittitur, latarum vigore bona et hereditas huiusmodi pervenerant, cogi et compelli ad dandum et solvendum sibi de bonis et hereditate huiusmodi certam pecunie quantitatem, idemque Franciscus potestas, in dicta causa legitime procedens, postquam in ea ad nonnullos actus processerat, visis et diligenter inspectis ipsius cause meritis, Musettum et alios Iudeos huiusmodi ab impeticione dicti Bettini per suam diffinitivam sententiam absolvit et etiam liberavit, prefatum

Bettinum in expensis in huiusmodi causa legitime factis nichilominus condemnando, a qua quidem sententia pro parte ipsius Bettini fuit ad sedem apostolicam, ut asseritur, appellatum. Quare pro parte Musetti et aliorum Iudeorum huiusmodi nobis fuit humiliter supplicatum, ut, cum idem Bettinus, qui omnia iura et probationes suas quibus in eadem causa uti voluit et quibus eciam se iuvare poterat in dicta causa produxerit et etiam exhibuerit, appellationemque huiusmodi maliciose et callide ac animo et intentione vexandi et redimendi Musettum et Iudeos huiusmodi interposuerit, causam eandem ad nos advocare, ipsosque Musettum et Iudeos, in quantum camere apostolice super dictis bonis et hereditate interesse concerneret et etiam versaretur, quitare et liberare, ac alias in premissis oportune providere, de benignitate apostolica dignaremur. Nos itaque, huiusmodi supplicationibus inclinati, Musettum et alios Iudeos huiusmodi, quorum nomina et cognomina presentibus haberi volumus pro sufficienter expressis, super dictis bonis et hereditate, si quod in illis camere apostolice aut publicum interesse quoquomodo versetur, auctoritate apostolica, ex certa sciencia liberantes et penitus absolventes, causamque ipsam ad nos advocantes, ac litem huiusmodi tenore presentium penitus extinguentes, fraternitati tue per apostolica scripta mandamus, quatinus tam primam contra Iohannem Bartholomeum, quam secundam contra Bettinum prefatos sententias huiusmodi, prout provide late sunt, et omnia in eis contenta ac inde secuta, auctoritate nostra, hac vice dumtaxat, approbes pariter et confirmes, supplendo omnes defectus, si qui forte intervenissent in eisdem, prefatoque Bettino et quibusvis aliis super huiusmodi bonis et hereditate suum interesse versari putantibus, eadem auctoritate, perpetuum silencium imponendo; constitutionibus apostolicis et aliis in contrarium facientibus non obstantibus quibuscumque. Dat. Bononie, anno Incarnationis Dominice millesimo quadringentesimo tricesimo septimo, decimo octavo Kalendas Maii, anno septimo.

Source: ASV, Reg. Lat. 348, fols. 109v–110v.

Note: Cf. below, Doc. **897**.

726   Bologna, 22 April 1437

Absolution to Consilius Abrae, a Jew in Perugia, from responsibility for the crimes of his unemancipated son, Jacob, alias Moyses Isdrael.

Eugenius etc. Consilio Abrae, Iudeo, in nostra civitate Perusina commoranti, spiritum consilii sanioris. Sub iuris limitibus subditos nobis populos vivere cupientes, illa libenter eis concedimus, que illorum securitati congruere dinoscuntur. Exhibita siquidem nobis nuper pro parte tua petitio continebat, quod tu, ob diversa excessus et scelera, que quidam tuus filius Iacob, alias Moyses Isdrael nominatus, antea, tam in nostra Perusina quam aliis civitatibus et locis, nequiter, diabolico instigante spiritu, te prorsus ignorante, perpetrare presumpsit, plurima iniurias, exactiones et damna pertulisti; quodque ipse Iacob, qui minor est vigintiquinque annis, et iam per quinquennium in remotis agens, a solitis per eum committi sceleribus, ut accepisti, non destitit. Quare pro parte tua nobis fuit humiliter supplicatum, ut tibi, ne premissorum occasione ulterioribus afficiaris incommodis, oportune consulere, de benignitate apostolica dignaremur. Nos igitur, tuis in hac parte supplicationibus inclinati, tibi, quod pretextu seu occasione quorumcumque scelerum seu offensarum per ipsum tuum filium hactenus commissorum, et in antea, absque tuis tamen auxilio, consilio vel favore ubilibet forsan committendorum, in persona, rebus, seu bonis, contra iuris communis dispositionem, aut statuta seu constitutiones patrie, nullatenus mulctari, vexari, aut quovis quesito colore molestari possis aut valeas, auctoritate apostolica, tenore presentium indulgemus. Et nichilominus omnibus et singulis iudicibus ac officialibus nostris et Ecclesie Romane, quocumque nomine nuncupentur, ne te ob premissa contra tenorem presentium offendant aut inquietent quovis modo, eadem auctoritate districtius inhibemus. Nulli ergo etc. ... Si quis etc. Dat. Bononie, anno Incarnationis Dominice millesimo quadringentesimo tricesimo septimo, decimo Kalendas Maii, anno septimo.

Source: ASV, Reg. Lat. 353, fol. 298r.

Note: On Consiglio di Abramo of Perugia, see Toaff, *Perugia*, pp. 62, 96, 257, 275, 278. Cf. also above, Doc. **722**.

727   Bologna, 2 May 1437

Permission to Daniel Isaye, a Jew of Tossignano, to make a testament and to dispose of his property.

Eugenius etc. provido viro Danieli Isaye, Iudeo de Tosignano, Imolensis diocesis, viam veritatis agnoscere ac tenere. Ut tue probitatis honestas volentibus bene facere sit exemplum, tibi, qui, ut asseris, de bonis mobilibus et immobilibus per te licite acquisitis testari et de illis libere in tua ultima voluntate disponere, relinquere et ordinare desideras, ut de huiusmodi bonis per te licite acquisitis, que possides, sive de certa ipsorum bonorum parte, tam in pios et honestos, quam in unice filie tue, Iudee, ut asseris, et aliorum usus, in tua ultima voluntate pro libito testari, relinquere, disponere et ordinare, libere et licite valeas, constitutionibus et ordinationibus apostolicis, necnon imperialibus, provincialibus et municipalibus legibus ac statutis et consuetudinibus ceterisque contrariis nequaquam obstantibus, auctoritate apostolica, tenore presencium, de speciali gratia, licentiam elargimur. Nulli ergo etc. ... Si quis etc. Dat. Bononie, anno Incarnationis Dominice millesimo quadringentesimo tricesimo septimo, sexto Nonas Maii, anno septimo.

Source: ASV, Reg. Lat. 353, fol. 298r-v.

Note: See above, Doc. **711.**

728   Bologna, 30 September 1437

Liberation from the annual tax of 100 ducats, imposed on the Jews in Bologna, Cento, Pieve di Cento and other localities in the county of Bologna, for the *pallium* in honour of St. Petronius, since they were exempt from all taxes other than the usual ones.

Eugenius etc. Ad futuram rei memoriam. Quamvis Iudei, quos in testimonium Ihesu Christi Sacrosancta diversis locis Ecclesia tolerat, in eorum potius duritia cecitateque persistere velint, quam prophetarum verba et sacrarum archana scripturarum cognoscere, ad Christiane quoque fidei et salutis noticiam pervenire, quia tamen in eorum necessitatibus nostra presidia et favores interpellant, nos ipsis Christiane pietatis mansuetudinem et clementiam denegare non intendimus, ut, sic allecti, suos cognoscere curent errores, et, illustrati superna gracia, tandem ad verum, quod Christus est, lumen properent claritatis. Nuper siquidem, Museti Venture, necnon Datelli Consilii, Abrache Elie et Robini Samuelis, Iudeorum in civitate nostra Bononiensi moram trahentium querelam accepimus, continentem, quod, licet Iudeis omnibus in civitate predicta, necnon Centi et Plebis, aliisque castris et locis comitatus nostri Bononiensis pro tempore commorantibus, per diversas apostolice sedis, et qui antea fuerunt in ipsa civitate legatorum eiusdem, necnon gubernatorum dicte civitatis, litteras, concessum sit, quod aliqua preter solita non debeant onera supportare, nec ipsi Iudei in civitate et comitatu huiusmodi commorantes pro pallio in festo Sancti Petronii, seu alias, ipsi ecclesie consueverint aliquid elargiri, tamen dilecti filii officiales fabrice dicti sancti Bononiensis, asserentes nostras, quas tamen non exhibuerunt, super eo, quod Iudei in ipsis civitate et comitatu pro tempore commorantes annis singulis pro pallio huiusmodi, seu alia occasione, dicte ecclesie centum ducatos auri dare deberent atque tenerentur, litteras emanasse, quarum tenores, si que sint, hic volumus habere pro sufficienter expressis, Musetum, Datellum, Abraham et Robinum predictos, ut infra certum tempus tunc expressum, pro pallio prefato, seu alias, eidem ecclesie dictos centum ducatos persolverent, requisiverunt ac desuper molestarunt, in evidens ipsorum in dictis civitate et comitatu commorantium Iudeorum gravamen pariter et detrimentum. Quare pro parte sua nobis fuit humiliter supplicatum, ut eis ac ipsorum inibi successoribus super hiis oportune providere, de benignitate apostolica dignaremur. Nos itaque, huiusmodi supplicationibus inclinati, nullum ex Iudeis presentibus et futuris, qui infra civitatem et comitatum predictos pro tempore habitaverint, pretextu dictarum nostrarum litterarum, si que sint, vel alias, occasione cuiusvis impositionis in civitate et comitatu predictis, seu ratione alicuius eorum hactenus facte aut imposterum faciende, ad solutionem ducatorum ratione pallii huiusmodi seu ecclesie prefate impositorum quomodolibet teneri, sed ipsos omnes a predictis oneribus, quocumque nomine nuncupentur, et quavis occasione vel causa imposita fuerint, liberos ac immunes existere, et nullatenus in statu quo retroactis temporibus in eisdem civitate et comitatu permissi fuerunt, vel circa illum vexari seu molestari debere, necnon illos ex ipsis Iudeis, qui extra civitatem et infra comitatum prefatos moram pro tempore traxerint, ad contribuendum iuxta ratam eos contingentem in illis, que pro indemnitate predictorum infra eandem civitatem, castra et comitatum commorantium Iudeorum communiter exposita[!] fuerint, obligatos censeri, et ad id oportunis iuris remediis, etiam cum auxilii brachii secularis invocatione, compelli posse, auctoritate apostolica decernimus per presentes; non obstantibus premissis ac constitutionibus et ordinationibus apostolicis, necnon eiusdem civitatis, eciam si iuramento, confirmatione apostolica vel quavis alia firmitate vallata sint, statutis et consuetudinibus, etiam si de eis eorumque totis tenoribus de verbo ad verbum foret mentio facienda, ceterisque contrariis quibuscunque. Nulli ergo etc. ... Si quis etc. Dat. Bononie, anno Incarnationis Dominice millesimo quadringentesimo tricesimo septimo, pridie Kalendas Octobris, pontificatus nostri anno septimo.

Source: ASV, Reg. Vat. 365, fol. 129r-v.

Publication: Theiner, *Codex Diplomaticus* 3, pp. 342f.

Note: On the Jews in Bologna at this time and the taxes imposed on them, see Ravà, *Bologna*, pp. 238f.

Bibliography: Simonsohn, *Kirchliche Judengesetzgebung*, p. 47; Vogelstein-Rieger, *Rom* 2, p. 11.

729*   [Bologna], 8 October 1437

Safe-conduct, valid for six months and then until further notice to be given eight days in advance, to Manuellus Danielis of Ascoli and Manuellus Moysi of Reggio to travel to the papal court and throughout the papal dominions. During that time they are to be immune from injury and molestation, including prosecution, civil and criminal.

Universis etc. Franciscus etc. salutem etc. quod nos, de mandato domini nostri pape super hoc etc. ac auctoritate nostri camerariatus etc. tenore presentium damus et concedimus plenam securitatem ac tutum et liberum salvum conductum providis viris Manuello Danielis de Esculo et Manuello Moysi de Regio, Ebreis, accedendi ad Romanam curiam et quascumque civitates, terras, castra et loca sanctissimo domino nostro pape Sancteque Romane Ecclesie subiecta, in eisque standi, morandi et pernoctandi, indeque recedendi et quocumque maluerint remeandi, die noctuque, semel et pluries, ad eorum libitum voluntatis, absque iniuria, lesione, molestia vel offensa, reali aut personali, eisdem quomodolibet inferendis; culpis, maleficiis, excessibus, criminibus, debitis et obligationibus, publicis et privatis, non obstantibus quibuscumque; presentibus per sex menses a die date presentium computandos et ultra ad nostrum beneplacitum valituris. Volumus tamen, quod presens salvus conductus in suo robore permaneat et quod revocari non possit, nisi primo de revocatione ipsa per octo dies perantea prefati Ebrei advisentur. In quorum etc. Dat. etc. die VIII^a mensis Octobris MCCCCXXXVII, pontificatus etc. anno septimo.
Item similis salvus conductus concessus fuit prefatis Ebreis die anno et millesimo predictis, et in forma supradicta.

Source: ASV, Arm. XXIX, vol. 20, fol. 8r-v.

Note: See above, Doc. **716.**

730   Bologna, 16 October 1437

Approval of petition submitted by Georgius Maldovado, a cleric in Toledo, to have the excommunication placed on him for not paying his debts lifted, on condition that he provides guarantees. He undertakes to pay his creditors, including David Abensabad, a Jew, within three years.

Beatissime pater. Pro parte devoti oratoris vestri Georgii Maldovado, clerici Toletani, vestre sanctitati lamentabiliter exponitur, quod ipse propter casus fortuitos et sinistros eventus qui supervenerunt sibi, creditoribus infrascriptis extitit obligatus, et ad eorundem creditorum instanciam per iudices infranominatos excommunicatus, videlicet per vicarium Sancte Eulalie, Toletane diocesis, ad instantiam cuiusdam fratris Roderici, asserti procuratoris monasterii de Guisando, ordinis Sancti Augustini, pro quadringentis moropetinis, et per abbatem Sancti Vincencii, vicarii[!] archiepiscopi Toletani, ad instantiam quorundam Fernandi Martini de Berzial et Iohannis Martini de Berzial, pro triginta et quatuor fanegis tritici, et per supradictum abbatem ad cuiusdam Iohannis de Deza et eius procuratoris instanciam, pro summa mille et octingentorum moropetinorum, per vicarium archidiaconi Toletani ad instanciam cuiusdam Francisci Gundissalvi, pro quindecim fanegis tritici, per vicarium dicte ville Sancte Eulalie ad instanciam cuiusdam Davidis Abensabad, Iudei, pro octo fanegis tritici et ordei, per archidiaconum de Calatrava, vicarium archiepiscopi Toletani, ad instanciam cuiusdam Petri Sancii presbiteri et eius procuratoris, pro summa sexaginta moropetinorum, et per eundem archidiaconum de Calatrava ad instanciam cuiusdam Emanuelis Didaci, pro octo fanegis tritici, que quidem sentencie contra ipsum exponentem in eius absencia et ignorantia, ipso[!] pro maiori parte late et promulgate fuerunt. Cum autem, pater sancte, exponens ipse eisdem creditoribus in toto, neque in parte, satisfacere valeat ad presens, sed quamprimum ad pinguiorem fortunam devenerit, ipsis creditoribus pro posse satisfacere intendat, supplicat humiliter sanctitati vestre dictus exponens, qui in communione fidelium tamquam bonus Catholicus vivere desiderat, et qui propterea ad Romanam curiam personaliter accessit, quatinus alicui probo viro in Romana curia commoranti committere et mandare dignemini, ut ipsum Georgium simpliciter vel ad cautelam cum reincidentia nisi infra triennium satisfecerit seu concordaverit, absolvat et absolvi mandet de gratia speciali; in contrarium facientibus non obstantibus quibuscumque. Concessum, prestita iuratoria cautione, in presencia domini nostri pape. I[ohannes] Legionensis. Dat. Bononie, decimo septimo Kalendas Novembris, anno septimo.

Source: ASV, Reg. Suppl. 341, fols. 38v–39r.

Note: Abensabad was a fairly common Jewish name in Toledo; see Léon Tello, *Toledo*, index, s. v.

731   Bologna, 19 October 1437

Approval of petition submitted by Absolom Signorebt, grandson or nephew of Maymon, a Jew of Ancona, to exempt him and Donatus, Maymon's son, from Jewish taxes for five years. He had been despoiled of his share in the estate of the late Maymon, had been compelled to leave Ancona, and now wishes to return. He and Donatus are destitute.

Beatissime pater. Exponitur sanctitati vestre pro parte devoti oratoris Absolom Signorebt, nepotis Ma[y]monis, Ebrei de Ancona, quod cum bona dicti olim Maymonis, in quibus idem Absolom pro aliqua parte hereditario iure succedebat, fuerunt expoliata, ut notum est vestre sanctitati, ipse Absolom, necessitate coactus, ab aliquo tempore citra stetit absens a civitate Anconitana, prout nunc est, et libenter optaret redire Anconam, et apud suos morari, et vitam suam ibi deducere, sed quia esset impotens ad supportandum onera, que imponimus in provincia Marchie Iudeis, idcirco ipse Absolom suo nomine, et Donati filii dicti Ma[y]monis, supplicant sanctitati vestre, quatinus dignemini ipsos et cuilibet[!] ipsorum eximere et exemptos facere ac eis remittere ratam taxe et quarumcumque aliarum solucionum ipsorum de distribucionibus tallearum, que imponimus in dicta provincia dictis Ebreis, pro parte eos et quemlibet eorum tangentem pro tempore et termino quindecim annorum proxime futurorum, et — eos et quemlibet ipsorum non teneri ad solucionem et contribucionem dictarum tallearum et gravedinum et solucionum predictarum, nec cogi posse per aliquos officiales, providere pro tempore supradicto, sed exemptos et immunes fore, attenta impotencia et inhabilitate eorum; cum non obstantiis et omnibus aliis clausulis oportunis. Concessum ad quinquennium, in presencia domini nostri pape. I[ohannes] Legionensis. Dat. Bononie, quartodecimo Kalendas Novembris, anno septimo.

Source: ASV, Reg. Suppl. 341, fol. 49r-v.

Note: Sulam Signoretti was a Jewish banker in Ancona during the first half of the fifteenth century. See Ashtor, *Ancona*, pp. 349f.; Simonsohn, *Milan*, pp. 36, 51, 71, 153, 192, 408.

732*   Florence, 16 February 1439

Safe-conduct, valid for two years, to Ysac Manuelis of Rimini in Pisa, his son Vitale and Iacob Salomonis Mataxie in Florence to visit the papal court and travel in the papal dominions. During that time they are to be immune from prosecutions, civil and criminal. A similar safe-conduct, valid for a year and a half, to the same Ysac on 9 November.

Universis etc. Franciscus etc. salutem etc. universitati etc. quod nos, de mandato domini nostri pape super hoc etc. tenore presentium damus et concedimus plenam securitatem ac tutum et liberum salvum conductum Ysac Manuelis de Arimino, habitatori in Pisis, Vitali eius filio, et Iacob Salomonis Mataxie, habitatori in Florentia, Ebreis, accedendi ad Romanam curiam et ad quecumque loca sanctissimo domino nostro pape Sancteque Romane Ecclesie subiecta, et ad civitatem Florentinam eiusque comitatum et districtum, in eisque standi, morandi et pernoctandi etc.; culpis, maleficiis, excessibus, criminibus vel delictis, debitis, obligationibus, fideiussionibus per eos quibuscumque factis et contractis; usque ad duos annos a data presentium presentibus valituris. In quorum etc. Dat. Florentie, die XVI° Februarii MCCCCXXXVIIII, pontificatus etc. anno octavo.
Item die nona Novembris 1439 concessus fuit salvus conductus prefato Ysac Manuelis de Arimino pro uno anno cum dimidio, secundum tenorem supradictum.

Source: ASV, Arm. XXIX, vol. 20, fol. 64r.

Note: On Ysach, son of Manuele, his son Vitale, and Jacob, son of Salomone, see Cassuto, *Firenze, passim.*

733   Florence, 17 April 1439

Declaration that the meaning of the privileges of the Jews in Italy, that they need not wear a badge other than the one they had been obliged to wear in the past, is as follows: they are exempt only in those places where they are easily recognized as Jews by some sign or another; if not, they are to wear the badge as defined by Innocent III.

Eugenius etc. Ad perpetuam rei memoriam. Apostolice sedis providentia circumspecta concessa per eam, ne scrupulum aliquod ambiguitatis inducant, magis exprimit vel declarat, prout rerum, personarum et temporum qualitate pensata, id in Domino conspicit salubriter expediri. Dudum siquidem, per nonnullos predecessores nostros Romanos pontifices quedam privilegia seu indulta Iudeis quarundam Ytalie provinciarum, civitatum et terrarum concessa esse dicuntur, que et nos, ad nonnullarum magne auctoritatis personarum supplicationem et instantiam, per quasdam nostras certi tenoris litteras in communi forma, auctoritate apostolica confirmavimus, inter que unum capitulum reperitur, cuius tenor talis est: "Iidem Hebrei, qui etiam nullo tempore astringantur per aliquem ad portandum signum aliquod ultra antiquam consuetudinem civitatum, terrarum et locorum in quibus ipsos habitare contigerit, eandem tamen consuetudinem plene observare teneantur." Cum autem capitulum huiusmodi diversi diversimode interpretrentur[!], dignum et valde necessarium fore existimavimus ipsam particulam iuxta rectum sensum et intelligentiam declarare. Cum enim valde iustum, opportunum et rationabile sit, iuxta statutum felicis recordationis Innocentii pape III predecessoris nostri, ut in civitatibus, terris et locis in quibus Iudei inter Christifideles versantur, inter ipsos et Christianos sit clara et aperta habitus discretio, ut in primo aspectu liquide cognoscantur, Iudeos ipsos ad portandum signum aliquod ultra antiquam consuetudinem civitatum, locorum et terrarum, in quibus ipsos habitare contigerit, ita demum non debere compelli intendimus, si in civitatibus, terris et locis huiusmodi deferendi signum aliquod per Iudeos ipsos consuetudo viguerit; quo casu consuetudini stari volumus, dum tamen per talem habitum Christiani ab eisdem clare et aperte, ut premittitur, secernantur; quod si in prefatis civitatibus, terris et locis consuetudo nulla fuerit ut Iudei ipsi signum deferre teneantur, ut ad deferendum aliquod notabile signum et publicum, quo mediante a Christianis clare discernantur, ipsi Iudei teneantur et cogi possint per locorum ordinarios, auctoritate apostolica, tenore presentium decernimus et declaramus. Nulli ergo etc. Si quis autem etc. Dat. Florentie, anno Incarnationis Dominice MCCCCXXXVIIII, quintodecimo Kalendas Maii, pontificatus nostri anno nono.

Source: ASV, Reg. Vat. 375, fol. 70r-v.

Note: The reference to Eugenius's own confirmation is to Doc. **682** above.

734   Florence, 23 January 1440

Mandate to Raphael Piczolo to have Servitus Sacerdos de Licia, a Jew, pay the 36 ounces he owed the late Leonardus Condulmarius, the pope's relative, to Leonardus's son-in-law, Franciscus Quirino, the pope having made him a present of the sum.

Eugenius etc. dilecto filio Raphaeli Piczolo, salutem etc. Cum pridem bone memorie Leonardus Condulmarius, nobis secundum carnem germanus, tibi

commiserit, ut uncias triginta sex carlinorum, in quibus sibi erat debitor
Servitus Sacerdos, Ebreus, de Licia, exigeres, nobis postea consignandas,
dictusque Ebreus per publicum instrumentum se ad eam solucionem tibi
faciendam obligaverit, et nos dilecto filio nobili viro Francisco Quirino,
predicti quondam germani nostri genero, dictas triginta sex carlinorum uncias
donaverimus, idcirco devotioni tue presentium tenore committimus et
mandamus, ut taliter cum predicto Ebreo cures et opereris, etiam rescindendo
instrumentum cuius vigore tibi obligatus est, quod ipsas pecunias solvat
predicto Francisco Quirino aut eius procuratori; quod cum feceris et
adimpleveris, te et predictum Ebreum ab omni obligacione quam vobiscum
occasione predictorum haberetis, et absolvimus et quittamus. Dat. Florencie,
anno Incarnacionis Dominice millesimo quadringentesimo tricesimo nono,
decimo Kalendas Februarii, pontificatus nostri anno nono.

Source: ASV, Reg. Vat. 375, fol. 124v.

Note: See above, Doc. **706**. There the Jew is called Struchus.

735   Florence, 31 May 1440

Mandate, if the facts are established, to the scholar of St. John in Mainz to
allow the town to found a chapel in the former synagogue of the Jews, who
had been expelled.

Eugenius etc. dilecto filio scolastico ecclesie Sancti Iohannis Maguntin.,
salutem etc. Inter curas multiplices, que nobis ex apostolatus officio incumbere
censentur, illam libenter complectimur per quam ecclesie et alia pia loca ad
laudem Dei omnipotentis valeant instaurari, ac animarum ex hoc propagata
salute divinorum cultus continuum suscipiat incrementum. Sane, pro parte
dilectorum filiorum magistrorum civium, consulum, proconsulum et
communitatis civitatis Maguntine nobis nuper exhibita peticio continebat,
quod dudum ipsi singulis Iudeis tunc in dicta civitate degentibus, ad usurarum
voraginis, que animas devorat et facultates exhaurit et qua iidem Iudei suos
questus facere consueverunt, extirpacionem, certum terminum, infra quem a
dicta civitate recederent, ac illam deinceps nullatenus inhabitarent, pro utilitate
rei publice prefixerunt, ipsos ab eadem civitate penitus relegantes,
cupiantque[!] iidem magistri civium, consules, proconsules et communitas, ne
ipsis relegatis et aliis quibusvis Iudeis peramplius quovis quesito colore
revertendi ad civitatem predictam spes ulla subsistat, synagogam, quam ipsi
Iudei inibi habebant, ad omnem illius tenebrarum expiationem, ac laudem et

gloriam Dei omnipotentis, et gloriose Virginis Marie eius genitricis, stelle matutine prerutilantis, divini quoque cultus augmentum, sub vocabulo eiusdem beate Marie, de bonis sibi a Deo collatis, [in] capellam, pro uno perpetuo capellano presbitero seculari missas et alia divina officia inibi celebraturo, fundare et erigere, ac fundari et erigi facere, si super hoc apostolice sedis patrocinium et auctoritas suffragentur eisdem. Quare pro parte dictorum magistrorum civium, consulum, proconsulum et communitatis nobis fuit humiliter supplicatum, ut ipsis huiusmodi synagogam in capellam, ut prefertur, erigendi et fundandi licenciam concedere, necnon ius patronatus ac presentandi personam ydoneam ad eandem capellam hac prima vice, et quotiens illam deinceps vacare contigerit, eisdem magistris civium, consulibus et proconsulibus, etiam pro tempore existentibus, perpetuo reservare, de benignitate apostolica dignaremur. Nos igitur, qui cultum eundem nostris potissime temporibus vigere et etiam adaugeri intensis desideriis affectamur, huiusmodi supplicationibus inclinati, discretioni tue per apostolica scripta mandamus, quatinus, si est ita, prefatis magistris civium, consulibus et proconsulibus, primitus tamen per eos ad id sufficienti dote assignata, dictam capellam, ut premittitur, erigendi et fundandi, aliaque omnia et singula circa hec necessaria faciendi et ordinandi, auctoritate nostra, licenciam largiaris. Et nichilominus, si et postquam magistri civium, consules et proconsules prefati dictam capellam erexerint, fundaverint et dotaverint, ut prefertur, ius patronatus ac presentandi personam huiusmodi ad capellam eandem hac prima vice, et quotiens illam in antea vacare contigerit, dictis magistris civium, consulibus et proconsulibus, etiam pro tempore existentibus, perpetuo, eadem auctoritate, reserves, iure tamen parrochialis ecclesie infra cuius limites dicta capella consistet, in omnibus semper salvo. Dat. Florencie, anno Incarnationis Dominice millesimo quadringentesimo quadragesimo, pridie Kalendas Iunii, anno decimo.

Source: ASV, Reg. Lat. 368, fols. 117v–118v.

Note: The Jews of Mainz were expelled in 1438, and again several times in the second half of the fifteenth century. See Menczel, *Mainz, passim.*

736   Florence, 3 June 1440

Concession to Luca Ventura and his children, converted Jews in Pistoia, to have the prior of Mons Oliveti, of the Benedictine Order, in Pistoia, act as sole judge in all matters pertaining to Luca's usury profits and other activities when a Jew.

Eugenius etc. dilecto filio Luce Venture, in civitate Pistoriensi commoranti, salutem etc. Humilibus supplicum votis libenter annuimus, eaque favoribus prosequimur oportunis. Exhibita siquidem nobis nuper pro parte tua petitio continebat, quod tu, olim Ebreus existens, unacum Benedicto, Iohanneto et Maria, liberis tuis, nonnullorum religiosorum in monasterio Montis Oliveti Pistoriensis, ordinis Sancti Benedicti, tunc degentium exortatione, ac Spiritu Sancto cooperante, sacri baptismatis lavacro mediante, ad Christiane fidei unitatem convolasti. Cum autem, sicut eadem peticio subiungebat, tu propter quamplures quas, tunc in Iudaica versucia consistens, extorsisti usuras, licet a te de illis habere debentibus putes debite satisfactum, dubitas[!] te et liberos eosdem, ac heredes et successores tuos, occasione usurarum huiusmodi et alias posse indebite molestari; et propter singularem quem erga monasterium ipsum et illius religiosos huiusmodi geris devotionis affectum, optes te et liberos ac successores predictos coram eiusdem monasterii priore pro tempore existente et non coram alio quocumque iudice, occasione usurarum huiusmodi, aut alias, posse imposterum conveniri, nobis humiliter supplicasti, ut tibi et liberis ac heredibus et successoribus eisdem providere super hiis, de benignitate apostolica dignaremur. Nos igitur, huiusmodi supplicationibus inclinati, tibi et liberis ac heredibus et successoribus predictis, ut coram priore pro tempore existente huiusmodi tantum, et non coram alio quovis iudice, quacumque etiam auctoritate fungatur, per quemcumque, occasione usurarum huiusmodi, aut alias, valeas quomodolibet conveniri; non obstantibus indulgentia, qua ordini prefato dicitur esse concessum, quod ipsius ordinis fratres non teneantur se intromittere de quibuscumque negotiis, que ipsis per eiusdem sedis litteras committuntur, nisi in eis de concessione huiusmodi plena et expressa mentio habeatur, ac constitutionibus et ordinationibus apostolicis ceterisque contrariis quibuscumque, auctoritate apostolica, tenore presentium, de specialis dono gratie indulgemus, ac eidem et aliis pro tempore existentibus prioribus huiusmodi, ut causas easdem audire possint et valeant, auctoritate prefata, licentiam elargimur. Nulli ergo etc. ... Si quis etc. Dat. Florentie, anno Incarnationis Dominice millesimo quadringentesimo quadragesimo, tertio Nonas Iunii, anno decimo.

Source: ASV, Reg. Lat. 373, fols. 143v–144r.

737   Florence, 23 July 1440

Approval of petition submitted by the town of Mainz not to allow the return of the Jews without the town's consent. The town would be held responsible for providing the Jews, if the latter did return, with a synagogue in place of the one the town had converted into a chapel.

Beatissime pater. Cum propter usurariam pravitatem, quam devoti oratores vestri consules, proconsules, magistri civium ac communitas civitatis Maguntine detestantur, iidem omnes Iudeos a civitate ipsa, in qua a diu de dampnata usuraria extorsione dumtaxat vixerunt, perpetuo relegaverunt, affectantes sic ab eorundem Iudeorum usurariorum communione posse liberari, et propterea nuper a sanctitate vestra inter cetera petierint, ut eadem sanctitas, sub excommunicationis aliisque ecclesiasticis penis et censuris, eis inhiberet, ne umquam Iudeos aliquos usurario saltem questui deditos reciperent, ac peticio huiusmodi signata non existat, dictique exponentes pro eorum excusatione cupiant per mandata sanctitatis vestre et sedis apostolice constringi, ne Iudeos eosdem usurarie extorsioni, ut premittitur, deditos, ob preces vel mandata dominorum vel principum eorumve consideracione, seu quavis alia practica, ad exercicium usurarie pravitatis recipere audeant vel presumant quovismodo, dignetur igitur sanctitas vestra litteras apostolicas super petitione huiusmodi conficiendas cum inhibitione predicta expediri, dictisque exponentibus concedere, quod ad receptionem eorundem Iudeorum modo premisso a quoquam inviti cogi non possint, nec ipsos, unanimi omnium eorundem exponentium consensu ad id non accedente, recipere minime teneantur, attento, pater sancte, quod sanctitas vestra ipsis exponentibus alias ex synagoga dictorum Iudeorum, quam in prefata habuerunt civitate, unam capellam ad Dei laudem et gloriam sub vocabulo gloriosissime Virginis Marie erigendi licentiam, ac Christifidelibus capellam ipsam visitantibus nonnullas indulgentias, concessit gratiose, quodque si contigeret Iudeos ipsos imposterum ad dictam civitatem redire atque recipi et ex synagoga huiusmodi capella erecta esset, eo casu ipsi exponentes haberent ipsis Iudeis de alia sinagoga providere, et eos alibi quam in loco solito collocare, que fieri non possent absque magnis eorundem exponentium incommodo et expensa. Concessum ut petitur de usurariis, in presencia domini nostri pape. C[hristophorus] Ariminensis. Dat. Florencie, decimo Kalendas Augusti, anno decimo.

Source: ASV, Reg. Suppl. 366, fol. 6r-v.

Note: See above, Doc. **735**.

738 Florence, 9 October 1440

Mandate to the abbot of St. Leocadia and two canons in the church in Toledo to hear the appeal, although the time limit has expired, of the Jewish community in Alcala de Henares against the verdicts of the local *pretor* and John de Luna, archbishop of Toledo, obliging them to contribute to a tax imposed on the Christian community. The pretor had found against the Jewish community, which had appealed to the archbishop, who also found against them, but reduced the share of the Jews to a quarter and awarded expenses to the Christian community.

Eugenius etc. dilectis filiis abbati Sancte Leocadie, et Fernando Petri de Ayala ac Alfonso Gomecii, canonicis ecclesie Toletane, salutem etc. Humilibus supplicum votis libenter annuimus, illaque favoribus prosequimur oportunis. Exhibita siquidem nobis nuper pro parte universitatis collegii Iudeorum de Alcala de Henuares[!], Toletane diocesis, peticio continebat, quod licet singulares persone dicti collegii, ratione bonorum immobilium ad eas spectancium et infra limites districtus loci de Villalvilla, prefate diocesis, consistencium, pro solucione cuiusdam tributi, pecho forero nuncupati, per dilectos filios universitatem hominum dicti loci carissimo in Christo filio Iohanni, Castelle et Legionis regi illustri, facienda, contribuere minime teneantur, quia tamen universitas hominum huiusmodi, minus veraciter pretendentes nonnullis[!] ex eisdem universitate prefati collegii de dicto tributo certas quotas tunc expressas contingere, ab Abraham Costurero et Iacob Falcori, Iudeis eiusdem collegii, propter quotarum eos[!] contingentium non solutionem, certa pignora tunc etiam expressa capi fecerant, ipsos communitatem hominum super hoc petendo eos condemnari et compelli ad restituendum eisdem Abraham et Iacob pignora huiusmodi, coram dilecto filio Luppo de Varionuevo, laico, pretore prefati loci, per venerabilem fratrem nostrum Iohannem, archiepiscopum Toletanum, qui, ratione mense archiepiscopalis Toletane, temporalis dominus est eiusdem loci, auctoritate ordinaria deputato, deputationis huiusmodi vigore fecerunt ad iudicium evocari; ipseque Luppus, pretor, perperam in dicta causa procedens, diffinitivam contra universitatem collegii huiusmodi sentenciam promulgavit iniquam, eos in expensis in prefata causa factis nichilominus condemnando, illarum taxatione sibi imposterum reservata; a qua quidem sentencia universitas collegii huiusmodi ad prefatum archiepiscopum appellarunt, ac eosdem universitatem hominum in causa prefate appellationis fecerunt coram eodem archiepiscopo ad iudicium evocari, qui in ea procedens, sentenciam predictam per suam diffinitivam sentenciam revocavit, ipsisque universitati prefati collegii, quod ex tunc in antea, ratione dictorum bonorum, quartam partem prefati tributi, quotiens eius solutio occurreret facienda, ipsis universitati hominum cum effectu solverent, precepit pariter et mandavit;

universitas collegii vero huiusmodi sencientes, per preceptum et mandatum predicta, ac eciam ex eo, quod prefatus archiepiscopus eosdem universitatem hominum in expensis in huiusmodi causa legitime factis, prout pro parte ipsorum universitatis collegii locis et temporibus congruis petitum fuerat, non condemnavit, indebite se gravari, ad sedem apostolicam appellarunt, sed legitimo, ut asserunt, impedimento detenti, appellationem suam huiusmodi non fuerunt infra tempus debitum prosecuti. Quare nobis humiliter supplicarunt, ut causam ultime appellationis huiusmodi et negotii principalis aliquibus in partibus illis committere, paterna diligencia curaremus. Nos igitur, huiusmodi supplicationibus inclinati, discretioni vestre per apostolica scripta mandamus, quatinus vos vel duo aut unus vestrum, vocatis qui fuerint evocandi et auditis hinc inde propositis, quod iustum fuerit, appellatione remota, decernatis, facientes quod decreveritis per censuram ecclesiasticam firmiter observari. Testes autem ... Dat. Florencie, anno Incarnacionis Dominice millesimo quadringentesimo quadragesimo, septimo Idus Octobris, anno decimo.

Source: ASV, Reg. Lat. 375, fols. 80v–81v.

Note: *Pecho forero* was a property tax.

739   Florence, 9 June 1441

Declaration that since the Jews in Leon and Castile had abused the concessions granted them, these were not to be extended beyond the terms of common law and must be compatible with it.

Eugenius etc. Ad futuram rei memoriam. Ad Romani pontificis providenciam et solicitudinem spectare dinoscitur, ut cum ex concessis et indultis per eum aliquid ambiguitatis emerserit, ex cuius varia interpretacione scandala et minus bona exempla inter Christifideles oriantur, illud limitet, corrigat vel declaret, prout, rerum et temporum considerata condicione, id in Domino conspicit salubriter expedire. Sane, ad audienciam nostram non sine magna mentis nostre displicencia, fidedigna relatione pervenit, Iudeos in Castelle et Legionis regnis et dominiis carissimi in Christo filii nostri Iohannis, dictorum regnorum regis, certis indultis et concessionibus eis a nobis ad futuram rei memoriam concessis adeo erronee et perverse interpretari, ut iis, que eis graciose et ad bonum et honestum finem et effectum concessimus, illi abutantur multaque sub eo pretextu inhonesta et turpia comictunt, ex quibus Christiane religionis et fidei puritas non parum leditur et mentes Catholicorum

Christifidelium sepe scandalum paciuntur. Quare nos, tantis abusionibus et scandalis, prout ex debito pastoralis officii tenemur, obviare cupientes, concessiones, privilegia et indulta per nos Iudeis regnorum et dominiorum predictorum, ut premictitur, concessa, usque ad terminos iuris communis dumtaxat operari, nec ulterius aliquo pacto se extendi, nec aliam quam ipsius iuris communis interpretationem pati aut recipere, auctoritate apostolica, tenore presentium decernimus et declaramus. Nulli ergo... Si quis... Datum Florencie, anno Incarnationis Dominice millesimo quadringentesimo quadragesimo primo, quinto Idus Iunii, pontificatus nostri anno undecimo.

Source: ASV, Reg. Vat. 375, fol. 237r-v.

Note: The reference is to Doc. **719**. See also following doc.

740   Florence, 8 August 1442

Constitution, prohibitions and restrictions regarding Jews and Moslems in Castile and Leon, including abolition of all earlier charters in their favour and implementation of all restrictive measures of the past. New and more severe prohibitions on social intercourse between Christians, Jews and Saracens and threat of heavy punishment of transgressors.

Eugenius etc. Ad perpetuam rei memoriam. Super gregem Dominicum nobis, licet immeritis, divinitus creditum, vigilis exercentes speculatoris officium, nunc novorum editione iurium, nunc antiquorum innovatione, ad ea per que ipsius gregis status fideliter ac prospere dirigi conspicitur, libenter intendimus, et que in illius vergunt dispendium, ne noxe graviores exitusque peiores inde prodeant, de medio, quantum in nobis existit, summovere studemus. Dudum siquidem ad nostram audientiam deducto, Iudeos in Castelle et Legionis regnis ac dominiis carissimi in Christo filii nostri Iohannis, dictorum regnorum regis, consistentes, certis indultis et concessionibus eis a sede apostolica ad futuram rei memoriam concessis, adeo erronee et perverse interpretari, ut hiis, que eis gratiose et ad bonum ac honestum finem et effectum concesseramus, illi abuterentur, multaque sub eo pretextu inhonesta et turpia committerent, ex quibus Christiane religionis et fidei puritas non parum ledebatur, et mentes Catholicorum Christifidelium sepe scandalum patiebantur, nos, concessiones, privilegia et indulta per nos Iudeis regnorum et dominiorum predictorum, ut premittitur, concessa, usque ad terminos iuris communis dumtaxat operari, nec ulterius aliquo pacto se extendi, nec aliam quam ipsius iuris communis interpretationem pati aut recipere, per alias nostras litteras decrevimus et declaravimus, prout in eisdem litteris plenius continetur. Cum autem, sicut veridica relatione, non sine displicentia grandi, percepimus, licet a diversis Romanis pontificibus predecessoribus nostris de Iudeis et Sarracenis quamplura salubria constitutiones et decreta ac decretales epistole emanaverint, prefati tamen Iudei et Sarraceni in prefatis regnis et dominiis commorantes, propriis affectibus et antique eorum perfidie incumbentes, dum constitutionum, decretorum et decretalium epistularum huiusmodi sensum legitimum ad sua vota non habent, ut illis illudere valeant, adulterinum intellectum superaducant, et veterem ipsorum maliciam ac temeritatem in Christifideles continuare, et in dies eorum nequitia presumptuosius uti non vereantur, in maximum Christiane fidei vilipendium, animarum quoque periculum pariter et iacturam. Nos, ut Iudei et Sarraceni predicti ac illorum fautores impii Christiani, penarum impositionibus territi, vereantur in antea in eorum perniciosos ausus relabi, et Christifideles in sua persistentes fidelitate constanter non habeant propter illorum claudicare perfidiam, remediis quibus possumus, prout ex debito pastoralis officii tenemur precavere cupientes ad orthodoxe fidei Catholice corroborationem et exaltationem, presentis perpetuo valiture et irrefragabiliter observande constitutionis edicto, auctoritate apostolica, omnia et singula constitutiones, decreta et decretales epistulas predicta, quorum omnium tenores de verbo ad verbum presentibus haberi volumus pro insertis, innovamus; necnon sancimus, statuimus et ordinamus, quod deinceps perpetuis futuris temporibus Christiani cum Iudeis et Sarracenis comedere aut bibere, seu ipsos ad convivia admittere, vel eis cohabitare, aut cum ipsis balneare, vel ab eis infirmitatis aut debilitatis, seu alio quocunque tempore medicinam vel potiones, seu vulnerum aut cicatricum curationes, sive aliquod medele genus recipere non debeant; ac Christiani non permittant Iudeos et Sarracenos contra Christianos dignitatibus secularibus prefici vel officia publica exercere. Iudei quoque et Sarraceni non possint esse arrendatores, collectores, conductores, seu locatores fructuum, bonorum vel rerum Christianorum, seu eorum computatores, procuratores, yconomi, negociorum gestores, negociatores, mediatores, personete[!], concordatores sponsalium vel matrimoniorum tractatores, obstetrices, seu in domibus aut bonis Christianorum aliquod opus exercere, vel cum Christianis societatem, officium aut administrationem in aliqua communione, vel arte, seu artificio habere; ac nullus Christianus Iudeis, vel eorum congregationi, seu Sarracenis, in testamento aut voluntate ultima aliquid relinquere possit vel legare. Iudei quoque sinagogas novas erigere, aut construi facere non valeant, sed antiquas dumtaxat, non tamen ampliores vel preciosiores solito, reficiant; et in Lamentationum ac Dominice Passionis diebus, per loca publica seu publice non transeant vel incedant, nec hostia vel fenestras teneant apertas; et ipsi ac Sarraceni ad solvendum quascunque de quibusvis rebus et bonis decimas astricti censeantur; et contra eos in quibusvis casibus Christiani testes esse possint, sed Iudeorum contra

Christianos in nullo casu testimonium valeat; et apud Christianos iudices et communes dumtaxat, non autem apud Christianos iudices pro eis specialiter deputatos, seu eorum seniores Iudei et Sarraceni in quibuscunque causis agant et experiantur; nec possint Iudei et Sarraceni nutricem vel familiarem aut servitorem cuiuscunque sexus Christianum in domo tenere; nec etiam Christiani in Sabbatis, seu Iudeorum festivitatibus, Iudeis ipsis ignem accendant, vel cibum, aut panem, seu quodcunque aliud opus servile ad decorem cultus festivitatis eiusdem quomodolibet exhibeant, vel servicium aut obsequium aliquod prestent vel impendant. Seculares quoque iudices Christiani, Iudeos Deum aut gloriosissimam beatam Mariam Virginem eius genitricem vel aliquos sanctos blasfemantes, aut in hoc quomodolibet delinquentes, pecuniaria, vel alia graviori, de qua eis videbitur pena puniant et percellant; necnon omnes et singuli Iudei et Sarraceni, cuiuscunque sexus et etatis, distinctum habitum ac notoria signa, per que evidenter a Christianis cognosci possint, ubique deferant, et inter Christianos non habitent, sed infra certum circulum seu locum, a Christianis segregati et separati, extra quem nullatenus mansiones habere valeant, inter se degant; a Christianis quoque usuras minime exigant, recipiant vel extorqueant, necnon extorta[!] a Christianis per usurariam pravitatem illis, a quibus extorxerunt sine difficultate protinus restituant; et insuper, ut tam Christifideles quam Iudei et Sarraceni in prefatis regnis et dominiis commorantes, predicti, presentes et posteri, ad decretorum et decretalium epistularum, ac predictarum et presentis nostre constitutionum huiusmodi observationem omnimodam noverint efficaciter se teneri, nec vigore seu pretextu quorumvis privilegiorum, exemptionum, libertatum, immunitatum, concessionum et indultorum eis quomodolibet concessorum, ab observatione predicta valeant aliquatenus se tueri, omnia et singula privilegia, exemptiones, libertates, immunitates, concessiones et indulta, per nos ac felicis recordationis Martinum papam V, ceterosque predecessores nostros Romanos pontifices, ac alios quoscunque quibusvis Christifidelibus ac eisdem Iudeis et Sarracenis in specie vel in genere, sub quibuslibet verborum formis, etiam motu proprio, et sub quacunque forma vel expressione verborum contra premissa vel eorum aliquod quomodolibet facta vel concessa, que omnia similiter presentibus, ac si de verbo ad verbum inserta forent, pro sufficienter expressis haberi volumus, necnon quecunque inde secuta, eadem auctoritate cassamus, revocamus et annullamus ac nullius decernimus existere roboris vel momenti. Preterea dictum regem ac universos et singulos venerabiles fratres nostros archiepiscopos et episcopos, et dilectos filios principes, dominos temporales, capitaneos, armigeros, barones, milites, nobiles, communitates et ceteros quoscunque Christifideles, ecclesiasticos et seculares, in prefatis regnis ac dominiis commorantes, cuiuscunque status, gradus, vel conditionis fuerint, obsecramus in Domino, et per aspersionem sanguinis Domini nostri Ihesu Christi exhortamur, eisque in remissionem suorum peccaminum iniungimus, ut et ipsi decreta, decretales epistolas et constitutiones predicta observent, et per eorum tam Christianos quam Iudeos et Sarracenos subditos faciant inviolabiliter observari; et nihilominus eisdem utriusque sexus Christifidelibus, ac Iudeis et Sarracenis prefatis, presentibus et futuris, precipimus et mandamus, quatenus infra triginta dierum spatium a die publicationis presentium in loco in quo ipsi degunt faciende computandorum, omnia et singula decreta, decretales epistolas, constitutiones predicta, ac in illis et presentis nostre constitutionis litteris contenta, observare incipiant et observent, nec de cetero ullo umquam tempore contra premissa vel aliquod premissorum in toto vel in parte, per se vel alium seu alios, quovis quesito colore, directe vel indirecte, venire, facere seu aliquid actemptare audeant vel presumant; alioquin, elapsis diebus eisdem, in illos ex eis, qui nostris mandato, precepto et litteris huiusmodi non paruerint cum effectu, si Christiani cuiuscunque status, gradus, vel conditionis existant, etiam si regali, reginali, patriarcali, archiepiscopali et episcopali, aut alia quavis ecclesiastica seu mundana dignitate prefulgeant, ex nunc prout ex tunc, excommunicationis, si vero Iudei vel Sarraceni fuerint, privationis seu amissionis omnium bonorum suorum mobilium et immobilium, que quidem bona vel eorum precium per episcopos locorum in quibus bona huiusmodi consistunt, in fabrice cathedralium et aliarum ecclesiarum ac piorum locorum utilitatem, prout eisdem episcopis visum fuerit, converti et exponi volumus, sententias, quas eo ipso incurrant, harum serie, auctoritate predicta proferimus et promulgamus; non obstantibus felicis recordationis Gregorii pape VIIII predecessoris nostri, que incipit: "Ex speciali", et aliis apostolicis constitutionibus, ceterisque contrariis quibuscunque. Verum, quia difficile foret huiusmodi nostras litteras ad singula loca deferre, volumus et eadem auctoritate apostolica decernimus, quod ipsarum transsumpto manu publica et sigillo alicuius episcopalis vel superioris ecclesiastice curie munito, tanquam prefatis nostris si originales exhiberentur litteris, plena fides in iudicio et extra adhibeatur, et perinde stetur, ac si dicte originales littere forent exhibite vel ostense. Nulli ergo etc. ... Si quis autem etc. Dat. Florentie, anno Incarnationis Dominice millesimo quadringentesimo quadragesimo secundo, sexto Idus Augusti, pontificatus nostri anno duodecimo.

Source: ASV, Reg. Vat. 361, fols. 8r–10r.

Publication: *Bullarium Romanum* 5, pp. 67f.; Raynaldus, *Annales Ecclesiastici*, a. 1442, § 15.

Note: See Docs. **733, 745.** Part of the text is washed away, and has been completed from Raynaldus.

Bibliography: Baer, *Spanien* 2, pp. 312f.; Bardinet, *Condition*, p. 7; Baron,

Social and Religious History 9, pp. 34, 69, 256, 261; Beltran de Heredia, *Bulas de Nicolas V*, pp. 23f.; Erler, *Historisch-kritische Übersicht* 7, pp. 22f.; Grayzel, *Sicut Judeis*, p. 273; Kaufmann, *Correspondance*, p. 250; Lenfant, *Hussites* 2, p. 136; Léon Tello, *Toledo* 1, pp. 207, 458f.; 2, p. 244; Rodocanachi, *Saint-Siège*, pp. 38, 162, 166, 170, 173, 323; Simonsohn, *Kirchliche Judengesetzgebung*, p. 48; Synan, *Popes*, pp. 136f.; Vogelstein-Rieger, *Rom* 2, pp. 11f.; Weil, *Elie Lévita*, p. 174.

741   Florence, 8 August 1442

Mandate to prelates and clergy of Castile and Leon to implement the Bull *Super gregem Dominicum*. (prev. doc.).

Eugenius etc. venerabilibus fratribus, universis archiepiscopis et episcopis, ac dilectis filiis ecclesiasticis prelatis, necnon cathedralium ecclesiarum canonicis ubilibet per Castelle et Legionis regna constitutis, salutem etc. Hodie nostre emanarunt littere tenoris subsequentis: "Eugenius etc. Ad perpetuam rei memoriam. Super gregem Dominicum" ut supra, de verbo ad verbum, et post dat. sequitur: Cupientes igitur, ut dicte littere debitum quantocius sortiantur effectum, et per illas predicte fidei ac animarum saluti salubriter consulatur, discretioni vestre per apostolica scripta mandamus, quatenus vos, vel quilibet vestrum, per vos, vel alium, seu alios, quotiens vobis pro ipsius fidei incremento expedire visum fuerit, litteras nostras predictas Christianis et Iudeis ac Sarracenis prefatis, auctoritate nostra solemniter publicantes, omnes et singulos, cuiuscunque status, gradus, vel conditionis fuerint, et quacumque seculari vel ecclesiastica, etiam si regali, reginali, patriarchali, archiepiscopali et episcopali dignitate prefulgeant, qui per se, vel alium seu alios, quovis quesito colore, directe vel indirecte, contra decreta, decretales epistulas et constitutiones predicta, ac in illis et nostre constitutionis litteris prefatis contenta, aut aliqua eorum in toto vel in parte venire, facere, aut aliquid actemptare presumpserint, si Christiani, in ecclesiis et aliis locis tandiu excommunicatos publice nuncietis, et ab aliis nunciare faciatis, ac ab omnibus artius evitari, donec et quousque dicti Christiani presumptores a presumptione huiusmodi cessaverint et eidem fidei pro dicta presumptione integre satisfecerint; si vero Iudei, vel Sarraceni fuerint, ad tradendum et assignandum realiter et cum effectu episcopis locorum predictis eorum bona mobilia et immobilia, quorum privationis seu amissionis sententiam predictarum licterarum vigore incurrerint, in utilitatem prefatam convertenda, iuxta earundem litterarum tenorem, per substractionem communionis fidelium et alia iuris remedia compellatis; facientes, ordinantes et exequentes omnia alia et singula, que in premissis et circa ea necessaria fuerint, seu etiam quomodolibet oportuna; et insuper, legitimis super hiis et etiam in dictis litteris contentis, si expedierit per vos habendis, servatis processibus, eos, quotiens expedierit, aggravare et reaggravare curetis; contradictores per censuram ecclesiasticam, appellatione postposita, compescendo; invocato ad hoc, si opus fuerit, auxilio brachii secularis; non obstantibus... Dat. Florentie, anno Incarnationis Dominice millesimo quadringentesimo quadragesimo secundo, sexto Idus Augusti, pontificatus nostri anno duodecimo.

Source: ASV, Reg. Vat. 361, fol. 10r-v.

Note: See preceding doc. The Bull is called *"Super gregem Dominicum"* and not *"udum ad nostram audientiam"*, as printed in Raynaldus, *Annales Ecclesiastici*, a. 1442, § 15, and quoted by Rodocanachi et al.

Bibliography: Grayzel, *Sicut Judeis*, p. 273; Simonsohn, *Kirchliche Judengesetzgebung*, p. 50; Vogelstein-Rieger, *Rom* 2, pp. 11f.

742   Siena, 22 March 1443

Confirmation to the prior and convent of St. Dominicus, of the Dominican Order, in Villalón, in the diocese of Leon, of the endowment made them by the late Infante Ferdinand, son of King John I of Castile, and by Leonor, his wife, including the poll tax of the Jews in that locality. The endowment was made in 1401; the text is attached, and contains extensive rights and revenues.

Eugenius etc. Ad futuram rei memoriam. Sedis apostolice copiosa benignitas piis quarumlibet sub regulari castimonia Domino militantium personarum votis libenter annuit, et illis, que pro divini cultus ac religionis augmento, necnon ipsarum et illarum locorum piorum statu ac indemnitate processisse comperit, ut illibata persistant, libenter apostolici adiicit muniminis firmitatem. Sane, pro parte dilectorum filiorum prioris et conventus domus Sancti Dominici, ville de Villalon, ordinis Fratrum Predicatorum, Legionensis diocesis, nobis nuper exhibita petitio continebat, quod olim quondam Fernandus infans, clare memorie Iohannis, Castelle, Legionis et Portugalie regnorum regis, natus, et Leonor, ipsius Fernandi uxor, cupientes terrena in celestia ac transitoria in eterna felici commercio commutare, pro suarum necnon ipsorum progenitorum animarum salute, alcacoren [*sic*] et palatia in villa huiusmodi consistentia et ad ipsos Fernandum et Le[o]norem legitime spectancia, cum via, sive calle et currali inter alcacorem[!] et palatia predicta

consistentibus, ac cum spacio, ronda murorum predicte ville nuncupato, pro
fundanda inibi quadam domo fratrum dicti ordinis primo, et successive,
postquam domus huiusmodi fundata extitit de novo alcacorem[!] et palatia
prefata, necnon, ut prior et fratres in eadem domo pro tempore degentes in
antea commode sustentari possent, nonnulla tunc expressa bona, iura et
annuos redditus ad ipsos Fernandum et Le[o]norem similiter legitime
pertinentia, dilectis filiis fratribus dicti ordinis, sub certis modo et forma,
perpetuo donarunt, concesserunt et assignarunt; ac fratres dicti ordinis
huiusmodi donationem et concessionem recipientes, certas missas singulis
diebus et alia divina officia pro salute infantis et infantisse, ac aliorum in dictis
litteris enarratorum, in eadem domo dicere et celebrare decreverunt, prout in
eorum Fernandi et Leonoris litteris ipsorum sigillo munitis, quarum tenores
de vulgari ydiomate Hispanico in Latinum transferri et in cancellaria
apostolica inspici ac examinari diligenter, necnon de verbo ad verbum
presentibus inseri fecimus, plenius continetur. Quare pro parte dictorum
prioris et conventus asserentium quod donatio, concessio et assignatio predicte
per carissimos in Christo filios nostros Iohannem, ipsorum Fernandi et
Leonoris natum, Navarre, tunc Aragonum et Sicilie infantem, et Iohannem,
Castelle et Legionis, reges illustres, ac dilectum filium Fredericum, comitem
de Luna, tunc predicte ville possessorem, successive confirmate fuerunt, nobis
fuit humiliter supplicatum, ut donationibus, concessionibus et assignationibus,
necnon decreta[!] et statuta[!] missarum et officiorum celebrandorum
predictis, pro eorum subsistentia firmiori, robur apostolice confirmationis
adiicere, de benignitate apostolica dignaremur. Nos igitur, huiusmodi
supplicationibus inclinati, donaciones, concessiones et assignationes ac decreta
et statuta supradicta, ac omnia et singula inde secuta rata habentes et grata,
eadem auctoritate apostolica, tenore presentium approbamus et confirmamus,
supplendo omnes defectus, si qui forsan intervenerint in eisdem, parrochialium
ecclesiarum tamen et aliorum quorumlibet in omnibus iure semper salvo.
Tenor vero litterarum predictarum sequitur et est talis: "In nomine Dei Patris,
Filii et Spiritus Sancti, trium in uno solo Deo vivo et vero, qui vivit et regnat in
secula seculorum existentium personarum, ac beate et gloriosissime Virginis
Marie, eius genitricis, quam in omnibus factis nostris habemus in dominam et
advocatam, ad omnium quoque celestis curie sanctorum honorem et
obsequium. Quoniam universa a Deo super faciem terre creata hoc in seculo,
ipsius Dei ordinatione, finem quo ad humanitatem recipiunt et quilibet in
huius vita suum habet certum cursum, nichilque aliud fine carens restat, nisi
solus ille Deus, qui sine principio et sine fine permanet in eternum, quique,
sicut eternus sit, et suum voluit esse regnum sempiternum, quia etiam ceterum
hac presertim vita permanentes reges et principes ac domini ipsi Deo
immensas, quas ab eo recipiunt gratias et dona recognoscendo, illius non
immemores debent esse regni in quo de sibi a Deo in hoc seculo commissis, pro
quibus eius amore opera misericordie faciendo, ecclesias et monasteria ubi

sanctissimo nomini divino servicia et laudes offeruntur edificando, et ipsarum ecclesiarum sive monasteriorum servitoribus pias elemosinas ex quibus vitam suam ducere valeant erogando, rationem reddere tenentur; ea propter nos infans Fernandus, dominus de Lara, dux de Penafiel, comes de Alburquerque et de Maiorga ac dominus etiam de Haro, necnon altissimi et potentissimi domini, domini Iohannis, divina gratia Castelle, Legionis et Portugalie regis ac illustrissime domine Leonoris regine, eius consortis, filius, et infantissa domina Leonor, eius infantis Fernandi coniux, comitissa de Alburquerque, necnon comitis domini Sancii et infantisse Portugalie, domine Beatricis, quorum animabus Altissimus veniam dignetur impartiri, filia, per hanc nostram privilegii litteram omnes, tam presentes quam futuros, volumus non ignorare homines, quod nos summo Deo nostro omnipotenti Domino pro universis beneficiis et gratiis singularibus ab eo per nos receptis et que recipere speramus, regratiari volentes, ac, ut exnunc im perpetuum illi laudes et obsequia prestentur, devota cum intentione desiderantes, eiusdem privilegii littere nostre per tenorem concedimus et cognoscimus, quod proposuimus proponimusque unum conventualem ordinis Predicatorum ad Dei servicium et beati Dominici confessoris honorem et reverentiam edificare et ordinare monasterium, et pro ipsius monasterii fundacione et edificatione, alcacerem nostrum et palatia que nos in villa nostra de Villalon tenebamus, sicuti cum via, sive calle, aut currali inter dictum alcacerem et palatia predicta existentibus, et cum spatio, ronda murorum dicte ville nuncupato, continetur, prefato ordini Fratrum Predicatorum pro territorio et pro inibi huiusmodi edificando et fundando monasterio tunc fecimus prout nunc facimus donationem, super quo ego prefatus infans, meis litteris consilio, sive populo, pretoribus, officialibus ac probis hominibus dicte nostre ville de Villalon mandavi, ut fratri Alfonso de Valleoleti dicti[!], in sacra theologia magistro, eiusdem ordinis nomine et pro eo alcacerem et palatia predicta restituerent et assignarent ad hoc, quod ipse frater Alfonsus dictum monasterium principiaret et fundaret; dictusque frater Alfonsus, dicti ordinis nomine, dicti alcaceris et palatiorum predictorum tenentiam et possessionem recepit, et tum propter commissionem per nos ei desuper factam, tum etiam propter Dei servitium, suam diligentiam in dicti monasterii fundacione apponere curavit taliter, quod de presenti monasterium ipsum iam constructum et in eo prior et fratres conventuales dicti ordinis Predicatorum, auctoritate provincialis dicti ordinis instituti existunt. Nos autem, infans et infantissa prenominati, ambo insimul, per hanc nostram privilegii litteram, ex nunc et imperpetuum donationem predictam per nos de alcacere et palatiis predictis, prout cum via, sive calle et cum intermedio currali ac spatio, ronda murorum nuncupato, predictis continetur, factam, firmam habemus et valituram, et eam denuo ratificantes, prefatis priori et conventui dicti monasterii Sancti Dominici, prefate nostre ville de Villalon, presentibus et futuris, nomine dicti ordinis, alcacerem et palacia predicta cum via, sive calle, currali et spacio, ronda murorum nuncupato, huiusmodi omnia in alto et basso, cum omnibus introitibus, exitibus et pertinentiis suis, eisdem alcaceri et palatiis nobisque et nostrorum cuilibet quomodolibet pertinentibus et pertinere debentibus, de novo damus et concedimus, ac alcacerem et palatia predicta eorumque tenentiam et possessionem vel quasi a nobis ex tunc et ex nunc separamus, illaque in dictos priorem et conventum dicti monasterii Sancti Dominici, dicte nostre ville de Villalon, nomine dicti ordinis et pro eo transferrimus. Et insuper, ut prior et conventus dicti monasterii Sancti Dominici, dicte nostre ville de Villalon, commodius nunc et in antea sustentari valeant, ac demum pro dictorum dominorum Iohannis regis et Leonoris regine, ac comitis Sancii et infantisse domine Beatricis defunctorum animabus, quibus ipse Deus veniam elargiri dignetur, necnon pro domini nostri, domini Enrici regis, mei dicti infantis fratris carnalis, quem Altissimus longis et optimis temporibus sustineat salute nostraque et filiorum nostrorum vita et salute exorare teneantur, nos, eisdem priori et conventui ampliorem gratiam et elemosinam facere volentes, sibi pro eorum provisione et sustentatione, eas, que domini appellantur hereditates cum stancho nuncupate, prout una cum dictis palaciis in quibus dictum monasterium fundatum existit, et ad reńdam in dicta villa dari solebant, necnon omnes redditus fororum dicte nostre ville de Villalon nuncupatos, et ipsius ville nostre martinegam, que anno quolibet mille centum et quinquaginta morabitinos valere consuevit, ac prandium forero nuncupatum dicte nostre ville, quod valet annis singulis sexcentos morabitinos, caput quoque tributi dicte nostre ville de Villalon in quo solvuntur anno quolibet mille ducenti morabetini, pura, perpetua et irrevocabili inter vivos donatione concedimus et assignamus; que omnia supradicta hereditates, stanchum, forum, martinegam, prandium et caput tributi Iudeorum tantum sicut premittitur valere consueta, prout nos ea habebamus et habemus, proutque nobis pertinuerunt et pertinent, volumus a nobis liberisque nostris, nostrisque redditibus, foris, tributis ac iuribus separari et amoveri, prout nos ea separamus et amovemus, illaque in prefatos priorem et conventum dicti monasterii dicte nostre ville, nomine dicti ordinis transferri, prout nos illa transferrimus ad hoc, ut prior et conventus ipsi, illa, personis quibus eis visum fuerit, arrendent, colligant et recuperent, et ea in eorum usus et utilitatem annis singulis pro eorundem prioris, fratrum et conventus dicti monasterii de Villalon, tam presentium quam futurorum sustentacione convertant, et singulis cuiuslibet anni mensibus anniversaria, veluti in aliis dicti ordinis Predicatorum conventibus et monasteriis, pro eorum, qui illis elemosinas erogant, vita, salute et animabus fieri consuevit et consuescit, perpetuo faciant; prefatosque priorem et conventum dicti monasterii Sancti Dominici, dicte nostre ville de Villalon, tam presentes quam futuros, rogamus, ut dicta anniversaria prout ad eos pertinet facere procurent, super quo eorum conscientias oneramus. Et insuper, per hanc nostri privilegii litteram ex nunc ab hereditatibus cum dicto stancho ac dictorum fororum redditibus, martinega, prandio et capite tributi Iudeorum predictis, que nos in dicta nostra villa de Villalon habemus, et que nuncusque nobis pertinent et quomodolibet pertinebant, et ab eorum et cuiuslibet eorum tenentia et possessione recedimus, et a nobis separamus, necnon illa prefatis priori et conventui dicti monasterii de Villalon dimittimus et transferrimus in eosdem, ut illi ea ex nunc in antea pro eorundem conventus provisione et sustentatione, ut premittitur, habeant; cum hoc tamen, quod prior et conventus ipsi ea alienare seu in aliam partem transmutare non possint, sed illa omnimode pro provisione et sustentacione predictis, ut prefertur, remaneant; prefatis etiam priori et conventui dicti monasterii nostre ville de Villalon predicte, per hanc nostram litteram damus et concedimus potestatem de manu eorum, sive auctoritate sua, si voluerint sibique opus esse videbitur, ponendi receptorem, arrendatorem, collectorem, depositarium, aut vilicum, sive maiordomum, de quibus magis expediens visum erit, qui pro dicto conventu dicte nostre ville, omnia que ex dictarum hereditatum stanchi, fororum, martinegue, prandii et capitis tributi Iudeorum, prout anno quolibet colligi et arrendari solent, redditibus et proventibus, sicut voluerint et utilius esse conspexerint, arrendent, colligant et recuperent. Super hiis quoque computatoribus sive officialibus nostris et eorum cuilibet mandamus, ut de libris nostris reddituum, tributorum et iurium nostrorum, redditus dictarum hereditatum cum stancho prefato, necnon fores[!], martinegam, prandium et caput tributi Iudeorum predicta deleant sive amoveant, seque ea ad rendam dare, colligere aut petere, seu alicui ex nostris vasallis, vel persone alteri in redditibus et iuribus ipsis solucionem consignare, nullatenus intromittant, ex quo illa prefatis priori et conventui dicti monasterii Sancti Dominici, dicte ville nostre de Villalon, ex nunc imperpetuum pro dictis provisione et sustentatione, ut predicitur, concedimus et in eos illa transferrimus. Mandamus insuper prefatis concilio, pretoribus, rectoribus et probis hominibus et quibuscumque aliis officialibus, necnon populo Iudeorum dicte nostre ville et eorum cuilibet, tam presentibus quam futuris, quibus et eorum singulis, huiusmodi nostra privilegii littera, seu eius transumptum, manu notarii publici signatum, presentatum fuerit, quatenus prefatis priori et conventui dicti monasterii, dicte nostre ville de Villalon, seu eorum receptori, cum hereditatum et stanchi redditibus, foris, martinegua[!] et capite tributi predictis, a prima die mensis Ianuarii proxime sequentis anni millesimi quadringentesimi secundi in antea, singulis annis nostris et successorum nostrorum, absque alia desuper requisita liberatione, sive alio requisito mandato, terminis et modo quibus retroactis temporibus hactenus thesaurariis et receptoribus nostris, qui nuncusque fuerunt, solvere consueverunt et solverunt plenarie et integre, taliter quod nichil eis inde deficiat, respondeant et responderi faciant. Quodque, si forte valorem dicti capitis tributi Iudeorum dicte nostre ville diminui, aut populum dictorum Iudeorum inibi penitus deficere contingeret, et propter ea prior et conventus dicti monasterii dicte nostre ville prefatos mille ducentos morabetinos seu partem eorum ex capite tributi prenominato recuperare non possent, volumus, consentimus et concedimus, nos nostrosque imposterum heredes et successores, qui post nos in dicta nostra villa de Villalon iure hereditario succedere aut eam alias habere debuerint, ad eorum in aliis nostris seu dictorum heredum et successorum nostrorum hic non nominatis redditibus, tributis et iuribus faciendam teneri emendacionem, ita et taliter, quod prefati prior et conventus dictos mille ducentos morabetinos ex dicto capite Iudeorum integraliter percipiant. Et ut prefati prior et conventus dicte nostre ville de huiusmodi donacione reddantur certiores et securiores, quia ego, prefatus dominus infans, sum dominus et maior quatuordecim et minor viginti quinque annis, idcirco ambo et nostrum quilibet, Deum beatamque Virginem Mariam et ad sacra Dei Evangelia, per nos nostris manibus corporaliter tacta, iuramus hanc dictam a nobis dictis priori et conventui de premissis omnibus et singulis factam donacionem et elemosinam nunc et in posterum firmam et stabilem habere et habituros esse, eamque sic tenebimus, observabimus et adimplebimus et contra eam in toto seu in parte, per nos aut heredes nostros nullo umquam tempore ibimus neque veniemus, neque ipsi veniant, minusque litem seu controversiam aliquam movebimus seu ipsi movebunt contra eandem. Verum, quia ego dominus infans supradictus huius per nos facte donacionis tempore viginti quinque minor et quatuordecim annis maior huiusmodi existo, sumque certificatus, [tamquam] eos qui viginti quinque annis minores sunt, cum eos damnificari contingit, posse restitutionem petere, idcirco talismodi in integrum contra dictam donacionem et elemosinam ob defectum etatis predicte seu quomodolibet volo me non posse petere restitucionem; rogamus insuper per hanc nostram litteram et petimus prefatos nostros heredes et successores, qui post nos seu quemlibet nostrum predictam nostram villam de Villalon iure hereditatis habere debuerint, quatenus hanc dictam per nos prefatis priori et conventui dicti monasterii, dicte nostre ville de Villalon, de premissis omnibus et singulis factam donacionem eis teneant et observent, et contra eam, in toto vel in parte, sub pena nostre maledictionis nullatenus vadant seu faciant, neque ab aliis contrairi seu contrafieri permittant. Et insuper, si forte nostrum quilibet aut heredes et successores nostros, qui post nos et quemlibet nostrum dictam nostram villam de Villalon hereditario iure habere debuerint, contra huiusmodi donacionem seu partem illius in aliquo premissorum ire seu facere, aut controversiam movere velle contigerit, reverendum patrem dominum pro tempore episcopum Legionensem, seu eius iudices quoslibet, et vicarios, quibus hec nostra privilegii littera aut illius, ut predicitur, signatum transumptum presentabitur, rogamus, quatenus nos et nostrum quemlibet prefatosque heredes et successores nostros in dicta nostra villa post nos et quemlibet nostrum quomodolibet succedere debentes, per omnem ecclesiasticam censuram, premissa, prout melius et plenius in hac nostra littera continentur, sic tenere, adimplere et observare faciant. Nosque prior et conventus monasterii predicti concedimus et cognoscimus quod recipimus pro nobis et successoribus nostris, priore et conventu qui pro tempore fuerint, dictam donacionem, gratiam et elemosinam. Ceterum, quoniam elemosinam recipientes, Deum pro eorum a quibus illa sic recipiunt vita, salute et animabus exorare tenentur, propterea nos, qui elemosinam predictam a vobis infante et infantissa predictis, dictum monasterium fundantibus et edificantibus, dictamque gratiam et elemosinam nobis facientibus recipimus, considerantes quod ordo, monasterium, prior et conventus dicti monasterii Sancti Dominici prefati vobis dictis dominis propterea obligantur, utque Dominus noster Ihesus Christus vobis pro beneficiis predictis bonum dignetur retribuere premium, constituimus et ordinamus, quod nos prior et conventus supradicti, qui de presenti sumus, et qui in futurum in monasterio erunt in eodem, singulis diebus, in aurora cuiuslibet diei, unam pro dictis dominis Iohanne rege et Leonore regina, nostri domini infantis progenitoribus, et pro vobis dominis infante et infantissa, vestrisque filiis, heredibus et successoribus in dicta villa de Villalon succedere et eam habere debentibus, missam perpetuo decantari, singulisque annis tria trentennaria et duodecim anniversaria cum vigilia et missa de Requiem et in sanctissime Vigilie et misse responsoriis decantatis celebrari faciamus et faciant; et similiter, quod nos prior et conventus supradicti, presentes et futuri, singulis diebus in missa maiori unum responsum decantare et commemoraciones huiusmodi in kalendario nostro ad perpetuam memoriam ponere debeamus. Nos enim, infans et infantissa coniuges supradicti, dictam donacionem ex nunc imperpetuum firmam, stabilem et valituram habentes, hanc nostram privilegii litteram, nostris nominibus roboratam sigillisque nostris munitam, vobis inde dari mandamus. Dat. in villa nostra de Medina del Campo, die quartadecima mensis Decembris, anno a Nativitate Salvatoris nostri Ihesu Christi millesimo quadringentesimo primo. Ego infans. Ego infantissa. Et ego Petrus Garsie, dicti domini infantis scriba, de eius et dicte infantisse mandato illam scribi feci. Registrata, Valascus Fernandi. Petrus Alfonsi." Nulli ergo etc. nostre approbationis, confirmationis et suppletionis infringere etc. Si quis etc. Dat. Senis, anno Incarnationis Dominice millesimo quadringentesimo quadragesimo secundo, undecimo Kalendas Aprilis, anno tercio decimo.

Source: ASV, Reg. Lat. 400, fols. 62v–65v.

Note: On the Jews in Villalón, see Rodriguez-Fernandez, *Juderías de la Provincia de León*, passim.

743*   Siena, 25 May 1443

Safe-conduct, valid until further notice, to Dattulus Angeli, a Jew of Corneto in Volterra, to travel to Siena and the papal court there and throughout the papal dominions. During that time he is to be immune from all injury or impediment, including criminal prosecution, except for those crimes for which he has already been condemned.

Universis etc. Galeazius de Mantua, apostolice sedis prothonotarius, reverendissimi etc. locumtenens, salutem etc. universitati etc. quod nos, de mandato etc. ac auctoritate etc. tenore presentium damus et concedimus plenam securitatem ac tutum et liberum salvum conductum Dattilo Angeli, Ebreo de Corneto, Vulterris commoranti, veniendi ad hanc civitatem Senarum et Romanam curiam tute, libere et secure cum omnibus et singulis rebus, bonis, personis et pecuniis suis ad sese de iure defendendum contra omnes et singulos volentes eundem Dattilum super aliquo crimine accusare vel denunptiare, ibique standi, morandi et pernottandi, indeque recedendi et quo maluerit remeandi, eques vel pedes, ac per quascumque civitates, terras, castra, villas, pontes, portus, passus et alia loca quecumque sanctissimo domino nostro pape et Sancte Romane Ecclesie subiecta transeundi die nottuque, ac ibi permanendi et pernottandi, et inde recedendi, et quo sibi placuerit redeundi tute, libere et secure, semel et pluries, ad omnem ipsius Dattili libitum et voluntatem, absque iniuria, lesione, molestia, offensa vel impedimento, reali vel personali, eidem Dattilo quomodolibet inferendis; culpis, maleficiis, excessibus, criminibus vel delictis per ipsum Dattilum commissis et perpetratis, exceptis illis de quibus legitime condempnatus fuerit, aliisque in contrarium editis vel facientibus non obstantibus quibuscumque; presentibus nostro durante beneplacito tantummodo valituris. Dat. Senis, sub sigilli dicti camerariatus officii quo utimur impressione. Anno a Nativitate Domini MCCCC°XLIII°, indictione sexta, die Sabati, XXVᵃ mensis Maii, pontificatus etc. anno XIII°.

Source: ASV, Arm. XXIX, vol. 20, fol. 217v.

Note: Galeazius is probably Galeazzo Cavriani, later bishop of Mantua.

744   Siena, 6 June 1443

Mandate to Avinio Nicolai, archbishop of Aix, the provost of the cathedral church in Avignon and the dean of St. Peter there to protect the Jewish community in Avignon against their creditors, in accordance with the confirmation of the arrangements made by Peter de Foix, cardinal bishop of Albano, papal legate and vicar general in Avignon and the Comtat Venaissin, for the payment of the debts of the Jewish community, the result of wars and other disasters.

Eugenius etc. venerabili fratri archiepiscopo Aquensi, et dilectis filiis preposito Maioris, ac decano Sancti Petri Avinionensis ecclesiarum, salutem etc. Hodie siquidem nostre emanarunt littere, quarum tenor de verbo ad verbum sequitur et est talis: "Eugenius episcopus, servus servorum Dei. Ad futuram rei memoriam. Licet Iudei in sua magis velint duricia perdurare quam prophetarum verba et illorum archana cognoscere ac ad Catholice fidei noticiam pervenire, dum sedis apostolice protectionem et Christiane pietatis mansuetudinem postulant, sedes ipsa nonnumquam illa, que in ipsorum Iudeorum favorem provide processisse comperit, ut illibata persistant, apostolico munimine roborat et confirmat, prout conspicit in Domino salubriter expedire. Sane, pro parte baillonorum, procuratorum et communitatis carerie Iudeorum civitatis nostre Avinionensis nobis nuper exhibita petitio continebat, quod dudum pro parte eorum venerabili fratri nostro Petro, episcopo Albanensi, etiam tunc in partibus illis sedis predicte legato ac in civitate prefata et nostro comitatu Venayssini vicario generali per nos specialiter deputato, inter alia exposito quod ipsi, causantibus guerris et nonnullis aliis tunc expressis sinnistris[!] eventibus partes Avinionen. olim affligentibus, plures et diversas pecuniarum summas ad quadraginta quinque milia florenorum monete Avinione currentis ascendentes, a triginta duabus personis tunc nominatim expressis, partim in terris nostris, et partim in regni Francie, Dalphinatus et provincie Provincie partibus tunc commorantibus, ac certo collegio, sub diversis modis, formis atque coloribus tunc expressis, mutuo acceperant, et propterea se ac bona eorum obligando, tam ecclesiasticarum quam secularium curiarum iudiciis submiserant, quodque ob non satisfactionem summarum predictarum multas vexationes in pluribus et diversis curiis, ac infinitas expensas substulerant, creditoribusque prefatis plures annuas pensiones ratione premissorum persolverant, propter que debita ad similes pecuniarum quantitates excreverant, et ipsi, paupertate depressi, satisfactionem quinte partis debitorum predictorum, etiam si bona eorum omnia vendita fuissent, facere non poterant, unde plerique ex Iudeis in dicta civitate commorantibus illam relinquere, et nonnulli alii eorum cessionem bonorum suorum facere coacti fuerant, idem tunc episcopus legatus et vicarius, calamitati atque miserie Iudeorum prefatorum compatiens, et ne propterea civitatem ipsam derelinquere cogerentur, ac etiam utilitati rei publice ipsorumque creditorum indempnitati consulere volens, postquam dilectus filius Bartholomeus de Branchatiis, domicellus Avinionensis, et nonnulli alii litterarum ac rerum periti viri, status salubris dicte civitatis zelatores, quibus ab episcopo etiam tunc legato et vicario prefato id per antea commissum extiterat, plures tractatus inter se ac cum Iudeis et creditoribus predictis super premissis fecerant, ac demum certos articulos in quibus inter alias summe seu quantitates pecuniarum debitarum, nominaque et cognomina creditorum predictorum singulariter descripta erant, ac quomodo et qualiter, quibusque temporibus, necnon pro quot et quanta tempora cuilibet ex creditoribus prefatis ac heredibus quorundam ex eis per eosdem Iudeos satisfactio in premissis fieri deberet, specialiter et expresse continebatur, eidem episcopo sub forma certorum avisamentorum realiter dederant atque tradiderant, convocatis tribus sindicis, ac doctoribus, et aliis ex notabilibus civibus dicte civitatis in copioso numero, matura super premissis omnibus deliberatione prehabita, quia repperit avisamenta et alia in articulis huiusmodi contenta equa, iusta et racioni consona fore, auctoritate suorum legationis et vicariatus huiusmodi, quod secundum formam et tenorem articulorum et avisamentorum prefatorum, ac iuxta quantitates seu summas in illis annotatas, et non aliter, neque alio modo, unicuique ex creditoribus prefatis satisfaceret, et quod aliter aut alio modo, racione premissorum, aliquis dictorum creditorum a communitate Iudeorum huiusmodi ac singularibus ex eis personis exigere non valeret, et nonnulla alia tunc expressa super premissis constituit, disposuit, ordinavit, precepit, mandavit, voluit, atque fecit, ipsos Iudeos ab omnibus et singulis obligationibus et promissionibus propterea per eos factis etiam absolvendo et liberando, prout in quibusdam dicti episcopi eius sigillo munitis litteris, quas in cancellaria apostolica diligenter examinari fecimus, plenius continetur. Quare pro parte baillonorum, procuratorum et communitatis Iudeorum predictorum, eciam asserentium, quod omnes et singuli creditores prefati, uno dumtaxat ex eis excepto, qui a Iudeis ipsis plus in pensionibus ipsis percepit quam eis dederit, gestis atque factis et ordinatis per episcopum huiusmodi concessisse noscuntur, nobis fuit humiliter supplicatum, ut constitutionibus, disposicionibus, statuti[s], voluntati, preceptis, mandatis, absolucioni, liberacioni et aliis per episcopum in premissis gestis et factis, ac in dictis articulis et litteris contentis et inde secutis, omnibus et singulis pro eorum subsistentia firmiori, robur apostolice confirmationis adiicere, de benignitate apostolica dignaremur. Nos igitur, huiusmodi supplicationibus inclinati, constitutiones, statuta, ordinationes, voluntates, precepta, mandata, absolucionem, liberationem, ac alia omnia et singula per episcopum gesta atque facta, et in articulis ac litteris contenta indeque secuta huiusmodi omnia et singula, auctoritate apostolica, ex certa sciencia confirmamus et approbamus ac presentis scripti patrocinio communimus, supplentes omnes defectus, si qui forsan intervenerint in eisdem. Non obstantibus ... Nulli ergo ... Si quis autem ... Dat. Senis, anno Incarnationis Dominice millesimo quadringentesimo quadragesimo tercio, octavo Idus Iunii, pontificatus nostri anno terciodecimo." Cupientes igitur, quod littere prefate et earum effectus inviolabiliter observentur, discretioni vestre per apostolica scripta mandamus, quatinus vos, vel duo, aut unus vestrum, per vos, vel alium, seu alios baillonis, procuratoribus et communitati Iudeorum huiusmodi super premissis efficacis defensionis auxilio assistentes, non permittatis eos vel eorum aliquem per ipsorum creditores predictos vel eorum aliquos contra episcopi Albanensis et nostrarum litterarum predictarum continentias atque formas quomodolibet impeti, seu aliqualiter molestari. Contradictores per censuram ecclesiasticam etc. ... Dat. Senis, anno Incarnationis Dominice millesimo quadringentesimo quadragesimo tercio, octavo Idus Iunii, anno tercio decimo.

Source: ASV, Reg. Lat. 402, fols. 47r–49v.

745   Siena, 19 June 1443

Revocation of Martin V's privileges to the Jews, because they favour them excessively. The Jews are to enjoy only those rights which common law and Canon Law prescribe.

Ad perpetuam rei memoriam. Apostolice sedis providentia circumspecta concessa per eam seu summos pontifices nonnumquam reformat, revocat, irritat et annullat, prout rerum, personarum et temporum qualitate pensata id in Domino conspicit salubriter expedire. Dudum siquidem felicis recordationis Martinus papa V predecessor noster, Iudeis utriusque sexus ubilibet constitutis privilegium concessit, tenoris subsequentis: "Martinus episcopus, servus servorum Dei etc." Cum autem huiusmodi indultum prefatis Iudeis ultra quam oporteat favere videatur, et ipsi sub eius occasione et velamine insolentiores contra Christianos verisimiliter reddi possent, quibus considerationibus memoratus predecessor noster inductus, privilegium ipsum, ut asseritur, revocavit, nos, predictis et aliis rationabilibus causis inducti, dictum privilegium cum omnibus inde secutis, ex certa scientia, apostolica auctoritate, tenore presencium revocamus, irritamus et annullamus, nulliusque fore et esse decernimus roboris vel momenti; volentes dictos Iudeos illis dumtaxat privilegiis et immunitatibus uti et gaudere, que illis a iure communi et sacris canonibus conceduntur; non obstantibus premissis litteris et in eis contentis ceterisque contrariis quibuscumque. Nulli etc. Dat. Senis, tercio decimo Kalendas Iulii, anno XIII, MºCCCCºXLIII.

Source: ASV, Reg. Vat. 367, fol. 157v.

Note: Reference is made, evidently, to Martin V's Bull of 20 February 1422 and its revocation on 1 February 1423. See above, Docs. **614, 620.**

746   Rome, 21 November 1443

Mandate, if the facts are established, to Innocent, bishop of Iesi, the abbot of
St. Maria de Molliis, in the diocese of Iesi, and Antonius Francisci, a canon in
Iesi, to compel Benedictus, a Jew in Iesi, to take lower interest and to refrain
from exacting compound interest.

Eugenius episcopus, servus servorum Dei, venerabili fratri — episcopo
Exiensi, et dilectis filiis abbati monasterii Sancte Marie de Molliis, Exiensis
diocesis, ac Antonio Francisci, canonico Exiensi, salutem et apostolicam
benedictionem. Iustis et honestis supplicum votis libenter annuimus, eaque
favoribus prosequimur oportunis. Cum itaque, sicut exhibita nobis nuper pro
parte dilectorum filiorum communitatis civitatis nostre Exiensis petitio
continebat, Benedictus, Iudeus, in dicta civitate moram trahens, nonnullis
pactis et conventionibus, inter cetera continentibus, quod prefatus Benedictus
inibi usuras ad rationem seu computum triginta pro quolibet centenario,
libere recipere et exigere posset, inter ipsos communitatem et Benedictum
habitis, initens, a quampluribus civibus aliisque ecclesiasticis et secularibus
personis in prefata civitate illiusque districtu commorantibus, non solum ad
rationem et computum huiusmodi, sed plerumque multo magis, et quod
inhumanius est, non tantum ex sorte usuras, sed etiam ex ipsis usuris alias
usuras exigere presumpserit ac presumat, et adeo eiusdem Benedicti in
exactione huiusmodi perfidia indies invalescat, quod in brevi civium et
personarum predictorum exhauriet facultates, pro parte eorundem
communitatis nobis fuit humiliter supplicatum, ut super his ipsorum et civium
ac personarum predictorum statui oportune providere, de benignitate
apostolica dignaremur. Nos igitur, eisdem civibus et personis, ne a dicto
Benedicto immaniter aggraventur, providere cupientes, huiusmodi supplicationibus inclinati, discrectioni vestre per apostolica scripta mandamus,
quatenus vos, vel duo, aut unus vestrum, si est ita, auctoritate nostra, prefatum
Benedictum vera sorte, necnon infrascripta moderata usurarum exactione
facientes esse contemptum[!], ipsi Benedicto subtractionis communionis
fidelium, necnon aliis formidabilioribus ac etiam pecuniariis, de quibus vobis
videbitur sententiis et penis, districte precipiendo mandetis, ne de cetero, quo
ad preterita, ultra duodecim, quo ad futura vero, ultra quindecim ad rationem
seu computum pro centenario, et ex vera sorte dumtaxat usuras, ex usuris
autem usuras aliquas nullatenus recipere vel exigere presumat. Alioquin, si
dictus Benedictus de preteritis ultra duodecim, aut de futuris ultra quindecim
ad rationem seu computum pro centenario, ut prefertur, exegerit, contra
prefatum Benedictum eadem auctoritate nostra procedentes, summarie,
simpliciter, de plano, sine strepitu et figura iudicii, vocatis dicto Benedicto et
aliis qui fuerint evocandi, inquiratis diligentius veritatem; et si ipsum
Benedictum in premissis vel aliquo premissorum reppereritis fore culpabilem,

eundem Benedictum penas in dicto per vos ei faciendo monitorio contentas incurrisse declaretis, ac huiusmodi et aliis penis, prout discretioni vestre, attento illius excessu, convenire videbitur, sic puniatis, ut idem Benedictus huiusmodi penis territus, similia in posterum perpetrare non presumat; contradictores, quos etiam super his per vos habendis servatis processibus, quotiens opus fuerit, aggravare curabitis, per censuram ecclesiasticam et alia iuris remedia, appellatione postposita, compescendo; invocato ad hoc, si opus fuerit, auxilio brachii secularis. Non obstantibus, si dicto Benedicto vel quibusvis aliis Christianis et Iudeis ab apostolica sit sede indultum, quod propterea ad iudicium trahi, aut Christiani interdici, suspendi, vel excommunicari, dictus vero Benedictus et alii Iudei per subtractionem communionis fidelium cohiberi, seu alias quomodolibet puniri non possint per litteras apostolicas non facientes plenam et expressam ac de verbo ad verbum de indulto huiusmodi mentionem, et qualibet alia dicte sedis indulgentia generali vel speciali, cuiuscunque tenoris existat, per quam presentibus non expressam vel totaliter non insertam, vestre iurisdictionis explicatio in hac parte impediri valeat quomodolibet, vel differri, que quo ad hoc ipsis nolumus aliquatenus suffragari, ceterisque contrariis quibuscunque; nos enim, ex nunc predicta ac omnia et singula alia per singulares personas huiusmodi super his habita conventiones ac pacta, quorum omnium tenores de verbo ad verbum presentibus haberi volumus pro expressis, etiam si iuramento, confirmatione apostolica, vel quavis firmitate alia vallata sint, auctoritate apostolica, ex certa sciencia, tenore presentium revocamus, cassamus et an[n]ullamus, nulliusque roboris vel momenti fore, ipsosque communitatem et personas ad illorum necnon iuramentorum per eos forsitan desuper prestitorum observationem nullatenus teneri, decernimus et declaramus. Datum Rome, apud Sanctum Petrum, anno Incarnationis Dominice millesimo quadringentesimo quadragesimo tertio, undecimo Kalendas Decembris, pontificatus nostri anno tercio decimo.

Source: ASV, Reg. Vat. 361, fols. 261r–262r.

747   c. 1444

Concession to Nicolaus Iohannis de Laterna de Piperno, papal treasurer in Campania and the Maritime Provinces, of the estate left by the late Perna Angeli, a Jewess in Ferentino, the property having devolved to the treasury on Perna's death.

Donantur bona Iudee devoluta ad sedem apostolicam per mortem eius.

Iud. Sincere devotionis affectus, quem dilectus filius Nicolaus Iohannis de Laterna de Piperno, provinciarum nostrarum Campanie et Maritime thesaurarius, ad nos et Romanam gerit Ecclesiam, necnon vite ac morum decor alieque virtutes, quibus personam suam fidedignorum testimoniis iuvari percepimus, promerentur, ut eum specialibus favoribus et gratiis prosequamur. Cum itaque, sicut accepimus, tam mobilia quam immobilia bona que ad Pernam Angeli, Iudeam, que in civitate nostra Ferentina dum vixit morabatur, et quoddam fraginale situm in civitate prefata, quod quondam Nicolaum[!] Odonis de Ferentina, laicum[!], olim pertinebant, ad cameram apostolicam legitime devoluta, et eidem camere applicata existunt, nos, volentes prefatum Nicolaum, premissorum meritorum suorum intuitu, favoribus prosequi gratiosis, ipsius in hac parte supplicationibus inclinati etc. mandamus etc. quatenus, si est ita, bona et fraginale predicta, que ultra centum et decem ducatos auri, secundum communem extimationem, ut ipse Nicolaus asserit, non valent, et que per loca, vocabula, confines, qualitates et quantitates presentibus haberi volumus pro expressis, eidem Nicolao pro se et suis heredibus ac successoribus imperpetuum, cum omnibus iuribus et pertinentiis suis, dummodo tempore date presentium non sit in eis alias alicui specialiter ius quesitum, mere, pure et libere ac irrevocabiliter, auctoritate nostra, concedere et donare procures, inducens per te vel alium seu alios eundem N[icolaum], vel procuratorem suum eius nomine, in corporalem possessionem bonorum et fraginalis iuriumque et pertinentiarum predictorum, et defendentes inductum, amotis quibuslibet detentoribus ab eisdem, et facientes ipsum N[icolaum] vel dictum procuratorem pro eo ad bona et fraginale huiusmodi, ut est moris admitti, sibique de ipsorum bonorum et fraginalis fructibus etc. responderi. Contradictores etc.; non obstantibus ... ut supra usque mentionem. Dat. etc.

Source: ASV, Arm. LIII, vol. 8, fol. 131r-v.

Note: There is no place and no date. The doc. is filed between two documents dated 14 Kal. Dec. 1444 and 16 Kal. Sept. a. 14. (=1444). However, the file is a formulary, and there is no chronological order of documents.

748   Rome, 8 January 1446

Mandate to Galeazzo Cavriani, bishop of Mantua, to enquire and report about the petition of Ysaac son of Emanuel, a Jew in Mantua, concerning his baptism against his will, when still a minor, in Sabbioneta. Emanuel, Ysaac's father, obtained the consent of Venturinus, bishop of Cremona, to have the act of baptism annulled and to have his son restored to him. Ysaac is afraid lest he would still be considered an apostate from Judaism, and asks for suitable provision to be made.

Eugenius etc. venerabili fratri episcopo Mantuano, salutem etc. Iustis supplicum votis libenter annuimus, eaque favoribus prosequimur oportunis. Exhibita siquidem nobis nuper pro parte Ysaac filii Emanuelis Hebrei in civitate Mantuana commorantis peticio continebat, quod alias, eo tunc in pupillari etate constituto, dum a quodam laico stipendiario caperetur, et per illum ad locum Salbonete, Cremonensis diocesis, duceretur, prefatus stipendiarius ipsum per dilectum filium don Cominum, rectorem parrochialis ecclesie dicti loci, dicto Ysaac renitente, ac preter et contra omnimodam eius voluntatem baptizari fecit. Et deinde, postquam ipse Ysaac dilecto filio Thomasio de Squarzanediis, rectori parrochialis ecclesie Sancti Galli Cremonensis ad custodiendum eum et eius curam habendum, absque venerabilis fratris nostri Victorini episcopi Cremonensis licencia non dimittendus, ex parte ipsius episcopi traditus fuerat, Cominus et stipendiarius prefati eidem Isaac diversas infestaciones et minas inferentes, ei, nisi in fide Christiana persisteret, ipsum interfici aut excoriari seu cremari facerent publice dixerunt. Et subsequenter prefatus Emanuel eundem Ysaac suum filium pristine libertati tradi, et ut Hebreum sibi restitui debere, a prefato episcopo, debita cum instantia, postulavit; qui quidem episcopus, visis per eum et diligenter inspectis nonnullis per eundem Manuelem coram ipso productis iuribus et privilegiis Hebreis in Italie partibus commorantibus et in illorum favorem a sede apostolica concessis, necnon docto per ipsum Manuelem coram episcopo prefato quod dictus Ysaac in fide Christiana huiusmodi remanere minime intendebat, per suam diffinitivam sententiam pronunciavit, decrevit et declaravit prefatum Ysaac in patris potestate fuisse et remanere debere, ac ex baptismo huiusmodi fidem Christianam minime recepisse aut habuisse, eundem Isaac propterea vestibus quibus indutus erat in signum denudacionis a dicto baptismo denudando, eumque presentem et petentem, eidem Manueli, etiam tunc presenti et id petenti, consignando. Cum autem, sicut eadem peticio subiungebat, prefatus Isaac, qui se iam ad legem Iudaicam omnino reduxit ac cuius se ab illa separandi intentionis nunquam fuit, prout nec est, per terras, civitates et loca diversa se divertens, dubitet sibi Christiani nomen impingi, et eum tanquam sponte baptizatum ac ab ipsa lege Iudaica apostatatum dici, pro talique censeri et reputari debere, tempore procedente, pro parte ipsius Isaac nobis fuit humiliter supplicatum, ut super hiis sibi oportune providere, de benignitate apostolica dignaremur. Nos igitur, qui de premissis certam noticiam non habemus, huiusmodi supplicationibus inclinati, fraternitati tue per apostolica scripta mandamus, quatinus tu, frater episcope, vel vicarius tuus in spiritualibus generalis, vocatis qui fuerint evocandi, super premissis omnibus et eorum circumstanciis, auctoritate nostra, vos diligenter informetis, et quicquid per huiusmodi informacionem inveneritis, alter vestrum per patentes litteras harum seriem continentes nobis quantocius fideliter intimare procuret, etiam ut moris est inhibentes, ut vestra super hiis informacione plenius instructi, in premissis consultius agere valeamus. Non obstantibus contrariis quibuscunque. Dat. Rome, apud Sanctum Petrum, anno Incarnacionis Dominice millesimo quadringentesimo quadragesimo quinto, sexto Idus Ianuarii, anno quintodecimo.

Source: ASV, Reg. Lat. 425, fols. 183v–184r.

749   Rome, 30 January 1446

Confirmation of the agreement between Ludovico Scarampi, cardinal priest of St. Laurentius in Damaso, papal chamberlain and legate, and the commune and people of Monte dell'Olmo, including various exemptions, and a paragraph stating that the arms and other property left behind by the belligerents in the recent conflict are not to be removed or taken from the inhabitants, in view of the pillage and robbery suffered by the population. The same applies to Leo, the local Jewish physician, who was likewise robbed.

Eugenius episcopus etc. Ad futuram rei memoriam. Decens reputamus et debitum, ut iis, que de nostra voluntate per nostros legatos ad nostrorum et Ecclesie Romane subditorum utilitatem et commoda facta et concessa comperimus, firma et illibata permaneant, addiciamus apostolici muniminis firmitatem. Sane, inter dilectum filium Ludovicum tituli Sancti Laurentii in Damaso presbiterum cardinalem Aquilegiensem, camerarium nostrum, apostolice sedis legatum nostro et ipsius Ecclesie nomine, ac dilectos filios communitatem et homines terre nostre Montisulmi, Firmane diocesis, quedam conventiones, pacta et capitula, quorum copiam fecimus presentibus inscribi, pro eorum commodo et utilitate ac bono regimine inita, conclusa et concessa fuerunt; quare pro parte ipsorum communitatis et hominum nobis fuit humiliter supplicatum, ut eis pro ipsorum subsistentia firmiori robur apostolice confirmationis adiicere, de benignitate apostolica dignaremur. Nos igitur, huiusmodi supplicationibus inclinati, conventiones, pacta et capitula prefata, ex certa sciencia, auctoritate apostolica approbamus, confirmamus et presentis scripti patrocinio communimus, supplentes omnes deffectus, si qui forsan intervenerint in eisdem. Effectus vero predictorum capitulorum talis est: "Imprimis ... Item, quod res, pignora, arma et bona armigerorum, tam Ecclesie quam regie maiestatis et comitis Francisci, seu aliarum personarum, que remanserunt in dicta terra Montisulmi tempore conflictus illustris capitanei Francisci Picinini et aliarum gentium Ecclesie facti in territorio dicte terre, et ante et post, usque in presentem diem, non possit ullo modo repeti nec vendicari per dominos ipsarum, aut per aliquos ab hominibus et personis dicte terre et habitantibus in ea, attenta derobbatione tunc universaliter facta de dicta terra, ac etiam quod res, bestie, oleum, denarii, et alia bona que essent hominum et personarum de terris inimicis Romane Ecclesie et essent in dicta terra et apud homines dicte terre, predicta omnia sint libera, secura et franca. Placet, si et in quantum dicta bona apud eos non repperiantur vel in usum suum non conversa extiterint. Item, quod presbiteri dicte terre sint exempti prout alii de dicta terra, attenta derobbatione eorum que fuit prout de aliis, necnon Leo Ebreus, qui est medicus dicte terre, qui similiter fuit derobbatus, prout alii de dicta terra Montisulmi. Placet. ... Data signata et subscripta fuerunt per me Petrum Lunensem secretarium infrascriptum, sub impressione sui soliti sigilli, de mandato reverendissimi in Christo patris et domini, domini Ludovici tituli Sancti Laurentii in Damaso presbiteri Sancte Romane Ecclesie cardinalis Aquilegiensis, domini pape camerarii, apostolice sedis legati etc. Macerate, in palatio magno communis, die XI Novembris M°CCCC°XLV, indictione VIII, pontificatus sanctissimi in Christo patris et domini nostri, domini Eugenii, divina providentia pape IIII, anno XV°. Petrus Lunensis". Nulli ergo approbationis, confirmationis, communitionis et suppletionis infringere, vel ei ausu temerario contraire. Si quis autem etc. Dat. Rome, apud Sanctum Petrum, anno Incarnationis Dominice MCCCCXLVI, tercio Kalendas Februarii, pontificatus nostri anno sextodecimo.

Source: ASV, Reg. Vat. 369, fols. 60v–62v.

Note: On the political and military conflict in Monte dell'Olmo, see Bartolazzi, *Montolmo*, pp. 152f. On the local Jews, see *op. cit.*, pp. 157f. On p. 101 Bartolazzi mentions another local Jewish physician, Magister Abramo di Terni. Montis Ulmi (= Monte dell'Olmo) later became Pausula, and today is called Corridonia.

750   Rome, 26 February 1446

Absolution to neophytes in Trani and its diocese, accused of observing some of their Jewish rites, provided they repent within fifteen days and undertake to live henceforth as devout Christians. They are to be treated well by other Christians. Mandate to Latino Ursini, archbishop of Trani, and his successors to see to the application of these instructions.

Eugenius etc. Ad futuram rei memoriam. Romanus pontifex, beati Petri regni celestis clavigeri successor, et vicarius Ihesu Christi, cuncta mundi climata omnesque nationum in illis degentium qualitates, paterna consideratione discutiens, ac salutem querens et appetens singulorum, illa propensa deliberatione salubriter ordinat et disponit, que grata divine maiestati fore considerat, et per que oves sibi divinitus creditas ad unicum Dominicum ovile reducat et acquirat eis felicitatis eterne premium ac veniam impetret animabus, que eo certius, auctore Domino, provenire credimus, cum oberrantes oves non rigoris asperitate, sed mansuetudine et sana doctrina ac salutaribus documentis ad rectam veritatis semitam perducuntur. Cum itaque, sicut ad nostrum, non sine displicentia grandi, pervenit auditum, nonnulli Christifideles, neofiti seu Christiani novelli vulgo nominati, in civitate et diocesi Tranensi moram trahentes, pro eo quod ipsi eorumque antecessores, licet a quamplurimis annis iam decursis, divina illustrati gratia, de Iudaismo ad Catholicam fidem conversi, ab illorum conversionis huiusmodi temporibus quosdam mores, ritus, seu vivendi modos singulares, plurimumque diversos ab illis aliorum Christifidelium ipsarum civitatis et diocesis observasse et observare dicuntur, per dictos alios fideles velut heretici habiti et reputati, necnon ut tales etiam evitati fuerint, ac contra eos vel ipsorum aliquos tamquam de heresi suspectos, etiam auctoritate apostolica, processum extiterit, in non parvam ipsorum infamiam et scandalum plurimorum; ac, sicut exhibita nobis nuper pro parte ipsorum novellorum Christianorum petitio continebat, ipsi novelli Christiani pro evitanda infamia et sedandis scandalis huiusmodi, necnon eorum animarum salute, mores, ritus et modos singulares et diversos huiusmodi, si quos habent, penitus deserere et aliis Christifidelibus se in omnibus, presertim fidem Catholicam concernentibus, conformare, ac pro faciliori conformatione huiusmodi, eis per nos certum vivendi modum, seu regulam tradi, ferventius concupiscant, nos, qui desideranter in votis gerimus, ut non modo mores eorum qui iam ad fidem conversi sunt, sublatis quibusvis erroribus, reformentur, verum etiam ultra fines solitos fidelium Catholica fides nostris presertim temporibus augeatur et propagetur, necnon cuncti fideles in pacis dulcedine ac caritatis unione quiescant, eorundem novellorum Christianorum laudabile propositum huiusmodi in Domino plurimum commendantes, ac cupientes, prout ex debito pastoralis tenemur officii, super premissis quantum possumus salubriter providere, universos et singulos Christianos novellos in prefatis civitate et diocesi commorantes, presentes et futuros, obsecramus in Domino et per aspersionem sanguinis Domini nostri Ihesu Christi exhortamur, eisque nichilominus in remissionem suorum peccaminum iniungimus, et sub excommunicationis aliarumque censurarum sententiis et penis in hereticos a iure promulgatis districtius precipimus et mandamus, quatenus infra quindecim dierum spatium a die publicationis presentium in dicta civitate facienda computandorum, singulares et diversos ritus, mores ac modos predictos, et presertim in Sabbatorum celebratione et in libellorum matrimonialis repudii datione, dimittant, necnon ab illis se retrahant et abstineant realiter, et omnino illos de cetero nullatenus observaturi; ceterum, ritus ac vivendi modos aliorum devotorum Christifidelium predictorum efficaciter ac diligenter observare, necnon illis in omnibus se conformare studeant pariter et intendant; dies tantum Dominicos et alias festivitates, necnon ieiunia a Sancta Romana Ecclesia, matre omnium et magistra, statuta et ordinata ac iuxta consuetudinem ecclesie Tranensis presentem et futuram celebrari et observari solita, celebrent et observent; eorum utriusque sexus infantes quantocius poterunt baptizari ac per loci ordinarium confirmari faciant et procurent, illos quoque orationem Dominicam, symbolum fidei, confessionis formam ac alias, quantum in eis fuerit, Christianam religionem edoceant; eorum compatres et commatres fideliter venerent; clericalem et monachalem aliosque ecclesiasticos status nullatenus vilipendant, sed debitis honore et devotione prosequantur; superioribus suis, tam ecclesiasticis quam secularibus, devote et fideliter obediant pariter et intendant; illi ex eis, qui ad annos discretionis pervenerint, singulis Dominicis aliisque festivis diebus, magno cessante impedimento, missam integre audiant, et omnia sua peccata saltim semel in anno integre et fideliter confiteantur iuxta canonicas sanctiones, ac iniunctam sibi penitentian pro viribus studeant adimplere; suscipiant quoque reverenter, ad minus in Pascha, Eucharistie sacramentum, nisi forte de confessoris sui consilio ob aliquam rationabilem causam ad tempus ab eius perceptione duxerint abstinendum; cum infirmitate corporali oppressi fuerint, saluberrimum Eucharistie sacramentum extremamque unctionem ac commendacionem anime instanter postulent devoteque suscipiant; necnon ecclesiasticam sepulturam, non omnes, Iudeorum more, sed quilibet in sua parrochiali, vel aliis ecclesiis, seu ecclesiasticis locis eligant; matrimonia quoque inter se et cum aliis Christifidelibus iuxta eorum status et conditiones secundum canonicas sanctiones contrahant et sic contractis utantur ac in illis permaneant; ab usuris, symonia, turpi questu ac aliis illicitis negotiationibus et contractibus, viciis quoque et presertim capitalibus peccatis abstineant, ac vanitates, impietates et secularia desideria contemnentes, sobrie, iuste, pie et catholice vivant; adventum magni Dei nostri Ihesu Christi fide pura, spe certa et caritate fervida expectantes, si temporalem pariter et eternam ultionem effugere, necnon gratie divine premium et misericordiam ac sedis apostolice benivolentiam exinde voluerint promereri. Ceterum, ut novelli Christiani predicti eo ferventius ad nostrorum precepti et mandati predictorum observantiam incitentur, quo se amplioribus favoribus et gratiis per nos et sedem ipsam prosequi conspexerint, ex certa scientia et gratia speciali, auctoritate apostolica, tenore presentium, omnes et singulos novellos Christianos predictos ac secum coniunctos et participantes, qui ad cor reversi de premissis ab intimis dolent, vel infra dictos quindecim dies doluerint et corde penitentes fuerint, ex nunc a cuiusvis heresis labe, necnon quibuscumque excommunicationis, suspensionis et interdicti, aliisque sententiis, censuris et penis, ecclesiasticis et temporalibus, etiam pecuniariis ac bonorum amissionis, absolvimus et liberamus, necnon absolutos et liberatos fore censemus, omnemque ab eis et eorum quolibet inhabilitatis et infamie maculam sive notam, per ipsos vel eorum quemlibet, premissorum occasione contractam, abolemus; decernentes illos ex novellis Christianis predictis, qui mandato et precepto nostris huiusmodi infra dictos quindecim dies, realiter et cum effectu paruerint, occasione premisse vel alterius cuiuscumque heresis per eos hactenus forsan incurse, nullatenus accusari, inquiri, condamnari, seu alias quomodolibet in iudicio, vel extra, super personis, vel rebus eorum molestari aut perturbari posse, sed per quoscumque Christifideles benigne ac cum omnibus caritate et benivolentia tractari, et ut fideles Christianos censeri et reputari debere in omnibus et per omnia; necnon quoscumque processus et sententias contra eos vel ipsorum aliquem, quavis, etiam apostolica auctoritate, quomodolibet habitos et promulgatos, necnon quecumque inde secuta, quorum omnium et singulorum tenores de verbo ad verbum similiter presentibus haberi volumus pro expressis, pro infectis penitus indicamus. Preterea universis Christifidelibus civitatis et diocesis ac provincie Tranensis districtius inhibemus, ne prefatos novellos Christianos, qui precepto et mandato nostris huiusmodi paruerint, ut prefertur, ut hereticos, seu alias a via veritatis deviantes, evitare, seu per alios evitari facere quomodolibet presumant; non obstantibus constitutionibus et ordinationibus, necnon privilegiis et litteris apostolicis sub quibuscumque verborum formis et clausulis per nos vel sedem predictam locorum ordinariis vel heretice pravitatis inquisitoribus, aut aliis quibuscumque personis ecclesiasticis, secularibus et regularibus concessis, ceterisque contrariis quibuscumque. Cupientes autem, ut preceptum, mandatum, decretum et inhibitio nostra predicta ipseque presentes littere ac omnia alia et singula in illis contenta, debitum quantocius sortiantur effectum, venerabili fratri nostro Latino archiepiscopo Tranensi, eiusque successoribus archiepiscopis Tranensibus qui pro tempore erunt, per apostolica scripta precipimus et mandamus, quatenus ipsi per se, vel alium, seu alios ad plenariam huiusmodi nostrarum litterarum executionem procedentes, ac illas ubi et quando ac quotiens expedire viderint, auctoritate apostolica solemniter publicantes, preceptum, mandatum, decretum et inhibitionem nostram ac omnia et singula in eisdem litteris contenta predicta, per Christianos novellos et alios Christifideles prefatos observari faciant, et ad ipsorum observationem eos per censuram ecclesiasticam et alia iuris remedia, dicta auctoritate apostolica cogant et compellant; necnon contra illos ex novellis Christianis, qui huiusmodi nostris precepto et mandato parere recusaverint, seu ritus, mores et modos per eos dimissos antedictos reassumpserint, illosque observaverint, aut in eis quomodolibet culpabiles reperti fuerint, dicta auctoritate apostolica procedant illosque puniant, prout de iure fuerit faciendum, facientes, ordinantes et exequentes omnia alia et singula que in premissis et circa ea necessaria fuerint, seu etiam quomodolibet opportuna; et insuper, hiis per Latinum archiepiscopum et successores predictos, per se, vel alium, seu alios habendis, servatis processibus, eos, quotiens expedierit, aggravare procurent; contradictores per censuram ecclesiasticam etc.; invocato ad hoc, si opus fuerit, auxilio brachii secularis; non obstantibus felicis recordationis Bonifacii pape VIII predecessoris nostri ... Nulli ergo etc. ... Si quis etc. Dat. Rome, apud Sanctum Petrum, anno Incarnationis Dominice millesimo quadringentesimo quadragesimo quinto, quarto Kalendas Martii, anno quinto decimo.

Source: ASV, Reg. Lat. 421, fols. 30v–32r.

Note: On the *neofiti* of Trani, see Munkacsi, *Jude von Neapel*, pp. 47–80. See also above, Doc. **336.**

Bibliography: Beltrani, *Trani*, p. 77; Milano, *Italia*, p. 187.

Felix V
5 Nov. 1439 – 7 Apr. 1449

Mandate, if the facts are established, to the official of Lausanne to lift the excommunication placed on Philippus de Agua, in the diocese of Lausanne, for not paying his debts to Christians and Jews, provided he undertakes to reimburse them within three years.

Felix episcopus etc. dilecto filio officiali Lausanensi, salutem etc. Humilibus supplicum votis libenter annuimus, eaque favoribus prosequimur oportunis. Exhibita siquidem nobis nuper pro parte Philippi de Agua, Lausanensis diocesis, peticio continebat, quod licet progenitores sui et ipse olim in bonis temporalibus adeo habundarent, quod de quibusvis per eos contractis debitos[!] creditoribus suis satisfacere potuissent, postmodum vero, sinistra fortuna ministrante, ipse Philippus, patre suo vita functo, ad tantam inopiam et status sui decrescenciam deductus est, quod suis tam ecclesiasticis quam secularibus et Iudeis creditoribus, in quibus diversa debita contraxerunt, satisfacere non potest de presenti, propter quod aliqui ex creditoribus huiusmodi ipsum Philipum excommunicacionis vinculo tam ordinaria quam alia fecerunt auctoritate innodari. Quare pro parte dicti Philippi, asserentis se, si ad pinguiorem fortunam devenerit, de creditis huiusmodi satisfacere velle, nobis fuit humiliter supplicatum, ut eum a sentencia excommunicacionis huiusmodi absolvere, sibique aliquem competentem terminum, infra quem de debitis huiusmodi satisfacere valeat, constituere, et alias in premissis oportune providere, de benignitate apostolica dignaremur. Nos itaque, ipsius Philippi in hac parte supplicationibus inclinati, discrecioni tue per apostolica scripta mandamus, quatenus, vocatis dictis creditoribus et aliis qui fuerint evocandi, si per informacionem per te desuper habendam de allegatis inopia et paupertate ipsius Philippi tibi constiterit, super quo tuam conscienciam oneramus, recepta per [te] prius ab eo caucione ydonea, quod infra tres annos, a data presencium computandos, creditoribus de debitis huiusmodi satisfaciet cum effectu, aut interim cum eis amicabiliter concordabit, eundem Philippum, si hoc humiliter pecierit, ab omnibus excommunicacionis et aliis censuris et penis ecclesiasticis, quibus occasione premissa ligatus habetur cum participantibus suis, auctoritate nostra absolvas, hac vice dumtaxat, in forma Ecclesie consueta, iniuncta sibi pro modo culpe penitencia salutari et aliis, que de iure fuerint iniungenda; non permictentes interim prefatum Philippum cum participantibus suis super debitis huiusmodi quomodolibet molestari; contradictores etc. compescendo; non obstantibus constitutionibus apostolicis ceterisque contrariis quibuscumque, aut si dictis creditoribus vel quibusvis aliis communiter vel divisim a sede apostolica indultum sit, quod interdici, suspendi, vel excommunicari non possint per litteras non facientes plenam et expressam ac de verbo ad verbum de indulto huiusmodi mentionem. Volumus autem, quod dictus Philippus infra tres annos creditoribus huiusmodi cum effectu satisfacere aut cum eis amicabiliter concordare teneatur, alioquin in pristinas relabatur sententias eo ipso. Dat. Basilee, tertio Nonas Septembris, anno a Nativitate Domini millesimo quadringentesimo quadragesimo, pontificatus nostri anno primo.

Source: A.S, Torino, Bullarium Felicis V, I, fol. 155r-v.

752   Basel, 11 December 1440

Mandate, if the facts are established, to Humbertus de Maresta, prior of the priory in Nantua, in the diocese of Lyons, to compel Bellevigne de Montet and his partner, Jews in that diocese, to desist from exacting usury from Michael Reginaldi, also in that diocese, and repay that already collected.

Felix etc. dilecto filio Humberto de Maresta, priori prioratus Nantuaci, Lugdunensis diocesis, salutem etc. Iustis et honestis supplicum votis libenter annuimus, eaque favoribus prosequimur oportunis. Exhibita siquidem nobis pro parte dilecti filii Michaelis Reginaldi, laici Lugdunensis diocesis, peticio continebat, quod olim ipse et eius genitor, eciam laicus dicte diocesis, neccessitatis tempore tunc occurrente, a Bellevigne de Montet et consodali suo, perfidis Iudeis, in dicta diocesi commorantibus, decem florenos monete Sabaudie nomine mutui receperunt, datis super hoc litteris, confectis exinde publicis instrumentis, ac extorto ab eis nichilominus iuramento; et licet dicti Iudei ab octo annis citra, quibus prefati laici decem florenos huiusmodi, eorum inopia et eventu sinistro causante, exsolvere minime potuerunt, summam quadraginta florenorum similium ab eisdem laicis successive ultra sortem nomine usurarum extorserint, iidem tamen Iudei, sorte sua ac usuris huiusmodi minime contenti, viginti quinque florenos similes adhuc a laicis ipsis ultra sortem eandem extorquere nituntur per usurariam pravitatem. Nos igitur, volentes laicis predictis super hoc oportune providere, discretioni tue per apostolica scripta mandamus, quatenus, si est ita, iuramento huiusmodi per te relaxato, prefatos Iudeos, ut, sua sorte contenti, licteras, instrumenta, necnon pignora huiusmodi, et quicquid ultra sortem perceperint, laicis supradictis restituant et ab usurarum exactione desistant, per substractionem communionis fidelium, appellatione remota, auctoritate nostra compellas; et nichilominus si laici prefati summam quadraginta florenorum huiusmodi vel ultra capitalem summam debiti se persolvisse legitime forsitan probare non poterint, ipsis congruum et competentem terminum infra quem residuum, prout rationabiliter tenentur, exsolvere valeant, prout tibi, personarum ipsarum inopia et debiti qualitate consideratis, videbitur, auctoritate nostra statuas et assignes, prout de iure fuerit faciendum. Dat. Basilee, tertio Idus Decembris, anno a Nativitate Domini millesimo quadringentesimo quadragesimo, pontificatus nostri anno primo.

Source: A.S, Torino, Bullarium Felicis V, I, fols. 131v–132r.

753   Basel, 10 June 1441

Indulgences of a hundred days to those who support the couple Latislaus and Margareta, Jewish converts in the diocese of Prague.

Felix episcopus etc. universis Christifidelibus presentes litteras inspecturis, salutem etc. Quoniam, ut ait apostolus, omnes stabimus ante tribunal Christi, recepturi prout in corpore gessimus, sive bonum sive malum, oportet nos enim diem messionis eterne[!] misericordie operibus prevenire ac eternorum intuitu seminare in terris, quod, reddente Domino, cum multiplicato fructu recolligere valeamus in celis, firmam spem fiduciamque tenentes, quod, qui parce seminat, parce et metet, et qui seminat in benedictionibus, metet vitam eternam. Cum igitur, dilectus filius Latislaus et Margareta eius uxor, coniuges Pragensis diocesis, olim Iudei, per evidentissimum atque maximum venerabilis Eucharistie sacramenti miraculum ipsis sicut placuit divinitatis gracie mirifice et miraculose ostensum, Iudaice cecitatis errore, necnon omnibus bonis et rebus, quibus tunc pro vite eorum sustentatione satis competenter habundabant, iuxta quoddam decretum sacri Basiliensis concilii super hoc editum, penitus derelictis, ac sacri baptismatis unda renati, fidem Catholicam et nomen Christi humiliter acceptarunt, et ne dicti coniuges huiusmodi bonis et rebus sic, ut premittitur, per eos dimissis, paupertate et inopia causantibus, ad pristinum seu priorem statum relabantur, eis pietatis auxilium quamplurimum conspicimus oportunum, universitatem vestram rogamus et hortamur in Domino, in remissione vobis peccaminum iniungentes, quatenus eosdem baptizatos et conversos in eorum personis rebusque et bonis spiritualibus et secularibus adversus quoslibet molestatores et iniuriatores protegentes et defendentes, eis de bonis a Deo vobis collatis pias elemosinas et grata caritatis subsidia erogetis, ut per subventionem vestram huiusmodi eorundem inopie consulatur, et vos per hoc et alia bona que, Domino inspirante, feceritis, ad eterne possitis felicitatis gaudia pervenire. Nos enim, de omnipotentis Dei misericordia ac beatorum Petri et Pauli apostolorum eius auctoritate confisi, omnibus et singulis, qui dictis baptizatis et conversis pro eorum vite sustentacione, caritatis et pie subvencionis subsidia impenderint, seu pias elemosinas erogaverint, pro qualibet vice qua id fecerint, centum dies de iniunctis eis penitentiis, auctoritate apostolica misericorditer in Domino relaxamus. Presentibus post decem annos minime valituris. Dat. Basilee, quarto Idus Iunii, anno a Nativitate Domini millesimo quadringentesimo quadragesimo primo, pontificatus nostri anno primo.

Source: A.S, Torino, Bullarium Felicis V, III, fol. 6r-v.

Note: On the resolutions of the Council of Basel concerning the property of Jewish converts, see Hefele, *Conciles* 7, pp. 589, 789; Mansi, *Conciliorum Collectio* 29, pp. 98f.; Simonsohn, *Kirchliche Judengesetzgebung*, p. 42.

754   Basel, 13 July 1441

Mandate, if the facts are established, to Petrus de Sogeto, canon in Geneva, and the official of that town to absolve Amedeus Carles, in the diocese of Geneva, from the oath he had taken in prison to sell his property in order to pay for the undertaking on behalf of Petrus de Fonte towards Croissan, a Jew.

Felix episcopus etc. dilectis filiis Petro de Sogeto, canonico Gebennensi, et officiali Gebennensi, salutem etc. Humilibus supplicum votis libenter annuimus, eaque favoribus prosequimur oportunis. Exhibita siquidem nobis pro parte dilecti filii Amedei Carles, laici Gebennensis diocesis, peticio continebat, quod cum olim dilectus Ecclesie filius Petrus de Fonte, etiam laicus dicte diocesis, cuidam Iudeo, Croissan nuncupato, in civitate Gebennensi moram trahenti, de summa viginti quatuor florenorum in quibus erat sibi obligatus, infra terminum sibi ad hoc statutum satisfacere non valeret, et pro ipsis viginti quatuor florenis eidem Iudeo certam bladi quantitatem tunc expressam, infra quendam alium etiam tunc expressum terminum, dare promisisset, et ne ipse, termino huiusmodi adveniente, in exhibitione bladorum huiusmodi forte deficiens, dampnum incurreret, quandam foveam pro lapidibus de ea effodendis, coveriam[?] sive perreriam vulgariter appellatam, pro precio quinquaginta florenorum vendidit, de quibus quidem quinquaginta florenis idem Amedeus prefato Iudeo nomine dicti Petri et pro eo dictos viginti quatuor florenos illi debitos dare et solvere, ipsumque Petrum de illis quitum, liberum et immunem servare et reddere promisit. Et subsequenter, cum ipse Amedeus de dictis viginti quatuor florenis eidem Iudeo infra terminum ei etiam statutum satisfacere non valens, mediantibus tribus florenis, quos eidem Iudeo propterea solvere promissit[!], prorogationem termini huiusmodi ad unum mensem obtinuisset, et antequam terminus prorogationis huiusmodi effluxus esset, ipseque Amedeus tam viginti quatuor quam etiam tres alios premissos florenos predictos eidem Iudeo persolvere vellet, illosque ei exhiberet et presentaret, dictus Iudeus illos ab eo recipere renuit et recusavit, dicens dictum pretium non in pecuniis, sed in bladis sive frumento, iuxta promissionem per eum, ut premittitur, factam, sibi fore obligatum; dictusque Amedeus considerans ipsius Iudei maliciam et versuciam, timensque sibi et prefato Petro inde graviora provenire dampna, huiusmodi viginti quatuor in quibus dictus Petrus obligatus erat, et alios tres florenos, quos ipse Amedeus pro dicta prorogatione obtinenda promisit, ut prefertur, in manibus tui officialis Gebennensis realiter deposuit, quibus per eum sic depositis, prefatus Iudeus eosdem Amedeum et Petrum occasione non solutionis huiusmodi, ut dicebat, capi et carceribus mancipari, ac inibi spatio septem ebdomadarum, in quo eciam consensus ipsius Petri intervenisse dicitur, detineri fecit et procuravit; et tandem ipse Amedeus in eisdem carceribus adhuc constitutus, per dolum et fraudem dicti Petri cautelose circumventus, si[!] quasdam possessiones suas et bona mobilia in dicta diocesi consistencia et ad ipsum Amedeum spectancia, pro certo pretio inter eos tunc convento et expresso, metu carcerum huiusmodi, de quibus alias exire verisimiliter non credebat, vendidit, ac vendicionis huiusmodi titulo assignavit, ac de non contraveniendo vendicioni huiusmodi corporale prestitit iuramentum, prout in certo inde confecto publico instrumento plenius dicitur contineri. Cum autem, sicut eadem peticio subiungebat, ipse Amedeus in venditione et assignatione huiusmodi, quas metu carcerum huiusmodi, et quasi coactus, et ut de illis liberaretur, fecit, graviter et enormiter lesus fuerit, ipsa vendicio sibi multum preiudicialis existat, pro parte ipsius Amedei fuit nobis humiliter supplicatum, ut iuramentum per eum in contractu vendicionis huiusmodi prestitum, ut prefertur, ad fidem agendi, ad rescissionem eiusdem contractus relaxari mandare, ac alias in premissis ei oportune consulere, de benignitate apostolica dignaremur. Nos ita[que], huiusmodi supplicationibus inclinati, discretioni vestre per apostolica scripta mandamus, quatenus vos, vel alter vestrum, vocatis qui fuerint evocandi, si est ita, prefatum iuramentum eidem Amedeo ad effectum agendi, ut prefertur, auctoritate nostra relaxetis, prout de iure fuerit faciendum; contradictores per censuram ecclesiasticam etc. ... Non obstantibus... Datum Basilee, tertio Idus Iulii, anno a Nativitate Domini millesimo quadringentesimo quadragesimo primo, pontificatus nostri anno primo.

Source: A.S, Torino, Bullarium Felicis V, I, fols. 12v–13v.

Note: On the pope's attitude to Jewish moneylending, particularly in Geneva, see Nordmann, *Genève*, pp. 15f.

755   Basel, 28 September 1441

Indulgences to those who visit and support the chapel in Mainz, constructed in place of the synagogue, following a mandate to this effect issued to Theoderich of Erbach, archbishop of Mainz.

Felix etc. universis et singulis Christifidelibus presentes litteras inspecturis, salutem etc. Dum precelsa meritorum insignia, quibus regina celorum, Virgo, Dei genitrix gloriosa, sedibus prelata sidereis, quasi stella matutina prerutilat, devote consideracionis indagine prescrutamur[!], dum eciam inter mentis archana revolvimus, quod ipsa utpote mater misericordie, mater gratie et pietatis, amica humani generis consolatrix pro salute fidelium, qui delictorum mole pregravantur sedula exoratrix et pervigil ad regem quem genuit intercedit, dignum, quin pocius debitum, arbitramur, ut Christifideles ad eiusdem Virginis omniumque sanctorum Dei assiduam veneracionem quasi quibusdam allectivis muneribus, indulgenciis videlicet et remissionibus invitemus, ut exinde divine gracie reddantur apciores. Hodie siquidem, pro parte consulum, proconsulum, magistrorum civium et communis civitatis Maguntinensis nobis exposito, quod ipsi in dicta civitate, in loco ubi synagoga Iudeorum esse solebat, nullis amodo Iudeis in ipsa civitate residentibus, quandam capellam in honore et sub vocabulo Virginis omniumque sanctorum prefatorum erigere et construere, erigique et construi facere desiderarent, si ad id apostolice sedis auctoritas et patrocinium suffragarentur eisdem, nos tunc dilecto filio decano ecclesie Maguntinensis, eius proprio nomine non expresso, per alias litteras nostras dedimus in mandatis, quatenus, vocatis venerabili fratre nostro archiepiscopo Maguntinensi, et aliis qui essent evocandi, si ita esset, consulibus, proconsulibus, magistris civium et communi prefatis, capellam huiusmodi, ut prefertur, erigendi et construendi, erigique et construi faciendi, auctoritate nostra licenciam largiretur, prout in dictis litteris plenius continetur. Cupientes igitur, ut dicta erigenda capella, si ad eius ereccionem et construccionem huiusmodi procedi contingat, decenter perficiatur, perfectaque et consecrata debitis frequentetur honoribus, de omnipotentis Dei misericordia et sanctorum Petri et Pauli apostolorum eius auctoritate confisi, omnibus et singulis vere penitentibus et confessis, qui ipsam capellam postquam erecta et consecrata fuerit, ut prefertur, in Nativitatis et Assumpcionis dicte Virginis festivitatibus et celebritate Omnium Sanctorum huiusmodi devote visitaverint annuatim, et ad erectionem illius manus porrexerint adiutrices, inibique pias elemosinas erogaverint, singulis videlicet festivitatum et celebritatis diebus, duos annos et totidem quadragenas de iniunctis eis penitenciis misericorditer relaxamus; presentibus post vigincti[!] annos a die incepcionis dicte capelle continuo computandos minime valituris. Datum Basilee, quarto Kalendas Octobris, anno a Nativitate Domini millesimo quadringentesimo quadragesimo primo, pontificatus nostri anno secundo.

Source: A.S, Torino, Bullarium Felicis V, II, fols. 246v–247r.

Note: See above, Docs. **735, 737.**

756   Lausanne, 29 April 1443

Mandate to the cantor and Iacobus Reugnisii, canon of the church in Geneva, to release from prison Gerardus de Pugniaco, a cleric of Geneva, and then to hear the case between him and Arariel de Bala, a Jew, over an accusation by Gerardus that Arariel was making demands on him under false pretences.

Felix episcopus etc. dilectis filiis cantori, et Iacobo Reugnisii, canonico ecclesie Gebennensis, salutem etc. Iustis et honestis supplicum votis libenter annuimus, eaque favoribus prosequimur oportunis. Exhibita siquidem nobis nuper pro parte dilecti filii Gerardi de Pugniaco clerici soluti, Gebennensis, peticio continebat, quod cum olim Arariel de Bala, Iudeus, super certis mensuris frumenti tunc expressis, coram dilectis filiis consilio Chamberiaci pro duce Sabaudie pro tempore existenti inibi residentibus, pretextu cuiusdam falsi contractus seu instrumenti obligatorii, eundem Gerardum fecisset ad iudicium ut falso ipse Iudeus asserebat evocari, ac pluries contumacem reputari, Iudeus prefatus, accusationis contumaciarum huiusmodi pretextu, ab eisdem consilio litteras obtinuit compulsorias ad dilectos filios officiarios curie temporalis Gebennensis, in vim quarum captus et detentus apud eandem curiam primo, et deinde, quia idem Gerardus excipiendo proponebat se clericum solutum fore, et privilegio clericali gaudere debere, ad curiam episcopalem Gebennensem remissus fuit, ac inibi aliquamdiu detentus; et, licet in eadem episcopali curia coram dilecto filio officiali Gebennensi de falsitate contractus seu instrumenti huiusmodi, quam erat legitime probare paratus, ac alias excipiendo proponeret, et, pendente probacionis termino, peteret se, primo prestita caucione ydonea de stando iuri et iudicatum solvendo, relaxari et liberari, idem officialis, excepcionibus predictis ac aliis legittimis pro parte dicti Gerardi propositis non obstantibus, eum ad probandum huiusmodi suas exceptiones admittere, ac interim relaxare, nisi ad certum tempus caucione sufficienti fideiussoria prius ab eodem Gerardo de redeundo infra certum terminum tunc expressum ad carceres dicte episcopalis curie data et recepta, contra iustitiam recusavit, prout recusat de presenti; quare pro parte dicti Gerardi nobis fuit humiliter supplicatum, ut super premissis eidem ac fideiussoribus pro huiusmodi caucione datis, de remedio condecenti providere, de benignitate apostolica dignaremur. Nos igitur, actendentes eiusdem Gerardi cautoriam obligacionem fore equam et rationi consonam, huiusmodi supplicationibus inclinati, discrecioni vestre per apostolica scripta committimus et mandamus, quatinus vos, vel alter vestrum, vocatis dicto Iudeo et aliis qui fuerint evocandi, huiusmodi caucione per eundem Gerardum prestita et per vos recepta, Gerardum ab eisdem carceribus episcopalibus, necnon fideiussores a caucione prestita huiusmodi liberare et relaxare ac ad pristinam reducere libertatem, et nichilominus, si et postquam Gerardus et fideiussores predicti relaxati et liberati fuerint, ut prefertur, causam et causas quam et quas prefatus Gerardus contra eundem Iudeum de et super exceptionibus falsitatis, iniuriis, ac nullitatibus ei per dictum Iudeum illatis, tam coniunctim quam divisim movere proponit, eadem auctoritate nostra audiatis, et, appellatione remota, debito fine decidatis, facientes quod decreveritis per censuram ecclesiasticam firmiter observari; testes autem qui fuerint nominati, si se gracia odio vel timore subtraxerint, censura simili, appellacione cessante, compellatis veritati testimonium perhibere. Et insuper, eidem officiali ac quibscunque aliis, ne, lite huiusmodi sic coram vobis indecisa pendente, in preiudicium, lesionem vel iniuriam Gerardi et fideiussorum predictorum, necnon litispendentie huiusmodi, directe vel indirecte aliquid attemptare seu innovare presumant, sub excommunicacionis sentencia aliisque ecclesiasticis censuris et penis inhibere procuretis, prout de iure fuerit faciendum. Dat. Lausanne, tercio Kalendas Maii, anno a Nativitate Domini millesimo quadringentesimo quadragesimo tercio, pontificatus nostri anno tercio.

Source: A.S, Torino, Bullarium Felicis V, IV, fols. 104v–105r.

Note: On the Jews in Geneva at this time, see Nordmann, *Genève, passim.*

757   Geneva, 14 December 1443

Mandate to the abbot of the monastery of Savigliano, in the diocese of Turin, to grant the inhabitants of Bagnolo Piemonte an interest-free moratorium of four years on their debt of about 3,000 florins to Bonafede de Chalon, a Jew in the diocese of Turin, provided suitable arrangements are made between the parties, and sureties are given.

Felix episcopus etc. dilecto filio abbati monasterii de Savigliano, Taurinensis diocesis, salutem etc. Humilibus supplicum votis libenter annuimus, eaque favoribus prosequimur oportunis. Exhibita siquidem nobis nuper pro parte dilectorum filiorum communitatis et hominum opidi Bagnoli, Taurinensis diocesis, peticio continebat, quod ipsi olim pro certis suis necessitatibus quandam pecuniarum summam, valorem quingentorum florenorum monete Sabaudie non excedentem, a Bonafide de Chalano, Iudeo dicte diocesis, ratione sortis, sperantes illam se in brevi solvere posse, ex causa mutui et ad usuram per Iudeos extorqueri consuetam, receperunt, necnon ad solucionem dicte sortis, ac usurarum more solucionis eiusdem solvendarum, propriis suis iuramentis et instrumentis publicis desuper confectis, se obligarunt. Cum autem, sicut eadem peticio subiungebat, usure, eidem Iudeo ratione more solucionis sortis huiusmodi debite, ascenderunt ad summam trium milium florenorum vel circa, de quibus et sorte memorata nonnulli ex hominibus antedictis quotam ipsos contingentem huiusmodi prefato Iudeo persolverint; alii tamen, qui, licet olim facultatibus et bonis temporalibus a Deo sibi concessis habundassent, ipsi tamen malicia temporum aliisque sinistris et fortuitis casibus causantibus, ad tantam facultatum et statuum suorum decrescenciam pervenerunt, quod quotam dicte sortis ipsos contingentem, eidem Iudeo persolvere minime potuerunt, prout neque possunt de presenti, quare usura huiusmodi dietim augmentare dinoscitur, in non modicum dictorum hominum preiudicium et lesionem enormem; idcirco, pro parte eorundem communitatis et hominum asserencium, quod ipsi singuli, quamprimum ad pinguiorem fortunam devenerint, de quota ipsos contingente Iudeo huiusmodi satisfacere, vel si competens dilacio concedatur eisdem interim, cum eo super hoc amicabiliter concordare sunt parati, nobis fuit humiliter supplicatum, quatinus ipsis et statui eorum in premissis oportune consulere, de benignitate apostolica dignaremur. Nos itaque, huiusmodi supplicationibus inclinati, discrecioni tue per apostolica scripta committimus et mandamus, quatinus, vocatis dicto Iudeo et aliis qui fuerint evocandi, si de inopia dictorum hominum tibi constiterit, et illorum ad satisfactionem quote huiusmodi dicto Iudeo faciendam ad presens facultates non suppetant, terminum quattuor annorum a tempore presentacionis litterarum huiusmodi tibi tunc fiende computandum, infra quem iidem homines Iudeo de quota huiusmodi realiter satisfacere, aut cum eo amicabiliter concordare teneantur, recepta prius ab eis singulis de solucione aut concordatione per ipsos, ut premittitur, facienda, ydonea aut saltim iuratoria, si aliam prestare non possint, caucione, auctoritate nostra, usuris predictis cessantibus, concedas, ac iuramenta prestita relaxes, necnon usuris[!], si quas forsan idem Iudeus racione more predicte sibi deberi proponat, hominibus predictis eadem auctoritate remittas; non permittens eosdem homines vel aliquem illorum interim super quota vel usuris huiusmodi a prefato Iudeo vel quibusvis aliis iudicibus ecclesiasticis vel secularibus, termino huiusmodi durante, vexari quomodolibet, seu eciam molestari; et nichilominus iuramentis predictis per te relaxatis et usuris remissis, ut premittitur, prefatum Iudeum, ut sua sorte contentus, litteras, instrumenta, recogniciones et obligaciones debitorum per eosdem homines iam solutorum eisdem singulis hominibus restituat, et ab huiusmodi usurarum exaccione desistat, per substractionem communionis fidelium, et alia iuris remedia, ac alios quoscunque per censuram ecclesiasticam, appellacione remota, auctoritate memorata compellas, prout de iure fuerit faciendum. Non obstantibus ... Per hoc autem usurariam pravitatem, utroque testamento divinisque et humanis legibus dampnatam, non intendimus quomodolibet approbari. Dat. Gebennis, decimo nono Kalendas Ianuarii, anno a Nativitate Domini millesimo quadringentesimo quadragesimo tercio, pontificatus nostri anno quarto.

Source: A.S, Torino, Bullarium Felicis V, V, fol. 28v.

Note: On Bonafede de Chalon, see Gabotto, *Bonafede di Chalon*.

Bibliography: Segre, *Piedmont* 1, p. 154 (who has 1442).

758   Geneva, 10 March 1444

Protection of Jews in Savoy from sermons of preachers, mendicant friars and others, and the violence resulting from them.

Felix episcopus etc. universis Christifidelibus in dominio ducatus Sabaudie in partibus ultramontanis constitutis, salutem etc. Redemptoris Domini nostri Ihesu Christi vestigia insequentes, illud gerimus potissime in visceribus caritatis, ut omnes evangelicam agnoscant veritatem, et in eam postquam agnoverint fideliter perseverent, et potissime ad hoc, ut Iudei, qui [in] testimonium fidei Catholice specialiter reservati sint, aliique infideles, per fidelium Christianorum predicationes et monita ad eiusdem fidei veritatem convertantur, cum fidelibus et inter eos pro sola Christiane mansuetudinis humanitate conversari canonice sancciones permittere comprobantu r; et, sicut ipsi Iudei non debent in synagogis suis ultra quam eis ab Ecclesia permissum est presumere, ita in hiis vel contra ea, que eis concessa sunt, non debent preiudicium vel iacturam sustinere; et quamquam illi in sua velint potius duritia permanere quam ad prophetarum aliarumque divinarum scripturarum ac ad eiusdem fidei et salutis cognicionem pervenire, quia tamen protectionem et auxilium apostolice atque Christiane pietatis implorant, predecessorum nostrorum Romanorum pontificum vestigiis inherentes, ipsorum Iudeorum peticiones alias rationabiles non admittere eisque nostre protectionis et defensionis clipeum denegare non possumus. Nuper siquidem, Iudeorum in dominio ducatus Sabaudie in partibus ultramontanis constitutorum querelam recepimus continentem quod plerique Mendicancium et aliorum ordinum predicatores, a paucis citra retrofluxis temporibus in eorum publicis predicacionibus populo Christiano inter cetera protulisse dicuntur, et dietim proferre videntur, Iudeos etiam indirecte et figurative nominando, quod omnes practicam usurarie pravitatis exercentes, per quemlibet molestari, vexari, interfici et exterminari, ac ab illis bona sua licite et impune auferri possint, unde accidit quod nonnulli iniquitatis filii, quo spiritu, nisi eorundem predicatorum verbis ducti, ignoratur, superioribus elapsis diebus, plures utriusque sexus ex ipsis Iudeis, in domibus suarum habitacionum pacifice existentibus, interfecerunt, aliquos inhumaniter verberaverunt, alios mutilarunt et alios letaliter vulneraverunt, alios diris carceribus manciparunt, aliquorum eciam bona violenter et de facto rapuerunt et asportarunt, et mala malis accumulando, eisdem Iudeis permissa commercia exhibere propria temeritate denegarunt, ac aliis diversis persecutionibus eos afflixerunt, contra eorundem Iudeorum per plerosque predecessores nostros Romanos pontifices eis concessa proteccionum privilegia, ac in eorum grave preiudicium atque scandalum et perniciosum exemplum plurimorum; quare dicti Iudei nostre protectionis auxilium super premissis interpellarunt. Nos itaque, considerantes quod aliqui ex eis, si iuxta canonicas sanctiones humaniter, ad orthodoxe fidei veritatem converti, et si inhumaniter tractarentur, ab hoc retrahi possent, eorundem Iudeorum peticionem in hac parte admittentes, universitati vestre et presertim locorum, dominii et partium ordinariis, atque superioribus ordinum predictorum, auctoritate apostolica districtius inhibemus, ne de cetero talia vel similia contra Iudeos in dictis dominio et partibus constitutos, in eorum civitatibus, diocesibus, terris et locis per quoscunque predicatores religiosos vel seculares, cuiuscunque fuerint status, gradus, ordinis, vel condicionis, populis predicare permittant, omnibus Christianis per apostolica scripta precipientes et mandantes, quatinus ipsi et quilibet eorum Iudeos ipsos humana Christianitatis mansuetudine prosequantur, et nulli ex eisdem Iudeis in personis, rebus vel bonis iniuriam sive molestiam propria temeritate inferant vel offensam, quin ymmo eisdem Iudeis cum Christianis et Christianis cum eis, sicuti iura canonica permittunt, liceat vicissim conversari, mutuaque commercia et commoda hinc inde suscipere; contrarium vero, per se vel alios facientes, excommunicacionis sint sententia, ipso facto, innodati. Illos solummodo Iudeos huius protectionis presidio volumus communiri, qui nichil in subversionem fidei Catholice presumpserint machinari; per hec autem non intendimus eosdem Iudeos aliquo privilegio communiri, quo minus per eos ad quos spectabit, delinquentes pro qualitate facinorum debita animadversione plectentur. Dat. Gebennis, sexto Idus Marcii, anno a Nativitate Domini millesimo quadringentesimo quadragesimo quarto, pontificatus nostri anno quarto.

Source: A.S, Torino, Bullarium Felicis V, V, fols. 53v–54r.

Publication: Segre, *Piedmont* 1, pp. 173f.

---

759   Geneva, 2 April 1444

Mandate to the abbot of St. Peter in Savigliano, in the diocese of Turin, and Johannes of Biella, a canon in the church of Turin, to make arrangements for Anthonietus Baudi of Luserna San Giovanni to pay Bonafede de Chalon, a Jew, the residue of a debt in three yearly instalments without interest.

Felix episcopus etc. dilectis filiis abbati monasterii Sancti Petri de Savilliano, Taurinensis diocesis, ac Iohanni de Bugella, canonico ecclesie Taurinensis, salutem etc. Humilibus supplicum votis libenter annuimus, eaque favoribus prosequimur oportunis. Exhibita siquidem nobis nuper pro parte dilecti filii Anthonieti Baudi, habitatoris Lucerne, Taurinensis diocesis, peticio continebat, quod ipse dudum necessitate coactus, pro certis suis expediendis negotiis, a Bonafide de Chalono, Iudeo, in dicta diocesi habitante, summam octuaginta sex florenorum parvi ponderis monete Sabaudie, per diversas particulas eo pacto, ut pro quolibet floreno duodecim denarios singulis mensibus pro usura solvere teneretur, mutuo recepit et ad solvendum summam et usuras Iudeo huiusmodi, datis ad hoc fideiussoribus et certis tunc expressis factis renunciacionibus, promissionibus et submissionibus, et adiectis penis, proprio iuramento se obligavit, prout in litteris desuper confectis plenius dicitur contineri. Cum autem, sicut eadem peticio subiungebat, licet prefatus Anthonietus ducentos, tam pro principali summa quam usuris, Iudeo huiusmodi persolverit, nichilominus idem Iudeus septuaginta florenos similes vel circa pro residuo usurarum ab eodem Anthonieto extorquere nitatur per usurariam pravitatem, pro parte dicti Anthonieti, qui, ut asserit, ad persolvendum ducentos huiusmodi certas possessiones vendidit, et aliunde centum florenos similes pro quibus obligatus existit mutuo recepit, et si ad solvendum residuum usurarum, in quo adhuc Iudeo huiusmodi restat obligatus, astringeretur, inopia, et familie, quam alimentare habet, causantibus multitudine, mendicare cogeretur, nobis fuit humiliter supplicatum, quatinus sibi et statui suo in premissis oportune providere, de benignitate apostolica dignaremur. Nos igitur, huiusmodi supplicacionibus inclinati, discrecioni vestre per apostolica scripta mandamus, quatinus, si vocatis dicto Iudeo et aliis qui fuerint evocandi, vos vel alter vestrum premissa rep[p]ereritis veritate fulciri, prefato Anthonieto dilacionem usque ad triennium a data presentium computandum, infra quod videlicet quolibet dicti triennii anno, de tercia parte residui Iudeo huiusmodi debiti, usuris interim cessantibus, satisfacere cum effectu, vel cum eo amicabiliter concordare teneatur, recepta prius ab eodem Anthonieto ad hoc caucione ydonea, auctoritate nostra, concedatis; non permittentes dictum Anthonietum vel fideiussores suos per Iudeum aut quosvis alios, occasione residui Iudeo debiti, alias quam pro rata tercie partis pro quolibet trium annorum huiusmodi, ut prefertur, solvenda, coram quocumque ecclesiastico vel seculari iudice vexari, inquietari seu etiam molestari. Contradictores per censuram ecclesiasticam etc. compescendo. Non obstantibus ... Dat. Gebennis, quarto Nonas Aprilis, anno a Nativitate Domini millesimo quadringentesimo quadragesimo quinto, pontificatus nostri anno quarto.

Source: A.S, Torino, Bullarium Felicis V, V, fols. 57v–58r.

Note: On Bonafede de Chalon, see above, Doc. **755**.

Bibliography: Segre, *Piedmont* 1, p. 175.

760   Geneva, 31 August 1444

Confirmation to Ludovico, duke of Savoy, of a Bull given on 13 February 1430 by Martin V, abolishing permission granted Jews outside Savoy to excommunicate Jews in that duchy, and prohibiting the summons of Jews to courts outside the dominions of the duke of Savoy.

Felix episcopus etc. Ad futuram rei memoriam. Romani pontificis providentia circumspecta ad hoc libenter intendit, ut indulta olim per summos pontifices predecessores suos principibus concessa inviolabiliter observentur, illaque, ut stabilioris roboris firmitate subsistant, cum ab ipsa petitur, auctoritatis sue presidio communire et secundum exigentiam temporum ampliare consuevit, prout id conspicit in Domino salubriter expedire. Sane, pro parte dilecti filii nobilis viri Ludovici, ducis Sabaudie, nobis nuper exhibita peticio continebat, quod olim pro parte nostra, qui tunc in minoribus constituti eramus, felicis recordacionis Martino pape quinto predecessori nostro exposito, quod in ducatu Sabaudie, cui tunc presidebamus, necnon in civitatibus, castris, terris et locis temporali dominio ducis Sabaudie pro tempore existentis subiectis, plures Iudei utriusque sexus commorantes, pretextu quorundam privilegiorum etiam a sede apostolica concessorum, per nonnullos iudices excommunicacionis et aliis secundum eorum ritum sentenciis involverentur, et similiter extra ducatum et dominia huiusmodi traherentur, propter quod ipsi Iudei litibus, laboribus et dispendiis fatigati, aut liti et cause cedere, aut cum suis adversariis componere cogebantur, tunc ipse Martinus predecessor nobis litteras concessit tenoris sequentis: "Martinus episcopus, servus servorum Dei, dilecto filio nobili viro Amedeo, duci Sabaudie, salutem et apostolicam benedictionem. Sincere devotionis affectus ... Dat. Rome, apud Sanctos Apostolos, Idibus Februarii, pontificatus nostri anno tertiodecimo". Cum autem, sicut eadem peticio subiungebat, prefati Iudei ad instanciam nonnullorum coram diversis iudicibus etiam ecclesiasticis, tam ex delegacione apostolica quam auctoritate ordinaria, sepenumero maliciose trahuntur, prout multi ex ipsis tracti fuerunt, contra quos adhuc cause dicuntur pendere indecise, ipsisque Iudeis propter odia et antiquam inter eos et Christianos inveteratam differenciam non pateat tutus ad varia tribunalia accessus, quin ymmo plerique eorum solitarii in via reperti exaccionentur, verberentur et alias male tractentur, pro parte ipsius ducis nobis fuit humiliter supplicatum, quatenus litteras ipsius Martini predecessoris supra insertas, ac omnia et singula in eis contenta approbare et confirmare, necnon omnes et singulas causas huiusmodi, ubicumque et coram quibuscumque iudicibus pendentes, ad nos advocare et ad tribunalia sua temporalia et suorum consiliorum remictere, sibique concedere quod extra huiusmodi tribunalia et consilia trahi non possint, ac alias statui et indempnitati eorundem Iudeorum, de quibus ipse dux paratus est unicuique poscenti iusticie ministrare complementum, optime providere, de benignitate apostolica dignaremur. Nos itaque, huiusmodi supplicacionibus inclinati, litteras predictas, quas diligenter inspici et examinari fecimus, ac omnia et singula in eis contenta, prout rite processerunt, auctoritate apostolica approbantes et confirmantes, ac presentis scripti patrocinio communientes, necnon statum causarum huiusmodi presentibus pro expresso habentes, et harum serie ipsas ad nos advocantes, eisdemque duci et tribunalibus temporalibus ac consiliis huiusmodi remictentes, prefato duci, quod ipsi Iudei extra tribunalia temporalia et consilia huiusmodi pro quibuscunque causis, litibus et questionibus, etiam super contractibus feneraticiis directe trahi, vexari, seu alias quomodolibet molestari non possint, auctoritate predicta, tenore presencium indulgemus, districtius inhibentes quibuscunque personis

ecclesiasticis et secularibus contra eosdem Iudeos accionem habentibus, sub
excommunicationis et interdicti sentenciis, aliisque censuris et penis
ecclesiasticis, ne ipsos Iudeos extra tribunalia temporalia et consilia predicta,
a die notificationis et intimacionis presentium litterarum, coram quibusvis
aliis iudicibus, etiam auctoritate apostolica deputatis, seu eciam deputandis,
trahere, ipsisque iudicibus, etiam sub similibus sentenciis, censuris et penis, ne
contra eosdem Iudeos in preiudicium seu derogacionem presentis indulti
procedere, aut quicquam actemptare presumant. Non obstantibus ... Dat.
Gebennis, pridie Kalendas Septembris, anno a Nativitate Domini millesimo
quadringentesimo quadragesimo quarto, pontificatus nostri anno quinto.

Source: A.S, Torino, Bullarium Felicis V, V, fols. 102v-104r.

Publication: Foa, *Bolla di Felice V*, pp. 485f.

Note: See above, Doc. **667**.

Bibliography: Segre, *Piedmont* 1, pp. 177f. (who has 1 September).

761   Geneva, 23 March 1445

Mandate to the abbot of St. Pons outside Nice and the archdeacon and official
of Nice to separate the dwellings of Jews and Christians in Nice. The Jews are
to be transferred to a special quarter of their own; they are to compensate the
rector of the parish church where their new quarter is situated for the loss of
revenue from Christians.

Felix episcopus etc. dilectis filiis abbati monasterii Sancti Poncii extra
muros Nicien., et archidiacono ac officiali Nicien., salutem etc. Ex incumbentis
nobis solicitudinis officio, vices temporum qualitatesque locorum atque
condiciones personarum solerti diligentia considerantes, ac debitum ad singula
dirigentes respectum, sic circa eorum statum vigilanti cura intendimus, et
quod antiqui iuris et consuetudinis instituit providentia ubilibet vigeat, et ea,
quibus dispendiorum contractatur occasio, ne graviorem prorumpant in
noxam, de medio aufferre nos convenit, et ad statum debitum reducere, prout
id cognoscimus in Domino salubriter expedire. Sane, peticio pro parte
dilectorum filiorum civium et incolarum Niciensium nobis nuper exhibita
continebat, quod hactenus consuetudo valde abusiva et sacris canonibus
inimica in civitate Niciensi inolevit, ut Iudei, Christi Crucis inimici, cum
Christianis in eadem, et in plerisque domibus Christiani in inferiori et Iudei in
superiori parte domus cohabitent, unde solet et sepius visum est evenire, quod

dum sacratissimum Corpus divinum ad Christianos per civitatem predictam deferebatur, aliqui ex ipsis Iudeis per superiorem partem domus quam inhabitabant aquam seu aliquas immundicias latenter proiecerunt, ac alia diversa et enormia in Redemptoris omnium contumeliam plurimorumque Christifidelium grave scandallum[!] atque exemplum detestabile commictere presumpserint, et procedente tempore commictere possent, nisi de oportune provisionis remedio provideatur; quare pro parte civium et incolarum predictorum nobis fuit humiliter supplicatum, ut Iudeos predictos a cohabitatione fidelium separari et seorsum in aliquo loco dicte civitatis rethai[!] mandare, nec non rectori seu rectoribus parochialis seu parochialium ecclesiarum infra cuius seu quarum limites collocabuntur ac alias providere oportune, de benignitate apostolica dignaremur. Nos itaque, abusum predictum detestantes, ac actendentes quod Iudei Christianis, a quibus pro sola humanitate foventur et inter eos tollerantur, subiacere debent, ac scandallis que ex cohabitatione huiusmodi, nec non ex eorundem Iudeorum callidis seductionibus verisimiliter evenire possent, possetenus obviare volentes, huiusmodi quoque supplicacionibus inclinati, discrecioni vestre per apostolica scripta districte precipiendo mandamus, quatenus vos, vel duo, aut unus vestrum, convocatis dictis civibus et incolis, omnes et singulos Iudeos in dicta civitate pro tempore degentes ad aliquem locum seorsum dicte civitatis, quem ipsi cives et incole ad id duxerint deputandum, infra certum competentem terminum, quem ad id duxeritis prefigendum, in quo absque Christianorum cohabitatione inhabitare debeant, auctoritate nostra, retrahi et reduci faciatis et procuretis, iure alieno in omnibus semper salvo; decernendo nichilominus quodlibet caput Iudei suis expensis viventis ad solvendum et cum effectu tradendum rectori parochialis ecclesie loci in quo ipsos Iudeos morari contigerit, si ex hoc gravetur, annis singulis, in certo ad id per vos statuendo termino, quatuor grossos monete patrie pro occupacione domorum quas inhabitabunt, et quas Christiani, ex quibus maiora, si inhabitarent, possent verisimiliter emolumenta eidem rectori provenire, fore efficaciter obligatos[!], facientes eidem rectori de ipsis quatuor grossis a singulis ex dictis Iudeis integre responderi; contradictores Christianos per censuram ecclesiasticam, Iudeos vero per communionis fidelium subtractionem, necnon temporales etiam peccuniarias penas dequibus vobis videbitur, aliaque iuris remedia, appellacione postposita, compescendo. Non obstantibus ... Dat. apud Sanctum Dominicum extra muros Gebennen., decimo Kalendas Aprilis, anno a Nativitate Domini millesimo quadringentesimo quadragesimo quinto, pontificatus nostri anno quinto.

Source: A.S, Torino, Bullarium Felicis V, VI, fols. 90r–91r.

Note: On the separate Jewish quarter in Nice, see below, Doc. **859,** and Emanuel, *Nice,* pp. 6f.

762   Geneva, 19 August 1447

Mandate, after inquiry, to Henricus de Alibertis, prior of the priory at
Colombier, in the diocese of Maurienne, and papal vicar in Bresse, that all
transactions made on account of usury are declared null and void and all
interest exacted is returned in connection with the loan given to Michael
Guilliodi of Saint-Martin-du-Mont by and repaid to Abrahaminus of Montel,
Abrahaminus of Lyons and Drictus of Balma, Jews in Bourg-en-Bresse.
Petrus Murtin, also of Saint-Martin-du-Mont, and another had stood surety
for Michael, complicated transactions between Petrus and the moneylenders
ensued, and he feels that he has been taken advantage of.

Felix etc. dilecto filio Henrico de Alibertis, priori prioratus de Columbario,
Maurianensis diocesis, nostro in spiritualibus et temporalibus in partibus
Breysse, Lugdunensis diocesis, vicario generali, salutem etc. Piis et iustis
supplicum votis, illis presertim per que pauperes Christicole, qui a perfidis
Iudeis per usurariam pravitatem suis facultatibus destituti sunt et destitui
formidant in dies, ut ab eorum oppressionibus relevari valeant, libenter
annuimus, eaque, quantum cum Deo possumus, favoribus prosequimur
oportunis. Exhibita siquidem nobis nuper pro parte dilecti filii Petri Murtin,
laici de parrochia loci de Sancto Martino de Monte, Lugdunensis diocesis,
peticio continebat, quod, cum olim dilectus filius Michael Guilliodi, laicus
dicti loci, Abrahamino de Montel, et Abrahamino de Lugduno, ac Dricto de
Balma, perfidis Iudeis, habitatoribus ville Burgi in Breyssa, dicte diocesis, in
summa triginta florenorum monete Sabaudie tunc currentis, ex causa mutui
per ipsum Michaelem ab ipsis Iudeis receptorum, obligaretur, dictaque summa
ex eo quod dictus Michael illam propter inopiam in terminis sibi assignatis
exolvere non posset, usura excrescente ad quinquaginta florenos similes
augmentata foret, Petrus prefatus et dilectus filius Iohannes Berteti, etiam
laicus dicti loci de Sancto Martino, ad solvendum infra certum tunc expressum
terminum summam quinquaginta florenorum huiusmodi, quilibet, videlicet
pro viginti quinque florenis similibus pro eodem Michaele fideiubendo, se
obligarunt, et cum ipse Petrus quotam ipsum contingentem realiter et cum
effectu persolvisset, uno dumtaxat floreno simili deficiente, pro quo Petrus
Abrahamino de Montel huiusmodi mansit obligatus; et postquam ipse
Abrahaminus de Montel obligacionem floreni in Abrahaminum de Lugduno
huiusmodi transtulisset, ac florenus ipse infra modicum tempus per usurariam
pravitatem ad trium florenorum similium summam excrevisset, ipseque
Abrahaminus de Lugduno unum alium florenum similem eidem Petro ex
causa mutui tradidisset, quo ad tres similes florenos ex eadem pravitate
excrescente; et cum dictus Petrus a dilecto filio Iohanne Governer, alias
Morterii, laico dicti loci, tres alios similes florenos eidem Abrahamino de
Lugduno, unum videlicet ex causa mutui receptum, ac duos alios ex usura

resultantes, debitos, ac eidem Abrahamino dandos recepisset et in suos usus convertisset, se ad solvendum novem florenos similes eidem Abrahamino de Lugduno infra certum tunc expressum terminum obligavit, iuramento prestito, ac fideiussoribus [?] ac certis renunciacionibus factis; qui quidem novem floreni, usura postmodum accrescente, infra triennium a tempore obligacionis huiusmodi ad quadraginta florenos similes et octo asinatas siliginis ascenderunt, licet idem Petrus prefato Abrahamino de Lugduno tres asinatas avene triennio huiusmodi pendente realiter persolvisset, pro quibus quidem quadraginta florenis et octo asinatis siliginis in ultimo computo per eosdem Petrum et Abrahaminum de Lugduno concordato, dictus Petrus, qui nullum interim ab eodem Abrahamino denarium receperat, eidem Abrahamino infra certum tunc expressum terminum persolvendis se obligavit, etiam iuramento prestito, fideiussoribus datis, ac renunciacionibus in talibus fieri solitis subsecutis, quamquidem summam quadraginta florenorum et siliginis quantitatem huiusmodi, cum idem Petrus in termino sibi prefixo exolvere non posset, ad instanciam eiusdem Abrahamini de Lugduno in villa Burgi predicta duris carceribus mancipatus, ac in illis, ferris in pedibus pendentibus, decem mensibus cum medio detentus extitit, et pro eorundem carcerum custodia decem florenos similes iam persolvit et adhuc quinque solvere tenetur, nullis alimentis a custode carcerum per eum receptis, cum partim ex elemosina et partim ex eis que quondam Margareta dum viveret ipsius Petri uxor sibi ministrabat alimenta susceperit, a quibus quidem carceribus dictus Petrus postmodum tam vigore certarum litterarum inducialium sibi a dilecto filio nobili viro Ludovico, duce Sabaudie, sub certis modo et forma concessarum ac mediante dicte sue uxoris fideiussione relaxatus, ac terminus ad solvendum quadraginta florenorum summam ac siliginis quantitatem huiusmodi sibi assignatus extiterint, ante cuius termini adventum eadem uxor extitit vita functa, et per aliquantulum tempus post eundem terminum domus sua cum grangia, bladis, feno, utensilibus ac aliis bonis inibi existentibus, inopinato ignis incendio extiterunt consumpta; et licet per incendium ac sue uxoris obitum huiusmodi idem Petrus extiterit ad summam indigenciam redactus, tamen dictus Abrahaminus de Lugduno, disfortunio et penuria huiusmodi non obstantibus, eundem Petrum carceribus in opido Pontisindis[!] mancipari procuravit, a quibus dictus Petrus evadere querens, ipsiusque Iudei perfidiam pertimescens, prefatum Iohannem Berteti, ut pro eo apud eundem Iudeum fideiuberet, ipsumque a carceribus huiusmodi liberaret, requisivit, promictens quod nisi infra certum sibi tunc prefixum terminum eidem Abrahamino de Lugduno satisfactum foret, ipsumque Iohannem Berteti a fideiussione et quolibet alio onere pro ipso Petro per ipsum Iohannem Berteti suscepto [?], carceres reintraret eosdem, ac certas terras et possessiones ad ipsum Petrum pertinentes, in eventum non liberacionis huiusmodi extunc vendidit pro precio summe ipsi Abrahamino de Lugduno per ipsum Petrum debite, prout in diversis litteris desuper successive confectis plenius continetur. Cum autem, sicut eadem peticio subiungebat, termino huiusmodi adveniente, cum dictus Petrus cum eodem Abrahamino concordare non posset, terras et possessiones suas huiusmodi in desperacione dereliquerit, dubitetque illas per dictum Iohannem Berteti venditas aut alienatas, aut inter eum aliquam, ut a fideiussione huiusmodi liberaretur, et dictum Abrahaminum transactionem in preiudicium eiusdem Petri initam fore, necnon prefatum Abrahaminum de Lugduno usuras, que a tempore obligacionis quadraginta florenorum et octo asinatarum siliginis huiusmodi excreverunt, queque ad magnam summam ascendisse extimabuntur, cum iam triennium effluxerit, ab ipso Petro extorquere velle, ad quarum necnon premissarum pecuniarum summe et siliginis quantitatis eciam per usurariam pravitatem resultancium solucionem, facultates eiusdem Petri non suppetant[!], quin ymo, si ad illarum solucionem compelleretur, omnem hereditatem ac mobilia et immobilia bona vendere, ac mendicare perpetuo cogeretur, pro parte ipsius Petri, qui, ut asserit, magna paupertate detentus, duas filias in etate nubili quasi constitutas, ac unum natum masculum, ac tres filios quondam Iohannis de Murtin, sui fratris, in tutela habet, nec occasione pecuniarum summe et siliginis quantitatis huiusmodi et interesse a dicto Abrahamino in pecunia numerata ultra quinque florenos similes, quorum duo ex eadem pravitate ex parte Iohannis Governer prefati excreverunt, non recepit, solvitque, ut prefertur, tres asinatas avene predictas, paratusque existit exsolvere quicquid ex mutuo recepit, usuris cessantibus, ac solutis de numerata pecunia per ipsum Petrum recepta deductis, nobis fuit humiliter supplicatum, quatinus suis miserie et inopie ac statui in premissis oportune providere, de benignitate apostolica dignaremur. Nos igitur, singulorum indigencie Christicolarum, ne Iudeorum calliditatibus opprimantur, providere paterno desiderantes affectu, de premissis tamen certam noticiam non habentes, huiusmodi quoque supplicacionibus inclinati, discrecioni tue per apostolica scripta committimus et mandamus, quatenus, vocatis dicto Abrahamino de Lugduno ac aliis qui fuerint evocandi, de premissis omnibus et singulis eorumque circumstanciis universis te, auctoritate nostra, diligenter informes, et si per informationem huiusmodi premissa vel que ad id sufficienter reppereris veritate fulciri, Petro a iuramentis ad effectum solucionis usurarum huiusmodi per ipsum prestitis per te absoluto, prefatum Abrahaminum, ut sua sorte sit contentus, et si quid ultra sortem occasione usurarum perceperit, eidem Petro restituat, et ab usurarum exactione desistat, auctoritate nostra compellas, ipsumque Petrum ad solucionem alicuius pecuniarum summe aut alicuius rei eidem Abrahamino occasione usurarum faciende[!] minime teneri, aut compelli debere, declares, non permittens Petrum et Iohannem Berteti prefatos ac dilectum filium Michaelem de Campo, alias Palordet, laicum dicte diocesis, aliosque ipsius Petri fideiussores, per ipsum Abrahaminum de Lugduno, vel quosvis alios, coram quovis iudice ecclesiastico vel seculari occasione usurarum huiusmodi molestari, vexari, perturbari, seu quomodolibet inquietari. Et nichilominus, si Iohannes Berteti

in preiudicium Petri aliquam transactionem cum Abrahamino de Lugduno
inierit, seu terras et possessiones huiusmodi vendiderit, seu alienaverit, aut
alias in favorem solucionis usurarum huiusmodi disposuerit, transactionem,
vendicionem, alienacionem ac disposicionem huiusmodi revoces, ac in
pristinum statum, in quo ante fideiussionem per ipsum Iohannem Berteti
factam, ut prefertur, erant, reducas auctoritate memorata, ac alia facias que in
premissis et circa ea necessaria videris quomodolibet vel oportuna;
contradictores per censuram ecclesiasticam quo ad Christianos, quo ad Iudeos
vero, per substractionem communionis fidelium, appellacione postposita,
compescendo. Non obstantibus... Dat. apud Sanctum Dominicum extra
muros Gebennenses, quarto decimo Kalendas Septembris, anno a Nativitate
Domini millesimo quadringentesimo quadragesimo septimo, pontificatus
nostri anno octavo.

Source: AS, Torino, Bullarium Felicis V, VII, fols. 210v–213r.

763   Lausanne, ‘13 April 1448

Mandate, if the facts are established, to the abbots of the monasteries at
Staffarda and Savigliano, in the diocese of Turin, to settle with real estate the
payment of the residual debt owed by Georgius Cantarelli and his brother
Johannes, both of Verzuolo, to certain Jews.

Felix episcopus etc. dilectis filiis, Stafarde et Saviliani, Taurinensis diocesis,
monasteriorum abbatibus, salutem etc. Honestis et humilibus supplicum votis
libenter annuimus, illis presertim, per que saluti animarum provideri
conspicimus, illaque favoribus prosequimur oportunis. Exhibita siquidem
nobis nuper pro parte dilectorum filiorum Georgii Cantarelli et Iohannis eius
fratris, de Verzolio, Taurinensis diocesis, peticio continebat, quod, licet ipsi
olim de certis pecuniis, a quibusdam Iudeis, certis iuramentis, caucionibus,
usuris, pactis et condicionibus adiectis, mutuo receptis, quarum usure adeo
excrevisse noscebantur, quod sortem transcenderant, quadam usurarum parte
restante, quam malicia temporum et sinistrorum eventuum causante solvere
non potuerunt, satisfecissent, nichilominus ipsi debitores ac illorum
fideiussores ad solucionem huiusmodi residue partis usurarum, quam in
presenciarum eis est impossibile solvere, nisi forsan ipsis Iudeis de eorum
bonis in forma iuris satisfieret, multipliciter molestantur, et sperant in dies
acrius molestari; quare pro parte eorundem debitorum nobis fuit humiliter
supplicatum, quatenus eis in premissis oportune consulere, de benignitate
apostolica dignaremur. Nos itaque, attendentes quod inanis est actio quam

excludit inopia, debitorum ipsorum quoque exponencium supplicacionibus inclinati, discrecioni vestre per apostolica scripta committimus et mandamus, quatenus vos vel alter vestrum, si, vocatis dictis Iudeis et aliis qui fuerint evocandi, premissa reppereritis fore vera, de bonis immobilibus eorundem debitorum usque ad quantitatem debiti predicti, bonorum virorum arbitrio et extimacione, insolutum tradere et assignare curetis, non permittentes debitores prefatos vel eorum fideiussores de cetero amplius premissorum occasione vexari, seu inquietari, aut alias quomodolibet molestari; contradictores Christianos per censuram ecclesiasticam, Iudeos vero per subtraccionem communionis fidelium ac alia iuris remedia, appellatione postposita, compescendo. Non obstantibus ... Dat. Lausanne, Idibus Aprilis, anno a Nativitate Domini millesimo quadringentesimo quadragesimo octavo, pontificatus nostri anno octavo.

Source: AS, Torino, Bullarium Felicis V, VIII, fol. 346r-v.

Bibliography: Segre, *Piedmont* 1, p. 219.

Nicholas V (Parentucelli)
6 Mar. 1447 – 24 Mar. 1455

Rome, 19 March 1447

Mandate to Francis Kuhschmalz, bishop of Varmia, Wladislaw Oporowski, bishop of Wloclawek, and Bartholomew Savijerve, bishop of Tartu (Dorpat), to see to the application of the mandate, if the facts were established, by Eugenius IV, not dispatched owing to his death, to confirm the investiture by Emperor Sigismund of the Teutonic Knights of St. Mary in Jerusalem with the Neumark of Brandenburg, including Christians, Jews and others. Frederick, John Albert and Frederick junior, marquises of Brandenburg, gave their consent to the investiture, and Frederick (III) king of the Romans, confirmed it, as did Ladislaus, king of Bohemia.

Nicolaus etc. Ad perpetuam rei memoriam. Ad sacram Petri sedem... "Nicolaus episcopus, servus servorum Dei, venerabilibus fratribus Warmiensi et Wladislaviensi ac Tarbatensi episcopis, salutem et apostolicam benedictionem. Rationi congruit et convenit equitati, ut ea que de Romano pontifice processerunt, licet eius superveniente obitu littere desuper apostolice confecte non fuerint, suum consequantur effectum. Dudum siquidem felicis recordationis Eugenio pape IV predecessori nostro, pro parte dilectorum filiorum magistri et fratrum Hospitalis Beate Marie Theutonicorum Ierosolymitani exposito, quod olim dive memorie Sigismundus, Romanus imperator, tunc ipsorum rex, magistro et fratribus predictis provinciam, dominium sive territorium Novemarchie Brandeburgensis, eius verum, iustum, paternum et hereditarium patrimonium, pro certa pecunie summa prescripserat et obligaverat, ac deinde, considerans quod per ipsos fratres eorumque solicitudines et impensas Christianitatis fines multipliciter ampliati, gentilitas populorum contrita atque repulsa, et multi ad sacrum baptisma revocati, necnon ad fidem Catholicam reducti forent, aliisque suadentibus causis tunc expressis, animo deliberato, necnon imperii et aliorum principum, comitum, baronum et procerum sano desuper communicato consilio, de certa sua scientia et motu proprio, terras Novemarchie et territorium huiusmodi cum omnibus suis civitatibus, castris, municionibus, opidis, villis, allodiis, campis, agris, pratis, ortis, montibus, vallibus, planis, silvis, theoloniis, conductibus, ecclesiarum presentacionibus ac ecclesiasticis et secularibus feudis, vasallis, vasallagiis, hominibus censualibus et rusticis servitoribus, iudiciis, iudicibus, penis, devolutionibus montaneis minerarum, sive in auro, argento, cupro, stanno, plumbo, vel alterius cuiuscumque maneriei forent, ac Christianis, Iudeis, aliisque pertinentiis, nil prorsus excepto, per suas litteras magistro et fratribus predictis, sub omni iure et libertate quibus ipsi terras, subditos et subiectos eorum tenerent ac possiderent, in perpetuum dederat atque donaverat, mandans omnibus prelatis, comitibus et aliis ad ipsam Novamarchiam pertinentibus et eam inhabitantibus, ut magistrum et fratres predictos tanquam ipsorum legitimos heredes in antea reciperent, tenerent et haberent, ac eis iuramenta necnon obedientiam prestarent; et subsequenter dilecti filii nobiles viri Fredericus senior, Iohannes Albertus et Fredericus Iunior, germani, marchiones Brandeburgenses, qui ius aliquod vel interesse in ipsa Novamarchia dicebantur habere, dacioni et donacioni predictis, ac omnibus in eisdem litteris contentis, consenserant, etiam perinde, ac si per ipsos facte forent, eorum renunciationibus desuper subsecutis. Tandem vero, carissimus in Christo filius noster Fredericus, Romanus rex illustris, dacionem, donacionem, consensum et renunciationem ac contenta huiusmodi confirmaverat et approbaverat, ipsamque Novammarchiam eisdem magistro et fratribus de novo dederat, ac omnes, preterquam carissimus in Christo filius noster Ladislaus, rex Bohemie, qui etiam tunc minor annis erat, electores ipsius imperii in daciones, donaciones, consensum et renunciaciones huiusmodi suos favores, consensum et voluntatem prestiterant, etiam aliis adiectis, prout in prefatis et aliis ipsorum Frederici regis ac electorum, absque predicto Bohemie rege, necnon marchionum litteris inde confectis, eorum sigillis munitis, plenius dicebatur contineri; necnon pro parte magistri et fratrum eorum ipsi predecessori humiliter supplicato, ut dacionibus, donacionibus, consensui, prestationibus et aliis in litteris contentis huiusmodi, pro illorum subsistencia firmiori, robur apostolice confirmationis adiicere, de benignitate apostolica dignaremur[!], idem predecessor de premissis certam noticiam non habens, et huiusmodi supplicationibus inclinatus, videlicet sub data diei sexto Idus Iunii, pontificatus sui anno sexto decimo, voluit et concessit certis dari iudicibus in mandatis, ut, postquam eis de dacionibus, donationibus, consensu, prestacionibus et aliis contentis huiusmodi legitime constaret, illa, necnon quecumque inde secuta, auctoritate apostolica confirmarent et approbarent, perpetuosque vim et vigorem habere decernerent, supplentes omnes defectus, si qui forsan intervenerant in eisdem. Ne autem magister et fratres predicti voluntatis et concessionis prefatarum, pro eo quod super illis, ipsius predecessoris, eius superveniente obitu, littere confecte non fuerunt, effectum frustrentur, volentes et eadem auctoritate decernentes quod voluntas predecessoris et concessio huiusmodi perinde a dicta die valeant et effectum sortiantur, ac si super eis dicti predecessoris littere, sub ipsius diei data confecte fuissent, prout superius enarratur, quodque presentes littere ad probandum plene voluntatem predecessoris eiusdem et concessionem predictas ubique sufficiant, nec ad id probacionis alterius amminiculum requiratur, fraternitati vestre per apostolica scripta mandamus, quatenus vos, vel duo, aut unus vestrum, si et postquam vobis de dacionibus, donacionibus, consensu, prestacionibus ac aliis contentis huiusmodi legitime constiterit, ea, necnon quevis inde secuta, auctoritate predicta confirmetis et approbetis ac premissos vim et vigorem habere decernatis, omnes huiusmodi supplentes defectus, si qui forsan in illis intervenisse noscantur. Dat. Rome, apud Sanctum Petrum, anno Incarnationis Dominice millesimo quadringentesimo quadragesimo sexto, quartodecimo Kalendas Aprilis, pontificatus nostri anno primo." ... Dat. Rome, apud Sanctam Mariam Maiorem, anno Incarnationis Dominice millesimo quadringentesimo quinquagesimo, Nonis Novembris, pontificatus nostri anno quarto.

Source: ASV, Reg. Lat. 464, fols. 193r–246v.

Note: The Bull is included in a confirmation *Ad perpetuam rei memoriam. Ad sacram Petri sedem*, dated 5 November 1450.

765   Rome, 23 June 1447

Reissue of Bull *Super gregem Dominicum* (above, Doc. **740**), this time directed against the Jews and Saracens in Italy, and appointment of John Capistrano, a Franciscan, to apply the provisions of the Bull.

Nicolaus etc. Ad perpetuam rei memoriam. Super gregem Dominicum ... Dudum siquidem ad nostram audientiam deducto, Iudeos in omnibus Italie partibus et provinciis, certis indultis et concessionibus eis a sede apostolica ad futuram rei memoriam, vel ab aliis quibuscunque concessis, adeo erronee et perverse uti, ut hiis que eis gratiose et ad bonum ac honestum finem et effectum concessa sunt, illi abutantur, multaque sub eo pretextu inhonesta et turpia committant, ex quibus Christiane religionis et fidei puritas non parum leditur et mentes Catholicorum Christifidelium sepe scandalum patiuntur, ob quod per felicis recordationis Eugenium papam IIII predecessorem nostrum, concessiones, privilegia et indulta huiusmodi Iudeis, sub quibuscunque dominiis, etiam in terris nobis et Romane Ecclesie mediate vel immediate subiectis commorantibus, ut premittitur, concessa, usque ad terminos iuris communis dumtaxat operari, nec ulterius aliquo pacto se extendi, nec aliam quam ipsius iuris communis interpretationem pati, aut recipere, extitit declaratum. Cum autem ... Et insuper, ut tam Christifideles quam Iudei et

Sarraceni in prefatis Italie partibus commorantes, presentes et posteri, ad decretorum et decretalium epistolarum ac predictarum et presentis nostre constitutionum huiusmodi observationem omnimodam noverint efficaciter se teneri, nec vigore seu pretextu quorumvis privilegiorum, exemptionum, libertatum, immunitatum, concessionum et indultorum eis quomodolibet et a quibuslibet concessorum, ab observatione predicta valeant aliquatenus se tueri, omnia et singula privilegia, exemptiones, libertates, immunitates, concessiones et indulta per felicis recordationis Martinum papam V seu Eugenium IIII, ceterosque predecessores nostros Romanos pontifices, ac alios quoscunque quibusvis Christifidelibus ac eisdem Iudeis et Sarracenis, in specie vel in genere, sub quibuslibet verborum formis ... contra premissa vel eorum aliquod quomodolibet facta vel concessa ... necnon quecumque inde secuta, eadem auctoritate cassamus, revocamus et annullamus ... Preterea, universos et singulos venerabiles fratres nostros archiepiscopos, episcopos, et dilectos filios principes, dominos temporales, capitaneos, barones, milites, nobiles, communitates, et ceteros quoscunque Christifideles ecclesiasticos et seculares in prefatis Italie partibus commorantes, cuiuscunque status, gradus vel conditionis fuerint, obsecramus in Domino, et per aspersionem sanguinis Domini nostri Ihesu Christi exhortamur, eisque in remissionem suorum peccanimum iniungimus, ut et ipsi decreta, decretales epistolas et constitutiones predicta observent, et per eorum tam Christianos quam Iudeos et Sarracenos subditos faciant inviolabiliter observari. Et nichilominus, eisdem utriusque sexus fidelibus ac Iudeis et Sarracenis prefatis, presentibus et futuris, precipimus et mandamus, quatinus infra quindecim dierum spatium a die publicationis presentium, in loco in quo ipsi degunt faciende computandorum, omnia et singula decreta, decretales epistolas et constitutiones predicta ac in illis et presentis nostre constitutionis litteris contenta, observare incipiant et observent cum effectu ... Et quia parum est iura condere, nisi per aliquem executioni debite demandentur, dilectum filium fratrem Iohannem de Capistrano, ordinis Minorum professorem, omnium predictorum executorem, auctoritate apostolica deputamus, instituimus et ordinamus; concedentes eidem plenam et liberam potestatem, tam per se ipsum, quam per ydoneos religiosos sui ordinis vel alterius, per eundem cum sibi visum fuerit deputandos, inquirendi, admonendi, exortandi et solicitandi principes ac prelatos et dominos, tam ecclesiasticos quam seculares predictos, ut omnia et singula predicta faciant diligentius observari, quibus in aliis arduis negotiis occupatis, seu alias negligentibus, seu ultra prefatum terminum retardantibus, ipse idem dilectus filius Iohannes de Capistrano per se vel per suos deputandos, ut prefertur, procedere valeant et ea executioni debite effectualiter demandare; contradictores et rebelles per censuras ecclesiasticas et alia iuris remedia compescendo, invocato etiam per eosdem, quotiens opus fuerit, auxilio brachii tam ecclesiastici quam secularis ... Nulli ergo etc. ... Dat. Rome, apud Sanctum

Petrum, anno Incarnationis Dominice millesimo quadringentesimo quadragesimo septimo, nono Kalendas Iulii, anno primo.

Source: ASV, Reg. Lat. 445, fols. 206v–210v.

Publication: Hermann, *Capistranus Triumphans*, pp. 245f.; Hüntemann, *Bullarium Franciscanum* 1, pp. 540f.; Wadding, *Annales* 11, pp. 280f.

Note: Identical — *mutatis mutandis* — with the Bulls *Super gregem Dominicum*, published by Eugenius IV on 8 August 1442 and by Nicholas V on 25 February 1451. See above, Doc. **740,** and below, Doc. **783.**

Bibliography: Amabile, *Inquisizione in Napoli* 1, p. 280; Browe, *Judenmission*, p. 36; Erler, *Historisch-kritische Übersicht* 7, p. 24; Jacob, *Johann von Capistrano* 1, pp. 30f.; Kaufmann, *Correspondance*, pp. 249f.; Vogelstein-Rieger, *Rom* 2, pp. 13f.

766   Rome, 28 August 1447

Assignation to Domenic Capranica, cardinal priest of the Holy Cross in Jerusalem and papal legate, of 3,759 florins, the expenses of his legation, from the taxes of the clergy and Jews of the March of Ancona.

Nicolaus etc. dilecto filio Dominico, tituli Sancte Crucis in Ierusalem presbitero cardinali, apostolice sedis legato, salutem etc. Dum cumulum virtutum, quibus divina gratia personam tuam clarere voluit, ac eximiorum obsequiorum que nobis et Romane Ecclesie fideliter hactenus exhibere studuisti et adhuc exhibere non desinis diligenter actendimus, dignum quin ymo potius debitum reputamus, ut illa tibi favorabiliter concedamus, per que indemnitatibus tuis valeat salubriter provideri. Cum itaque, sicut accepimus, camera apostolica occasione tue provisionis et ex certis aliis legitimis causis in magna pecuniarum summa efficaciter obligata remanserit et existat, nos, volentes, sicut debitum rationis exposcit, circa restitutionem pecuniarum huiusmodi, et precipue tibi debitarum, que iuxta computum seu calculum rationis olim per te cum gentibus dicte camere factum, ad summam trium milium septingentorum et quinquaginta novem florenorum auri de camera ascendere dinoscuntur, indemnitati tue salubriter providere, ac deficientibus facultatibus prefate camere, que non solum exhausta, sed insupportabilibus debitorum oneribus pregravata existit, alias condignam satisfactionem tibi facere non valentes, motu proprio, non ad tuam vel alterius pro te nobis super

hoc oblate petitionis instanciam, sed ex nostra sciencia certa, omnes et singulas
talleas clericorum et Iudeorum in provincia nostra Marchie Anconitane
commorantium, illarumque fructus, iura, obventiones et emolumenta, etiam
si in pecuniis vel aliis quibusvis rebus consistant, donec et quousque ex illis
summam trium milium septingentorum et quinquaginta novem florenorum
huiusmodi exegeris, ac pro ipsa summa integre et efficaciter tibi satisfactum
fuerit, ex nunc, auctoritate apostolica, tenore presentium assignamus;
mandantes omnibus et singulis utriusque sexus ecclesiasticis, secularibus et
ordinum quorumcumque regularibus, ac laicis personis, cuiuscumque status,
gradus, ordinis, condicionis, nobilitatis aut preeminentie fuerint, etiam si
episcopali, vel alia quavis ecclesiastica seu mundana dignitate prefulgeant,
sub excommunicationis pena, quam singulos contrafacientes ipso facto
incurrere volumus, ut infra novem dies post insinuationem presentium eis pro
tempore factam immediate sequentes, quos eis et cuilibet ipsorum pro omni
dilatione et canonica monitione assignamus, tibi, vel procuratori tuo ad hoc a
te speciale mandatum habenti, talleas, seu illarum proventus, iura, obventiones
et emolumenta prefata, prout illa obveniunt, realiter et cum effectu dent,
tradent et assignent; districtius quoque inhibentes dilectis filiis camerario et
thesaurario nostris et gentibus prefate camere debitorum in dicta provincia
pro tempore deputatis, communiter et divisim, ne ipsi vel aliquis eorum,
quominus tu vel ad id per te pro tempore deputati, talleas, proventus, iura,
obventiones et emolumenta assignata huiusmodi, usque ad plenam et integram
solutionem vel satisfactionem summarum florenorum tibi debitorum
huiusmodi percipere et levare possis et valeas, seu deputati prefati possint et
valeant, impedimentum aliquod prestare valeant quovismodo seu presumant;
non obstantibus constitutionibus et ordinationibus apostolicis ac dicte
provincie statutis et consuetudinibus, iuramento, confirmatione apostolica,
vel quavis firmitate alia roboratis, privilegiis quoque, indulgentiis, gratiis et
litteris, etiam apostolicis, ipsis provincie, clero et Iudeis, vel quibusvis aliis,
sub quibuscumque formis vel expressionibus verborum, etiam motu simili, et
ex certa sciencia, ac cum irritantis adiectione decreti, per nos vel sedem
apostolicam hactenus concessis et in antea forsan concedendis, ceterisque
contrariis quibuscumque. Nos enim, tibi et ad id per te pro tempore deputate
persone, seu deputatis personis, talleas, seu illarum proventus, iura,
obventiones et emolumenta assignata predicta, a quibuscumque habentibus et
debentibus, illa pro tempore nostro et Ecclesie ac camere predictarum
nominibus petendi, exigendi, recipiendi et levandi, usque ad integram
satisfactionem summarum florenorum tibi debitorum huiusmodi, ac de
receptis et levatis dumtaxat, et dantes et solventes quietandi et liberandi ac
perpetuo absolvendi, plenam et liberam, harum serie, concedimus facultatem.
Volumus autem, quod super hiis que vigore presentium exegeris et perceperis
duo similis tenoris confici facias publica instrumenta, quorum uno penes te
pro tua cautella[!] retento, reliquum ad dictam cameram procures quantocius

destinare. Nulli ergo etc. ... Si quis etc. Dat. Rome, apud Sanctum Petrum, anno etc. millesimo quadringentesimo quadragesimo septimo, quinto Kalendas Septembris, pontificatus nostri anno primo.

Source: ASV, Reg. Vat. 406, fols. 146v–147r.

Note: See Partner, *Papal State*, esp. p. 88, n. 5.

767   Rome, 2 November 1447

Protection to Jews in Spain from forced conversions, sermons fomenting hatred against Jews, violence and murder, ritual murder libel and the like, recalling measures adopted by Nicholas IV.

Nicolaus etc. Ad futuram rei memoriam. Etsi apostolice sedis clementia cunctis debeat esse gratiosa fidelibus, nichilominus tamen gentem Iudaicam, quam humilioris legis armat conditio, ut inter fideles ipsos conversando pro tempore in pace quiescant et ab omnibus oppressionibus releventur indebitis, Salvatoris intuitu, humanitate complectitur singulari. Sane, pro parte universorum Iudeorum in Ispaniarum partibus commorantium, querelam nuper accepimus continentem quod — licet diversi Romani pontifices predecessores nostri, et presertim Nicolaus papa IIII, inter alia statuerint, ut nullus Christianus invitos vel nolentes Iudeos ad baptismum per violentiam venire compelleret, sed si eorum quisquam sponte ad Christianos fidei causa confugeret, postquam voluntas eius foret patefacta, Christianis[!] absque calumnia aliqua efficeretur, quodque nullus Christianus ipsorum personas sine iudicio potestatis terre vulnerare, aut occidere, vel suas eis pecunias auferre presumeret, aut bonas quas eatenus in ipsa quam habitant regione habuerant consuetudine[s] immutare, preterea in festivitatum suarum celebratione quisquam fustibus vel lapidibus eos nullatenus perturbarent[!], nec aliquis ab eis quo[!] ad[!] servitia exigeret, nisi ea que ipsis[!] preteritis facere temporibus consueverant, ac decreverunt, ut nemo cimiterium Iudeorum mutilare auderet, sive obtentu pecunie humata corpora effodere, — tamen nonnulli, et presertim levis seu parve conditionis, Christiani dictarum partium, aliorum Christianorum et potissime quorundam regularium consiliis et suasionibus ducti, in festivitatibus Christianorum, et presertim in Septimana Sancta in qua dicti Iudei suarum domorum seu habitationum portas clausas tenere consueverunt et tenent, domos seu habitationes invadere, ac portas huiusmodi violenter frangere, ipsorumque sinagogas capere et destruere, aliquas vero earum in ecclesias erigere, sicque erectas ad prophanos usus redigere, vel alias illas deserere, et, ut facilius Iudeos ipsos ad Christianorum odium deducere possint, eisdem Christianis, quod dicti Iudei aliquas festivitates absque iecore seu corde alicuius Christiani celebrare nequeunt neque celebrant, falso asserere illisque persuadere presumpserunt, et dietim presumunt. Quare pro parte dictorum Iudeorum asserentium quod ex premissis quamplura inter Christianos et Iudeos huiusmodi membrorum mutilationes, homicidia, aliaque personarum et rerum pericula atque damna provenerunt, ac maiora verisimiliter provenient in futurum, nobis fuit humiliter supplicatum, ut eis super hiis oportune providere, de benignitate apostolica dignaremur. Nos igitur, considerantes Christiane religioni convenire Iudeis eo libentius contra ipsorum persecutores et molestatores oportunum prestare presidium, quo specialius sunt in testimonium orthodoxe fidei reservati, in hiis etiam vestigiis dictorum predecessorum inherentes, huiusmodi quoque supplicationibus inclinati, hac perpetua et irrefragabili constitutione districtius inhibemus universis et singulis Christifidelibus, tam ecclesiasticis, secularibus et etiam Mendicantium ac aliorum ordinum quorumcumque regularibus, quam laicis personis partium predictarum, cuiuscumque status, gradus, ordinis, vel conditionis fuerint, etiam si archiepiscopali, episcopali, vel alia quacumque ecclesiastica seu mundana dignitate prefulgeant, ne de cetero per se, vel alium, seu alios, publice vel occulte, directe vel indirecte, contra Iudeos ipsos aut ipsorum aliquem similia facere, attemptare, seu in eos vel ipsorum aliquem in personis, bonis vel rebus suis iniuriam, molestiam, vel offensam aliquam inferre, seu inferri facere, vel ipsos Iudeos sine iusta culpa cedere, ledere, capere, et quominus Sabbatis et aliis diebus, quos iuxta suos ritus et leges celebrare soliti sunt, illos eorumque cerimonias, ritus, leges et statuta observare, illisque uti et gaudere libere ac licite valeant et possint, quovis quesito colore audeant vel presumant, sed eos humana mansuetudine prosequantur atque pertractent; mandantes universis et singulis locorum ordinariis et magistratibus civitatum, terrarum et locorum partium earundem, ipsorumque officialibus, quatenus omnes et singulos utriusque sexus Christianos, tam ecclesiasticos, seculares, et Cisterciensium ac Predicatorum, Minorum et aliorum mendicantium ac non mendicantium ordinum quorumcumque regulares, quam laicos, in eorum civitatibus, diocesibus, terris atque locis commorantes, exemptos et non exemptos, qui Iudeos predictos contra premissa molestare, inquietare, seu gravare in antea quomodolibet presumpserint, et de quibus eis legitime constiterit, ordinarii videlicet et ipsorum officiales sub excommunicationis, magistratus autem et similiter eorum officiales pecuniaria et aliis etiam formidabilioribus de quibus eis videbitur penis, quotiens opus fuerit et pro parte dictorum Iudeorum seu alicuius eorum, presentium et futurorum, desuper fuerint requisiti, moneant et requirant, eisque precipiant et mandent, ut a talibus desistant, et lesis Iudeis pro modo culpe seu lesionis satisfaciant; alioquin, quos mandatorum et monitionum predictorum contemptores ac rebelles invenerint, huiusmodi penis, iustitia mediante, subiciant ac puniant; non obstantibus constitutionibus et ordinationibus ac privilegiis, exemptionibus, et licteris apostolicis, specialibus vel generalibus, etiam si de eis et eorum totis tenoribus ac de verbo ad verbum in presentibus plena et expressa mentio habenda foret, que eisdem contentoribus[!] quo ad hoc nolumus aliqualiter suffragari, ceterisque contrariis quibuscumque; illos autem Iudeo[s] dumtaxat presentium licterarum, quas perpetuis futuris temporibus firmitatis robore subsistere presidio volumus communiri, qui ipsis non abutentur, nec quicquam machinare presumpserint in subversionem fidei Christiane. Nulli ergo etc. ... Si quis etc. Dat. Rome, apud Sanctum Petrum, anno etc. millesimo quadringentesimo quadragesimo septimo, quarto Nonas Novembris, pontificatus nostri anno primo.

Source: ASV, Reg. Vat. 385, fols. 255v–256v.

Publication: Beltran de Heredia, *Bulas de Nicolas V*, pp. 38f.; Bondy-Dworsky, *Geschichte* 1, pp. 116f.

Note: The Bull contains several passages similar to those of the standard *Sicut Judeis*.

Bibliography: Bardinet, *Condition*, p. 7; Browe, *Judenbekämpfung*, p. 225; Erler, *Historisch-kritische Übersicht* 7, p. 25; Grayzel, *Sicut Judeis*, p. 274; Hofer, *Johannes von Capestrano*, p. 497; Kayser, *Nikolaus V*, p. 210; Mansilla, *Fondos españoles*, p. 555; Raynaldus, *Annales Ecclesiastici*, a. 1447, § 22; Simonsohn, *Kirchliche Judengesetzgebung*, pp. 53f. (has January 1447); Stern, *Urkundliche Beiträge* 1, p. 46; Vogelstein-Rieger, *Rom* 2, p. 13.

768   Rome, 6 December 1447

Confirmation of revocation by Eugenius IV, on 19 November 1443, of Martin V's *Sicut Judeis* Bull issued on 20 February 1422 and later revoked by the latter himself.

Nicolaus etc. Ad futuram rei memoriam. Provisionis nostre debet provenire subsidio, ut suum ius cuilibet conservetur. Hinc est, quod nos tenorem quarundam litterarum felicis recordationis Eugenii pape quarti predecessoris nostri, in registro ipsius predecessoris repertarum, pro eo quod, sicut petitio dilecti filii Francisci de Eugubio, fratris ordinis Minorum, nobis exhibita continebat, ipse certis ex causis huiusmodi tenorem penes se habere et sua asserit interesse de registro ipso de verbo ad verbum transcribi, et ad eiusdem Francisci supplicationis instantiam presentibus fecimus annotari, qui talis est: "Eugenius episcopus, servus servorum Dei. Ad perpetuam rei memoriam. Apostolice sedis providencia ... Dudum siquidem felicis recordationis Martinus papa quintus ... Iudeis ... privilegium concessit tenoris subsequentis: "Martinus ... Universis Christifidelibus ... Sicut Iudeis ... Dat. Rome, apud Sanctum Petrum, decimo Kalendas Marcii, pontificatus nostri anno quinto". Cum autem huiusmodi indultum prefatis Iudeis ultra quam oporteat favere videatur ... Dat. Senis, anno Incarnationis Dominice millesimo quadringentesimo quadragesimo tercio, tercio decimo Kalendas Iulii, pontificatus nostri anno tercio decimo." Ceterum, ut earundem litterarum tenor predictus sic insertus omnimodam rei seu facti certitudinem faciat, apostolica auctoritate decernimus, ut illud idem robur, eamque vim, eundemque vigorem, tenore[!] ipse, per omnia habeat, que haberent originales littere supradicte, et eadem prorsus huiusmodi tenori fides adhibeatur quandocumque et ubicumque, sive in iudicio, vel alibi fuerit exhibitus vel ostensus, et eidem stetur firmiter in omnibus, sicut eisdem originalibus litteris staretur, si forent exhibite vel ostense; per hoc autem nullum de novo cuiquam ius acquiri volumus, sed antiquum tantummodo conservari. Nulli ergo etc. ... Si quis autem etc. Dat. Rome, apud Sanctum Petrum, anno etc. millesimo quadringentesimo quadragesimo septimo, octavo Idus Decembris, pontificatus nostri anno primo.

Source: ASV, Reg. Vat. 408, fols. 148v–150r.

Note: Nicholas V quotes verbatim the Bulls of his predecessors. Stern, *Urkundliche Beiträge* 1, p. 46, has 1435 as the date of a Bull of Eugenius IV, containing a confirmation of Martin V's Bull. There is no such thing in the Bull of Nicholas. Therefore Stern, *op. cit.*, p. 45, No. 38, also has to be deleted. And see above, Docs. **614, 620, 745.**

Bibliography: Grayzel, *Sicut Judeis*, p. 274; Kayser, *Nikolaus V*, p. 216; Stern, *loc. cit.*

---

769   Rome, 20 December 1447

Concession to René, Duke of Provence (and king of Naples), to transfer a holy monument to a suitable site, to demolish the church of St. John of Marseilles and rebuild it elsewhere, and to compel the Jews in Provence to attend compulsory sermons.

Charissimo in Christo filio Renato, Jerusalem et Sicilie regi illustri, salutem, etc. Tanta est fides et devotio tua erga nos et Romanam Ecclesiam, ut nos semper inveniat in gratiarum exhibitione benignos. Hinc est, quod nos tue supplicationi inclinati, ut lapidem marmoreum, in quo est figura Crucifixi per Mariam Iacobi et Mariam Salome ad villam B. Marie de Mari, Arelatensis diocesis, ut creditur, apportatum, et ibidem existens, dum tamen hoc sine scandalo fiat, ad loca honesta, ubi tibi placuerit cum devotione deferri, necnon ecclesiam Sancti Ioannis Massiliensis, illiusque structuras, domos et edificia ad hoc, ut portus maris ibidem magis tutus existat, penitus demoliri, et loco illius, in eadem civitate aliam ecclesiam, in structuris, domibus et edificiis ipsi demoliende ecclesie eque bonam, de novo construi et edificari facere, necnon quater in anno per litteratum et idoneum predicatorem Iudeis in illis partibus commorantibus verbum Dei in quibuscumque ecclesiis sive locis ad id per te eligendis, predicari facere, ipsosque Iudeos, per substractionem bonorum et incarcerationem, ad huiusmodi predicationem veniendum, et illico, donec precatum fuerit, commorandum, compellere libere et licite possis, alicuius super hoc licentia vel assensu minime requisitis, iure tamen parochialis ecclesie et cuiuslibet alterius in omnibus semper salvo, auctoritate apostolica, presentium tenore indulgemus. Volumus autem, quod fructus, redditus et proventus demoliende in dotem construende ecclesiarum huiusmodi convertantur, et illius rectoris pro tempore existentis, perpetuo sint et esse censeantur. Nulli ergo etc. Dat. Rome, apud Sanctum Petrum, anno etc. MCDXLVII, XIII Kalendas Ianuarii, pontificatus nostri anno I.

Publication: Raynaldus, *Annales Ecclesiastici*, a. 1447, § 22.

Note: René, duke of Provence (king of Naples from 1435), later changed his mind and abolished obligatory sermons to the Jews. See Villeneuve-Bargemont, *Histoire de René d'Anjou* 3, pp. 211f.

Bibliography: Browe, *Judenmission*, p. 38; Erler, *Historisch-kritische Übersicht* 7, p. 24; Grayzel, *Sicut Judeis*, p. 279; Kayser, *Nikolaus V*, p. 209.

770   Rome, 20 April 1448

Confirmation of general pardon, civil and criminal, granted to Elia Sabbati of Fermo by Eugenius IV.

Nicolaus etc. Helye de Firmo, Hebreo, spiritum sanioris consilii et vere fidei cognitionem. Sedes apostolica, pia mater, omnibus ad eam cum humilitate recurrentibus se propitiam exhibet et benignam, necnon ignorantibus viam veritatis aliqua de specialis dono gratie concedit, ut ad veram fidem Catholicam facilius inducantur, et allectivis quibusdam muneribus invitentur. Dudum siquidem, prout fidedignorum relatione percepimus, felicis recordationis Eugenius papa IIII predecessor noster, te ab omnibus et singulis culpis, maleficiis, excessibus et delictis cuiuscumque generis, etiam si sacrilegii, adulterii, incestus, homicidii fuerint, vel crimen lese maiestatis saperent, per te quomodolibet forsan commissis vel perpetratis, etiam si super illis vel aliquo eorum fuisset formata inquisitio, vel lata sentencia, ea omnia cassans, revocans et anullans, te tuosque filios et heredes ac successores absolvit et liberavit, tibique omnem condemnacionem, mulctam, sive penam, quam premissorum et occasione forsitan incurrisses, vel in qua condamnatus esses, libere dimisit et relaxavit, bulle tamen desuper habite non existunt apud te. Nos igitur, volentes te favore prosequi gratioso, tuis in hac parte supplicationibus inclinati, cassacionem, revocacionem, a[n]nullacionem, absolucionem, liberacionem, remissionem et relaxacionem, ac premissa omnia et singula tibi per predictum predecessorem concessa, que omnia pro expressis et specificatis haberi volumus, approbamus, confirmamus, et presentis scripti patrocinio communimus; et nichilominus, ad maiorem roboris firmitatem, te ab omnibus et singulis excessibus et ceteris premissis de novo absolvimus et liberamus, ac omnem condemnacionem et multam huiusmodi libere remictimus et relaxamus; necnon, ut in omnibus et singulis civitatibus, terris, castris ceterisque locis Romane Ecclesie subiectis, ire, stare et redire, ac in hiis pro tue libito voluntatis habitare possis et valeas, harum serie indulgemus; mandantes omnibus et singulis officialibus quarumcumque civitatum, terrarum, castrorum et locorum predictorum, tam spiritualibus quam temporalibus, quibuscunque nominibus censeantur, quatinus premissa omnia et singula inviolabiliter observent et observare faciant, nec contra ea vel aliquid premissorum quomodolibet actemptari[!] presumant; decernentes ex nunc irritum et inane, si secus super hiis a quoquam quavis auctoritate, scienter vel ignoranter, contigerit actemptari; non obstantibus premissis ac constitutionibus et ordinacionibus apostolicis, ceterisque contrariis quibuscumque. Nulli etc.... Si quis etc. Dat. Rome, apud Sanctum Petrum, anno etc. [millesimo quadringentesimo] quadragesimo octavo, duodecimo Kalendas Maii, pontificatus nostri anno secundo.

Source: ASV, Reg. Vat. 432, fol. 158r-v.

Note: On Magister Elia Sabbati Beer of Fermo and his relations with the pope's predecessors, see above, Docs. **563, 699,** etc.

771   Rome, 1 July 1448

Protective Bull to Jews in the territories of Marquis Leonello d'Este of Ferrara, including safeguard from attacks by Christian preachers; limitation of jurisdiction of the Inquisition over Jews to heresy and attacks on the Christian faith; Jews under age of twelve are not to be baptized without parental consent; Jews may do business with Christians, and may enjoy freedom of worship.

Nicolaus etc. Ad futuram rei memoriam. Quoniam Iudeos usque in finem seculi in testimonio fidei orthodoxe divina misericordia voluit remanere, testante propheta: tandem reliquie sane[!] fient, idcirco Romani pontificis gratiosa benignitas, dum ipsi apostolice sedis presidia postulant et requirunt, licet in sua supersticione perdurant[!], eis tamen Christiane pietatis mansuetudinem impartitur, et ut inter Christianos vivere possint, sine Christiane tamen fidei detrimento, pati, ac omnem eis concedere debet facultatem, ut, huiusmodi pietate allecti, eorum feralem fugiant sectam, et vere religionis capiant cognitionem. Sane, pro parte universorum Iudeorum in territorio dilecti filii nobilis viri Leonelli, marchionis Estensis, in civitate nostra Ferrariensi pro nobis et Romana Ecclesia vicarii generalis, commorantium, querellam nuper accepimus continentem, quod persepe contingit, quod nonnulli predicatores verbi Dei in dicto territorio Christianis inter alia inhibent per expressum et hortantur, ut fugiant et evitent consortia Iudeorum, neque cum illis aliquomodo participent, aut cum illis conversentur, ipsis panem coquere, ignem ac aliquid ad laborandum et vivendum ministrare, seu illa ab eis recipere, nullatenus audeant vel presumant, contrafacientes gravibus excommunicationis sententiis et aliis censuris ecclesiasticis eo ipso fore innodatos; unde sepius Christiani ipsi contra Iudeos huiusmodi insurgunt et exortantur, eosque verbis iniuriosis afficiunt, cedunt et verberant, ac Iudeis ipsis, qui, si humane tractarentur et pie, forsan ad Christianam fidem converterentur, materia datur in sua perfidia diutius permanendi. Quare pro parte dictorum [Iudeorum] nobis humiliter supplicatum fuit, ut eis super hiis oportune providere, de benignitate apostolica dignaremur. Nos igitur, considerantes rationi fore consonum, quod, sicuti Iudeis licitum non existit in suis sinagogis ultra quam permissum est eis a lege presumere, ita in his que a iure concessa sunt ipsis, nullum debeant preiudicium sustinere, in hoc etiam multorum Romanorum pontificum predecessorum nostrorum vestigiis inherentes, huiusmodi quoque supplicationibus inclinati, universis et singulis predicatoribus et professoribus predictis, necnon inquisitoribus heretice pravitatis, aliisque fidelibus Christianis et personis ecclesiasticis et secularibus in partibus predictis constitutis, auctoritate apostolica, tenore presentium districtius inhibemus, ne in predicationibus de cetero talia, ut prefertur, vel similia contra Iudeos ipsos ac Christianum populum, quovismodo, etiam mandantibus locorum ordinariis, predicare, neque contra eos Christianos huiusmodi suis sermonibus excitare aut hortari, necnon inquisitores predicti sibi commissum officium contra Iudeos ipsos, nisi in delictis heresis fauctoriam[!] sapientibus, ac illam seu quidvis aliud in fide Catholica detrimentum [et] scandalum generantibus, ac iurisdictionem aliquam quovismodo exercere seu procedere, ipsique et alii fideles Christiani et persone perfecti [Ms.A.A.: prefacte] utriusque sexus Iudeis in personis, rebus et bonis suis, iniuriam, molestiam, vel offensam aliquam inferre, seu inferri facere, nec ipsos Iudeos sine culpa cedere, ledere, vel ad Christianorum divina officia audiendum, seu illis interessendum, aut Christianam fidem profitendum invitos compellere, nec aliquem ex Iudeis eisdem, qui XII sue etatis annum nondum peregerit, aut alias doli vel discretionis capax non fuerit, sine expressa suorum parentum, aut alterius eorundem, consensu et voluntate baptizare, seu ad suscipiendum baptisma cohartare, nec ipsos Iudeos ad laborandum, seu manualia opera faciendum Sabbatinis et aliis diebus, quos iuxta suos ritus, leges et consuetudines custodire et celebrare consueverunt, constringere, compellere, seu quominus eorum ceremonias, ritus, leges, statuta observare illisque uti et gaudere libere et licite valeant, quovis quesito colore audeant vel presumant, sed eos humana mansuetudine prosequantur atque pertractent. Volentes et eadem Iudeis ipsis auctoritate concedentes, quod ipsi[!], sicut eis hactenus permissum est, vicis[s]im, nimia tamen familiaritate et aliis a iure prohibitis omnino semotis, conversari et mutua alterutrum commoda suscipere, (ut puta) pro eorum victu et vestitu et aliis necessariis ad eorum vitam, caseum, carnes, pices[!], panes, frumentum, vina, domos, terras et possessiones quascumque a Christianis emere, in pensionem annuam vel in affictum conducere et recipere, et iuxta ritus suos huiusmodi rebus uti et frui liceat, quemadmodum in dicto territorio superioribus annis et temporibus agere consueverunt, neque super his ad morem alium observandum compelli possint inviti, illasque et illa Christianis ipsis vendere, locare et alienare, et super hiis et quibuscumque aliis rebus et negociis cum Christianis eisdem alias, tamen licita et de iure probata, contractus, conventiones et pacta quecumque inita servare et alia de novo facere, inire et firmare; studia quoque Iudaicarum scienciarum et facultatum in dicto territorio ac pro suis natis in eisdem scienciis erudiendis et instruendis inibi, dummodo execrabiles et Veteris Testamenti ac prophetarum scripturis, aut fidei Catholice contrarios Iudaicos aut Latino[!] libros non legant, audiant, seu studeant, sed penitus reiciant, ordinare et instituere, suasque sinagogas, scolas manutenere, et antiquas reserare, reformare et reparare, ac sicuti ipsis Iudeis loca prophana pro suis sepulturis iuxta ritum eorum eligere et habere permissum existit, ita etiam, cum electa et longo tempore habita [essent], nullus audeat mutare vel minuere, quin imo alia eis necessaria pro sepulturis huiusmodi loca, de consensu eorum qui illa possident recipere, et etiam iuxta ritus suos eligere et habere; quodque Iudei predicti omnibus et singulis privilegiis, gratiis et concessionibus ac indultis eis, tam a sede apostolica quam a regibus et aliis principibus et dominiis, et pariter a prefato dilecto filio nobili viro Leonello, marchione Estensi, sub quacumque verborum forma, alias tamen rite et quatenus iuri communi non obvient, ac conventionibus et pactis cum prefato Leonello ac dilectis filiis officialibus et magistratibus suis, et civitatum, terrarum et locorum territorii sui hactenus initis et infuturum ineundis et firmandis, dummodo, ut premictitur, rite emanarint et iuri communi non obvient, uti et gaudere, libere et licite valeant, nec super his et singulis premissis per quoscumque quavis auctoritate indebite possint seu debeant capi, vexari, molestari seu etiam perturbari. Mandantes ex nunc universis et singulis ordinariis, officialibus, vel magistratibus predictis, ut videlicet ordinarii omnes et singulos sibi subiectos Christianos, qui Iudeos predictos contra predicta molestare, inquietare seu gravare presumpserint, et de quibus eis legitime constiterit, sub excommunicationis pena, quociens opus fuerit, moneant et requirant, ac huius[!] excommunicationis sententie, iusticia mediante, subiciant; contradictores ... Nulli... Dat. Rome, apud Sanctum Petrum, anno etc. millesimo quadringentesimo quadragesimo octavo, Kalendis Iulii, pontificatus nostri anno secundo.

Source: ASV, Reg. Vat. 387, fols. 96r–97r; Ibid., AA Arm. I–XVIII, 1279, fols. 77r–81r.

Bibliography: Browe, *Judenmission*, p. 37; Grayzel, *Sicut Judeis*, p. 274; Kayser, *Nikolaus V*, pp. 209f.; Stern, *Urkundliche Beiträge* 1, pp. 46f.; Vogelstein-Rieger, *Rom* 2, p. 13.

772   Rome, 1 July 1448

Concession to Marquis Leonello d'Este of Ferrara of permission to have Jews live in his territories and lend money at interest; and absolution to him and his predecessors for having done so in the past.

Nicolaus etc. Ad futuram rei memoriam. Solet apostolice sedis circumspecta benignitas mansuetudine temperare rigorem, et quod iuris negat severitas nonnunquam de gratia indulgere, prout exacta consideratione personis, locis, temporibus et causis, eorumque circumstantiis universis in Domino cognoscit expedire. Sane, pro parte dilecti filii nobilis viri Leonelli, marchionis Estensis, nobis nuper exhibita peticio continebat, quod, cum in civitate, diocesi et districtu Ferrariensi atque dominio dicti marchionis a multis transactis annis et a tanto tempore cuius initii memoria hominum non existit, propter civium et incolarum atque comitatinorum et districtualium ipsius civitatis, necnon forensium et aliorum commoditatem, per ipsius marchionis predecessores in eisdem civitate et dominio Iudei permissi fuerint, et tollerari consueverint, ut Iudei ipsi, initis per locorum dicti dominii cives et habitatores compositionibus et pactis, accepta certa quantitate pro centenario, pecunias sub pignoribus ad fenus possent mutuare, ac cives et incole ceterique supradicti propter plurima, tam publica quam privata, ordinaria et extraordinaria, eis pro tempore incumbentia onera, graviora eis in suis mobilibus et immobilibus detrahendis bonis in suportandis oneribus predictis damna paterentur, si hoc remedium accipiendi pecunias mutuo sub usuris adinventum non fuisset, ac Christiani inter se hoc fenus forsan perpetrassent, quod marchio et eius predecessores huiusmodi nullatenus permictere voluerunt, licet in civitate et diocesi Ferrarien. eiusque marchionis territorio et dominio predictis a tempore huiusmodi et adhuc de presenti Iudei ipsi conducti, ac cum eis initis pactis et composicionibus ad fenus pecunias mutuare publice permissi fuerunt, domos eisdem ad fenus et usuras huiusmodi exercenda[!], ac ad habitandum, prout in nonnullis aliis locis fieri solitum existit, locando, quodque marchio et sui predecessores antedicti prefatis Iudeis, ut exercitium huiusmodi in eisdem civitate et diocesi, terris atque dominiis citius et facilius facere inibique residere valerent, multa decreta et pacta eorum vite commoditatem concernentia inierunt, certumque iudicem pro eorum querellis inter ipsos et Christianos super usuris huiusmodi exigendis et pignoribus ob hoc impignoratis, pro moderata quantitate huiusmodi super pignoribus ipsis ad usuram datis, decidendis, deputarunt; que omnia, tam ab ipso Leonello quam predecessoribus suis marchionibus huiusmodi, non tamen in contemptum fidei Catholice, sed pro necessitate et commoditate ac causis antedictis hactenus permissa fuerunt et etiam observata, prout in certis auctenticis desuper confectis licteris et instrumentis dicitur plenius contineri. Quare pro parte ipsius Leonelli marchionis nobis fuit humiliter supplicatum, ut sibi suisque successoribus marchionibus, necnon omnibus et singulis civibus, habitatoribus et incolis civitatis, diocesis, territorii et dominii predictorum, tam vivis quam defunctis, de absolutionis beneficio ab excommunicationis aliisque sentenciis, censuris et penis ecclesiasticis, quas propter premissa quomodolibet incurrerunt, et alias eis in premissis oportune providere, de benignitate apostolica dignaremur. Nos igitur, qui salutem querimus singulorum, in premissis, prout ex debito pastoralis tenemur officii, providere volentes, necnon licterarum et instrumentorum predictorum formas et tenores presentibus pro expressis habentes, huiusmodi supplicationibus inclinati, Leonellum ac eius predecessores qui fuerunt pro tempore marchiones Estenses huiusmodi, omnesque alios et singulos supradictos, qui Iudeis huiusmodi, ut prefertur, permiserunt, ac cum eis pepigerunt, cum usuris ab eis mutuo pecunias recipiendo, seu domos ad hoc faciendum, vel ad habitandum, seu pro sinagogis eis locando, aut alias composuerunt, ab excommunicationis, suspensionis et interdicti aliisque sentenciis, censuris et penis ecclesiasticis, in eos occasione huiusmodi, tam a iure quam ab homine quomodolibet latis et inflictis, auctoritate apostolica et etiam de potestatis plenitudine absolventes et absolutos censentes, omnem inhabilitatis et infamie maculam sive notam per eos occasione predicta quomodolibet habita[m] abolemus, ipsosque omnes et singulos in pristinum statum, famam et honores, in quibus antequam premissa per eos commicterentur quomodolibet erant, plenarie et integre restituimus et reponimus; et nichilominus licteras ipsas ratas et gratas habentes, Leonello eiusque successoribus marchionibus Esten., necnon civibus, habitatoribus et incolis ac subditis prefatis in Ferrarien. predicta, necnon Mutinen., Regio, et aliis quibuscumque civitatibus, castris, locis, terris et dominiis sub dominio dicti marchionis consistentibus, presentibus et futuris, ut Iudeos ipsos sic fenerantes in perpetuum tollerare, ac cum eis pro eorum necessitatibus, commoditate, aut alias, impune componere et pacisci pro moderata quantitate pro centenario exigenda ab ipsis civibus, habitatoribus et incolis, iuxta arbitrium dicti Leonelli et successorum suorum, marchionum Esten. pro tempore existentium, sub modo, forma et lege per Leonellum et predecessores antedictos iuxta dictarum litterarum tenorem observari solitis, compositionesque et pacta in premissis per eos inita et firmata, iuxta tempus tunc inter ipsos et dictos Iudeos expressum, confirmare, et eo finito, quotiens opus fuerit, pacta et compositiones huiusmodi revocare[!], seu cum eis, ut prefertur, de novo componere, domosque et habitationes, tam pro usuris et fenoribus huiusmodi, aut sinagogis, necnon ad habitandum eisdem Iudeis dari solitis[!], aut alias ipsis Iudeis locare, arendare, necnon annuam pensionem dare et concedere possint et valeant, eisdem auctoritate et tenore et ex certa sciencia, licentiam damus perpetuo atque facultatem. Non obstantibus ... Nulli etc. ... Dat. Rome, apud Sanctum Petrum, anno etc. millesimo quadringentesimo quadragesimo octavo, Kalendis Iulii, pontificatus nostri anno secundo.

Source: ASV, Reg. Vat. 387, fols. 97r–98v; Ibid., AA Arm. I–XVIII, 1279, fols. 81r–85r.

Note: See also below, Doc. **789.**

Bibliography: Kayser, *Nikolaus V*, p. 211; Stern, *Urkundliche Beiträge* 1, p. 47.

773   Rome, 1 May 1449

Mandate, if the facts are established, to John de Cervantes, cardinal bishop elect of Ostia and administrator of the church of Seville, to punish the culprits and indemnify Antonius Ferrari, canon of Seville, acolyte and papal chaplain. The Jews of Seville were reported to have led a procession through the streets, asking for divine intercession to stop the plague, following a similar procession organized by Christians. The Jews had acted with the consensus of certain officials of Garcia Enriquez Ozorio, the late archbishop of Seville. Ferrari had objected and had been persecuted and imprisoned by the officials.

Nicolaus etc. dilecto filio Iohanni, electo Ostiensi, ecclesie Ispalensis perpetuo administratori, salutem etc. Apostolice sedis providentia circumspecta ad ea libenter intendit per que delinquentium crimina non remaneant impunita, et ius suum unicuique tribuatur. Sane, ad nostram[!], insinuatione valida et repetito clamore, non sine mentis amaritudine, pervenit auditum, quod alias de quorundam officialium bone memorie Garsie, archiepiscopi Ispalensis, sciencia et premissu[!], nonnulli Iudei in civitate Ispalensi commorantes, postquam Christifideles eiusdem civitatis, ut pestis tunc in illa vigens cessaret, certam, ut moris est, processionem fecerant, tanquam Deus ipsorum fidelium preces non exaudivisset, processionem per vicos dicte civitatis, portantes thoras cum magna solemnitate, sternentes ramos stractasque decorantes, prout sacratissimum Corpus Domini nostri Ihesu Christi in illius festo improcessione[!] deferri consuevit, immodicum Christiane fidei denigratione Christifidelium scandalum ac divine maiestatis offensam fecerunt seu facere publice attemptarunt. Et, sicut dilectus filius Antonius Ferrari, canonicus Ispalensis, acolitus et capellanus noster, cum gravi querela nobis exposuit, alias Didacus de Enaso, tunc provisor seu vicarius prefati Garsie archiepiscopi, et Gundissalvus Fernandi de Soria, canonici dicte ecclesie Ispalensis, ac Michael Sancii de La Fuente, tunc officialis Ispalensis, et Iohannes de Valleoleti, perpetuus portionarius in ecclesia Toletana, ac Didacus de la Bezerra[!], dicti archiepiscopi tunc algazelus vulgariter nuncupatus, non modo prefato Antonio, qui velut devotus sedis apostolice filius, se eorum perniciosis ausibus pro ipsarum fidei et sedis honore opponebat, excommunicare, et pro eo quod, ut dicte sedis officialis, certis tunc expressis exemptionibus apostolicis usus fuit in hiis in quibus dictus Antonius recursum habuit, iusticia[m] denegare, sed etiam post inhibitionem eis vigore quorundam tunc expressorum processuum apostolicorum in favorem eiusdem Antonii emanatorum factam, quampluribus verbis de pressione prefate sedis contingentia per eos antea prolatis, ipsum ac familiares suos odio et rancore multipliciter molestare, vesare[!], et diversas ei iniurias inferre, fructusque beneficiorum dicti Antonii enparare seu arestare et de illis disponere, bonaque illius distrahere et etiam publice vendere presumpserunt et attemptarunt, ac mala malis adiicientes, suorum salutis, status et honoris immemores, Deique timore postposito, ausu diabolico prefatum Antonium, quia etiam nonnulla per dilectos filios decanum et capitulum dicte ecclesie Ispalensis, pro illius honore et libertate, statuta, concordata, ordinata et iurata, prout ex debito rationis, conscientie ac iuramenti per eum desuper prestiti tenebatur, prosecutus fuerat et prosequebatur, capere et carceribus mancipare, ac in illis inter latrones et homicidas cum pedibus ferreis, non absque maximo persone ipsius Antonii periculo, detineri fecerunt, ac quamplura alia impersona[!] et rebus, tam per se quam per fautores et sequaces suos, molestias et iniurias, gravamina atque damna irrogarunt et irrogari fecerunt, ac propterea excommunicationis sententiam innodati et excommunicati publice nunciati, in contemptum clavium [Ms.: damnum] divinis officiis se miscere etiam presumpserunt; quodque prefati capitulum dicte ecclesie, licet tam vigore dictorum concordatorum premissorum iuratorum quam etiam statutorum dicte ecclesie, damna, expensas ac certa salaria fructusque etiam ac distributiones quotidianas, Antonio, qui etiam pro evitando scandalo post sui a carceribus huiusmodi liberacione[m] a prefata civitate se absentavit, et ad curiam nostram pro dictorum gravaminum et aliorum premissorum sublevatione se transtulit, variis et exquisitis viis ac coloribus assignare et de illis respondere negligunt, seu etiam recusant, [in] non modicum eiusdem Antonii preiudicium atque damnum. Nos igitur, attendentes, quod premissa, si vera sunt, sub dissimulatione nullatenus pretermittenda existunt, ne ipsorum delinquentium iniquitas in alios periculosius derivetur, ac volentes dicto Antonio super expositis per eum huiusmodi statui et indemnitatibus salubriter providere, omnesque et singulas causas, si que super premissis et eorum occasione inter Antonium et alios predictos seu alios quoscumque in Romana curia vel extra eam in quacunque instantia indecise pendent, quarum presentibus statutis[!] pro expressis haberi volumus, ad nos harum serie advocantes, circunspectioni tue per apostolica scripta mandamus, quatenus per te vel alium seu alios, instituta prius per te ex officio persona sufficienti et ydonea, que huiusmodi inquisitionis negotium coram te debite instituat et diligenter prosequatur, ac vocatis Didaco Lupi, Gundissalvo, Michaele, Iohanne, Didaco de la Bizera[!], adherentibus, fautoribus et sequacibus predictis, necnon aliis qui fuerint evocandi, super hiis que de processione per Iudeos facta huiusmodi et contra eundem Antonium perpetrata, attemptata, et presumpta dicuntur, ac universis aliis et singulis illa concernentibus, auctoritate nostra te diligenter informes, et si per informationem huiusmodi premissa, vel aliquod eorum quod ad id sufficiat reppereris veritate subruti [sic] quenlibet[!] ex prefatis officialibus eorumque adherentibus, fautoribus et sequacibus, eadem auctoritate, iuxta eorum demerita, prout conscientie tue videbitur, ita ut alii eorum exemplo territi, de[!] similia de cetero perpetrare non presumant, corrigas, punias et castiges, eosque et quenlibet eorum ad satisfaciendum eidem Antonio de iniuriis, damnis et interesse aliisque ei debitis, cogere et compellere, auctoritate nostra, procures. Super aliis vero per Antonium contra prefatum capitulum expositis predictis, si illa per summariam, seu etiam extra iudicialem desuper per te habendam informationem reppereris veritate fulciri, eadem auctoritate ordinare, statuere et disponere, ac dicto Antonio de expensis, damnis et interesse, necnon salario, quotidianis distributionibus, ac fructibus, redditibus et proventibus prebende sue aliorumque beneficiorum suorum, iuxta iurata, concordata, ut prefertur, necnon dicte ecclesie statuta, integre satisfieri facias, et alias tibi[!] in premissis summarie et de plenario [*sic*] sine strepitu et figura iudicii, plenariam iusticiam ministrare, eadem auctoritate, curabis. Nos enim, tibi, dicta auctoritate, eosdem officiales, ac Didacum Lupi, Gundissalvum, Iohannem, Michaelem, Didacum de la Bizerra[!], adherentes, fautores et sequaces, cuiuscunque status, gradus, ordinis, nobilitatis vel conditionis fuerint, puniendi, corrigendi et castigandi, ac illos et capitulum predictos huiusmodique capituli singulares personas et alios ad quos spectat, per censuram ecclesiasticam et alia iuris remedia, invocato ad hoc, si opus fuerit, auxilio brachii secularis, ad satisfaciendum dicto Antonio de premissis, ac alias iuramenta et promissiones per eos fa[c]ta predicta, necnon statuta predicte ecclesie in favorem dicti Antonii inviolabiliter observandum cogendi et compellendi, necnon omnia alia et singula in premissis et circa ea necessaria, seu quomodolibet oportuna faciendi et exequendi, plenam et liberam, auctoritate apostolica, tenore presentium, concedimus facultatem. Non obstantibus ... aut si officialibus, capitulo, Lupi Didaco, Gundissalvo, Michaeli, Iohanni, Didaco de la Biezerra[!], adherentibus, fautoribus et sequacibus predictis, vel quibusvis aliis, communiter vel divisim, ab eadem sit sede indultum ... Dat. Rome, apud Sanctum Petrum, anno etc. millesimo quadringentesimo [quadragesimo] nono, Kalendis Maii, pontificatus nostri anno tertio.

Source: ASV, Reg. Vat. 389, fols. 136r–137r.

Bibliography: Kayser, *Nikolaus V*, pp. 214f.; Stern, *Urkundliche Beiträge* 1, p. 48.

774   Spoleto, 3 July 1449

Mandate to Galeazzo Cavriani, bishop of Mantua, to relax the excommunication and interdict incurred by Marquis Ludovico Gonzaga of Mantua and his people for having allowed Jewish moneylenders to ply their trade, and to impose penitence on them. Having ascertained the facts, he is also to allow the marquis and his successors to have Jewish moneylenders live in Mantua.

Nicolaus etc. venerabili fratri episcopo Mantuano, salutem etc. Humilibus supplicum votis libenter annuimus, eaque favoribus prosequimur opportunis. Exhibita siquidem nobis nuper pro parte dilectorum filiorum, nobilis viri Ludovici, marchionis Mantue, necnon communitatis et civium ipsius civitatis Mantue petitio continebat, quod in civitate predicta et diocesi Mantue a multis retroactis annis et a tempore cuius initii hominum memoria non existit, propter civium et incolarum atque communitatem [*sic*] et districtualium ipsius civitatis, necnon forensium, ac maxime pauperum et aliorum commoditatem, et cum abominosum et inesecrabile[!] foret Christianos peccuniam in sortem dare et fenus ex ea colligere, et in maximum ipsorum Christianorum animarum detrimentum tollerari consuevit, compositionibus et pactis per predecessores ipsius Ludovici marchionis et dominos Mantuanos qui fuerunt et ipsum Ludovicum cum Iudeis fenerantibus, ipsi Iudei, accepta certa quantitate pro centenario, peccunias pro pignoribus ad fenus mutuare possent, quodque ipse Ludovicus et predecessores, ne cives et incole ceterique supranominati propter [?] tam publica quam privata, ordinaria et extraordinaria, et eis pro tempore incumbentia onera, si hoc remedium accipiendi pecunias mutuo sub usuris non adhiberent, graviora damna in distrahendis bonis mobilibus et immobilibus pro supportandis oneribus eorumque negotiis gerendis subire cogerentur, in civitate ipsa, eius territorio et districtu, de tempore in tempus usque in presentiarum conduxerunt, et, initis secum compositionibus atque pactis, eos ad fenus peccunias muttuare[!] publice sustinuerunt; civesque ipsius civitatis, districtus et territorii eisdem Iudeis domos locarunt ad fenus et usuras huiusmodi exercendum et pro sinagogis suis tenendis, prout etiam [in] nonnullis aliis terris et locis propter hominum commoditatem fieri consuevit. Cum autem, sicut eadem petitio subiungebat, a nonnullis asseratur Ludovicum et eius predecessores prefatos nulla desuper a sede apostolica licentia suffultos superioribus annis composiciones et pacta huiusmodi fecisse et Iudeos fenus et usuram extrahentes instituisse, civesque dicte civitatis eis domos pro fenore huiusmodi exercendo et sinagogis locasse, excommunicationis aliasque sententias et censuras incurrisse ad[!] dictam civitatem eiusque populum et loca ecclesiastico interdicto fore supposita, pro parte ipsius Ludovici, qui superiori tempore cum ipsis Iudeis composuit et eos fenus et usuram exercentes in dicta civitate eiusque territorio sustinuit, et communitatis sive civium, qui eis domos pro sinagogis et feneratione locarunt, fuit nobis humiliter supplicatum, ut Ludovicum prefatum et ipsos cives seu eorum quemlibet ab excommunicationis aliisque sententiis et censuris ecclesiasticis, quibus premissa occasione innodati extiterint, absolvi, et interdictum, si quod prefata civitas dicta occasione quomodolibet incurrerit, relaxari mandare, ac alias super his opportune

providere, de benignitate appostolica[!] dignaremur. Nos igitur, supplicationibus humilibus huiusmodi inclinati, fraternitati tue per appostolica scripta
mandamus, quatenus eosdem Ludovicum, qui cum Iudeis ipsis composuit et
eo fenerantes sustinuit, et alios quoscumque, qui nomine aut mandato dicti
Ludovici cum Iudeis ipsis composuerunt, communitatemque et cives ac
ipsorum quemlibet, qui Iudeis domos locarunt pro sinagogis et ad fenus
exercendum, si id humiliter a te petierint, ab excommunicatione[!] aliisque
sententiis et censuris predictis, aucthoritate nostra, hac vice duntaxat, absolvas
in forma Ecclesie consueta, iniunctis sibi pro modo culpe penitentia salutari et
aliis, que de iure fuerint iniungenda; dictumque interdictum relaxes,
omnemque ab eis inhabilitatis et infamie maculam sive notam premissa
occasione contractam abolens; necnon ipsos Ludovicum, communitatem et
cives ac ipsorum quemlibet, quo ad honores, dignitates et omnia alia et
singula, in eo statu in quo erant antequam premissa committerent in integrum
restituas et reponas, aucthoritate antedicta. Volentes igitur, animabus
prefatorum dominorum, civium et incolarum de opportuno remedio providere
super premissis omnibus et singulis ac eorum circumstanciis universis, eadem
aucthoritate te diligenter informes, et si per informationem huiusmodi ea fore
vera repereris, super quo tuam conscienciam oneramus, dicto Ludovico
marchioni et eius successoribus, et aliis quibuscunque, qui nomine et mandato
dicti Ludovici et successorum eius cum ipsis Iudeis compositionem et pacta
fecerant, Iudeos fenerantes huiusmodi tollerandi, ac cum eis componendi et
pacifficandi pro certa minori quam fieri possit quantitate pro centenario ab
ipsis Iudeis[!] pro fenore de mutuantis[!] peccuniis exigendi[!], iuxta
consuetudinem alias observatam, diebus Dominicis ac solemnibus ac
festivitatibus quibuscunque et ebdomata tota Dominice Passionis Domini
nostri Ihesu Christi exceptis, quos Ecclesia Romana de mandato venerari,
celebrari et observari iussit et mandavit, quibus diebus omnibus Iudei ipsi ab
huiusmodi fenore omnino abstineant, ac dicte communitati et civibus ac
eorum cuilibet et successoribus suis domos locandi ad fenus publice
exercendum et sinagogas consuetas tenendi[!], absque alicuius pene incursu,
plenam et liberam licentiam aucthoritate appostolica largiaris; non obstantibus
constitutionibus et ordinationibus appostolicis ceterisque contrariis quibuscunque. Datum Spoleti, anno etc. millesimo quadringentesimo quadragesimo
nono, quinto Nonas Iulii, anno tertio.

Source: ASV, AA Arm. I–XVIII, 1279, fols. 92v–95v.

Note: On the events in Mantua and in Rome leading up to this Bull, see
Simonsohn, *Mantua*, pp. 5f. The bishop of Mantua, Galeazzo Cavriani, was
strongly opposed to Jewish moneylending. The Bull is mentioned in the
permission granted by Innocent VIII to Leone Norsa to lend money at
interest. See below, Doc. **1111**.

775 Fabriano, 24 September 1449

Confirmation of provisions issued by King John of Castile and Leon, whereby New Christians are to be treated like Old Christians; only if the converts do not observe the Christian faith are the ordinances of the councils of Toledo to be applied to them, by due process of law. Mandate to John de Cervantes, archbishop of Seville, Alfonso de Acuña Carillo, archbishop of Toledo, Peter of Castile, bishop of Palencia, Alfonso Tostato, bishop of Avila, Sancho de Roches, bishop of Cordoba, and the abbot of St. Facundus, in the diocese of Leon, to compel all Christians to abide by the royal provisions.

Nicolaus etc. Ad futuram rei memoriam. Humani generis inimicus illico quo verbum Dei cadere in bonam terram conspexit, operam dedit seminare zizaniam, ut conculcato semine, nullum fructum produceret, prout vas electionis, Paulus apostolus, precipuus huius zizanie extirpator, refert quod in initio inter conversos ad fidem differencia antelationis exorta est, Iudeis cum gentilibus de prelatione certantibus, aliis aliter in Dei Ecclesiam scissuram inducere cupientibus, cum alii Cephe, alii Apollinis esse certarent, Redemptor noster hec previdens, ab initio nascentis Ecclesie ordinavit qui huiusmodi zizaniam extirparent, humanaque imbecillitate peccantibus aut laxis[!] occurrerent, prout ipse apostolus ad Romanos scribens omne huiusmodi antelationis dissidium divinis verbis evertit; atque Petrus, apostolorum princeps, in singulis diocesibus ordinatis episcopis, omnem schismatum occasionem submovit. Nos, nostri Redemptoris exemplo, cuius vices, ad huiusmodi potissime tollenda dissidia, locum, licet immeriti, tenemus in terris, prefatorum exemplis edocti, omni vigili cura compellimur operam dare, ut hiis que inter fideles possent aliquam divisionem parere nostri pontificalis officii auctoritate occurramus, ut inter fideles caritas, amor ac unitas vigeat; nil enim est quod tam inter fideles conveniat, quam quod in omnibus sit velle unum, inquiente apostolo: "Sicut enim corpus unum est et multa membra habet, omnia autem membra corporis, cum sint multa, unum corpus sunt, ita et Christus; etenim in uno Spiritu omnes nos in unum corpus baptizati sumus, sive Iudei, sive gentiles, sive servi, sive liberi, omnes in uno Spiritu potati sumus". "Unum corpus et unus Spiritus, sicut vocati estis in unam spem vocationis vestre; unus Dominus, una fides, unum baptisma, unus Deus et Pater omnium". Percepimus quosdam novos seminatores zizanie, affectantes huius unitatis et pacis nostre fidei salutare fundamentum corrumpere, ac quod per vas electionis, apostolum Paulum, extirpatum fuerat dissidium in diversis partibus, maxime in regnis carissimo filio nostro Iohanni, Castelle et Legionis regi illustri, subiectis, renovare, ausu temerario asserere quod qui aut ex gentilitate, aut ex Iudaismo, aut ex alio quovis errore Christiane fidei veritatem cognoverunt et baptizati sunt, et, quod gravius est, eorum filios, propter novam assumptionem fidei non debere ad honores, dignitates, officia tabellionatus, et ad testimonium in Christicolarum causis perhibendum admicti, eos verbis et facto contumeliis afficientes; que, cum a Redemptoris nostri institutis aliena sint, eodem apostolo Paulo testante, cum dicit: "gloria et honor et pax omni operanti bonum, Iudeo et Greco; non enim est acceptio personarum apud Deum", et: "Omnis qui credit in illum, non confundetur", "non enim est distinctio Iudei et Greci, nam idem Dominus omnium, dives in omnes qui invocant illum", et alibi: "in Christo Ihesu nec circumcisio aliquid valet, nec preputium, sed fides que per caritatem operatur", nos, ut a veritate Catholice fidei aberrantes ad viam veritatis deducere, et, quatinus in premissis excesserint, animadvertere cupientes, cum non tantum premissis divinis auctoritatibus contradicant, sed et illustrium principum quondam Alfonsi, Sapientis cognominati, et Henrici, et carissimi filii nostri Iohannis, moderni Castelle et Legionis regum, pro fidei augmento perpetuis sanctionibus, auctenticis litteris eorum sigillis munitis, gravibus penis vallatis, per nos visis et mature discussis, quibus sanxerunt ut inter noviter ad fidem conversos, maxime de Israhelitico populo et antiquos Christianos nulla in honoribus, dignitatibus, officiis, tam ecclesiasticis quam secularibus, suscipiendis et habendis discretio fieret, et affectantes, ut quisque que recta sunt sapiat, et qui contra Christiane legis normam falsa seminare et proximos scandalizare, que unitatis et pacis contraria sunt presumpsere, debitis penis affecti, eorum errores agnoscant, prefatorum principum ordinationes et decreta, ut iuri et sacris canonibus conformia, super hiis edita, ex nostro proprio motu et certa sciencia approbamus, confirmamus et apostolice auctoritatis munimine roboramus, ac omnibus et singulis cuiuscunque status, gradus, aut conditionis fuerint, ecclesiasticis vel secularibus, sub excommunicationis pena mandamus, ut omnes et singulos ad Christianam fidem conversos, aut in futurum convertendos, seu ex gentilitate vel ex Iudaismo, aut ex quavis secta venerint, aut venire contigerit, ac eorum posteros, tam ecclesiasticos quam seculares, Catholice et secundum quod Christianum decet viventes, ad omnes dignitates, honores, officia tabellionatus, testium depositiones, et ad omnia alia ad que alii Christiani quantumcunque antiqui admicti solent, admictant, nec propter fidei novam receptionem inter eos et alios Christianos discretionem faciant, nec verbis aut facto contumeliis afficiant, nec affici permictant, sed omni eorum possibilitate contradicant et opponant, et eos omni caritate prosequantur et profiteantur sine personarum acceptione; omnes Catholicos unum esse corpus in Christo, secundum nostre fidei doctrinam, quos omnes tales esse, et pro talibus ab omnibus haberi, harum serie decernimus et declaramus. Verum, si qui ex hiis post baptisma reperiantur Christianorum fidem non sapere, aut gentilium vel Iudeorum errores sectari, vel dolo, aut ignorancia, Christiane fidei non servare precepta, quibus casibus que in Toletanis conciliis, et maxime in capitulo "Constituit", et alibi contra huiusmodi a fide Christi apostatas non pariter cum aliis bonis fidelibus ad huiusmodi honores admictendos decreta sunt, locum sibi vendicant, prout prefati reges, recte sacros canones intelligentes, in premissis eorum constitutionibus quasdam eorum regnorum leges interpretati sunt, aut alias minus quam Christiano conveniat agere aut sapere, qui de hoc scandalizatus fuerit, adeat competentem iudicem, et quod iustum est fieri, publica auctoritate, iuris servato ordine, studeat, nec quisquam propria auctoritate, aut ordine iuris non servato, contra divinarum humanarumque legum doctrinam aliquid in eos, aut eorum aliquem, audeat actemptare. Et quia parum est ordinationes fieri, nisi sint qui eas tueantur, venerabilibus fratribus, archiepiscopo Ispalensi, aut qui nunc est et pro tempore erit dicte ecclesie commendatario, et Toletano archiepiscopo, ac Palentino, Abulensi et Cordubensi episcopis, necnon dilecto filio abbati monasterii Sancti Facundi, Legionensis diocesis, et cuilibet eorum in solidum committimus et mandamus, ut contra eos, qui contraria premissis imposterum dogmatizare presumpserint, et prefatis Christifidelibus verbo vel facto propter premissa iniurias intulerint, aut hactenus intulerunt, et contra prestantes auxilium, consilium, vel favorem, omni iuris solemnitate omissa, sola facti veritate inspecta, singulis diebus et horis ad privationis, inhabilitationis, personalis capture, et alias pecuniarias penas, prout delicti qualitas requirere videbitur, procedant, vel alter eorum procedat. Non obstantibus ... Nulli ergo etc. ... Si quis etc. Dat. Fabriani, Camerinensis diocesis, anno etc. millesimo quadringentesimo quadragesimo nono, octavo Kalendas Octobris, pontificatus nostri anno tercio.

Source: ASV, Reg. Vat. 410, fols. 130r–132r; Ibid., AA Arm. I–XVIII, 1674; 4197, fols. 128r–129r; BAV, Vat. Lat. 11769, fols. 93r–96r (partly).

Publication: Beltran de Heredia, *Bulas de Nicolas V*, pp. 40f.; Benito-Ruano, *Toledo*, pp. 18f.; Cartagena, *Defensorium Unitatis Christianae*, pp. 367f.; Raynaldus, *Annales Ecclesiastici*, a. 1449, § 12 (partly).

Note: See below, Doc. **779.**

Bibliography: Baer, *Spanien* 2, pp. 319f.; Benito-Ruano, *Problema converso*, p. 51; Browe, *Kirchenrechtliche Stellung*, p. 14; Eckert, *Hoch- und Spätmittelalter*, p. 264; Edwards, *Mission and Inquisition*, p. 144; Erler, *Historisch-kritische Übersicht* 7, p. 26; Kayser, *Nikolaus V*, p. 215; Sicroff, *Controverses*, p. 61; Simonsohn, *Limpieza de Sangre*, p. 303; Stern, *Urkundliche Beiträge* 1, pp. 50f.; Synan, *Popes*, p. 138.

776   Rome, 20 December 1449

Commission to Jacob Xarchi, inquisitor in Sicily, to inquire into the activities
of the Jews on the island, particularly with reference to the exaction of usury
and other alleged misdemeanours.

Source: AS, Palermo, R. Cancelleria 84, c. 348r; Ibid., R. Protonotaro 43,
c. 266r.

Publication: Lagumina, *Codice* 1, pp. 496f.; Simonsohn, *Sicily*.

Note: The text has not survived. At first King Alfonso approved the papal
decree and empowered Xarchi to act accordingly. Following representations
by the Jews in Sicily and the payment of 3,000 ducats, the king put an end to
the inquisitor's activities. See Lagumina, *loc. cit.*

777   Rome, c. 1450

Mandate to Johannes de Tavilio, canon of Cavaillon and deputy papal
treasurer in Avignon and the Comtat Venaissin, to compel the officers of the
Jewish community there to render accounts of their financial administration,
following complaints that they had failed to do so.

Nicolaus etc. dilecto filio Iohanni de Tavilio, canonico Cavalicensi, in
thesaurariatus officio comitatus nostri Venaissini locumtenetis[!], salutem.
Decet Romanum pontificem subditorum vota quorumlibet, iusta maxime
petentium, congruo favore prosequi, ac illorum indemnitatibus oportune
provisionis remedio subvenire. Sane, ad nostram fidedignorum relatibus
pervenit, quod, licet Iudei civitatis nostre Avionionensis[!] et comitatus nostri
Venaissini hactenus quosdam ex eis pro levandis et colligendis ab ipsis
pecuniarum summis et quantitatibus, que annis singulis occasione
subsidiorum, talearum, iurium et aliorum onerum imponuntur eisdem, ut
officiarios, bailons nuncupatos, aliquos vero in consiliarios eligere et deputare,
de biennio in biennium ad plus consueverint, deputa[ti] et electi bailons et
consiliarii huiusmodi, de receptis, levatis, traditis et solutis per eos pecuniarum
summis et quantitatibus predictis calculum et computum eisdem Iudeis et
universitati eorum dare et reddere consuevit[!] et debuerint, necnon teneantur
et debeant, tamen ipsi bailons et consiliarii qui fuerunt pro tempore hactenus,
saltem a pluribus annis citra de levatis, receptis, traditis et solutis ac expositis
per eos pecuniarum summis et quantitatibus antedictis dare et reddere non

curant, ymo id facere de anno in annum distulerunt, in eorundem maxime pauperum Iudeorum preiudicium non modicum et detrimentum. Nos igitur, qui in singulos presertim nobis subditos iusticiam equanimiter observari, ac viam doli et fraudis inter illos penitus submoveri, prefatorumque Iudeorum indemnitatibus provideri cupimus, de premissis plenam notitiam habentes, discretioni tue per apostolica scripta mandamus et committimus, balons[!] et consiliarios deputatos pro tempore predictos, ad dandum et reddendum tibi de levatis, receptis, traditis et solutis ac expositis per eos pecuniarum summis et quantitatibus huiusmodi, usque ad diem date presentium quomodolibet verum et fidele calculum et computum, sub formidalibus[!] eciam pecuniariis penis, auctoritate nostra cogas pariter et compellas, et alias in premissis provideas, prout oportune videris expedire; invocato ad hoc, si opus fuerit, auxilio brachii secularis; non obstantibus si deputatis et electis bailons et consiliariis predictis, vel quibusvis aliis, communiter vel divisim, a sede apostolica indultum existat, quod ad premissa cogi sive compelli non possint per litteras apostolicas non facientes plenam et expressam ac de verbo ad verbum de indulto huiusmodi mencionem. Volumus autem, et apostolica tibi auctoritate concedimus, quod postquam calculum et compuctum predicta receperis, et tibi fideliter data et reddita fuerunt, prefatis bailons et consiliarius[!] nostro et camere apostolice nomine quantitates eis oportunas concedas, prout tibi videbitur faciendum. Dat. Rome, apud.

Source: ASV, Reg. Vat. 397, fols. 103v–104r.

Note: The doc. is not dated, but located among others from the fourth year of Nicholas V's pontificate.

778   Assisi, 1 October 1450

Mandate, if the facts are established, to George d'Ornone, bishop of Carpentras, to allow the men of Monteux to settle their debts to Jewish moneylenders, contracted some thirty years earlier, in ten yearly instalments.

Nicolaus etc. venerabili fratri, episcopo Carpentoratensi, salutem etc. Humilibus supplicum votis libenter annuimus, eaque favoribus prosequimur oportunis. Exhibita siquidem nobis nuper pro parte dilectorum filiorum hominum universitatis loci Montilliorum, Carpentoratensis diocesis, Romane Ecclesie immediate subiecti, peticio continebat, quod olim, fere triginta anni sunt elapsi, vigente guerra quondam Raymundi de Turena, hostis et adversarii dicte Ecclesie, ipsi homines, tam pro defensione dicti loci, quam diversis subsidiis et oneribus inde secutis, diversis perfidis Iudeis in nostro comitatu Venayssini commorantibus, pro diversis pecuniarum summis ab eis receptis, eciam sub usura, persolvendis, se obligarunt; ita et taliter, quod a dicto tempore citra dicti Iudei propter hoc quasi totam substanciam eorundem hominum consumpserunt et dietim consumunt, ob quod eciam dictis hominibus necessarium fuit decimam partem omnium fructuum suorum ad tempus septem annorum pro usuris inde persolvendis vendere et alienare; et, sicut eadem peticio subiungebat, premissa eisdem Iudeis quo ad solucionem integram debitorum iuxta obligationem huiusmodi faciendam sufficere non videntur, quin ymo ipsis hominibus opus erit domum propriam cum eorum familia relinquere, nisi eis desuper oportune consulatur; quare pro parte dictorum hominum nobis fuit humiliter supplicatum, ut sibi super hiis de oportuno remedio providere, de benignitate apostolica dignaremur. Nos igitur, huiusmodi supplicationibus inclinati, fraternitati tue per apostolica scripta mandamus, quatinus, si est ita, omnibus et singulis hominibus universitatis huiusmodi de dictis debitis persolvendis, usuris cessantibus, dilationem decem annorum a data presentium computandorum, auctoritate nostra concedas, et terminum iuxta obligacionem huiusmodi limitatum usque ad illud tempus decem annorum, infra quod ipsi homines pro rata debita eorum persolvere offerunt se paratos, proroges; necnon eisdem Iudeis sub penis, quibus nobis et eidem Ecclesie astricti sunt, et de quibus tibi videbitur, et[!] ne interim, dilacione et prorogatione huiusmodi pendentibus, contra eas in preiudicium dictorum hominum innovare, attemptare, seu ipsos occasione debitorum eorundem molestare quoquomodo presumant, districtius inhibeas, totum id et quicquid in contrarium factum fuerit irritum fore et inane nichilominus decernendo; non obstantibus premissis ac constitutionibus apostolicis ceterisque contrariis quibuscumque. Dat. Assisii, anno Incarnacionis Dominice millesimo quadringentesimo quinquagesimo, Kalendis Octobris, anno quarto.

Source: ASV, Reg. Lat. 466, fols. 225v–226r.

779   Rome, 28 October 1450

Suspension, at the request of King John II of Castile and Leon, of the Bull *Humani generis*, of 24 September 1449, confirming the royal provisions for the equitable treatment of New Christians.

Nicolaus episcopus, servus servorum Dei. Ad futuram rei memoriam. Regis pacifici qui regnat in celis vices, quamvis immeriti, gerentes in terris, propagationi Catholice fidei et saluti animarum continue intenti, ad nonnulla concedenda quandoque deflectimur, que postmodum, ne scandala parturiant, suspendimus, prout rerum et temporum qualitate pensata, id in Domino conspicimus salubriter expedire. Dudum siquidem a nobis emanaverunt littere tenoris subsequentis: "Nicolaus episcopus, servus servorum Dei. Ad futuram rei memoriam. Humani generis... Dat. Fabriani, Camerinensis diocesis, anno Incarnacionis Dominice millesimo quadringentesimo quadragesimo nono, octavo Kalendas Octobris, pontificatus nostri anno tercio". Cum autem, sicut carissimus in Christo filius noster Iohannes, Castelle et Legionis rex illustris, nobis nuper significavit, si littere ipse executioni mandarentur, dissensiones et scandala ac mala quamplurima possent exinde verisimiliter exoriri; quare pro parte dicti regis nobis fuit humiliter supplicatum, ut, ad obviandum scandalis, huiusmodi litteras predictas suspendere, aliasque in premissis oportune providere, paternam[!] diligentiam[!] curaremus. Nos igitur, qui pacem et quietem inter omnes fideles perpetuo vigere summis affectibus desideramus, ac dissensionibus et scandalis, quantum cum Deo possumus, obviamus, huiusmodi supplicationibus inclinati, litteras ipsas, auctoritate apostolica, tenore presentium ex certa scientia suspendimus, districtius inhibendo executoribus in illis deputatis quatenus, ne ipsi vel aliquis eorum, sub excommunicationis pena, quam contrafacientes ipso facto incurrant, et a qua, nisi in mortis articulo, et solum per Romanum pontificem, absolvi non possint, ad executionem litterarum predictarum, huiusmodi suspensione durante, in aliquo procedere presumant; decernentes irritum et inane, si secus super hiis a quoquam, quavis auctoritate, scienter vel ignoranter, contigerit attemptari; non obstantibus constitutionibus et ordinationibus apostolicis ceterisque contrariis quibuscumque. Nulli ergo ... Si quis autem ... Dat. Rome, apud Sanctam Mariam Maiorem, anno Incarnationis Dominice millesimo quadringentesimo quinquagesimo, quinto Kalendas Novembris, pontificatus nostri anno quarto.

Source: ASV, Reg. Vat. 394, fols. 249r–250v.

Publication: Beltran de Heredia, *Bulas de Nicolas V*, pp. 41f.; Benito-Ruano, *Toledo*, p. 215.

Note: The Bull *Humani generis* is quoted verbatim.

Bibliography: Simonsohn, *Limpieza de Sangre*, p. 303.

780   Rome, 28 October 1450

Mandate to the provost of the monastery of Neuwerk outside Halle, in the diocese of Magdeburg, to hear and to decide the case of a claim by Henricus Griffogel of Halberstadt against the family of Hermannus Schabel, for whom he had stood surety for a loan made by Scholen, a Jew from Erfurt.

Nicolaus etc. dilecto filio preposito monasterii Novioperis extra muros Hallenses, per prepositum soliti gubernari, Magdeburgensis diocesis, salutem etc. Humilibus supplicum votis libenter annuimus, eaque favoribus prosequimur oportunis. Exhibita siquidem nobis nuper pro parte dilecti filii Henrici Griffogel, armigeri Halberstadensis diocesis, peticio continebat, quod, licet olim ipse pro quondam Hermanno Schabel, fratre Sophie, coniugis Hermanni Colede, laici, coniugum[!] Maguntine diocesis, qui a quodam Scholen, Iudeo, in opido Erffordensi, dicte Maguntine diocesis, commorante, quandam tunc expressam pecunie summam mutuo reciperet sub usuris, fuisset fideiussor, dictusque Hermannus eundem Henricum servare indemnem efficaciter promisisset, tamen, quia eodem Hermanno, sicut Domino placuit, vita functo, et dicto Iudeo de pecuniis prefatis minime satisfacto, prefati coniuges, qui ex persona eiusdem Sophie, prefati Hermanni sororis pariter et heredis, in bonis dicti Hermanni successerant, eundem Henricum, qui ab eodem Iudeo super pecunie summis et usuris predictis impetitur, servare indemnem indebite contradicunt, etiam ab eodem Henrico pluries locis et temporibus congruis requisiti, prefatus Henricus nobis humiliter supplicavit, ut providere sibi super hoc oportune, de benignitate apostolica dignaremur. Nos igitur, huiusmodi supplicationibus inclinati, discretioni tue per apostolica scripta mandamus, quatinus, vocatis dicti[s] coniugibus et aliis qui fuerint evocandi, audias causam et, appellatione remota, debito fine decidas, faciens quod decreveris per censuram ecclesiasticam firmiter observari. Testes autem ... Non obstantibus ... Dat. Rome, apud Sanctam Mariam Maiorem, anno Incarnacionis Dominice millesimo quadringentesimo quinquagesimo, quinto Kalendas Novembris, anno quarto.

Source: ASV, Reg. Lat. 458, fol. 152r-v.

781   Rome, 12 November 1450

Mandate to the dean of St. Peter in Avignon to apply a moratorium of two years on the payment of debts owed by the Jews in Avignon.

Nicolaus etc. dilecto filio decano ecclesie Sancti Petri Avinionen., salutem etc. Humilibus supplicum votis libenter annuimus, eaque favoribus prosequimur oportunis. Exhibita siquidem nobis nuper pro parte Iudeorum in civitate nostra Avinionensi moram trahentium petitio continebat, quod, licet pridem ipsi rebus ac bonis mobilibus et immobilibus sufficienter habundarent, tamen supervenientibus plurimorum creditorum debitis, obligationibus violariorum, interesse usurarum et aliis contractibus illicitis, que ob guerrarum et mortalitatis turbines ac plurimos sinistros eventus, qui proch dolor partes illas concusserunt, cum nobilibus mercatoribus et aliis civibus, burgensibus, ecclesiasticis et secularibus, habuerunt, adeo consumpti, depauperati ac bonis et rebus mobilibus et immobilibus destituti et derelicti existunt, quod propter inopiam, miserabilem vitam substinere et tollerare nequeunt, quin ymo propter interesse violariorum, usurariorum et premissorum, ac aliorum contractuum illicitorum per eos initorum et celebratorum, per eosdem creditores adeo coguntur, quod, nisi eis succurratur, profecto civitatem ipsam, in ipsorum maximum detrimentum relinquere et alibi aufugere cogentur; quare pro parte dictorum Iudeorum nobis fuit humiliter supplicatum, ut eis aliquam dilationem concedere, aliasque in premissis providere, misericorditer dignaremur. Nos itaque, huiusmodi supplicationibus inclinati, discretioni tue per apostolica scripta mandamus, quatinus prefatis Iudeis, ut usque ad biennium a data presencium computandum, pro quibusvis debitis, creditis, contractibus, licitis et illicitis, violariorum, usurarum, et aliis, quibuscumque iuxta morem patrie nominibus nuncupentur, communibus et particularibus initis, per quoscumque creditores ecclesiasticos et seculares, ac quosvis alios, iuratos[!] et promissos[!], vocari, vexari, molestari, compelli, inquietari, vel experiri coram quibuscumque iudicibus ecclesiasticis vel secularibus inviti minime possint nec valeant, eadem auctoritate nostra concedas. Contradictores ... Non obstantibus ... Dat. Rome, apud Sanctam Mariam Maiorem, anno etc. millesimo quadringentesimo quinquagesimo, pridie Idus Novembris, pontificatus nostri anno quarto.

Source: ASV, Reg. Vat. 392, fol. 117v.

Publication: Eubel, *Verhalten der Päpste*, p. 42 (partly).

Note: See below, Docs. **787, 788.** On 6 June 1443, Eugenius IV approved the arrangements made by Peter, cardinal bishop of Albano and papal legate, regarding the payment of these debts. See above, Doc. **744.**

Bibliography: Bardinet, *Condition*, pp. 7f.; Kober, *Juden im Rheinland*, p. 261.

782 Rome, 18 December 1450

Mandate to the abbot of St. Maria de Roda in the diocese of Saragossa, Ferdinandus Calbo, infirmer of the church in Saragossa, and the archdeacon in St. Engratia of Huesca to hear the appeal of Johannes, lord of Ijar, and the Christian and Jewish communities of Ijar, against ecclesiastical sanctions imposed on them because of taxes claimed by Berengarius Mir de Pinos of Tamarite de Litera.

Nicolaus etc. dilectis filiis abbati monasterii Beate Marie de Rueda, Cesaraugustane diocesis, ac Ferdinando Calbo, infirmario ecclesie Cesaraugustane, et archidiacono Sancte Engratie in ecclesia Oscensi, salutem etc. Humilibus supplicum votis libenter annuimus, eaque favoribus prosequimur opportunis. Exhibita siquidem nobis nuper pro parte dilectorum filiorum nobilis viri Iohannis, domini Ville de Ixar, ac universitatis Christianorum, et aliame seu universitatis Iudeorum perfidorum dicte ville de Ixar, Cesaraugustane diocesis, peticio continebat, quod, licet olim officialis Cesaraugustanus dictum Iohannem de Ixar, Cristianos et Iudeos ad instanciam dilecti filii nobilis viri Berengarii Mir de Pinos, domicelli ville Tamarite de Litera, Ilerdensis diocesis, minus veraciter asserentis, quod dicti Iohannes, Cristiani et Iudei certos sibi census et pecuniarum summas tunc expressas, ex causis etiam tunc expressis, solvere tenerentur, ut census et pecuniarum summas huiusmodi eidem Berengario infra certum tunc expressum terminum solverent, Christianos s[c]ilicet sub excommunicationis, Iudeos vero subtraccionis communionis fidelium penis monuisset et mandasset eisdem, pro parte dictorum Iohannis, Christianorum et Iudeorum fuit coram dicto officiali excipiendo propositum, quod, cum ex antiqua et approbata hactenusque pacifice observata consuetudine curie ipsius officialis et alias, prius de preiudicialibus exceptionibus cognosci debeat, et super illis pronunciari monitorium predictum, quousque super preiudicialibus exceptionibus huiusmodi pronunciatum foret suspendere tenebatur, prout erant legitime probare parati, et quia prefatus officialis eos super hoc audire, contra iustitiam, recusavit, pro parte Iohannis, Christianorum et Iudeorum eorundem, sentientium inde indebite se gravari, fuit ad sedem apostolicam appellatum, nobisque humiliter supplicatum, ut causam appellationis huiusmodi et negocii principalis aliquibus in partibus illis comictere, ipsosque Christianos et Iudeos ab eisdem sentenciis ad cautelam absolvi mandare, et alias eis super hiis oportune providere, de benignitate apostolica dignaremur. Nos igitur, huiusmodi supplicationibus inclinati, discretioni tue[!] per apostolica scripta mandamus, quatinus vos, vel duo aut unus vestrum per vos vel alium seu alios, vocatis dicto Berengario et aliis qui fuerint evocandi, eosdem Iohannem, Christianos et Iudeos, si hoc humiliter pecierint, recepta tamen prius ab eis ydonea caucione super eo quo Christiani excommunicati et

Iudei predicti a communione fidelium subtracti habentur, quod, si excommunicationis et subtractionis sententias huiusmodi in eos vobis constiterit iuste latas, vestris et Ecclesie mandatis parebunt, absolutionis beneficium huiusmodi ad cautelam, si et prout iustum fuerit, auctoritate nostra, impendatis. Super aliis vero, auditis hinc inde propositis, quod iustum fuerit, appellacione remota, decernatis, facientes quod decreveritis per censuram ecclesiasticam firmiter observari. Testes autem ... Non obstante ... Dat. Rome, apud Sanctum Petrum, anno Incarnacionis Dominice millesimo quadringentesimo quinquagesimo, quinto decimo Kalendas Ianuarii, anno quarto.

Source: ASV, Reg. Lat. 458, fols. 145v–146r.

783   Rome, 25 February 1451

Reissue of *Super gregem Dominicum* Bull (above, Doc. **740**), directed to Italy, and appointment of Laurentius of Palermo, a Franciscan, to apply the provisions of the Bull.

Nicolaus etc. Ad futuram rei memoriam. Super gregem Dominicum ... Dudum siquidem ... Ob quod per felicis recordationis Eugenium papam IIII predecessorem nostrum, concessiones, privilegia et indulta huiusmodi Iudeis ... concessa, usque ad terminos iuris communis dumtaxat operari ... extitit declaratum. Cum autem ... Et insuper ... Et quia parum est iura condere, nisi per aliquem executioni debite demandentur, dilectum filium fratrem Laurentium de Panormio de Sicilia, ordinis Minorum professorem, omnium predictorum executorem, auctoritate apostolica deputamus, instituimus et ordinamus; concedentes eidem plenam et liberam potestatem, tam per se ipsum quam per ydoneos religiosos sui ordinis vel alterius, per eundem cum sibi visum fuerit deputandos, inquirendi, admonendi, exhortandi et solicitandi principes ac prelatos et dominos, tam ecclesiasticos quam seculares predictos, ut omnia et singula predicta faciant diligentius observari, quibus in aliis arduis negotiis occupatis, seu aliis[!] negligentibus, seu ultra prefatum terminum retardantibus, ipse idem dilectus filius Laurentius de Panormio per se vel per suos deputandos, ut prefertur, procedere valeant et ea executioni debite effectualiter demandare; contradictores et rebelles per censuras ecclesiasticas et alia iuris remedia compescendo, invocato etiam per eosdem, quotiens opus fuerit, auxilio brachii tam ecclesiastici quam secularis. Verum, quia difficile foret huiusmodi nostras litteras ad singula loca deffere, volumus et eadem auctoritate apostolica decernimus, quod ipsarum transumpto manu publica et sigillo alicuius episcopalis vel superioris ecclesie curie munito, tamquam prefatis nostris si originales exhiberentur litteris, plena fides in iudicio et extra exhibeatur[!], et perinde stetur, ac si dicte originales lictere forent exhibite vel hostense[!]; non obstantibus felicis recordationis Gregorii pape IX predecessoris nostri, que incipit: "Ex speciali", et aliis apostolicis constitutionibus, ceterisque contrariis quibuscumque. Nulli ergo etc. Si quis etc. Datum Rome, apud Sanctum Petrum, anno etc. millesimo quadringentesimo quinquagesimo, quinto Kalendas Martii, pontificatus nostri anno quarto.

Source: ASV, Reg. Vat. 414, fols. 100r–102v; BAV, Ottob. Lat. 2506, fols. 133v–137v.

Publication: Raynaldus, *Annales Ecclesiastici*, a. 1451, § 5 (partly).

Note: Raynaldus (followed by Erler and Picotti) has 1 March 1451. On Lorenzo of Palermo, see Lagumina, *Codice* 1, pp. 549f.; Simonsohn, *Sicily*. The Bull is identical — *mutatis mutandis* — with those of 8 August 1442 and 23 June 1447, see Docs. **740, 765.**

Bibliography: Browe, *Judenmission*, p. 36; Erler, *Historisch-kritische Übersicht* 7, p. 25; Grayzel, *Sicut Judeis*, p. 277; Kayser, *Nikolaus V*, pp. 212–213; Picotti, *Pio II e Francesco Sforza*, p. 193; Stern, *Urkundliche Beiträge* 1, pp. 51f.

784   Rome, 5 March 1451

Declaration confirming the validity of the provision *motu proprio* of a canonry and prebend in the church of Barcelona to Jacobus Marcus Cervellus, a Jewish convert or of Jewish origin, recommended by King Alfonso V of Aragon, who had been prevented from taking possession of the canonry by Guillelmus Poncius de Fonoleto, vicar general of Jacob Gerard, bishop of Barcelona, and by the chapter of that church; their appeal is denied and they are warned to desist from further frivolous appeals.

Nicolaus episcopus etc. Ad futuram rei memoriam. Decens reputamus et congruum, ut quevis per nos et sedem apostolicam de quibusvis canonicatibus et prebendis al[i]isve beneficiis ecclesiasticis, presertim disposicioni apostolice generaliter reservatis, facte provisiones, suum, ut convenit, sortiantur effectum, et quod ipse, sublatis quibusvis indebitis litigiorum dispendiis, quantocius succedat effectus, modos et media exquirimus oportuna. Dudum siquidem, de canonicatu et prebenda ecclesie Barchinonensis, ex eo quod nos tunc dilecto filio Iohanni Marquet, canonico Barchinonensi, de certis aliis canonicatu et prebenda tunc vacantibus, motu proprio providendo, inter alia voluimus quod idem Iohannes ex tunc canonicatum et prebendam huiusmodi quos obtinebat omnino dimitteret, et quos idem Iohannes in manibus nostris libere dimisit et resignavit, nosque resignacionem huiusmodi duximus admittendam, vacantibus, nos primodictos canonicatum et prebendam sic vacantes et dispositioni apostolice antea reservatos, motu proprio, dilecto filio Iacobo Marco Cervello, canonico Barchinonensi, motu proprio gratiose duximus providendum, prout in nostris litteris inde confectis plenius continetur. Cum autem, sicut accepimus, dilecti filii Guillelmus Poncius de Fonoleto, canonicus dicte ecclesie et venerabilis fratris nostri Iacobi, episcopi Barchinonensis, in spiritualibus vicarius generalis, ac capitulum eiusdem ecclesie, ut sic variis et exquisitis viis ac modis provisionem per nos Iacobo Marco factam predictam et illius execucionem seu effectum eludere, seu retardare, ac impedire possent, pretendentes eundem Iacobum Marcum neophitum esse, seu originem de gente Iudeorum traxisse, et inter alia falso asserentes ipsum Iacobum Marcum illiteratum et inhoneste conversationis fore, a dicta provisione necnon processibus inde secutis, sperantes, ut asserebant, quod nos, de premissis et nonnullis aliis tunc expressis informati, super hiis predicte ecclesie statui salubriter provideremus, ad nos appellaverint, et impediverint, et fecerint, necnon impediant et faciant quominus dicta provisio debitum sortiatur effectum; nos, attendentes quod in omni gente qui facit iusticiam acceptus est Deo, et quod eciam iuxta iuris communis dispositionem pro eo quod dictus Iacobus Marcus etiam Iudeus extitisset, ipsum quis dedignari non debet, quodque si de ipsius Iacobi Marci condicione ac vite et morum honestate per litteras carissimi in Christo filii nostri Alfonsi, Aragonum regis illustris, et alias non fuissemus debite informati, dictam provisionem eidem Iacobo Marco motu proprio nullatenus fecissemus, ac propterea appellacionem predictam, necnon omnia et singula in illa contenta ac inde secuta, prout eciam sunt, irrita et inania reputantes, et in quantum opus sit harum serie decernentes, volentes quoque eidem Iacobo Marco in premissis oportune providere, motu simili, non ad ipsius Iacobi Marci vel alterius pro eo nobis super hoc oblate petitjonis instanciam, sed nostra mera liberalitate, auctoritate apostolica, et ex certa sciencia, tenore presentium, Iacobum episcopum et vicarium necnon capitulum predictos ac singulares de capitulo huiusmodi, necnon quoscumque in prefatis canonicatu et prebenda forsan intrusos, aut imposterum intrudendos, ac eis et aliis predictis patrocinium, auxilium, vel favorem quomodolibet prestantes, cuiuscumque status, gradus, ordinis, condicionis fuerint, eciam si archiepiscopali, episcopali, seu alia quavis ecclesiastica vel mundana dignitate, eciam tali, quod quo ad hoc de illo[!] specialis mencio fieri deberet, prefulgeant, in virtute sancte

obedientie, aliisque infrascriptis sentenciis, censuris et penis, monemus et
requirimus, et eis districte precipiendo mandamus, quatenus predicta et
quibuscumque aliis per eos vel ipsorum aliquem forsan ad nos vel dictam
sedem interpositis, seu propterea forsitan interponendis appellacionibus, quas,
in quantum per eas effectus presentium impediri posset et impediretur, frivolas,
nullas et invalidas esse decernimus, infra sex dies a die publicationis
presentium, iuxta formam inferius annotatam... sibi harum serie assignamus,
episcopus videlicet vicarius, capitulum et singulares persone eundem Iacobum
Marcum ... in corporalem possessionem dictorum sibi collatorum canonicatus
et prebende ... inducant et deffendant inductum ... Non obstantibus ... Nulli
ergo etc. nostre reputationis, constitutionis, voluntatis, monicionis,
requisitionis, mandati, assignationis, prolationis, promulgationis et declarationis infringere, vel ei ausu etc. Si quis etc. Dat. Rome, apud Sanctum
Petrum, anno etc. millesimo quadringentesimo quinquagesimo, tertio Nonas
Martii, pontificatus nostri anno quarto.

Source: ASV, Reg. Vat. 403, fols. 101r–102r.

Bibliography: Simonsohn, *Limpieza de Sangre*, p. 304.

---

785   Rome, 6 April 1451

Approval of petition presented by Enecus (Iñigo) de Mendoza, lord of
Tendilla, to convert a synagogue in Guadalajara into a chapel.

Beatissime pater. Exponitur sanctitati vestre pro parte devoti filii vestri
nobilis viri Eneci de Mendoza, militis ac domini loci de Tandilla, Toletane
diocesis, quod ipse, zelo devotionis accensus, ac cupiens terrena et transitoria
in eterna felici commercio commutare, ut demum pro transitoriis in celesti
patria valeat reportare eterna, tam pro sue quam etiam progenitorum suorum
animarum salute, de bonis sibi a Deo collatis, in una ex sinagogis Iudaicis ville
de Guadalfaiara, dicte diocesis, in qua plures alie sinagoge pro populo Iudaico
inibi commoranti sufficientes fore noscuntur, unam capellam, pro quodam
presbitero illius rectore inibi perpetuo Altissimo missas et alia divina officia
celebrando deservituro, erigere, construere et edificare, seu erigi, construi et
edificari facere, dummodo ius patronatus et presentandi personam idoneam
ad illam, pro hac primaria vice et quotiens in antea vacaverit, archiepiscopo
Toletano pro tempore existenti presentandam, et per ipsum archiepiscopum
ad huiusmodi presentationem instituendam, prefato militi et successoribus
suis pro tempore existentibus imperpetuum reservetur, congruis ac

condecentibus redditibus dotare proponit et affectat, si sibi super hoc sedis apostolice auctoritas suffragetur. Quare pro parte dicti militis eidem sanctitati humiliter supplicatur, ut eius proposito et affectui super hiis benigne annuentes, sibique super premissis opportune providentes, eidem militi, ut postquam ipse quo ad hoc sufficientem dotem realiter cum effectu assignaverit, capellam predictam erigendi, construendi et edificandi, seu erigi, construi et edificari faciendi, auctoritate apostolica licentiam concedere, ac ius patronatus seu presentandi personam idoneam ad capellam huiusmodi militi et successoribus prefatis eadem auctoritate perpetuo reservare, misericorditer dignemini de gratia speciali; iure tamen parrochialis et cuiuslibet alterius ecclesie in omnibus semper salvo, et cum clausulis oportunis. Fiat ut petitur cum debita recompensa. T[homas]. Dat. Rome, apud Sanctum Petrum, octavo Idus Aprilis, anno quinto.

Source: ASV, Suppl. 451, fols. 174v–175r.

Note: On the Jews in Guadalajara, following the persecutions of 1391 and at the beginning of the fifteenth century, see Baer, *Spanien* 2, *passim*, esp. pp. 277f.

786   Rome, 7 May 1451

Mandate to Domenic Capranica, cardinal priest of the Holy Cross in Jerusalem, Lawrence Giustiniani, bishop of Castello, and John Parenzo, bishop of Parenzo, to protect Servadeus Coppa of Trieste against Michael, son of Salomon, a Jew of that locality, and to award Servadeus expenses against Michael. Servadeus had Bruna, daughter of Michael, baptized, of her own free will, when she was seven years old. Michael had sued Servadeus, and Antonius de Groppo, dean in Trieste, appointed by Eneas Silvius Piccolomini (later Pius II), then the local bishop, found for Michael. Servadeus appealed to the pope, whose appointee, the bishop of Parenzo, found for him. Then Michael appealed to the pope, whose new appointee, Christoforus Susanne, canon of Aquileia, asked Gabriel Jacobi, bishop of Capodistria, to have the girl removed from Servadeus's custody. The latter again appealed to the pope, who stopped all further proceedings.

Nicolaus etc. dilecto filio Dominico, tituli Sancte Crucis in Iherusalem presbitero cardinali, et venerabilibus fratribus Castellano ac Parentino episcopis, salutem et apostolicam benedictionem. Humilibus supplicum votis libenter annuimus, illaque favoribus prosequimur oportunis. Cum itaque, sicut accepimus, dilectus filius Servadeus Coppa, civis Tergestinus, zelo devotionis accensus, et in augmentum Catholice fidei, dilectam filiam Brunam, tunc Ebream, ac Michaelis quondam Salomonis Iudei in civitate Tergestina commorantis natam, et tunc in septimo vel circa sue etatis anno constitutam, non coactam neque contradicentem, sed publice volentem et affectantem, in cathedrali ecclesia Tergestina, coram populi inibi multitudine baptizari, ac ipsam Brunam Mariam nuncupari, necnon eam in fide Catholica instrui fecerat atque procuraverat, et deinde ipsam Mariam secum in domo sua, sumptibus siquidem suis et expensis tenuerat atque nutriverat; nichilominus tamen, ipse Michael Iudeus, iam viginti mensibus vel circa effluxis, asserens dictam filiam suam contra voluntatem ipsius et parentum suorum baptisari non debere, eundem Servadeum coram dilecto filio Antonio de Groppo, decano ecclesie Tergestine, ex commissione per venerabilem fratrem Eneam, tunc episcopum Tergestinum, sibi facta, non tamen ex delegatione apostolica, traxit in causam; ipseque decanus perperam in eadem causa procedens, per suam diffinitivam, dictam Mariam baptizari non potuisse et illam Iudeis restituendam fore, sententiam promulgavit iniquam, a qua quidem sententia pro parte dicti Servadei ad sedem apostolicam extitit appellatum; nos causam appellationis huiusmodi venerabili fratri Iohanni, episcopo Parentino, per certum breve nostrum commisimus audiendam, atque mandavimus eidem, quatinus de premissis omnibus se diligenter informaret, et, si per informationem huiusmodi dictam Mariam sua propria voluntate fuisse baptizatam, et in huiusmodi voluntate persistere reperiret, ipsam Mariam, sub penis et censuris ecclesiasticis, apud Servadeum predictum, aut alium Catholicum quemcumque, vel in monasterio Sancti Benedicti de Tergesto, donec et quousque per ipsum Iohannem episcopum aliud determinatum foret, eadem auctoritate teneri et educari, ac ipsi Servadeo expensas propterea factas restitui faceret; postmodum vero, ipse Iohannes episcopus, vigore literarum brevis huiusmodi habita et recepta plena informatione, iuxta tenorem brevis huiusmodi mandavit ipsam Mariam dicto Servadeo dandam et assignandam fore; unde ipse Iudeus, solita perfidia Ebreorum, ut Catholice fidei persecutor, ac in reprobum sensum datus[!] de mandato Iohannis episcopi huiusmodi, ad eandem sedem appellavit, ac causam appellationis huiusmodi dilecto filio Christoforo Susane, canonico Aquilegensi, per certas litteras nostras commicti obtinuit audiendam et fine debito terminandam, ac ipse Christoforus in huiusmodi causa procedens, per suas certi tenoris litteras episcopo Iustinopolitano mandavit, ut prefatam Mariam ab ipso Servadeo substraheret ac substrahi faceret, etiam contra voluntatem Servadei et Marie predictorum; et propterea ipse Servadeus, sentiens exinde inde[!] indebite se gravari, ad sedem appellavit eandem, ac personaliter se cum Lucia, uxore sua legitima, et Maria huiusmodi ad Romanam curiam contulit, ac omnia predicta gravi cum querela nobis exposuit; et propterea summariam informationem de singulis premissis ab aliquibus prelatis in dicta curia residentibus commisimus

recipiendam, et per eosdem prelatos nobis relatum extitit, quod prefata Maria
sepius requisita respondit omnino in fide Catholica perseverare et animam
suam Deo lucrifacere intendit, et alias etate premissa circumscripta, in fide
Catholica peroptime peroptime[!] educata existit, ne de cetero conversio[!]
Iudeorum se ullatenus coniungere, sed Iudeorum ritus aborrens, Catholicam
fidem servare proponit; quare pro parte dicti Servadei nobis fuit humiliter
supplicatum, ut sibi ac ipsi Marie super premissis oportune providere, de
benignitate apostolica dignaremur. Nos statum causarum omnium presentibus
pro sufficienter expresso habentes, et causas ipsas inter partes predictas
occasione dicte Marie baptizate alias ubilibet indecise pendentes et inclusive
determinatas, tam diffinitiva sententia quam aliter, ad nos harum serie
advocamus, et lites huiusmodi penitus extinguimus, necnon ipsi Michaeli et
aliis Iudeis ab[!] omnibus aliis et singulis quibuscumque, ex certa nostra
sciencia desuper perpetuum silentium imponimus, ac Servadei et Marie
predictorum in hac parte supplicationibus inclinati, discretioni vestre per
apostolica scripta mandamus, quatinus vos vel duo aut unus vestrum, per vos
vel alium seu alios, quotiens pro parte dicti Servadei fueritis requisiti, seu
aliquis vestrum fuerit requisitus, illi efficacis defensionis auxilio assistatis, ac
faciatis ipsi Servadeo de expensis ob huiusmodi causam factis et faciendis,
cum dampnis et interesse, per Michaelem et alios Iudeos predictos integraliter
satisfieri et responderi; non permittentes ipsum Servadeum per Michaelem vel
alios Iudeos predictos, seu quosvis alios, super premissis vel illorum occasione
quomodolibet impeti vel molestari; et nichilominus Michaelem et alios Iudeos
predictos, si mandatis nostris huiusmodi in aliquo contravenerint, a
participacione fidelium penitus suspendatis ac suspensos fore declaretis, et
etiam ab omnibus fidelibus evitari faciatis, donec ipsi Servadeo de expensis
huiusmodi satisfaciant, aut secum amicabiliter concordaverint, et omnia alia
et singula in premissis et circa premissa, que quomodolibet necessaria vel
oportuna fuerint, faciatis et exequemini. Contradictores etc.; invocato ad hoc,
si opus fuerit, auxilio brachii secularis; non obstantibus ... aut si Michaeli et
aliis Iudeis predictis, vel quibusvis aliis, communiter vel divisim, ab eadem sit
sede indultum, quod a participatione fidelium separari, seu interdici, suspendi,
vel excommunicari, aut extra vel ultra certa loca ad iudicium evocari non
possint per litteras apostolicas non facientes plenam et expressam ac de verbo
ad verbum de indulto huiusmodi mentionem. Datum Rome, apud Sanctum
Petrum, anno etc. millesimo quadringentesimo quinquagesimo primo, Nonis
Maii, pontificatus nostri anno quinto.

Source: ASV, Reg. Vat. 415, fols. 39v–41r.

Note: On Michael, son of Solomon of Trieste, see Stock, *Nel segno di
Geremia*, p. 15.

787   Rome, 5 June 1451

Concession to Petrus de Porta de Cumis of Avignon to exclude his financial claims from the moratorium of two years granted the Jews in Avignon.

Nicolaus etc. dilecto filio Petro de Porta de Cumis, civi Avinionensi, salutem etc. Sincere devotionis affectus, quem ad nos et Romanam geris Ecclesiam promereris, ut illa tibi favorabiliter concedamus, per que tuis indemptatibus[!] valeat salubriter provideri. Dudum siquidem pro parte Iudeorum in civitate nostra Avinionensi moram trahentium nobis exposito, quod, licet ipsi rebus et bonis mobilibus et immobilibus dudum sufficienter habundarent, tamen supervenientibus plurimorum creditorum debitis, obligacionibus violariorum, interesse usurarum et aliis contracti[bu]s illicitis, que ob guerrarum et mortalitatum turbines ac plurimos sinistros eventus, qui proch dolor partes illas concusserant, cum nonnullis[!] mercatoribus et aliis civibus, burgensibus, ecclesiasticis et secularibus, habuerant, adeo consumpti, depauperati ac bonis et rebus mobilibus et immobilibus destituti existebant, quod propter inopiam et miserabilem vitam se sustinere et tollerare nequibant, quin ymo propter interesse violariorum, usurariorum et premissorum, ac aliorum contractuum illicitorum per eos initorum et celebratorum, ab eisdem creditoribus adeo cogebantur, quod, nisi eis succurrentur[!], profecto civitatem ipsam relinquere et alibi aufugere, in ipsorum maximum detrimentum compellerentur, nos, ipsorum Iudeorum in ea parte supplicacionibus inclinati, dilecto filio decano ecclesie Sancti Petri Avinionensis, eius proprio nomine non expresso, per alias nostras litteras dedimus in mandatis, ut prefatis Iudeis usque ad biennium a data dictarum litterarum computandum, quod pro quibusvis debitis, creditis, contractibus, licitis et illicitis, violariorum, usurariorum et aliorum quibuscumque iuxta morem patrie nominibus nuncuparentur, communibus et particularibus initis, per quoscumque creditores ecclesiasticos et seculares, ac quosvis alios, iuratos[!] et premissos[!], vocari, vexari, molestari, compelli, inquietari vel experiri coram quibuscumque iudicibus ecclesiasticis vel secularibus inviti minime possent neque valerent, auctoritate nostra concederet, prout in eisdem litteris plenius continetur. Cum autem, sicut exhibita nobis nuper pro parte tua petitio continebat, littere predicte tibi, qui, ut asseris, a nonnullis ex Iudeis predictis, racione violariorum, certam pecuniarum summam habere debes, valde preiudiciales existant, pro parte tua nobis fuit humiliter supplicatum, ut super hoc tibi oportune providere, de benignitate apostolica dignaremur. Nos igitur, attendentes quod, licet apostolica sedes etiam Iudeis, quos Romana Ecclesia in testimonium Ihesu Christi tollerat, in exhibitione gratiarum se liberalem exhibere consueverit, non tamen ita dictos Iudeos adiuvare intendit, quod per hoc Christianis et Romane Ecclesie devotis iactura succedat, huiusmodi supplicacionibus inclinati, tibi, quod omnes et singulos Iudeos racione violariorum debitores tuos, coram quoscumque[!] iudice ecclesiastico vel seculari convenire et iura tua vendicare, libere et licite valeas in omnibus et per omnia, ac si predicte a nobis, et quedam alie prius a venerabili fratre nostro Petro, episcopo Albanensi, in eadem civitate et nonnullis aliis partibus sedis apostolice legato, eisdem Iudeis super huiusmodi non convencione concesse littere nullatenus emanassent, auctoritate apostolica, tenore presentium indulgemus; decernentes irritum et inane, si secus quidquid contra tenorem presentium a quoquam, quavis auctoritate, scienter vel ignoranter, contigerit attemptari. Non obstantibus nostris et legati huiusmodi litteris predictis, quibus, eciam si de illis ac eorum totis tenoribus specialis et expressa mencio presentibus habenda foret, hac vice dumtaxat, illis tamen alias in suo robore permansuris, specialiter et expresse derogamus, ac illas necnon processus habitos per easdem et inde secuta quecumque, prefatis Iudeis, quo ad hoc nolumus aliquatenus suffragari, ceterisque contrariis quibuscumque. Nulli ergo etc. ... Dat. Rome, apud Sanctum Petrum, anno etc. millesimo quadringentesimo quinquagesimo primo, Nonis Iunii, pontificatus nostri anno quinto.

Source: ASV, Reg. Vat. 403, fol. 38r-v.

Note: Kayser, *Nikolaus V*, p. 219, n. 1, suggests a correction of the date of this letter to 1450. Cf., however, Doc. **781** above, 12.11.1450. Kayser also suggests an improbable reading and meaning for *violariorum*.

788   Rome, 30 June 1451

Mandate, if the facts are established, to the deputy *auditor* of the papal chamber in Avignon to cancel the arrangements made by Peter de Foix, cardinal bishop of Albano and papal vicar general in Avignon and the Comtat Venaissin, between the Jews of Avignon and their creditors so far as the usufruct of Petrus de Porta de Cumis in Avignon is concerned.

Nicolaus etc. dilecto filio vicegerenti auditoris camere apostolice in civitate nostra Avinionensi residenti, salutem etc. Sincere devotionis affectus, quem dilectus filius Petrus de Porta de Cumis, [civis] civitatis nostre Avinionensis, ad nos et Romanam gerit Ecclesiam promeretur, ut petitiones suas, presertim que ipsius indemnitatem concernunt, ad exauditionis gratiam favorabiliter admittamus. Exhibita siquidem nobis nuper pro parte dicti Petri petitio continebat, quod, licet retroactis temporibus ipse annis singulis super violariis nuncupatis communitatis et universitatis Iudeorum in dicta civitate moram trahentium certam pecuniarum summam recipere consuevisset, nichilominus venerabilis frater noster Petrus, episcopus Albanensis, in dicta civitate apostolice sedis legatus, circa principium exercitii sue legationis, ad ipsorum Iudeorum instantiam, statuit et ordinavit, quod de violariis predictis medietas durante vita personarum quibus ipsa fiebant, et reliqua medietas post mortem eorum heredibus solventur, in maximum ipsius Petri et nonnullorum aliorum eorundem Iudeorum creditorum preiudicium et gravamen; ortaque propterea inter ipsum Petrum et creditores ex una, necnon Iudeos predictos partibus ex altera, materia questionis, idem Petrus legatus, asserens Iudeos ipsos pauperes esse, eundem Petrum exhortando induxit, ut eosdem Iudeos eadem concessa gratia huiusmodi per aliqua pauca tempora uti permitteret, quod idem Petrus, exhortationibus eiusdem Petri legati ut prefertur inductus, pacta et ordinationem huiusmodi, reservato tamen semper ipsius Petri legati beneplacito et voluntate in accordio et pactis predictis observare promisit atque iuravit, prout in quibusdam litteris prefati Petri legati ac aliis desuper confectis publicis instrumentis dicitur plenius contineri. Cum autem, sicut eadem petitio subiungebat, ipse Petrus propter multorum annorum a tempore dicte gratie et facti accordii decursum, gravissimum passus fuerit prout adhuc patitur detrimentum, et licet felicis recordationis Eugenius papa IIII predecessor noster, gratiam predictam per Petrum legatum eisdem Iudeis factam revocari, ac iuramentum per eum desuper prestitum relaxari mandaverit, contemplatione tamen ipsius Petri legati nolens sibi in aliquo displicere, suum beneplacitum huiusmodi prestolando hucusque expectaverit; quare pro parte dicti Petri nobis fuit humiliter supplicatum, ut concessionem dicti legati in ipsius preiudicium factam huiusmodi revocare, ipsumque in statu pristino reponere, ac iuramentum predictum relaxare, sibique alias super hiis oportune providere, de benignitate apostolica dignaremur. Nos igitur, de premissis certam notitiam non habentes, huiusmodi supplicationibus inclinati, discretioni tue per apostolica scripta mandamus, quatinus, si et postquam tibi de premissis legitime constiterit, concessionem per eundem Petrum legatum eisdem Iudeis factam, et desuper concessas litteras, in quantum ipsius Petri preiudicium concernunt dumtaxat, auctoritate apostolica, cassare, revocare et annullare, ac pro infectis, cassis et invalidis haberi decernere et declarare, necnon prefato Petro ad effectum agendi iuramentum predictum per ipsum prestitum relaxare, ipsumque ac quascumque eius obligationes Iudeos huiusmodi concernentes, in eo statu pristino, in quo tempore ordinationis et accordi[i] predictorum quomodolibet erat, restituere et reponere, ita quod ipse Petrus dictos Iudeos, tam super arreragiis, quam super principali et alias, ad continuandum et solvendum de cetero annuatim dictam pecuniarum summam convenire, compellere, et per censuram ecclesiasticam et alia iuris remedia, appellacione postposita, cogere possit et valeat auctoritate nostra procures; non obstantibus premissis ac constitutionibus et ordinationibus apostolicis ceterisque contrariis quibuscumque. Dat. Rome, apud Sanctum Petrum, anno etc. millesimo quadringentesimo quinquagesimo primo, pridie Kalendas Iulii etc. anno quinto.

Source: ASV, Reg. Vat. 403, fols. 35v–36r.

Note: Cf., however, below, Doc. **793**. The arrangements made by the papal legate were approved by Pope Eugenius IV on 6 June 1443. See above, Doc. **744** and Eubel, *Verhalten der Päpste*, pp. 41f.

789   Rome, 6 July 1451

Absolution to Borso, duke of Ferrara, and his predecessors for having allowed Jewish moneylenders to operate in his dominions, and permission to continue doing so.

Nicolaus etc. Ad perpetuam rei memoriam. Solet sedis apostolice circumspecta benignitas mansuetudine temperare rigorem, et quod iuris negat severitas nonnunquam de gratia indulgere, prout exacta consideratione personis, locis, temporibus et causis eorumque circumstanciis universis in Domino cognoscit expedire. Sane, pro parte dilecti filii nobilis viri Borsii, marchionis Estensis, nobis nuper exhibita petitio continebat, quod cum in civitate, diocesi et districtu Ferrarien. atque dominio dicti marchionis a multis transactis annis, et a tanto tempore cuius initii memoria hominum non existit, propter civium et incolarum atque comitatinorum et districtualium ipsius civitatis, necnon forensium et aliorum commoditatem, per ipsius marchionis predecessores in eisdem civitate et dominio Iudei permissi fuerint et tolerari consueverint, ut Iudei ipsi, initis per locorum dicti dominii cives et habitatores compositionibus et pactis, accepta certa quantitate pro centenario, pecunias sub pignoribus ad fenus possent mutuare, ac cives et incole ceterique supradicti propter plurima, tam publica quam privata, ordinaria et extraordinaria, eis pro tempore incumbentia onera, graviora eis in suis mobilibus et immobilibus detrahendis bonis in supportandis oneribus predictis paterentur damna, si hoc remedium accipiendi pecunias mutuo sub usuris adinventum non fuisset, ac Christiani inter se hoc fenus forsan perpetrassent, quod marchio et eius predecessores huiusmodi nullatenus permittere potuerunt, licet in civitate et diocesi Ferrarien. eiusque marchionis territorio et dominio predictis a tempore huiusmodi et adhuc de presenti Iudei ipsi conducti, ac cum eis initis pactis et compositionibus ad fenus pecunias mutuare publice permissi fuerint, domos eisdem ad fenus et usuras huiusmodi exercenda[!] ac ad habitandum, prout in nonnullis aliis locis fieri solitum existit, locando, quodque marchio et sui predecessores antedicti prefatis Iudeis, ut exercicium huiusmodi in eisdem civitate, diocesi, terris atque dominiis citius et facilius facere, inibique residere valerent, multa decreta et pacta eorum vite commoditatem concernentia inierunt, certumque iudicem pro eorum querelis, inter ipsos et Christianos super usuris huiusmodi exigendis et pignoribus ob hoc impignoratis pro moderata quantitate huiusmodi super pignoribus ipsis ad usuram datis, decidendis, deputaverunt, que omnia, tam ab ipso Borsio quam predecessoribus suis marchionibus huiusmodi, non tamen in contemptum fidei Catholice, sed pro necessitate et commoditate ac causis antedictis, hactenus permissa fuerunt et etiam observata, prout in certis auctenticis desuper confectis litteris et instrumentis dicitur plenius contineri; quare pro parte ipsius Borsii marchionis nobis fuit humiliter supplicatum, ut sibi suisque successoribus marchionibus, necnon omnibus et singulis civibus, habitatoribus et incolis civitatis, diocesis, territorii et dominii predictorum, tam vivis quam defunctis, de absolutionis beneficio ab excommunicationis aliisque sentenciis, censuris et penis ecclesiasticis, quas propter premissa quomodolibet incurrerunt, et alias eis in premissis oportune providere, de benignitate apostolica dignaremur. Nos igitur, qui salutem querimus singulorum, in premissis, prout ex debito pastoralis tenemur officii, providere volentes, necnon litterarum et instrumentorum predictorum formas et tenores presentibus pro expressis habentes, huiusmodi supplicationibus inclinati, Borsium ac eius predecessores qui fuerunt pro tempore marchiones Estenses huiusmodi, omnesque alios et singulos supradictos, qui Iudeis huiusmodi, ut prefertur, promiserunt[!], ac cum eis pepigerunt, cum usuris ab eis mutuo pecunias recipiendo, seu domos ad hoc faciendum, vel ad habitandum, seu pro sinagogis eis locando, aut alias composuerunt, ab excommunicationis, suspensionis et interdicti, aliisque sentenciis, censuris et penis ecclesiasticis in eos occasione huiusmodi, tam a iure quam ab homine quomodolibet latis et inflictis, auctoritate apostolica, et etiam de potestatis plenitudine, absolventes et absolutos censentes, omnem inhabilitatis et infamie maculam sive notam per eos occasione predicta quomodolibet habita[m] abolemus, ipsosque omnes et singulos in pristinum statum, famam et honores, in quibus antequam premissa per eos committerentur quomodolibet erant, plenarie et integre restituimus et reponimus; et nichilominus litteras ipsas gratas et ratas habentes, Borsio eiusque successoribus marchionibus Estensibus, necnon civibus, habitatoribus et incolis ac subditis prefatis in Ferrariensi predicta, necnon Mutine, Regio et aliisque[!] quibuscumque civitatibus, castris, locis, terris et dominiis, sub dominio dicti marchionis consistentibus, presentibus et futuris, ut Iudeos ipsos sic fenerantes in perpetuum fenerare [*sic*] ac cum eis pro eorum necessitate, commoditate aut alias, impune componere et pacisci, pro moderata quantitate pro centenario exigenda ab ipsis civibus, habitatoribus et incolis, iuxta arbitrium dicti Borsii et suorum successorum marchionum

Estensium pro tempore existentium, sub modo, forma et lege per Borsium et predecessores antedictos iuxta dictarum litterarum tenorem observari solitis, compositionesque et pacta in premissis per eos inita et firmata iuxta tempus tunc inter ipsos et dictos Iudeos expressum confirmare, et eo finito, quotiens opus fuerit, pacta et compositiones huiusmodi renovare[!], seu cum eis, ut prefertur, de novo componere, domosque et habitationes, tam pro usuris et fenoribus huiusmodi, aut sinagogis, necnon ad habitandum eisdem Iudeis dari solitis[!], aut alias, ipsis Iudeis locare, arrendare, necnon annuam pensionem dare et concedere possint et valeant, eisdem auctoritate et tenore, et ex certa scientia, licentiam damus perpetuo et facultatem; non obstantibus premissis ac constitutionibus et ordinationibus apostolicis, decretis quoque, legibus et statutis et consuetudinibus generalibus vel specialibus in contrarium editis, etiam si de illis ac eorum totis tenoribus de verbo ad verbum presentibus habenda foret mentio specialis, et quibus, ipsis alias in suo robore duraturis, in quantum effectui presentium adversari possent, illorum tenores etiam presentibus pro expressis habentes, specialiter derogamus, ceterisque contrariis quibuscumque. Nulli ergo etc. ... Si quis etc. Dat. Rome, apud Sanctum Petrum, anno etc. millesimo quadringentesimo quinquagesimo primo, pridie Nonas Iulii, pontificatus nostri anno quinto.

Source: ASV, Reg. Vat. 396, fols. 91v–92v; AS Milano, Carteggio Sforzesco 744; AS Modena, Archivio per materie, Ebrei, busta 15.

Publication: Kaufmann, *Contributions*, pp. 48f.

Note: Stern, *Urkundliche Beiträge* 1, p. 54, mistook the copy of the Bull in AS Milano for a papal permission to allow Jewish moneylending in Parma. He was misled by the (erroneous) description on the folder: "Quod hebrei possint habitare in ditione Parmensi exercendo foeneram cum permissione pontifica Nicolai Papae quinti ad instantiam Borsii Marchionis Estensis". Vogelstein-Rieger, *Rom* 2, p. 13, copied from Stern, *loc. cit.* Cf. above, Docs. **771, 772**.

Bibliography: Balletti, *Gli ebrei e gli Estensi*, p. 54.

790   Rome, 16 August 1451

Mandate to the vicar of Francis Condulmer, bishop of Verona, to absolve from punishment the commune and people of Soave for having contracted with Jewish moneylenders to exercise their trade there, and to allow them to continue doing so.

Nicolaus etc. dilecto filio venerabilis fratris nostri episcopi Veronensis in spiritualibus vicario generali, salutem etc. Humilibus supplicum votis libenter annuimus, eaque favoribus prosequimur opportunis. Exhibita siquidem nobis nuper pro parte communitatis, habitatorum et incolarum, consilii et districtus castri Suavi, Veronensis diocesis, peticio continebat, quod in castro predicto a multis retroactis annis et a tanto tempore cuius inicii hominum memoria non existit, propter habitatorum et incolarum districtus ipsius communitatis seu castri, necnon forensium et pauperum et aliorum commoditatem, cum inconveniens foret Christianos peccuniam in sortem dare et fenus ex ea colligere, et licet hoc hactenus in castro et eius districtu per illius habitatores et incolas fieri et tollerari consueverat, hoc tamen non in modicum habitatorum et incolarum animarum preiudicium cedebat, et propterea ipsi habitatores et incole cum Ebreis quedam convenciones et pacta inierunt, videlicet quod ipsi, accepta certa quantitate peccuniarum pro centenario, peccunias pro pignoribus mutuare possent, quodque communitas, habitatores et incole huiusmodi propter diversa, tam publica quam privata, ordinaria et extraordinaria, eis pro tempore incumbentia onera, si hoc remedium accipiendi peccunias mutuo sub usuris non adhiberetur, graviora damna in distrahendis bonis mobilibus et immobilibus pro supportandis eorum negociis ac oneribus subire astringerentur, tempore procedente[!], usque in hodiernam diem conduxerunt, et ipsos Ebreos, pactis predictis previis, ad fenus mutuare publice permiserunt, ac ipsi habitatores et incole castri ac districtus territorii huiusmodi Ebreis domos sub pensionibus annuis locarunt, ut usuras huiusmodi in illis publice exercere et pro sinagogis suis tenere valerent, prout etiam in nonnullis aliis castris, terris et locis dicte diocesis propter commoditatem habitatorum et incolarum inibi commorancium fieri consueverat, et, sicut eadem peticio subiungebat, habitatores et incole districtus huiusmodi castri excommunicationis sentenciam et alias censuras et penas contra tales a iure promulgatas propterea trepidant incurrisse, necnon castrum et districtum huiusmodi eciam forsitan ecclesiastico interdicto subiacere; quare pro parte communitatis, habitatorum, incolarum et districtus huiusmodi nobis fuit humiliter supplicatum, ut eos et eorum quemlibet ab excommunicationis aliisque ecclesiasticis censuris et sententiis, quibus premissorum occasione quomodolibet innodati existant, absolvi, et interdictum huiusmodi, si quod in prefato castro et eius districtu forsitan positum fuerat, relaxari mandare, ac alias eorum statui in premissis opportune providere, de benignitate apostolica dignaremur. Nos igitur, supplicationibus humilibus huiusmodi inclinati, discretioni tue per apostolica scripta mandamus, quatinus habitatores et incolas castri et districtus huiusmodi, si id humiliter pecierint, ab excommunicationis aliisque ecclesiasticis sentenciis et censuris, auctoritate nostra, hac vice dumtaxat, absolvas in forma Ecclesie consueta, iniunctis eis pro modo culpe penitencia salutari et aliis, que fuerint de iure iniungenda, dictumque interdictum relaxes, ac omnem inhabilitatis et infamie maculam, sive notam per ipsos habitatores et incolas premissorum occasione quomodolibet contractam, aboleas, necnon ipsos habitatores et incolas districtus huiusmodi ac ipsorum quemlibet in statum pristinum, quo videlicet erant antequam premissa commicterent, in integrum, dicta auctoritate, restituas et reponas. Et nichilominus, de necessitate et indigenciis habitatorum et incolarum prefatorum ac de premissis omnibus et singulis ac eorum circumstanciis universis, eadem auctoritate te diligenter informes, et si per informacionem huiusmodi ea fore vera reppereris, super quo tuam conscienciam oneramus, et si tibi expediens videbitur, dictis communitati, habitatoribus et incolis districtus huiusmodi, presentibus et futuris, cum ipsis Ebreis compositiones et pacta faciendi, ac Iudeos fenerantes inibi tollerandi, ac cum eis componendi et paciscendi, pro certa et minori qua fieri poterit quantitate pro centenario ab ipsis Iudeis[!] pro fenore de mutuatis peccuniis exigendi[!], iuxta consuetudinem in illis partibus alias observatam, Dominicis et solemnitatum ac festivitatum diebus quibuscumque ac ebdomada tota Dominice Passionis Domini nostri Ihesu Christi exceptis, quos Ecclesia Romana de mandato venerari, celebrari et observari precepit, quibus omnibus Iudei ipsi ab huiusmodi fenore omnino abstinere censeantur astricti, necnon communitati, habitatoribus et incolis districtus huiusmodi, ac eorum cuilibet et successoribus suis, eorum domos locandi ad fenus publice exercendum et sinagogas consuetas tenendum, absque alicuius pene incursu, plenam et liberam licenciam, auctoritate apostolica, largiaris; non obstantibus constitutionibus et ordinacionibus ac prohibicionibus apostolicis ceterisque contrariis quibuscumque. Dat. Rome, apud Sanctum Petrum, anno Incarnacionis Dominice millesimo quadringentesimo quinquagesimo primo, decimo septimo Kalendas Septembris, anno quinto.

Source: ASV, Reg. Lat. 473, fols. 133r–134r.

791   Rome, 17 August 1451

Concession to the people of the Comtat Venaissin for the repayment of a loan of 40,000 francs, contracted by Benedict XIII with Johannes le Meingre Boucicault, marshal of France, out of the taxes on cereals, wine and oil; all inhabitants, including Jews, must pay the tax; in future Jews must contribute to taxes imposed on the population for the common weal.

Nicolaus episcopus, servus servorum Dei, dilectis filiis universis incolis et habitatoribus comitatus nostri Venayssini, salutem et apostolicam benedictionem. Exposcit sincere devotionis affectus, quem ad nos et

Romanam Ecclesiam cum magnorum exhibitione meritorum gerere comprobamini, ut vos veluti peculiares filios gerimus in visceribus caritatis, specialibus privilegiis et preeminenciis favorabiliter attollamus. Cum itaque, nos[!] nuper animadvertentes contentiones a quodam mutuo per quondam Iohannem le Mengre, Boucicault nuncupatum, marescallum Francie, de quadraginta millibus francorum quondam Petro de Luna, Benedicto XIII in sua obediencia nuncupato, facto, a diu elapsis temporibus exortas et ex tunc continuatas, nostro comitatui Venayssini plurimum fuisse, et, nisi terminarentur in brevi, futuras esse nocivas pariter et damnosas, ac desideranter exoptantes finem illis imponi, ex consilio et deliberatione trium statuum eiusdem comitatus, nonnullos ad nos super hoc oratores vestros destinaveritis, humiliter supplicantes, ut, si finem huic contentioni, sive per concordiam, sive alio quovismodo imponere, vosque et comitatum ipsum ab impeticione hereduum ipsius marescalli, ac etiam ecclesie Turonensis, cui marescallus ipse super ipsa summa certa legata fecisse dicitur, necnon a totali solucione occasione predicti mutui liberare et liberos esse declarare curaremus, vos, in nostrum et camere apostolice relevamen, centenarium[?] sive centenum de frumento, vino, oleo, siligine, ordeo, avena et spelta, ac quorumcumque leguminum, ad quinquennium duraturum, sub certis modis inter vos ordinatis et per eosdem oratores nobis expositis, soluta tamen prius decima ecclesiis debita, colligendum sponte et libere nobis obtuleritis; nosque oblationem ipsam, pro eo quia interim venerabilis frater noster Petrus, episcopus Albanensis, noster et apostolice sedis legatus, nostro et Ecclesie Romane nomine, et dilecti filii nobiles viri Ludovicus et Iohannes le Mengre quondam Gauffridi le Mengre eiusdem marescalli fratris nati, nomine hereditario dicti marescalli, super premissis contentionibus ac omnibus ex illis emergentibus quandam concordiam tractarunt, inierunt et habuerunt in instrumento quodam desuper confecto, coram nobis exhibito, annotatam, et per nos sub certis modo et forma acceptatam, confirmatam et ratificatam, legatum ipsum a quibuslibet in ea factis promissionibus et quoslibet alios liberando et exonerando, ac omnia concordata in nos suscipiendo, prout in nostris desuper confectis litteris ac instrumentis hinc inde super hoc habitis plenius continetur, merito gratam habentes, illam acceptaverimus prout etiam acceptamus; centenum ipsum per quosvis eiusdem comitatus incolas et habitatores, etiam exemptos et non exemptos, et tam Christianos quam Iudeos, persolvi, et per homines ad id per nos, seu iudicaturas et loca dicti comitatus deputandos exigi et colligi, necnon in manibus thesaurarii nostri in ipso comitatu existentis deponi et assignari mandaverimus, prout etiam sibi illud assignari mandamus; nos, gratuitam erga nos et Romanam Ecclesiam affectionem vestram in premissis declaratam merito commendantes, vosque tantis promeritis specialibus favoribus et graciis ac privilegiis attolli volentes, vobis et comitatui predicto, auctoritate apostolica, ex certa sciencia, ac de venerabilium fratrum nostrorum Sancte Romane Ecclesie cardinalium consilio et assensu, tenore presentium indulgemus, quod centenum ipsum persolvendo, etiam si illud per vintenum in uno anno, more patrie, vel in pluribus, quinquennium ipsum anticipando solveritis hinc ad quinquennium a data presentium computandum, ac illo durante, aliquod aliud subsidium, tallia, impositio, decima, seu aliud quodcumque gravamen, per nos, vel auctoritate nostra, seu per quempiam alium, quacumque prefulgeat ecclesiastica dignitate, etiam si apostolice sedis de latere legatus, aut nuncius, sive missus, et quacumque sit nostra vel apostolica potestate suffultus in dicto comitatu, seu super illius incolis et habitatoribus imponi, peti, vel exigi nequeat, preter eorum meram, liberam et spontaneam voluntatem, quodque, si de facto aliquid alias imponeretur, seu attemptaretur, vos tali impositioni nullatenus obedire, vel aliquid propterea solvere teneamini, ac etiam declarantes tales alias imposiciones, tallias, decime peticiones, aut cuiusvis alterius subsidii vobis invitis fiendas, nullas, cassas et irritas, nulliusque efficacie, nec roboris existere vel momenti; et nichilominus, pro tutiori vestra securitate et cautela, vos omnes et singulos ac comitatum supradictos, ex nunc prout ex tunc, ab omni solucione mutui seu debiti dictorum Bouciqualdorum ac omnium et singulorum legatorum interesse et expensarum illorum occasione habitorum et emergentium, ac etiam ab omni actione ecclesie Turonensis, quam nos suscepimus, ut prefertur, quictamus, liberamus et absolvimus, ac quictos, liberos et absolutos esse, et futuros esse, ita quod imposterum vos, seu dicti tres status, vel comitatus, non possitis aliquo modo propterea vexari seu inquietari, auctoritate, sciencia et consensu similibus, declaramus. Preterea, cum nobis equum et racionabile videatur, ut etiam Iudei in prefato comitatu habitantes ad imposiciones, taillias et gravamina, que in ipso comitatu pro illius status tranquillitate et utilitate rei publice imponuntur, debeant effici participes, cum onera in plures partes divisa facilius perferantur seu tollerentur, nos, harum serie, etiam scientia, auctoritate et consensu similibus, statuimus et ordinamus, vobisque concedimus et indulgemus, quod Iudei prefati nedum in prefato centeno, sed amodo perpetuis futuris temporibus in quibusvis imposicionibus, subsidiis et aliis gravaminibus in dicto comitatu, pro evidenti rei publice utilitate ac illius status tranquillitate, pro tempore impositis et imponendis, contribuere, solvere, et sicut alii Christiani, etiam non privilegiati nec exempti, quotam sibi impositam exhibere teneantur, et ad id propterea, etiam inviti, cogi et coartari possint perinde in omnibus et per omnia, ac si nullis desuper privilegiis, indultis, aut litteris apostolicis contrariis se tuerentur, aut suffulti existerent, quibus omnibus, quo ad hoc, specialiter et expresse, sciencia, auctoritate et consilio predictis, derogamus, eaque revocamus, cassamus et irritamus, ac ad id non extendi decernimus et declaramus; non obstantibus privilegiis et litteris apostolicis eisdem Iudeis concessis, etiam si de illis eorumque totis tenoribus presentibus de verbo ad verbum habenda esset mentio specialis, ac eorum statutis et consuetudinibus, iuramento, confirmacione apostolica, seu quacumque firmitate alia roboratis, ceterisque contrariis quibuscumque. Nulli ergo ... Si quis ... Dat. Rome, apud Sanctum Petrum, anno Incarnacionis Dominice millesimo quadringentesimo quinquagesimo primo, sextodecimo Kalendas Septembris, pontificatus nostri anno quinto.

Source: Carpentras, Bibliothèque Inguimbertine, Archives Communales GG 57, No. 100.

Note: The Bull is contained in a *vidimus* of 14 June 1459. On Boucicault, 1366–1421, see *La Grande Encyclopédie* 7, s.v.

Bibliography: Maulde, *Saint-Siège*, p. 31, n. 1.

792   Rome, 18 August 1451

Concession to the Jews in Avignon to include in the award of the moratorium on payment of debts the four month extension granted them by Peter de Foix, papal vicar general in Avignon, and authority to the dean of St. Peter in Avignon and Iacobus de Cassanhio, canon in Vaison, to see to the application of the moratorium.

Nicolaus etc. dilectis filiis decano Sancti Petri Avinionensis et Iacobo de Cassanhio canonico Vasionensis ecclesiarum, salutem etc. Dudum siquidem pro parte Iudeorum in civitate nostra Avinionensi commorantium nobis exposito, quod, licet alias ipsi rebus ac bonis mobilibus et immobilibus habundarent, supervenientibus tamen plurimorum creditorum debitis, obligationibus violariorum, interesse usurarum, ac aliis illicitis contractibus, que ob guerrarum et mortalitatis turbines aliosque sinistros eventus, qui partes illas concusserant, cum nobilibus[!] mercatoribus et aliis civibus burgensibusque, ecclesiasticis et secularibus, dicte civitatis habuerant, adeo consumpti, depauperati, ac bonis et rebus mobilibus et immobilibus destituti et derelicti erant, quod propter inopiam, miserabilem vitam sustinere et tollerare non poterant, quin ymo, propter interesse violariorum et usurariorum premissorum ac aliorum contractuum illicitorum per eos initorum, per ipsos creditores adeo cogebantur, quod, nisi eis succurreretur, profecto civitatem ipsam in eorum maximum detrimentum relinquere et pro maiori parte fugere cogebantur, nos tibi, dilecte filii[!] decane, tuo proprio nomine non expresso, aliis nostris litteris dedimus in mandatis, quod prefatis Iudeis, ut usque ad biennium, a data earundem litterarum computandum, pro quibusvis debitis, creditis, contractibus licitis et illicitis, violariorum, usurarum et aliis quibuscumque iuxta morem patrie nominibus nuncupantur, communibus et particularibus, initis, per quoscumque creditores ecclesiasticos et seculares ac quosvis alios, iuratos[!] et promissos[!], vocari, vexari, molestari, compelli, inquietari vel experiri coram quibuscumque iudicibus, ecclesiasticis vel secularibus, inviti minime possent nec valerent, [?] prout in dictis litteris plenius continetur. Cum itaque postmodum, sicut exhibita nobis nuper pro parte eorundem Iudeorum petitio continebat, pro eo quod in eisdem litteris, quod venerabilis frater noster Petrus, episcopus Albanensis et in partibus illis apostolice sedis vicarius, dictis Iudeis, ut ab eisdem creditoribus ad solvendum pecuniarum summas in quibus eis tenebantur, prout adhuc tenentur, dilationem [*sic*] vexari et compelli non possent, dilationem quatuor mensium concesserat, mentio facta non extitit, litteras predictas dubitent posse forsitan impugnari, et super hoc inter Iudeos et creditores prefatos nuper coram te, ut accepimus, lis exorta existat, nos, statum cause huiusmodi, in qua ad nonnullos actus citra tamen conclusionem inter partes ipsas dicitur esse processum, presentibus pro expressis habentes, ac attendentes, quod etsi Iudei predicti, consideratis prefatis necessitatibus, maiori dilatione egerent, a qua concedenda, ut nobis et apostolice sedi morem gereret, abstinuit dictus episcopus, ut eam videlicet iuxta rei necessitatem longiorem concederemus, volentes igitur, eorum necessitati in hac parte succurrere, ac eisdem Iudeis, ne contra predictarum litterarum tenorem impeti seu molestari possint aut eedem littere de surreptione notari, providere volentes, Iudeorum predictorum in hac parte supplicationibus inclinati, volumus et eisdem Iudeis apostolica auctoritate concedimus, quod littere predicte et quecumque inde secuta ab eorum omnium datis valeant plenamque roboris firmitatem obtineant, quodque vos vel alter vestrum, per vos vel alium seu alios ad illarum totalem executionem procedere perinde possitis in omnibus et per omnia, ac si in eisdem litteris nichil obmissum, et de quadrimestri dilatione huiusmodi expressa mentio facta fuisset; et insuper, quod dicti Iudei ad debitas solutiones, quas facere tenentur pro tempore dicto durante biennio eis per nos indulto, nisi solitis[!] prius omnium debitorum suorum solutionibus, seu post lapsum ultimarum solutionem[!] annorum sequentium compelli nequeant, auctoritate prefata, de speciali gratia indulgemus; non obstantibus constitutionibus et ordinationibus apostolicis, lite quoque pendente huiusmodi, dicteque civitatis statutis et consuetudinibus, ac quibuscumque privilegiis, indultis et litteris apostolicis, cum quibusvis clausulis derogatoriis, quibuscumque eorundem Iudeorum creditoribus seu eorum alicui, in genere vel in specie quomodolibet concessis seu imposterum concedendis, etiam si de illis eorumque totis tenoribus de verbo ad verbum presentibus habenda esset mentio specialis, et quibus hac vice dumtaxat derogari volumus et derogamus per presentes, ipsis alias in suo robore duraturis, ceterisque contrariis quibuscumque. Dat. Rome, apud Sanctum Petrum, anno etc. millesimo quadringentesimo quinquagesimo primo, quinto decimo Kalendas Septembris, pontificatus nostri anno quinto.

Source: ASV, Reg. Vat. 397, fols. 164v–165r.

Note: See above, Docs. **781, 787, 788,** and below, following doc.

Bibliography: Kayser, *Nikolaus V*, p. 219.

793   Rome, 18 August 1451

Mandate to the dean of St. Peter in Avignon and Iacobus de Cassanhio, canon in Vaison, to make arrangements with the creditors of the Jews in Avignon, whereby the Jews are relieved of the payment of annuities, pensions and the like, agreed on, and are allowed to pay the principal of their debts in annual instalments over a period of twenty years.

Nicolaus etc. dilectis filiis decano Sancti Petri Avinionensis et Iacobo de Cassanhio canonico Vasionensis ecclesiarum, salutem etc. Tanta est Romani pontificis et Christiane pietatis mansuetudo, ut etiam Iudeis in sua obstinatione induratis, in suis necessitatibus presidium non deneget ac etiam adiumentum. Dudum siquidem pro parte Iudeorum in civitate nostra Avinionensi moram trahentium exposito nobis, quod, quamquam ipsi retroactis temporibus bonis mobilibus et immobilibus ad sufficientiam habundarent, supervenientibus tamen quamplurium creditorum debitis, obligationibus violariorum, interesse usurarum, et aliis contractibus illicitis, que ob guerrarum et mortalitatis turbines ac plurimos sinistros eventus, qui partes illas proch dolor concusserant, cum notabilibus[!] mercatoribus et aliis civibus, burgensibus, ecclesiasticis et secularibus, habuerant, adeo consumpti et depauperati, ac bonis et rebus mobilibus et immobilibus destituti et derelicti erant, quod pre inopia miserabilem vitam sustinere et tollerare non poterant, nos, propterea et certis aliis causis tunc expressis, tibi, dilecte filii[!] decane, tuo proprio nomine non expresso, per alias nostras litteras dedimus in mandatis, quod dictis Iudeis usque ad biennium, a data earundem litterarum computandum, pro quibusvis debitis, creditis, contractibus, licitis et illicitis, violariorum, usurarum et aliis quibuscumque iuxta morem patrie nominibus nuncuparentur, communibus et particularibus, initis, per quoscumque creditores, ecclesiasticos et seculares, ac quosvis alios, iuratos[!] et promissos[!], vocari, vexari, molestari vel compelli coram quibuscumque iudicibus, ecclesiasticis vel secularibus, inviti non possent, concessimus, prout in dictis litteris plenius continetur. Cum autem, sicut exhibita nobis pro parte eorundem Iudeorum petitio continebat, in instrumentis violariorum et pensionalium debitorum inter creditores et Iudeos prefatos in pactum expressum deductum extiterit, quod quandocumque ipsi Iudei dicta violaria et debita pensionalia reddimere vellent solvendo seu restituendo principale debitum eisdem creditoribus, possent et deberent ab illis liberari, et quia nonnulli ex eisdem creditoribus principalem sortem sive debitum ter, et alii quasi ter, a dictis Iudeis recuperarunt, ipsique Iudei non possunt de presenti sortem sive debitum principale creditoribus ipsis uno et eodem contextu persolvere, de neccessitate non possint a dictis debitis liberari; cum autem, sicut eadem peticio subiungebat, ipsi cupiant huiusmodi sortem sive debitum principale memoratum creditoribus seu eorum heredibus iterato quarta vice persolvere, dummodo dilationem viginti annorum propterea consequantur, quodque huiusmodi mediante solutione, debita violaria et pensionalia huiusmodi nulla, cassa et irrita remaneant ipsique in posterum ab illis liberati et immunes existant, quare pro parte dictorum Iudeorum nobis fuit humiliter supplicatum, quod attenta ipsorum paupertate et miseria, quod de quibuscumque violariis et debitis pensionalibus, que constiterit per ipsos Iudeos suis creditoribus ter, sive in triplo esse soluta, eorumque solutiones huiusmodi ascendere ad triplum sortis sive debiti principalis, dictis Iudeis, ad solvendum huiusmodi principale debitum, dilationem viginti annorum, solvendo tamen annis singulis vigesimam partem debiti principalis, concedere, ac de violariis et debitis pensionalibus, que ter complete, sive ad integrum in triplo soluta non fuerint, aut illarum solutiones principale debitum sive sortem triplicatam non excedunt, ad solvendum id quod de triplo deerit cum dicto principali debito, eandem dilationem viginti annorum sub eadem forma indulgere, ita, quod, huiusmodi dilatione pendente, Iudei predicti ad solvendum huiusmodi violaria et debita pensionalia compelli non possint, nisi anno quolibet pro vigesima parte debiti principalis, quibus ad integrum persolvere, cautiones et instrumenta desuper confecta cassa et irrita censeantur, decernere et mandare, ac alias super hiis oportune providere, de benignitate apostolica dignaremur. Nos igitur, huiusmodi supplicationibus inclinati, discretioni vestre per apostolica scripta mandamus, quatenus vos vel alter vestrum, vocatis creditoribus et pensionariis et aliis qui fuerint evocandi, de premissis omnibus et singulis vos diligenter informetis, et si per informationem huiusmodi ita esse reppereritis, eisdem Iudeis dilationem, ut premittitur, vigennalem ad solvendam integram sortem sive debitum principale dictis creditoribus aut eorum heredibus, ac alias, ut prefertur, auctoritate nostra concedatis; quibus integre persolutis, quecumque cautiones, obligationes et instrumenta inter creditores, pensionarios et Iudeos predictos inita, contracta cassare, irritare et annullare, ipsosque Iudeos, summis pecuniarum huiusmodi persolutis, ab omnibus et singulis violariis, pensionibus et debitis antedictis, eadem auctoritate absolvere, liberare curetis. Non obstantibus quibuscumque privilegiis, indultis et litteris apostolicis, generalibus vel specialibus, eisdem creditoribus, et derogatoriis cum quibuscumque clausulis validissimis, in genere vel in specie per nos vel sedem apostolicam hactenus concessis, et imposterum forsan concedendis, etiam si de illis eorumque totis tenoribus de verbo ad verbum presentibus habenda esset mentio specialis, necnon statutis et consuetudinibus dicte civitatis, transactionibus quoque, contractibus, cautionibus et instrumentis quorumcumque tenorum existant, quibus pro hac vice specialiter derogari volumus et expresse derogamus per presentes, ac super illis factis renunciationibus, interpositis iuramentis et penis adiectis, aliisque contrariis quibuscumque. Dat. Rome, apud Sanctum Petrum, anno etc. millesimo quadringentesimo quinquagesimo primo, quinto decimo Kalendas Septembris, anno quinto.

Source: ASV, Reg. Vat. 397, fols. 165v–166v.

Note: See preceding doc. and Doc. **807**.

Bibliography: Kayser, *Nikolaus V*, p. 219.

794   Rome, 20 September 1451

Absolution from all ecclesiastical censure to Frederick III, king of the Romans, and all rulers in Austria, Styria, Carinthia, Tyrol, Burgundy, Alsace, etc. for having allowed Jews to lend money at interest, and permission to do so in future; they should treat the Jews in their dominions humanely.

Nicolaus etc. Ad futuram rei memoriam. Romanus pontifex, Ihesu Christi in terris vicarius, ad hoc potestatis sibi tradite vices libenter impendit, ut occurrentibus scrupolositatibus conscientiarum circa Christianam pietatem et mansuetudinem, quam Romana Ecclesia Iudeis, quos tollerat in testimonium Christi nostri, non intendit denegare, inter Christianos et Iudeos pacis et tranquillitatis possit quo ad hoc vinculum firmius solidari, decernit et declarat, prout temporum et rerum qualitate pensata id conspicit in Domino salubrius expedire. Sane, nuper ex fidedignorum relatione intelleximus, quod super eo, quod in ducatibus Austrie, Stirie, Carinthie et Carniole, ac dominiis Portus Naonis, Ferretis[!] in Kyburg, comitatus in Habspurg et Thirolis, Burgonie et Alsatie, necnon aliis adiacentibus partibus dominiisque et districtibus, preteritis temporibus, propter nobilium, civium, incolarum et inhabitatorum eorundem ducatuum et dominiorum, necnon forensium et aliorum confluentium commoditatem, per carissimum in Christo filium nostrum Fredericum, regem Romanorum illustrem ac ducem Austrie aliorumque predictorum dominiorum dominium[!] temporalem, illiusque progenitores, ac Christifideles in ducatibus, dominiis et districtibus predictis residentes, Iudei sub certis pactis, conditionibus et compositionibus inter Christianos et Iudeos dudum initis et hucusque servatis, et presertim, quod,

recepta per Christianos a Iudeis certa quantitate pecuniarum sub pignoribus
datis ipsis Iudeis, dicti Iudei certam quotam pecuniarum sub specie fenoris
recipere possent, potius quam Christiani inter se hoc genus fenoris
perpetrarent, stare et moram trahere, permissi fuere et tollerari consuevere,
prout hodie stare permittuntur et tollerantur in hunc finem, ut nobiles, cives,
incole, habitatores et alii supradicti a diversis oneribus et damnis releventur;
quodque rex et dux eiusque progenitores et Christifideles predicti talia in
ducatibus, dominiis et partibus predictis fieri permiserunt, domosque eisdem
Iudeis ad mutuandum sub usuris illisque exercendis et inhabitandum easdem,
et pro sinagogis faciendis, locaverunt et concesserunt, non tamen in
contemptum fidei Christiane, sed dumtaxat pro necessitate vite Iudeorum et
commoditate Christianorum, et quod rex ac dux, necnon nobiles ac
Christifideles predicti, propterea permoti, timent se bonarum mentium more,
excommunicationum sentencias aliasque censuras ecclesiasticas et penas
contra talia perpetrantes a iure vel ab homine inflictas, forsan incurrisse, nos
igitur, qui Iudeis Christianam pietatem et mansuetudinem per regem et ducem,
necnon Christifideles prefatos, ut prefertur, impensam, more predecessorum
nostrorum tollerantes, ac cupientes ipsos Iudeos humaniter tractari, ut per
hoc a duritia et obstinantia suis ad cor reversi, et sic allecti, suos recognoscant
errores, et superna gratia tandem illustrati, ad verum, quod Christus est,
lumen properent claritatis; necnon regis et ducis aliorumque Christifidelium
prefatorum conscientias serenare in premissis volentes, et, ne propter premissa
aliquibus excommunicationum, suspensionum et interdicti sentenciis aliisque
censuris ecclesiasticis et penis, a iure vel ab homine forsan promulgatis, ligati,
seu illas propterea incurrisse ab aliquo censeantur, prefatorum regis et ducum
precibus inclinati, auctoritate apostolica decernimus et declaramus regem et
ducem ac alios Christifideles prefatos, necnon eiusdem ducis et dominiorum
predictorum pro tempore successores, excommunicationum, suspensionum
et interdicti sentencias aliasque censuras ecclesiasticas et penas contra talia
perpetrantes seu fieri permittentes inflictas, propter premissa minime
incurrisse, neque in futurum propter permissionem huiusmodi et alia predicta
incurrere debere, eisque talia facere licuisse, atque pro tempore licere,
exhortantes eos, ut ipsos Iudeos etiam utriusque sexus in ducatibus, dominiis
et partibus predictis humaniter tractari, ac in eisdem stare et permanere
permittant; constitutionibus et ordinationibus necnon prohibitionibus
apostolicis ceterisque contrariis non obstantibus quibuscumque. Nulli ergo
etc. ... Si quis etc. Dat. Rome, apud Sanctum Petrum, anno etc. millesimo
quadringentesimo quinquagesimo primo, duodecimo Kalendas Octobris,
anno quinto.

Source: ASV, Reg. Vat. 397, fols. 262v–263v; Ibid., AA Arm. I–XVIII,
1279, fols. 145r–147r.

Publication: Wolf, *Juden in Wien*, pp. 247f.

Bibliography: Baron, *Social and Religious History* 9, pp. 50, 264; Erler, *Historisch-kritische Übersicht* 8, pp. 4f. (who casts unwarranted doubts on the authenticity of the Bull); Kayser, *Nikolaus V*, pp. 211f.; Kober, *Juden im Rheinland*, p. 261; Stern, *Urkundliche Beiträge* 1, pp. 54f. (who has the contemporary German text); Uebinger, *Nikolaus Cusanus*, p. 639; Vogelstein-Rieger, *Rom* 2, p. 13; Wolf, *Actenstücke*, p. 66 (12 October).

795   Rome, 28 September 1451

Approval of petition submitted by Marcus Didaci of Mondéjar, a cleric in the diocese of Toledo, to prohibit Mosse Cohen of Alcala de Henares, learned in civil law and Canon Law, from acting as advocate or preparing *consilia* for the courts in cases affecting Christians.

Beatissime pater ac clementissime domine. Licet Ecclesia Dei Iudeos perfidos inter Christifideles, ut ab eorum erroribus duricie et perversitate revocentur et, deposita animorum cecitate, ad fidem orthodoxam convertantur, moram trahere permittat, non tamen permittit Christianos Iudeorum consiliis inherere, presertim in his, que ecclesiasticum vel temporale forum concernunt; preterea, cum in oppido seu villa de Alcala de Henares, Toletane diocesis, ubi curia archiepiscopalis Toletana communiter viget, quidam Iudeus, nuncupatus Mosse Cohen, dicti oppidi incola seu habitator, qui utriusque iuris, scilicet canonici et civilis, in partibus illis peritus reputatur, contra iuris tamen dispositionem, in advocationis officio suum faciat exercitium, et ad ipsum in dicto oppido, et etiam de aliis circumvicinis locis multi Christiani pro consiliis in litibus et negociis inter personas illarum partium pro tempore occurrentibus, tam in ecclesiasticis quam etiam secularibus sive temporalibus, confluunt, et secundum illius consilia iudices sententias, etiam sanguinis, mutilationis membrorum et ultimi supplicii, ferunt, unde, cum dictus Iudeus infidelis et Christiani nominis inimicus sit, verisimiliter timendum est, quod multi in illis partibus iudices et alii Christifideles predicti Iudei consiliis iam decepti et dampnificati sint, et in futurum decipi et ledi poterunt; ut igitur, animarum Christifidelium periculis obvietur, et cum etiam timendum sit, ne sub consilii et advocationis colore simplices et indoctos Christianos in eius perfidie errorem deducat, et propterea huiusmodi exercitium Iudeis ius inhibuit, supplicatur sanctitati vestre pro parte Marci Didaci de Mondeiar, clerici Toletane diocesis, quatenus omnibus et singulis predicti oppidi et etiam aliorum oppidorum, villarum et locorum ac civitatum totius regni Castelle iudicibus ordinariis et extraordinariis, delegatis et subdelegatis, tam ecclesiasticis quam secularibus, ne libellos seu articulos, aut quascumque alias scripturas et materias per dictum Iudeum conceptas et ordinatas, recipiant seu admittant, neque iuxta eius consilia iudicent, necnon etiam illorum personis et incolis seu habitatoribus, cuiuscumque status, gradus, ordinis, preeminentie vel conditionis existant, sub excommunicationis aliisque penis, sententiis et censuris ecclesiasticis expresse inhibere, ne amplius ad predictum Iudeum pro consiliis et patrocinio in causis, litibus, questionibus et negociis recurrant, nec illius consilia attendant et sequantur, eidemque Iudeo, etiam sub similibus penis expresse inhibere dignemini, ne in antea de simili consilii advocatie exercitio inter Christianos in eorum questionibus, differentiis et litibus quovismodo intromittat; non obstantibus quibuscumque et cum clausulis oportunis. Fiat ut petitur. T[homas]. Dat. Rome, apud Sanctum Petrum, quarto Kalendas Octobris, anno quinto.

Source: ASV, Reg. Suppl. 454, fols. 85v–86r.

Note: On the Jews in Alcala de Henares in the second half of the fifteenth century, see Baer, *Spanien* 2, *passim*.

796   Rome, 30 September 1451

Mandate, if the facts are established, to Caspar Sighigelli, bishop of Imola, to have the Jews in Forlì cede to the Franciscans of the Third Order of St. Maria in Forlì, their cemetery allegedly interfering with the worship in the Franciscans' chapel, and to offer the Jews an alternate site and compensation.

Nicolaus etc. venerabili fratri episcopo Imolensi, salutem etc. Vite ac conscientie dilectorum filiorum rectoris et fratrum domus Beate Virginis Marie Forliviensis, Tertii ordinis Beati Francisci de Penitencia nuncupati, puritas, sub qua sedulum exhibent Altissimo famulatum, pluraque alia eis suffragantia merita nos inducunt, ut votis eorum, hiis potissime que commodum et utilitatem eorundem concernunt, quantum cum Deo possumus, favorabiliter annuamus. Sane, pro parte dictorum rectoris et fratrum nobis nuper exhibita petitio continebat, quod iuxta domum predictam illiusque ecclesiam seu capellam, ad quas illarum partium populi multitudo propter diversa miracula, que sepius divina Altitudo dicto populo inibi demonstravit, cum summa devocione recurrit, quidam ager seu campus existit, in quo cadavera Iudeorum in civitate nostra Forliviensi commorantium pro tempore sepeliuntur, in maximum dedecus et vilipendium dictarum domus et ecclesie ac fidei orthodoxe. Cum autem, sicut eadem petitio subiungebat, prefati rector et fratres precium dicti campi, pro quo ipsi Iudei illum emerunt, vel alium campum eiusdem valoris, in dicta civitate vel extra, in recompensam ipsis Iudeis parati sint tradere et assignare, pro parte dictorum rectoris et fratrum, hanc labem ab eorum oculis ad Dei reverenciam tolli et ammoveri desiderantium, nobis fuit humiliter supplicatum, ut alicui probo in illis partibus, qui dictos Iudeos, qui etiam alium campum, vulgariter campum Iudeorum appellatum, extra ipsam civitatem olim habuisse et in illo eorum cadavera sepeliri consuevisse dicuntur, ad vendendum, dandum et relaxandum ipsis fratribus dantibus pretium vel alium campum eiusdem valoris in recompensam prefatis Iudeis, ut prefertur, dictum campum iuxta dictas domum et ecclesiam seu capellam positum, cogeret et compelleret, committere, de benignitate apostolica dignaremur. Nos igitur, qui cultum divinum, nostris potissime temporibus, augeri, intensis desideriis affectamus, ac omnibus Christifidelibus quietem et commodum libenter procuramus, huiusmodi supplicationibus inclinati, fraternitati tue, de qua in hiis et aliis specialem in Domino fiduciam obtinemus, per apostolica scripta committimus et mandamus, quatenus, si est ita, vocatis dictis Iudeis et aliis qui fuerint evocandi, dataque prius eisdem Iudeis per dictos fratres recompensa debita, ut prefertur, eosdem Iudeos ad vendendum, dandum et relaxandum dictum campum iuxta domum et ecclesiam seu capellam predictas positum rectori et fratribus predictis monere ac districtione qua convenit, etiam cum invocatione, si opus fuerit, auxilii brachii secularis, cogere et compellere, auctoritate nostra procures; contradictores per censuram ecclesiasticam etc.; non obstantibus ... ac aliis constitutionibus et ordinationibus apostolicis, seu Iudeorum privilegiis generalibus vel specialibus, ceterisque contrariis quibuscumque. Dat. Rome, apud Sanctum Petrum, anno Incarnationis Dominice millesimo quadringentesimo quinquagesimo primo, pridie Kalendas Octobris, anno quinto.

Nicolaus etc. venerabili fratri episcopo Imolensi, salutem etc. Religiose vite, sub qua dilecti filii rector et fratres domus Beate Marie Forliviensis, Tertii ordinis Sancti Francisci de Penitentia nuncupati, Altissimo deserviunt, promeretur honestas, ut eorum petitionibus, illis presertim que ipsorum commoditates respiciunt, quantum cum Deo possumus, favorabiliter annuamus. Exhibita siquidem nobis nuper pro parte dictorum rectoris et fratrum petitio continebat, quod ad domum predictam illiusque ecclesiam seu capellam propter diversa miracula, que divina miseracio persepe inibi demonstravit, plurimi Christifideles illarum partium pro tempore summa devotione concurrunt, quodque prope ipsas domum et ecclesiam seu capellam, orto earum intermedio, quidem[!] ager seu campus existit, et in illo cadavera Iudeorum in civitate nostra Forliviensi decedentium pro tempore sepeliuntur, quod utique, ob nimiam eorum vicinitatem, in maximum dictarum domus et ecclesie ac Catholice fidei dedecus et vilipendium redundare conspicitur. Et propterea, sicut eadem peticio subiungebat, ipsi rector et fratres, ut dedecus et vilipendium huiusmodi ab eorum oculis deleatur, ne etiam ob eam causam decrescat inibi devotio fidelium predictorum, summe desiderant ab eisdem Iudeis, qui campum alium extra dictam civitatem situm, campum Iudeorum vulgariter nuncupatum, olim habuisse et in illo eorum cadavera sepeliri consuevisse dicuntur, campum prope ecclesiam existentem huiusmodi, ad ius et proprietatem dictarum domus et ecclesie, aut vendicionis et emptionis titulo, aut congrua recompensatione alia eis facienda, pervenire; quare pro parte rectoris et fratrum predictorum nobis fuit humiliter supplicatum, ut super hoc eis oportune providere, de benignitate apostolica dignaremur. Nos igitur, qui de premissis certam notitiam non habemus, huiusmodi supplicationibus inclinati, fraternitati tue per apostolica scripta mandamus, quatenus, si, vocatis dictis Iudeis et aliis qui fuerint evocandi, post diligentem informacionem, per te auctoritate nostra desuper habendam, inveneris ita esse, ipsique Iudei postquam per dictos rectorem et fratres seu pro eorum parte, quod campum prope ecclesiam existentem huiusmodi, pro precio quo ipsi Iudei illum alias emerunt, sibi vendere, aut loco illius seu pro illo alium intra vel extra dictam civitatem situm tantumdem valoris campum, aut aliam debitam recompensam ab eis recipere velint, amicabiliter requisiti fuerint, si utrumque requisitorum huiusmodi sua pertinacitate renuerint, ex tunc dictis rectori et fratribus, pro eo prius equivalenti campo seu alia debita recompensa huiusmodi ad manus tuas presentato seu presentata, per te Iudeis ipsis ad illius saltem receptionem merito cogi debentibus, realiter tradendo et assignando seu tradenda et assignanda, campum prope ecclesiam existentem huiusmodi, ad ius et proprietatem huiusmodi imperpetuum, eadem auctoritate tradas pariter et assignes, dictosque Iudeos ad recipiendum alium campum seu aliam recompensam et dimittendum campum prope ecclesiam existentem huiusmodi illiusque possessionem vacuam et expeditam rectori et fratribus predictis, per subtractionem communionis fidelium cogas pariter et compellas. Non obstantibus ... necnon concessis eisdem Iudeis privilegiis generalibus vel specialibus, etiam si illis eorumque totis tenoribus de verbo ad verbum plena et expressa mentio presentibus habenda foret, ceterisque contrariis quibuscumque. Dat. Rome, apud Sanctum Petrum, anno Incarnationis Dominice millesimo quadringentesimo quinquagesimo primo, pridie Kalendas Octobris, anno quinto.

Source: ASV, Reg. Lat. 474, fols. 30r–31r, 241v–242r.

Note: The Bull has survived in two versions. On the Jews in Forlì, see Rinaldi, *Ebrei in Forlì*.

797   Rome, 5 October 1451

Concession, on petition by the gonfaloniere, the consuls and the captain of Corneto, to the Jewish physicians Dactilus Consilii and his son Guillelmus, of Corneto, of the faculty to treat the Christian inhabitants of Corneto, Civitavecchia, Montalto and the surrounding districts.

Nicolaus etc. Dactilo Consilii et Guillelmo, eius nato, Ebreis Cornetanis, spiritum concilii[!] sanioris. Romanus pontifex, ne Christifideles, et presertim Romane Ecclesie immediate subiecti, in eorum infirmitatibus et necessitatibus incommoda patiantur, iuris rigorem mansuetudine mitigans, concedit et indulget quod alias nullatenus indulgeret. Sane, nuper dilecti filii confalonerius, consules et capitaneus quingentorum civitatis nostre Cornetane, in nostram noticiam deducerunt[!], quod vos et vestrum quilibet, qui dicimini in medicina periti, civibus, incolis et habitatoribus civitatis eiusdem ac terrarum nostrarum Civite Vetule et Montisalti, Viterbiensis et Tuscanensis diocesium, necnon utriusque sexus personis undecumque ad civitatem et terras adventantibus et confluentibus antedictis[!], estis plurimum oportuni; quare nobis humiliter supplicarunt, ut eorum necessitatibus compatientes, vobis artem medicine huiusmodi in personas predictorum exercendi, necnon civibus, incolis, habitatoribus et personis predictis medicinas et alia in eorum infirmitatibus necessaria recipiendi, licenciam concedere, de benignitate apostolica dignaremur. Nos igitur, civibus, incolis et habitatoribus predictis in eorum necessitatibus subvenire cupientes, illis medicinas quascumque a vobis et vestrum quolibet recipiendi, necnon vobis illas eis, iuxta datam vobis a Deo peritiam, in civitate et terris predictis dumtaxat ministrandi, absque cuiusvis pene seu sentencie a canone vel homine late incursu, concedimus auctoritate apostolica, tenore presentium, facultatem; ita tamen, quod nullus vestrum audeat infirmis, de quorum morte potest verisimiliter suspicari, medicinas porrigere, nisi confessione premissa, iuxta canonicas sanctiones; constitutionibus apostolicis et aliis in contrarium facientibus non obstantibus quibuscumque. Nulli ergo etc. ... Si quis etc. Datum Rome, apud Sanctum Petrum, anno etc. millesimo quadringentesimo quinquagesimo primo, tertio Nonas Octobris, anno quinto.

Source: ASV, Reg. Vat. 418, fol. 153r-v

Note: See below, Doc. **846.**

Bibliography: Kayser, *Nikolaus V*, p. 220; Marini, *Archiatri Pontifici* 1, p. 294; Stern, *Urkundliche Beiträge* 1, p. 57; Vogelstein-Rieger, *Rom* 2, p. 15.

798   Rome, 29 October 1451

Pardon to Moyses Vitalis of Tivoli, who had received stolen goods from a thief who had since been executed, and had been confined to prison; and commutation of his punishment to a fine.

Nicolaus etc. universis et singulis ad quos presentes nostre littere pervenerint, salutem et apostolicam benedictionem. Sedis apostolice benignitas quandoque casibus ignoscendo prioribus delinquentium remittit offensas, et erga eos sue mansuetudinis gratiam extendere non abnuit, ut ad cor reversi, que perniciose patravit[!] virtutum favore studeant expiare. Cum itaque nuper Moyses Vitalis de Tybure, Iudeus, inquisitus pro eo quod ipse furti per quondam Malaspinam de Tybure in rebus diversis commissi conscius, ab eodem Malaspina, nuper occasione furti huiusmodi ultimo supplicio tradito, quasdam ex rebus huiusmodi furtivis emerat, et furtum ipsum ad sui utilitatem celaverat, carceribus Capitolii dicte[!] Urbis mancipatus fuerit pro huiusmodi per eum patrato crimine censura iusticie puniendus, nos, compassione qua proli ipsius Moysi enutriende afficimur, ac spe, quod ipse aliquando fortassis respiciens, curabit legem amplecti salutis, ac alias pia consideratione ducti, cum eodem Moyse misericorditer agere volentes, omne quod ex furto premisso illud celando, seu in eo participando, aut res furtivas huiusmodi emendo seu alias premissorum occasione contraxit, necnon quecumque alia per eum usque impresentiarum commissa delicta, excessus et crimina, et in quibus quomodolibet conscius sive culpabilis fuerit, ad certam penam pecuniariam, convertendam pro reparatione Capitolii, commutamus, quam, quia idem Moyses dilecto filio camerario camere Urbis pro dicta reparatione persolvit, eidem de apostolice mansuetudinis gratia remittimus, ac ipsum ad honorem et famam pristinos restituimus, ipsumque a quibusvis penis, quibus occasione delictorum, excessuum et criminum huiusmodi quomodolibet, in corpore seu in morte plectendus, sive in ere mulctandus esset, auctoritate apostolica plenarie liberamus et absolvimus; ac senatori Urbis pro tempore existenti, et quibusvis aliis iudicibus et officiariis ac iusticie ministris ubilibet constitutis, ne [?] personam ac res et bona dicti Moysi occasione remissorum delictorum, excessuum et criminum huiusmodi manum extendant, aut qualecumque iudicium exerceat[!], districtius inhibentes, eundem Moysem propter remissa delicta, crimina et excessus huiusmodi, nullius volumus et decernimus iudicio subiacere. Caveat autem idem Moyses, ne de cetero in similibus excedat, nam quo ad futura, si qua[!] committere presumpserit delicta et crimina, presentem gratiam sibi nolumus in aliquo suffragari. Dat. Rome, apud Sanctum Petrum, anno etc. millesimo quadringentesimo quinquagesimo primo, quarto Kalendas Novembris, anno quinto.

Source: ASV, Reg. Vat. 397, fol. 237r-v.

799   Rome, 20 November 1451

Mandate to Robert de Moya, bishop of Osma, the scholar of Salamanca, and the bishop's vicar to investigate the complaints of King John II of Castile that there were many neophytes in his dominions who observe Jewish and Moslem rites; they were to institute inquisitorial proceedings and punish the guilty.

Nicolaus etc. venerabili fratri episcopo Oxomensi, et dilectis filiis scolastico ecclesie Salamantine, ac dicti episcopi in spiritualibus vicario generali, salutem. Inter curas multiplices, quibus ex debito pastoralis officii iugiter perurgemur, illa nimirum nos angit potissime, ut adversus eos, qui, licet alias de Iudeorum cecitate aut Sarracenorum perfidia, mentientes se ad verum Christiane fidei lumen velle redire, sacri baptismatis unda perfusi fuerint, in eorum tamen cecitate seu perfidia persistentes, Iudeorum vel Sarracenorum ritus ac cerimonias observare, suasque et pias fidelium mentes superstitiosis ipsorum erroribus in devium ac tenebrarum baratrum adducere non verentur, ne, si forte eorum non reprimatur presumptio, illa eo periculosius invalescat, officii nostri debitum efficaciter exequamur. Cum itaque, sicut ad nostrum ex carissimi in Christo filii nostri Iohannis Castelle et Legionis regis illustris relatione pervenit auditum, in regnis ac dominiis eiusdem regis sint plures laice et ecclesiastice, tam seculares quam diversorum ordinum regulares utriusque sexus persone, que, licet ore se Christianos profiteantur, operibus tamen se tales fore mentientes, Iudeorum et Sarracenorum cerimonias observare, necnon quamplura ab ipsius fidei veritate aliena et contraria palam et clandestine commictere presumpserunt et dietim presumunt, in non modicum animarum suarum periculum, dicte fidei vilipendium, perniciosum quoque exemplum et scandalum plurimorum, nos, ne tot et tam gravissimi excessus in magnam Dei offensam remaneant impuniti, nostri desuper ministerii partes adhibere volentes, ipsius eciam regis in hac parte supplicacionibus excitati[!] etc. mandamus, quatinus vos vel duo aut unus vestrum, instituta seu institutis primitus per vos una vel pluribus persona seu personis ad id ydoneis, que inquisitionis huiusmodi officium instituat et prosequatur seu instituant et prosequantur, contra omnes et singulos presumptores predictos et ipsorum quemlibet, cuiuscunque status, gradus, ordinis, nobilitatis et condicionis fuerint, ac quacumque ecclesiastica seu mundana dignitate, eciam pontificali, prefulgeant, de premissis quomodolibet suspectos, quando et quotiens vobis videbitur, inquirere, procedere, eosque punire, corrigere et castigare, auctoritate nostra curetis. Nos enim, ut ex inquisitione et aliis premissis uberiores fructus succedant, vobis et cuilibet vestrum, per vos vel alium seu alios dicta auctoritate nostra contra universos et singulos de premissis suspectos, quacumque appellatione remota, inquirendi et procedendi, eosque puniendi, et, si id ipsorum demerita exegerint, dignitatibus et beneficiis ecclesiasticis, ac bonis etiam temporalibus privandi, et ad illa imposterum obtinenda inhabilitandi, incarcerandi, degradandi, et, si facti atrocitas id poposcerit, curie seculari tradendi, contradictoresque etc. compescendi, et ad hoc, si opus fuerit, auxilii brachii secularis invocandi, necnon omnia alia et singula in premissis et circa ea necessaria seu quomodolibet opportuna faciendi et exequendi, plenam et liberam, auctoritate apostolica, tenore presentium concedimus facultatem. Non obstantibus felicis recordationis Bonifacii pape VIII predecessoris nostri, illis presertim, quibus cavetur, ne quis extra suam civitatem et diocesim, nisi in certis exceptis casibus, et in illis ultra unam dietam a fine sue diocesis ad iudicium evocetur; seu ne iudices a sede predicta deputati extra civitatem et diocesim, in quibus deputati fuerint, contra quoscumque procedere ... presumant Dat. etc. Rome, apud Sanctum Petrum, XII° Kalendas Decembris, pontificatus nostri anno quinto.

Source: ASV, Reg. Vat. 399, fols. 3v–4r.

Publication: Raynaldus, *Annales Ecclesiastici*, a. 1451, § 6.

Bibliography: Baer, *Spanien* 2, p. 322; Beltran de Heredia, *Bulas de Nicolas V*, p. 29; Erler, *Historisch-kritische Übersicht* 7, p. 25; Kayser, *Nikolaus V*, p. 213; Lea, *First Castilian Inquisitor*, p. 48; Mansilla, *Fondos españoles*, p. 566; Stern, *Urkundliche Beiträge* 1, p. 57; Synan, *Popes*, p. 139.

800   Rome, 20 November 1451

Declaration and clarification in response to query from King John II of Castile that the revocation of the Bull of Eugenius IV, abolishing the papal privileges granted the Jews in Castile and Leon, was also to be understood to have annulled the punishments mentioned in that Bull.

Nicolaus etc. Ad futuram rei memoriam. Etsi apostolice sedis clementia omnem, Salvatoris intuitu, Iudeorum gentem Christiane pietatis mansuetudine nonnunquam specialibus favoribus et gratiis prosequatur, sic tamen Iudeos ipsos dictis favoribus et gratiis uti posse intendit, quod nichilominus antiqua de illis salubriter edita constitutiones et iura inviolabiliter observentur, unde si aliquas propterea ex concessionibus per eam factis et ambiguitates oriri conspicit, illas dilucidat et declarat, prout in Domino viderit salubriter expedire. Cum itaque, sicut exhibita nobis nuper pro parte carissimi in Christo filii nostri Iohannis Castelle et Legionis regis illustris petitio continebat, licet alias nos ad ipsius regis supplicationem, ex nonnullis tunc nobis per eundem regem expositis ac aliis rationabilibus nobis notis causis, quasdam felicis recordationis Eugenii pape quarti predecessoris nostri litteras, per quas idem predecessor inter cetera omnia et singula privilegia, exemptiones, libertates, immunitates, concessiones et indulta, per eum et pie memorie Martinum papam quintum ceterosque predecessores nostros Romanos pontifices Iudeis in regnis ac dominiis dicti regis commorantibus concessa revocaverat, et sub certis gravibus penis ac censuris tunc expressis, Christianis et Iudeis, quod nonnulla similiter tunc expressa observarent, mandaverat, revocaverimus, cassaverimus et annullaverimus, prout in nostris inde confectis litteris plenius continetur, tamen pro eo, quod ab aliquibus vertitur in dubium, an pene et censure in litteris Eugenii predecessoris expresse quo ad non observantes in iure communi contenta, per litteras nostras prefatas revocate sint et esse censeantur, plura exinde in prefatis regnis ac dominiis inconvenientia et scandala possint verisimiliter provenire, nos, qui dissentionibus et scandalis, quantum cum Deo possumus, obviamus, ipsius regis in hac parte supplicacionibus inclinati, auctoritate apostolica, tenore presentium declaramus nostre intentionis fuisse et esse, per litteras nostras prefatas, litteras Eugenii predecessoris predictas, non solum quo ad revocationem, preceptum et mandatum, sed etiam quo ad excommunicationis aliasque sententias, censuras et penas, etiam bonorum privationis in eis contentas, revocare et revocatas fuisse et esse, ita, quod etiam contenta in iure communi non observantes, propter non observantiam huiusmodi ipsas sententias, censuras et penas, etiam bonorum privationis in eis contentas, //revocare et revocatas fuisse et esse, ita quod etc. contenta in iure in litteris Eugenii predecessoris// nullatenus incurrerent, nec de cetero incurrant, sed tantum penas in iure communi contentas, ac quascumque alias tam dicti Eugenii et aliorum predecessorum nostrorum Romanorum pontificum, quam nostras litteras sub quibusvis formis et expressionibus verborum concessas, per quas non observantibus predictis alie quam in iure communi contente pene inferrentur seu inferri quomodolibet possent, quo ad ipsarum penarum impositionem dumtaxat, illis alias in suo robore permansuris, auctoritate et scientia similibus, harum serie revocamus, cassamus et annullamus ac pro infectis habemus; et nichilominus pro potioris cautele suffragio, auctoritate predicta, harum serie, omnes et singulos utriusque sexus fideles, tam ecclesiasticos, seculares et ordinum quorumcumque regulares, quam laicas personas, ab omnibus excommunicationis aliisque sentenciis, censuris et penis, si quas premissorum occasione incurrerint, absolvimus, et secum super irregularitate, si quam huiusmodi sententiis, censuris et penis vel earum aliqua ligati, missas et alia divina officia celebrando incurrerunt, dispensamus, omnemque ab eis inhabilitatis et infamie maculam sive notam per eos premissorum occasione contractam, abolemus, ac Iudeis bonorum privationis penam remictimus, et illos adversus eam in eo statu, in quo antequam illam incurrerent erant, in integrum restituimus et reponimus. Volumus autem, quod absoluti per nos vigore presentium a sententiis huiusmodi, iniungendas sibi propterea per confessores, quos ad id duxerint eligendos, penitentias salutares adimplere teneantur; non obstantibus premissis ac constitutionibus et ordinationibus apostolicis ceterisque contrariis quibuscumque. Nulli ergo etc. Dat. Rome, apud Sanctum Petrum, XII° Kalendas Decembris, pontificatus nostri anno quinto.

Source: ASV, Reg. Vat. 399, fols. 9r–10r.

Note: See above, Docs. **614, 620, 745, 767.**

801   Rome, 20 November 1451

Confirmation, at the request of King John II of Castile and Leon, of his and his father's, King Henry's, orders for the segregation of the Jews in the town of Leon and for them to wear the badge.

Nicolaus etc. Ad futuram rei memoriam. Desiderantes ab intimis salutifere et orthodoxe fidei, extra quam nemo salvari potest, propagationem et conservationem nostris presertim vigere temporibus, opem porrigimus et operam, ut ea que in illius favorem prudenti consideratione gesta fuerunt, apostolico mox, ut dignum est, munimine cingi[?] [Ms.: rugi] persistant firmitate. Exhibita siquidem nobis nuper pro parte carissimi in Christo filii nostri Iohannis, Castelle et Legionis regis illustris, petitio continebat, quod, licet dudum ipse actente considerans, quod tam per eum quam per nonnullos reges predecessores suos, et presertim per clare memorie Henricum, regem Castelle et Legionis, genitorem suum, pro evitandis inconvenientiis et scandalis, que alias ex eo, quod Iudei cum Christianis permixtim habitabant et vivebant, provide statutum et ordinatum fuerat, quod dicti Iudei domos seu habitationes, segregatas a domibus Christianorum et infra certos circulos ac limictes eis assignandos, haberent, necnon certa signa in vestibus suis, ex quibus a Christianis noscerentur, portare deberent, cupiens statutum et ordinationem huiusmodi debite executioni demandari, provisoribus seu vicariis generalibus in spiritualibus et temporalibus ecclesie Legionensis tunc vacantis, per suas certi tenoris litteras et[!] Iudeos aliame civitatis Legionensis ad portandum signa predicta in vestibus et ad vivendum seu commorandum de per se compellerent, eisque certum et determinatum locum ac circulum in ipsa civitate assignarent et limictarent, nonnulla quoque alia tunc expressa facerent, sub certis modo et forma per suas certi tenoris litteras commiserit et mandaverit, ac dicti provisores seu vicarii, litterarum huiusmodi vigore ad illarum executionem procedentes, sentenciam, per quam inter cetera prefatis Iudeis aliame dicte civitatis, presentibus et futuris, quendam locum et circulum infra dictam civitatem, segregatum a domibus Christianorum, sub certis limictibus, in quo perpetuis temporibus cum filiis et familiis suis habitarent, assignaverint et limictaverint, et nonnulla alia tunc expressa statuerint, ordinaverint ac mandaverint, necnon sentencia et alia premissa per dictum Iohannem regem confirmata fuerint, prout in diversis litteris seu instrumentis publicis desuper confectis, plenius dicitur contineri, ac dicti Iudei a nonnullis annis citra in eis assignato et limittato loco predicto commorati fuerint, prout commorantur de presenti; quia tamen nonnulli Christiani, cives et habitatores dicte civitatis, predicationibus vel suasionibus quorundam religiosorum inducti, de contraveniendo dicte sentencie et illam non observando, diversa desuper iuramenta prestiterunt, et ex certis aliis causis dictus rex dubitet sentenciam et alia predicta refringi et non observari tempore procedente, ac propterea sentenciam et alia predicta pro eorum subsistentia firmiori apostolico munimine roborari desideret, pro parte eiusdem regis nobis fuit humiliter supplicatum, ut eius desiderio huiusmodi favorabiliter annuere, et alias super hiis opportune providere, de benignitate apostolica dignaremur. Nos igitur, litterarum, instrumentorum et sentencie predictorum tenores de verbo ad verbum presentibus pro expressis habentes, huiusmodi supplicationibus inclinati, prefatam sententiam ac omnia et singula in illis ac litteris et instrumentis predictis contenta, ea rata habentes et grata, auctoritate apostolica, et ex certa scientia, tenore presentium approbamus et confirmamus ac presentis scripti patrocinio communimus, supplentes omnes deffectus, si qui forsan intervenerint in eisdem; et nichilominus sentenciam, contenta et secuta predicta, tam per Christianos quam Iudeos civitatis predicte, perpetuis futuris temporibus inviolabiliter observanda fore et observari debere decernimus. Non obstantibus constitutionibus et ordinationibus apostolicis ac statutis et consuetudinibus etiam municipalibus dicte civitatis, iuramento, confirmatione apostolica vel quavis firmitate alia roboratis, privilegiis quoque et indulgentiis ac litteris apostolicis prefatis Iudeis, in specie seu genere, per nos vel sedem apostolicam sub quibusvis formis et expressionibus verborum et cum quibuscumque clausulis concessis et imposterum forsan concedendis, quibus omnibus et singulis, illorum tenores presentibus pro expressis habentes, quo ad premissa expresse derogamus, et que pro infectis habemus, illis alias in suo robore permansuris, ceterisque contrariis quibuscumque. Nulli ergo etc. Dat. Rome, apud Sanctum Petrum, XIIº Kalendas Decembris, pontificatus nostri anno quinto.

Source: ASV, Reg. Vat. 399, fols. 10v–11v.

Note: On the Jewish quarter in Leon, see Rodriguez-Fernandez, *Juderías de la Provincia de León, passim.*

Bibliography: Kayser, *Nikolaus V*, pp. 219–220.

802   Rome, 29 November 1451

Confirmation of the statutes and ordinances of the late King Henry and his son John II, of Castile and Leon, establishing full legal and social equality between Old and New Christians.

Nicolaus etc. Ad futuram rei memoriam. Considerantes ab intimis veritatem fidei Salvatoris nostri Ihesu Christi adeo cunctis mortalibus fore necessariam ad salutem, ut sine ea impos[s]ibile sit Deo placere, propter quod beatus Petrus, Spiritu plenus Sancto, principibus et senioribus populi Iudeorum loquens de Christo sic inquit: "Hic est lapis reprobatus a vobis edificantibus, qui factus est in caput anguli, et non est in aliquo alio salus, neque enim aliud nomen est sub celo datum hominibus, in quo opporteat nos salvum[!] fieri", quodque nullum nobis, qui, licet immeriti, ad sacram ipsius Petri sedem superna fuimus dispositione vocati, accumulatius gaudium, nulla maior letitia occurrere potest quam cum ambulantes in tenebris et in umbra mortis, profugatis erroribus, sentimus ad fidei nostre lumen fore conversos, ducimur, non immerito, ut sic conversos non modo paterne prosequamur caritatis affectu, verum etiam, ut illa, que in illorum Christifidelibus presertim Catholicis regibus favorem pie ac provide statuta et ordinata eisque concessa fuisse comperimus, illibata presistant[!] et perpetuo observentur, opem et operam impendamus efficaces. Cum itaque, sicut nonnullorum fidedigna relatione percepimus, olim tam carissimus in Christo filius noster Iohannes, quam illius genitor, clare memorie Henricus, Castelle et Legionis reges, pie recensentes cum beato Paulo apostolo, quod "in uno Spiritu omnes nos in unum corpus baptizati sumus" et "omnes in uno Spiritu potati sumus", quodque etiam non sit personarum acceptio apud Deum, sed "Omnis qui credit in eum non confundetur", "non enim est distinctio Iudei et Greci, nam idem Dominus omnium dives est in omnes qui invocant illum", omnis enim quicumque invocaverit nomen Domini, salvus erit, pro Christiane religionis ac dicte fidei incremento provide statuerunt et ordinaverunt, quod in antea perpetuis futuris temporibus de novo ad fidem Christi conversi, de quacumque secta, sive Iudeorum vel Sarracenorum aut gentilium, originem duxissent, ab antiquis Christianis multa cum caritate susciperentur et honorarentur, quodque inter ipsos novos seu noviter ad fidem Christi conversos et antiquos Christianos nulla in honoribus, dignitatibus et officiis ecclesiasticis vel secularibus suscipiendis et habendis divisio fieret, nullaque differencia haberetur; volentes, quod ipsi novi Christiani, pro eorum meritis et qualitate virtutum, absque ulla differencia, omnibus et singulis honoribus, privilegiis, dignitatibus et officiis, quibus alii antiqui Christiani in ipsorum regum regnis ac dominiis uti et gaudere consueverunt, uti et gaudere possent et deberent, prout in dictis statutis et ordinationibus, quorum tenores de verbo ad verbum presentibus haberi volumus pro insertis, plenius continetur, nos, attendentes statuta et ordinationes huiusmodi non modo divino et humano iuri consona et honesta, quin ymmo pro maiori ad[!] sic de novo ad fidem conversorum fidei stabilitate et faciliori aliorum Iudeorum ac infidelium ad dictam sedem[!] suscipiendam provocatione, utilia plurimum et necessaria fore, ipsorum regum in premissis fidei zelum, devotionem et pietatem in Domino plurimum commendantes, auctoritate apostolica prefata omnia et singula alia per predictos et quoscumque alios ipsorum regnorum reges, sub quibusvis formis et expressionibus verborum in dictorum ad fidem de novo conversorum favorem edita, facta seu concessa, ordinationes, constitutiones, declarationes et privilegia, quorum omnium et singulorum tenores de verbo ad verbum etiam presentibus haberi volumus pro expressis, illa videlicet ex eis que in favorem fidei et Christiane religionis augmentum processerunt, ea rata habentes et grata, approbamus et confirmamus ac presentis scripti patrocinio communimus, supplemusque omnes deffectus, si qui forsan intervenerint in eisdem; decernentes pariter et mandantes ea omnia et singula per universos et singulos regnorum et dominiorum predictorum Christifideles perpetuis futuris temporibus inviolabiliter observari, ac huiusmodi presentes nostras litteras, ut eo facilius ad quorumcumque noticiam deveniant, per universos et singulos verbum Domini in eisdem regnis ac dominiis proponentes in eorum predicationibus, si opportunum fuerit, legi, publicari et exponi, ut melius et clarius intelligantur ab omnibus, etiam in vulgari; contrariis non obstantibus quibuscumque. Nulli ergo etc. ... Si quis etc. Dat. Rome, apud Sanctum Petrum, anno etc. millesimo quadringentesimo quinquagesimo primo, tertio Kalendas Decembris, pontificatus nostri anno quinto.

Source: ASV, Reg. Vat. 398, fol. 20r–v.

Publication: Raynaldus, *Annales Ecclesiastici*, a. 1451, § 5.

Note: The copy in AA Arm. I–XVIII has 3 Kal. Oct. See above, Doc. **775.**

Bibliography: Baer, *Spanien 2*, p. 312; Bardinet, *Condition*, p. 8; Browe, *Kirchenrechtliche Stellung*, p. 14; Eckert, *Hoch- und Spätmittelalter*, p. 264; Erler, *Historisch-kritische Übersicht*, p. 26; Kayser, *Nikolaus V*, p. 215; Simonsohn, *Limpieza de Sangre*, p. 303.

803   Rome, 22 February 1452

Concession to Johannes de Brancaciis of Avignon exempting him from the provisions of the moratorium granted the Jews of Avignon, including the payment arrangements over a period of twenty years.

Nicolaus etc. dilecto filio nobili viro Iohanni de Brancaciis, domicello Avinionensi, salutem etc. Sincere devotionis integritas, qua nos et Romanam tenereris[?] Ecclesiam, non indigne meretur, ut illa tibi libenter concedamus, per que tuis valeas indemnitatibus subvenire. Cum autem, sicut accepimus, licet universitas Iudeorum in civitate nostra Avinionensi commorans, tibi ex certis causis in nonnullis pecuniarum summis ac rebus et bonis aliis teneantur, ac nonnulli ex terminis ad solvendum et restituendum summas, res et bona huiusmodi iam transierint, et nonnulli instent, ac pleniorique[!] venturi sive futuri existant, tuque eosdem Iudeos debitores tuos requisiveris, ut de debitis huiusmodi tibi in terminis elapsis et instantibus huiusmodi satisfacere curarent, tamen, quia nos dudum dilecto filio, decano ecclesie Sancti Petri Avinionensis, eius proprio nomine non expresso, per quasdam dedimus in mandatis, quatenus prefatis Iudeis, ut usque ad biennium a data litterarum earundem computandum, quod nondum elapsum esse a nonnullis asseritur, super quibusvis debitis, creditis et contractibus, licitis et illicitis, violariorum, usurarum et aliis quibuscumque iuxta morem patrie nominibus nuncuparentur, communibus et particularibus initus[!], per quoscumque creditores, ecclesiasticos et seculares, et quosvis alios iuratos[!] et promissos[!] vocari, vexari, molestari, compelli, inquietari vel experire[!] coram quibuscumque iudicibus, ecclesiasticis vel secularibus, inviti minime possent et valerent, auctoritate nostra concederet, ac contradictores per censuram ecclesiasticam eadem auctoritate, et alia iuris remedia compesceret, primo, et deinde nobis pro parte dicte universitatis Iudeorum inter alia exposito, quod, cum ipsi dubitarent litteras huiusmodi ex eo, quod in illis de quadam concessione per venerabilem fratrem nostrum Petrum episcopum Albanensem, in partibus illis apostolice sedis vicarium, prefatis Iudeis alias facta et tunc expressa mentio facta non fuerat, posse forsitan impugnari, et super hoc inter Iudeos et creditores prefatos nuper coram eodem decano lis exorta esset, nos per alias voluimus et eisdem Iudeis concessimus, quod priores littere predicte valerent, ac ipse decanus, necnon certus alius in ea parte suus collega, ad illarum executionem procedere possent, ac si in eisdem litteris nichil ommissum, et de legatione vicarii huiusmodi mentio facta fuisset, necnon eisdem Iudeis certum tunc [?] per expressum indulximus; ac successive, ex certis tunc aliis pro parte dictorum Iudeorum nobis expositis causis dicto decano et collegio[!] suo prefato per certas nostras alias litteras dedimus eciam in mandatis, ut dictis Iudeis, sub certis modo et forma, dilationem viginti annorum ad solvendum integram sortem seu debitum principale, solvendo tantum annis singulis vicesimam partem illius suis creditoribus, aut eorum heredibus, et diversa alia tunc expressa concederent, aliqua[!] cassarent, et ipsos Iudeos a quibusdam eciam tunc expressis absolverent, et nonnulla alia facerent, ita, quod huiusmodi dilatione viginti annorum pendente, Iudei predicti ad solvendum huiusmodi violaria et debita pensionalia compelli non possint, nisi anno quolibet pro vicesima parte debiti principalis, prout in singulis ipsis litteris plenius continetur, tu debita huiusmodi in terminis assignatis hactenus consequi et habere non potuisti, et similiter dubitas imposterum habere non posse; quare pro parte tua asserentis litteras, concessiones et indulta Iudeis facta huiusmodi in non modicum tuum preiudicium redundare, nobis fuit humiliter supplicatum, ut tibi in premissis oportune providere, de benignitate apostolica dignaremur. Nos igitur, qui omnibus sumus in iusticia debitores, tuis indemnitatibus huiusmodi succurrere volentes, volumus et apostolica tibi auctoritate concedimus, quod tu, asserens te multorum puerorum ac filiarum in etate nubili constitutarum familia oneratum esse, ut omnia et singula pecuniarum quantitates, res et bona, ac violaria, ceteraque eciam personalia[!] debita, ab ipsis Iudeis, prout ad illa exhibenda se astrinxerunt, aut se et sua ypothecaverunt, sive obligaverunt, tam pro preterito quam presenti et futuro tempore consequi, exequi, petere et exigere, ac super illis contra eosdem Iudeos in iudicio et extra, etiam per viam executionis, prout hactenus extitit, vel fuerint pro tempore decreta, procedere, et desuper tuam in tempore actionem et illius consequi effectum, necnon competentes, quos super hoc adire malueris iudices, quorum iurisdictionibus prefati Iudei se summiserunt, vel eorum alter tibi de dictis Iudeis iusticie complementum ministrare, libere et licite possis, valeas et debeas ac illi possint, valeant et debeant in omnibus et per omnia perinde, ac si premissa et alia quecumque littere, gratie, concessiones, dilationes, indulta ac privilegia quecumque, quorum ac premissorum omnium in illis contentarum, eciam vallidissimarum clausarum, ac illis adiectorum decretorum irritantium, necnon obligationum, contractuum, promissionum et aliorum cuiusvis contractus modorum inter te et dictos Iudeos quomodolibet initorum, eciam si de illis eorumque totis tenoribus de verbo ab verbum presentibus habenda sit mentio specialis, ac ipsis concessis et concedendis, nisi sub certis ad id necessariis et exquisitis modis et forma, derogari sive contra illa quicquam fieri non possit, status, formas, tenores et continentias, ac si de verbo ad verbum inserta forent eisdem presentibus haberi volumus pro sufficienter expressis, a nobis vel dicto vicario hactenus pro tempore nullatenus emanassent, sive concessa fuissent, et que omnia et singula, illis tamen alias in suo robore permansuris, quatenus concessioni hodie tibi facte huiusmodi adversatur aut tibi in aliquo preiudicaret, illorum totum effectum cassamus, irritamus et revocamus, ac nulla, invalida, inefficacia, inania, nulliusque roboris vel momenti existere nuntiamus, et eciam contra te eisdem Iudeis suffragari non posse sive debere, auctoritate apostolica, et ex certa sciencia declaramus per presentes; non obstantibus premissis, necnon constitutionibus et ordinationibus apostolicis ceterisque contrariis quibuscumque. Nulli ergo etc. ... Si quis etc. Dat. Rome, apud Sanctum Petrum, anno etc. millesimo quadringentesimo quinquagesimo primo, octavo Kalendas Martii, pontificatus nostri anno quinto.

Source: ASV, Reg. Vat. 424, fols. 317v–319r.

Note: See above, Docs. **781, 787, 788, 792, 793,** and below, Doc. **807.**

Bibliography: Kayser, *Nikolaus V*, p. 219.

804   Rome, 28 March 1452

Mandate to Philip Calandrino, bishop of Bologna, to compel Jews to wear a distinguishing badge, notwithstanding earlier privileges to the contrary, now withdrawn, on pain of imprisonment and a fine of 1,000 gold florins, half to go to the papal chamber, half to the chamber of Bologna.

Nicolaus papa V.
Venerabilis frater, salutem et apostolicam benedictionem. Intellectis que fraternitas tua et dilecti filii antiani Bonon. scripsistis super signo deferendo per Iudeos Bononie, ut a Christianis cognoscantur, commendamus inprimis optimum tuum et ipsorum desiderium, placetque nobis valde ut prefati Iudei insignia solita portent, et ita in primo anno assumptionis nostre ordinavimus et mandavimus, ut Iudei ubicunque existentes, prefata signa deferre et secundum dispositionem iuris communis in omnibus vivere deberent, revocavimusque omnia privilegia et cetera eis in contrarium quacumque auctoritate concessa. Quare volumus et ita vobis districte precipiendo mandamus, ut non obstantibus quibuscunque privilegiis, litteris aut brevibus in contrarium quavis auctoritate concessis, prefatos Iudeos ad portandum consueta insignia compellas cum effectu, adiiciendo penam carceris contrafacienti, et mille florenorum auri, quorum medietas camere nostre, reliqua vero medietas camere Bonon. applicetur. Nos enim, supradicta privilegia, litteras et brevia, que in contrarium emanarunt, tenore presentium revocamus, nulliusque roboris decernimus esse vel momenti. Dat. Rome, apud Sanctum Petrum, sub anulo Piscatoris, die XXVIII Martii MCCCCLII, pontificatus nostri anno sexto.

Source: AS Bologna, Governo, Privilegi, Brevi Pontifici b. 1 (1447–1503), fol. 9v.

Bibliography: Ady, *Bentivoglio*, p. 188.

805   Rome, 1 May 1452

Suspension for one year, at the request of Emperor Frederick III, of the ecclesiastical sanctions in Nürnberg, imposed on the Jews by Nicholas of Cusa, cardinal priest of St. Peter ad Vincula and papal legate in Germany, on 30 April 1451, at Bamberg, for the non-observance of restrictions he had placed on them, including the inhibition to lend money at interest and the obligation to wear the badge.

Nicolaus etc. Ad futuram rey memoriam. Romanus pontifex, Ihesu Christi in terris vicarius, nonnunquam per apostolice sedis legatos etiam de latere statuta, ordinata et edita lymitat, ac excommunicationis sententias aliasque censuras ecclesiasticas et penas in eisdem inflictas suspendit, et facit prout rerum et temporum qualitate pensata id conspicit in Domino salubriter expedire. Sane, exhibita nobis nuper pro parte carissimi in Christo filii nostri Frederici, Romanorum imperatoris illustris, petitio continebat, quod, licet dudum omnibus Iudeis in opido Nurembergensi, Bambergensis diocesis, commorantibus, per diversas apostolice sedis litteras concessum fuerit, quod ipsi cum Christianis permanere et conversari possint, quodque inquisitor heretice pravitatis nullam in eos iurisdictionem habere, sive exercere, seu ab ipsis quicquam exigere, nec eos ad subeundum aliquod iudicium compellere debeat, Christifideles quoque utriusque sexus in dicto opido commorantes, litterarum huiusmodi pretextu, cum ipsis Iudeis conversati fuerint, eosque tolleraverint et humaniter tractaverint, nichilominus dilectus filius noster Nicolaus, tituli Sancti Petri ad Vincula presbiter cardinalis, in Germanie partibus apostolice sedis legatus, nuper in Bambergensi sinodo presidens, per suas litteras sub data Bambergen. ultima die Aprilis, anni [a] Nativitate Domini millesimi quadringentesimi quinquagesimi primi, statuit et ordinavit, quod a festo Sancti Petri ad Vincula extunc proxime futuro incipiendo, omnes et singuli Iudei in dicta diocesi existentes certum et Iudee mulieres quoddam aliud tunc expressum signa deferre, ac ab omni usuraria pravitate quo ad Christianos penitus se obstinere[!] deberent, et, nisi a prefato tempore ultra se ab huiusmodi usuris abstinerent et signa predicta deferrent manifeste, extunc tota illa parrochia, sub qua dicti Iudei degerent, ecclesiastico interdicto supposita esse deberet ipso facto, prout in eisdem statutis et ordinacionibus plenius continetur. Cum autem, sicut eadem petitio subiungebat, littere, statuta et ordinationes dicti legati in non modicum preiudicium Christifidelium in dicto opido commorantium cedant, quodque, si illa observari deberent, in iacturam non modicam rerum et bonorum ipsorum fidelium redundarent, verisimiliterque Christianis per hec occasio preberetur usuras exercendi et illas commictendi; quare pro parte dicti imperatoris, asserentes[!], Iudeos in dicto opido commorantes sub iurisdictione imperatoris Romanorum pro tempore existentis existere, nobis fuit humiliter supplicatum, quatenus

Christifidelibus et Iudeis predictis in premissis oportune providere, ac
excommunicacionis sentencias aliasque censuras ecclesiasticas et penas
huiusmodi ad tempus de quo nobis videretur, pro bono pacis et commoditate
fidelium inibi commorancium suspendere, et interdictum possitum[!] relaxare,
de benignitate apostolica dignaremur. Nos igitur, qui inter cunctos
Christifideles pacem, quam querimus, vigere, ac Iudeos in memoriam
Passionis Domini nostri Ihesu Christi a Christianis tollerari et humaniter
tractari cupimus, in premissis providere volentes, ipsius imperatoris in hac
parte supplicationibus inclinati, omnes et singulas excommunicacionis
sentencias aliasque censuras ecclesiasticas et penas, tam per dictum legatum,
quam alios quoscumque quavis auctoritate tam in opidanos quam Iudeos
predictos propterea forsan latas, necnon interdictum in parrochiales ecclesias
in dicto opido existentes, sub quibus dicti Iudei degunt, propterea forsan
positum, usque ad annum a data presentium computandum, auctoritate
apostolica, suspendimus et relaxamus. Nulli ergo etc. ... Si quis etc. ... Dat.
Rome, apud Sanctum Petrum, anno etc. millesimo quadringentesimo
quinquagesimo secundo, Kalendis Maii, pontificatus nostri anno sexto.

Source: ASV, Reg. Vat. 398, fols. 13v–14v.

Publication: Eckert, *Hoch- und Spätmittelalter*, p. 225 (German
translation); Stern, *Urkundliche Beiträge* 1, pp. 58f.

Bibliography: Baron, *Social and Religious History* 9, pp. 31, 254f.; Kayser,
Nikolaus V, pp. 211f.; Stern, *op. cit.*, pp. 57f.

806   Rome, 1 July 1452

Declaration that the Jews of Rome are not to be prosecuted for misdemeanours
after the lapse of a year, excluding serious crimes, such as murder, theft,
robbery, counterfeiting, or breach of the peace.

Nicolaus episcopus etc. Ad perpetuam rei memoriam. Cum pro testimonio
Christiana pietas [Ms. Ottob.: pro testimonio Christi sua pietas] Iudeos in
Christianorum cohabitationem sustineat, eosque legibus imperialibus,
municipalibus et communibus iuribus et consuetudinibus regendos esse
pluribus predecessorum nostrorum sanctionibus caveatur, iustum est, ut leges,

statuta et consuetudines, quibus ad cohabitandum admissi sunt, eisdem illibata serventur, ac ne per calumnias vexari valeant, omni studio providere. Sane, pro parte omnium Iudeorum utriusque sexus in nostra alma Urbe moram trahentium expositum est, quod aliqui, ut ab eis aliquid extorqueant, de variis criminibus, tam in curia Capitolii quam alibi, tam in spiritualibus quam temporalibus curiis accusant, deferunt et inquisitiones fieri procurant, et cum statuto Urbis caveatur, quod si aliquis commiserit aliquod maleficium vel excessum, et infra annum accusatio vel denuntiatio facta non fuerit, quod non teneatur, nec procedatur ad penam contra eum aliquo modo vel via, exceptis de homicidio, furto, robaria, falsitate, seu pace fracta, de quibus habeatur post annum accusandi facultas infra tempus a iure communi statutum, et quod post illud tempus, post quod accusari non potest, non possit etiam per inquisitionem procedi, de aliis delictis [Ms. Ottob.: debitis] a premissis, etiam anno elapso, ut pretenditur, commissis, aliqui ex eis inquisiti sunt sive accusati in curia Capitolii, ad quorum aliquos etiam ad capturam personalem processum dicitur, et formate inquisitiones et confessiones extorte sub colore variarum declinationum et violentiarum et immanium delictorum occasione de diversis excessibus, ex quibus et aliis coloribus Iudei prefati in eorum pace turbantur. Nos cupientes, ut prefati Iudei in eorum iuribus et laudabilibus consuetudinibus conserventur et, ut a calumniatoribus, aut alias ab eis aliqua extorquere cupientibus, protegantur, harum serie precipimus et mandamus, ac de specialis dono gratie, ex nostra certa scientia, indulgemus, ut de quibuscumque excessibus et delictis a die date presentium in antea per eos quomodolibet commissis, eciam si ius, aut alia [Ms. Ottob.: illa] condicio, aut color exquireretur [Ms. Ottob.: exequiretur], quibus dicto statuto delicta non comprehendi pretenderentur[!], illis quinque tantum et dumtaxat exceptis, videlicet homicidio, furto, robaria, falsitate seu pace fracta, accusari, aut contra eos per inquisitionem procedi, aut alio quovismodo contra eos procedi non valeat, quin immo omnes et quascumque contra eos formatas inquisitiones, aut accusationes, seu denunciationes, quinque delictis exceptis, etiam si ad confessionem deventum foret, cassari, aboleri ac irritari debere, eosque ac eorum quemlibet non posse ratione premissorum in iudicio nec extra quomodolibet molestari, sed prefatum statutum ac alia Urbis statuta et [Ms. Ottob.: aut] laudabiles eis servare consuetudines, iura communia et privilegia et que eisdem promissa sunt, illibata serventur; ac omnibus et singulis officialibus, tam spiritualibus quam temporalibus, tam presentibus quam futuris, harum serie precipimus, ut premissam nostram voluntatem, omni seclusa exceptione et iuris ambiguitate, eisdem inviolabiliter servent, quibuscumque legibus, statutis, consuetudinibus, observationibus contrariis, ceterisque in contrarium facientibus non obstantibus. Nulli ergo etc. ... Si quis etc. ... Dat. Rome, apud Sanctum Petrum etc. anno etc. millesimo quadringentesimo quinquagesimo secundo, Kalendis Iulii, pontificatus anno sexto.

Source: ASV, Reg. Vat. 398, fols. 286r–287r; BAV, Ottob. Lat. 2506, fols. 151v–153r.

Bibliography: Rodocanachi, *Saint-Siège*, p. 150; Vogelstein-Rieger, *Rom* 2, p. 15.

807   Rome, 17 July 1452

Concession to Johannes Brancaciis of Avignon and his brother, exempting them from the provisions of the moratorium and other financial arrangements granted the Jews in Avignon.

Nicolaus etc. dilecto filio nobili viro Iohanni de Brancaciis, civi civitatis nostre Avinionensis, salutem etc. Probata devotionis tue sinceritas, quam erga nos et Romanam geris Ecclesiam, promeretur, ut que in tui preiudicium a sede apostolica emanarunt, iusta consideratione in melius reformentur. Sane, pro parte tua nobis nuper exhibita petitio continebat, quod, licet Iudei in civitate nostra Avinionensi commorantes tibi ac dilecto filio Bartholomeo, etiam de Brancaciis, fratri tuo, certum violarium, sive pensionem annuam, quingentorum florenorum auri, per ipsos Iudeos tibi et eidem Bartholomeo annis singulis solvendorum, vendiderunt, prout in publicis instrumentis desuper confectis dicitur plenius contineri, nichilominus tamen postquam iidem Iudei a felicis recordationis Martino papa V predecessore nostro, certas inducias de violariis sive pensione predictis ad certum tunc expressum tempus non solvendis obtinuerant, quas demum idem predecessor in publico consistorio revocavit, venerabilis frater noster Petrus, episcopus Albanensis, in dicta civitate et nonnullis aliis partibus apostolice sedis legatus, certas alias eisdem Iudeis inducias concessit, quibus mediantibus tu a decem et octo seu viginti annis citra de violariis sive pensione huiusmodi nichil penitus percepisti; postmodum vero nos, ex certis tunc expressis causis, eisdem Iudeis alias inducias concessimus, quibus quamquam tu quominus inducie huiusmodi subsisterent te opponeres, ac propterea prefatus legatus partes ad concordiam reduxerit, tamen Iudei predicti alias a prefato legato quatuor mensium, et postremo a nobis alias obtinuerunt inducias, prout in diversis apostolicis ac prefati legati desuper confectis licteris, quarum tenores presentibus, ac si de verbo ad verbum inserte forent, haberi volumus pro expressis, plenius continetur; a quibus quidem concessionibus et induciis sentiens exinde indebite te gravari, ad sedem apostolicam appellasti, nobisque humiliter supplicasti, ut tibi, qui magna puerorum ac filiarum in etate nubili constitutarum familia oneratus existis, super hiis paterna caritate consulere et opportune providere, de benignitate apostolica dignaremur. Nos igitur, huiusmodi supplicacionibus inclinati, omnes et singulas inducias, ac apostolicas, tam per nos quam quoscumque alios predecessores nostros, necnon eiusdem legati desuper confectas licteras, auctoritate apostolica, ex certa sciencia revocantes, cassantes et annullantes, te ad prosecutionem obligationum quibus prefati Iudei tibi obligati existunt omnino reponimus in omnibus et per omnia perinde, ac si inducie et lictere antedicte nullatenus emanassent; non obstantibus omnibus premissis ac quibuscumque aliis induciis ac indultis et litteris sedis apostolice vel legatorum eius Iudeis predictis in genere vel in specie concessis, et imposterum forsitan concedendis, quibus omnibus sciencia simili derogamus, ceterisque contrariis quibuscumque. Nulli ergo etc. ... Si quis autem etc. Dat. Rome, apud Sanctum Petrum, anno etc. millesimo quadringentesimo quinquagesimo secundo, sextodecimo Kalendas Augusti, pontificatus nostri anno sexto.

Source: ASV, Reg. Vat. 421, fols. 197r–198r.

Note: See above, Doc. **803**. Apparently Doc. **803** was insufficient.

808   Rome, 23 July 1452

Concession to the barons and noblemen in the Comtat Venaissin, freeing them from the payment of taxes for various reasons, including the contribution to these taxes recently imposed on the Jews, who had been exempt hitherto, thereby diminishing the share required of other taxpayers.

Nicolaus etc. Ad futuram rei memoriam. Romanus pontifex cunctorum fidelium, presertim sibi et Romane Ecclesie specialiter subditorum, tranquilitati intendens, ac vices temporum, rerum qualitates et conditiones personarum solerti consideratione repensans, nonnunquam ea, que, necessitate suadente, per eius predecessores provide facta sunt, mutatis temporibus alterat et inmutat, prout ipsorum fidelium ac rei publice statui salubriter conspicit expedire. Sane, pro parte dilectorum filiorum nobilium virorum, baronum et aliorum nobilium iurisdictiones possidentium comitatus nostri Venaysini, nobis nuper exhibita petitio continebat, quod, licet barones et alii nobiles aliquas iurisdictiones possidentes, in quibusvis aliis regionibus et locis constituti, ad solutionem talliarum, exactionum, aut quorumvis

aliorum onerum, quoquo nomine nuncupentur, preter illa que suis dominis
sive superioribus, ratione prestitorum per eos homagiorum prestare debent,
tam eiusdem[!] dominis, sive superioribus, quam quibusvis aliis faciendam
minime teneri nec astrictos esse consueverint, credaturque verisimiliter barones
et nobiles comitatus huiusmodi pari vel simili consuetudine antiquis
temporibus fuisse potitos, tamen pro eo, quod olim dicto comitatu propter
nonnullas graves calamitates ac procellas plurimis ac variis et insupportabilibus
debitis et aliis oneribus oppresso, nonnulli Romani pontifices predecessores
nostri qui fuerunt pro tempore, in faciliorem premissorum debitorum et
onerum ad que populares ac alii incole et habitatores dicti comitatus dumtaxat
eatenus teneri consueverant supportationem, voluerunt et ordinaverunt, quod
barones et nobiles dicti comitatus ad solutionem talliarum, exactionum et
aliorum onerum huiusmodi in ipso comitatu tunc expressorum, una cum
eisdem popularibus, incolis et habitatoribus, pro certa rata seu quota, similiter
tunc expressa, contribuerent, iidemque barones et nobiles comitatus in
faciliorem supportationem huiusmodi, et ne ipse comitatus propter eandem
oppressionem depopularetur ac penitus subverteretur, contributioni
huiusmodi per eos una cum ipsis popularibus, incolis et habitatoribus, ut
premictitur faciende, assensum prestiterunt, et illam realiter ac cum effectu
per nonnulla tempora fecerunt, prout faciunt de presenti; cum autem, sicut
eadem peticio subiungebat, modernis temporibus, divina prestante clementia,
huiusmodi debita et onera diminuta fuerint adeo, quod deinceps, ut evidenter
apparet, etiam pro eo quod Ebrei illarum parcium, qui retroactis temporibus
in huiusmodi talliarum et onerum solutionem minime contribuere
consueverant, a nonnullis temporibus citra, iuxta quedam statuta et
ordinationes per nos ex certis rationabilibus causis edita, contribuunt, et de
cetero contribuere teneantur, non erit eorum solucio dictis popularibus, incolis
et habitatoribus admodum onerosa, ac dicti barones et nobiles comitatus ad
prestationes alias valde graviores et magis onerosas obligati existant, utpote
qui ad tres status dicti comitatus, cum illos ad eosdem pro celebratione
consiliorum, in quibus de rebus ad gubernationem dicti comitatus spectantibus
agitur, convocari contingit, propriis sumptibus et expensis incedere, nec non
in armis pro eiusdem tuitione comitatus guerrarum temporibus, ex quibus
raptiones, depopulationes, captiones, incarcerationes, homicidia, vulnera et
alia huiuscemodi pericula subsequi consueverunt, ac alias quotienscumque
necessitas immineret existere tenentur et sunt astricti; dubitent quoque ipsi
barones et nobiles comitatus, ne successu temporis, propter continuationem
dicte contributionis aliquod eorum, quo ad huiusmodi talliarum, exactionum
et onerum solutionem, sive contribucionem, immunitati preiudicium generari
valeat, pro parte baronum et nobilium comitatus predictorum, asserencium,
quod etiam ipsorum immediate subditi ad alias exactiones et onera huiusmodi
una cum popularibus, incolis et habitatoribus contribuunt antedictis, nobis
fuit humiliter supplicatum, ut, ne ipsorum condicio quo ad hoc sit deterior

quam quorumcunque aliorum baronum et nobilium ubilibet existencium premissorum, eos ab huiusmodi talliis, exactionibus et oneribus perpetuo liberare, ac quod ipsi ad eorum solutionem sive contributionem huiusmodi non teneantur, ordinare, ac alias eis eorumque statui in premissis opportune providere, de benignitate apostolica dignaremur. Nos igitur, actendentes sincere devotionis et preclare fidelitatis affectum, quem barones et nobiles comitatus prefati erga nos et eandem Ecclesiam, non sine magno laudis preconio gerere comprobantur, et propterea, ac etiam ad hoc, ut huiusmodi eorum fidelitas et devotio fervencius augeatur, quo se specialibus privilegiis et graciis per nos senserint uberius communiri, huiusmodi supplicationibus inclinati, auctoritate apostolica et ex certa sciencia, tenore presentium statuimus, decernimus et ordinamus, quod barones et nobiles dicti comitatus aliquam, ut premictitur, iurisdictionem habentes, presentes et posteri, ac ipsorum aliquis, ad solutionem sive contributionem talliarum, exactionum et aliorum quorumcumque onerum, quoquo nomine censeantur, illis dumtaxat exceptis, que ratione suorum prestitorum homagiorum, nobis et successoribus nostris Romanis pontificibus pro tempore existentibus ac eidem Ecclesie prestare debebunt, ac nisi quo ad ipsorum immediate subditos, minime teneantur, nec sint astricti, nec ad eandem solutionem sive contribuctionem faciendam a quoquam inviti coartari valeant; quin ymo eosdem barones et nobiles ab omnibus huiusmodi talliis, exactioni[bu]s et oneribus, ac solutione ipsorum sive contribuctione predicta, auctoritate et sciencia similibus, harum serie penitus eximimus et etiam liberamus, eosque pertractari volumus de cetero in omnibus et per omnia quo ad solutionem sive contribuctionem talliarum, exactionum et aliorum onerum huiusmodi, sicuti alii barones et nobiles reliquarum partium circumvicinarum pertractari consueverunt hactenus et pertractantur; districtius inhibentes quibuslibet thesaurariis et aliis officialibus nostris in dicto comitatu deputatis et pro tempore deputandis, ne eosdem barones et nobiles contra statutum et decretum et ordinationem nostram huiusmodi gravent aliqualiter vel molestent; ac decernentes ex nunc irritos et inanes quoscumque processus atque sententias, quos seu quas contra statutum et ordinationem huiusmodi forsan haberi contigerit, seu etiam promulgari; non obstantibus constitutionibus et ordinationibus, necnon privilegiis ac litteris apostolicis specialibus vel generalibus, quorumcumque tenorum existant, statutis quoque et consuetudinibus, etiam municipalibus comitatus eiusdem, iuramento, confirmatione apostolica vel quavis firmitate alia roboratis, quibus omnibus et singulis, etiam si quo ad ipsorum derogationem de illis eorumque totis tenoribus de verbo ad verbum specialis et expressa mencio habenda, seu alia quevis specificatio facienda esset, eorum tenores presentibus pro expressis habentes, quo ad premissa expresse derogamus et que pro infectis habemus, illis alias in suo robore permansuris, ceterisque contrariis quibuscumque. Nulli ergo etc. ... Si quis autem etc. Dat. Rome, apud Sanctum Petrum, anno etc... millesimo quadringentesimo quinquagesimo secundo, decimo Kalendas Augusti, pontificatus nostri anno sexto.

Source: ASV, Reg. Vat. 421, fols. 199r–200v.

Note: See above, Doc. **791**.

809   Rome, 28 July 1452

Confirmation of the sale of the estate of the late Iacob Moysis, a Jew of Sezze, to Cinisio (Cusius) Moysis of Piperno, Abraham Leuci of Sezze, and Salomon Abrahe of Segni, following confiscation of the property by the papal treasurer in Campania and the Maritime Provinces.

Nicolaus etc. Ad futuram rei memoriam. Sedis apostolice circumspecta benignitas ad ea, que de ipsius mandato per illius officiales gesta sunt, ut illibata persistant, libenter cum ab ea petitur, apostolici solet muniminis adiicere firmitatem. Sane, dudum Iacob Moysis, Ebreo de Setia, Terracinensis diocesis, publico usurario, qui absque ulla memorate sedis licentia, in eius ultima voluntate testamentum de facto condiderat, vita functo, dilectus filius Andreas de Fusaris, de Urbe, in nostris Campanie et Maritime provinciis pro camera apostolica thesaurarius, hereditatem dicti Iacob pro prefata camera apprehendit et eidem camere realiter assignavit; postmodum vero, idem thesaurarius, cui, ut de hereditate ipsa pro pretio convenienti, de quo sibi videretur, componeret, specialiter vive vocis oraculo commisimus, certis bonis respectibus ad id eum moventibus, de prefata hereditate cum Cinisio[?] Moysis de Piperno ac Abraha Leuci de Setia, memorate diocesis, nec non Salomone Abrahe de Sergnia[!], Ebreis, pro pretio tricentorum florenorum auri de camera, nostro et dicte camere nominibus composuit illamque ipsis cum effectu consignavit, prout in quodam instrumento publico super inde confecto plenius continetur, quarum compositionis et consignationis vigore iidem Iudei eandem hereditatem apprehendentes, illam ex tunc tenuerunt et possederunt, prout tenent et possident de presenti. Cum autem exinde pro parte eorundem Cinisii[?], Abrahe et Salomonis nobis fuerit humiliter supplicatum, ut compositioni et consignationi huiusmodi ac aliis in prefato instrumento contentis, pro illorum subsistentia firmiori, robur apostolice confirmationis adiicere et alias eis in premissis oportune providere, de benignitate apostolica dignaremur. Nos, huiusmodi supplicationibus inclinati, ac hereditatem eandem per illius quantitatem et valorem presentibus pro sufficienter expressis, necnon compositionem et consignationem prefatas ac alia in dicto instrumento contenta, predicta et quecunque inde secuta rata et grata habentes, illa omnia et singula, auctoritate apostolica et ex certa scientia confirmamus et presentis scripti patrocinio communimus, supplentes omnes et singulos defectus, si qui forsan intervenerint in eisdem, ac testamentum Iacob predicti nullum et invalidum, ac iuribus nequaquam subsistere nunciantes et declarantes; et nichilominus prefatis Iudeis, ut a quibuscunque personis ecclesiasticis vel secularibus, cuiuscunque dignitatis, gradus, ordinis vel conditionis fuerint, bona ipsius hereditatis quomodolibet detinentibus seu occupantibus, illa petere, exigere ac vendicare possint et valeant, eisdem auctoritate et scientia concedimus per presentes; non obstantibus constitutionibus et ordinationibus apostolicis ceterisque contrariis quibuscunque. Nulli ergo etc. ... Si quis autem etc. Dat. Rome, apud Sanctum Petrum, anno etc. millesimo quadringentesimo quinquagesimo secundo, quinto Kalendas Augusti, pontificatus nostri anno sexto.

Source: ASV, Reg. Vat. 421, fol. 273r-v.

810   Rome, 21 August 1452

Absolution to the town of Lucca from all ecclesiastical sanctions for having permitted Jewish moneylenders to ply their trade, and permission to continue doing so.

Nicolaus episcopus, servus servorum Dei, dilectis filiis antianis, communi, universitati et singularibus personis civitatis Lucane, salutem et apostolicam benedictionem. Quamvis reprobanda sit Iudeorum perfidia, utilis tamen est illorum conversatio Christianis, prout hoc tempore, experientia teste, comprobatur, unde cum sint ab omnium Creatore creati, non debent a Christifidelibus evitari. Nuper siquidem pro parte vestra nobis expositum fuit, quod vos pro rei publice utilitate Iudeos feneratores, prout hactenus fecistis, libenter teneretis, si id absque alicuius pene incursu aut conscientie scrupulo facere possetis. Quapropter pro parte vestra nobis fuit humiliter supplicatum, ut vobis in eadem civitate unum vel plures Iudeum seu Iudeos feneratores cum eorum familiis tenendi ac eis domos pro eorum usu et habitatione impune locandi et cum eis, quantum necessitas exigit, conversandi licentiam concedere, aliasque vobis et statui vestro in premissis oportune providere, de benignitate apostolica dignaremur. Nos igitur, cupientes vestris ac eiusdem rei publice, quam carissimam habemus, indemnitati ac commodo providere, huiusmodi supplicationibus inclinati, vos ac omnes et singulos cives vestre civitatis utriusque sexus ab excommunicationis ac aliis ecclesiasticis sententiis, censuris et penis, si quas pro eo, quod huiusmodi Iudeos tenuistis et eis domos locastis seu locari tacite vel expresse consensistis aut cum ipsis estis quomodocunque conversati, incurrisse censemini, presentium tenore absolventes et absolutos fore decernentes, vobis, ut in eadem civitate unum vel plures Iudeum sive Iudeos feneratores, quotiens vobis placuerit, tenere eisque domos et habitationes pro eorum usu locare, et cum eis, necessitate postulante, conversari absque alicuius pene incursu, libere et licite valeatis, auctoritate apostolica, tenore presentium indulgemus; proviso, quod propter hoc Iudei ipsi novis exactionibus non graventur, et usuras, quanto mitiores seu minori pretio fieri potest, exercere aut committere teneantur. Non obstantibus felicis recordationis Clementis pape V predecessoris nostri et statutis curie episcopalis Lucane de Iudeis loquentibus, quibus, quantum contra predicta disponant, expresse derogamus, illis alias in suo pleno robore permansuris, et aliis constitutionibus et ordinationibus apostolicis ceterisque contrariis quibuscunque. Nulli ergo ... Si quis autem ... Datum Rome, apud Sanctum Petrum, anno Incarnationis Dominice millesimo quadringentesimo quinquagesimo secundo, duodecimo Kalendas Septembris, pontificatus nostri anno sexto.

Source: AS. Lucca, Tarpea 1452.

Publication: Stern, *Urkundliche Beiträge* 1, pp. 60f.

Bibliography: Baron, *Social and Religious History* 9, pp. 51, 264.

811   Rome, 28 December 1452

Mandate, after proof is supplied, to Antonin Forcillioni, archbishop of Florence, to hear and judge all accusations made against Isach Manuelis, a Jew in Pisa.

Nicolaus etc. venerabili fratri archiepiscopo Florentino, salutem etc. Romana Ecclesia in testimonium Ihesu Christi Ebreos tollerat, eosque, ne molestiis indebitis affligantur, defendere consuevit. Exhibita siquidem nobis nuper pro parte Isach Manuelis, Ebrei, in civitate Pisana commorantis, peticio continebat, quod, licet ipse secundum legem Ebraicam quantum humana sinit fragilitas honeste iuvat[!], et a viciis se abstineat, nichilominus quidam sui emuli, tam Iudei quam Christiani, eum super novis maleficiorum generibus cotidie accusare ac variis molestiis affligere, ac pecuniis et bonis suis spoliare, necnon ab aliis indebite et iniuste spoliari facere, eumque strepitibus iudiciorum involvere non erubescunt, in maximum dicti Ebrei preiudicium atque damnum; quare pro parte ipsius Ebrei nobis fuit humiliter supplicatum, ut sibi et statui suo opportune providere, de benignitate apostolica dignaremur. Nos igitur, actendentes, quod, licet reprobanda sit perfidia Iudeorum, tolleratur tamen in testimonium fidei eorum conversatio cum Christianis, huiusmodi supplicationibus inclinati, fraternitati tue per apostolica scripta commictimus et mandamus, quatinus prefatum Isach, si de premissis omnibus et singulis tibi constat sufficienter et plene, non permictas super quibusvis criminibus, excessibus et delictis, sibi, sicut premictitur, indebite obiectis, quomodolibet molestari, necnon indebite et iniuste a quoquam vexari vel inquietari; et nichilominus, ne sibi vel eius adversariis detur occasio in futurum malignandi, omnes et singulas causas criminales, quas imposterum contra prefatum Isach per quoscumque Christianos vel Iudeos quavis occasione moveri contigerit, audias, et, appellatione remota, debito fine decidas, faciens quod decreveris, a Christianis per censuram ecclesiasticam, a Iudeis vero, per subtractionem communionis fidelium, firmiter observari; non obstantibus constitutionibus et ordinationibus apostolicis ac legibus imperialibus, et statutis municipalibus ceterisque contrariis quibuscumque. Nos enim ex nunc irritum decernimus et inane, si secus super hiis a quoquam, quavis auctoritate, scienter vel ignoranter contigerit actemptari. Dat. Rome, apud Sanctum Petrum, anno etc. millesimo quadringentesimo quinquagesimo secundo, quinto Kalendas Ianuarii, pontificatus nostri anno sexto.

Source: ASV, Reg. Vat. 424, fol. 266v.

Note: On Isach (of Rimini), banker in Pisa, see Cassuto, *Firenze, passim*; Id., *Famiglia da Pisa, passim*.

812   Rome, 20 March 1453

Approval of petition presented by Anthony of Rotenhan, bishop of Bamberg, and annulment of provisions adopted against the Jews by Nicholas of Cusa, cardinal priest of St. Peter ad Vincula and papal legate in Germany, in the diocese of Bamberg and in the territories of Albert Achilles and Johannes Cicero, margraves of Brandenburg, to the extent that they exceed common law.

Nicolaus etc. Ad futuram rei memoriam. Romanus pontifex, prout pastoralis officii cura deposcit, quorumlibet tranquillitati et quieti semper intendens ac provida consideratione perstringens[!], quod, licet Iudeorum perfidia cunctis ortodoxe fidei cultoribus merito displicibilis habeatur, quia tamen demum eorum reliquias salvandas propheticus sermo commemorat, sedis apostolice benignitas et Christiane religionis pietas eos a fidelium finibus non eliminandos, sed potius Deitatis, cuius gerunt ymaginem, et humanitatis intuitu, etiam in testimonium Iudeorum regis, Christi, Domini nostri, tollerandos censent, ad hoc libenter sue provisionis impendit ministeria, ne ex ipsorum Iudeorum cum dictis fidelibus mansione et incolatu sustinendis, quisquam eorundem fidelium conscientie scrupulo et rerum suarum dispendiis afficiatur, ipsique Iudei in suo quo apud fideles foventur incolatu huiusmodi, molestiis et gravaminibus agitentur. Sane, pro parte venerabilis fratris nostri Antonii, episcopi Bambergensis, nobis nuper exhibita petitio continebat, quod in suis civitate et diocesi et presertim in plerisque terris et locis temporalibus[!] dicionis dilectorum filiorum nobilium virorum Iohannis et Alberti, marchionum Brandeburgensium, nonnulli Iudei inter Christifideles suum fovere consueverunt prout fovent incolatum, sed quia dudum per dilectum filium nostrum Nicolaum, tituli Sancti Petri ad Vincula presbiterum cardinalem, tunc in partibus illis apostolice sedis legatum, auctoritate legationis sue, certe constitutiones, diversas in se censuras et penas continentes circa Iudeos ipsos, per eos sub censuris et penis huiusmodi servande, edite, et per predictum episcopum suscepte et publicate fuerunt, idem episcopus dubitat, ne ipse et alii, tam clerici quam laici civitatis et diocesis eorundem, ipsos Iudeos in ipsis civitate et diocesi pro tempore commorantes, ibidem absque incursu censurarum et penarum huiusmodi sustinere possint; et si Iudei ipsi, presertim qui in locis et terris marchionum huiusmodi commorantur, abinde repellerentur, graves exinde inter episcopum et marchiones predictos discordie exoriri possent; quare pro parte eiusdem episcopi nobis fuit humiliter supplicatum, ut providere super hiis salubriter, de benignitate apostolica dignaremur. Nos igitur, huiusmodi in hac parte supplicationibus inclinati, constitutiones predictas ad iuris communis dispositionem, si forte ad ulteriora se extendant, auctoritate apostolica, tenore presentium reducimus, et quo ad hoc circa Iudeos ipsos ius commune huiusmodi volumus observari; decernentes constitutiones ac penas et censuras huiusmodi, in eo quo iuris communis huiusmodi dispositionem excedunt, neminem quomodolibet stringere vel arctare. Nulli ergo etc. ... Si quis etc. Dat. Rome, apud Sanctum Petrum, anno Incarnationis Dominice millesimo quadringentesimo quinquagesimo tercio, tercio decimo Kalendas Aprilis, anno septimo.

Source: ASV, Reg. Lat. 487, fol. 52r-v; Nürnberg, Staatsarchiv, 35 Neue Laden der unteren Losungsstube, Nr. 1129.

Publication: Stern, *Urkundliche Beiträge* 1, pp. 62f. (partly).

Note: In 1453 the ruler of Brandenburg was still Friedrich, Albert's elder brother. The Bull is contained in an order, issued by the bishop of Bamberg, relating to the implementation of the pope's instructions. See also above, Doc. **805.**

Bibliography: Baron, *Social and Religious History* 9, pp. 31, 254f.; Forchhammer, *Beiträge*, p. 153.

813   Rome, 9 May 1453

Confirmation of provision adopted in Perugia, whereby the Jews were to list their property to facilitate taxation.

Dilectis filiis prioribus artium civitatis nostre Perusine.
Dilecti filii, salutem et apostolicam benedictionem. Nuper ex parte vestra coram nobis expositum fuit et humiliter supplicatum ut, cum proximis diebus per vos et camerarios dicte civitatis ac in communi vestro edita fuerit quedam lex seu reformatio super solutione libre mortue fiende per Hebreos, prout et quemadmodum Christiani illic cohabitantes nec bona ulla stabilia possidentes facere tenentur ac debent, robur apostolice sedis adiicere dignaremur. Ne igitur dicti Hebrei in nostris et Ecclesie terris maiori prerogativa potiri videantur quam ipsi Christiani, dictam legem seu reformacionem, quam presentibus haberi volumus pro inserta et expressa, et ad quam nos referimus, inde omnibus et per omnia, prout iacet et sub quibusvis verbis comprehendatur, auctoritate nostra confirmamus et presentis scripti patrocinio communimus; supplentes etiam omnem defectum, si quis in ea intervenisset, et sic mandamus inviolabiliter observari. Non obstantibus... Datum Rome, apud Sanctum Petrum, sub anulo Piscatoris, die VIIII Maii, MCCCCLIII, pontificatus nostri anno septimo.

Source: A. S. Perugia, Arch. Com., Statuti 17, c. 27v.

Note: The provision made by the authorities in Perugia was printed by Fabretti, *Perugia*, pp. 51f.

Bibliography: Majarelli-Nicolini, *Perugia*, p. 82; Toaff, *Perugia*, p. 67.

814   Rome, 18 September 1453

Concession of authority to Petrus of Mistretta, a Dominican and inquisitor in the kingdom of Sicily, to give another chance to neophytes in various parts of the mainland, whose ancestors had been converted from Judaism some 150 years earlier, and most of whom were still observing Judaism notwithstanding measures adopted to prevent this. The inquisitor is to collect 2,000 florins from them to subsidize the war against the Turks. If they do not keep their promise to live as good Christians, they are to be dealt with in accordance with Canon Law.

Nicolaus etc. dilecto filio fratri Petro de Mastretta, ordinis Fratrum Predicatorum, in regno Sicilie inquisitori heretice pravitatis, salutem et apostolicam benedictionem. Ad hoc omnipotens Deus in apostolica sede constituit plenitudinem potestatis, ut Romanus pontifex, qui claves ligandi et absolvendi acceptavit, nunc rigorem exerceat, nunc mansuetudinem interponat. Nuper siquidem intelleximus, quod in diversis civitatibus et locis regni Cicilie citra Farum habitant quamplures homines utriusque sexus, neophiti nuncupati, qui baptismum et alia sacramenta Ecclesie in publico recipiunt sicut ceteri Christiani, quorum antecessores fuerunt Iudei, quique pro maiori parte iam sunt elapsi anni centum quinquaginta, quod magis cohacte quam voluntarie effecti fuerunt Christiani, et usque in hodiernum diem pro maiori parte servaverunt ritus et cerimonias Iudeorum, non credentes fidei Christiane; postea vero, diversis temporibus, pro magna parte cohactione ordinariorum ac predicatorum et inquisitorum, timore pene temporalis, indulgentiam et remissionem de predictis erroribus a felicis recordationis Eugenio papa IIII predecessore nostro obtinuerint, et aliqui eorum semel, sed aliqui bis, iuraverunt et promiserunt non servare ritus et cerimonias Iudeorum et vivere secundum fidem Christianam, quam promiserunt in baptismo servare, sed postea, cessantibus timore et coactione predictis, in eandem heresim relapsi fuerunt, matrimonia inter eos dumtaxat contrahendo; nunc autem, suos recognoscentes errores et perfidiam dicte heresis, si essent securi, quod Ecclesia eis parceret et non relinqueret eos iudicio seculari puniendos fore, omnes ad unitatem Catholice fidei reducerentur, et voluntarie abiurarent prefatam heresim, ac humiliter suos profiterentur errores, et de cetero secundum fidem viverent Christianam. Nos igitur, vices gerentes illius, cuius proprium est misereri et parcere, volentes prout ex officio nobis commisso tenemur, super hiis salubre remedium adhibere, ac fidedignorum relatibus plenarie informati, quod relapsorum predictorum et huiusmodi heresis labe infectorum plura sunt centenaria, qui non sine magno scandalo puniri possent, discretioni tue, de qua plurimum in Domino confidimus, contra eosdem relapsos et dicte heresis labe infectos, qui ad unitatem fidei Christiane redire voluerint, solutis prius per eos tibi duobus milibus florenis auri de camera, in subsidium contra Theucros convertendis, ac prestito per ipsos corporali iuramento, quod de cetero similia non committent, nec ea committentibus prestabunt auxilium, consilium vel favorem, benigne procedendi, ac penam ordinariam eis debitam commutandi, necnon sibi, quod usque ad quinquaginta annos a data presentium computandos, matrimonia non inter se ipsos, prout hactenus consueverunt, sed cum aliis Christianis contrahere debeant, inhibendi, necnon matrimonia et sponsalia, si qua inter eos cum personis que tempore contractus huiusmodi ad contrahendum legitimam non habebant etatem dissolvendi, ac secum, ut cum veris Christianis, dummodo aliud canonicum non obsistat, matrimonium contrahere, et in eo, postquam contractum fuerit, remanere libere et licite possint, dispensandi, omnemque inhabilitatis et infamie maculam sive notam per eos premissorum occasione contractam, abolendi, si autem, quod absit, in eadem heresi persistere voluerint, contra eos iuxta sacrorum canonum instituta procedendi, et a Christiana religione separandi, necnon omnibus privilegiis eis concessis privandi et destituendi, ac perfidie et sinagoge Iudeorum ag[g]regandi, et ipsos penis debitis percellendi, ac omnia alia et singula, que pro fidei Christiane defensione et conservatione, ipsorumque relapsorum animarum salute in premissis neccessaria vel opportuna fore cognoveris faciendi, disponendi et exequendi, contradictores, si Christiani fuerint, per censuram ecclesiasticam, si vero Iudei extiterint, per subtractionem communionis fidelium, appellacione remota, compescendo, plenam et liberam, tenore presentium facultatem concedimus; invocato ad hoc, si opus fuerit, auxilio brachii secularis. Non obstantibus constitutionibus et ordinacionibus apostolicis, necnon legibus imperialibus et statutis municipalibus, ac abiurationibus et remissionibus eis in preterito factis, ceterisque contrariis quibuscumque. Volumus autem, quod dicta duo milia florenorum, quamprimum illa receperis, ad nos absque mora, sub pena excommunicationis late sententie, transmittas. Datum Rome, apud Sanctum Petrum, anno etc. millesimo quadringentesimo quinquagesimo tercio, quartodecimo Kalendas Octobris, pontificatus nostri anno septimo.

Source: ASV, Reg. Vat. 402, fols. 81r–82r; [Lucera, Arch. Capitolare, Sezione unica, Div. III, No. 25, a. 1454].

Publication: Lonardo, *Ebrei a Lucera*, pp. 587f.

Note: The copy in Lucera is contained in a notarial deed, executed by Jacob Caracausa in Lucera, on 17 January 1454. The neophytes undertook to abide by the pope's instructions. See also below, Doc. **817**.

Bibliography: Cassuto, *Destruction of the Academies*, p. 148; Lonardo, *op. cit.*, pp. 581f.

815   Rome, 20 September 1453

Revocation of appointment of 20 October 1450 of Michael de Morillo, a
Dominican, and then of 7 December 1451 of the same and Johannes de
Cernosa, a Franciscan, to inquire into the charges brought against clergymen
and others in Spain, including Alfonsus de Almarzo, the abbot of St. Pay de
Antealtares, of the Benedictine Order, in Compostella, that they were
destroying the Church, were selling forged papal indulgences, and were
misleading Jewish converts into reverting to Judaism, and to punish the
culprits. Appointment of George Bardasci, bishop of Tarazona, in their stead.

Nicolaus etc. venerabili fratri Georgio, episcopo Tirasonensi, salutem etc.
Pontificalis auctoritas nos ammonet, ut ita perversorum obviemus malitiis,
quod eorum temeritas non invalescat, sed digne correctionis verbere castigetur,
illaque revocemus et annullemus, que potius obesse quam prodesse experientia
teste cognoscimus. Ad audientiam nostram, publica fama referente, pervenit,
quod Ioannes Virroz et Dyonisius de Molinos, ac frater Alfonsus de Almarzo,
abbas monasterii Sancti Pay de Antealtares, ordinis Sancti Benedicti,
Compostellani, necnon Iohannes de Montealbo, commendator de Castro
Xeritie, Burgensis diocesis, et nonnulli alii dampnationis filii infra Francorum
ac Castelle et Legionis, Aragonum et Navarre, Portugallieque regna moram
trahentes, vineam Domini Sabaoth, Catholicam videlicet Ecclesiam diffusam
per orbem, quasi vulpecule demolire, ac populum Christianum seu plerasque
personas simplices dictorum regnorum in fide Catholica maculare, et ut ab eis
pecunias facilius extorquere possint, litteras apostolicas falsificare eisque
falsam bullam appendere, indulgentias a summis pontificibus concessas
ampliare et illis addere, ac novas formare, eorumque transumpta per ipsorum
litteras et nuntios ad diversa loca transmittere, sacratas Agnus[!] Dei formas,
quas solus Romanus pontifex benedicere consuevit, contrafacere, et illas
tanquam per nos aut Romanos pontifices factas et benedictas, Christianis
tradere et vendere, clericos et religiosos simul cum neophitis Iudeis ac aliis
fenerari, ipsosque neophitos ad fidem noviter de Iudaica cecitate conversos,
ad reassumendum legem Iudaicam inducere, ipsosque neophitos cum Iudeis
eorumque cerimoniis se immiscere, ac animas parentum et amicorum pro
certo pretio pecuniarum a purgatorio et inferno extrahendi, ac super
homicidiis omnibusque aliis peccatis et excessibus quibuscumque, quantumcumque enormibus absolvendi, ac cum eis super irregularitate quavis
occasione contracta dispensandi, et ab omnibus casibus sedi apostolice
reservatis absolvendi, necnon gratias et indulgentias anni iubilei pro parvo
pretio concedendi, ab eadem sede facultates habere falsis eorum linguis
asserentes, aliosque illicitos actus committere non tremescunt, in divine
maiestatis offensam, Catholice fidei prefateque sedis ignominiam, ac
perniciosum exemplum et scandalum plurimorum. Nos igitur, qui dudum de

premissis aliqualem habuimus noticiam, et per quasdam sub data tertio decimo Kalendas Novembris, pontificatus nostri anno quarto, Michaeli de Morillo, ordinis Fratrum Predicatorum et theologie professori, et deinde per alias nostras litteras sub data septimo Idus Decembris, pontificatus nostri anno quinto, eidem Michaeli de Morillo, et Iohanni de Cernosa, ordinis Fratrum Minorum professori, magistro in theologia, inquirendi et procedendi contra omnes et singulos, qui premissa perpetrassent, facultates concessimus, ex certis causis animum nostrum moventibus, predictas ac similes alias litteras ac facultates, tam dictis Michaeli de Morillo et Iohanni de Cernosa, quam aliis quibuscumque personis communiter vel divisim, super huiusmodi vel simili inquisitione facienda, sub quacumque verborum forma concessas vel a nobis emanatas, quarum tenores ac si de verbo ad verbum insererentur presentibus haberi volumus pro expressis, motu proprio et ex certa scientia, tenore presentium revocamus, cassamus et annullamus, illisque in iudicio vel extra nullam fidem adhibendam fore seu adhiberi debere decernentes; ac attendentes, quod predictorum malitiis non est indulgendum, ne successorem inveniant, sed taliter providendum, quod punite transgressionis exemplar alios retrahat ab offensa, fraternitati tue, de qua plurimum in Domino confidimus, deputandi unum vel plures procuratores fiscales nomine camere apostolice, ac illis promoventibus et instigantibus contra Iohannem Virroz, Dyonisium, Alfonsum, Iohannem de Montealbo ac alios predictos, eorumque complices, fautores et sequentes, et alios quoscumque, tam clericos quam laycos, seculares et regulares, exemptos et non exemptos, cuiuscumque dignitatis, status, gradus, ordinis vel conditionis fuerint, inquirendi, necnon ad exhibendum coram te vel tuis subdelegatis litteras, etiam apostolicas, instrumenta seu mandata quecumque, quibus facultatibus huiusmodi suffultos se fore asserunt, compellendi, litterasque et mandata predicta diligenter inspiciendi, et si ea falsa vel in aliquo suspecta fore, vel aliquid dubietatis in se continere reppereris, illa, tandiu donec nos de hiis per te cerciorati, tibi quid agendum sit super premissis, penes te vel subdelegatum tuum, seu illarum effectum suspendendi, ac super premissis et aliis per eos perpetratis excessibus, criminibus et delictis summarie et de plano, sine strepitu et figura iudicii, absque aliqua terminorum observatione inquirendi, procedendi, etiam per edictum, eosque examinandi, personaliter capiendi, carceribus mancipandi, mancipatos detinendi, et ad tui arbitrium corporalibus et temporalibus ac aliis penis puniendi, mulctandi et corrigendi, eorumque bona mobilia et immobilia camere apostolice confiscandi, necnon unum vel plures loco tui subdelegandi, et illum ac illos quotiens tibi placuerit revocandi, ac alium seu alios loco eorum substituendi ... plenam et liberam auctoritate apostolica, tenore presentium, concedimus facultatem; invocato ad hoc ... mandantes insuper omnibus et singulis Christifidelibus sub penis maledictionis eterne, quatenus in omnibus et per omnia, que ad huiusmodi facultatem spectant, tibi et illis, quibus super hoc vices tuas duxeris committendas, obediant effectualiter ...

non obstantibus ... ceterisque contrariis quibuscumque, aut si Iohanni Virroz, Dyonisio, Alfonso et Iohanni de Montealbo prefatis vel quibusvis aliis ab eadem sit sede indultum, quod interdici ... non possint... Dat. Rome, apud Sanctum Petrum, anno etc. millesimo quadringentesimo quinquagesimo tertio, duodecimo Kalendas Octobris, anno septimo.

Source: ASV, Reg. Vat. 401, fols. 133v–134v.

Publication: Raynaldus, *Annales Ecclesiastici*, a. 1453, § 19.

Note: See below, Doc. **854,** where the two letters to Morillo and Cernosa are mentioned again. We have been unable so far to trace these two letters.

Bibliography: Baer, *Spanien* 2, p. 322; Erler, *Historisch-kritische Übersicht* 7, p. 26; Kayser, *Nikolaus V*, p. 213; Stern, *Urkundliche Beiträge* 1, p. 63.

816   Rome, 15 October 1453

Suspension, at the request of Sigismund of Volkerstorf, archbishop of Salzburg, of synodal and other constitutions which inhibit the continued presence of Jews in Salzburg, Hallein and other parts of the archbishop's diocese; the Jews are to be treated instead in accordance with common law.

Nicolaus etc. venerabili fratri Sigismundo, archiepiscopo Salczeburgensi, salutem etc. Circumspecta caritas apostolice sedis animarum saluti intenta continue, rigorem iuris mansuetudine temperans, ea nonnunquam de speciali gratia concedit, que iuris severitas interdicit, maxime cum rationabiles cause persuadent, et id in Domino conspicit salubriter expedire. Nuper siquidem pro parte tua fuit nobis expositum, quod in civitate tua Salczeburgensi, et in opido Hellein, Salczeburgensis diocesis, ac pluribus aliis locis ad ecclesiam Salczeburgensem legitime pertinentibus, etiam retroactis temporibus, plures utriusque sexus Iudei moram traxerunt et trahunt, tu tamen propter constitutiones sinodales ac quedam alia statuta et penas adiectas times Iudeos ipsos in dictis civitate ac locis tue diocesis tollerare non posse neque debere; quare pro parte tua nobis fuit humiliter supplicatum, ut super hoc providere, paterna diligencia curaremus. Nos vero actendentes, ut etiam peticio tua subiungebat, repulsionem Iudeorum huiusmodi tue ecclesie, civitati et locis predictis detrimentum afferre non modicum, ac volentes detrimento huiusmodi, quantum cum Deo possumus, obviare, ex premissis ac certis aliis causis animum nostrum moventibus huiusmodi supplicationibus inclinati, supradictas constitutiones, statuta et penas, donec de premissis fuerimus plenius informati, per presentes suspendimus; volentes, ut eosdem Iudeos secundum iuris communis dispositionem licite tenere et tueri possis et valeas in excerciciis sive [?] premissis constitutionibus et ordinationibus apostolicis, ceterisque contrariis non obstantibus quibuscumque. Nulli ergo etc. ... Si quis autem etc. Dat. Rome, apud Sanctum Petrum, anno etc. millesimo quadringentesimo quinquagesimo tercio, Idibus Octobris, pontificatus nostri anno septimo.

Source: ASV, Reg. Vat. 427, fol. 136r-v.

Note: The archbishop refers to the synod of Bamberg and the resolutions adopted there at the instigation of Nicholas of Cusa; see above, Doc. **805.**

Bibliography: Altmann, *Salzburg* 1, p. 149; Kayser, *Nikolaus V*, pp. 211f.; Stern, *Urkundliche Beiträge* 1, p. 63; Uebinger, *Nikolaus Cusanus*, p. 639.

817   Rome, 16 October 1453

Concession and authority to Petrus of Mistretta, a Dominican and inquisitor in Sicily, to reduce the fine of 2,000 florins imposed on relapsing neophytes in southern Italy, as he sees fit.

Dilecto filio fratri Petro de Mastrecta ordinis Predicatorum profexori, in regno Sicilie inquisitori heretice pravitatis. Nicolaus papa V.
Dilecte fili, salutem et apostolicam benedictione(m). Nuper intellegentes in partibus Sicilie citra Farum quamplures neophitos inhabitare qui, quamvis sacramenta Ecclesie in pubblico recipiant, ritus et ceremonias Iudeorum inhibitos observant, sicut ex pastorali officio nobis incumbit, ipsos ad unitatem Ecclesie reducere volentes, etiam si abiurantes heresim in eandem relapsi extitissent, ut penam ordinariam commutare valeres, et, solutis prius duobus milibus florenorum in subsidium contra Theucres convertendis, eos absolvendi ac alia faciendi tue devotio(n)i facultatem concessimus, prout infrascriptis licteris desuper confectis plenius continetur; verum, quod fidedigna relatione percepimus, quod admodum difficile redderetur huiusmodi pecuniarum summam insimul colligere propter diversitatem locorum, ubi supradicti neophiti commorantur, et verendum est, ne prefata quantitas integre inde possit deduci, capientes te tua probitate et integritate fiduciam in Domino specialem, harum serie concedimus, quod in absolutione fienda, prout tue conscientie visum fuerit, qualitate personarum et facultatibus pensatis,

summam per eosdem neophitos solvendam taxes, moderes et ad tuum arbitrium reducas; ac eas pecunias, que haberi commode poterunt, etiam si prefatam summam non attingerint, ad nos pro subsidio predicto fideliter trasmittere non postponas. Non obstantibus nostris licteris super id factis, per quas, ut nullo tempore inquietari poxis, nec excommunicationis late sententie penam incurrisse censearis, decernimus et declaramus, super quibus omnibus plenam ac liberam tibi tenore presentium concedimus facultatem. Datum Rome, apud Sanctum Petrum, sub anulo Piscatoris, die sextodecimo Octobris millesimo quadricentesimo quinquagesimo tertio, pontificatus nostri anno septimo.

Source: [Lucera, Arch. Capitolare, Sezione unica, Div. III, No. 25, a. 1454].

Publication: Lonardo, *Ebrei a Lucera*, pp. 588f.

Note: The inquisitor reduced the fine to 60 ducats. This Brief is contained in a notarial deed of 17 January 1454. See above, Doc. **814.**

818   Rome, 21 February 1454

Mandate, if the facts are established, to the prior of the church in Saragossa to allow Antonius de Tena, governor of the Great Hospital in Saragossa, to construct a sacrarium in the hospital, so that the Eucharist required for patients need not be brought from the church of St. Michael through the Jewish quarter.

Nicolaus etc. dilecto filio priori ecclesie Cesaraugustane, salutem etc. Humilibus supplicum votis, illis presertim, que salutem respiciunt animarum, libenter annuimus, illaque favoribus prosequimur oportunis. Exhibita siquidem nobis nuper pro parte dilecti filii Antonii de Tena, presbiteri, gubernatoris maioris hospitalis Cesaraugustani peticio continebat, quod, licet dictum hospitale pro pauperorum infirmorum ad illud pro tempore confluentium necnon infantium ibidem expositorum receptione, conservatione et substentatione, infra limites parrochie parrochialis ecclesie Sancti Michaelis, eiusdem civitatis, et in illo quedam perornata capella sub vocabulo Beate Marie Virginis, altaribus tribus munita, et in qua misse et alia divina officia, ad Dei et prefate Virginis laudem, necnon pauperorum infirmorum predictorum, quibus necessaria atque oportuna alimenta et misericordie opera per gubernatorem eiusdem hospitalis caritative ministrantur, animarum salute[m] iugiter celebrantur, fundata et edificata existant, tamen propter magnam inter ipsum hospitale et dictam ecclesiam, ad quam pro sacramentis ecclesiasticis et maxime Eucaristie dictis infirmis necessitate occurrente ministrandis, noctu dieque accedere oportet, et illa quandoque clausa reperitur, promptusque in ea introitus haberi non potest, distantiam existentem, quam etiam quod Corpus Domini de dicta ecclesia pro ipsis infirmis communicandis, per vicos et plateas Ebreorum quorundam ibidem commorantium, non numero fidelium, ut deceret, sed duobus vel tribus personis associatum, pluries ad ipsum hospitale defertur, in maximum eiusdem civitatis fidelium dedecus atque vilipendium non modicum, unde animabus infirmiorum prefatorum sequitur damnum et evenit periculum; cum autem, sicut eadem petitio subiungebat, si prelibato hospitali ut sacrarium pro conservatione Eucaristie in illius capella huiusmodi haberet concederetur, et in illo Eucaristia pro ipsis infirmis communicandis conservaretur, et presbiteris pro missis et aliis officiis supradictis in dicta capella celebrandis pro tempore deputatis, ipsis infirmis huiusmodi Eucaristie sacramentum ministrandi licentia concederetur, dampna et pericula supradicta evitarentur, earundemque animarum salus procuraretur, necnon conscientie rectoris ecclesie et gubernatoris hospitalis huiusmodi pro tempore exonerarentur, pro parte dicti Antonii gubernatoris nobis fuit humiliter supplicatum, ut sacrarium prefatum construendi, Eucaristiam in eo conservandi, ipsisque presbiteris ipsum Eucaristie sacramentum dictis infirmis ministrandi licentiam concedere, de benignitate apostolica dignaremur. Nos igitur, de premissis certam notitiam non habentes, huiusmodi supplicationibus inclinati, discretioni tue per apostolica scripta mandamus, quatenus, si est ita, vocatis dicto rectore et aliis qui fuerint evocandi, gubernatori dicti hospitalis, qui est et erit pro tempore, sacrarium in capella huiusmodi construendi et erigendi, seu construi et erigi ac in eo Eucaristiam consecratam conservari faciendi, necnon deputatis etiam pro tempore presbiteris prefatis sacramentum Eucaristie infirmis dumtaxat in dicto hospitali degentibus ministrandi, quotiens fuerit oportunum, cuiusvis alterius licentia desuper minime requisita, iure tamen ipsius parrochialis ecclesie in omnibus semper salvo, auctoritate nostra, licentiam largiaris; ita tamen, quod rector ipsius ecclesie pro tempore existens possit et valeat semel in anno seu quotiens opus fuerit et sibi videbitur, dictum sacrarium visitare; non obstantibus constitutionibus, ordinationibus apostolicis ceterisque contrariis quibuscumque. Dat. Rome, apud Sanctum Petrum, anno Incarnationis Dominice millesimo quadringentesimo quinquagesimo tertio, nono Kalendas Martii, anno septimo.

Source: ASV, Reg. Lat. 487, fol. 104r-v.

819   Rome, 21 February 1454

Mandate to the dean of St. Peter in Avignon and Iacobus de Cassanhio, canon
of Vaison, to see to the observance of the moratorium on the payment of the
debts of the Jews in Avignon, and other financial arrangements granted them,
including the debt owed Johannes de Brancaciis.

Nicolaus etc. dilectis filiis decano Sancti Petri Avinionensis et Iacobo de
Cassanhio canonico Vassionensis ecclesiarum, in civitate Avinionensi
residenti, salutem etc. Apostolice sedis gratiosa benignitas non solum
Christianis sed etiam Iudeis, ut, suum cognoscentes errorem, eo magis ad
fidem Christianam reverti inducantur, in exhibitione gratiarum se exhibet
liberalem. Exhibita siquidem nobis nuper pro parte universorum Iudeorum in
civitate nostra Avinionensi moram trahentium petitio continebat, quod, licet
nos dudum eisdem Iudeis, ut usque ad biennium ex tunc computandum pro
quibusvis debitis, creditis, contractibus, licitis et illicitis, violariorum,
usurarum, et aliis quibuscumque iuxta morem patrie nominibus nuncuparentur, communibus et particularibus initis, per quoscumque creditores,
ecclesiasticos et seculares, iuratis[!] et promissis[!], in ius vocari, vexari,
molestari, compelli, inquietari vel experiri coram quibuscumque iudicibus,
ecclesiasticis vel secularibus, inviti minime possent, per quasdam
concesserimus, et deinde, pro eo quia in eisdem litteris, quod venerabilis frater
noster Petrus, episcopus Albanensis, in partibus illis apostolice sedis legatus
ac pro nobis et Romana Ecclesia in temporalibus vicarius generalis, antea
dictis Iudeis, ut a suis creditoribus ad solvendum pecuniarum summas in
quibus eis tenebantur, vexari et compelli non possent, dilacionem
quadrimestrem concessisset, mencio facta non fuerat, per alias litteras
voluerimus et eisdem Iudeis concesserimus, quod littere predicte et quecumque
inde secuta ab eorum omnium datis valerent plenamque roboris firmitatem
obtinerent, quodque vos, dilecti filii, vel alter vestrum per vos vel alium seu
alios, ad illarum totalem executionem procedere perinde possetis in omnibus
et per omnia, ac si in eisdem litteris nichil omissum, et de quadrimestri
dilatione huiusmodi expressa mentio facta fuisset; ac successive dictis Iudeis,
quod ipsi ad debitas solutiones quas facere teneantur pro tempore dicto
durante biennio eis per nos indulto, nisi solutis primo omnium debitorum
suorum solutionibus, seu post lapsum ultimarum solutionum annorum
sequentium, compelli nequirent, ac illis ex Iudeis prefatis, qui de pensionibus
violariorum tantum creditoribus solvissent, quod solute pensiones sortem
principalem ter equarent, ut usque ad viginti annos sortem ipsam, illis vero,
qui pensiones ad triplum sortis huiusmodi nondum solvissent, ad id quod ex
triplo superesset, et sortem huiusmodi solvendam usque ad eosdem viginti
annos, et interim, nisi ad vicesimam sortis partem annuatim solvendam cogi
non possent, indulgere gratiose mandaverimus vobis etiam ad hoc

executoribus deputatis, vosque ad dictarum litterarum executionem forsan processeritis, ac universi Iudeorum huiusmodi creditores premissis acquieverint, nichilominus dilectus filius nobilis vir Iohannes de Brancassiis, civis Avinionensis, asserens se communitatis dictorum Iudeorum in violario, cuius sors, quatenus eum tangit, tantum duo milia florenorum, ut dicti Iudei asserunt, fuit, et de cuius violarii pensione, de qua hactenus quatuor milia octingentos florenos habuit adhuc, salva sorte, septem milia florenorum asserit sibi deberi, fore creditorem, certas alias litteras a nobis obtinuit, per quas nos, ex certa scientia, omnes apostolicas et legatorum de non solvendis debitis Iudeis concessas inducias cum inde secutis revocantes, ipsum Iohannem ad prosecutionem obligationum, quibus dicti Iudei sibi obligati erant, omnino reposuimus in omnibus et per omnia perinde, ac si inducie et littere antedicte nullatenus emanassent, illis ac etiam in futurum concedendis derogando; quarum posteriorum litterarum pretextu, idem civis satagens pauperes Iudeos huiusmodi funditus destruere, eos de et super premissis ad curiam parvi sigilli regii Montispesulani, Magalonensis diocesis, ubi adversus eos de quatuor milibus florenorum clamorem emisit, cuius clamoris, etiam ultra principale debitum, dicto parvo sigillo solvenda decima quingentos florenos ascendit, ac alias diversas rigorosas etiam extra terras et dominia ecclesiastica curias, in quibus solius intentationis expense magnam petite summe quantitatem assecuntur, in causam traxit, atque acrius et molestius inquietare, molestare et vexare molitur. Cum autem, sicut eadem petitio subiungebat, per nos Iudeis iustis et necessariis atque veris et probabilibus rationabilibus causis nitantur et Iohanni pro dictis concesse littere, ex eo presertim, quod ipse falso suggessit felicis recordationis Martinum papam V predecessorem nostrum certas per eum postmodum in suo publico consistorio revocatas, ac dictum Petrum legatum certas alias inducias dictis Iudeis concessisse, et propterea a decem et octo vel viginti annis citra nichil de violariis pensionibus huiusmodi percipere potuisse, quorum utrumque, ut etiam dicti Iudei asserunt, falsum esse dicitur, nam neque predecessor neque legatus predicti alias eisdem Iudeis inducias concesserunt, et ipse Iohannes a quadriennio citra de pensione huiusmodi mille quadringentos quinquaginta florenos recepit, ac aliis multis de causis, surrepticie existant, pro parte dictorum Iudeorum nobis fuit humiliter supplicatum, ut eis super hoc opportune providere, de benignitate apostolica dignaremur. Nos itaque, huiusmodi supplicationibus inclinati, discretioni vestre per apostolica scripta mandamus, quatenus vos vel alter vestrum, si et postquam, vocatis dicto Iohanne et aliis creditoribus prefatis, ac aliis qui fuerint evocandi, vobis de premissis omnibus et singulis legitime constiterit, faciatis auctoritate nostra, quod predicte nostre iudiciales[!] littere serventur; contradictores per censuram ecclesiasticam etc. Non obstantibus litteris Iohanni concessis huiusmodi, aut si predicto Iohanni vel quibusvis aliis communiter vel divisim ab eadem sit sede indultum, quod interdici, suspendi vel excommunicari non possint per litteras apostolicas non facientes plenam et expressam ac de verbo ad verbum de indulto huiusmodi mentionem. Dat. Rome, apud Sanctum Petrum, anno Incarnationis Dominice millesimo quadringentesimo quinquagesimo tercio, nono Kalendas Martii, anno septimo.

Source: ASV, Reg. Lat. 497, fols. 54v–55r.

Note: See above, Docs. **792, 793, 803, 807.**

820   Rome, 25 June 1454

Confirmation of agreement between Johannes of Ijar, lord of Belchite and Ijar in the diocese of Saragossa, and Iacobus del Spital, archdeacon of Belchite in the church of Saragossa, concerning the tithe paid by Christians, Jews and Moslems.

Nicolaus etc. Ad perpetuam rei memoriam. Sicut ad succindendas[!] lites... Sane, dilectorum filiorum nobilis viri Iohannis Dixar, de Belchit et de Ixar villarum, Cesaraugustane diocesis, temporalis domini, ac Iacobi del Spital, archidiaconi Belchitensis in ecclesia Cesaraugustana ordinis Sancti Augustini, decretorum doctoris, peticio continebat, quod, cum olim inter ipsum archidiaconum actorem ex una et dictum nobilem reum ex alia partibus super fructuum infra limites, metas et districtum dicte ville de Belchit pro tempore excrescentium, ac certarum aliarum tunc expressarum tam per Christianos quam Iudeos et Sarracenos dicte ville de Belchit persolvendarum decimarum perceptione, certisque aliis tunc similiter expressis, diverse lites, questiones, controversie et dissensiones exorte fuissent, tandem inter dictas partes, mediantibus venerabili fratre nostro Dalmatio, archiepiscopo Cesaraugustano, ac dilecto filio nobili viro Petro Durica, temporali domino tenentie Dalcalatensis, arbitris, arbitratoribus seu amicabilibus compositoribus ad hoc per easdem partes electis, super premissis amicabilis composicio intercessit, per quam lites, questiones, controversie et dissensiones huiusmodi cessasse et sopite fuisse dinoscuntur, et licet ... tamen partes ipse pro tutioris cauthele presidio illam apostolico desiderant munimine roborari; quare pro parte Iohannis et archidiaconi predictorum nobis fuit humiliter supplicatum, ut composicioni huiusmodi pro illius subsistencia firmiori, robur apostolice confirmationis adiicere, ac alias super hiis oportune providere, de benignitate apostolica dignaremur... Nos igitur... auctoritate apostolica ... approbamus ... Dat. Rome, apud Sanctum Petrum, anno Incarnationis Dominice millesimo quadringentesimo quinquagesimo quarto, septimo Kalendas Iulii, pontificatus nostri anno octavo.

Source: ASV, Reg. Vat. 402, fols. 7r–13r.

Calixtus III (Borgia)
8 Apr. 1455 – 6 Aug. 1458

821   Rome, 20 April 1455

Confirmation of annulment by Nicholas V of the provisions adopted against
the Jews by cardinal Nicholas of Cusa, in the territories of the margraves of
Brandenburg, to the extent that they exceeded common law, granted at the
request of Godfrey of Limburg, bishop of Würzburg.

Calistus etc. Ad futuram rei memoriam. Rationi congruit etc. Dudum,
felicis recordationis Nicolao pape V predecessori nostro, pro parte bone
memorie Gotfridi, episcopi Herbipolensis, tunc in humanis agentis, exposito,
quod in suis civitate et diocesi, presertim in plerisque terris et locis temporalis
dicionis dilectorum filiorum nobilium virorum Iohannis et Alberti,
marchionum Brandeburgensium, nonnulli Iudei inter Christifideles suum
fovere consueverant prout fovebant incolatum, sed quia dudum per dilectum
filium nostrum Nicolaum, tituli Sancti Petri ad Vincula presbiterum
cardinalem, tunc in partibus illis apostolice sedis legatum, auctoritate
legationis sue certe constitutiones, diversas in se sententias, censuras et penas
continentes, circa Iudeos ipsos, et per eos sub censuris et penis huiusmodi
servande, edite, ac per predictum episcopum suscepte et publicate fuerant,
idem episcopus dubitabat, ne ipse et alii, tam clerici quam laici civitatis et
diocesis eorundem, ipsos Iudeos in dictis civitate et diocesi pro tempore
commorantes, ibidem absque incursu censurarum et penarum huiusmodi
sustinere possent, et si Iudei ipsi, presertim qui in locis et terris marchionum
huiusmodi commorabantur, abinde repellerentur, graves exinde inter
episcopum et marchiones predictos discordie exoriri possent, idem Nicolaus
predecessor, dicti episcopi in ea parte supplicationibus inclinatus, videlicet
sub data tertio decimo Kalendas Aprilis, pontificatus sui anno septimo,
constitutiones predictas ad iuris communis dispositionem, si forte ad ulteriora
se extenderent, auctoritate apostolica reduxit; et quo ad hoc, circa Iudeos
ipsos, ius commune huiusmodi voluit observari, decernens constitutiones et
penas ac censuras huiusmodi, in eo quo iuris communis huiusmodi
dispositionem excederent, neminem quomodolibet stringere vel arctare; ne
autem de reductione, voluntate et decreto huiusmodi, pro eo, quod super illis
prefati Nicolai predecessoris littere, eius superveniente obitu, confecte non

fuerint, valeat quomodolibet hesitari, volumus et eadem auctoritate decernimus, quod presentes littere ad probandum plene reductionem, voluntatem et decretum Nicolai predecessoris huiusmodi ubique sufficiant, nec ad id probationis alterius amminiculum requiratur. Nulli ergo etc. nostre voluntatis et decreti infringere etc. Si quis etc. Dat. Rome, apud Sanctum Petrum, anno Incarnationis Dominice millesimo quadringentesimo quinquagesimo quinto, duodecimo Kalendas Maii, anno primo.

Source: ASV, Reg. Lat. 504, fol. 156r-v.

Note: The letter had been directed to the bishop of Bamberg. It is possible that the bishop of Würzburg had made a similar request, which has not yet come to light. It is surprising, however, that it took such a long time to dispatch the letter.

822*   Rome, 8 May 1455

Safe-conduct, valid until further notice, to Magister Manuel, a Jewish surgeon in Rome, son of the late Magister Bonihominus, and his family to live in Rome and to travel to and from the city. He is to be immune from all prosecution, civil and criminal.

L[udovicus] cardinalis Aquileyensis, domini pape camerarius.   Tibi, magistro Manueli, cerusico, Hebreo de Urbe, filio quondam magistri Bonihominis, Hebrei, de mandato sanctissimi in Christo patris et domini nostri, domini Calisti, divina providentia pape tertii, super hoc vive vocis oraculo nobis facto, et auctoritate camerariatus officii nostri, presencium tenore damus et concedimus plenam licenciam ac tutum et liberum salvum conductum standi, morandi et pernoctandi in hac alma Urbe cum coniuge, filiis et familia tua et cum pecuniis, rebus et bonis tuis omnibus, indeque recedendi, et quo malueris eundi, et ad ipsam Urbem remeandi, semel et pluries, die noctuque, totiens quotiens tibi videbitur et placebit, tute, libere et secure absque lexione, noxia vel impedimento, reali vel personali, tibi, personis et rebus tuis predictis quomodolibet inferendis; culpis, maleficiis, excessibus, noxiis, criminibus et delictis per te quomodolibet commissis et perpetratis, ceterisque in contrarium facientibus non obstantibus quibuscumque; presentibus nostro durante beneplacito valituris. Dat. Rome, sub nostri signecti impressione, anno a Nativitate Domini M.CCCCLV, die VIII^a mensis Maii, pontificatus vero sanctissimi domini nostri pape prefati anno primo.

Source: ASV, Arm. XXIX, vol. 28, fol. 30r.

823   Rome, 15 May 1455

Confirmation of privileges and statutes of Recanati, including the sole
jurisdiction of the local bishop over matters pertaining to usury, and the sole
jurisdiction of the commune over the Jews.

Calixtus etc. Ad futuram rei memoriam. Apostolice sedis benignitas
circumspecta obsequentium vota fidelium benigno favore prosequi consuevit,
ac illorum personas, quas in eius fide et devotione promptas invenerit et
ferventes, specialibus privilegiis ferventius[!] decorare. Ut, igitur, dilecti filii
communitas et homines nostre civitatis Racanatensis, ex devotione quam ad
nos et Romanam gerunt Ecclesiam apostolicum[?] [?] sentiam[?] favorem
accrevisse, ipsorum communitatis et hominum in hac parte supplicationibus
inclinati, omnia et singula privilegia, statuta, immunitates, reformationes et
consuetudines eorundem ac predicte nostre civitatis Racanatensis, illa, ac si de
verbo ad verbum presentibus insererentur, pro expressis habendo, auctoritate
apostolica, tenore presentium, et ex certa sciencia, confirmamus et
approbamus ac presentis scripti patrocinio communimus, supplentes omnes
tam facti quam iuris defectus, si qui forsan intervenerint in eisdem. Et insuper,
ne huiusmodi communitatem et homines per dispendia contra iustitiam
distrahi contingat, eisdem auctoritate, tenore et presenti perpetuo
constitutionis edicto, statuimus, decernimus et declaramus, ut nullus civis,
habitator, vel Hebreus dicte nostre civitatis possit aut valeat aliquo quesito
colore, ad quorumvis instantiam trahi vel deduci ad examen in quibuscumque
causis, tam coram generali gubernatore provincie nostre Marchie Anconitane,
nunc et pro tempore existente, quam coram quocumque alio iudice
ecclesiastico vel seculari, in civilibus, quavis occasione vel causa, etiam vigore
literarum apostolicarum non facientium plenam et expressam de toto tenore
presentium mentionem, sed dumtaxat in nostra prefata civitate examinari
debeant; quodque episcopus et diocesanus dicte civitatis in primis causis
causis[!] spiritualibus, tam contra clericos quam laicos seu mixtim,
cognitionem habeat, ac nullus alius iudex preterquam venerabilis frater noster
modernus episcopus Racanatensis, donec vixerit, in dicta civitate cognitionem
habeat super usuris. Propterea, quod communitas ipsa primarum et
secundarum, etiam actu pendente, et quod etiam in futurum pro tempore in
dicta civitate vel eius districtu agitari contigerit, plenariam et omnimodam
cognitionem seu iurisdictionem civilium et criminalium seu mixtim, omnium
et singulorum civium, seu Hebreorum, incolarum et habitatorum dicte civitatis
habeat; itaque nullus alius dicte provincie iudex seu officialis, cuiuscumque
gradus vel preeminentie existat, possit de illis quoquo modo contra huiusmodi
nostre constitutionis, statuti, concessionis et declarationis tenorem [se]
intromittere. Attendentes quoque... Non obstantibus... Nulli ergo etc. ... Si
quis autem etc. Datum Rome, apud Sanctum Petrum, anno etc. millesimo

quadringentesimo quinquagesimo quinto, Id[ib]us Maii, pontificatus nostri anno primo.

Source: BAV, Ottob. Lat. 2506, fols. 172r–174r.

Note: The rest of the document deals with other matters, and the Jews are not mentioned further.

824   Rome, 12 September 1455

Mandate to Alan de Coetivy, cardinal priest of St. Praxedis and papal legate in France, to compel Christians and Jews to make restitution of usury and to prevent its exaction in future.

Calistus etc. dilecto filio Alano, tituli Sancte Praxedis presbitero cardinali, apostolice sedis legato, salutem etc. Cum te ad regnum Francie et ceteras Galliarum et eis adiacentes partes pro diversis et arduis peragendis negotiis legatum nostrum de latere, de fratrum nostrorum Sancte Romane Ecclesie cardinalium consilio presentialiter destinemus, et, sicut accepimus, nonnulli tam Christiani quam Iudei regni et partium predictarum, a diversis aliis etiam tam Christianis quam Iudeis, ecclesiis et ecclesiasticis locis multa hactenus extorserunt et adhuc extorquere nituntur per usurariam pravitatem, de solvendis et non repetendis usuris huiusmodi, extortis ab ipsis solventibus nichilominus iuramentis, confectis exinde publicis instrumentis ac litteris, necnon fideiussoribus, pignoribus, aliisque cautionibus datis ab ipsis, sentenciis, renunciationibus et penis adiectis, variosque processus, diversas excommunicationis, suspensionis et interdicti sentencias continentes contra eosdem solventes, etiam auctoritate apostolica fieri fecisse dicuntur, nos super premissis de oportuno remedio providere volentes, circumspectioni tue committimus et mandamus, quatenus, postquam limites tue legationis intraveris et illa durante, per te vel alium seu alios, dictos usurarios tot quot et cuiuscunque dignitatis, status, gradus, ordinis vel conditionis fuerint, quod huiusmodi iuramenta relaxent, fideiussores super hoc datos a fideiussione huiusmodi absolvant, et pignora restituant, monitione premissa, Christianos videlicet per censuram ecclesiasticam, Iudeos vero per sustractionem communionis fidelium, et eisdem iuramentis relaxatis et dictis fideiussoribus absolutis, ut sua maneant sorte contenti, non obstantibus litteris, instrumentis, cautionibus, iuramentis, renunciationibus et penis predictis, et a prefatis solventibus sic extorta restituant, et ab usurarum exactione de cetero desistant, etiam per penam in Lateranensi concilio contra usurarios editam, et aliarum de quibus tibi videbitur inflictionem penarum, appellatione remota, compellas; testes autem ... Non obstantibus ... Dat. Rome, apud Sanctum Petrum, anno Incarnationis Dominice millesimo quadringentesimo quinquagesimo quinto, pridie Idus Septembris, anno primo.

Source: ASV, Reg. Vat. 455, fols. 14v–15r.

825   Rome, 24 October 1455

Exhortation to King Alfonso I of Aragon and Sicily to have the synagogue and cemetery of the Jews in Taormina removed from the neighbourhood of the local Dominican monastery.

Calistus papa tercius.
Carissime in Christo fili, salutem et apostolicam benedictionem. Intelleximus in loco Tauromenii, Messanensis diocesis, regni tui Sicilie, Iudeos in dicto loco habitantes, sinagogam et cimiterium adeo proximum monasterio Fratrum Predicatorum eiusdem loci habere, ut non modo ea res sit dedecori maximo Christianis, verum eciam eisdem fratribus, quando officium divinum celebrant, magno sunt[!] impedimento, quod a tua serenitate, cum cedat divine maiestas offensam et oprobrium Christianorum non esse ferendum arbitramur, eandem igitur in Domino exhortamur, ut, sicuti iustum est, sinagogam et cimiterium predictum Iudeorum a dicto loco amoveri et alio transferri facias. Hoc quamvis serenitatem tuam sic facere deceat facturamque arbitremur, tamen Deo omnipotenti rem admodum acceptam et nobis gratam devocioneque tua digne dignam facies. Dat. Rome, apud Sanctum Petrum, sub anulo Piscatoris, die XXIIII° Octobris M°CCCC°LV°, pontificatus nostri anno primo.

Source: AS Palermo, R. Cancelleria 77, c. 227r; R. Protonotaro 48, c. 236r.

Publication: Lagumina, *Codice* 1, pp. 578f.; Simonsohn, *Sicily*.

Note: The king acceded to the pope's request and on 31 December 1455 instructed the Sicilian viceroy accordingly. The viceroy passed on the instructions to the captain and *giurati* of Taormina on 31 March 1456. The instructions were repeated on 15 December 1456. See Simonsohn, *ibid.*, on that date.

Bibliography: Vogelstein-Rieger, *Rom* 2, pp. 15f.

826   Rome, 19 December 1455

Appointment of Robertus de Carazolis de Licio, a Franciscan, as collector of the tithe and usury from the Jews in Rome, the Patrimony, Campania and the Maritime Provinces, and dispatch of a copy of the Bull *Novit ille*.

Calistus etc. dilecto filio Roberto de Carazolis de Licio, ordinis Fratrum Minorum professori, in Urbe necnon Patrimonii ac Campanie et Maritime provinciis contra Iudeos in eisdem commorantes decimarum et usurarum collectori nostro, salutem etc. Novit ille etc. Sub data Rome, apud Sanctum Petrum, anno etc. MCCCCLV, quarto decimo Kalendas Ianuarii[!], pontificatus nostri anno primo.

Source: ASV, Reg. Vat. 440, fol. 121r.

Note: See below, Doc. **829.**

827   Rome, 18 January 1456

Appointment of Antonius Maria de Tuscanis, doctor of law, papal secretary and nuncio, as collector of the tithe and usury from the Jews in Italy, and dispatch of a copy of the Bull *Novit ille*.

Calistus etc. dilecto filio Antonio Marie de Tuscanis, iuris utriusque doctori, secretario apostolico, ad dilectos filios nobiles viro[s], duces, marchiones, principes, dominos temporales, ac communitates, contra Iudeos per universam Italiam nuntio et oratori nostro, salutem etc. Novit ille, qui nihil ignorat, quod nos, quamquam immeriti, ad summi apostolatus apicem assumpti etc. ut in precedenti, sub data Rome, apud Sanctum Petrum, anno etc. MCCCCLV, quinto decimo Kalendas Februarii, pontificatus nostri anno primo.

Source: ASV, Reg. Vat. 440, fols. 120v–121r.

Note: See below, Doc. **829**.

Bibliography: Pastor, *Ungedruckte Akten*, pp. 52f.

828   Rome, 18 January 1456

Commission to Antonius Maria de Tuscanis, doctor of law, papal secretary and nuncio, and collector of the tithe and usury from the Jews in Italy, to deposit the tax money with trustworthy merchants. His salary is to be paid by Ludovico Scarampi, cardinal priest of St. Lawrence in Damaso and papal chamberlain.

Calistus etc. dilecto filio Antonio Marie de Tuscanis, iuris utriusque doctori, secretario apostolico, ad dilectos filios nobiles viros, duces, marchiones, principes, dominos temporales, ac communitates, contra Iudeos per universam Italiam nuntio et oratori nostro, salutem etc. Cum te ad dilectos filios nobiles viros, duces, marchiones, principes, dominos temporales, ac communitates, contra Iudeos per universam Italiam nuntium et oratorem nostrum duxerimus destinandum, ut Iudeos in universis Italie partibus commorantes, ad solvendum decimas omnium bonorum suorum, mobilium et immobilium, que detinent, necnon ad restituendum omnes et singulas usuras, quas hactenus usque in presentem diem quomodolibet receperunt, seu recipient in futurum, et quas contra illum crudelissimum Turchum pro fidei Christiane exaltatione et illius truculentissime belue depressione decrevimus convertendas, auctoritate apostolica cogeres et compelleres, prout in nostris superinde confectis litteris latius continetur, nos, volentes, quod omnes decime et usure huiusmodi exigende, ad manus nostras fideliter perveniant, et ut in hoc sancto opere contra nefandum Turchum ad ipsius nefandissimum nomen delendum convertantur, tenore presentium statuimus et decernimus, quod tu decimas et usuras predictas, etiam per speciales collectores ad hoc deputatos, penes idoneos mercatores, apostolica auctoritate, deponi facias. Ceterum, quia mercenarius mercede sua dignus est, ultra premium quod pro anime tue salute consecuturus es, quia multos ad hoc passus es et patieris labores, et magna opus erit industria, ac necessarias tollerabis expensas, dilecto filio nostro Ludovico, tituli Sancti Laurencii in Damaso presbitero cardinali, camerario nostro, presencium tenore committimus, quatenus de salario tibi per ipsum camerarium secundum merita tua statuendo, per depositarios huiusmodi persolvi et integre satisfieri faciat. Nos enim, in fide et integritate tua plenam in Domino fiduciam obtinemus, quod fructus exinde sperati proveniant, tuque apud nos et sedem apostolicam poteris non immerito commendari. Dat. Rome, apud Sanctum Petrum, anno etc. millesimo quadringentesimo quinquagesimo quinto, quinto decimo Kalendas Februarii, pontificatus nostri anno primo.

Source: ASV, Reg. Vat. 440, fol. 170r-v.

829   Rome, 19 January 1456

Appointment of Laurencius of Palermo, a Franciscan, as collector of the tithe and usury from the Jews in the kingdom of Sicily; the proceeds are to be employed to finance the war against the Turks.

Calistus etc. dilecto filio Laurencio Panormitano, ordinis Fratrum Minorum professori, ac evangelice veritatis ydoneo predicatori, in regno Sicilie citra et ultra Farum contra Iudeos in eodem regno decimarum et usurarum collectori nostro, salutem et apostolicam benedictionem. Novit ille, qui nichil ignorat, quod nos, quamquam inmeriti, ad summi apostolatus apicem assumpti, inter cetera iusta et honesta desideria nostra, nil magis optamus neque magis in corde nostro tenemus, quam ut veneranda fides nostra Christiana prospere conservetur et nostro presertim tempore feliciter augeatur, ac perfidissimus ille Machomectus, Turchorum dux iniquissimus, Redemptoris nostri crudelissimus hostis et nefandissimus Christiane religionis perturbator, cum eius superbia deprimatur, ac illius temeritas pariter et superbia conteratur. Cum autem ad obviandum, ne hec crudelissima belua suas perversas cupiditates explere valeat, ad recuperandum eciam terras et civitates, presertim illam insignem olim civitatem Constantinopolitanam, ac ecclesias, quas hic omnium scelerum artifex detinet occupatas, plurimis militum et gentium armorum copiis, tam terrestribus quam maritimis, ac maximis opus sit impensis, et quamplura diversorum hominum auxilia ad ipsius Turchi depressionem et fidey Christiane exaltationem sint plurimum oportuna, nos matura consideracione cogitantes, quod decime per Iudeos solvende, necnon usure per eosdem Iudeos restituende, in nullo magis pio neque magis pro ipsa fide nostra Christiana necessario opere, quam contra illum sceleratissimum Turchum deputari aut converti possent, decimas et usuras huiusmodi in hoc sancto opere convertandas deputantes, et ut in subsidium ac ipsius fidei Christiane exaltationem et illius crudelissime fere depressionem convertantur, de nostre potestatis plenitudine, tenore presencium decernentes, te, de cuius sincera fide et integritate plenam in

Domino fiduciam obtinemus, in regno Sicilie citra et ultra Farum contra Iudeos in eodem regno commorantes, decimarum et usurarum collectorem et executorem nostrum ad hoc, cum potestate substituendi vel delegandi ydoneos viros religiosos cuiuscumque ordinis, specialiter deputamus, ac tibi per apostolica scripta commictimus et mandamus, quatenus prefatos Iudeos ad solvendum decimas omnium bonorum suorum que detinent, mobilium et immobilium, necnon ad restituendum omnes et singulas usuras, quas hactenus usque in presentem diem quomodolibet receperunt, seu recipient in futurum, et quas in dicto sancto opere converti volumus, auctoritate apostolica, harum serie cogas et compellas, invocato ad hoc, si opus fuerit, auxilio tam brachii ecclesiastici quam secularis. Nos enim universos et singulos venerabiles fratres nostros archiepiscopos, episcopos, et dilectos filios duces, marchiones, principes, dominos temporales, capitaneos, barones, milites, nobiles, communitates, necnon iurisconsultos, advocatos, procuratores, et ceteros quoscumque Christifideles ecclesiasticos et seculares in prefato regno commorantes, cuiuscumque status, gradus vel condicionis existant, per aspersionem sanguinis Domini nostri Iesu Christi ortamur in Domino, eisque eadem auctoritate mandamus, quatenus sub pena excommunicacionis, quam audaces et presumptores huiusmodi incurrere volumus ipso facto, decimarum prefatarum solucionem et usurarum predictarum restitucionem aliquo consilio, auxilio vel favore inpedire seu quoquo modo retardare non audeant vel presumant, quin ymo tam ad dictarum decimarum quam ad prefatarum usurarum in dicto sancto opere convertendarum recuperacionem, omnes favores et auxilia oportuna tibi totis viribus prebere teneantur. Et si forsan prefati Iudei ad solvendum dictas decimas seu ad restituendum usuras huiusmodi contradicerent, seu rebelles essent, volumus, quod ipsi, tamquam sedi apostolice contradictores et repugnantes, et in hac pertinacia persistentes, per quindecim dies a die publicationis presencium, in loco in quo ipsi degunt faciende computandos, privationis seu amissionis omnium suorum bonorum, mobilium et immobilium, penam incurrant, que quidem bona seu eorum precium per te exigendum, contra dictum nephandissimum Turchum exponi decernimus per presentes. Et nichilominus nos tibi omnia bona predicta, tamquam ad sedem apostolicam legitime devoluta, nomine camere apostolice vendendi, et ipsorum bonorum emptoribus instrumenta publica ad consilium sapientis eorum faciendi, ipsosque Iudeos, si opus esse tibi videbitur, incarcerandi, necnon omnia et singula, que circa premissa et quodlibet premissorum necessaria videris seu quomodolibet oportuna agendi, mandandi, disponendi et exequendi, plenam et liberam tenore presentium concedimus facultatem; mandantes omnibus et singulis, quorum interest seu quomodolibet interesse poterit in futurum, quatenus tibi efficaciter parere et obedire non postponant, nos enim sentencias et penas, quas statueris in rebelles, ratas habebimus, ac eas faciemus inviolabiliter observari. Et insuper, ut tam Christifideles quam Iudei in prefati regni partibus commorantes, ad harum litterarum nostrarum observationem omnimodam noverint efficaciter se teneri, nec vigore seu pretextu quorumvis privilegiorum, exempcionum, libertatum, immunitatum, concessionum et indultorum eis quomodolibet et a quibuslibet concessorum, ab observatione predicta valeant aliquatenus se tueri, omnia et singula privilegia, exempciones, libertates, immunitates, concessiones et indulta, per felicis recordationis Martini[!] papam V, Eugenii[!] IIII et Nicolay[!] V ceterosque predecessores nostros Romanos pontifices, eciam forsan per nos ad aliquorum suggestionem seu inportunitatem, ac alios quoscumque, quibusvis Christifidelibus ac eisdem Iudeis, in specie vel in genere, sub quibuslibet verborum formis, eciam motu proprio, et sub quacumque forma vel expressione verborum, contra premissa vel aliquod predictorum facta vel concessa, que omnia, eciam si in illis esset expressum, quod nisi certa verba vel clausule ad illorum derogacionem inserende essent, et [in] eisdem expressa ac specifica mencio habenda foret, derogari non posset, similiter presentibus, ac si de verbo ad verbum inserta forent, pro sufficienter expressis haberi volumus, necnon quecumque inde secuta, eadem auctoritate cassamus, revocamus et annullamus, ac nullius decernimus existere roboris vel momenti. Volumus autem, quod omnes decime et usure huiusmodi exigende, penes ydoneos mercatores deponantur et ad manus nostras fideliter perveniant ac in hoc sancto opere convertantur. Tu igitur, hoc onus prompta devotione suscipiens, sic illud studeas cum presidio carissimi in Christo filii nostri Alfonsi, Aragonum regis illustris, cuius regiam amplitudinem in premissis nostro nomine requires, diligenter et fideliter adimplere, prout in tua solercia confidimus, quod fructus exinde sperati proveniant, tuque apud nos et sedem apostolicam valeas non inmerito commendari. Dat. Rome, apud Sanctum Petrum, anno etc. millesimo quadringentesimo quinquagesimo quinto, quarto decimo Kalendas Februarii, pontificatus nostri anno primo.

Source: ASV, Reg. Vat. 440, fols. 119v–120v; Palermo, Biblioteca Comunale, Ms. 3 Qq. D.

Publication: Lagumina, *Codice* 1, pp. 549f.; Simonsohn, *Sicily*; Wadding, *Annales* 12, pp. 325f.

Bibliography: Picotti, *Pio II e Francesco Sforza*, esp. p. 186, n. 2. This is the Bull mentioned in the correspondence of the Venetian senate with Antonio Maria de Toscani, papal secretary, 8 March 1456. See also Pastor, *Ungedruckte Akten* 1, pp. 52f.; Erler, *Historisch-kritische Übersicht* 5, p. 43; 7, p. 26.

830   Rome, 19 January 1456

Appointment of Ludovicus of Vicenza, a Franciscan, as collector of the tithe and usury from the Jews in Romagna and the territories of Ludovico Gonzaga, marquis of Mantua, and Borso d'Este, duke of Ferrara.

Similis. Dilecto filio Ludovico de Vincentia, ordinis Fratrum Minorum professori, ad civitates, terras et loca in provincia nostra Romandiole ac in dominiis dilectorum filiorum nobilium virorum ducis Mutine et Regii in civitate nostra Ferrarie pro nobis et Ecclesia Romana vicarii in temporalibus, necnon Ludovici, marchionis Mantuani, consistentia, contra Iudeos in eisdem commorantes decimarum et usurarum collectori nostro, salutem etc. Novit ille etc. Sub data Rome, apud Sanctum Petrum, anno etc. MCCCCLV, quar[to] decimo Kalendas Februarii, pontificatus etc. anno primo.

Source: ASV, Reg. Vat. 440, fol. 121r.

Note: See above, preceding doc.

831   Rome, 19 January 1456

Appointment of Iacobus de Marchia, a Franciscan, as collector of the tithe and usury from the Jews in the March of Ancona, Massa Trabaria, the duchy of Spoleto and the "Terra Arnulphorum".

Calistus etc. dilecto filio Iacobo de Marchia, ordinis Fratrum Minorum professori, ac predicatori verbi Dei, ad civitates, terras, castra et loca in provinciis nostris Marchie Anconitane, Masse Trebarie, ducatus Spoletani et terris Arnulphorum consistentia, contra Iudeos decimarum et usurarum collectori nostro, salutem etc. Novit ille etc. ut in precedenti, sub data Rome, apud Sanctum Petrum, anno etc. MCCCCLV, quarto decimo Kalendas Februarii, pontificatus nostri anno primo.

Source: ASV, Reg. Vat. 440, fol. 121v.

Publication: Setton, *Papacy and Levant* 2, pp. 208f. (partly).

Note: On Jacob della Marca, see Setton, *loc. cit.* Massa Trabaria and Terra Arnulphorum were administrative districts in the March and Umbria; see Partner, *Papal State*, pp. 96f.

832   Rome, 29 January 1456

Request to Ludovico Gonzaga, marquis of Mantua, to assist Antonius Maria de Tuscanis, papal secretary and nuncio, in collecting the Turkish tax from the Jews under his jurisdiction.

Calistus papa III.
Dilecte fili, salutem et apostolicam benedictionem. Quoniam dilectum filium Antonium Mariam de Tuscanis, iuris utriusque doctorem, secretarium nostrum, ad nobilitatem tuam contra Iudeos nuncium apostolicum duximus destinandum, idcirco excellentiam tuam hortamur in Domino, ut pro nostra et sedis apostolice reverentia, ad decimas et usuras ab ipsis Iudeis exigendas, et in hoc sancto opere contra illum crudelissimum Turchum pro ipsius depressione et fidei Christiane exaltatione convertendas, dicto Antonio Marie tales prebeas favores prout speramus; atque confidimus, quod littere apostolice superinde confecte, cum ferventi auxilio tuo, sine mora, debitum sortiantur effectum. Quicquid enim nobilitas tua in hac re erga ipsum Antonium Mariam fecerit, nobis et sedi apostolice profecto facies. Dat. Rome, apud Sanctum Petrum, sub anulo Piscatoris, die XXVIIII Ianuarii, millesimo CCCCLVI, pontificatus nostri anno primo.

Source: AS Mantova E XXV 2, busta 834.

Note: On Tuscanis's appointment, see above, Doc. **827,** and below, Doc. **834.**

Bibliography: Setton, *Papacy and Levant* 2, p. 172.

833   Rome, 6 March 1456

Approval of petition submitted by Angelus Semelini and his son Abraham, Jews of Rome, to extend the moratorium on the payment of their debts for two more years.

Pater beatissime. Cum dudum esset[!] in pluribus et diversis quantitatibus pecuniarum diversis creditoribus debitores et obnoxii, tam ut principales debitores quam ut fideiussores et intercessores pro aliis, devoti vestre sanctitatis oratores Angelus Semelini et Abraham, eius filius, Ebrei, habitatores Urbis, eis inducie quinquennales in iudicio in curia Capitolii per eius[!] creditores et per sententiam diffinitivam fuerunt concesse, et licet durante termino ad solvendum cogi non possent, tamen semper gerentes in mente velle satisfacere, durante dicti quinquennii dilatione ultra duas partes de tribus debita[!] persolverunt, et putaverunt ante lapsum quinquennii omnibus integraliter satisfacere, quod pro certo fecissent, nisi durante termino predicto, centum ducatorum auri nomine pene in camera Urbis, ultra expensas advocatorum et procuratorum, pro pretenso excessu commisso per Melem, filium dicti Angeli, solvissent; licet dictus terminus sit, iam est annus, elapsus, et quantum in eis fuit satisfecerunt, et propterea, ut creditur, creditores aliter dictos oratores non molestaverint, dubitant tamen carcerari et in carceribus incarcerari, quod eisdem valde dampnosum esset, et ad commodum creditorum non cederet, cum non haberent unde eis solveretur, sintque onere familie, videlicet septem filiorum inter mares et feminas inter ambos, quorum una nupta est et nondum marito tradita, gravati, sitque utile creditoribus, ut dicti oratores liberi, sine impedimento, possint se in eorum artibus et industria exercere, ut valeant lucra querere unde possint dictis creditoribus exsolvere, et sperant quod si maiores inducias haberent, residuo creditorum satisfacerent, supplicant, quatenus vestra sanctitas, intuitu pietatis et misericordie, quinquennalem prorogare dilationem aliorum quatuor annorum futurorum, in quibus singulis annis viginti quinque ducatos suis creditoribus pro rata, absque alia fideiussorum vel cautionis prestatione, de iure forsitan necessaria, usque ad integram satisfactionem solvere teneantur, concedere dignetur. Habentes statum et summas, quantitates, nomina et cognomina et tempora omnium predictorum et aliorum, que exprimi debuissent, pro sufficienter expressis, statutis Urbis, iuris dispositione utriusque in contrarium forsan facientibus non obstantibus. Fiat ad biennium cum cautione, ut est iuris. A[lphonsus]. Dat. Rome, apud Sanctum Petrum, pridie Nonas Marcii, anno primo.

Source: ASV, Reg. Suppl. 488, fols. 97v–98v.

834   Rome, 16 March 1456

Request to Ludovico Gonzaga, marquis of Mantua, to assist Antonius Maria de Tuscanis, papal secretary and nuncio, in collecting the Turkish tax from the Jews under his jurisdiction.

Calistus papa III^{us}.
Dilecte fili, salutem et apostolicam benedictionem. Ut sumptibus et comeatibus, quos pro expeditione, quam contra Turchum omnibus viribus nostris parare decrevimus, oportune pecunie non deficiant, misimus ad partes

illas dilectum filium Antonium Mariam, secretarium et nuncium nostrum, ut a Iudeis in dominio tuo commorantibus, decimas exigat et alias subventiones, prout in nostris litteris superinde confectis plenius continetur; hortamur itaque nobilitatem tuam, ut dicto Antonio Marie oportunos favores prestes, ut decimas et subventiones huiusmodi in dicto dominio tuo a premissis Iudeis exigere sine dilatione aut exceptione aliqua possit, prout [?] tua nobilitate confidimus et speramus, que pro tam sancto et necessario opere, semper bene animatam et dispositam se ostendit. Dat. Rome, apud Sanctum Petrum, sub anulo Piscatoris, die XVI^a Martii, anno Domini M°CCCC° LVI°, pontificatus nostri anno primo.

Source: AS Mantova E XXV 2, busta 834.

Note: See above, Docs. **827, 832**.

Bibliography: Setton, *Papacy and Levant* 2, p. 172.

835   Rome, 17 March 1456

Exhortation to the commune of Bologna to assist in the collection of the tax from the Jews.

Callistus papa III. Dilecti filii, salutem. Intelleximus, quod super facto Iudeorum dilligentissime nobis et exactissime scripsistis literas trium[?] vestras a vertice ad calcem legit nobis venerabilis frater noster cardinalis Nicenus, et multa fieri addidit, quibus nos ad vobis in hac re obsequendum hortaretur, et certe nos, raxionibus ac precibus illius et vestris moti, libenter desiderio vestro obsecuti fuissemus, nisi temporum conditio hec nos facere prohiberet. Non ignorant devotiones vestre, quantum nobis onus ad oppugnationem immanissimi barbari sit subeundum, quantaque pecunia opus sit ad id, cum quanta difficultate quantoque Christianorum incommodo eam quesiverimus continueque queramus, nam ultra duas decimas spiritualitatis, ultra duas decimas officiorum temporalium aliisque gravaminibus opprimere Christianos necesse fuit, neque ullus habitus est restrictus ad alicuius vel privilegia vel exemptiones vel capitula, omnia enim pro opere tam sancto, tam necessario, tam pio posthabenda fuerunt; quare, si Hebreosque, quorum etiam res agitur, huius oneris participes fecimus, quod primo Christiani etiam immensius subierunt, debent ferre equo animo, neque exemptiones aut capitula civitatis aut sedis apostolice allegare, cum alia et plura etiam efficaciora decreta, etiam per summos pontifices Christianis concessa, quantum ad hoc attinet, revocaverimus; possunt existimare devotiones vestre quod etiam in aliis partibus et per totam Italiam Hebrei in[?] communitatibus et principibus[?] et etiam a sede apostolica, huiusmodi decreta habent, hec, ut petitis, ordinatio nostra tam vestris Hebreis rescinderetur in aliisque eam labi necesse est, non sine maximo optime intentionis nostre detrimento, debetis igitur, filii nostri dilecti, circa hec res devotiones vestras non tangat[?] cum in aliis multis erga vos benefici fuerimus, hoc tolerare equo animo, quin Hebreos ipsos hortari, et quando opus sit, ad hoc compellere, quod, nostris litteris lectis, summo studio facturos non dubitamus. Dat. Rome, apud Sanctum Petrum, sub anulo Piscatoris, anno Domini MCCCCLVI, die XVII Martii, pontificatus nostri anno primo.

Source: AS, Bologna, Comune, Privilegi, Brevi pontifici, busta 1.

Note: The tax was probably that employed to finance a crusade. Cardinal Nicenus was Cardinal Bessarion.

Bibliography: Ady, *Bentivoglio*, p. 188.

836   Rome, 15 April 1456

General pardon to Zucharus Mathaxie, a Jewish physician in Foligno, hitherto prevented from carrying out his intention to be baptized; his son was doing so.

Calistus etc. Ad futuram rey memoriam. Etsi apostolice sedis clementia cunctis debeat esse gratiosa fidelibus, gentem tamen Iudaicam, quam antique legis fovet conditio, ut inter fideles ipsos conversando votiva pace quiescat, Salvatoris nostri intuitu, humanitate Christiana complectimur. Sane, pro parte Zuchari Mathaxie, Hebrei, in civitate nostra Fulginey commorantis, nobis nuper exhibita petitio continebat, quod, licet ipse, qui sexagesimum sue etatis annum attigit, et in arte medicine peritus et expertus existit, cessante quodam impedimento, ad fidem Catholicam, sicuti eius filius paulo ante ad ipsam fidem pervenit, aspirans, se baptizari fecit, converti intendat, necnon ipsi filio baptizato maiorem partem bonorum suorum, que ex propria virtute et continuo labore, cum tamen civium Fulginatensium adeptus est, donare et assignare proponat, ut ex illis se valeat competenter substentare, tamen ipse Zucharus, quamvis cum sua familia ab omni labe mundus existat, quidam tamen iniquitatis filii, non obstante ipsius innocencia, exquisitis mediis ipsum vexare, inquietare et impetere moliuntur; quare pro parte ipsius Cuchari nobis fuit humiliter supplicatum, ut sibi, qui magnam et honestam habet familiam, et acceptus communitati Fulginatensi propter carentiam medicorum artis cyrurgie in civitate predicta, in qua ipse multos pauperes, qui alias forsitan decessissent, sepe curavit, existit, de oportune defensionis presidio prospicere, de benignitate apostolica dignaremur. Nos igitur, itaque[!] huiusmodi supplicationibus inclinati, eundem Zucharum eiusque familiam ab omnibus et singulis culpis, criminibus, excessibus et delictis, per eum forsan hactenus usque in presentem diem commissis et perpetratis, ac penis que propterea in eum et ipsius familiam infligende forent, quecumque et ubicumque commisse[!] sint, etiam si de ipsis sit cognitum sive non, auctoritate apostolica, tenore presentium absolvimus et penitus liberamus, ipsumque et familiam antedictam ab eisdem volumus esse immunes; decernentes insuper, quod de cetero super premissis vel aliquo premissorum seu dependentium ab eisdem per aliquos magistratus ac officiales Ecclesie, tam ecclesiasticos quam seculares, ordinarie vel extraordinarie, cum promotore, sive civiliter vel criminaliter, aut mixtim, seu [ex] officio, procedi, inquiri, vel molestari, seu cognosci nequeat quovismodo iure, causa seu forma; districtius inhibentes omnibus et singulis officialibus, ac etiam Ecclesie rectoribus, ne contra absolucionem huiusmodi et tenorem presentium litterarum non solum agere seu attemptare quoquomodo presumant, ac irritum et inane ex nunc quicquid contra inhibitionem nostram huiusmodi per quoscumque, cuiusvis gradus, conditionis, status, et quacumque ecclesiastica sive mundana fulgeant dignitate [?]. Non obstantibus constitutionibus apostolicis, ac legibus imperialibus, ac statutis provincialibus ac municipalibus et civitatis predicte, ceterisque contrariis quibuscumque. Nulli ergo etc. ... Si quis autem etc. Dat. Rome, apud Sanctum Petrum, anno etc. M°CCCCLVI°, decimo septimo Kalendas Maii, pontificatus nostri anno primo.

Source: ASV, Reg. Vat. 442, fol. 172r-v; 444, fols. 91v–92r.

Note: Probably identical with Zuccaro ebreo, in Foligno, mentioned in Doc. **957**.

837   Rome, 28 May 1456

Revocation of privileges granted the Jews by the popes, confirmation of similar annulments declared by Eugenius IV and Nicholas V, and repetition of prohibitions and other restrictions on Jews and Moslems in the Bull *Super gregem Dominicum* (Doc. **740**).

Calistus etc. Ad perpetuam rei memoriam. Si ad reprimendos

transgressorum excessus nostra nimium mansuetudo lentescat, eorum temeritas sit proclivior ad peccandum, et impunitatis exemplum in alios derivatur; propter quod ad apostolicum nostrum spectat officium etiam iurium innovatione priorum sic debitam executionem adhibere iusticie, quod ea, que in divine maiestatis offensam perniciosumque exemplum fidelium et scandalum cedere dinoscuntur, ne deteriora producant, submovere, et committendorum imposterum audaciam interdicere procuremus. Dudum siquidem felicis recordationis Eugenius IIII primo, et deinde N[icolaus] V^{tus} Romani pontifices predecessores nostri, ex certis rationabilibus causis tunc expressis, omnia et singula per eos vel alios predecessores nostros Iudeis in quibuscumque dominiis et terris commorantibus concessa privilegia, concessiones et indulta, ad terminos iuris communis dumtaxat reduxerunt, nec ulterius operari, aut extendi, vel interpretacionem aliam pati posse, per diversas litteras suas declaraverunt. Postmodum vero ad nostram audientiam, non sine cordis amaritudine, iterato deducto, quod, quamquam per ipsos predecessores nostros fuisset, ut premittitur, declaratum, ipsi tamen Iudei a tramite iusticie continuo oberrantes[!], concessionibus, privilegiis et indultis huiusmodi adeo abutuntur, quod ea, que honestis suadentibus causis, ad salubres et bonos effectus eis gratiose concessa fuerant, depravantes, et ad eorum perversas passiones accomodantes, multa et diversa turpia et inhonesta illorum pretextu committunt, ex quibus fides et mansuetudo Christiana leditur, et in mentibus fidelium scandalum generatur. Et licet sacrorum canonum institutis caveatur expresse, quid Iudeis ipsis liceat, quidve fuerit interdictum, nichilominus Iudei et Saraceni predicti, tam in Italie quam aliis diversis mundi partibus inter Christicolas commorantes, propriis affectibus et antique eorum perfidie incumbentes, dum constitutionum, decretorum et decretalium epistolarum huiusmodi sensum legitimum ad sua vota non habent, ut illis illudere valeant, adulterinis depravant sensibus et expositionibus perversis obfuscant, veteremque ipsorum malitiam et temeritatem in Christifideles propagare et continuare, ac in dies eorum nequitia presumptuosius uti non verentur, in maximum Christiane fidei vilipendium, animarum quoque fidelium periculum pariter et iacturam. Nos, ut Iudei et Saraceni predicti, ac illorum fauctores, impii Christiani, penarum impositionibus territi, vereantur in antea in eorum perniciosos ausus relabi, et Christifideles in sua persistentes fidelitate constanter non habeant propter illorum claudicare perfidiam, remediis, quibus possumus, prout ex debito pastoralis officii tenemur, precavere cupientes, ad orthodoxe fidei corroborationem et exaltationem, presentis perpetuo valiture et irrefragabiliter observande constitutionis edicto, auctoritate apostolica, omnia et singula decreta, constitutiones et decretales epistolas predicta, quorum omnium tenores de verbo ad verbum presentibus haberi volumus pro insertis, innovamus, necnon sancimus, statuimus et ordinamus, quod deinceps, perpetuis futuris temporibus Christiani cum Iudeis et Saracenis comedere aut bibere, seu ipsos ad convivia admittere, vel eis chohabitare[!], aut cum ipsis balneari, vel ab eis in eorum infirmitatibus aut debilitate seu alio quocumque tempore medicinam vel potiones, seu vulnerum et cicatricum curationem, sive aliquod medicabile genus recipere non debeant; ac Christiani non permittant Iudeos et Saracenos contra Christianos dignitatibus secularibus prefici vel officia publica exercere; Iudei quoque et Saraceni non possint esse arrendatores, collectores, conductores, seu locatores fructuum, bonorum vel rerum Christianorum, seu eorum computatores, procuratores, yconomi, negotiorum gestores, negotiatores, mediatores, prosenete, concordatores sponsalium, vel matrimoniorum tractatores, obstetrices, seu in domibus aut bonis Christianorum aliquod opus exercere, vel cum Christianis societatem, officium aut administrationem in aliqua communione, vel arte, seu artificio habere; ac nullus Christianus Iudeis vel eorum congregationi, seu Saracenis, in testamento aut ultima voluntate aliquid relinquere possit vel legare; Iudei quoque sinagogas novas erigere aut construi facere non audeant, sed antiquas dumtaxat, non tamen ampliores, seu preciosiores solito reficere valeant; et in Lamentacionum ac Dominice Passionis diebus per loca publica seu publice non transeant vel incedant, nec hostia vel fenestras teneant apertas; et ipsi Iudei ac Saraceni ad solvendum quascumque de quibusvis rebus et bonis decimas astringi et compelli, ac contra eos in quibusvis casibus Christiani testes esse possint, sed Iudeorum et Saracenorum contra Christianos in nullo casu testimonium valeat; et apud Christianos iudices, et communes dumtaxat, non autem apud Christianos iudices pro eis specialiter deputatos, nec eorum seniores Iudei et Saraceni in quibuscumque causis agant et conveniantur; nec possint Iudei et Saraceni nutricem vel familiarem aut servitorem utriusque sexus Christianum in domo tenere, nec etiam Christiani in Sabbatis seu Iudeorum festivitatibus Iudeis ipsis ignem accendant, vel cibum aut panem, seu quodcumque opus servile ad decorem cultus festivitatum eorundem quomodolibet exhibeant, vel servitium aut obsequium aliquod prestent vel impendant; seculares quoque iudices Christiani Iudeos vel Saracenos Deum aut gloriosam beatam Mariam Virginem, eius genitricem, vel aliquos sanctos blasfemantes, aut in hoc quomodolibet delinquentes, pecuniaria vel alia graviori, de qua eis videbitur, pena puniant et corripiant; necnon omnes et singuli Iudei et Saraceni, cuiuscumque sexus et etatis vel conditionis, distinctum habitum ac notoria signa, per que evidenter a Christianis cognosci possint, ubique deferant, et si secus fecerint, puniantur; cum Saracenis non habitent, sed seperatim[!] et seorsum degant; a Christianis insuper usuras nullatenus extorquere presumant, extortas vero illis a quibus eas extorxerint, si supersint et appareant, sine difficultate aut dilacione aliqua restituant, alioquin, illis non apparentibus et in remotis agentibus, omnes et singule pecuniarum summe ex huiusmodi usuris extorte, in expeditionem sanctissimam contra Turchos aut alios Christiani nominis inimicos penitus convertantur. Et insuper, ut tam Christifideles, quam Iudei et Saraceni in

Italie et aliis mundi partibus inter Christianos, ut premittitur, commorantes, presentes et futuri, ad decretorum et decretalium epistolarum, ac predictarum et presentis nostre constitutionis huiusmodi observationem omnimodam noverint efficaciter se teneri, nec vigore seu pretextu quorumvis privilegiorum, exemptionum, libertatum, immunitatum, concessionum et indultorum, eis quomodolibet et a quibuslibet concessorum, ab observacione predicta valeant aliquatenus se tueri, omnia et singula privilegia, exemptiones, libertates, inmunitates, concessiones et indulta per felicis recordationis Martinum papam V seu Eugenium ac Nicolaum prefatos, ceterosque predecessores nostros, Romanos pontifices, et alios quoscumque, tam regibus et principibus, quam communitatibus civitatum, universitatibus et quibuscumque dominis locorum, seu aliis quibusvis fidelibus, ac eisdem Iudeis et Saracenis, in specie vel in genere, sub quibuslibet verborum formis, etiam motu proprio, et sub quacumque forma vel expressione verborum, etiam derogatoriorum, contra premissa vel eorum aliquod quomodolibet facta vel concessa, que omnia similiter presentibus haberi volumus pro insertis, necnon quecunque inde secuta, eadem auctoritate cassamus, revocamus et annullamus, ac nullius decernimus existere roboris vel momenti. Preterea universos et singulos venerabiles fratres nostros patriarchas, primates, archiepiscopos, episcopos, et dilectos filios principes, dominos temporales, capitaneos, barones, milites, nobiles, communitates civitatum, universitates locorum et ceteros quoscumque Christifideles, ecclesiasticos et seculares, in prefatis Italie et aliis mundi partibus, ut premittitur, commorantes, cuiuscumque status, gradus vel conditionis fuerint, obsecramus in Domino et per aspersionem sanguinis Domini nostri Ihesu Christi exortamur, eisque in remissionem suorum peccaminum iniungimus, et ut ipsi decreta, decretales epistolas et constitutiones predicta observent, et per eorum tam Christianos quam Iudeos et Saracenos subditos faciant inviolabiliter observari; et nichilominus eisdem utriusque sexus, quatenus infra quindecim dierum spacium a die publicacionis presentium in loco in quo ipsi degunt faciende computandorum, omnia et singula decreta, decretales epistolas et constitutiones predicta, ac in illis, et in presentis nostre constitutionis litteris contenta, observare incipiant et observari faciant cum effectu, nec de cetero ullo unquam tempore contra premissa vel aliquod premissorum, in toto vel in parte, per se vel alium seu alios, quovis quesito colore, directe vel indirecte, venire, facere seu aliter attemptare audeant vel presumant, alioquin lapsis diebus eisdem, Iudei vel Saraceni, qui mandato, precepto et litteris huiusmodi resistere presumpserint et cum effectu non paruerint, privationis seu amissionis omnium bonorum suorum mobilium et inmobilium penam incurrant; que quidem bona vel eorum pretium per executorem seu executores nostros ad hoc specialiter deputatos sive pro tempore deputandos, in opus huiusmodi sanctissime expeditionis ac reipublice Christianorum utilitatem converti volumus, et harum serie, auctoritate predicta, exponi mandamus. Nulli ergo etc. ... Si quis etc. Dat. Rome, apud

Sanctum Petrum, anno etc. MºCCCCLVIº, quinto Kalendas Iunii, pontificatus nostri anno secundo.

Source: ASV, Reg. Vat. 443, fols. 215v–217v; BAV, Ottob. Lat. 2506, fols. 189v–193r.

Publication: *Bullarium Romanum*, 5, pp. 127f.; Raynaldus, *Annales Ecclesiastici*, a. 1456, § 67.

Note: The wording is similar to, but not identical with Nicholas V's Bull of 25 February 1451. See Docs. **740, 765, 783.**

Bibliography: Bardinet, *Condition*, p. 8; Erler, *Historisch-kritische Übersicht* 7, pp. 26f.; Grayzel, *Sicut Judeis*, p. 277; Kaufmann, *Correspondance*, p. 253; Marini, *Archiatri Pontifici* 1, p. 292 (wrong date); Rodocanachi, *Saint-Siège*, pp. 40f., 150; Vogelstein-Rieger, *Rom* 2, p. 16; Weil, *Elie Lévita*, p. 174.

838   Rome, 28 May 1456

Appointment of Petrus de Carchano, a Franciscan, and Johannes Antonius de Imola, an Augustine, to carry out the provisions contained in the Bull *Ad reprimendos* (prec. doc.).

Calistus etc. dilecto filio Petro de Carchano, ordinis Fratrum Minorum Sancti Francisci et sacre theologie proffessori, salutem etc. Hodie emanarunt littere tenoris subsequentis: Calistus etc. Ad perpetuam rei memoriam. Si ad reprimendos transgressorum excessus, ut patet libro octavo de curia domini nostri Calisti pape III, folio CCXV. Cupientes, igitur, ut votivus litterarum earundem succedat effectus, discretioni tue per apostolica scripta mandamus, quatenus tu ad earundem litterarum [?] per te vel alium seu alios ydoneos eiusdem vel alterius ordinis proffessores, quos ad id eligendos duxeris ac etiam deputandos, auctoritate nostra procedes[!], super premissis inquiras auctoritate prefata diligentius veritatem, ac illos ex Iudeis et infidelibus antedictis, qui contra decreta presentium et innovationem, ordinationem et statu[tu]m nostra huiusmodi temere facere vel venire, aut aliquid actemptare presumpserint, iuxta sanctorum patrum instituta ac earundem litterarum nostrarum, summarie et de plano ac sine strepitu et figura iudicii, sola facti veritate inspecta, penis debitis, etiam per subtractionem communionis fidelium, ac alias, prout tibi et eisdem per te deputandis personis ydoneis visum fuerit expediens, cohercere, punire, mulctare, ac litteras nostras predictas executioni debite et efficaciter demandare procures; contradictores per censuram ecclesiasticam et alia iuris remedia, appellacione postposita, compescendo; invocato ad hoc, si opus fuerit, auxilio brachii secularis, ac quorumcumque Catholicorum principum, communitatum civitatum et universitatum locorum presidiis, favoribus et auxiliis, quot expedire cognoveris, imploratis; et nichillominus harum serie omnibus et singulis ecclesiarum prelatis, capitulis, rectoribus, etiam regularium ordinum quorumcumque vicariis, prioribus, gardianis et aliis proffessoribus, exemptis et non exemptis, eadem auctoritate iniungere, ac utriusque sexus fideles laicalesque personas, cuiuscumque dignitatis, status, gradus, preheminencie vel condicionis existant, communitates, universitates et collegia, communiter vel divisim monere et eisdem mandare procures, sub penis et censuris formidabilibus, de quibus discretioni tue et eorum deputandorum videbitur, et quas, si monicionibus et mandatis vestris huiusmodi non paruerint cum effectu, illorumque non parencium civitates, oppida, castra, terre et loca ipso facto incurrant, quatenus premissa omnia et singula in eorum civitatibus, diocesibus, terris et locis faciant ab eisdem Iudeis et Sarracenis diligencius observari; non permittentes Iudeos vel Sarracenos predictos contra canonicas sanctiones patrumque decreta, ultra quam eis permissum existat, facere vel venire, aut indultis et concessionibus predictis abuti, occasione aliqua vel pretextu; et quoniam difficile foret presentes nostras litteras ad singula loca defferri, volumus et eadem auctoritate apostolica decernimus, quod ipsarum transumpto, manu publica et sigillo alicuius episcopalis vel superioris ecclesie curie munito, tanquam prefatis nostris, si originales exhiberentur, litteris, plena fides in iudicio et extra adhibeatur, et perinde stetur, ac [si] dicte originales littere forent exhibite vel ostense. Non obstantibus tam felicis recordationis Gregorii pape VIIII etiam predecessoris nostri, que incipit "Ex speciali", quam aliis constitutionibus ... que eisdem Iudeis et Sarracenis ultra premissa[!] nolumus in aliquo sufragari, ceterisque contrariis quibuscumque. Dat. Rome, apud Sanctum Petrum, anno etc. millesimo quadringentesimo quinquagesimo sexto, quinto Kalendas Iunii, pontificatus nostri anno secundo.

Calistus etc. dilecto filio Iohanni Antonio de Imola, ordinis Heremitarum Sancti Augustini, sacre pagine proffessori, salutem etc. Hodie emanarunt littere tenoris subsequentis: Calistus etc. Ad perpetuam rei memoriam. Si ad reprimendos transgressorum excessus etc. ut in precedenti. Cupientes igitur, ut votivus earundem litterarum succedat effectus, discretioni tue etc. similiter, ut in precedenti bulla.

Source: ASV, Reg. Vat. 444, fol. 96r-v.

839   [Rome, c. 7 August 1456]

Mandate to all members of the religious orders to see to the application of the papal provisions, whereby Jews and Moslems are to be treated according to Canon Law, and must have no intercourse with Christians. Ludovicus de Fonolleto, papal honorary equerry, is being dispatched to show them the papal instructions.

Dilectis filiis universis et singulis fratribus cuiuscunque ordinis et professionis.
Dilecti filii, salutem etc. Ad compescendas Iudeorum et Sarracenorum insolencias, ut a Cristiano populo iidem discernantur, nullamque cum Christifidelibus communionem aut conversacionem habeant, emisimus litteras nostras, per quas Iudeos et Sarracenos huiusmodi ad pristina instituta patrum et iures[!] canonici ordinaciones restringendo reduximus. Ut igitur, dicte nostre litere debito effectui exequcionique mandentur, mittimus ad partes illas dilectum filium Ludovicum de Fonolleto, scutiferum honoris familiaremque nostrum, qui litteras ipsas vobis ostendet; volumus itaque, et vobis in virtute sancte obediencie et sub excommunicacionis pena mandamus, ut ad omnem prefati Ludovici requisicionem litteras ipsas et eorum effectus inter Christifideles publicetis et predicetis, easque execucioni mandando per omnia observetis, prout a dicto Ludovico nostre intencionis et firme voluntatis esse intelligetis; cui volumus, ut in omnibus de quibus circa premissa vos nomine nostro requisierit, pareatis et intendatis. Dat. Rome.

Source: ASV, Arm. XXXIX, vol. 7, fols. 26v–27r.

Note: No date is given. The document is filed next to another dated 7 August. Cf. above, Doc. **837,** which are probably the letters referred to by the pope.

Bibliography: Sciambra-Valentini-Parrino, *Liber Brevium*, p. 80.

840   [Rome, c. 7 August 1456]

Mandate to a bishop and officials in the Patrimony to try to obtain from the Jews 2,000 ducats towards the financing of the crusade; failing that they are to be satisfied with 1,200 ducats, and to collect them speedily. Their attention is drawn to a letter (attached) to the Jews, demanding the payment and threatening publication of the prohibition of intercourse with Christians (prec. docs.).

Dilectis filiis universis et singulis Iudeis provincie nostre Patrimonii[!].
Calistus etc.

Venerabilis frater ac dilecti filii, salutem. Intelleximus ea que nobis scripsistis
de convocacione facta istuc Viterbium de omnibus Iudeis provincie nostre
Patrimonii, et de publicacione litterarum nostrarum secreto modo eis facta,
commendantes diligenciam vestram, licet crediderimus maiorem summam
pecunie exigi posse a Iudeis dicte provincie, ob idque mandamus vobis, ut
videatis omni industria, si II^m ducatos exigere potest, tamen, si vobis constat
eos ita pauperes esse, ut maiorem summam solvere nequeant, in quo
exactissimam informacionem capere studeatis, contentamur, ut, solutis mille
ducentis ducatis de camera statim et sine ulla dilacione, eos quietatos[!]; et hoc
cauto modo et secretissime fiat, ne ab aliis Iudeis animadvertatur nos pro tam
parva quantitate cum Iudeis Patrimonii composuisse; si vero tergiversaciones
et subterfugia quererent, volumus ut litteras nostras in mediate publicari,
easque ad unguem observari faciatis, alioquin graviter animum nostrum
offenderetis. Ceterum, scribimus eisdem Iudeis de voluntate nostra supra
declarata, et prout in copia presentibus introclusa melius videbitis; itaque, si
vobis utile videbitur, breve quod dictis Iudeis dirigimus presentari facietis, et
in omnibus adhibere oportunam festinanciam; nam quidvis aliud que moram
in habendis pecuniis tam nobis necessariis pati [?] possumus. Iudeis in
provincia nostra Patrimonii commorantibus, viam veritatis agnoscere. Licet
intencionis nostre esset, prout iam mandavimus, ut littere nostre publicarentur
et debite exequcioni indilate mandarentur, quibus vos secundum sacrorum
canonum ordines et patrum instituta restrinximus, ut nullam cum
Christifidelibus communionem aut commercium habeatis, alioquin II^m
ducatos thesaurario nostro in dicta provincia solveretis, tamen interventu et
informacione venerabilis fratris et dilecti filii rectoris et thesaurarii illius
provincie nostre Patrimonii inclinati, qui nobis super paupertate vestra abunde
scripserunt, volentes vobis, prout nostre nature est, misericordes esse, placet
nobis quod, si, visis presentibus, ducatos mille ducentos de camera in manibus
prefati thesaurarii nostri sine aliqua mora vel cunctacione solveretis, ab
observacione dictarum nostrarum litterarum immunes et liberi sitis; alioquin,
tenore presencium mandamus et volumus eas et earum seriem inremissibiliter
observari et execucioni contra vos et vestrum quenque mandari; si quas vero
gracias a nobis postulaveritis, quantum cum Deo possimus, vobis annuere
parati sumus; propterea in hoc tamen solucionem dictorum MCC ducatorum
nullatenus differatis. Dat. Rome etc. die V Augusti MCCCCLVI°, pontificatus
nostri anno secundo.

Source: ASV, Arm. XXXIX, vol. 7, fol. 27r-v.

Note: The addressees are probably a bishop, the rector, and the treasurer in
the Patrimony. The heading refers to the second part of the doc. No date of the

letter is given. The document is filed next to another dated 7 August. The date mentioned at the end is apparently that of the letter to the Jews.

Bibliography: Sciambra-Valentini-Parrino, *Liber Brevium*, pp. 80f., who have a garbled account of the contents.

840a   Rome, 14 April 1457

Mandate to Calcerandus Borgia, papal lieutenant in Spoleto, to hand over to Johannes (Torcello) or his representative, Leo, a Jewish physician detained there.

Calistus papa tertius.
Dilecte fili, salutem et apostolicam benedictionem. Scripsimus tibi quod condonaveramus dilecto filio Iohanni Torcello, militi Costantinopolitano, quendam Leum, Hebreum, medicum, quem istic carceratum detines, et quod permicteres quod nuntiis suis loquerentur cum dicto Hebreo. Nunc autem, mandamus tibi quod, statim visis presentibus, absque mora, prefatum Hebreum dicto Iohanni, aut illi quem miserit, assignes et realiter tradas, ut eum, quomodocumque voluerit, traducat. Et ita eidem exequeris. Datum Rome, apud Sanctum Petrum, sub anulo Piscatoris, die XIIII Aprilis millesimo quadringentesimo quinquagesimo septimo, pontificatus nostri anno secundo.

Source: AS, Spoleto, Arch. Notarile, Giovanni de Luca 7, fol. 45v.

Note: I am indebted to Prof. A. Toaff for allowing me to publish the brief. It is to be dealt with in his forthcoming publication on the Jews in Umbria. The reasons for Leo's detention in Spoleto are not known. Johannes Torcello sent his son, Manuel, to Spoleto. Leo was to be conducted to Rhodes. There he was to be exchanged for the sons of Johannes.

841   Rome, 3 May 1457

Approval of petition by the people of Perugia to return to Luca Sclavi, a Jew, the property taken from him, and to expedite the collection of the Turkish tax.

Calistus papa III.
Dilecti filii, salutem et apostolicam benedictionem. Legimus litteras vestras, et ea que nobis scribitis circa restitutionem certorum bonorum Luce Sclavi,

dudum ad instantiam nostram et camere apostolice sequestratorum, consyderavimus. Volentes itaque vestris in hac re precibus benigne annuere, licet dannum camere nostre existat, contentamur et volumus, ut bona ipsa, que impresentiarum restant et apud dilectum filium thesaurarium nostrum Perusinum sunt, illi Hebreo cui adempta fuerunt, integre restituantur, et ita mandamus dicto thesaurario nostro Perusino, ut bona predicta Hebreo cui adempta fuerunt, integre restituat, quem ad modum devotiones vestre a nobis postularunt; et in hoc et in aliis, que quietem et bonum vestrum et illius nostre civitatis concernent, semper prompti et gratiosi inveniemur. Ceterum, non possumus non vehementer de vobis admirari, qui, cum tam benigne et gratiose a nobis tractemini, et tam faciles in omnibus vestris commodis nos experti fueritis, tamen ita lenter et segniter exequamini ea que nobis in subsidium sancte amprisie contra Turcos polliciti fuistis; quare vos hortamur, ut ad executionem et exactionem dicti subsidii aliter quam hactenus feceritis, procedatis; que enim in tempore non fiunt, utique pro infectis habentur. Et libenter facientis proprium est cito facere, facite igitur, ut de vestra promptitudine vos commendare valeamus. Et quia ex ve[st]ro relatu intelleximus viam et modum quem invenistis pro huiusmodi pecuniis exigendis admodum difficilem esse, erit prudentie vestre alium modum requirere et reperire, per quem pecunie cito habeantur. Parum enim, immo nullum esset in religionem Christianam meritum vestrum, si tam necessario tempore, tot adhortationibus et litteris nostris admoniti, re et effectu cito non ostenderetis id quod facere tenemini et polliciti fuistis. Datum Rome, apud Sanctum Petrum, sub anulo Piscatoris, die IIIº Maii, MCCCCLVII, pontificatus nostri anno tertio.

Source: AS Perugia, Arch. Com., Diplomatico Comunale, Arm. II, cass. 13, No. 223.

Bibliography: Majarelli-Nicolini, *Perugia*, p. 89.

842   [Rome], 10 January 1458

Information to Francis Coppinus, papal commissioner in the duchy of Milan: two friars who misbehaved are being recalled; and expression of hopes for good results from commissions entrusted to Coppinus (the collection of the Turkish tax from the Jew and others).

Francisco Coppino commissario nostro.
Calistus etc. Dilecte fili, salutem etc. Litteras quas per hos dies nobis misisti

accepimus, et brevia omnia, quemadmodum postulasti expediri et tibi mitti, mandavimus. Audivimus preterea et diligenter interrogari fecimus alterum ex fratribus de quibus nobis scripsisti, et intelleximus cum animi displicencia insolencias et mala opera cum damno sanctissime Cruciate ipsorum fratrum; iussimus eos ad nos venire per breve nostrum, quod tibi misimus; cum aderunt hic providebimus oportune; sed quoniam tu habes plenam noticiam gestorum per eosdem, necesse est ut nos et cameram nostram apostolicam singillatim facias de omnibus certiores, ut sicut decet contra eos de malefactis procedere valeamus. Ceterum, de supplicatione quam nobis misisti pro dilecto filio duce Mediolani, recordamur de ea re tempore quo in minoribus eramus et postquam ad apicem apostolatum[!] as[s]umpti fuimus aliquantulum agitatum, et de consilio fratrum nostrorum, qui de his plenam notitiam habent, camere nostre fuisse remissum; et cum ibi agitaretur per Iacobum [?] actorem dicti ducis, post dicti Iacobi obitum semper paratos nos reddidimus, uti prompti simus, quantum cum Deo poterimus, in et super predictis oportune providere. Novit enim ille qui nihil ignorat, quod dicto duci preceteris complacere optamus, ut cum hic fueris videbis in camera, uti [?] de clericis camere in his et aliis, quantum honestas permiserit, gratiosum nos in cunctis reperiet dux ipse, cum eum in visceribus cordis nostri af[f]ixum continue teneamus; itaque, qui eum tangit, et nos tangit, et de his satis. Tu vero sis diligens et sollicitus in negociis tibi commissis, ita ut ex operibus tuis, prout speramus, fructum valeamus percipere optatum, tam ex Iudeis quam aliis tibi commissis. Scribimus eidem duci, ut videbis in copia introclusa. Dat. etc. ut supra proxime [X Ianuarii anno 3º].

Source: ASV, Arm. XXXIX, vol. 7, fols. 139v–140r.

Bibliography: Sciambra-Valentini-Parrino, *Liber Brevium*, p. 187.

843   [Rome], 4 February 1458

Commission to Francis Coppinus, bishop-elect of Terni, to collect the money from the Jews and dispatch it to Rome; and agreement to refrain from delivering a papal letter to two friars (prec. doc.).

Francisco Coppino, electo Interamnensi, commissario nostro.
Calistus etc. Dilecte fili, salutem etc. Recepimus litteras tuas et intelleximus te iusta de causa et ex consilio dilecti filii nobilis viri ducis Mediolani supersedisse in facto illorum fratrum, nec adhuc presentare eis voluisse litteras sive brevia nostra; credimus consilio bono et optimo fine omnia fecisse, accedente

precipue iudicio prefati ducis, quem statui nostro et sedis apostolice devotum esse scimus. Sed nichilominus cura, ut ex summa tam magna per fratres illos congregata auctoritate literarum nostrarum pro negociis fidei, aliquid habeamus. In reliquis vero, ut solitus es, persevera, et ea que ex nostra et fidei utilitate esse cognoscis, diligenter et studiose exequere maxime super facto Iudeorum viriliter et magno animo incumbe, ut inde utilitatem quam maximam sentiamus; omnique ratione studeas ad nos pecunias mittere, quibus propter impensas innumerabiles undique accrescentes, continue magis indigemus. Modice fidei quare dubitasti; credebasne nos industrie et meritorum tuorum immemores esse? En te absente, immo etiam inscio, etsi plures essent petitores, contulimus tibi episcopatum Interamnen., qui proxime vacavit, cum retentione beneficiorum, dempta prebenda Florentin., quem, etsi non maximi redditus est, et imparem meritis tuis esse sciamus, tamen, quia casus occurrit et in partibus his honorabilis reputatur, ut docebat plurimum instancia importuna, leto animo eum accipe; habeasque spem firmam te non traditum esse nobis oblivioni, quod in maioribus cognosces cum, Deo dante, aderit occasio. Dat. etc. die 4 Februarii 1458, anno 3º.

Source: ASV, Arm. XXXIX, vol. 7, fol. 141r-v.

Bibliography: Sciambra-Valentini-Parrino, *Liber Brevium*, p. 188.

Pius II (Piccolomini)
19 Aug. 1458 – 15 Aug. 1464

Rome, 1 October 1458

Canonization of Vicente Ferrer, proclaimed by Calixtus III and not published owing to the pope's death. The enumeration of Ferrer's feats includes the confutation of the errors of the Jews, and the conversion of many among them, also learned ones.

Pius etc. Ad perpetuam rei memoriam. Rationi congruit etc. Dudum siquidem felicis recordationis Calistus papa III predecessor noster, Ihesu Christi in terris superna dispositione vicarius, et beati Petri celestis regni clavigeri successor, cum militantis Ecclesie gubernacula superna regeret voluntate, et immensam Dei nostri clementiam in eo maxime interna meditatione cognosceret, quod hominem, quem ad suam immaginem similitudinemque formaverat, a se ipso incommutabili bono, dolo serpentis aversum, ad se brachio sue virtutis reducere, et culpe ipsius lapsum volens in persona propria reparare, humane nature ministerio usus est, ut sua mirabili potentia inde medelam ferret hominibus unde vulnus cernebatur illatum, ac pro sua bonitate debitor ipse homo et obnoxius remaneret; nam licet omnipotens sermo dilapsus foret antea in prophetas, ut, divini secretum consilii cognoscentes ac spem humane reparationis habentes, solum Creatori suo servirent, ipsum Dominum adorarent, ac posteros venerari et adorare docerent, in fine tamen seculorum cum venit temporis plenitudo, misericordiarum pater ingenitus, verbum suum per quod fecit et secula de celis misit in orbem, ut humanam carnem assumens, eterne vite viam lapsis perditisque ostenderet, et culpam prothoplausti[!] in ara Crucis proprio cruore dilueret, nobisque celi ianuam aperiret, utque tanti misterii Incarnationis videlicet et redemptionis huiusmodi veritas cunctis mortalibus innotesceret, apostolos suos, quos in vite, doctrine et operum suorum testimonium elegerat, aliosque discipulos in universum mundum ad predicandum Evangelium destinavit, qui suis eloquiis, signis et virtutibus, veluti solis radiis, orbem terrarum illuminarent; sed cum successu temporis callidi hostis iniquitas antique et usitate fraudis commentis, humanum genus tam grandis et sacratissime redemptionis fructu privare, et in eternam predam adducere

moliretur, divina clementia, semper generi miserata humano, sue Ecclesie
orthodoxe oportune subveniens, viros misit plurimos sanctitate et sciencia
preditos, virtutibus redimitos, tempori convenientes, qui, velut divini gregis
arietes, rectum iter gregi suo ducatumque preberent, et bonis adhortationibus,
operibus et exemplis hominum titubantes animos roborarent, aut martirii
gloria aut vite integritate, seu errorum gentilium et hereticorum confutatione,
vel divine virtutis et promisse felicitatis eterne predicatione eidem Sacrosancte
Ecclesie presidia maxima et adiumenta tribuerent; atqui eiusdem predecessoris
temporibus, cum [in] occiduis partibus, Iudeorum maxime et infidelium
multitudo crevisset, ac litteris et divitiis affluerent propemodum tremenda
quoque dies illa novissima oblivioni pene tradita esset, divine providentie
Altitudo, que preclaris viris eandem Ecclesiam instaurare et decorare
disposuerat pro ipsorum salute fidelium, Vincentium Valentinianum, ordinis
Fratrum Predicatorum et sancte theologie eximium professorem, eterni
Evangelii in se documenta habentem, veluti athletam strenuum ad Iudeorum
eorundem Sarracenorumque et aliorum infidelium confutandos errores, et
extremi tremendique iudicii diem, quasi alterum angelum voluntatem[!] per
celi medium pronuntiandum evangelizandumque sedentibus super terram
tempore oportuno transmisit, ut in omnes gentes, tribus et linguas, populos ac
nationes verba salutis diffunderet, regnum Dei diemque iudicii appropinquare
ostenderet, et eterne vite semitam demonstraret; cum votum[!] tanti viri
excellentiam, qui id gratia consecutus est quod angeli naturaliter sortiuntur,
ipsius quoque vite et conversationis actus idem Calistus predecessor, ad
edificationem fidelium et posterorum memoriam ex parte aliqua recensere
decrevisset, prout compertum et notissimum habuit eundem preclarum virum
Vincentium in amplissima Hispaniarum urbium, Valentia scilicet civitate, ex
Christianis et honestis parentibus ortum alitumque fuisse, et ab ineunte etate
cor senile gessisse testatur, qui, dudum[!] caliginosi huius seculi labilem
cursum pro ingenii sui modulo consideraret, et iam sue etatis annum decimum
octavum attingeret, religionis habitum ordinis memorati summa cum
devotione recepit, ac demum, regulari professione solito more emissa, sacris
litteris tam efficacem operam dedit, ut magisterio in eadem theologica facultate
dignus ab omnibus censeretur, et ob hoc ipsius magisterii insignia consecutus
est; ac deinde, solita in talibus obtenta licentia, verbum Dei predicare et eterne
beatitudinis semina cordibus fidelium infundere, errores denique et perfidiam
Iudeorum et infidelium eorundem confutare cepit mirum in modum, ratione
ostendens, quam terribilis iudex in ipso extremo iudicio reprobis et iniquis
Redemptor ipse futurus sit; in quibus quidem salutiferis predicationibus et
laudabilibus actibus usque adeo perseverans... Tantus in eo gratie fulgor
apparuit, tanta Spiritus Sancti habundantia in eo fuit, tot de ore predicantis
speciosissime veritatis pondera procedebant, ut ingentis multitudinis Iudeos,
in lege etiam peritissimos, qui Christum pertinaciter venisse negabant, ad
fidem Catholicam converteret, et efficacissimos multos ex eis predicatores

Adventus Christi, Passionis et Resurrectionis, et pro Christi nomine mori paratos fecit... Idem quoque Calistus predecessor, dicta die, videlicet tertia Iunii, pontificatus sui anno primo, in ipsorum cardinalium ac prelatorum presentia, de ipsorum omnium consensu unanimi pronuntiavit atque decrevit Vincentium prefatum esse canonizandum ... Ne autem pro eo, quod super canonizatione et aliis premissis eiusdem predecessoris littere, eius superveniente obitu, minime confecte fuerunt, imposterum valeat de huiusmodi canonizatione et aliis premissis quomodolibet hesitari... volumus et apostolica auctoritate decernimus, quod canonizatio et alia premissa ... plenarium sortiantur effectum, ac si sub ipsius diei data eiusdem predecessoris littere confecte fuissent... Dat. Rome, apud Sanctum Petrum, anno etc. MCCCCLVIII, Kalendis Octobris, pontificatus nostri anno primo.

Source: ASV, Reg. Vat. 468, fols. 376v–380v; BAV, Ottob. Lat. 2506, fols. 232r–238r.

Publication: Raynaldus, *Annales Ecclesiastici*, a. 1455, §§ 40–42; Ripoll, *Bullarium* 3, pp. 379f.

Note: Pastor, *History of the Popes* 2, p. 327, mentions a copy of the Bull of Pope Calixtus III in a manuscript in Munich. There the date is 29 June 1455. On Ferrer and the Jews in Spain, see Baer, *Spain,* pp. 323f.

845   Rome, 18 October 1458

Licence to treat Christians to the physician Salomon Manuelis of Todi in Orte.

Pius etc. Salomoni Manuelis de Tuderto, Iudeo, habitatori Ortano, viam veritatis agnoscere et tenere. Paterna caritas filiorum incommodis pie compaciens, interdum pro eorum necessitatibus sublevandis ea concedere deflectitur, que sacri canones interdicunt. Cum itaque, sicut accepimus, tu in medicina et cirurgia peritus existis, ac medendi et curandi perit[i]am, qua quamplures a suis egritudinibus corporalibus extiterunt sublevati, habeas, experientia docente, nos, qui cunctis Christifidelibus spiritualem et etiam corporalem affectamus medelam, fidelibus ipsis, quod, quotiens fuerit oportunum, infirmitatum et egritudinum corporalium eorundem a te recipere et habere, tuque illis exhibere possint et possis impune medelam, ita quod propterea ipsi et tu penas a iure statutas non incurratis, constitutionibus et ordinationibus apostolicis ceterisque contrariis nequaquam obstantibus, auctoritate presentium, indulgemus; per hoc tamen, quo ad reliqua, in quibus

Christianis participationem cum Iudeis habere non licet, nullatenus ipsis fidelibus censeri volumus esse concessum. Nulli ergo etc. ... Si quis etc. Dat. Rome, apud Sanctum Petrum, anno etc. MCCCCLVIII, quinto decimo Kalendas Novembris, pontificatus nostri anno primo.

Source: ASV, Reg. Vat. 468, fol. 352v.

Note: On Magister Salomon, son of Manuel, see Toaff, *Perugia*, p. 73.

846   Rome, 24 October 1458

Confirmation to Dactilus Angeli and his mother Domitia, Jews in Rieti, of the privileges granted them by Eugenius IV, Nicholas V and Calixtus III. Similar confirmation to Iosepp Isaach of Spain in Rieti, of the privileges granted him by Nicholas V; and another similar one to the brothers Guillelmus, Abraham, Consilius and Leutius, sons of the late Magister Dattilus of Corneto, of the privileges granted by Eugenius IV, Nicholas V and Calixtus III.

Pius etc. Dactilo Angeli, Hebreo, et Domitie, eius matri, de Reate, spiritum consilii sanioris. Laudabilia probitatis et virtutum merita, super quibus apud nos fidedigno commendamini testimonio, nos inducunt, ut honestis petitionibus vestris favorabiliter annuamus. Sane, pro parte vestra nuper nobis exhibita petitio continebat, quod olim felicis recordationis Eugenius IIII, Nicolaus V et Calistus III, Romani pontifices predecessores nostri, ac etiam nonnulli ducatus Spoletani et Patrimonii gubernatores, et quedam communitates, presertim Reatina, seu etiam rectores et gubernatores earundem, ex causis et racionibus contentis in litteris desuper confectis, nonnulla immunitates, prerogativas, exemptiones, facultates, libertates, pacta, capitula, indulta et privilegia Angelo, patri tuo, pro se et Domitia, eius uxore ac matre tua, necnon familia, famulis et servitoribus vestris indulxerunt ac gratiose concesserunt, ac illa vobis hactenus observata fuerunt. Cum autem, sicut eadem petitio subiungebat, vos et quilibet vestrum dubitetis, ne imposterum ab aliquibus officialibus seu personis particularibus et privatis in dubium forsan vertetur, utrum premissa omnia et singula vobis et cuilibet vestrum de cetero inviolabiliter observari debeant ac observentur, pro parte vestra nobis fuit humiliter supplicatum, ut ipsis concessionibus et indultis ac aliis premissis, que presentibus pro expressis dignaremur habere, apostolice sedis robur adiicere [?]. Nos, votis vestris annuere cupientes, huiusmodi supplicationibus inclinati, omnia et singula immunitates, exemptiones ceteraque predicta a predecessoribus eisdem concessa ac confirmata, rata

habentes et grata, auctoritate apostolica, tenore presentium confirmamus ac presentis scripti patrocinio communimus; committentes ac pariter eadem auctoritate mandantes nostro [et] sedis apostolice vicecamerario, qui pro tempore erit, quatenus ipse per se vel alium seu alios, vobis et cuilibet vestrum, ubi et quotiens fuerit oportunum, ad vestram et cuilibet[!] vestrum honestam requisitionem, efficacis defensionis auxilio assistens, immunitates, exemptiones et alia predicta, censura ecclesiastica et aliis iuris remediis, ac sub pecuniariis aut aliis formidabilibus de quibus eidem vicecamerario videbitur penis, inviolabiliter observari mandet, faciat et procuret in Urbe et ceteris terris et locis Ecclesie Romane ac sedi apostolice subiectis, etiam si essent specialis commissionis; in aliis autem locis, in temporalibus Ecclesie non subiectis, illorum dominos et eorum officiales predicta observare et observari facere mandent, nostri contemplacione exhortatur, subrogans[!] dominos temporales et quemlibet ipsorum secularium iudicum et ecclesiasticorum, qui pro tempore erunt, ut contra quos[cum]que rebelles, cuiuscumque condicionis sint, vobis faveant. Non obstantibus felicis recordationis Bonifacii pape VIII... Nulli ergo etc. ... Si quis etc. Dat. Rome, apud Sanctum Petrum, anno etc. MCCCCLVIII, nono Kalendas Novembris, pontificatus nostri anno primo.
Pius etc. Iosepp Isaach Spagniolo, Hebreo, habitatori Reatino, spiritum consilii sanioris. Similis superiori, preter quod ubi dicitur felicis recordationis non est nisi Nicolaus V, et nonnulli etc. et sub eadem data etc.
Similis superiori videlicet prime, pro Guillelmo, Abrae, Consilio et Leutio, Ebreis, fratribus, quondam magistri Dattili de Corneto natis, spiritum etc.

Source: ASV, Reg. Vat. 469, fols. 131v–132r.

Note: On the privilege of Dattilo and his son Guglielmo, see above, Doc. **797.**

847   Rome, 23 November 1458

Indulgences to visitors to and supporters of the chapel St. Trinity in Landshut, which had been converted from a synagogue following the expulsion of the Jews by Louis IX, duke of Landshut.

Pius etc. universis Christifidelibus presentes licteras inspecturis, salutem etc. Increato Patri Deo maiestatis et Filio reverentiam exhibet, qui Spiritum Sanctum procedentem pariter ab utroque, veneratur et honorat; illustrati ergo Spiritus Sancti per gratiam et Deum Patrem in Filio ac Filium in eodem certius profitentes, digne tribus ipsis in Spiritu et Spiritui Sancto in illos holocaustum nostre devotionis offerimus, et de bonorum plenitudine data nobis, incensum debite recognicionis in victimam adolemus. Cupientes igitur, ut capella Sancte Trinitatis opidi in Landshut, Frisingensis diocesis, que, ut accepimus, ante paucos annos sinagoga Iudeorum fuit, et postea per dilectum filium nobilem virum Ludovicum, comitem palatinum Reni et Bavarie ducem, in domum Dei erecta extitit, congruis honoribus frequentetur, et ut Christifideles eo libentius causa devotionis confluant ad eandem, quo ex hoc ibidem dono celestis gratie uberius conspexerint se refectos, de omnipotentis Dei misericordia ac beatorum Petri et Pauli apostolorum eius auctoritate confisi, omnibus vere penitentibus et confessis, qui in singulis festis seu diebus dicte Sancte Trinitatis prefatam capellam devote visitaverint annuatim, et ad illius reparationem et conservationem manus porrexerint adiutrices, septem annos et totidem quadragenas, octavarum vero festorum sive dierum huiusmodi singulis diebus, centum dies de iniunctis eis penitenciis misericorditer relaxamus, presentibus perpetuis futuris temporibus duraturis. Volumus autem, quod, si alias visitantibus dictam capellam, aut ad eius reparationem seu conservationem manus porrigentibus adiutrices, vel alias inibi pias elemosinas erogantibus, aut alias, aliqua alia indulgencia imperpetuum vel ad certum tempus nondum elapsum duratura per nos concessa fuerit, presentes littere nullius existant roboris vel momenti. Dat. Rome, apud Sanctum Petrum, anno Incarnacionis Dominice millesimo quadringentesimo quinquagesimo octavo, nono Kalendas Decembris, pontificatus nostri anno primo.

Source: ASV, Reg. Vat. 498, fol. 138r.

Note: On the expulsion of the Jews of Landshut and the conversion of the synagogue into a chapel, see *EJ* 10, col. 624.

848   Rome, 12 December 1458

Licence to treat Christians to the Jewish physician Moise in Rieti.

Pius etc. Ad futuram rei memoriam. Solet interdum Christiana mansuetudo Iudeis, quibus inter fideles degere non negatur, aliqua ob eorum periciam benigne concedere, que rigor sacrorum canonum interdicit, ut fidelibus infirmis auxilium afferant et in eorum necessitatibus fideles ipsi accommodum habeant sublevamen. Sane, pro parte Moisi, Hebrei, phisici, habitatoris civitatis nostre Reatine, nobis nuper exhibita peticio continebat, quod, licet ipse in nonnullis civitatibus, castris et locis, presertim nobis et Ecclesie Romane subiectis, erga egros et infirmos, quibus oportuna medicamenta prebuit, ita se exhibuerit diligentem, quod, prestante Domino, ut experiencia insinuat, pene innumeros pristine restituerit sanitati, prout adhuc in futurum facere exoptat, tamen nonnulli, propter scrupulum consciencie, ipsum, pro eo quod Hebreus est, ad eorum curam vocare formidant, et aliis suadent ab eius consorcio abstinere, ipsumque ad eorum curam evocare et mederi sibi facere eiusque medelas sumere recusant, nisi eidem Moisi Christianis medendi a sede apostolica licencia tribuatur. Quare pro parte ipsius Moisi nobis fuit humiliter supplicatum, ut, attentis premissis, quodque propterea in multis locis, etiam propter aliorum medicorum carentiam, multi sepenumero incurabiles infirmitates incurrunt, sibi, qui circa egros curandos semper fidelis hactenus reputatus est et nulla unquam culpa notatus extitit pro aliqua intrinseca aut alias sanguinosa medela dictis infirmis per ipsum prestita, qui purissimas ad magnum salutis commodum languidis tribuit, ut fidelibus ipsis utriusque sexus per terras Ecclesie ac [Ms.: ut] ubique locorum, absque tamen preiudicio et errore fidei Catholice, impune mederi, et cum ipsis conversari, ac eis medicinas et alia pro eorum corporali salute ac sanitate recuperanda et conservanda tribuere et ministrare, eisdemque infirmis, quod illa recipere libere et licite valeant, licenciam concedere, de benignitate apostolica dignaremur. Nos itaque, salutem et necessitatem eorundem fidelium paterna diligencia attendentes, huiusmodi supplicacionibus inclinati, eidem Moisi quibuscunque fidelibus utriusque sexus, qui ab eo curari maluerint, medendi, ac ipsisque[!] Christicolis ab eodem Moise in eorum egritudinibus, si voluerint, medicinas et oportuna remedia recipiendi absque alicuius sentencie vel censure incursu, auctoritate apostolica [?] concedimus per presentes. Non obstantibus... Nulli ergo etc. ... Si quis etc. Datum Rome, apud Sanctum Petrum, anno Incarnationis Dominice millesimo quadringentesimo quinquagesimo octavo, pridie Idus Decembris, anno primo.

Source: ASV, Reg. Lat. 538, fol. 216r-v.

Bibliography: Marini, *Archiatri Pontifici* 1, p. 294; Stern, *Urkundliche Beiträge* 1, p. 64; Vogelstein-Rieger, *Rom* 2, p. 16.

849   Rome, 17 January 1459

Confirmation of privileges to Jews in Avignon, including moratoria on payment of debts, granted them by Clement VII, Martin V, and Nicholas V following representations by the Christian community in Avignon.

Pius etc. Ad futuram rei memoriam. Quamvis reprobanda sit perfid[i]a [Iudeorum], utilis tamen est ipsorum conversatio Christianis; ipsi quidem Iudei Salvatoris nostri habent ymaginem et a Creatore universorum creati sunt, et propterea non debet reprehensibile reputari, si ea, que dictis Iudeis per sedem apostolicam vel alias gratiose concessa sunt, apostolico munimine solidentur. Hinc est, quod nos dilectorum filiorum sindicorum, consilii et communis civitatis nostre Avinionensis in hac parte supplicationibus inclinati, omnia et singula privilegia, gratias, dilationes, reductiones, concessiones et indulta, etiam, quod extra curiam temporalem dicte civitatis extrahi non possint, tam per quondam Clementem VII in sua obedientia nuncupatum, quam felicis recordationis Martinum V, ac etiam dilationes violariorum cum eorum qualificatione et reductionibus, per Nicolaum V, Romanos pontifices predecessores nostros, vel alias quomodocunque Iudeis seu communitati Iudeorum in prefata nostra civitate moram trahentium, concessa, et tam communitatem Iudeorum et bona in communi, quam personas singulorum et bona ipsorum in particulari concernentia, auctoritate apostolica, tenore presentium, ex certa sciencia approbamus et confirmamus, ac illa volumus et mandamus firmiter observari; prefatisque Iudeis concedimus, quod, sicut privilegiis, gratiis, dilationibus, reductionibus et concessionibus et indultis huiusmodi, etiam [quod] trahi non possint, ut prefertur, quorum omnium tenores atque formas, ac si de verbo ad verbum insererentur presentibus haberi volumus pro expressis, hactenus pacifice gavisi et usi sunt, ita et in futurum illis gaudeant et utantur; non obstantibus constitutionibus et ordinationibus apostolicis ceterisque contrariis quibuscunque. Nulli ergo etc.... Si quis etc. Dat. Rome, apud Sanctum Petrum, anno Incarnationis Dominice millesimo quadringentesimo quinquagesimo octavo, sexto decimo Kalendas Februarii, pontificatus nostri anno primo.

Source: ASV, Reg. Vat. 499, fol. 54r-v.

Note : See above, Docs. **649, 781.**

850   Perugia, 13 February 1459

Licence to treat also Christians, valid for ten years, to Manuelus Angeli of Padua, a Jewish physician.

Pius etc. Manueli Angeli de Padua, Hebreo, medico, spiritum sanioris consilii et vere fidei agnicionem. Sedes apostolica, pia mater, omnibus ad eam cum humilitate recurrentibus se propiciam exhibet et benignam, necnon quandoque etiam ignorantibus viam veritatis aliqua de specialis dono gratie concedit, ut ad veram fidem Catholicam facilius inducantur et allectivis quibusdam muneribus invitentur. Hinc est, quod nos, volentes te favoribus prosequi gratiosis, tibi, qui, ut asseris, in presentiarum in civitate nostra Castelli habitator existis, et in qua artem medicine multas et varias personas curando diligenter exercuisti, prout exerces de presenti, necnon in partibus aliis, terris et locis artem ipsam exercendo quemadmodum, magistra rerum declaravit experiencia, laudem reportasti, ut tu in dicta civitate ac in omnibus et singulis terris, castris et locis artem ipsam et exercicium medicine, de cuiusquidem artis sufficiencia apud nos fidedigno commendatus es testimonio, usque ad decennium, a data presencium computandum, libere et impune exercere, ac in quibuscunque personis, eciam Christifidelibus, arte et exercicio huiusmodi indigentibus, dicto durante decennio mederi, et ea, que ad ipsius artis exercicium pertinere noscuntur, facere valeas, auctoritate apostolica, tenore presencium indulgemus. Et nichilominus tibi, ut omnibus et singulis privilegiis per nos quibuscunque Hebreis concessis, seu imposterum concedendis, que omnia et singula pro expressis haberi volumus, uti possis pariter et gaudere, harum serie concedimus per presentes; non obstantibus constitutionibus et ordinacionibus apostolicis ceterisque contrariis quibuscunque, eciam si de ipsis eorumque totis tenoribus presentibus habenda foret mencio specialis. Nulli ergo etc.... Si quis etc. Dat. Perusii, anno Incarnationis Dominice MCCCCLVIII, Idibus Februarii, pontificatus nostri anno primo.

Source: ASV, Reg. Vat. 498, fol. 269r-v.

851   Perugia, 17 February 1459

Licence to Daniel Abrahe, a Jewish physician in Castro, to treat also Christians and to be exempted from wearing the Jewish badge, provided he enables Christians to receive the sacraments.

Pius etc. Danieli Abrahe, Ebreo Castrensi, viam veritatis agnoscere. Etsi Iudeos, quorum obstinata cecitas fideles potius per conversationem inficere quam ipsis in aliquo proficere posse videtur, ad aliquos honoris gradus inter nos provehi canonice prohibeant sanctiones, tamen interdum apostolica sedes illis ex eis, quos in aliqua utili arte peritos, et inter fideles honeste conversatos esse, per fidedigna testimonia novit, specialem gratiam facere consuevit, etiam ea spe, ut per fidelium conversationem, cecitate deposita, possint veritatis lumen agnoscere et timere. Sane, pro parte tua nobis nuper exhibita peticio continebat, quod tu, tam in Narniensi et Balneoregensi civitatibus quam quibusdam aliis locis nobis et Romane Ecclesie specialiter subditis, in arte medicine in qua ab ineunte etate te exercuisti, multis Christianis infirmis opem et auxilium in eorum egrotationibus prestitisti; cum autem, sicut eadem peticio subiungebat, tu, ut liberius et sine cuiusquam molestia te in ipsa arte exercere et quieciori ingenio valitudini infirmorum intendere possis, cupias tibi licenciam ubilibet medendi per eandem sedem impertiri; et, quia sepenumero contingit, quod Iudeis in itineribus de loco ad locum iter facientibus per stipendiarios et alios levis condictionis homines, qui eos per delationem signi cognoscunt, quamplures fiunt iniurie, tu, qui in locis in quibus moraturus es propter exercitium antedictum, pro Iudeo ab omnibus pene cognitus es, debitos [*sic*], ne, tibi de loco ad locum sepenumero proficiscenti, similes iniurie inferri valeant, tempore procedente; quare pro parte tua nobis fuit humiliter supplicatum, ut super hiis statui tuo oportune providere, de benignitate apostolica dignaremur. Nos igitur, volentes te, cuius conversacio apud nos fidedignis testimoniis commendata est, favore prosequi gracie specialis, tuis in hac parte supplicationibus inclinati, tibi, ut quibuscumque, etiam fidelibus, in quibuscumque nostris et prefate Ecclesie provinciis, civitatibus, terris, castris et locis, prout ab eis vocatus fueris, tam in phisica quam cerugia mederi, et eos curare, ac eis iuxta dicte artis precepta oportunas medelas impendere, ita tamen, quod eos qui fideles fuerint, ab ecclesiasticis sacramentis recipiendis et sue saluti anime consulendo, verbo vel nutu nullatenus retrahas, auctoritate presentium licenciam elargimur. Preterea tibi, ut cum uno socio seu familiari tuo, per quecumque provincias, civitates, castra et loca nobis et Ecclesie prefate subdita eorumque territoria, absque eo, quod tu vel idem socius seu familiaris signum aliquod deferre teneamini, conversari possitis, nec ad ipsius signi delationem tu vel socius aut familiaris predictus compelli vel coarctari, aut aliqua propterea mulcta vel pena affici, aut ad ipsius delacionem compelli valeatis, tibi concedimus per presentes; non obstantibus constitutionibus et ordinationibus apostolicis... Nulli ergo... etc. Si quis etc. Dat. Perusii, anno etc. MºCCCCLVIIIº, tertio decimo Kalendas Martii, pontificatus nostri anno primo.

Source: ASV, Reg. Vat. 499, fol. 6r-v.

852   Perugia, 19 February 1459

Licence to treat Christians to Abraham Vitalis, a Jewish physician in Perugia, provided he enables Christians to receive the sacraments and does not contaminate these by his contact with them.

Pius episcopus, servus servorum Dei, Abrae Vitalis, Ebreo Perusino, viam veritatis agnoscere. Etsi Iudeos, propter eorum obstinatam cecitatem, ad honorem gradus inter fideles provehi, canonica prohibeant instituta, tamen apostolica sedes interdum, cum ex eisdem Iudeis aliquos in bonis artibus expertos esse, fidedignis testimoniis intelligit, eos specialis licentie favoris convenit, etiam illa spe proposita, ut per conversationem fidelium, pristine cecitatis dimissa caligine, lumen veritatis intueri velint et salubriter imitari. Exhibita siquidem nobis nuper pro parte tua petitio continebat, quod tu in civitate nostra Perusina et nonnullis aliis partibus nobis et Ecclesie Romane subiectis, in arte medicine, cui ab ineunte etate operam dedisti, te diligenter exercens in ea, quampluribus Christianis infirmis opem et auxilium prestitisti, et, sicut eadem petitio subiungebat, licet tu ubilibet sine ullo impedimento aut vexatione cuiusquemodi artem ipsam hactenus exercueris, tamen, ut illam libentiori animo exercere, et quanto quietiori mente fueris, tanto te infirmis quibuslibet obsequentiorem impendere possis, cupis tibi medendi in civitate predicta et alibi ubicumque, in terris et locis nobis et prefate Ecclesie subiectis, per sedem eandem licentiam impartiri. Quare pro parte dilecti filii nobilis viri Brachii de Ballionibus, domicelli Perusini, asserentis, quod tu sibi et suis in eadem arte sepenumero auxilium prestitisti, et ipsum ac suos diligenter curasti, nobis fuit humiliter supplicatum, ut tuo statui super hiis oportune providere, de benignitate apostolica dignaremur. Nos igitur, cui ab eodem Brachio ac aliis de tua bona conversatione fidedigna testimonia perhibita extiterunt, huiusmodi supplicationibus inclinati, tibi, ut quamdiu vixeris, in prefata ac aliis quibuscumque civitatibus, terris, castris et locis, nobis et prefate Ecclesie subiectis, quibusvis personis, tam Christianis quam aliis, a quibus vocatus fueris, iuxta regulas et canones medicine mederi et eas curare, libere et impune, et sine cuiusquam alterius licentia, possis et valeas, ita tamen, quod Christianos ipsos per tuam conversationem contaminare, aut eos a sacramentis ecclesiasticis in suis presertim infirmitatibus recipiendis retrahere, vel ut ipsi id faciant, nullatenus verbo, consilio aut nutu, impedire vel dissuadere presumas, tibi auctoritate presentium licentiam impartimur; non obstantibus constitutionibus et ordinationibus apostolicis ac statutis et consuetudinibus provinciarum, civitatum, castrorum et locorum, iuramento, confirmatione apostolica vel quavis firmitate alia roboratis ceterisque contrariis quibuscumque. Nulli ergo... Si quis autem...

Dat. Perusii, anno Incarnationis Dominice millesimo quadringentesimo quinquagesimo octavo, die undecimo Kalendas Martii, pontificatus nostri anno primo.

Source: Assisi, Arch. Stor. Comune, Sez. H., riformanze e atti generali, reg. 16, AA 1459 usque ad Augustum 1462, c. 121r.

Publication: Toaff, *Assisi*, pp. 185f. (who has 11 March 1458).

Bibliography: Toaff, *op. cit.*, p. 91.

853   Siena, 8 March 1459

Confirmation to Moyse Ioseph of Portugal, a Jew of Lisbon and now in Perugia, of all the privileges of the Jews in that town; the local Jews are to show him their privileges; he is subject only to the jurisdiction of the competent Christian magistrate.

Pius etc. Moysi Ioseph de Portugalia, Hebreo Ulixbonensi, civitatis nostre Perusine impresentiarum habitatori, spiritum sanioris consilii et vere fidei cognitionem. Sedes apostolica, pia mater, omnibus ad eam cum humilitate recurrentibus se propitiam exhibet et benignam, necnon quandoque etiam ignorantibus viam veritatis aliqua de specialis dono gratie concedit, ut ad veram fidem Catholicam facilius inducantur et allectivis quibusdam muneribus invitentur. Cum itaque, sicut exhibita nobis nuper pro parte tua petitio continebat, universitati Hebreorum in civitate nostra Perusina pro tempore commorantium, nonnulla privilegia, gratie, immunitates et exemptiones per litteras et brevia apostolica et alias litteras in genere, ac aliquibus eorum in specie et particulariter, per summos pontifices predecessores nostros, necnon sedis apostolice legatos, et alios, ad hoc potestatem habentes, concessa fuerint, ac etiam inter communitatem eiusdem civitatis Perusine et eosdem Hebreos in ea pro tempore habitantes, nonnulla capitula, conventiones et pacta facta et firmata hactenus extiterint, tuque illas et illa pro te tuisque heredibus et descendentibus confirmari et approbari, ac illis uti et frui libere absque aliqua molestia gaudere desideres, pro parte tua nobis fuit humiliter supplicatum, ut omnibus et singulis premissis robur apostolice confirmationis adiicere, et alias tibi ac heredibus et descendentibus tuis salubriter providere, de benignitate apostolica dignaremur. Nos igitur, huiusmodi supplicationibus inclinati, ac omnium et singulorum premissorum status et tenores presentibus pro sufficienter expressis habentes, litteras et brevia ac privilegia, gratias, immunitates, exemptiones, tantum a nobis vel predecessoribus nostris, in genere vel in specie, ut prefertur, quomodolibet concessa, pro interesse tuo tuorumque filiorum et heredum ac descendentium, presentium et futurorum quorumcunque, auctoritate apostolica, tenore presentium, prout hactenus servata sunt, confirmamus. Verum, per confirmationem huiusmodi nolumus aliquod ius de novo vobis acquiri, sed vos in iuribus et privilegiis vestris tantummodo confirmari. Nos enim, ut iuribus et privilegiis huiusmodi, sic ut prefertur confirmatis, tu ac filii et heredes et descendentes tui uti et gaudere libere possitis et valeatis, eadem auctoritate indulgemus. Ceterum, quia, sicut accepimus, privilegia et iura in quibus omnia premissa continentur, apud quosdam Hebreos in dicta civitate commorantes reposita sunt, ipsique Hebrei, maligno spiritu, capitulorum et iurium predictorum, quandoque tam in iudicio quam extra, tibi ad exhibendum necessariorum, copiam denegare presumunt, nos, ne propterea presentes littere propter capitulorum et iurium huiusmodi occultos detentores suo frustrentur effectu, et ne concessio nostra huiusmodi tibi penitus inutilis reddatur, providere, ac malignantium nequitie obviare cupientes, volumus et auctoritate prefata decernimus, quod quicunque Hebrei, qui instrumenta seu litteras in quibus predicta quomodolibet concessa continentur penes eos habere noscuntur, ad instantiam et requisitionem tuam et heredum ac successorum tuorum, cum tibi vel illis expediens fuerit, illa exhibere et producere ac ipsorum copiam prebere teneantur; mandantes omnibus et singulis officialibus ad quos iurisdictio huiusmodi spectat et pertinet, quatenus omnes et singulos Hebreos et occultos detentores huiusmodi ad exhibitionem et productionem capitulorum, instrumentorum, privilegiorum et iurium predictorum, per substractionem communicationis [*sic*] fidelium et alia iuris remedia, compellere debeant. Et insuper, ut tu ac heredes et successores, nisi coram Christiano iudice alias tamen competenti, minime conveniri, seu alias perturbari aut quomodolibet molestari possitis, concedimus per presentes; non obstantibus premissis ceterisque contrariis quibuscunque. Nulli ergo... etc. Si quis etc. Datum Senis, anno Incarnationis Dominice MCCCCLVIII°, VIII° Idus Martii, pontificatus nostri anno primo.

Source: ASV, Reg. Vat. 499, fol. 226r-v.

Note: On Moise, son of Joseph in Perugia, see Toaff, *Perugia*, esp. pp. 74f.

854   Siena, 11 March 1459

Confirmation to Michael de Morello, a Dominican, of the powers granted him by Nicholas V, and then to him and to Johannes de Cernosa, a Franciscan, to proceed against those selling forged indulgences, heretics, and Jews and Moslems who act against Christianity in Spain and France, and extension of powers over neophytes, other Christians, clergymen, Jews and Moslems.

Pius etc. dilecto filio Michaeli de Morello, ordinis Predicatorum et theologie professori, salutem etc. Dum religionis zelum, litterarum scienciam, fidem, sinceritatem ac prudentiam, ceterasque virtutes a Domino tibi traditas, necnon multiplices labores et plura gravia pericula, que ex commissione ad confundendum heresum superstitiones ac reprimendas perversorum deceptiones et falacias in Aragonie, Navarre, ac diversis Ispaniarum regnis et partibus, murum te faciens pro domo Domini, hactenus subiisti, ex quibus, necnon virtuosis operibus circa tibi commissa, laudabiles fructus hactenus provenerunt, ac, ut speramus, provenient in futurum, attendimus et debita meditatione pensamus, ex hiis profecto certa experientia nobis nota non immerito confidimus, et pro certo tenemus, quod in operum huiusmodi continuatione, tanto te in illis fructuosiorem te reddes, quanto ex inde gratiam et benivolentiam nostram consecutum fuisse prospexeris, ac propterea illa tibi concedimus, per que, sublatis quibusvis dispendiis, tibi commissa huiusmodi facilius valeas adimplere. Hinc est, quod nos, actendentes, quod dudum felicis recordationis Nicolaus papa V predecessor noster, tibi contra omnes et singulos cuiuscunque dignitatis, status, ordinis vel condictionis, etiam si exempti essent, in diversis Ispaniarum regnis et partibus, qui, falso asserentes se fore ab apostolica sede sufficienti desuper facultate suffultos, indulgentias concedere, et nonnullos alios tunc expressos excessus committere presumebant, auctoritate apostolica inquirendi, et nonnulla alia similiter tunc expressa faciendi et concedendi, facultatem concessit per quasdam sub data quartodecimo Kalendas Novembris, pontificatus sui anno quinto, primo, et deinde tibi ac dilecto filio Iohanni Cervosa, ordinis Fratrum Minorum professori, ut contra presumptores huiusmodi in variis ecclesiis, civitatibus et locis regnorum, terrarum et dominiorum carissimorum in Christo filiorum nostrorum Francorum ac Castelle et Legionis, necnon Aragonum et Navarre regum illustrium, super nonnullis tunc expressis vos diligentius informaretis, et nonnulla alia similiter tunc expressa faceretis et exequeremini, per quasdam alias suas litteras, sub data septimo Idus Decembris, dicti pontificatus anno sexto, mandavit, prout in ipsis litteris, quarum tenores de verbo ad verbum haberi volumus pro expressis, plenius continetur, et quod tu in huiusmodi tibi per dictum Nicolaum predecessorem factis commissionibus diutius ymo verius solus laborasti, et propterea persecutiones passus fuisti, ac volentes te, ut in ipsis commissionibus diligentius elaborare ac maiorem in Dei Ecclesiam fructum afferre valeas, maioribus facultatibus communire, commissiones tuas litterasque predictas, auctoritate apostolica et ex certa sciencia, presentium tenore confirmamus, approbamus et plene firmitatis robur obtinere decernimus, illasque ac omnia et singula in eisdem litteris contenta, ad neophitas et alios Christianos utriusque sexus, ecclesiasticos, seculares, vel ordinum quorumcunque regulares, vel laycos, necnon Iudeos et Sarracenos cuiuscunque sexus, gradus, ordinis, dignitatis, status vel condictionis, in civitatibus, terris et locis regnorum ac dominiorum predictorum commorantes, extendimus; volentes et tibi mandantes, quod contra eos et ipsorum quemlibet, aut ceteros, qui, solo nomine Christiano contenti, opera religionis abicientes, sacramenta et ritum Christianorum in contemptum et vilipendium fidei pervertunt et mutant, necnon novas et damnatas superstitiones in baptizando, crismando et reliquis sacramentis adinveniunt, aut circa huiusmodi et similia suspectos, tu, etiam solus per te vel alium seu alios, iuxta dictarum litterarum continentiam atque formam, procedere possis et debeas in omnibus et per omnia et perinde, ac si de illis in dictis litteris plena et expressa mentio facta, et ea tibi commissa fuissent, ipseque littere tibi dumtaxat dirigerentur; non obstantibus constitutionibus et ordinationibus apostolicis et quibusvis super huiusmodi exemptionibus concessis per dictam sedem, aut aliis privilegiis, ceterisque contrariis quibuscunque. Tu igitur, sic efficaciter, solerte et prudenter in premissis procedas, quod exinde per nos sperata animarum salus proveniat, tu, preter eterne retributionis premium quod premereberis, nostram et dicte sedis gratiam uberius consequaris; commissione tua huiusmodi, presentibus et aliis litteris supradictis, usque ad nostrum et sedis apostolice beneplacitum duraturis. Nulli ergo... etc. Si quis autem etc. Dat. Senis, anno Incarnationis Dominice millesimo quadringentesimo quinquagesimo octavo, quinto Idus Martii, pontificatus nostri anno primo.

Source: ASV, Reg. Vat. 498, fols. 270r–271r.

Note: The two letters of Nicholas V do not seem to have survived. Cf. above, Doc. **815.** The dates are slightly different, but they seem to be the same as those mentioned by Nicholas V. The present letter does not mention the revocation of Morillo's appointment by Nicholas V. On the inquisitor Michael-Miguel de Morillo, see below, Docs. **1083, 1087,** and Llorca, *Bulario, passim.*

855   Siena, 5 April 1459

Exemption from taxation for twelve years to all Jews in the March of Ancona and in Massa, who are papal subjects and under the jurisdiction of Frederick, count of Urbino, to compensate them for the taxes and sufferings they had to cope with during the recent war. Mandate to John de Castillione, cardinal priest of St. Clement and papal legate and treasurer in the March of Ancona, and his successors and officials to see to it that this is implemented.

Pius etc. Ad futuram rey memoriam. Et si veterem in talliis et aliis oneribus persolvendis inter nostros et Romane Ecclesie subditos cupiamus ubilibet consuetudinem observari, tamen propter eximia dilecti filii nobilis viri Federici, comitis Urbini, erga nos et prefatam Ecclesiam constantis devotionis ac fidei merita, non ab re fore censemus, si incolas terrarum et locorum sue iurisdictioni in nostris provinciis subditorum, etiam alterius quam nostre fidei, cum eos gravatos ac pauperes esse sentimus, a solitis oneribus aliquantulum relevemus. Hinc est, quod nos ab eodem comite certiores effecti, quod Ebrei in terris et locis provincie nostre Marchie Anconitane et Masse Trabarie, sue iurisdictioni subiectis, propter guerras, quibus finittima patria superioribus annis multipliciter afflicta fuit, plerisque incommodis et oneribus affecti fuerunt, cupientesque intuitu et consideracione dicti comitis, ut illi ab eisdem oneribus aliquantulum respirare valeant, omnes et singulos Ebreos in quibuscunque civitatibus, terris et locis dictarum provinciarum, iurisdictioni temporali ipsius comitis supradictis [sic] habitantes, et qui pro tempore usque ad duodecim proxime venturos annos habitabunt in eisdem, ab omnibus et singulis talliis et oneribus, realibus et personalibus, ordinariis et extraordinariis, impositis iam, et de cetero infra eosdem duodecim annos, quavis occasione vel causa, in genere vel in specie quomodolibet imponendis, quocumque nomine censeantur, pro toto tempore duodecim annorum huiusmodi, auctoritate apostolica et ex certa sciencia, tenore presentium eximimus et totaliter liberamus; decernentes ipsos vel eorum aliquem ad talliarum aut aliorum onerum predictorum solutionem seu contributionem non teneri, ac mandantes earundem presentium tenore dilectis filiis Iohanni, tituli Sancti Clementis presbitero cardinali, in eadem provincia sedis apostolice legato, ac moderno thesaurario eiusdem provincie, et eorum in legatione aut gubernatione provincie, necnon officio thesaurariatus huiusmodi successoribus, et aliis quibuscumque officialibus vel commissariis, quatenus eosdem Ebreos et eorum quemlibet prefate exemptionis nostre beneficio pro toto dicto tempore plena faciant immunitate gaudere, non molestantes nec permittentes eos super eisdem talliis et oneribus per quemcumque contra huiusmodi exemptionis et liberationis nostre tenorem, directe vel indirecte, ullatenus molestari; non obstantibus constitutionibus et ordinationibus ac quibusvis privilegiis et litteris apostolicis communitati seu universitati Iudeorum dicte provincie ab apostolica sede concessis, quorumcumque tenorum fuerint, statutis quoque et consuetudinibus eiusdem provincie, iuramento, confirmacione apostolica vel quavis firmitate alia roboratis, ceterisque contrariis quibuscumque. Nulli ergo ... etc. Si quis autem etc. Dat. Senis, anno etc. MCCCCLVIIII°, Nonis Aprilis, pontificatus nostri anno primo.

Source: ASV, Reg. Vat. 470, fols. 410v–411r.

Note: On Pope Pius II's policy to subdue opposition in the Papal State and the services rendered him by Federigo of Montefeltro, see Mitchell, *The Laurels and the Tiara*, pp. 190f.; Voigt, *Enea Silvio de Piccolomini* 3, pp. 110f.

856   Siena, 12 April 1459

Mandate, if the facts are established, to the vicar of Roderick de Lanzol Borja, cardinal deacon of St. Nicholas in Carcere Tulliano (later Alexander VI), to grant Petrus dela Cavalleria of Saragossa an annulment of his unconsummated marriage with Blanca Palau, who, as it turned out, was of Jewish extraction and practised Judaism and heresy.

Pius etc. dilecto filio vicario dilecti filii nostri Roderici, Sancti Nicolai in carcere Tulliano diaconi cardinalis, Sancte Romane Ecclesie vicecancellarii, qui Valentine ecclesie ex concessione apostolica preesse dinoscitur, in spiritualibus generali, salutem etc. Rex omnium pontifex Deus ineffabili sua potencia prothoplaustro [*sic*] formato ad ymaginem propriam, matrimonium instituit, duos coppulans in carne una, ut genus cresceret et multiplicaretur humanum, et sicut in una carne, sic in una fide, apostolo testante, voluit. Unde Romanus pontifex, vicarius Ihesu, matrimoniales causas equa lance discutiens, interdum iuris rigorem mansuetudine temperat, quandoque vero, illius severitatem observat, prout cause rationabiles persuadent, et id in Domino conspicit expedire. Sane, pro parte dilecti filii Petri dela Cavalleria, minoris dierum, civitatis Cesaraugustane, nobis nuper oblata petitio continebat, quod dudum ipse cum Blancha Palau, civitatis Valencie, que habita erat et reputata Christiana, matrimonium per verba legittime de presenti contraxit, carnali copula minime subsecuta; verum, quia manifeste deprehendit, quod dicta Blancha Iudaice insanie et Iudeorum ritibus et cerimonialibus heretica est et heretice vivit, et ita relatu fidedignorum perhibetur, quod mater ipsius Blanche de gente Iudeorum veniens, eadem heretica pravitate laborans, ipsam dictam Blancham instruxit et imbuit, prefatus Petrus, verus Catolicus, potius perpetue carceris erumptiam [*sic*] et omne mortis periculum subire paratus est, quam velit huiusmodi matrimonium consumare, ne forsan sua procreanda proles matris insaniam prosequeretur, et ex Christiano Iudeus crearetur, pro parte dicti Petri nobis fuit humiliter supplicatum, ut matrimonium ipsum nullum fuisse et esse declarari, vel si forsan matrimonium dici potest, ut et illud ex premissis causis dissolvere, prefatoque Petro, ut alteri nubere possit, concedere, aliasque sibi et statui suo in premissis opportune providere, de benignitate apostolica dignaremur. Nos igitur, de premissis expositis certam notitiam non habentes, huiusmodi supplicationibus inclinati, discretioni tue, cum prefatus cardinalis et presidens, cui esset in hoc casu scribendum, ad presens in Romana curia resideat, per apostolica scripta mandamus, quatenus, inquisita per te super hiis, auctoritate nostra, diligencius veritate, matrimonium inter ipsos Petrum et Blancham, ut prefertur, contractum, nullum fuisse et esse, auctoritate nostra, decernas pariter et declares, vel id penitus dirimas atque dissolvas, vel inter ipsos Petrum et Blancham divorcium decernas, prout de iure et secundum sacros canones visum fuerit faciendum; et nichilominus, si decretum et declaracionem huiusmodi divorcii per te vigore presentium fieri contigerit, eidem Petro cuicumque alteri mulieri, si aliud canonicum non obsistat, nubere, libere et licite valeat, eadem auctoritate licenciam concedas. Non obstantibus constitutionibus et ordinationibus apostolicis et legibus imperialibus ac statutis municipalibus ceterisque contrariis quibuscumque. Dat. Senis, anno etc. MCCCCLVIIII⁰, pridie Idus Aprilis, pontificatus nostri anno primo.

Source: ASV, Reg. Vat. 470, fol. 201r-v.

Note: On Pedro de la Cavalleria, see Baer, *Spanien* 2, pp. 449f., 460f.; Id., *Spain*, p. 378.

Bibliography: Simonsohn, *Limpieza de Sangre*, p. 305.

857 Florence, 4 May 1459

Concession to the priors of Città di Castello to provide for the needs of the poor.

Dilectis filiis prioribus populi nostre civitatis Castelli. Pius papa II.
Dilecti filii, salutem et apostolicam benedictionem. Intelleximus in illa nostra civitate Castelli quamplures esse qui ob paupertatem in eorum necessitatibus plurimum indigent subventioni usque ad hoc [*sic*] provisionem adhiberi desideratis. Qua propter devotioni vestre providendi in premissis per eum modum et rationem, quibus melius et comodius fieri posse videbitis, plenam per presentes concedimus licentiam et facultatem, in contrarium facientibus non obstantibus quibuscumque. Dat. Florentie, sub anulo Piscatoris, die quarta Maii 1459, pontificatus nostri anno primo.

Source: Città di Castello, Arch., Com. Annali Comunali 52, c. 118.

Publication: Toaff, *Città di Castello*, p. 60.

Note: The Brief is contained in the *condotta* between the priors and Jewish moneylenders in Città di Castello (1485). Pius II does not mention the Jews by name, but apparently had in mind the prohibition on lending money at interest. See Toaff, *op. cit.*, p. 7.

858   Mantua, 7 July 1459

Mandate, if the facts are established, to Bernard Eruli, bishop of Spoleto, and the vicars of the bishops in Bologna and Ferrara to see to it that the privileges of the Jews in Italy are observed, especially Martin V's Bull inhibiting preachers from inciting the population against the Jews, following complaints by a group of Jews.

Pius episcopus, servus servorum Dei, venerabili fratri episcopo Spoletano et dilectis filiis vicariis venerabilium fratrum nostrorum Bononiensis et Ferrariensis episcoporum in spiritualibus generalibus, salutem et apostolicam benedictionem. Humilibus supplicum votis libenter annuimus eaque favoribus prosequimur opportunis. Exhibita siquidem nobis nuper pro parte Moysi, Museto nuncupati, quondam Bonaventure de Bononia, Simonis, alias Samuelis, quondam Muset de Mantua, ac Datari quondam Vitalis de Mutina, Angeli quondam Danielis, etiam de Mutina, Bononiensis et Ferariensis nostrarum, Manuelis Bonaventure de Urbino, Isaac Abrae Mantuane et Jacob Consilii de Toschanela et sociorum Ebreorum Senensis civitatum habitatorum peticio continebat, quod, licet felicis recordacionis Martinus papa quintus predecessor noster suorum predecessorum Romanorum pontificum vestigiis inherendo, ad querellam et supplicationem universorum Judeorum in partibus Italie comorantium, certa privilegia, inhibitiones, concessiones et mandata condiderit, nihilominus tamen, quam plures predicatores verbi Dei, mendicantium et aliorum ordinum fratres civitatum et locorum predictorum, in suis sermonibus et predicationibus Christifidelibus inter alia inhibent per expressum, ut fugiant et evittent consortia Judeorum, nec cum eis quoquomodo participent aut conversentur, ipsis panem coquere, ignem seu alia necessaria aut humanitatis subsidia vel aliquid ad laborandum ministrare seu illa ab eis, vel mutua sub uxuris, nullatenus presumant, et contrafacientes gravibus excommunicationum sentenciis et aliis censuris ecclesiasticis eo ipso fore innodatos affirmant; plerique etiam Christiani ipsos Judeos exactionare suisque rebus et bonis spoliare et diversos excessus, delicta, calamittates et injurias inferre non formidant, unde etiam sepius Christiani contra Judeos sine rationabili causa insurgunt et excittantur, eosque verbis et contumeliis afficiunt, verberant et cedunt, et plura alia inhumaniter eos pertractando committunt, que Judeis prebent occaxionem diutius in sua perfidia permanendi, qui, si pie, misericorditer et caritative tractarentur, eis materia daretur ad Christianam fidem convertendi. Quare pro parte dictorum Ebreorum asserencium, quod eis expedit secundum eorum ritus et consuetudines domos, sinagogas et sepulturas habere, nobis fuit humiliter supplicatum, ut universis predicatoribus ac inquisitoribus heretice pravitatis, aliisque fidelibus Christianis ac personis ecclesiasticis et secularibus in partibus illis constitutis, inhibere, ne talia vel similia contra prefactos

Judeos eorumque fratres, filios, familiares, heredes et successores de cetero committant, nec ipsos ad Christianorum divina audiendum seu illis interessendum, aut ad Christianam vitam invitos profitendum compellere, nec aliquem ex Judeis eisdem, qui duodecimum sue etatis annum nondum peregerit, aut alias doli vel discretionis capax non fuerint, sine expressa suorum parentum aut alterius eorundem voluntate baptizare, nec ipsos Judeos ad laborandum Sabatinis et aliis diebus, quos juxta suos ritus celebrare consueverunt, constringere, ac cum Christianis, sicut hactenus est permissum, vicissim conversari, et mutua alterutrius comoda suscipere, nec non a Christianis domos, terras et possessiones emere et conducere et super his et aliis rebus et negotiis contractus et pacta facere et inire, ac monetarum cambia habere, aliaque praticare, mercari et operari, studiaque Judaicarum scienciarum pro suis natis erudiendis habere, scolas et synagogas manutenere, et aliqua profana loca pro suis sepolturis juxta eorum ritum colligere, et pro hiis et eorum occaxione arbitros arbitratores seu amicabiles compositores elligere et se compromittere possint et valeant, concedere, ac alia omnia et singula in prefactis literis apostolicis contenta innovare, nec non legatorum regiminum et dominorum spiritualium et temporalium concessiones et indulta confirmare, ac alias sibi super iis opportune providere, de benignitate apostolica dignaremur. Nos igitur, de premissis certam noticiam non habentes, hujusmodi supplicationibus inclinati, discretioni vestre per apostolica scripta mandamus, quatenus super premissis omnibus et singulis vos vel duo aut unus vestrum vos diligenter informetis, et si per informacionem hujusmodi ita esse reperieritis, prefactos Ebreos in suis juribus et privillegiis eadem auctoritate conservetis, non permittentes eos per aliquem Christianum super ipsis molestari; contradictores per censuram ecclesiasticam, appellatione postposita, compescendo; non obstantibus constitucionibus apostolicis contrariis quibuscumque, aut si aliquibus communiter vel divisim a sede apostolica indultum existat, quod interdici, suspendi vel excomunicari non possint per litteras apostolicas non facientes plenam et expressam ac de verbo ad verbum de indulto hujusmodi mentionem. Dat. Mantue, anno Incarnacionis Dominice millesimo quadringentesimo quinquagesimo nono, Nonis Julii, pontificatus nostri anno primo.

Source: AS Parma, Arch. Notarile, Niccolò Zangrandi, filza 14 (atti 1461–1463), B. 1423.

Publication: Pezzana, *Parma* 3, app. VII.

Note: The Bull is contained in a decree to the clergy of Italy, published in Mantua, 27 July 1459, by Bernardo, bishop of Spoleto, in accordance with the instructions contained in the Bull. The clergy are ordered to observe the privileges of the Jews in Italy. Transgressors are threatened with severe punishment. The two documents are inserted in a copy made by the notary Niccolò Zangrandi, in the presence of the vicar to the bishop of Parma, on 11 May 1462. See also, Pezzana, *op. cit.* 5, pp. 227f. On Martin's Bull, see above, Docs. **614, 658.**

Bibliography: Ashtor, *Comunità ebraica a Venezia*, p. 701; Browe, *Judenmission*, p. 37; Grayzel, *Sicut Judeis*, p. 274; Pastor, *History of the Popes* 3, p. 282.

859   Mantua, 14 July 1459

Mandate, if the facts are established, to Aimo Provana, bishop of Nice, and Pauletus Grossi, canon in Nice, to see to the separation of Jews and Christians in Nice, to set up a special Jewish quarter, and to compel the Jews to wear the badge.

Pius etc. venerabili fratri episcopo Niciensi, et dilecto filio Pauleto Grossi, canonico ecclesie Niciensis, salutem etc. Iustis et honestis Christifidelium petentium votis, illis presertim, que fidem et fideles concernunt, et per que eorundem fidelium scandalis et periculis obviatur eorumque fides prosperari speratur, libenter annuimus eaque favoribus prosequimur opportunis. Exhibita siquidem nobis nuper pro parte dilectorum filiorum sindicorum et hominum universitatis civitatis Niciensis, in provincia Provincie, peticio continebat, quod a multis annis citra Iudei in ipsa civitate inhabitantes, eorum habitationes in locis et carreriis nuncupatis, etiam pulcrioribus, inter domos et habitationes civium et incolarum Christianorum dicte civitatis fecerunt et fieri procuraverunt, ita et taliter, quod habitationes civium et incolarum Christianorum civitatis habitationibus Iudeorum // signa Iudeis dari et per eosdem Iudeos portari consueta, ut a Christifidelibus cognoscantur saltem apparentia nequaquam portantium // circumdate existunt, ac talis abusus Iudeorum in eadem civitate adeo viguit, quod ipsi cum Christianis et Christiani cum eis sepissime comedunt et bibunt; Christiane quoque Iudeorum et Iudee mulieres Christianorum pueris ubera lactandum prebent, ac Christianorum pueri propter continuam, quam cum pueris Iudeorum habent conversationem, ydioma loqui ediscunt Ebraicum, quodque Iudei ipsi eorum macellum in loco macelli Christianorum faciunt ac inibi animalia sagatant, ipsi quoque Iudei eorum manus immundas infra animalia per eos sagata ponunt, et que more communi eorum de lege sunt pro eorum cibo primos duos quadrantes recipiunt et duos posteriores relinquunt, que vero eorundem de more seu lege non sunt, Christianis dimittunt; et quod deterius est, cum verum Corpus Domini nostri

Ihesu Christi infirmis Christianis per loca et carreras civitatis eiusdem portatur, ac ipsi Iudei illud portare vident, in illud spuunt et blasfemant, dicentes "Ecce venit vilipendiosa res." Insuper, ipsi Iudei, qui Christianis inimicantur, quolibet die de mane et de sero Christianos blasphemant et maledicunt; et, sicut eadem peticio subiungebat, propter premissa et nonnulla alia mala, que cotidie ipsi Iudei, tam mares quam femine, faciunt et committunt in fidem, et ne Christiani cum Iudeis et Iudei viri cum Christianis mulieribus se habeant immiscere, sindici et universitas predicti unum locum sive unam carreriam cum cancellis in dicta civitate pro eorundem Iudeorum habitationibus sufficienter preparari fecerunt, tamen ipsi Iudei, propter eorum potenciam et favores inordinatos, quos a nonnullis eorum fautoribus habent, alibi quam in locis in quibus habitationes fecerunt, inhabitare nolunt, nec inhabitare cogi posse asserunt, quod in obprobrium Christiane fidei cedere videtur. Quare pro parte sindicorum et universitatis predictorum nobis fuit humiliter supplicatum, ut super premissis oportune providere, de benignitate apostolica dignaremur. Nos igitur, animarum periculis obviare volentes, ac de premissis certam noticiam non habentes, huiusmodi supplicationibus inclinati, discretioni vestre per apostolica scripta commictimus et mandamus, quatinus vos vel alter vestrum, vocato dilecto filio Ludovico de Nicia, laico litterato, arcium et medicine doctore, qui, ut asseritur, legem in qua educatus fuit et mores Iudeorum non ignorat, de premissis omnibus et singulis ac eorum circumstanciis universis, auctoritate nostra, vos ipsos diligenter informetis, et si per informationem huiusmodi ea fore vera repereritis, prefatos Iudeos ad domos et habitationes inter domos et habitationes civium et incolarum civitatis huiusmodi dimittendum, ad locum sive carreriam preparatos, seu alium locum, a Christianis separatim, personis Iudeorum huiusmodi inhabitandum, et signa humeris et spatulis eorum portandum, ut a Christifidelibus ipsi, et Christifideles ab ipsis, discerni possint, eadem auctoritate compellatis; districtius inhibentes prefatis Iudeis, ne cum Christianis, et Christianis, ne cum Iudeis civitatis huiusmodi macellum simul teneant, set Christiani suum, et Iudei civitatis huiusmodi eorum macellum, locis congruentibus, secundum mores et vitam eorum, respective, de cetero habeant; contradictores per censuram ecclesiasticam etc. Non obstantibus premissis ceterisque... Dat. Mantue, anno Incarnationis Dominice millesimo quadringentesimo quinquagesimo nono, pridie Idus Iulii, anno primo.

Source: ASV, Reg. Lat. 548A, fols. 47v–48v.

Note: The phrase *Signa Iudeis ... portantium* is an interpolation. On the separate Jewish quarter in Nice, see Emanuel, *Nice,* pp. 6f. For Piedmont, see Anfossi, *Piemonte*, pp. 29f. See also above, Doc. **761.**

860   Mantua, 5 September 1459

Confirmation of privileges to the people of Benevento, including the right to impose on the Jews the wearing of the badge.

Pius episcopus, servus servorum Dei. Ad perpetuam rei memoriam. Sedis apostolice circumspecta benignitas, ea que pro communitatum et aliarum personarum quarumlibet, et presertim nobis et Romane Ecclesie fidelium atque devotarum commodo et utilitate rite processisse comperit, ut illibata persistant, libenter, cum ab ea petitur, apostolico munimine roborat, ipsasque communitates ac illarum singulares personas specialibus favoribus et gratiis prosequendo, ea libenter concedit, per que decus et ornamentum civitatis, ac communitatis et illius hominum utilitas et commodum recte possit procurari. Hinc est, quod nos dilectorum filiorum communitatis et hominum civitatis nostre Beneventane, qui ad nos et Romanam Ecclesiam eximiam devotionem gerere comprobantur, supplicationibus inclinati, omnia et singula privilegia, immunitates, exemptiones, concessiones et indulta civitati seu communitati ac civibus Beneventanis predictis [concessa], tam per Romanos pontifices predecessores nostros quam per imperatores, reges et principes quoslibet, ea presertim, per que communitati ac civibus prefatis, ut in regno Sicilie citra Farum pro possessionibus, prediis, agris, cuiuscunque etiam generis animalibus, ubilibet in prefato regno existentibus, vel earum quarumcunque negotiationibus, sive animalium pascuis aut lignis cedendis, ab omni datii, collecte, passagiis et alterius cuiuscunque solutionis onere, quocunque nomine censeantur, immunes et liberi sint et esse debeant; necnon omnia et singula alia in quibusdam authenticis literis, maxime aureo sigillo regio munitis, se [!] publicis instrumentis contenta, quorum omnium tenores, ac si de verbo ad verbum presentibus inserta forent, haberi volumus pro expressis, plenius continetur, auctoritate apostolica, ex certa scientia confirmamus et approbamus ac presentis scripti patrocinio communimus et denuo concedimus, supplentes omnes et singulos defectus tam facti quam iuris, si qui forsan intervenerint in eisdem, ac illa omnia in singulis plenariis robore et firmitate permanere, eorumque plenarium effectum sortiri debere decernimus; ac eosdem, si forte in cuiusvis ex immunitatibus, libertatibus, exemptionibus et privilegiis regiis prefatis communitas ipsa Beneventana ac eius cives quomodolibet in possessionem non existerent, auctoritate et scientia similibus reducimus et reponimus... sepe dicte communitati et hominibus, ut quoscunque Judeos, in dicta civitate commorantes vel in futurum commoraturos, ut facilius a Christianis discerni possint, ad deferendum certum signum, etiam invitos, per judices competentes cogere et compellere possint, concedimus potestatem ... non obstantibus constitutionibus et ordinationibus apostolicis ceterisque contrariis quibuscumque. Nulli ergo... Si quis autem... Dat. Mantue, anno Incarnationis Dominice millesimo quadringentesimo quinquagesimo nono, Nonis Septembris, pontificatus nostri anno secundo.

Source: Benevento, Arch. Com., Bullae Summarum Pontificum et Sedis Apostolice I, No. 25.

Publication: *Statuta Civitatis Beneventane*, pp. 132f.

Bibliography: Borgia, *Benevento* 2, pp. 178f.; Erler, *Historisch-kritische Übersicht* 8, p. 15; Lonardo, *Benevento,* p. 290; Zazo, *Ebrei di Benevento*, p. 5.

861* Mantua, 12 October 1459

Safe-conduct, valid for six months, to David Manuelis and Daniel his son, Jews in Carpi, to travel to Mantua in connection with the arbitration of a financial claim. During that time they are to be immune from all injury and prosecution, including civil claims, except for those presented by members of the papal court.

Ludovicus, miseratione divina tituli Sancti Laurentii in Damaso, Sancte Romane Ecclesie presbiter cardinalis Aquileiensis, domini pape camerarius. Tibi, David Manuelis, Ebreo, ac Danieli, filio tuo, opidi Carpensis, nullius diocesis, de mandato sanctissimi in Christo patris et domini nostri, domini Pii, divina providentia pape II, super hoc vive vocis oraculo nobis facto, ac auctoritate nostri camerariatus officii, quoniam occasione nonnullorum pretensorum creditorum vestrorum, etiam Ebreorum, cum quibus, deputatis inter vos aliquibus iudicibus et amicabilibus viris Christianis extra civitatem et diocesim Mantuanam vel quocumque, qui differentias et rationes vestras audiant, intelligant et decidant, convenire et concordare omnino intendatis, ad ipsam civitatem Mantuanam secure venire formidetis, tenore presentium damus et concedimus plenam licenciam ac tutum et liberum salvum conductum veniendi ad hanc dictam civitatem Mantuanam, inibique standi, morandi et pernoctandi, indeque recedendi et quo malueritis remeandi, quotiens vobis videbitur et placebit, tute, libere, secure, absque noxia, lesione vel impedimento quomodocunque, reali vel personali, vobis quomodolibet inferendo, tam occasione dictorum pretensorum debitorum vestrorum cum quibuscunque Ebreis, quam quibuscunque aliis personis, etiam Christianis, quomodocunque per vos contractorum, dummodo ipsi creditores cortisani seu Romanam curiam sequentes non existant; mandantes propterea soldano seu eius locumtenenti, iudicibus, marescallis et aliis omnibus et singulis officialibus ad quos spectat, presentibus et futuris, et similiter creditoribus vestris, tam Ebreis quam Christianis, quibus in huncusque diem quomodocunque et quacunque occasione obligatis, et cuilibet ipsorum, ne presenti salvo conducto durante, aliquam in persona seu bonis vestris inferant molestiam, noxiam seu impedimentum; debitis, obligationibus, promissionibus, fideiussionibus et statutis, consuetudinibus quoque et ordinationibus, ceterisque in contrarium facientibus, non obstantibus quibuscunque. Presentibus per sex menses a die date presentium incohandos tantummodo valituris. In quorum etc. Dat. Mantue, sub anno etc. MCCCCLVIIII, indictione VIIᵃ, die duodecima mensis Octobris, pontificatus prefati sanctissimi domini nostri domini Pii, divina providentia pape II, anno secundo.

Source: ASV, Arm. XXIX, vol. 29, fol. 86r.

Note: On David Carpi in Mantua and his descendants, see Simonsohn, *Mantua*, pp. 212f., 255.

862   Mantua, 17 December 1459

Absolution to the people and community of Trieste for various offences, including the non-payment of the tithe, the permission granted to Jewish moneylenders to operate in the town, infringements of the liberties of the Church, and the use of violence against ecclesiastics. They must refrain from such in future.

Pius episcopus etc. dilectis filiis communitati et hominibus civitatis et diocesis Tergestine, salutem etc. Benigno sunt vobis illa concedenda favore, per que, sicut pie desideratis, consciencie pacem et anime vestre salutem, Deo propicio, consequi valeatis. Hinc est, quod nos vestris devotis supplicacionibus inclinati, vos et vestrum quemlibet, ac eciam omnes subditos vestros ab omni vinculo excommunicationis, suspensionis et interdicti, necnon aliis sentenciis, censuris et penis, in vos et vestrum quemlibet, tam a iure quam ab homine inflictis et promulgatis, in quibus usque ad presentem diem quomodolibet incurrissetis, presertim occasione decimarum debitarum et debendarum Ecclesie per vos non solutarum, et occasione Iudeorum detentorum in civitate vestra, qui ad usuras mutuarunt, ac pactorum ipsis concessorum et favoribus sibi prestitis per vos et vestrum quemlibet contra debitum iuris, tam divini quam humani, quomodocunque, eciam occasione decretorum, sive legum municipalium factarum contra aliquos [!] libertatem Ecclesie et contra bonos mores, necnon si ullo unquam tempore vos ipsos in libertatibus Ecclesie impedivissetis et immiscuissetis, aut quomodocumque contra aliquos ecclesiasticos violenciam aliquam intulissetis, vel inferri fecissetis, et generaliter ab omnibus et singulis excommunicacionibus, tam maioribus quam minoribus, in quibus vos et subditi vestri nullo unquam tempore quomodolibet usque in presentem diem vos incurrisse contigerit, auctoritate apostolica, de preteritis, tenore presentium absolvimus et absolutos fore decernimus per presentes. Non obstantibus premissis, necnon constitucionibus et ordinacionibus apostolicis ceterisque contrariis quibuscumque, etiam si de ipsis eorumque totis tenoribus presentibus habenda foret mencio specialis. Volumus autem, quod in futurum talia committere non presumatis. Nulli ergo... Si quis autem etc. Dat. Mantue, anno Incarnacionis Dominice MCCCCLIX, sextodecimo Kalendas Ianuarii, pontificatus nostri anno secundo.

Source: ASV, Reg. Vat. 501, fols. 409v–410r.

Note: On the Jews in Trieste, see Stock, *Nel Segno di Geremia*.

863   Mantua, 4 January 1460

Clarification to Magister Angelus de Ameria, papal protonotary and rector in the Comtat Venaissin, that the concessions granted the inhabitants of Carpentras and the Comtat, which the rector was to apply, are amended so that the farming out of papal revenues is also permitted to Jews, if of advantage to the papal chamber, that Christians shall not undertake obligations towards Jews, and that Jews must wear the badge.

Dilecto filio magistro Angelo de Ameria, protonotario ac comitatus nostri Venaissini rectori.
Pius papa II.
Dilecte fili, salutem [et] apostolicam benedictionem. Dudum dilectorum filiorum communitatis et hominum civitatis nostre Carpent., ac incolarum et habitatorum comitatus nostri Venaissini indemnitatibus providere cupientes, eis nonnulla tunc expressa per quasquam [sic] litteras nostras concessimus, te super his executore deputato, prout in eisdem litteris plenius continetur; et quia super aliquibus, in illis litteris insertis capitulis per Iudeos dicti comitatus exitatum [sic] fuit, volumus et nostre intentionis fuisse et esse declaramus, ut omnia et singula in dictis litteris contenta, alias iuxta earum continentiam hoc adhibito moderamine, videlicet, quod redditus et introitus camere apostolice etiam dictis Iudeis, si hoc in utilitatem ipsius camere cedat, valeant arrendari, per omnia exequaris et facias observari; adiicientes, ut Christiani prefatis Iudeis in personis vel bonis nullo modo debeant obligari; quodque Iudei ipsi

rotam, sive signum crocei coloris adeo latum, quod duas plicas vestis intus et extra amplectatur, in loco patulo consutum deferre teneantur.
Datum Mantue, sub annulo Piscatoris, die quarta Ianuarii MCCCCLVIIII, pontificatus nostri secundo.

Source: Avignon, Arch. Dep. Vaucluse, C. 41, fols. 1006b–1007a; Carpentras, Bibliothèque Inguimbertine, Archives Communales, ms. 1725, fol. 382r-v.

Publication: Bardinet, *Documents*, pp. 145f.

Note: Bardinet, *loc. cit.*, has 1458 (=1459). The date of the Bull granted the people of Carpentras and the Comtat Venaissin is probably 25 August 1459. See below, Docs. **871, 933.**

Bibliography: André, *Recteurs pontificaux*, pp. 96, 167; Ashtor, *Comunità ebraica a Venezia*, p. 701; Bardinet, *Condition*, pp. 8, 24; Id., *Clément VII*, p. 65; Bauer, *Chapeau jaune*, p. 53; Cottier, *Notes historiques*, p. 133; Loeb, *Carpentras*, p. 176; Maulde, *Juifs dans les états français du Saint-Siège*, p. 40.

864   Mantua, 7 January 1460

Mandate to Michael Anglicus, bishop of Carpentras, and to Angelus de Ameria, rector of the Comtat Venaissin, to accommodate the Jews of Carpentras in a separate quarter.

Venerabili fratri — episcopo Carpentoratensi, et dilecto filio — rectori comitatus nostri Venayssini.
Venerabilis frater et dilecte fili, salutem et apostolicam benedictionem. Ex licteris vestris et relacione vestro nomine nobis facta, propter commissionem, quam iam pridem vobis fecimus circa factum Iudeorum in civitate Carpentoratensi habitancium, intelleximus ipsos Iudeos commode habitare posse in quadam dicte civitatis carreria, que Musa vocitatur. Quocirca nos, volentes quieti civium et hominum dicte civitatis in hac parte consulere, aliisque iustis respectibus moti, vobis per presentes commictimus et mandamus, ut, si ita est, Iudeos predictos in ipsa carreria habitare faciatis, cogendo eos, si opus fuerit, et auctoritate nostra opportunis remediis, prout vobis visum fuerit expedire; in contrarium facientibus non obstantibus quibuscumque. Datum Mantue, sub anulo Piscatoris, die VIIª Ianuarii MᵒCCCCLXᵒ, pontificatus nostri anno secundo.

Source: Carpentras, Bibliothèque Inguimbertine, Archives Communales, BB 77, fol. 104v.

Publication: Calmann, *Carpentras*, p. 77.

Bibliography: Calmann, *op. cit.*, p. 25.

865   Mantua, 14 January 1460

Imposition, with the consent of the rulers of Europe, of the *vigesima* for three years on the property and income of all the Jews. Those who attempt to evade payment are to be made to pay 10% and a fine of 4%. The money is to help financing the war against the Turks; a timetable for payments is established.

Pius etc. Ad futuram rei memoriam. Si ecclesiasticos omnes in universo orbe consistentes, ac etiam Christi fideles laicos, et incipientes a nobis ipsis, etiam venerabiles fratres nostros Sancte Romane Ecclesie cardinales, et quoslibet officiales curie nostre, ac subditos et eidem Ecclesie subiectos, quos ab oneribus relevare tenemur, urgente summa necessitate fidei Catholice, et gravissimis periculis Christianorum cervicibus imminentibus, gravare cogimur, Iudei quoque ab ea imposicione immunes esse non debent, cum, inter Christianorum dominia constituti, liberam ab eis vitam ducere, in ritibus suis persistere, divicias acquirere, multisque aliis privilegiis gaudere permittantur, et sese denique ex commodis Christianorum sustentare, ac liberos et eorum familias alere dinoscantur, ipsique Iudei, si Christianis pressura obvenerit, quam Deus pro sua clementia avertat, detrimentorum essent participes, et eorum periculo uti nostro res ageretur, propterea ad evitacionem tanti periculi se cum suis facultatibus promptos exhibere convenit. Cum itaque, ut tot tantisque emersuris malis condigna provisio per nos fieret, consilium susceperimus de tenenda dieta Mantuana, ad quam, Domino concedente, in termino prefixo venimus, ibique convocatis omnibus principibus et populis, qui sub lege Christi censentur, sessionem publicam celebrantes, habita cum memoratis fratribus nostris Sancte Romane Ecclesie cardinalibus consultacione matura, unanimi quoque voto aliquorum Catholicorum principum in conventu Mantuano existentium, necnon oratorum carissimorum in Christo filiorum nostrorum Friderici, Romani imperatoris semper augusti, et regum illustrium et aliorum dominorum temporalium, et communitatum ac populorum similiter assensu interveniente, et nemine eorum discrepante, imprimis adversus impiam Turchorum gentem bellum triennio duraturum, pro Dei honore suscipiendum, indiximus. Et quoniam ad reprimendam rabiem et potentiam Turchorum necessaria est armorum vis et classis marittima ac terrestris non parvus exercitus, nec ea fieri et sustentari valeant sine sumptu maximo, idcirco, volentes undique subsidia Christiane religioni comparare, auctoritate omnipotentis Dei, cuius vices, licet immeriti, gerimus in terris, ac nostra, et cum dictorum principum et oratorum assensu, licet absque eo, cum caput militantis Ecclesie a cunctorum Domino constituti simus in fidei causa, onera Iudeis imponere potuissemus, superiorum tamen et illorum, in quorum dominio dicti Iudei constituti sunt, voluntarias mentes habuisse admodum placuit; ab universis igitur et singulis Iudeis in universo Christianorum dominio ubilibet constitutis, vigesimam partem omnium bonorum suorum, fructuum, reddituum et proventuum ac pecuniarum quarumcumque, undecumque, quomodocumque, etiam per usurariam pravitatem ad eorum manus provenientium, per triennium imponimus per presentes solvendam, exigendam, levandam et colligendam; in primo anno in uno termino tantum, in secundo vero et tertio annis in duobus terminis pro quolibet anno; statuentes primum terminum solucionis dicte vigesime eiusdem primi anni prefati triennii esse totum mensem Martii proxime futurum, ita, ut huiusmodi vigesima in eo termino integre persoluta, pro anno millesimo CCCC° quinquagesimo nono satisfactum esse intelligatur. Terminos vero solucionem medietatum prefate vigesime secundi anni dicti triennii, menses Novembris et Maii ex tunc proxime et immediate sequentes esse volumus. In tertio anno, sicut in secundo, observando in hunc modum et formam, videlicet, quod tres probi viri Deum timentes eligantur et deputentur, quorum unus per nos instituatur, alius per dominos temporales sive communitates et superiores, in quorum dominio iidem Iudei consistant, tercius vero per populum et universitatem civitatum et locorum, ubi Iudei permaneant et inhabitent, in prefata exactione preficiantur. Pecunie vero et bona ex causa vigesime predicte Iudeis imposite proveniencia, sub tribus clavibus, quarum unam quilibet ex deputatis tribus prefatis teneat in capsa aliqua sive loco ad id congruenti et apto, apud edes sacras, sive apud mercatores fide et facultatibus ydoneos, prout ipsi tres deputati predicti convenerint, deponi et fideliter conservari debeant; de quibus omnibus pecuniis et bonis sic collectis et coadunatis, iuxta consilium nostrum et trium venerabilium fratrum nostrorum Sancte Romane Ecclesie cardinalium, quos deputabimus, et oratorum, principum et communitatum ac locorum, unde pecunie et bona advenerint, in fidei causam et non aliter fidelis erogacio administrabitur; ceterum, ut Iudei impositam eis vigesimam predictam sine aliqua fraude in terminis statutis integre persolvant; si quando per eos fraudem commicti contingat, aut, lapso termino, vigesimam huiusmodi exhibere neglexerint, tunc et eo casu decimam integram omnium bonorum suorum persolvant, sine aliqua remissione; et insuper, pro quolibet centenario florenorum quatuor florenos solvant inventori et eorum fraudem revelanti; non obstantibus privilegiis, etiam apostolicis, et graciis, indulgenciis ac statutis et consuetudinibus provinciarum, civitatum et locorum, ubi Iudei constituti sint, sub quacumque verborum forma, et quavis auctoritate, in genere vel in specie eisdem concessis, per que nullum ipsis Iudeis suffragium afferri, decernimus et declaramus, ceterisque contrariis quibuscumque. Nulli ergo ... etc. Si quis etc. Dat. Mantue, anno etc. M⁰CCCC⁰ quinquagesimo nono, decimo nono Kalendas Februarii, pontificatus nostri anno secundo.

Source: ASV, Reg. Vat. 474, fols. 260v–261v; BAV, Ottob. Lat. 2506, fols. 254r–256r; AS Milano, Bolle e Brevi Papali c. 42.

Publication: Picotti, *Pio II e Francesco Sforza*, pp. 204f.; Simonsohn, *Milan* 1, pp. 294f.

Note: On the question whether this was a tax on property or on income, see Picotti, *op. cit.*, pp. 187f.

Bibliography: Ady, *Pius II*, pp. 173f. ; Pastor, *Ungedruckte Akten*, pp. 116f.; Picotti, *Dieta di Mantova*, pp. 195, 199, 205, 247f., 321, 440, 448, 450, 469, 498f.; Id., *History of the Popes* 3, pp. 84, 98f.; Setton, *The Papacy and the Levant* 2, pp. 196f.; Stow, *Taxation*, p. 116 (who has 19 February 1459); Vogelstein-Rieger, *Rom* 2, p. 16.

---

866   Mantua, 17 January 1460

Appointment of Angelo Capranica, bishop of Rieti and papal governor of Bologna, as collector of the Turkish tax in the territories under his jurisdiction, including the *vigesima* on the property and income of the Jews.

Pius etc. venerabili fratri nostro Angelo, episcopo Reatino, in civitate nostra Bononiensi pro nobis et Romana Ecclesia gubernatori, et in eadem ac Imolensi et Faventina civitatibus et earundem diocesibus ac universis et singulis terris et locis infra limites tue gubernationis subiectis, nostro et apostolice sedis nuncio et collectori, salutem etc. Cum pro apparatu expeditionis maritime et terrestris exercitus adversus Turchos, Christiani nominis hostes acerrimos, a quibus Christiano populo clades innumerabiles et damna quamplurima continue inferuntur, de consilio venerabilium fratrum nostrorum Sancte Romane Ecclesie cardinalium, accedente etiam consensu plurimorum [principum et dominorum aliorumque] prelatorum in conventu Mantuano ad hoc congregatorum et convocatorum, unam integram decimam, secundum verum valorem omnium fructuum, reddituum et proventuum quorumcumque beneficiorum ecclesiasticorum in toto orbe terrarum consistentium, triennio durante, ac trigesimam partem fructuum et proventuum annuorum a laicalibus personis in natione Italica consistentibus, et a Iudeis vigesimam porcionem persolvendas, ac sub certis terminis, modis et formis exigendas, levandas et colligendas imposuimus, prout in aliis nostris litteris inde confectis et in publica sessione Mantue publicatis et promulgatis, latius continetur, ea propter, te, de cuius fide, integritate, probitate et solertia specialem in Domino fiduciam gerimus, receptorem, collectorem et exactorem decimarum, trigesime et vigesime, in civitatibus, diocesibus, terris et locis predictis constituentes et deputantes, per apostolica scripta committimus et mandamus, quatenus, adiunctis tibi aliis collectoribus iuxta formam dictarum litterarum nostrarum deputatis seu deputandis, ad civitates, dioceses, terras et loca huiusmodi personaliter accedas, atque ipsam decimam integram, secundum verum valorem fructuum, ab omnibus et singulis ecclesiis, monasteriis, hospitalibus, cenobiis et aliis piis locis ecclesiasticis, secularibus et quorumcumque ordinum regularibus virorum et mulierum, eorumque prelatis, capitulis, conventibus, collegiis, plebanis, rectoribus, canonicis, aliisque ecclesiasticis personis, cuiuscumque status, gradus, ordinis et preheminencie aut conditionis existant, etiam si cardinalatus, patriarchali, archiepiscopali, episcopali, abbatiali, aut quavis alia prefulgeant dignitate, etiam sub quavis verborum forma exemptis et non exemptis, ac insuper, trigesimam a laicalibus personis utriusque sexus, et a Iudeis vigesimam, iuxta earundem litterarum formam petere, exigere, levare et colligere cures. Nos enim, decimam, trigesimam et vigesimam huiusmodi, auctoritate nostra per te et alios, ut prefertur, deputatos seu deputandos, exigendi, petendi, colligendi et accipiendi, atque de receptis dumtaxat quitandi, liberandi et absolvendi, indictionem etiam seu impositionem huiusmodi decime, trigesime et vigesime predictarum, ubicumque oportunum fore tu et adiuncti huiusmodi videritis, ad verum valorem fructuum annuorum reducendi et reformandi, contradictores quoslibet et rebelles, ac solvere decimam differentes seu renitentes, penas et censuras in ipsis nostris litteris contra tales inflictas et promulgatas incurrisse declarans, ac etiam per censuram ecclesiasticam aliaque oportuna remedia, aut sequestrationem fructuum huiusmodi beneficiorum ac etiam bonorum laicorum Christifidelium; Iudeos vero per sustractionem communionis fidelium et alia qua congruit districtione et per similem sequestrationem compescendi, cogendi et compellendi, et si protervitas aut contumacia id exigerit, ecclesiasticos prefatos dignitatibus, beneficiis et officiis privandi et ab illis amovendi, adversus laicales personas usque ad executionem tam realem quam personalem earundem procedendi, dictosque Iudeos sub penis supradictis et aliis pecuniariis mulctandi, et ad premissa omnia et singula brachium seculare invocandi, ac penas huiusmodi exigendi, necnon, quotiens te abesse contigerit, aliam personam ecclesiasticam, secularem vel cuiuscumque ordinis regularem, in civitatibus, diocesibus et locis huiusmodi loco tui deputandi vel substituendi, cum simili aut limitata potestate, eamque amovendi, et aliam de novo instituendi, prout tibi videbitur expedire; insuper, de consilio predicatoris sive predicatorum in illis partibus per nos deputatorum seu deputandorum, alios ydoneos et acceptos verbi Dei predicatores, religiosos vel seculares, prout videbitur, assumendi et eligendi, eisque et eorum cuilibet auctoritate nostra mandandi, in virtute sancte obedientie et sub excommunicationis late sententie pena, ut iuxta continentiam nostrarum litterarum in locis et civitatibus et diocesibus huiusmodi nuntient populis, predicent, declarent, illosque ad contribuendum huic sancto operi inducere et hortari ac eos ad commune periculum repellendum astrictos esse declarare studeant, ac omnia alia et singula in premissis et circa ea necessaria faciendi et exequendi, que ad plenariam executionem premissorum expedire videris, eosque, qui ad cor reversi, de quibuscumque premissorum occasione debitis a sentenciis et censuris, quas propterea incurrerint, absolvendi, liberandi et habilitandi, necnon cum illis, qui sententiis huiusmodi irretiti, missas et alia divina officia, non tamen in contemptum clavium celebrando, aut se illis imiscendo irregularitatem contraxerint, dispensandi, plenam et liberam tue fraternitati, dicta auctoritate, tenore presentium concedimus facultatem. Mandamus preterea locorum ordinariis in virtute sancte obedientie, ut preter deputatos predicatores huiusmodi, tam per nos quam per te, ut prefertur, electos, neminem alium in eorum ecclesiis cathedralibus, donec, quotiens, et quousque in eisdem ecclesiis cruciata predicetur, predicare permittant, quodque aliis predicatoribus in eorum diocesibus et aliis ecclesiis predicationis officium exercentibus imponere et iniungere debeant, ut Christifideles ad contribuendum huic salutari expeditioni inducere, ac inflammare totis viribus conentur. Volumus insuper, quod huiusmodi decime exactio fiat secundum taxationem decime in provincia huiusmodi factam, vel, ubi nulla fuerit taxatio, secundum morem et consuetudinem proxime observatos et sine alio onere illorum a quibus huiusmodi decima exigetur; neque cogi possit aliquis, etiam si plura beneficia obtineret, ad solvendum pro quitancia, si eam habere voluerit, ultra unum bolendinum pro littera et sigillo. Et, ne de moneta de qua fiet et fieri debet solutio dicte decime valeat hesitari, vitenturque gravamina, que propter hoc viri ecclesiastici pati possent, volumus, quod per te et deputatos seu deputandos collectores predictos, ipsa decima ad monetam in prefata provincia communiter currentem levetur, et etiam exigatur ac persolvatur, iuxta constitutionem super exactione decimarum in concilio Viennensi editam, itaque pretextu alicuius cambii debitores vel solutores dicte decime non graventur; quodque iuxta constitutionem eiusdem concilii Viennensis, calices, libri et alia ornamenta ecclesiastica divinis officiis deputata, ex causa pignoris, vel alias occasione dicte exactionis, nullatenus capiantur, distrahantur, vel etiam occupentur. Trigesima vero et vigesima huiusmodi leventur et colligantur iuxta modum et formam in nostris litteris expressum. Non obstantibus... Dat. Mantue, anno etc. MCCCCLVIIII°, sexto decimo Kalendas Februarii, pontificatus nostri anno secundo.

Source: ASV, Reg. Vat. 474, fols. 311v–313r.

Bibliography: Ady, *Bentivoglio*, p. 188.

867   Mantua, 17 January 1460

Declaration that the timetable for the collection of the Turkish tax imposed on laymen, clerics and Jews is to be amended wherever there has been delay in its publication, and that it is allowed in places other than those specified, if circumstances require this.

Pius etc. Ad futuram rei memoriam. Sic decet ea, que per Romanos pontifices statuuntur, lucida et aperta efficere, quod ex illis nulla resultet ambiguitas, nullusque in cordibus hominum scrupulus, qui conscienciam mordeat, generetur. Sane, nuper pro summa necessitate fidei Catholice et ex aliis urgentibus et necessariis causis, de consilio venerabilium fratrum nostrorum Sancte Romane Ecclesie cardinalium, accedente etiam assensu plurimorum principum et dominorum, aliorumque prelatorum in conventu Mantuano ad hoc congregatorum et convocatorum, unam integram decimam omnium fructuum, reddituum et proventuum, secundum verum valorem quorumcumque beneficiorum ecclesiasticorum in toto orbe consistentium, triennio durante, ac trigesimam partem fructuum et proventuum annuorum a laicalibus personis in natione Italica consistentibus, et a Iudeis vigesimam porcionem persolvendas, ac sub certis terminis, modis et formis exigendas, levandas et colligendas imposuimus, prout in nostris litteris inde confectis et in publica sessione Mantue publicatis et promulgatis, in quibus, inter cetera, terminum solutionis decime, trigesime et vigesime huiusmodi primi anni prefati triennii voluimus esse mensem Martii proxime et immediate sequentem, plenius continetur; cum autem huiusmodi decime, trigesime et vigesime impositio, ac littere desuper confecte, fortassis propter locorum distantiam, guerras et alia impedimenta non possint ita cito et de facili ad singulorum noticiam pervenire, volentes, ut unicuique a die notificationis nostrarum litterarum predictarum unius mensis saltem terminus concedatur, et, ne propter sententias ac censuras inflictas et promulgatas quispiam irretitus existat, auctoritate apostolica, tenore presentium declaramus nostre intentionis esse et fuisse, quod in eis locis seu provinciis, ubi huiusmodi decimam, trigesimam et vigesimam, iuxta earundem nostrarum litterarum continentiam, post mensem Februarii publicari contigerit, a die publicationis predicte infra mensem, decimam, trigesimam et vigesimam huiusmodi unusquisque solvere teneatur, que solutio sic facta pro anno millesimo quadringentesimo quinquagesimo nono et primo termino intelligatur. Ceterum, si propter guerras aut alium metum corporalem seu aliquod legitimum impedimentum, huiusmodi decime, trigesime et vigesime impositio et littere super illis confecte, in locorum aut dominiorum quorumcumque ecclesiis cathedralibus sive dominiis, civitatibus, terris et locis quibuscumque commode aut secure publicari non possent, ex tunc et eo casu subsistente, volumus et mandamus easdem decime, trigesime atque vigesime impositionem ac litteras desuper confectas, in ecclesiis sive locis propinquis et vicinis, ubi commodius et securius fieri poterit, iuxta dictarum litterarum nostrarum formam, publicari et ad communem hominum noticiam deduci volumus [sic]; decernentes, quod huiusmodi decime, trigesime et vigesime necnon litterarum prefatarum publicatio sic facta, perinde omnes arctat [sic] et astringat, ac si in ipsis cathedralibus ecclesiis et dominiis, civitatibus, terris et locis presentialiter intimate extitissent; non obstantibus omnibus, que in ipsis litteris prioribus non obstare voluimus, ceterisque contrariis quibuscumque. Nulli ergo... etc. Si quis autem etc. Dat. Mantue, anno etc. MCCCCLVIIII°, sexto decimo Kalendas Februarii, pontificatus nostri anno secundo.

Source: ASV, Reg. Vat. 474, fols. 313v–314r; BAV, Ottob. Lat. 2506, fols. 259r–260v.

868   Mantua, 17 January 1460

Exhortation to the town of Perugia to assist Bartholomew Vitelleschi, bishop of Corneto and papal governor in Perugia, and Nicolaus de Sancto Miniato, the local treasurers, in the task entrusted to them to collect the Turkish tax, including 5% on all property and income of the Jews.

Pius papa II.
Dilecti filii, salutem et apostolicam benedictionem. Sicut devotioni vestre et quibuscumque Catholicis notum esse debet, pro imminenti periculo Christiane religioni ad dietam venimus Mantuanam, in qua conventum pro fidei causa tenentes, tandem unanimi voto bellum adversus impiam Turchorum gentem, triennio duraturum, indictum fuit. Et quia pro tante rei magnitudine, nostre et Romane Ecclesie facultates nullo modo sufficere potuissent, unam integram decimam omnium fructuum et proventuum ecclesiarum, monasteriorum et beneficiorum quorumcumque ab ecclesiasticis per universum orbem

constitutis, et a laicalibus personis trigesimam, a Iudeis vero vigesimam portiones fructuum et bonorum eorundem, cum principum et potentatuum eiusdem nationis consensu, sub certis terminis, modis et formis persolvendas, exigendas et levandas imposuimus, prout in nostris litteris inde confectis et in publica sessione Mantue facta publicatis, plenius continetur; venerabilemque fratrem nostrum Bartholomeum, episcopum Cornetanum, pro nobis et Romana Ecclesia apud vos gubernatorem, et dilectum filium Nicolaum de Sancto Miniato, eiusdem civitatis Perusii thesaurarium, etiam in dicta civitate Perusina et nonnullis aliis locis, cum plena facultate exigendi decimam, trigesimam et vigesimam, collectores et nuntios nostros deputavimus. Hortamur itaque eandem devotionem vestram, et pro fide quam profitemini, ad cuius defensionem unusquisque Catholicus tenetur, precipimus ac mandamus, ut dictis collectoribus oportunis et efficacibus favoribus circa hec assistatis, et eis in omnibus pareatis et obediatis, prout vobis duxerint iniungendum, ut huic sancte expeditioni succurrere valeamus. Datum Mantue, sub anulo Piscatoris, die XVII Ianuarii MCCCCLVIIII, pontificatus nostri anno secundo.

Source: AS Perugia, Arch. Com., Diplomatico Comunale, Arm. II, cass. 14, No. 244.

Bibliography: Toaff, *Perugia*, pp. 74, 98, 111.

869   Mantua, 17 January 1460

Announcement to the *anziani* and sixteen *reformatori* of Bologna of the resolutions arrived at by the Diet in Mantua concerning the Turkish tax on the clergy, Christian laymen and the Jews.

Pius papa II.
Antianis et 16 reformatoribus civitatis Bononie.
Dilecti filii, salutem et apostolicam benedictionem. Sicut devotioni vestre et quibuscumque Catholicis notum esse debet, pro inminenti periculo Christiane religioni ad dietam venimus Mantuanam, in qua conventum pro fidei causa, vestris etiam oratoribus presentibus, tenentes, tandem unanimi voto bellum adversus impiam Turchorum gentem, triennio duraturum, indictum fuit. Et quia pro tante rei magnitudine nostre et Romane Ecclesie facultates nullo modo sufficere potuissent, unam integram decimam omnium fructuum et proventuum ecclesiarum, monasteriorum et beneficiorum quorumcumque ab ecclesiasticis per universum orbem constitutis, et a laicalibus personis

trigesimam, a Iudeis vero vigesimam portiones fructuum et bonorum eorundem, cum principum et potentatuum eiusdem nationis consensu, sub certis terminis, formis et modis persolvendas, exigendas et levandas imposuimus etc. Datum Mantue, sub anulo Piscatoris, die 17 Ianuarii 1459, pontificatus nostri anno secundo.

Publication: Makuscev, *Monumenta*, pp. 308f.

Note: Text incomplete.

Bibliography: Ady, *Bentivoglio*, p. 188.

870   Siena, 1 February 1460

Dispatch of the Bulls imposing the Turkish tax on Christians and Jews to Nicolaus of Volterra, papal nuncio and tax collector in Avignon, the Comtat Venaissin and adjacent papal territories. The tax is to be collected promptly also there.

Pius etc. dilecto filio Nicolao de Vulterris, legum doctori, familiari nostro, in civitate nostra Avinionensi ac eius diocesi et toto comitatu Venaysini ac in universis et singulis terris et locis in illis partibus dominio Sancte Romane Ecclesie subiectis, nostro et apostolice sedis nuntio et collectori, salutem etc. Cum pro apparatu expedicionis maritime, ut de verbo ad verbum libro VII° domini Pii pape II, folio CCCVIII°. Eidem sunt concesse littere apostolice ad futuram rei memoriam, videlicet declaratoria super decima exigenda, registrata superius ante penultima ab ista.
Eidem alie, videlicet vigesime pro Iudeis, incipientes: Si ecclesiasticos omnes in universo orbe etc.
Eidem alie, videlicet pro clericis decime, incipientes: Pugnantem contra Amalech etc.
Eidem alie, videlicet trigesime imposite laycis, incipientes: Ecclesiam Christi variis mundi turbinibus etc.
Eidem alie in hunc modum qui sequitur, videlicet:
Pius etc. Ad futuram rei memoriam. Pridem in dieta Mantuana constituti, conventum in nomine Domini pro fidei causa tenentes, ad evertendos Turchorum conatus et eorum rabiem cohibendam, qui continuo in perniciem Christianorum diversa moliuntur, remedia adhibere curavimus, et pro sustentando bello adversus ipsos Turchos, Dei hostes acerrimos, ultra decimas ecclesiasticorum omnium in universo orbe consistentium, Iudeorum

vigesimas, tam bonorum quam fructuum, ac etiam laycalium personarum nationis Italie trigesimam fructuum annuorum, cum principum et potentatuum eiusdem nationis consensu, durante triennio levandas et colligendas, imposuimus. Et iam in omnibus provinciis, civitatibus, terris et locis dominio Sancte Romane Ecclesie infra Italiam subiectis, et per universas et singulas provincias, civitates et loca eiusdem nationis sub quacumque ditione ac potestate posita, collectores deputavimus decimarum, vigesimarum et trigesimarum huiusmodi, prout in nostris desuper confectis litteris plenius continetur; ut igitur, de litteris trigesimarum ad omnes nobis et Romane Ecclesie ubilibet subiectos noticia pervenire valeat, et ille observentur, easdem litteras presentibus de verbo ad verbum inseri fecimus, quarum tenor sequitur et est talis: Pius etc. Ad futuram rei memoriam. Prospicientes de summo apostolatus apice etc. Registrata loco suo, de verbo ad verbum, libro VII domini Pii pape II, folio CCLXII. Intendentes igitur, ut premissa in civitate nostra Avinionensi et eius diocesi, unacum comitatu Venaysini ac universis et singulis terris et locis in partibus huiusmodi nobis et eidem Ecclesie subiectis, executionem habeant, trigesimam laycalium personarum per civitatem et diocesim Avinionen., comitatum Venaysini, terras et loca in illis partibus nobis subiecta, similiter sub eisdem terminis, modis et formis colligendam et levandam, secundum formam litterarum earundem imponimus per presentes, mandantes laycalibus personis utriusque sexus infra limites partium huiusmodi consistentibus, ut eisdem preinsertis litteris in omnibus et per omnia integre et cum effectu parere studeant, ac in eis contenta observent, et ad effectum penitus deducant, prout in summa necessitate fidei Catholicas personas facere convenit, et sese promptas exhibeant ac liberales, recepture a Domino pro temporalibus rebus eterna premia; alioquin adversus inobedientes et trigesimas in terminis constitutis non persolventes, per excommunicationis sententias ac censuras et penas et remedia oportuna, iuxta formam aliarum nostrarum litterarum. Nulli ergo... etc. Si quis autem etc. Dat. Senis, anno etc. MCCCCLVIIII, Kalendis Februarii, pontificatus nostri anno secundo.

Source: ASV, Reg. Vat. 475, fols. 200r–201r.

Note: See above, Doc. **865.**

Bibliography: Picotti, *Pio II e Francesco Sforza*, p. 190.

871   Siena, 3 March 1460

Amendment of concessions granted the inhabitants of Carpentras and the

Comtat Venaissin. The farming out of papal revenues is permitted also to Jews, if that is advantageous to the papal chamber; Jews are not to be compelled to wear the badge worn by those of Avignon and Provence; Christians are allowed to assume property obligations towards Jews, and to supply Jews with services, but for a daily salary, without Jews and Christians living together and as practised hitherto. All other provisions are to stand.

Pius etc. Ad perpetuam rei memoriam. Apostolice sedis providencia circumspecta ad illa, que plerumque ordinat et disponit, modificationis, ubi expedit, sue provisionem adiicit, prout rerum, temporum, personarum qualitate pensata, id conspicit oportunum. Cum itaque, sicuti nobis innotum, propter certas litteras, que a nobis sub data videlicet Mantue, octavo Kalendas Septembris, pontificatus nostri anno primo, ad perpetuam rei memoriam, emanarunt, Iudeis nostrorum civitatis Carpentoratensis et comitatus Venaysini diversa gravamina inferuntur, nos igitur, actendentes, quod Cristiana pietas Iudeos in memoriam Passionis Salvatoris nostri tollerat, ac quantum cum Deo possumus, Iudeos ipsos in civitate et comitatu prefatis pro tempore residentes gratioso sedis apostolice dominio fovere volentes, necnon ipsarum litterarum tenorem, ac si de verbo ad verbum inserte forent presentibus pro expresso habentes, quo ad hoc, quod in civitate et comitatu prefatis Vintena nuncupati, et alii redditus et proventus camere apostolice debiti, per illos ad quos pertinet, Iudeis, si cum illis dicte camere conditio pro tempore melius efficiatur, arrendari, ipsique Iudei illos in arrendam, et que pro illorum perceptione et recuperatione necessaria sunt officia, eis committenda, suscipere et exercere, necnon signis evidentibus, que in civitate nostra Avinionensi ac provincia Provincie alii Iudei, ut a Christianis cognoscantur, gestant, incedere, nec ad illa signa gestandum quavis auctoritate compelli, ac etiam, quod contractus et obligationes quoscunque Christianos ad interitum salutis eterne non mancipantes, nec personaliter, sed illorum bona mobilia ac fructus, redditus et proventus astringentes, cum ipsis Christianis insimul inire, facere et celebrare, etiam cum renuntiationibus et cautelis oportunis, ac submissione, iurisdictionibus et cohertionibus civitatum et comitatus huiusmodi, et quo ad ipsos Iudeos, si voluerint, aliarum quarumcunque curiarum illarumque iudicum et officiariorum, ac quod Christiani eorundem Iudeorum culturis et obsequiis, ex quibus interitus huiusmodi non evenire possit, pro diurna tantum mercede, non tamen cum ipsis Iudeis cohabitando, de cetero intendere et vacare possint et valeant, prout hactenus inibi de consuetudine extitit observatum, litteras prefatas, illis alias in singulis aliis illarum partibus valituris, auctoritate apostolica, et ex certa nostra sciencia, modificamus, et quod ita in civitate Carpentoratensi ac comitatu predictis fiat et observetur, concedimus per presentes; non obstantibus litteris prefatis ac constitutionibus et ordinationibus apostolicis, ceterisque contrariis quibuscunque. Nulli ergo ... etc. Si quis etc. Datum

Senis, anno etc. millesimo quadringentesimo quinquagesimo nono, quinto
Nonas Marcii, anno secundo.

Source: ASV, Reg. Vat. 502, fol. 281r-v.

Note: See above, Doc. **863,** and below, Doc. **933.** The letter dated 25 August
1459 is probably the original Bull, issued to the people of Carpentras and the
Comtat Venaissin. See also below, Docs. **924** and **1721.**

Bibliography: Bardinet, *Condition*, pp. 23f.; Picotti, *Pio II e Francesco
Sforza*, p. 187, n. 3.

872   Siena, 19 July 1460

Concession to Ludovicus, duke of Savoy, following representations of his
ambassadors, Augustinus, abbot of Casanova, in the diocese of Turin, and
Ludovicus (Louis) Rivoire de la Croix, of one year's income of the Turkish tax
in his dominions, less 4,000 ducats of the *vigesima*, all being collected by Louis
de Romagnano, bishop of Turin, and the said abbot. The duke needs the
money to aid the defence of Cyprus organized by his son Ludovicus, king of
the island.

Pius etc. dilecto filio nobili viro Ludovico, duci Sabaudie, salutem etc.
Quante nobis cure ac solicitudini sit obscenos Christiani nominis hostes
debellare et Christianorum saluti prospicere, non est consilium exponere. Id
enim notum est omnibus. At vero magnam consolacionem animo capimus,
cum intuemur quenquam Christianum principem alteri principi, ab eiusmodi
hostibus oppresso, opem ferre atque auxilia portare, quin ymo ad eos tam
bone voluntatis inflammandos, et nos non nihil opis importare consuevimus.
Sane, dudum pro summa necessitate fidei Catholice et Christianorum salute,
de consilio venerabilium fratrum nostrorum Sancte Romane Ecclesie
cardinalium, assentientibus multis principibus, dominis atque oratoribus,
aliisque prelatis in conventu Mantuano ad id congregatis, inter alia unam
integram decimam omnium fructuum, reddituum et proventuum, secundum
verum valorem quorumcumque beneficiorum ecclesiasticorum in toto orbe
consistentium, triennio durante, et a Iudeis vigesimam portionem fructuum
seu proventuum suorum persolvendas imposuimus, prout in nostris inde
confectis litteris in publica sessione Mantue promulgatis, plenius continetur.
Cum igitur, tam per dilectos filios Augustinum, abbatem monasterii Casenove,
Thaurinensis diocesis, ac nobilem virum Ludovicum de Ravoria dominum

crucis, tuos oratores ad nos profectos, quam aliunde fama referente, nuper nobis innotuerit carissimum in Christo filium Ludovicum, regem Cypri illustrem atque clarum natum tuum, eiusque insulam atque regnum, graves iacturas et calamitates per hec tempora a scelestissimis Mauris excepisse, et quod miserabile dictu est, ipsos Mauros etiam, quodam nefario homine Cyprio malignante ac illos instigante, validam ingentemque classem adversus ipsum regem comparasse, ac, ut creditur, iam sibi prope in foribus imminere; tu vero, ut etiam accepimus ab eisdem, seu paterna caritate motus, seu pietate ac virtute ipsa allectus, pro viribus abs te succurrendum regi censueris, magnumque ac navalem apparatum atque robur quamprimum mittere constitueris, preclarum huiusmodi tuum facinus collaudamus atque in eo plurimum consolamur; verum, quo facilius inceptum prosequi atque explere possis, tuque ardentius exequaris, nos ultro occurrere statuimus itaque decimam huiusmodi, sed unius tantum anni et non amplius, ab omnibus et singulis clericis, preterquam a nostris curialibus et a residentibus in nostra curia, quos, cum hic nobis eam vel solverint vel soluturi sint, ab huiusmodi extra ipsam curiam exactione, liberamus, ac vicesimam ipsam a Iudeis, item et a manifestis usurariis cuiuscumque status et conditionis existant quibuscumque, eciam vicesimam porcionem eiusmodi ex usuris proventuum, in tuis natorumque tuorum, tam citra quam ultra montes, necnon tuorum ac illorum feudatariorum et adherentium dominiis, etiam in Lausanensi et Sedunensi, que partim in tuo dominio sita esse dicitur, diocesibus consistentibus, exigendas, et consequenter predicationem verbi Dei, secundum facultatem et formam nostrarum de Cruciata litterarum, ibidem uno tantum anno per predicatores tunc ad id exequendum munus deputatos, faciendam; hac tamen additione, ut nobilibus maioris singulis, tres ducatos, aliis autem mediocris singulis, duos ducatos, ceteris quoque infimi status et conditionis singulis, unum ducatum in elemosinam huic sancto operi porrigentibus, plenaria eiusdem cruciate remissio debeatur, tenore presentium concedimus. Decernentes, ut omnis pecunia sive ex decimis et vicesimis sive ex cruciata huiusmodi proventura, per venerabilem fratrem nostrum episcopum Thaurinensem, atque prefatum Augustinum abbatem Casenove, nostros et apostolice sedis nuncios et collectores ad hoc specialiter deputatos, sub penis et censuris colligatur, iuxta formam litterarum nostrarum super ipsorum collectorum deputatione ac etiam potestate editarum; volumus autem, ut quamprimum pecunia huiusmodi exigetur, dimidium vicesime usurarum predictarum ac propterea summam quatuor milium ducatorum per ipsos collectores nobis et nostre apostolice camere reserventur, ac de huiusmodi primis pecuniis, ut prefertur exactis, illico mittantur et persolvantur, omni exceptione sublata, eciam pro expedicione Christianorum alibi adversus infideles sufficienda. Residuum vero pecuniarum huiusmodi in subsidium prefato regi Cyprio per te, ut prefertur, prestandum et continuandum pro illius et regni sui antedicti ab eisdem impiis Mauris defensione, et non in alios usus per collectores prefatos dumtaxat prorsus impendatur et evidentissime distribuatur, prout tibi et collectoribus ipsis oportunius et salubrius fore videbitur. Hortamur vero nobilitatem tuam in Domino, ut quod laudabiliter cepisti, vigilantissime continues, gloriose finias, ne solum caro de carne tua te excitasse videatur, sed ipsa erga Deum pietas, erga Dei populum immensa caritas, ut bonum Catholicumque principem invitasse; respicit enim Deus opera omnium ac numerat singula affluenterque retribuere consuevit; apud nos autem, qui personam tuam apprime diligimus, maiorem in modum meritis et amore cresces erisque apud omnes mortales celeberrimus. Datum Senis, anno etc. MCCCCLX, quarto decimo Kalendas Augusti, pontificatus nostri anno secundo.

Source: ASV, Reg. Vat. 477, fols. 81r–82r.

Note: Ludovicus, son of the duke of Savoy, married Carlotta, heiress of the Crown of Cyprus, and thus became pretender to the throne of Cyprus.

873   Siena, 19 July 1460

Mandate to Louis de Romagnano, bishop of Turin, and Augustinus, abbot of Casanova, in the diocese of Turin, papal nuncios and collectors, to collect the Turkish tax from Christians and Jews in the territories of Ludovicus, duke of Savoy.

Pius etc. venerabili fratri Ludovico, episcopo Thaurinensi, et dilecto filio Augustino, abbati monasterii Casenove, Thaurinensis diocesis, in universis et singulis civitatibus, terris et locis sub dilecti filii nobilis viri Ludovici, ducis Sabaudie, natorum suorum, tam citra quam ultra montes, necnon illius et illorum pheudatariorum et adherentium dominiis, ac in Lausanensi, et Sedunensi, que partim in ipsius ducis dominio sita esse dicitur, diocesibus consistentibus, nostris et apostolice sedis nuntiis et collectoribus, salutem etc. Cum pro apparatu expeditionis maritime et terrestris exercitus adversus impios Christiani nominis hostes, a quibus Christiano populo clades innumerabiles et damna quamplurima continue inferuntur, de consilio venerabilium fratrum nostrorum, Sancte Romane Ecclesie cardinalium, accedente etiam consensu plurimorum principum, dominorum et oratorum, aliorumque prelatorum in conventu Mantuano ad hec congregatorum et convocatorum, inter cetera unam integram decimam, secundum verum valorem omnium fructuum, reddituum et proventuum quorumcumque beneficiorum ecclesiasticorum, in toto orbe terrarum consistentium, triennio durante, ac a Iudeis vicesimam porcionem suorum proventuum persolvendas, atque sub certis terminis, modis et formis exigendas, levandas et colligendas imposuerimus, prout in aliis nostris, inde confectis, et in publica sessione Mantue publicatis et promulgatis litteris latius continetur; extentque manifesti, in animarum suarum salutis dispendium, non pauci in orbe Christiano usurarii, qui substantias etiam inopum hominum penitus emungunt, neque indignum esse videatur, ut etiam hi tales usurarii vicesimam porcionem proventuum ex his usuris provenientium huic sancto operi tribuant ac tribuere cogantur; eapropter vos, de quorum fide, integritate, probitate et solercia specialem in Domino fiduciam obtinemus, receptores, collectores et exactores unius anni decime et vicesimarum huiusmodi in civitatibus, diocesibus locisque supradictis omnibus constituentes et deputantes, vobis et cuilibet vestrum, per apostolica scripta committimus et mandamus, quatenus, adiunctis vobis aliis collectoribus, iuxta formam dictarum litterarum nostrarum deputatis seu deputandis, ad civitates et loca predicta personaliter, coniunctim aut disiunctim, pluresque aut singuli, prout melius fore putabitis, accedatis, atque ipsam decimam integram, secundum verum valorem fructuum, ab omnibus et singulis ecclesiis, monasteriis, hospitalibus, cenobiis et aliis piis locis, ecclesiasticis, secularibus et quorumcumque ordinum regularibus virorum et mulierum, eorumque prelatis, capitulis, conventibus, collegiis, plebanis, rectoribus, canonicis aliisque ecclesiasticis personis, cuiuscumque status, gradus, ordinis et preheminentie, aut conditionis existant, etiam si cardinalatus, patriarchali, archiepiscopali, episcopali, abbatiali, aut quavis alia prefulgeant dignitate, etiam sub quavis verborum forma exemptis et non exemptis, preterquam a nostris curialibus atque a residentibus in nostra curia, quos quidem cum nobis vel eam solverint, vel soluturi sunt, ab omni extra nostram prefatam curiam decimali exactione liberos et immunes esse volumus et declaramus; insuper quoque, a Iudeis vicesimam iuxta earundem litterarum formam, ac etiam a prefatis manifestis usurariis, omni ex [usuris] huiusmodi proventuum suorum vicesimam porcionem petere, exigere, levare et colligere, de uno tantum anno et non ultra, curetis. Nos enim, decimam ac vicesimas a Iudeis et usurariis huiusmodi, auctoritate nostra, per vos et alios ut prefertur deputatos, seu deputandos, uno anno tantum exigendi, petendi, liberandi et absolvendi, indictionem etiam seu impositionem decime et vicesimarum huiusmodi ubicumque oportunum fuerit vosque et adiuncti eiusmodi videritis, ad verum valorem fructuum annuorum et proventuum reducendi et reformandi; contradictores quoslibet et rebelles ac solvere decimam ipsam differentes, seu renitentes, penas et censuras in ipsis nostris litteris contra tales inflictas et promulgatas incurrisse declarandi, ac etiam per censuram ecclesiasticam aliaque oportuna remedia, aut sequestracionem fructuum huiusmodi beneficiorum; Iudeos vero, per substractionem communionis fidelium; usurarios autem sive per censuras antedictas, sive alias graviores, ac aliis quibus congruit districtionibus, etiam per similes sequestrationes compescendi, cogendi et compellendi; et si protervitas aut contumacia id exegerit, ecclesiasticos prefatos dignitatibus, beneficiis et officiis privandi at ab illis amovendi, dictos Iudeos et usurarios sub penis supradictis et aliis pecuniariis mulctandi, et ad premissa omnia et singula brachium seculare invocandi, ac penas huiusmodi exigendi; necnon quotiens vos abesse contigerit, alias personas ecclesiasticas, seculares, vel cuiuscumque ordinis regulares, in civitatibus et locis predictis loco vestri deputandi, aut substituendi, cum simili, aut limitata potestate, easque amovendi et alios denuo substituendi, prout vobis videbitur expedire; insuper quoque, in illis partibus ydoneos at acceptos verbi Dei predicatores religiosos vel seculares, prout vobis videbitur, assumendi, eligendi et deputandi, eisque et eorum cuilibet auctoritate nostra mandandi, in virtute sancte obedientie, et sub excommunicationis late sententie pena, ut iuxta continentiam nostrarum de huiusmodi cruciata litterarum, in locis et civitatibus huiusmodi nuntient populis, predicent et declarent, illosque ad contribuendum huic sancto operi inducere et hortari, ac eos ad commune periculum repellendum astrictos esse declarare studeant, ac omnia et singula in premissis et circa ea necessaria faciendi et exequendi, que ad plenariam executionem premissorum expedire videritis, eosque, qui ad cor reversi de quibuscumque premissorum occasione debitis a sententiis et censuris, quas propterea incurrissent, absolvendi, liberandi et habilitandi, necnon cum illis, qui sententiis huiusmodi irretiti, missas et alia divina officia, non tamen in contemptum clavium celebrando, aut se illis immiscendo, irregularitatem contraxerint, dispensandi, plenam et liberam vobis, dicta auctoritate, tenore presentium, concedimus facultatem. Mandamus preterea locorum ordinariis, in virtute sancte obedientie, ut preter deputatos seu deputandos predicatores huiusmodi, ut prefertur, neminem alium in eorum ecclesiis cathedralibus, donec, quotiens et quousque in eisdem ecclesiis cruciata predicetur, predicare permittant; quodque aliis predicatoribus in eorum diocesi, et aliis ecclesiis predicationis officium exercentibus, imponere et iniungere debeant, ut Christifideles ad contribuendum huic salutari expeditioni inducere et inflammare totis viribus conentur. Volumus insuper, quod huiusmodi decime exactio fiat secundum taxationem decime in huiusmodi provincia factam, vel ubi nulla fuerit taxatio, secundum morem et consuetudinem proxime et laudabiliter observatos, et sine alio onere illorum a quibus huiusmodi decima exigetur; neque cogi possit aliquis, etiam si plura beneficia obtineret, ad solvendum pro quitantia, si eam habere voluerit, ultra unum bolondinum pro litera et sigillo; et ne de moneta de qua fiet et fieri debet solutio dicte decime valeat hesitari, vitenturque gravamina, que viri ecclesiastici pati possent, volumus quod per vos et deputatos seu deputandos collectores predictos ipsa decima ad monetam in prefata provincia communiter currentem levetur, et etiam exigatur ac persolvatur, iuxta constitutionem super exactione decimarum in concilio Viennensi editam; itaque pretextu alicuius cambii, debitores vel solutores dicte decime non graventur, quodque iuxta constitutionem eiusdem concilii Viennensis calices, libri et alia ornamenta ecclesiastica divinis officiis deputata ex causa pignoris vel alias occasione dicte exactionis nullatenus capiantur, distrahantur, vel etiam occupentur: vicesime vero huiusmodi leventur et colligantur iuxta modum et formam tam in litteris nostris de vicesima Iudeorum loquentibus expressum, quam prout vestre consciencie et iudicio ad efficacem huiusmodi exactionem, secundum Deum, melius esse videbitur. Non obstantibus tam felicis recordationis Bonifacii pape VIII predecessoris nostri ... que ipsis in hac parte nolumus in aliquo suffragari. Dat. Senis, anno etc. MCCCCLX°, quarto decimo Kalendas Augusti, pontificatus nostri anno secundo.

Source: ASV, Reg. Vat. 477, fols. 82r–84r.

Note: See preceding doc.

874   Siena, 19 July 1460

Mandate to the abbot of Belliloco (Beaulieu), in the diocese of Limassol, and the archdeacon of Nicosia to collect the Turkish tax on the island from Christians and Jews. Concession of the revenue to Ludovicus, king of Cyprus, for the defence of the island.

Pius etc. dilectis filiis abbati monasterii Belliloci, Limosiensis diocesis, ac archidiacono Nichosiensi, in universis et singulis civitatibus, terris et locis, in regno Ludovici regis Cypri illustris, ac omnium adherentium et recommendatorum ipsius regis dominio ubicumque consistentibus, nostris et apostolice sedis nuntiis et collectoribus, salutem etc. Cum pro apparatu expeditionis maritime et terrestris exercitus adversus impios etc. de verbo ad verbum usque latius continetur, ea propter vos, de quorum fide usque ibi ac insuper a Iudeis vigesimam unius anni tantum et non ultra iuxta earundem litterarum formam petere, exigere, levare et colligere curetis; nos enim unius anni decimam et vigesimam huiusmodi auctoritate nostra per vos et alios ut prefertur usque ibi communionis fidelium et alia qua congruit districtione et per similem sequestrationem compescendi, cogendi et compellendi, usque ibi et inflammare totis viribus conentur. Omnibus, enim, qui in hoc sancto opere militare voluerint, et personaliter ad hanc regni tui Cypri a nefariis Mauris aliisque nominis Christi perfidis hostibus defendendi expeditionem sese contulerint, et in eadem per octo menses, quatenus tanto tempore opus fuerit, sive clerici, sive laici, vel quacumque ecclesiastica, vel mundana prefulgeant dignitate perseveraverint, nos, de omnipotentis Dei misericordia et beatorum apostolorum Petri et Pauli auctoritate confisi, et ex illa quam nobis, licet indignis, contulit Deus ligandi atque solvendi potestate, plenissimam omnium peccatorum suorum remissionem concedimus et impartimur. Simulque eorum omnium et singulorum, qui in hac pia et sancta expeditione obierint animas, necnon eos, qui in propriis personis non accesserint, si in sui vicem quisque unum pugnantem emiserint, et per dictum tempus propriis facultatibus substentarint, tam emittentes quam bellatores emissos, alienis etiam expensis militantes, etiam si post iter arreptum decesserint quandocumque, preterea omnes et singulos Christifideles, qui de propriis substantiis, videlicet nobiles et maioris singuli tres ducatos, mercatores et mediocris singuli duos ducatos, plebei vero et infimi status et conditionis existentes singuli, unum ducatum, huic expeditioni et sancto operi contribuerint, sive hii regulares, sive seculares, sive mares, sive femine existant, huius plenarie remissionis volumus atque decernimus esse participes. Volumus insuper, usque ibi in nostris litteris expressam; hanc autem omnem pecuniam ex decima et vigesima atque cruciata predictis ut prefertur proventuram, et per vos aliosque adiunctos exigendam, atque diligenter conservandam, carissimo in Christo filio, Ludovico regi Cypri illustri, pro suo et regni sui prefati statu ab ipsis infidelibus et Christiani nominis infensis hostibus Mauris defendendo, concedimus; ea tamen limitatione adhibita, ut ea tota per ipsum regem et vos duos, tantum in eiusmodi defensionem et non in alios usus, super quo vestram et ipsius regis conscienciam oneramus, evidentissime distribuatur et convertatur; super quibus exequendis vobis plenariam facultatem et potestatem, tenore presentium, apostolica auctoritate concedimus et elargimur. Non obstantibus tam felicis recordationis etc. ut supra usque in finem.

Source: ASV, Reg. Vat. 477, fol. 84r–84v.

Note: See preceding docs.

875   Rome, 21 October 1460

Confirmation of privileges to the community and people of Terracina, including permission to Jews to live in the town.

Pius episcopus, servus servorum Dei. Ad perpetuam rei memoriam. Ex superne providentia Maiestatis... Sane, pro parte dilectorum filiorum communitatis et universorum civium, habitatorum et incolarum civitatis nostre Terracinensis nobis fuit humiliter supplicatum, ut omnia et singula privilegia, concessiones, immunitates et indulta civitati, civibus, habitatoribus et incolis predictis per diversos Romanos pontifices quoquo modo concessa, approbare et confirmare, ac omnes et singulos processus formatos et sententias latas exactis temporibus, quibus ipsa civitas sub ditione, dominio et potestate tam bone memorie Alphonsi Aragonum, quam carissimi in Christo filii nostri Ferdinandi Sicilie, regum illustrium, cassare et annullare, ac cives, habitatores et incolas predictos ab omnibus et singulis excessibus, culpis et delictis, ac censuris et penis per eos quomodocumque et qualitercumque incursis a dictis temporibus citra usque in presentem diem absolvere et liberare; ... quodque etiam plerumque contingit, quod propter necessitatem pecuniarum opus est, ut cives, habitatores et incole prefati ad Iudeos confugiant, ac propterea necesse sit, Iudeos in ipsa civitate aliqualiter sustentando fovere, eisdem communitati, civibus, habitatoribus et incolis, ut Iudei in dicta civitate manere, ac omnibus et singulis immunitatibus indultorum ac statutorum dicte civitatis gaudere possint et valeant, concedere et indulgere, aliasque in premissis et circa ea opportuna providere, de benignitate apostolica dignaremur. Nos igitur, qui singulorum Christifidelium, et potissime nobis et Romane Ecclesie subditorum, statum, tranquillitatem et commodum, quantum cum Deo possumus, affectamus, huiusmodi supplicationibus inclinati, omnia et singula privilegia, concessiones, immunitates et indulta quecumque et qualiacumque sint, civitati, communitati, civibus, habitatoribus et incolis predictis per quoscumque Romanos pontifices predecessores nostros quoquo modo concessa, et que, ac si de verbo ad verbum insererentur presentibus pro expressis habentes, apostolica auctoritate confirmamus et approbamus, ac presentis scripti patrocinio communimus... Et insuper communitati, civibus, habitatoribus et incolis memoratis prefata auctoritate concedimus, quod pro eorum necessitatibus possint Iudeos in dicta civitate tenere, qui Iudei in eadem civitate pro tempore commorantes, omnibus et singulis immunitabus indultorum ac statutorum dicte civitatis potiri et gaudere possint et valeant, non obstantibus constitutionibus et ordinationibus apostolicis, ceterisque contrariis quibuscumque. Nulli ergo... Si quis autem... Datum Rome, apud Sanctum Petrum, anno Incarnationis Dominice millesimo quadringentesimo sexagesimo, duodecimo Kalendas Novembris, pontificatus nostri anno tertio.

Publication: Contatore, *Historia Terracinensi*, pp. 121f.; Loevinson, *Terracina*, p. 151 (partly).

Bibliography: Pastor, *History of the Popes* 3, pp. 105f.; Sugenheim, *Geschichte und Ausbildung des Kirchenstaates*, p. 336.

876   Rome, 23 January 1461

Mandate, if the facts are established, to the vicar of Angelus Mancini de Cavi, bishop of Veroli, to confirm the findings and verdict in the trial of the Jews Moyse Angelelli and his wife Gentilischa, in Veroli, and Mele Gayeli, in Gennazano, accused of hiring a Christian to wound Iacob Salomonis, a Jew in Veroli, who had later died. Moyse had been found innocent and Mele had been convicted and fined.

Pius etc. dilecto filio vicario venerabilis fratris nostri episcopi Verulani in spiritualibus generali, salutem etc. Solita Romani pontificis clemencia, non solum fidelibus singulis humiliter poscentibus se exhibet gratiosam, verum etiam Iudeis, qui malunt in sua duritia permanere quam ad fidei Catholice pervenire noticiam, Christiane pietatis mansuetudinem non denegat, ut ad lumen veritatis, que Christus est, eo magis valeant pervenire. Sane, pro parte Moysis Angelelli et Gentilische, eius uxoris, in civitate nostra Verulana, ac Melis Gayeli in castro Genezani, Penestrine diocesis, commorantium Ebreorum nobis nuper exhibita petitio continebat, quod olim dilectus filius Sanctus de Urbe, tunc eiusdem castri pro dilecto filio nobili viro Antonio de Columna domicello Romano et ipsius Urbis prefecto temporali dominio, vicarius, pretendens, quod, fama publica referente, ad suam noticiam pervenisset, quod dicti Iudei cuidam incole dicti castri certam pecunie summam ad effectum, ut ipse incola quondam Iacob Salamonis, etiam Ebreum, et tunc in dicta civitate Verulana commorantem, in eius facie aut alia sui corporis parte taliter vulneraret, quod vulneris huiusmodi cicatrix perpetuo remaneret et appareret, persolvissent, et super hoc apud bonos et graves diffamati essent, quodque propterea idem incola dictum Iacobum in brachio eius sinistro vulnerasset, et ex dicto vulnere idem Iacob eodem brachio mutillatus decessisset, contra dictos Iudeos, quos propter hoc fecit ad suam presentiam evocari, super premissis ex officio ad inquisicionem descendit; et cum dictus vicarius Moysem et Gentilescam predictos in premissis culpabiles minime reperisset, per suam diffinitivam sentenciam eos et eorum quemlibet a premissis absolvit. Melem vero predictum in premissis culpabilem repertum, in certa pecuniarum summa tunc expressa, quam postea idem Meles persolvit, sententialiter condemnavit, prout in quodam publico instrumento de super dicta sentencia confecto dicitur plenius contineri. Cum autem, sicut eadem petitio subiungebat, licet dicta sentencia nulla provocatione suspensa in rem transiverit iudicatam, ipsi tamen Iudei verentes, ne pretextu eiusdem criminis a quibusvis officialibus provincie nostre Campanie, instantibus forsan ipsorum emulis, qui exquisitis mediis super crimine ac lite finita predictis satagunt eos molestare, inquietentur indebite tempore procedente, et propterea sentenciam predictam pro ipsius subsistentia firmiori, apostolico munimine roborari desiderent, pro parte eorundem Iudeorum nobis fuit humiliter supplicatum, ut eis et eorum statui super hiis oportune providere, de benignitate apostolica dignaremur. Nos itaque, certam noticiam non habentes, huiusmodi supplicationibus inclinati, discretioni tue per apostolica scripta mandamus, quatenus, si est ita, sentenciam predictam, prout rationabile prolata existit, auctoritate nostra approbes et confirmes, ac eam, appellatione remota, facias inviolabiliter observari, supplendo omnes deffectus, si qui forsan in inquisicione et processu predictis intervenerint. Et nihilominus eisdem Ebreis efficacis defensionis presidio assistens, eos ipsorumque familiam per officiales dicte provincie, qui erunt pro tempore, premissorum occasione nullatenus molestari, neque ex officio, vel ad denuntiationem sive occasionem [*sic*] alicuius vexari, inquietari, aut contra eos procedi quoquomodo permittas, contradictores per censuram ecclesiasticam, appellatione postposita, compescendo. Non obstantibus si predictis vel quibusvis aliis communiter vel divisim a sede apostolica sit indultum, quod interdici, suspendi vel excommunicari non possint, per litteras apostolicas non facientes plenam et expressam ac de verbo ad verbum de indulto huiusmodi mentionem. Datum Rome, apud Sanctum Petrum, anno etc. Dominice M°CCCCLX°, decimo Kalendas Februarii, anno tertio.

Source: ASV, Reg. Vat. 504, fols. 84v–85r.

877   Rome, 24 January 1461

Confirmation to Alexander Sforza, count of Cotignola and papal vicar general in Pesaro, of the charter granted him by Nicholas V, whereby he was granted complete authority in his territory and the papal officials in the March of Ancona were inhibited to tax his subjects, including also the Jews. Following an attempt by these officials to enforce an internal tax imposed by the Jews of the March of Ancona on the Jews of Pesaro, a mandate to make inquiries was issued to Francis Todeschini Piccolomini, cardinal deacon of St. Eustache, who reported that the Jews of Pesaro were immune.

Pius etc. Ad futuram rei memoriam. Licet divina miseratio nos immeritos ad hoc pre ceteris mortalibus in universali Ecclesia supreme potestatis principatum obtinere disposuerit, in suam unicuique iusticiam prout debitores existimus, digna tamen credimus attentione moveri, si personas nobis et apostolice sedi devotas illo specialis favore gratie prosequamur, per que, sublatis quibusvis ambiguitatis et iurgiorum dispendiis, concessiones et gratie per nos et predecessores nostros Romanos pontifices facte, votivum sortiantur effectum ac reddantur peramplius fructuose. Sane, pro parte dilecti filii nobilis viri Alexandri Sfortie, comitis Cotignole, pro nobis et Romana Ecclesia in civitate nostra Pensauri in temporalibus vicarii generalis, nuper exhibita petitio continebat, quod dudum, postquam felicis recordationis Nicolaus papa V predecessor noster, sibi eandem civitatem in vicariatum sub certis modo et forma gratiose concesserat, inter cetera voluerat quod communitas seu universitas prefate civitatis, castrorum et districtus eiusdem, ac singulares persone cuiuscunque conditionis existerent, nulli alii iudici, rectori, vel legato Marchie Anconitane subiecissent quoquomodo, sed solum ipsi Alexandro et suis filiis; quodque nec ipse, neque filii aut incole, habitatores et subditi civitatis et castrorum huiusmodi, cuiuscumque status et conditionis forent, seu quovis nomine nuncupentur, per rectores, gubernatores et legatos dicte provincie compelli possent ad solutionem alicuius census, angarie seu collecte, vel ad solvendum aliud gravamen, quam illud quod eidem camere apostolice pro vicariatu huiusmodi solvere tenetur, posito quod per rectores, gubernatores seu legatos predictos provincialibus prefate provincie generaliter aliquod onus, collecta et gravamen imponeretur, a quibus idem predecessor prenominatos voluit esse immunes et ad illa nullatenus teneri, aut directe vel indirecte posse compelli, prout in litteris apostolicis dicti predecessoris desuper confectis plenius continetur, quarum vigore ipse Alexander ac habitatores et incole prefati in pacifica possessione vel quasi omnium concessionum predictarum hactenus fuerunt, prout etiam sunt de presenti. Cum vero aliquando contigerit Ebreos in dicta civitate commorantes ab officialibus provincie huiusmodi pro nonnullis exactionibus pecuniarum inter Ebreos provinciales impositarum voluisse gravari et pretextu literarum earundem non potuisse, officiales ipsi Hebreos civitatis predicte per civitates, terras et loca dicte provincie mercari et conversari prohibuerunt, nec non propterea illos variis processibus, sententiis, mulctis et penis afflixerunt et tamquam contumaces indebite condennarunt; et, sicut eadem peticio subiungebat, nisi concessiones in dictis literis contente etiam Ebreis ipsis in eadem civitate Pensauri degentibus observarentur, iura ipsi Alexandro concessa viribus non subsisterent, et Ebrei prefati ab eadem civitate recederent, in ipsius Alexandri preiudicium non modicum et iacturam; quare pro parte dicti Alexandri nobis fuit humiliter supplicatum, ut indemnitati et statui suis consulere, et Ebreos ipsos in civitate prefata degentes et qui pro tempore erunt, ad aliquod gravamen in provincia huiusmodi impositum, vel imponendum non teneri, decernere et declarare, omnesque sententias, mulctas et penas contra eos propterea latas et inflictas remittere et relaxare, illasque et processus desuper habitos cassare et annullare et super his oportune providere, de benignitate apostolica dignaremur. Nos, qui Hebreis ipsis per alias nostras litteras in forma brevis concessimus non gravari, nec propterea molestari debere ab officialibus predictis, ac noviter ad tollendam omnem huius rei dubietatem, dilecto filio nostro Francisco, Sancti Eustachii diacono cardinali, in eadem provincia apostolice sedis legato, dedimus in mandatis, ut de premissis se

diligenter informaret et nobis referret diligentius veritatem; qui quidem
cardinalis legatus, habita super hoc diligenti, ut asseruit, informatione, nobis
aperte retulit reperisse Hebreos in civitate Pensauri commorantes, ab annis
tredecim citra, vigore litterarum et concessionis huiusmodi, ab omnibus
exactionibus supradictis fuisse immunes, et tallias, onera, collectas aut
gravamina Hebreis provincialibus hucusque imposita non solvisse, quodque
propterea introitus camere apostolice in aliquo non minuuntur, attendentes,
quod Christiana mansuetudo etiam Iudeis, quibus inter fideles degere non
negatur, solet benigne concedere, que rigor sacrorum canonum interdicit, ac
cupientes eundem Alexandrum, qui pro nostro et Sancte Romane Ecclesie
statu multis se laboribus et periculis exposuit et exponere non desistit, nedum
in iure suo conservetur, sed illi favoribus assistere oportunis, volumus, et
tenore presentium apostolica auctoritate declaramus Hebreos ipsos in dicta
civitate Pensaurii commorantes sub concessione per eundem predecessorem
eidem Alexandro facta comprehendi debere, illosque a provincialibus oneribus
et exactionibus predictis ac provincie prefate officialibus nullatenus gravari
occasione tallearum aut collectarum seu aliorum onerum imponendorum
posse aut debere decernimus; et nihilominus omnes et singulas penas et
mulctas illis propterea quomodolibet impositas et indictas eadem auctoritate
remittimus et relaxamus, nec non quoscumque sententias et processus desuper
habitos cassamus et annullamus; presentibus tamen dicto vicariatu durante ac
dicto Alexandro et eius filiis, necnon eadem civitate Pensauri sub ditione et in
devotione nostra et successorum nostrorum Romanorum pontificum canonice
intrantium persistentibus, et non ultra vel alias duraturis. Nulli ergo ... etc. Si
quis autem etc. Dat. Rome, apud Sanctum Petrum, anno etc. MCCCCLX^{mo},
Nono Kalendas Februarii, pontificatus nostri anno tercio.

Source: ASV, Reg. Vat. 480, fols. 189r–190v.

878   Rome, 27 May 1461

Concession to the priors of the guilds in Perugia to proceed against Moise of
Lisbon, a Jew in that town, and information that the governor, Ermolao
Barbarò, bishop of Verona, had been instructed to do so.

Dilectis filiis et prioribus artium nostre civitatis Perusii. Pius papa II.
Dilecti filii, salutem et apostolicam benedictionem. Ut complaceremus
devotioni vestre scribimus venerabili fratri episcopo Veronensi, gubernatori
nostre civitatis, quatenus non obstantibus quibusvis aliis mandatis nostris,
istic puniri faciat, iustitia mediante, Moisem illum Hebreum de Ulixbona, pro

quo nuper ad nos scripsistis; fecimus hoc vostra gratia, cum hoc quod ipsi gubernatori et reliquis officialibus favoribus et auxilio opportunis assistatis in aministranda et exequenda huiusmodi iustitia, sicut est debitum vestrum et vos etiam facturos testamini. Datum Rome, apud Sanctum Petrum, sub annulo Piscatoris, die XXVII Maii MCCCCLXI, pontificatus nostri anno tertio.

Source: AS Perugia, Fondo Diplomatico, Pergamena 263.

Publication: Toaff, *Perugia*, p. 290.

Note: See also above, Doc. **853**.

Bibliography: Toaff, *op. cit.*, pp. 76, 90.

879   Rome, 20 October 1461

Approval of deed and statutes, formulated by the parishioners of St. Maria Magdalena in Corrales, of a loan fund for the poor and a confraternity to administer it, following the reduction to poverty of some of them by Jewish moneylenders. The statutes included the stipulation that neophytes, down to the fourth generation, should not be allowed to administer the fund. Mandate to the prior of St. Benedict in Valladolid, in the diocese of Palencia, to assist the parishioners to carry out the project.

Pius etc. Ad perpetuam rei memoriam. Ad fidei propagacionem orthodoxe et pauperum Christifidelium quorumlibet statum prosperandum, ut propulsis quibus obrui possent dispendiis, felicia status ipse suscipiat incrementa, libenter intendimus, et iis, que propterea rite facta fuere, ut illibata persistant, cum a nobis petitur, apostolici adiicimus muniminis firmitatem. Sane, pro parte dilectorum filiorum, universorum parrochianorum parrochialis ecclesie Beate Marie Magdalene, et habitatorum loci Corrales, Zamorensis diocesis, nobis nuper exhibita peticio continebat, quod, cum transactis temporibus perfidi Iudei in dicto loco existentes, quamplures Christifideles eiusdem loci usurarum voragine, quas ab ipsis extorquere non pavescebant, adeo depauperassent, quod ipsi Christiani peramplius dictas usuras exhibendi facultate carentes, locum ipsum deseruerant, dilecti filii, Andreas Dominici Marchant, Petrus Alfonsi Barladeo, et Bartholomeus de Fresno, de numero parrochianorum eorundem, et nonnulli alii Christifideles, qui ex antiqua progenie Christianorum traxerant originem, videntes locum ipsum propterea

desolari et deserentes ipsos per eosdem Iudeos inhumaniter pertractari, ipsorum possessiones et bona occupari, et Iudeos eosdem alios superare, pietate commoti et impietatem Iudeorum eorundem propulsare satagentes, ac indempnitatibus pauperum subvenire cupientes, in ipsa ecclesia unam archam, quam misericordiam nuncupari voluerunt, tribus clavibus clausam, pro elemosinis Christifidelium, ad subvencionem eorundem pauperum adiutrices manus porrigere volencium, recipiendis et in ea includendis ac custodiendis, in ea quoque certam tunc pecuniarum quantitatem in eandem subvencionem convertendam apposuerunt, necnon quandam confraternitatem sive societatem eorundem Christianorum, qui aliquibus diebus anni, pro pietatis operibus exercendis, insimul in prefata ecclesia convenirent, et quod per tres ydoneos viros ex progenie Christianorum saltem usque ad quartam generacionem ex utroque parente productos, et non per aliquem neophitum, sive militem, nobilem, aut dominum temporalem alicuius loci, ab aliis de ipsa confraternitate et ad illorum votum pro tempore deputatos, quorum quilibet unam ipsarum clavium teneret, peccunie, que in eadem archa pro tempore repperirent, pauperibus Christianis, quos magis egere noscerent, receptis ab eis sufficientibus caucione et obligacione coram notario publico et testibus de debito propterea solvendo, ne deinceps cum ipsis Iudeis necessitate cogente usurarios contractus inierent, liberaliter mutuo concederentur, et quedam alia tunc circa hec licita et honesta instituerunt, ordinarunt et statuerunt, prout in instrumento publico desuper confecto dicitur plenius contineri; quare pro parte parrochianorum et habitatorum predictorum, asserencium plures Christifideles ex premissis caritativas subvenciones, et devocionem populi augmentum, ac Iudeorum eorundem ritus vilipendium inibi suscepisse, quodque propterea in dies speratur nedum in prefato, sed eciam in circumvicinis locis damnatam Iudeorum usuram extirpari et Christianorum eorundem numerum cum salute animarum augmentari, nobis fuit humiliter supplicatum, ut apposicioni, institutionibus, ordinationibus et statutis prefatis, pro illorum subsistencia firmiori, robur apostolice confirmationis adiicere, de benignitate apostolica dignaremur. Nos igitur, eorundem parrochianorum et habitatorum pium propositum condignis in Domino laudibus commendantes, eosque in ipso proposito confovere volentes, apposicionem, institutiones, ordinaciones, et prout sunt licita et racioni consona, statuta predicta, et quatenus illa concernunt omnia et singula in dicto instrumento contenta, auctoritate apostolica, tenore presencium confirmamus et approbamus, ac presentis scripti patrocinio communimus ac perpetuo volumus observari, supplentes omnes et singulos defectus, si qui forsan intervenerint in eisdem, non obstantibus constitutionibus et ordinacionibus apostolicis contrariis quibuscunque. Nulli ergo ... etc. Si quis etc. Dat. Rome, apud Sanctum Petrum, anno Incarnacionis Dominice millesimo quadringentesimo sexagesimo primo, tertiodecimo Kalendas Novembris, anno quarto.
Simili modo: Dilecto filio priori monasterii Sancti Benedicti Vallisoliveti, per

priorem soliti gubernari, Palentine diocesis, salutem etc. Hodie nostras concessimus litteras, tenorem qui sequitur continentes: Pius episcopus, servus servorum. Ad perpetuam rei memoriam. Ad fidei propagacionem etc. Volentes itaque, quod littere ipse suum sortiantur effectum, discretioni tue per apostolica scripta mandamus, quatinus, quociens pro parte predictorum et pro tempore existencium parrochianorum et habitatorum dicti loci fueris super hoc requisitus, dictas litteras, ubi, quando et quotiens expedire videris, auctoritate nostra solemniter publicans, facias apposicionem, institutiones, ordinaciones et statuta predicta, iuxta earundem litterarum ac voluntatis nostre in illis apposite continenciam et tenorem inviolabiliter observari; contradictores... Non obstantibus etc.... Dat. Rome, apud Sanctum Petrum, anno Incarnacionis Dominice millesimo quadringentesimo sexagesimo primo, terciodecimo Kalendas Novembris, anno quarto.

Source: ASV, Reg. Lat. 574, fols. 151r–152v.

Bibliography: Simonsohn, *Limpieza de Sangre*, p. 305.

880   Rome, 5 November 1461

Mandate, if the facts are established, to the abbot of St. Michael on the Fluvia, in the diocese of Gerona, to remove from office Iohannes Palicerii, second sacristan in the church in Gerona, accused by Bernardus Loreda, a cleric in the diocese of Gerona, of having lent money at interest through Jews.

Pius etc. dilecto filio abbati monasterii Sancti Michaelis de Fluviano, Gerundensis diocesis, salutem etc. Dignum arbitramur et congruum, ut illis se reddat sedes apostolica gratiosam, quibus ad id propria virtutum merita laudabiliter suffragantur. Ad audientiam siquidem nostram, dilecto filio Bernardo Loreda, clerico Gerundensis diocesis, referente, pervenit, quod dilectus filius Iohannes Palicerii, sacrista secundus ecclesie Gerundensis, sui status et honoris immemor, Dei timore postposito, per medium Iudeorum pecunias, etiam recipiendo pignora apud se, ad usuram mutuare non erubescit, super quo etiam apud bonos et graves in partibus illis plurimum diffamatus habetur, excommunicationis aliasque ecclesiasticas sententias, censuras et penas in usurarios latas, damnabiliter incurrendo. Quibus sic ligatus, ac etiam sententia excommunicationis auctoritate apostolica innodatus, et publice nuntiatus, missas et alia divina officia, in contempum clavium celebrare, ymo verius profanare, non expavit, irregularitatis maculam incurrendo, in anime sue periculum, ecclesiastici ordinis obprobrium, ac pernitiosum exemplum et scandalum plurimorum. Nos igitur, actendentes, quod, veris existentibus premissis, idem Iohannes sacristia prefate ecclesie Gerundensis, cum sibi annexo uno ex perpetuis beneficiis locis presbiteralibus de capitulo Gerundensi nuncupatis, quorum singula pro tempore obtinentes stallum habent in choro et locum in capitulo ipsius ecclesie, ac canonicalem recipiunt portionem, licet canonici non vocentur, merito reddit se indignum, ac volentes prefatum Bernardum, apud nos de vite ac morum honestate aliisque probitatis et virtutum meritis multipliciter commendatum, horum intuitu favore prosequi gratioso, ac omnia et singula beneficia ecclesiastica, cum cura et sine cura, que idem Bernardus etiam ex quibusvis apostolicis dispensationibus obtinet, quorum omnium fructus, redditus et proventus triginta quinque librarum Barchinonensium secundum extimationem predictam, ut idem Bernardus asserit, valorem annuum non excedunt, et etiam illa que expectat, ac in quibus et ad que ius sibi quomodolibet competit, quecumque, quotcumque et qualiacumque fuerint, eorumque fructuum, redituum et proventuum veros annuos valores, ac dispensationum huiusmodi tenores presentibus pro expressis habentes, necnon eundem Bernardum a quibuscumque excommunicationis, suspensionis et interdicti, aliisque ecclesiasticis sententiis, censuris et penis, a iure vel ab homine, etiam apostolica auctoritate latis, si quibus, quavis occasione vel causa innodatus, vel irretitus forsan existit, quoad effectum presentium dumtaxat consequendum, harum serie absolventes et absolutum fore censentes, discretioni tue per apostolica scripta mandamus, quatenus, si dictus Bernardus prefatum Iohannem coram te super premissis accusare, seque in forma iuris inscribere voluerit, postquam eum accusaverit et se inscripserit, ut prefertur, vocatis dicto Iohanne et aliis qui fuerint evocandi super relatis eisdem inquiras auctoritate nostra diligentius veritatem; et si per inquisitionem huiusmodi relata ipsa inveneris veritate fulciri, prefatum Iohannem sacristia predicta cum annexo huiusmodi, prefata auctoritate nostra sententialiter prives et amoveas realiter ab eisdem, prout de iure fuerit faciendum... Dat. Rome, apud Sanctum Petrum, anno etc. MCCCCLXI, Nonis Novembris, pontificatus nostri anno quarto.

Source: ASV, Reg. Vat. 483, fols. 254r–256v.

Note: The pope then goes on to say that if Johannes is dismissed, he is to be replaced by Bernardus.

881 Rome, 1 December 1461

Confirmation of findings by Bartholomew Vitelleschi, bishop of Corneto and papal governor in Perugia, that Angelus Guillermi Magistri Angeli, a Jew in Perugia, was innocent of having had intercourse with Christian women.

Pius etc. Angelo Guillermi magistri Angeli, Ebreo, in civitate nostra Perusina commoranti, viam veritatis agnoscere ac Deum verum et unicum diligere atque timere. Decens reputamus et congruum, ut, sicut pietas Christiana receptet et sustineat cohabitacionem Iudeorum, ita etiam eos a noxiis et adversis, quantum nobis ex alto permittitur, preservemus, et que pro eorum innocencia Iudeorum processisse comperimus, apostolico presidio solidemus. Sane, pro parte tua nobis nuper exhibita peticio continebat, quod, licet tu ab ineunte etate ab illicitis, quantum humana fragilitas sinit, et presertim ab illo incontinencie vicio, propter quod ira Dei venit in filios diffidencie, necnon ab actu venereo cum mulieribus Christianis te abstinueris, nichilominus tamen, nonnulli malivoli tui falso te calumniari satagentes, dudum te super premissis coram venerabili fratre nostro Bartholomeo, episcopo Cornetano, tunc civitatis nostre Perusine pro nobis et Romana Ecclesia gubernatore, detulerunt, et, cum nihil contra te probatum extitisset et super hiis convictus minime fuisses, dictus episcopus, iusticia mediante, te ab ipsorum delatorum impeticione absolvit et insontem super relatis declaravit, tibique eciam concessit, quod nullo unquam tempore super ipsis relatis molestari deberes, prout in litteris autenticis dicti episcopi sigillo munitis, dicitur plenius contineri; quare pro parte tua nobis fuit humiliter supplicatum, ut absolucioni, declarationi et concessioni predictis, ac aliis que illas contingunt in ipsis litteris contentis, pro illorum subsistencia firmiori, robur apostolice confirmationis adiicere, de benignitate apostolica dignaremur. Nos itaque, huiusmodi supplicationibus inclinati, absolucionem, declaracionem et concessionem, necnon prout eas concernunt in litteris contenta huiusmodi et quecumque inde secuta rata habentes et grata, illa auctoritate apostolica confirmamus, et presentis scripti patrocinio communimus. Non obstantibus premissis ac constitucionibus et ordinacionibus apostolicis, necnon statutis et legibus municipalibus dicte civitatis, ceterisque contrariis quibuscunque. Nulli ergo ... etc. Si quis autem etc. Dat. Rome, apud Sanctum Petrum, anno Incarnacionis Dominice MCCCCLXI°, Kalendis Decembris, pontificatus nostri anno quarto.

Source: ASV, Reg. Vat. 505, fols. 118v–119r.

Note: On Angelo, son of Guglielmo in Perugia, see Toaff, *Perugia*, pp. 73f.

882 Rome, 14 January 1462

Mandate, if the facts are established, to Alexander de Gratis, canon in Bologna, to allow Jacobus Bartholomei de Fuscis of Bologna to set aside a clause in the testament of his father Bartholomeus, forbidding his heirs to let or sell his house to Jews, following a fraud allegedly perpetrated on him by Mussetus, a Jew.

Pius etc. dilecto filio Alexandro de Gratis, canonico Bononiensi, salutem etc. Sincere devocionis affectus, quem dilectus filius Iacobus Bartholomei de Fuschis, civis Bononiensis, ad nos et Romanam gerit Ecclesiam, non indigne meretur, ut peticiones suas, quantum cum Deo possumus, ad exaudicionis gratiam favorabiliter admittamus. Exhibita siquidem nobis nuper pro parte dicti Iacobi peticio continebat, quod, licet olim quondam Bartholomeus, eius genitor, dum viveret et necessitate premeretur, cum quodam Musseto Hebreo, habitatore civitatis nostre Bononiensis, vicino suo, de vendenda sibi quadam domo, infra limites capelle Sancti Marci civitatis eiusdem consistente et ad ipsum Bartholomeum legitime pertinente, pro certo precio tunc expresso convenisset, ac dictus Hebreus, ipsius Bartholomei necessitate cognita, sperans hoc medio conventum inter eos precium dicte domus diminuere posse, eandem domum se amplius emere nolle simularet; idem Bartholomeus, qui tunc gravi, qua postea decessit, egritudine laborabat, ob ipsius Ebrei fraudem atque maliciam maxime indignatus, condensque de bonis suis in eius voluntate ultima testamentum, inter cetera eidem Iacobo et quondam Aloysio eius natis atque heredibus, ipsius domus vendicionem, alienacionem et locacionem et quemcunque alium contractum alicui Hebreo fieri, nulla tamen adiecta pena, prohibuit, prout in quodam publico instrumento desuper confecto dicitur plenius contineri. Cum autem, sicut eadem peticio subiungebat, eodem Bartholomeo testatore et successive Aloysio prefatis ab hac luce subtractis, idem Iacobus maiore quam eius genitor necessitate prematur, nec habeat unde cum minori damno suis commodis provideat quam ex dicte domus alienacione, que propter situm et condiciones ipsius, nulli magis accommoda quam Iudeis existit, nemoque tantumdem, neque ad medietatem in emendo vel conducendo eam offerat, quantum quidem Iudei eius vicini, credaturque prohibitionem eiusdem testatoris propter ipsius Iudei fraudem causatam fore, et ad primos heredes se dumtaxat extendere; quare pro parte eiusdem Iacobi nobis fuit humiliter supplicatum, ut, prohibicione non obstante predicta, pro ipsius commodo et utilitate, ne propter paternam in Iudeum iam defunctum indignationem, ex odio pocius quam racione excussa, tanto commodo absque sui culpa privetur, domum predictam vendendi, alienandi, locandi et de ea quemcunque contractum cum quovis Iudeo faciendi, licenciam concedere, ac alias sibi super hiis oportune providere, de benignitate apostolica dignaremur. Nos itaque, de premissis certam noticiam non habentes, huiusmodi supplicacionibus inclinati, discretioni tue per apostolica scripta mandamus, quatinus super eisdem premissis omnibus et singulis ac eorum circumstanciis universis, auctoritate nostra te diligenter informes, et, si per informacionem huiusmodi ita esse reppereris, super quo tuam conscienciam oneramus, eidem Iacobo domum predictam cuicunque Iudeo vendendi, alienandi seu locandi, aut de ea quemvis alium contractum cum talibus faciendi, auctoritate prefata licenciam largiaris. Non obstantibus prohibitione testatoris predicti, ac constitutionibus et ordinationibus apostolicis, ceterisque contrariis quibuscunque. Dat. Rome, apud Sanctum Petrum, anno Incarnationis Dominice millesimo quadringentesimo sexagesimo primo, decimonono Kalendas Februarii, anno quarto.

Source: ASV, Reg. Lat. 571, fols. 10v–11r.

883   Rome, 11 February 1462

Confirmation to Mathasia Luci, his wife Caracosa and his son Moyse of the privileges granted them by the governors and community of Viterbo, and the verdict given by Jacob Fao, bishop of Ventimiglia and governor of the Patrimony, in the matter of Moyse, and the papal brief whereby the sole jurisdiction over them rests with the governor of the Patrimony, and a general pardon. Mandate to the papal vice-chamberlain, governor and officials of the Patrimony to observe the above.

Pius etc. Mathasie Luci, et Caracose eius uxori, ac Moysi eorundem nato, Ebreis Viterbiensibus, viam veritatis agnoscere et agnitam tenere. Humilibus supplicum votis libenter annuimus eaque favoribus prosequimur oportunis. Exhibita siquidem nobis nuper pro parte vestra peticio continebat, quod dilecti filii gubernatores seu rectores et communitas civitatis nostre Viterbiensis vobis nonulla immunitates, exemptiones, facultates, capitula, privilegia, et indulta retroactis diversis temporibus concesserunt, que hactenus vobis observata fuerunt, prout etiam observantur de presenti; necnon etiam, quod per venerabilem fratrem nostrum, Iacobum, episcopum Vigintimiliensem, tunc Patrimonii gubernatorem, quedam diffinitiva sentencia, partim contra eundem Moysem et partim in favorem eius, lata fuit, ipseque Moyses penam in eum illatam et in dicta sentencia contentam persolvit, quodque etiam litteras nostras in forma brevis, quibus vobis indulgetur, quod coram alio iudice et officiali quam Patrimonii huiusmodi gubernatore evocari et conveniri, accusari, aut inquiri, vel quovismodo molestari in civilibus seu criminalibus causis minime possitis, obtinuistis, prout in litteris eorundem gubernatorum et communitatis desuper confectis ac dicto brevi plenius continetur; quare pro parte vestra nobis fuit humiliter supplicatum, ut concessionibus, sententie ac brevi premissis et in eis contentis, pro eorum subsistentia firmiori, robur apostolice confirmationis et approbationis adiicere, et vobis omnia alia crimina, excessus et delicta, occulta vel non occulta, per vos hactenus perpetrata, remittere, et super eis veniam dare; necnon, quod in solito loco dicte civitatis habitare possitis, ordinationibus et mandatis gubernatorum et aliorum officialium dicte civitatis, qui pro tempore erunt, non obstantibus quibuscunque, statuere ac declarare, ac alias super premissis oportune providere, de benignitate apostolica dignaremur. Nos igitur, humilibus vestris supplicationibus inclinati, necnon concessionum, sententie ac brevis predictorum tenores presentibus pro expressis habentes, eadem concessiones, sententiam et breve, ita quod non sit in futurum iudex nec competens in civilibus et criminalibus alius iudex quam gubernator dicti Patrimonii, qui pro tempore erit, ac omnia et singula in eis contenta et inde secuta, auctoritate apostolica confirmamus pariter et approbamus, vobis nichilominus omnia et singula alia crimina, excessus et delicta, occulta vel non occulta, per vos vel quemlibet vestrum hactenus perpetrata et commissa, dicta auctoritate, harum serie remittentes et delentes, ac super eis veniam plenariam dantes, vobisque quod in locis consuetis et convenientibus dicte civitatis habitare valeatis, non obstantibus ordinationibus et mandatis quorumcunque gubernatorum seu officialium aliorum eiusdem civitatis, qui pro tempore erunt, quibuscumque contrariis, concedentes, mandantes etiam vicecamerario nostro ac gubernatoribus et officialibus Patrimonii huiusmodi pro tempore existentibus, quatenus premissa omnia et singula perpetuis futuris temporibus observent, et per eorum iurisdictioni subiectos, sub penis et censuris ecclesiasticis ac pecuniariis et aliis iuris remediis, prout eis melius videbitur, inviolabiliter observari faciant cum effectu, et nobiles, terrarum dominos et barones ad predicta etiam observanda in virtute sancte obedientie cohortentur; constitutionibus et ordinationibus apostolicis ac statutis et consuetudinibus dicte civitatis, etiam auctoritate apostolica confirmatis, ceterisque contrariis non obstantibus quibuscunque. Nulli ergo etc.... Si quis autem etc. Dat. Rome, apud Sanctum Petrum, anno etc. MCCCCLXIº, tercio Idus Februarii, pontificatus nostri anno quarto.

Source: ASV, Reg. Vat. 484, fols. 154v–155v.

884   Rome, 11 February 1462

Confirmation to Samuel Angeli Datili, his brother Datilus and his cousin or nephew Datilus Bonaventure, Jews in Rieti, of the privileges granted them by George de Saluzzo, bishop of Lausanne and papal vice-chancellor, and the governor of Rieti, respectively, including a licence to practise the medical profession. Grant of a general pardon to Samuel.

Pius etc. Samueli Angeli Datili, ac Datilo eius fratri, Ebreis Reatinis, viam veritatis agnoscere et agnitam tenere. Humilibus supplicum votis libenter annuimus eaque favoribus prosequimur opportunis. Exhibita siquidem nobis nuper pro parte vestra petitio continebat, quod dudum bone memorie Georgius de Salutiis, olim episcopus Lausanensis et vicecamerarius noster, tibi Samueli, quasdam super certis tibi tunc impositis absolutorias et exemptionis litteras, ac tunc gubernator Reatinus, tibi Datilo, per suas etiam litteras facultatem exercendi artem medicine et nonnulla alia concesserunt, prout in litteris eorundem episcopi et gubernatoris desuper confectis plenius continetur; quare pro parte vestra nobis fuit humiliter supplicatum, ut concessionibus predictis et in eis contentis, pro eorum subsistentia firmiori, robur apostolice confirmationis adiicere, et tibi Datilo similem facultatem de novo, ac illam etiam Datilo Boneventure, etiam Ebreo Reatino, dicti Samuelis consobrino, tam in phisica quam in cirogia, in civitate nostra Reatina et aliis civitatibus, terris et locis, tam Romane Ecclesie subiectis quam non subiectis, concedere, necnon tibi, Samueli, omnia crimina, excessus et delicta, occulta et non occulta, per te hactenus perpetrata et commissa remittere, et alias super premissis opportune providere, de benignitate apostolica dignaremur. Nos igitur, vestris huiusmodi supplicationibus inclinati, necnon huiusmodi concessionum vicecamerarii et gubernatoris predictorum tenores presentibus pro expressis habentes, easdem concessiones et omnia et singula in eis contenta et inde secuta, auctoritate apostolica confirmamus; tibi Datilo Angeli nihilominus et etiam Datilo Boneventure prefato, artem medicine tam in physica quam in cirogia in Reatina et aliis civitatibus, terris et locis quibuscumque, tam Romane Ecclesie subiectis quam non subiectis, exercendi facultatem, dicta auctoritate, harum serie concedentes; nec non tibi Samueli, omnia et singula crimina, excessus et delicta, occulta et non occulta, per te hactenus perpetrata et commissa, eisdem auctoritate et serie penitus remittentes, ac super eis veniam plenariam omnino dantes; committentes insuper pariter et mandantes vicecamerario nostro, nunc et pro tempore existenti, quatenus omnia et singula premissa perpetuis futuris temporibus, sub penis et censuris ecclesiasticis ac pecuniariis et aliis iuris remediis, prout ei melius videbitur, inviolabiliter observari faciat per quoscumque; non obstantibus constitutionibus et ordinationibus apostolicis ceterisque contrariis quibuscumque. Nulli ergo... etc. Si quis autem etc. Dat. Rome, apud Sanctum

Petrum, anno etc. millesimo CCCCLXI°, tertio Idus Februarii, pontificatus nostri anno quarto.

Source: ASV, Reg. Vat. 484, fols. 217v–218r.

885*   Viterbo, 31 May 1462

Pardon to Alligucius Servidei, a Jew in Vetralla, for the possession of counterfeit carlini, following the payment of an indemnity of 60 florins to the papal chamber.

Universis etc. Ludovicus etc. salutem etc.
Gilifortes etc. Cum Alligucius Servidei, Hebreus, habitator Vetralle, occasione certorum carlenorum falsorum, quos penes se deferebat, nuper per barisellum domini nostri pape captus et inquisitus esset, cumque occasione predicta cum camera composuerit de solvendo, atque realiter solverit sexaginta florenos auri de camera, idcirco nos Gilifortes, locumtenens prefatus, de mandato sanctissimi domini nostri pape super hoc vive vocis oraculo nobis facto, ac auctoritate camerariatus officii, cuius curam gerimus de presenti, prefatum Alligucium occasione premissorum absolvimus et liberamus, ac propterea cassamus, irritamus et anullamus, et per dictum barisellum omnesque alios officiales ad quos pertinet, cassari et annullari volumus et mandamus omnes et singulos processus et sententias, si qui forsan super hoc contra eum formati aut lati quomodolibet apparerent, ita quod in posterum occasione predicta nullo unquam tempore valeat inquietari. In cuius etc. Dat. Viterbii, die ultima mensis Maii, pontificatus sanctissimi domini nostri, domini Pii pape II, anno quarto.

Source: ASV, Arm. XXIX, vol. 29, fols. 281v–282r.

886   Viterbo, 12 June 1462

Mandate to Ermolao Barbarò, bishop of Verona and papal governor of Perugia, and the priors and chamberlains there to confirm for six years and apply the privileges of David Dacttoli, his brothers, family and partners, confirmed by Bartholomew Vitelleschi, bishop of Corneto, the previous governor, to grant them a general pardon, and to absolve the people of Perugia of all ecclesiastical censure for having made an agreement with the Jews.

Venerabili fratri gubernatori ac dilectis filiis prioribus et camerariis civitatis nostre Perusine in terra Dirute presentibus et futuris.
Pius papa II.
Venerabilis frater et dilecti filii, salutem et apostolicam benedictionem. Cum pro parte David Dacttoli da la Fracta, Hebrei, nobis humiliter supplicatum extiterit, ut capitula et concessiones seu conventiones concessa eidem David, fratribus, sociis atque ministris et familie sue, que, ut asserit, per venerabilem fratrem nostrum Bartolomeum episcopum Cornetanum, tunc istius provincie nostre gubernatorem, confirmata extiterunt, executioni mandarentur, per prefatum David et alios predictos libere et impune in futurum possint et valeant, idcirco, bonis respectibus ad id animum nostrum moventibus, fraternitati ac devotionibus vestris mandamus, quatenus illas seu illa prout edita fuerunt confirmando seu concedendo dicto David, fratribus et sociis, ministris et familiis suis prorsus observetis, et ab aliis, iuxta seriem et continentiam eorundem capitulorum, conventionum seu concessionum, faciatis cum effectu inviolabiliter observari in terra nostra Dirute dumtaxat, absolventes nichilominus et absolutos censentes ab omni excommunicationis sententia ac irregularitate illum seu illos, qui ratione ipsorum capitulorum seu concessionum se ingesserint, constitutionibus et inhibitionibus, indultis, prohibitionibus, appellationibus, statutis aliis quibuscunque quomodolibet in contrarium facientibus non obstantibus. Volumus tamen hoc breve nostrum pro securitate dictorum Hebreorum et cautele penes eos permanere; presentibus usque ad sex annos proxime futuros a data presentium computandos valituris. Datum Viterbii, sub anulo Piscatoris, die XII Iunii MCCCCLXII, pontificatus nostri anno quarto.

Source: AS Perugia, Annali Decemvirali 1463, col. 44r-v.

Publication: Majarelli-Nicolini, *Perugia*, p. 236.

Bibliography: Majarelli-Nicolini, *op. cit.*, pp. 151, 235; Toaff, *Perugia*, pp. 74, 79, 111.

887*   Abbadia San Salvatore, 27 July 1462

Concession to Moisettus Magistri Angeli of Camerino, a Jew in Todi, to collect a third of 100 florins plus expenses and damages from each of his two partners in a business in Spello. Moisettus and his partners had been ordered to pay the 100 florins on account of the *vigesima*, had tried to commit a fraud, and finally Moisettus paid the entire tax. Mandate to the officials in the papal states to assist Moisettus in collecting these sums from his partners.

Gilifortes etc. universis et singulis dominis rectoribus, gubernatoribus, capitaneis, potestatibus, vicariis, barisellis, iudicibus et aliis quibusvis officialibus quamcunque iurisdictionem exercentibus, in terris Ecclesie constitutis et constituendis, salutem etc. Noveritis, quod quidam Moisettus magistri Angeli de Camerino, Hebreus, habitator Tuderti, nuper per barisellum provincie Patrimonii compulsus fuit ad solvendum centum florenos auri de camera atque realiter persolvit camere apostolice, propterea quod societas eius, quam ipse, quidam quoque Bonaventura magistri Helie, ut tutor seu curator cuiusdam Davidis Gai de Perusio, et Gaius Gai de Camerino, habitator Spelli, Hebrei, simul tenuerunt continuoque tenent in dicta terra Spelli, pro quantitate substantie corporis dicte societatis et trafici vigesimam sancte cruciate per eos persolvendam defraudaverint, de quibus quidem centum florenis de camera per ipsum Moisetum, ut premittitur, solutis, eum eiusque heredes et successores absolvendum et liberandum duximus, ac tenore presentium absolvimus et perpetuo liberamus; verum, quia fraus vigesime huiusmodi commissa extitit de corpore societatis predictorum trium Hebreorum, rationabile videtur, ut omnes pro rata sua damnum huiusmodi debeant sustinere; quapropter, de mandato sanctissimi domini nostri pape super hoc vive vocis oraculo nobis facto, ac auctoritate camerariatus officii, cuius curam gerimus de presenti, tenore presentium eidem Moisetto cedimus actionem procedendi contra socios suos predictos, ut eorum quilibet eidem satisfaciat, tam de tercia parte dictorum centum florenorum sic per eum solutorum, quam etiam de tercia parte damnorum, expensarum et interesse per eum propterea incursorum; ac etiam de mandato, auctoritate et tenore predictis, eidem Moisetto licentiam et plenariam concedimus potestatem et auctoritatem, propria auctoritate sua penes se retinendi de pecuniis, rebus et bonis ad societatem et trafficum predicta pertinentibus et ad manus suas perventis et perventuris, tantum quantum sufficiat eidem ad complementum sue satisfactionis, pro rata tercie partis cuiuscunque sociorum predictorum, tam dicte principalis summe centum florenorum auri de camera solutorum, quam damnorum, expensarum et interesse per eum propterea, ut premittitur, incursorum; insuper, vobis omnibus et singulis officialibus supradictis et cuilibet vestrum, de mandato et auctoritate predictis, harum serie precipimus et mandamus, quatinus quandocunque et quotienscunque pro parte Moisetti predicti requisiti fueritis, seu alter vestrum requisitus fuerit, prefatos magistrum Bonaventuram tutorem, seu curatorem dicti Davidis, et Gaium Gai, Hebreos, socios eius prenominatos, ad respondendum et satisfaciendum quilibet eorum terciam partem dictorum centum florenorum auri de camera, ac damnorum, expensarum et interesse incursorum, eidem Moisetto viis omnibus et remediis opportunis, omni prorsus exceptione remota, compellere et astringere teneantur et debeant, absque alterius nostri expectatione mandati; in contrarium facientibus non obstantibus quibuscunque. Dat. in castro Abbatie Sancti Salvatoris, Clusine diocesis, sub sigilli camerariatus officii quo utimur impressione; anno etc. MCCCCLXII, indictione X, die vigesima septima mensis Iulii, pontificatus sanctissimi domini nostri domini Pii pape II, anno quarto.

Source: ASV, Arm. XXIX, vol. 29, fols. 299v–300v.

Note: Moisetto is probably identical with the person mentioned in Docs. **994, 949, 950, 953.**

888*   Pienza, 28 September 1462

Commission to Rosatus Laurenti de Nursia, the collector of the salt tax in Spoleto, to inquire into the alleged transgressions of Christian law committed by the Jews in the duchy of Spoleto, who were said to be treating Christians and to be lending money at interest without papal permission, and to punish the culprits.

Sulimanus de Sulimanis, apostolice camere clericus et in camerariatus sanctissimi domini nostri pape officio locumtenens, circumspecto viro ser Rosato Laurenti de Nursia, dohane salis Spoleti dohanerio, salutem etc. Ad sanctissimi in Christo patris et domini nostri domini Pii, divina providentia pape II, atque nostram fidedignis relatibus noticiam pervenit, quod in provincia Ducatus Spoleti eiusque civitatibus, terris et locis nonnulli sunt Hebrei, qui multa eis a fide nostra sacrisque canonibus prohibita committere, facere et perpetrare, etiam Christianos medicare, plurimasque peccunias ab eisdem per usuram extorquere non formidant, nulla desuper ab apostolica sede licencia obtenta, in dicte sedis Christianeque religionis et plurimorum dampnum, preiudicium et iacturam. Qua propter, cupientes huiusmodi insolentiis debite obviare, tibi, de cuius industria, fide et diligentia, sua sanctitas atque nos plurimum confidimus, de mandato prefati sanctissimi domini nostri pape super hoc vive vocis oraculo nobis facto, ac auctoritate camerariatus officii etc., inquirendi contra tales Hebreos et procedendi ad capturas, personalesque torturas, repertosque culpabiles in premissis vel quovis alio delicto, iuxta delicti qualitatem debite puniendi et condempnandi, condempnationumque debitas executiones, appellacione remota, faciendi et fieri faciendi, omniaque alia et singula in predictis et quomodolibet eorum necessaria et opportuna gerendi, agendi, mandandi, ordinandi, disponendi et exequendi, plenam et liberam, tenore presentium concedimus facultatem. Mandantes propterea omnibus et singulis communitatibus, universitatibus, dominis, baronibus, comitibus, gubernatoribus, rectoribus, potestatibus, vicariis, barisellis, armigeris et quibusvis aliis officialibus et personis, cuiuscunque status, gradus, ordinis vel condicionis fuerint, sanctissimo domino nostro pape et Sancte Romane Ecclesie mediate vel immediate subiectis, presentibus et futuris, quatinus in predictis exequendis, cum eos aut eorum aliquem duxeris requirendos, cunctis possibilibus assistere teneantur et debeant auxiliis, consiliis et favoribus opportunis, tibi quoque pareant et obediant ut nobis. Dat. Pientie, sub anno etc. millesimo CCCCLXII°, die XXVIII mensis Septembris, pontificatus etc., anno quinto.

Source: ASV, Arm. XXIX, vol. 29, fols. 309v–310r.

889   Petriolo, 7 October 1462

Permission to the town of Frankfurt to transfer the homes and synagogue of the Jews from their present location to separate quarters, since they are too close to the St. Bartholomew church.

Pius episcopus, servus servorum Dei, dilectis filiis, magistro civium et consulatui opidi imperialis Franckfordiensis, Maguntine diocesis, salutem et apostolicam benedictionem. Intelleximus non sine admiratione, Iudeos, qui in opido illo Franckfordiensi manent, habitasse longo tempore, prout etiam de presenti habitant, apud ecclesiam Bartholomei, que in ipso opido principalis existit, ac circumcirca eius cymiterium, unde quasi continue viderunt et videre potuerunt cerimonias religionis Christiane, tam in sepulturis mortuorum et delatione sacramenti Eucharistie, quam reliquiarum et aque benedicte, audiendo etiam divinum officium, quod in eadem ecclesia, que collegiata et parrochialis existit, quotidie decantatur; quod, cum cedat in vilipendium et opprobrium ipsius religionis ac divini cultus et ad perniciosum exemplum et scandalum Christifidelis populi, vos, pio zelo et cultu orthodoxe fidei moti, ut decet Catholicos et veros Christianos, de consensu carissimi in Christo filii nostri Frederici, Romanorum imperatoris, cuius dominio iidem Iudei subiecti sunt, ad tollendum huiusmodi abusum et confusionem, ipsos cum eorum sinagoga ad alium locum dicti opidi secretum, et ubi sine turbatione et scandalo populi fidelis commorari poterunt, transferre, ac eis locum premissum pro eorum habitatione et sinagoga de novo fabricanda cupitis assignare. Quocirca nos, si ita sit, vestrum laudabile et pium ac religiosum propositum in Domino commendantes, vobis faciendi translationem et assignationem huiusmodi, ut prefertur, auctoritate apostolica, tenore presentium licentiam concedimus et facultatem, non obstantibus contrariis quibuscunque. Datum Petreoli, Senensis diocesis, anno Incarnationis

Dominice millesimo quadringentesimo sexagesimo secundo, Nonis Octobris, pontificatus nostri anno quinto.

Source: Frankfurt, Stadtarchiv Ugb. E 43, M 6.

Publication: Lersner, *Franckfurth*, p. 812; Stern, *Urkundliche Beiträge* 1, pp. 64f.

Bibliography: Baron, *Social and Religious History* 9, pp. 36, 256; Browe, *Religiöse Duldung*, p. 30; Kracauer, *Frankfurt* 1, pp. 203f.

890   Rome, 15 April 1463

Commission to Nicolaus de Bonaparte, treasurer of Perugia and the province of the duchy (of Spoleto), to impose on the Jews of the Patrimony and of "Terra Arnulphorum" a special tax of 2,000 florins, needed to finance the struggle against the Church's enemies.

Pius etc. dilecto filio Nicolao de Bonaparte, Perusii et provincie Ducatus thesaurario, salutem etc. Cum ex pluribus urgentibus causis, statum universalis Ecclesie concernentibus, presertim pro nostris et Ecclesie Romane hostibus et inimicis cohercendis, qui statum Ecclesie predicte totis suis conatibus evertere moliuntur, opporteat infinitas pecunias habere, easque in evidentibus et necessariis usibus pro statu et deffensione Ecclesie predicte erogare, hinc est, quod impresentiarum nonnullas nostras et Ecclesie predicte communitates et universitates, tam clericorum quam laicorum, atque etiam Ebreorum, ad subveniendum nobis et Ecclesie prefate de aliquo extraordinario subsidio, duximus onerandas, inter quas universitatem Ebreorum, qui sunt de iurisdictione dictorum thesaurariorum provincie Patrimonii, necnon civitatum, terrarum et locorum specialis commissionis et Arnulphi, in duobus milibus florenis auri de camera, pro extraordinario subsidio predicto impresentiarum persolvendis, taxandam duximus atque taxamus; cum autem tuis fide, prudencia et diligencia plurimum confidamus, discretioni tue onus huiusmodi quantitatis duorum milium florenorum auri de camera ab universitate predicta exigendi duximus imponendum. Quapropter discretioni tue predicte, auctoritate nostra, convocandi ad presentiam tuam omnes et singulos Ebreos predictos, quos ad hoc noveris esse necessarios, eisque sub formidabilibus penis, de quibus tibi videbitur, precipiendi, quatenus ob instantem necessitatem, facta inter se debita distributione pro modo facultatum suarum, et prout alias in suis supportandis oneribus distribuere consueverunt, quantitatem predictorum duorum milium florenorum auri infra aliquem, de quo tibi videbitur, brevem terminum, tibi, nostro et apostolice camere nominibus recipienti, realiter et cum effectu persolvere teneantur; eamque summam duorum milium florenorum auri, quos per te, vel alium, seu alios, quos in ea re duxeris substituendos, a dicta universitate omnibusque aliis et singulis ad quos pertinere cognoveris, petendi, exigendi, levandi et recipiendi, atque de receptis quitandi, liberandi et absolvendi, contradictoresque contumaces et rebelles per omnia et singula opportuna remedia, ut tibi pareant et obediant, compellendi, omniaque alia et singula in premissis necessaria et opportuna faciendi, mandandi, ordinandi, disponendi et exequendi, plenam et liberam, auctoritate apostolica, tenore presentium concedimus facultatem; ratum et gratum habituri quicquid in premissis tua discretio egerit, idque faciemus, auctore Domino, inviolabiliter observari; indultis, privilegiis, exemptionibus, libertatibus, franchisiis et immunitatibus, per quosvis summos pontifices, aut provincie legatos, seu quosvis alios, Ebreis predictis, in genere vel in specie, etiam si talia forent de quibus hic habenda esset mentio specialis, concessis, necnon provincie predicte, civitatumque terrarum et locorum eiusdem constitucionibus, ordinacionibus, statutis et consuetudinibus, ceterisque in contrarium facientibus, non obstantibus quibuscunque. Dat. Rome, apud Sanctum Petrum, anno etc. millesimo CCCC° LXIII°, decimo septimo Kalendas Maii, pontificatus nostri anno quinto.

Source: ASV, Reg. Vat. 518, fol. 218r-v.

Bibliography: Toaff, *Perugia*, p. 74.

891   Rome, 15 April 1463

Commission to Angelo Maccafani, bishop of Mansi and papal lieutenant in the March (of Ancona), and Anthony Fattati, bishop of Teramo and papal treasurer there, to levy a special tax of 2,000 florins on the Jews, to finance the struggle against the Church's enemies.

Pius etc. venerabilibus fratribus, Angelo episcopo Marsichano, in provincia Marchie locumtenenti, et Antonio episcopo Aprutino, eiusdem provincie thesaurario, salutem etc. Cum ex pluribus urgentibus causis statum universalis Ecclesie, ut in bulla precedenti usque ibi onerandas, inter quas universitatem Ebreorum, qui sunt de iurisdictione thesaurariorum provincie Marchie, civitatisque Asculi, in duobus milibus florenis auri de camera pro extraordinario subsidio etc. ut in alia usque. Cum autem vestra fide et prudentia et diligentia ut in alia mutatis mutandis. Sub eadem data.

Source: ASV, Reg. Vat. 518, fol. 219r.

Note: Identical — *mutatis mutandis* — with preceding doc.

892   Rome, 29 April 1463

Confirmation of agreement between Berardo Eruli, cardinal priest of St. Sabina and papal legate in Spoleto, and the community of Perugia, whereby the Jews in Perugia were to cease lending money at interest and stop paying taxes, following the setting up of a Monte di Pietà and a Jewish contribution toward it of 1,200 ducats, and mandate to the priors, chamberlain and other officials in Perugia to apply the terms of the agreement.

Pius papa secundus.
Universis et singulis Hebreis in civitate nostra Perusii commorantibus, spiritum sanioris consilii et viam veritatis agnoscere. Quoniam, ut nobis exponi fecistis, dilectus filius noster Berardus, tituli Sancte Sabine presbiter cardinalis Spoletanus apostolice sedis legatus, una cum comunitate civitatis nostre Perusii, pro maiori utilitate et bono dicte civitatis, multa vobiscum pacta et conventiones inierunt, et inter cetera ordinaverunt ne amplius in dicta civitate usuram exercere vobis esset facultas, ac deinde ad nullam gravationem et prestantiam teneremini preter illos mille ducentos ducatos, quos solvere debetis imprimis pro initiando Montem Pauperum, et multa alia, prout in patentibus litteris et privilegio a dicto legato emanatis plenius continetur, nos, attendentes omnia et singula que in ipsis litteris continentur iusta esse ad pium tendere, ac inclinati supplicationibus vestris, qui confirmationem nostram superinde cupitis obtinere, litteras et privilegium ipsum ac omnia, que in eis continentur approbamus et per presentes confirmamus et pro confirmatis haberi volumus et mandamus; mandantes dilectis filiis prioribus, camerariis et aliis officialibus dicte civitatis ac omnibus quorum interest, quatenus sub pena indignationis nostre, litteras et privilegium cardinalis legati predicti vobis inviolabiliter observent et faciant observari, non obstantibus contrariis quibuscumque. Datum Rome, apud Sanctum Petrum, sub anulo Piscatoris, die XXIX Aprilis MCCCCLXIII, pontificatus nostri anno quinto.

Source: AS Perugia, Camera Apostolica Perugina, Reg. I, c. 94v.

Publication: Majarelli-Nicolini, *Perugia*, pp. 234f.

Bibliography: Majarelli-Nicolini, *op. cit.*, p. 152; Toaff, *Perugia*, pp. 72, 111.

893   Rome, 4 May 1463

Mandate to the dean and archdeacon of Sea and the treasurer of the church in Coimbra to hear the appeal over the verdict of the arbitrators in a dispute over a house in Lisbon between Joseph, a Jew of Beja, and the administrators of a chapel founded in Braga by the late Lawrence Vincentius, archbishop of Braga. The majority of the arbitrators had found for Joseph, and the administrators had appealed to the pope. The administrators were again dissatisfied and appealed once more to the pope, who allows the appeal, although the time-limit to lodge it had lapsed, and reappoints the three churchmen.

Pius etc. dilectis filiis, decano, et archidiacono de Sea, ac thesaurario ecclesie Colimbriensis, salutem etc. Annuere solet sedes apostolica piis fidelium votis, et honestis precibus favorem benivolum impartiri. Dudum siquidem pro parte dilectorum filiorum Iohannis Gometii, archidiaconi de Canto, et Nunii Camelo, scolastici ecclesie Bracharensis, nobis exposito, quod, cum olim ipsi, qui administratores bonorum capelle dudum per bone memorie Laurentium, archiepiscopum Bracharensem, prope dictam ecclesiam fundate, ordinaria auctoritate deputati existebant, Ioseph Iudeum in villa de Beia, diocesis Elborensis, commorantem, qui quandam domum in civitate Ulixbonensi consistentem et ad dictam capellam legitime pertinentem detinebat indebite occupatam, super hoc petendo eum condemnari et compelli ad dimittendum ipsis domum huiusmodi, coram officiali Ulixbonensi, non ex delegatione apostolica, traxissent in causam; tandem idem scolasticus, dicto archidiacono irrequisito, et Iudeus prefatus, super premissis in quosdam arbitros arbitratores et amicabiles compositores sub certa pena compromiserunt, et in eventum quo arbitri arbitratores et amicabiles compositores predicti ad invicem discordarent, tertium eligerent, qui cum altero eorundem equum ferret arbitrium inter partes, iurantes nihilominus scolasticus et Iudeus predicti arbitrium ipsum acceptare et contra illud non venire, nec arbitrium ipsum reduci petere ad arbitrium boni viri; dictique arbitri huiusmodi arbitrio in se sponte sucepto, duo pro dicto Iudeo iniquum, et in ipsius capelle enormem lesionem, et unus pro ipso scolastico equum, arbitraria tulerunt inter partes antedictas; cuiquidem arbitrio contra ipsum scolasticum lato, idem archidiaconus quamprimum illud ad eius noticiam pervenit, pro suo interesse protinus contradixit, et dictus scolasticus ab eo quatinus potuit provocavit, sive de nullitate dixit, nos, per alias nostras litteras, vobis, propriis nominibus vestris non expressis, inter alia dedimus in mandatis, quatenus vos, vel duo, aut unus vestrum, vocatis, qui forent evocandi et eisdem archidiacono de Canto et scolastico, si et prout iustum foret, iuramento et penis non obstantibus supradictis, in integrum adversus iniquum arbitrium huiusmodi restitutis, auditis hinc inde propositis, quod iustum foret, appellatione remota, decernetis, facientes quod decerneretis firmiter observari, prout in eisdem litteris plenius continetur; cum autem, sicut exhibita nobis nuper pro parte archidiaconi de Canto et scolastici predictorum peticio continebat, postquam dilectus filius Valascus Iohannis, thesaurarius dicte ecclesie Colimbriensis, ad ipsarum executionem litterarum procedens, illarum vigore dictum Iudeum contra [*sic*] se ad iudicium ad instanciam archidiaconi de Canto et scolastici predictorum fecerat evocari, et in causa ipsa inter partes ipsas ad nonnullos actus, citra tamen illius conclusionem, processum fuerat, pro parte vero prefatorum archidiaconi de Canto et scolastici, sentientium exinde a dicto thesaurario indebite se gravari, quod ipse thesaurarius, se non fore iudicem competentem in causa, per suam interlocutoriam declaravit iniquam, fuit ad sedem apostolicam appellatum; sed dicti archidiaconus de Canto et scolasticus, legitimo impedimento detenti, appellationem ipsam infra tempus debitum non sunt prosequti, pro parte archidiaconi de Canto et scolastici predictorum, cupientium, ut finis liti quantocius imponatur, nobis fuit humiliter supplicatum, ut, articulo gravaminis huiusmodi reiecto, causam negotii principalis in statu debito resumendam, vobis committere, et alias eis in premissis oportune providere, de benignitate apostolica dignaremur. Nos itaque, huiusmodi supplicationibus inclinati, discretioni vestre per apostolica scripta mandamus, quatinus vos, vel duo, aut unus vestrum, constito de impedimento huiusmodi, causam negotii principalis huiusmodi in statu debito, auctoritate nostra resumentes, illam ulterius audiatis et debito fine decidatis; facientes quod decreveritis, ab ipso Iudeo per subtractionem communionis fidelium, ab aliis vero per censuram ecclesiasticam, firmiter observari; necnon, tam predictarum quam presentium litterarum vigore, ad totalem executionem earum litterarum perinde procedatis, alias iuxta ipsarum formam et continentiam, in omnibus et per omnia perinde ac si dictus thesaurarius ad declarationem eandem nullatenus processisset. Non obstantibus felicis recordationis Bonifacii pape VIII... Datum Rome, apud Sanctum Petrum, anno etc. millesimo quadringentesimo sexagesimo tertio, quarto Nonas Maii, pontificatus nostri anno quinto.

Source: ASV, Reg. Vat. 510, fol. 207r-v.

894   Rome, 3 June 1463

Confirmation to the *conservatori* and community of Orvieto of the establishment of the Monte di Pietà, to liberate the town from the usury of the Jews.

Dilectis filiis conservatoribus et communi civitatis nostre Urbevetane. Pius papa II.
Dilecti filii, salutem et apostolicam benedictionem. Cum dilecti filii Bartholomei de Colle, ordinis Minorum, relatione didicerimus, vos a maledicta usurarum voragine liberos esse cupientes, in generali vestro concilio, ne Iudei in civitate illa nostra damnabile fenus exerceant, unanimiter statuisse, hinc est, quod tam laudabile, pium ac sanctum propositum vestrum approbantes, consilium et statutum vestrum super hoc confectum, presentium tenore ratificamus et confirmamus, volentes et precipientes ab omnibus, tam vestris civibus quam etiam forensibus in urbe vestra, inviolabiliter observari. Insuper, et his, qui apud vos paupertate gravati sunt, pie consulere cupientes, omnibus et singulis in unitate fidei et Sancte Romane Ecclesie ac sedis apostolice obedientia persistentibus, Monti Christi per vos fiendo pro mutuo dando pauperibus, infra mensis unius terminum a publicatione presentium, decem ducatos donabunt et libere tradent de facultatibus suis, ut sibi sacerdotem secularem vel regularem, qui semel in vita de reservatis in mortis articulo, cum plenaria remissione omnium peccatorum suorum, eum absolvat; qui vero minus, secundum facultates suas, singulis annis vite sue, septem annos et septem quadragenas verarum indulgentiarum, qui autem non donabunt, sed dicto Monti aliquid iuxta possibilitatem suam mutuabunt, singulis annis quibus mutuabunt, septem similiter annos et septem quadragenas indulgentiarum, auctoritate apostolica concedimus et donamus; precipientes inde sub pena excommunicationis et districte mandantes, ut pecuniam [*sic*] dicti Montis, ad alios usus quam ad mutuum pauperum, minime convertant. Dat. Rome, apud Sanctum Petrum, sub annulo Piscatoris, die III° Iunii MᵒCCCCLXIII, pontificatus nostri anno quinto.

Source: Orvieto, Arch. Com. Rifor magioni, b. 216, col. 56v.

Publication: Fumi, *Orvieto*, p. 723; Luzi, *Monte di Pietà*, p. 19.

Bibliography: Busti, *Defensorium montis pietatis*, Tractatus secundus, pars quarta, fols. 57r–59r; Holzapfel, *Anfaenge des Montes Pietatis*; Mattone-Vezzi, *Fra Bartolomeo da Colle, passim.*

895   Rome, 28 June 1463

Absolution and pardon to Jacob, a Jew in Perugia, for illegally lending money
at interest, and to his sons Bonaiutus and Manuel, for allegedly blaspheming
the Virgin Mary, following commutation of the sentence to a fine of 300
florins which was paid to the papal treasury.

Pius etc. Ad futuram rei memoriam. Solet apostolice sedis gratiosa
benignitas, non solum fidelium votis humilibus, verum eciam Iudeorum, qui
in sua magis volunt duricia permanere quam ad orthodoxe fidei veram
pervenire noticiam, Christiane pietatis mansuetudinem oportuno tempore
sibi nequaquam deesse cognoscant, et[!], deposito vetustatis errore, ad verum
lumen, qui Christus est, citius valeant pervenire. Cum itaque, sicut accepimus,
Iacob, Ebreus in civitate nostra Perusina commorans, ex eo, quod temporibus
prohibitis et sibi penitus interdictis improbum fenus exercuit, necnon
Bonaiutus et Manuel, ipsius Iacob nati, pro eo, quod nonnulla verba
contumeliosa et iniuriosa contra beatam Mariam Virginem et ipsius ymaginem
vel figuram temere protulerunt, in obprobrium Catholice fidei et scandalum
plurimorum, carceribus mancipati et in certis peccuniarum summis
condempnati extiterint, nosque deinde cum eisdem Iacob et natis mitius agere
volentes, summas peccuniarum predictas duxerimus moderandas, ipsique
Iacob et nati dictas peccuniarum summas, ut premittitur redductas et
moderatas, videlicet florenos tricentos auri de camera, thesaurario camere
apostolice manualiter persolverint ac eciam assignaverint, nos ipsorum
Iudeorum indempnitatibus, ne propterea eos imposterum amplius molestari
contingat, providere, eosque Christiane pietatis ac clemencie dignos efficere
volentes, ipsos Iacob, Bonaiutum et Manuelem, ac eorum quemlibet, a
predictis excessibus, criminibus et delictis, per ipsos et eorum quemlibet
perpetratis, auctoritate apostolica, tenore presencium absolvimus et penitus
liberamus, eisque et ipsorum cuilibet, excessus, crimina et delicta predicta, in
quantum tamen concernunt seu concernere possunt cameram predictam et
publicum interesse, remittimus; omnes processus, sententias, condemnationes,
banna et penas exinde secutas, eadem auctoritate cassantes, ac de codicibus et
registris, ubi scripta sunt, cassari et aboleri mandantes, et nichillominus eos in
integrum et pristinum statum, in quo antequam dicta excessus, crimina et
delicta per eos commiterentur quomodolibet erant, restituimus et
reintegramus; volentes, et auctoritate predicta decernentes, quod premissorum
occasione excessuum, criminum et delictorum contra Iacob, Bonaiutum et
Manuelem predictos, vel eorum aliquem, per quoscumque ecclesiasticos vel
seculares iudices seu officiales nequeat imposterum quoquomodo inquiri, seu
ad accusacionem aut denunciationem alicuius procedi, neque ipsi Iudei vel
eorum quisquam, propterea inquietari, molestari, arrestari, detineri,
carceribus mancipari, sive alias in personis, rebus vel bonis mulctari, seu

iacturam aliquam, vel detrimentum imposterum sustinere. Non obstantibus premissis, necnon constitutionibus et ordinacionibus apostolicis ac legibus imperialibus et statutis municipalibus, ceterisque contrariis quibuscumque. Nulli ergo ... Si quis etc. Dat. Rome, apud Sanctum Petrum, anno etc. MCCCCLXIII, quarto Kalendas Iulii, pontificatus nostri anno quinto.

Source: ASV, Reg. Vat. 491, fol. 188r-v.

Note: On the Jews in Perugia, see Toaff, *Perugia*.

896   Rome, 28 June 1463

Confirmation to Abraham Salomonis Norsa, a Jewish doctor in Campli, of the licence to practice medicine among Christians and of his exemption from wearing the badge. His medical licence had been granted him by Alfonso I, king of Aragon and Sicily, after he had been examined by Gasparus Peregrini, royal physician. He had practised medicine in Sicily for many years, and was presently doctor to Matheo de Capua.

Pius etc. Abrahe Salomonis de Nursia, Ebreo, in terra Campi, Aprutine diocesis, commoranti, viam veritatis agnoscere. Consuevit interdum sedes apostolica personas alterius quam nostre religionis, ut per fidelium conversationem facilius eorum oculi aperiri et veritatem agnoscere possint, ubi presertim eas aliqua scienciarum doctrina preditas esse percepit, specialibus privilegiis et graciis communire. Sane, pro parte tua nobis nuper exhibita petitio continebat, quod olim, postquam bone memorie Alfonsus, Aragonum et Sicilie rex, dilecto filio Gaspari Peregrini, militi ac in artibus et medicine doctori, tunc medico ipsius regis, commiserat, ut te, qui perantea in facultate et sciencia medicine famosus extiteras ac etiam praticaveras, tam circa theoricam quam praticam facultatis et sciencie predicte diligenter examinaret; demum, postquam tu per eundem Gasparem diligenter examinatus fueras, facta eidem regi per dictum Gasparem, etiam medio eius iuramento, relatione fideli, videlicet, quod te sufficientem expertum et ydoneum in ipsa facultate et sciencia, tam in physica quam cirogica, repererat, prefatus rex te ad relationem huiusmodi approbans, tibi deferendi aurum, sicut in artibus et medicine doctores Christiani deferre solent et possunt, necnon praticandi, tam in arte physice quam cirogice, per totum regnum Sicilie citra Farum, eiusque civitates, terras, castra et loca, licentiam et facultatem concessit, prout in instrumentis publicis desuper concessis dicitur plenius contineri; cum autem, sicut eadem petitio subiungebat, tu ex post pluribus annis in regno, civitatibus, terris, castris et locis huiusmodi, cum bona gratia praticaveris, et ad presens dilecti filii Mathei de Capua, armorum capitanei, medicus existens, laudabiliter quamplures experientias feceris, pro parte tua nobis fuit humiliter supplicatum, ut approbationem et licenciam prefatas confirmare et approbare, tibique, ut sine pena inter Christianos conversari valeas, quodque ad ferendum signum, quod Iudei a Christianis discernantur, etiam iuxta formam iuris communis ac statutorum municipalium gestare consueverunt, minime tenearis, tibi concedere, de benignitate apostolica, dignaremur. Nos igitur, ut tu eo diligentius te in dicta arte exerceas, quo maioribus per nos et sedem prefatam gratiis communitus fueris, huiusmodi supplicationibus inclinati, approbationem et concessionem predictas, auctoritate apostolica, tenore presentium confirmamus et approbamus, ac pro potiori cautela tibi, ut in eisdem regno, civitatibus, terris, castris et locis, ac alibi ubicunque in dicta arte praticare, etiam inter Christianos, et ipsis Christianis mederi, ac eisdem Christianis, ut te medicum suum assumere libere et licite valeant, licentiam concedimus per presentes. Proviso, quod infirmos Christianos, quos pro tempore visitabis, a sacramentis ecclesiasticis suscipiendis nullatenus retrahas, quin ymmo antequam ad eorum curam procedas, ipsis iuxta ritum vere fidei Christianis, dicta sacramenta recipiant suadeas. Et insuper, tibi, ut ad signum predictum in eisdem regno, civitatibus, terris, castris, et locis, aut alibi deferendi minime tenearis, nec ad id a quoquam valeas coartari, aut ulla propterea pena affici, vel invitus mulctari, auctoritate predicta, tenore presentium concedimus pariter et indulgemus. Non obstantibus constitutionibus et ordinationibus apostolicis ac statutis et consuetudinibus predictis, ceterisque contrariis quibuscumque. Nulli etc.... Si quis etc. Dat. Rome, apud Sanctum Petrum, anno etc. MCCCCLXIIIº, quarto Kalendas Iulii, pontificatus nostri anno quinto.

Source: ASV, Reg. Vat. 491, fols. 304v–305r.

897   Rome (or Tivoli), 16 July 1463

Confirmation to the brothers Leo and Jacob, sons of Manuel, son of the late Abraham Norsa, in Bologna, and to the heirs of the late Musettus, son of Ventura of Bologna, and to Leo, son of Manuel Leonis of Modena, of the verdict of Angelo Capranica, bishop of Rieti, cardinal priest of the Holy Cross in Jerusalem and papal legate in Bologna, settling claims on the estate of the late Abraham, son of Benjamin Norsa, who had been converted and christened Johannes Bartholomeo. The convert's money had been administered by the late Manuel, son of the late Abraham Norsa, father of Leo and Jacob. The money had been invested in the bank of the Norsa, and had been claimed as usurious and thus was to be invested in a pious enterprise. Francis Porcio, bishop of Cervia, on papal mandate, had handed down the first verdict, and upon appeal, the mandate was given to the legate. Under the terms of the latter's verdict the Jews paid 3,000 florins to the papal chamber.

Pius etc. Ad futuram rei memoriam. Ea, que iudicio vel concordia terminata sunt, debent illibata persistere, et, ne in recidive contentionis scrupulum relabantur, apostolico presidio communiri convenit. Nuper siquidem, a nobis emanarunt littere in forma brevis tenoris subsequentis, videlicet: A tergo: Dilecto filio Angelo tituli Sancte Crucis in Ierusalem presbitero cardinali Reatino, apostolice sedis legato, in civitate nostra Bononiensi presentialiter residenti. Intus vero: Pius papa II. Dilecte fili, salutem etc. Cum alias nobis relatum fuerit, quendam olim Beniaminum de Nursia, Hebreum, vita functum, duos impuberes filios reliquisse, Manuelem scilicet et Abraham, sub tutela seu cura cuiusdam Manuelis quondam Abrahe, etiam de Nursia, qui pecuniam dictorum pupillorum sub fenore mutuabat; nec multo post ex filiis prefatis dictum Abraham Christianum effectum fuisse, et in assumptione sacri baptismatis, mutato nomine, fuisse nominatum Iohannem Bartholomeum, nec propterea a feneratione dictarum suarum pecuniarum dictum tutorem seu curatorem destitisse; et mortuo post predicta dicto Abraham, eius pecunias remansisse apud dictum tutorem seu curatorem et eius heredes, illas continue in usuras exercentem et exercentes; et, cum nos, attendentes huiusmodi pecunias et bona dicti Abrahe tanquam ex usuris et illicite quesita, et ob id Christi pauperibus, seu in alios pios usus eroganda, ad dispositionem nostram pertinere, ipsas omnes cruciate contra Turchos institute, per certas nostras litteras ad dilectum fratrem nostrum Franciscum Porcium, episcopum Cerviensem, directas, in forma brevis, sub signeto nostro anuli Piscatoris duximus applicandas, fraternitati sue committentes et mandantes, quod de predictis diligenter perquireret, et si ita esse reperiret, auctoritate nostra pecunias huiusmodi a singulis personis Hebreis vel Christianis apud quas invenirent, exigere procuraret, volentes, ut eadem auctoritate nostra, etiam, si opus esset, sub ecclesiasticis et aliis oportunis remediis, omnes et singulos tam Christianos quam Hebreos citare, et contra eos procedere, et cum illis componere, ac de solutis quitare, prout oportunum sibi videretur, libere posset, et prout in dictis litteris nostris ad dictum fratrem episcopum directis plenius continetur. Et, cum post predicta etiam intellexerimus, quod dictus frater episcopus, tanquam commissarius prefatus, vera informatione super predictis prehabita, et comperto, et contenta in litteris nostris antedictis vera esse, quandam sentenciam tulerat contra quosdam Leonem et Iacobum, etiam Hebreos, filios et heredes dicti tutoris vel curatoris, per quam declaravit eos debitores dicte cruciate in nonnullis bonis seu pecuniis in dicta sentencia expressis, et quod a dicta sentencia pro parte dictorum Leonis et Iacobi fuit ad

nos appellatum, et quod nos dictam appellationis causam tibi, dilecto filio
legato predicto, duximus committendam. Et postquam tu, dilecte fili, tanquam
commissarius noster, ad nonnullos actus in causa predicta processeras, nos,
intelligentes de virtute dicte sentencie dubitari, ex eo, quia felicis recordationis
Eugenius papa IIII predecessor noster, per suas certi tenoris litteras quandam
sentenciam alias inter quosdam Bitinum de Paneriis, civem Bononiensem,
pretendentem dictum Abraham, tunc Iohannem Bartholomeum nuncupatum,
in filium arrogasse, et propterea eius pecunias et bona ad eum spectare,
agentem ex parte una, et nonnullos Iudeos, tunc expressos, de pecuniis et
bonis predictis detinentes, de et super dictis bonis et pecuniis et eorum
occasione reos conventos, partibus, ex altera, latam confirmaverat; et dictos
Hebreos ab omni interesse, si quod camere apostolice in dictis bonis seu ad ea
spectaret, auctoritate apostolica, ex certa scientia absolverat et liberaverat, et
alia fecerat, prout in dictis eius apostolicis litteris dicebatur plenius contineri;
et etiam considerantes, quod dicta sentencia ac liberatio dicti predecessoris,
applicationi per nos facte dicte cruciate, et sentencie per dictum episcopum
late, nullatenus preiudicabat, cum camere apostolice in dictis bonis vel ad ea
nullum ius spectaret, sed dicta bona pauperibus Christi eroganda venirent, et
cum sentencia predicta contra dictum Bitinum lata, solum absolutoria fuisset
ab impeticione eiusdem Bitinii, et cum liberatio seu quietatio eiusdem
predecessoris solum de eo, quod camere apostolice competebat, facta fuerit,
tibi legato et commissario predicto commisimus, ut omnibus et singulis litteris
apostolicis dicti predecessoris, ac sentencia in dictorum Iudeorum favorem
lata, et constitutionibus et ordinationibus apostolicis aliisque contrariis non
obstantibus, quibus etiam, si opus esset, derogavimus, sententiam per dictum
episcopum commissarium nostrum antedictum, ut dicitur, latam, nisi aliud
legitime obstiterit, approbares et confirmares, prout et postea approbasti et
confirmasti per tuam sentenciam in dicta appellationis causa latam contra
dictos Leonem et Iacob fratres, et in favorem dicte cruciate; a qua sentencia
pro parte dictorum fratrum etiam fuit ad nos iterato appellatum, quam
appellationis causam nos circumspectioni tue, ex certa nostra sciencia,
committendam duximus; et cum etiam intellexerimus, quod dictus episcopus,
ut et tanquam commissarius noster prefatus, etiam contra quosdam Hebreos,
heredes quondam Mussetti olim Venture Iudei, detinentes seu debentes de
bonis et pecuniis predictis, certas alias sentencias et seu precepta fecerit, et
protulerit, ac mulctaverit, a quibus et certis aliis pretensis gravaminibus, que
dicti heredes dicti Mussetti pretendebant per eum sibi fuisse illata, etiam
extitit ad nos appellatum, quam appellationis causam seu causas, etiam eidem
tue circumspectioni duximus committendas. Et cum etiam intellexerimus,
quod ad instantiam sindici dicte cruciate, dictus episcopus, tanquam
commissarius noster prefatus, fecerat coram eo conveniri quendam alium
Leonem quondam Manuelis Leonis, Iudeum in civitate Mutine commorantem,
pro quibusdam pecuniis seu bonis, que dictus sindicus dicte cruciate ab eo

petere intendebat, tanquam bona seu de bonis dicti quondam Abrahe, postea
Iohannis Bartholomei nuncupati, per eum debita dicte cruciate, et obtinuerit
per eum certam satisfactionem prestari; et cum etiam intellexerimus, quod
omnes prefati Iudei ad quandam amicabilem composicionem pro se et aliis
quibuscunque Iudeis, ad quos aliquid pervenisset, vel penes quos aliquid esset
de bonis, seu pretextu, vel occasione bonorum dicti quondam Abrahe, super
dictis litibus et causis, et super omni eo et toto, quod ab eis vel eorum aliquo
quomodolibet peti posset, ut et tanquam de bonis seu occasione bonorum
dicti quondam Abrahe libenter devenirent, cupientes ita et taliter absolvi et
liberari, quod ullo unquam tempore occasione aliquorum bonorum vel
pecuniarum dicti quondam Abrahe, aut lucrorum seu fructuum exinde
secutorum, seu perceptorum, aut aliquorum aliorum exinde quomodolibet
dependentium, non possint nec valeant quomodolibet inquietari vel molestari,
et ob id, nos cupientes dictis litibus et questionibus ac altercationibus finem
imponere, et illas potius amicabili compositione sopire quam iudiciali gladio
difinire, circumspectioni tue, tenore presentium, committimus et mandamus,
quatenus super dictis litibus et causis et super predictis et omnibus et
quibuscunque aliis pecuniis, rebus seu bonis dicti quondam Abrahe, postea
Iohannis Bartholomei nuncupati, et eidem vel prefate cruciate, seu Christi
pauperibus, aut alicui pio usui, ut prefertur, debitis, seu ad eum vel eam
spectantibus, cum dictis Leone et Iacob, et dictis heredibus Musetti, et cum
dicto Leone de Mutina, eorum nominibus, et nominibus quorumcunque
aliorum Iudeorum, ad quos diceretur aliquod pervenisse, seu detineri, vel
deberi de bonis dicti quondam Abrahe, componere, transigere, aliquid ab eis
recuperare, vel confiteri recepisse, et eos absolvere et liberare et quietare, pro
ea maxima, modica vel minori quantitate pro qua tibi libere placuerit, tam
respectu principalis debiti, quam cuiuscunque fideiussionis per eos vel eorum
alterum prestite, in ea plenissima forma de qua et prout circumspectioni tue
placuerit seu videbitur faciendum, super quo tibi, presentium tenore
concedimus liberam et omnimodam potestatem et speciale mandatum, cum
libera administratione; firma, rata et grata perpetuo habituri quecumque in
predictis, seu circa predicta facta fuerint, sive gesta. Non obstantibus in
predictis legibus seu iuribus communibus, constitutionibus apostolicis,
dictarum litum seu causarum pendenciis, quarum status presentibus haberi
volumus pro expressis, et ceteris quibuscunque contrariis, et de quibus
habenda esset mentio specialis vel expressa, quibus omnibus et singulis, ex
nostra certa scientia, et motu proprio, et nostre plenitudine potestatis,
specialiter et expresse derogamus. Dat. Rome, apud Sanctum Petrum, sub
anulo Piscatoris, die XIII Iunii MCCCCLXIII, pontificatus nostri anno
quinto. Cum itaque, postmodum, ut accepimus, idem cardinalis ad ipsarum
litterarum executionem procedens, lites et causas huiusmodi fine debito et
amicabili concordia composuerit terminaveritque, ac propterea Leo et Iacob
heredesque predicti Mussetti et dictus Leo de Mutina, nominibus quibus

supra, pro complemento concordie, transactionis et compositionis predictarum, summam trium milium florenorum auri de camera, secundum ipsius cardinalis declarationem et compositionem, concordiam et transactionem, dilecto filio Nicolao de Mileto et sociis, mercatoribus Bononiensibus, nomine dilecti filii Ambrosii Spanochii de Piccolominibus, depositarii nostri, postea manualiter persolverint, in predictorum pauperum vel alios pios usus, prout salubrius statuendum duxerimus convertendum, nos, volentes indempnitatibus Leonis, Iacob, et heredum Mussetti, et Leonis de Mutina predictorum, necnon aliorum, quorum quomodolibet interest, ne premissorum occasione eos imposterum quomodolibet vexari, vel inquietari, seu ad solutionem alicuius alterius summe pecuniarum compelli contingat, oportune providere, motu proprio, non ad ipsorum Hebreorum instantiam, sed de nostra mera deliberatione et voluntate, concordiam et compositionem, absolutionem, liberationem et quietationem et transactionem predictas, ac omnia alia et singula per eundem legatum in premissis et circa ea, ut premittitur, facta, statuta et ordinata, necnon solutionem dictorum trium milium florenorum et quecunque inde secuta rata habentes et grata, illa, auctoritate apostolica, tenore presentium approbamus et confirmamus, ac presentis scripti patrocinio communimus, suplentes omnes defectus, si qui forsan intervenerint in eisdem, ac ipsos Hebreos ab ulteriori solutione dicte summe penitus liberantes. Non obstantibus premissis ac constitutionibus et ordinationibus apostolicis, ceterisque contrariis quibuscunque. Nulli ergo etc.... Si quis autem etc. Dat. Tibure, anno etc. millesimo CCCCLXIII, decimo septimo Kalendas Augusti, pontificatus nostri anno quinto.

Source: ASV, Reg. Vat. 518, fols. 142v–144v; 250v–252v.

Note: The first copy has Rome and no day or month. The second copy has Tivoli. On the Norsa, see Norsa, *Una famiglia di banchieri* 1, *passim*. On the dispute with Bettino de Paneriis, see above, Doc. **725**.

898   Tivoli, 18 July 1463

Mandate to the officials and inhabitants in the Patrimony, the duchy of Spoleto and adjacent territories to observe the rights and privileges of the Jews and to desist from discriminating against them. Only Jews who do not plot against Christianity are to enjoy the privileges.

Pius etc. universis et singulis officialibus, tam spiritualibus quam temporalibus provinciarum Patrimonii et ducatus Spoletani, ac terrarum specialis commissionis, reliquisque earundem incolis et habitatoribus, ad quos presentes pervenerint, salutem etc. Licet ea potissimum nobis in animo cura versetur, ut populum Christianum nobis ex alto commissum, Deo gratum magis ac magis reddamus pariter et acceptum, de salute tamen reliquorum, a recto tramite aberrantium, sepenumero cogitamus, et propterea predecessorum nostrorum Romanorum pontificum vestigiis inherentes, Iudeos inter Christianos habitare permittimus, ut, si voluerint, possint commode respicere, nolentes vero, nullam valeant apud districtum iudicem sue pervicacie excusationem invenire. Sane, sicuti nonnullorum Iudeorum in provinciis atque terris Patrimonii et ducatus Spoletani prefatis commorantium conquestione percepimus, ipsi plerumque, tam per diversos officiales nostros quam alias particulares personas, tam ecclesiasticas quam seculares, contra privilegia eis a nobis vel predecessoribus predictis concessa, necnon illorum ritus et consuetudines, multipliciter perturbantur, gravantur et molestantur, eisque necessaria ad eorum vitam denegantur, necnon ad solvendum maiores gabellas seu passagia ratione personarum earundem quam solvant Christiani, et ad agendum et faciendum aliqua contra eorum legem seu consuetudines, variis modis et sub diversis coloribus compelluntur, etiam contra capitula et conventiones, que cum communitatibus et universitatibus terrarum et locorum in quibus habitant habent, in grave eorum preiudicium pariter et iacturam. Quare pro parte eorundem Iudeorum fuit nobis humiliter supplicatum, ut eis et eorum statui in premissis oportune providere, de benignitate apostolica dignaremur. Nos igitur, attendentes, quod per molestationes et turbationes ipsis Iudeis illatas nullus propterea ipsorum ad fidei orthodoxe lumen inducitur, quodque Iudei et alii infideles ad hoc magis alliciendi quam cogendi sunt, cum fides coacta nequaquam sit Deo grata, eorundem Iudeorum in provinciis et terris predictis commorantium in hac parte supplicationibus inclinati, volumus et apostolica auctoritate decernimus, quod Iudei memorati, cum eorum familiis, uxoribus, filiis, filiabus, ministris, bonis et rebus eorum, qui sunt, aut erunt pro tempore in Patrimonii et Ducatus provinciis nostris, terris quoque specialis commissionis, absque ullo impedimento, molestatione seu perturbatione, reali vel personali, tute, libere et secure stare, habitare et commorari possint et valeant; quodque Iudeis ipsis in dictis provinciis et terris ubilibet commorantibus victualia quecunque et cuiuscunque generis fuerint, et alia omnia ad eorum usum necessaria, seu quomodolibet oportuna, que duxerint pretiis honestis et cursum habentibus comparanda, nullatenus possint denegari, nec ad solutionem alicuius gabelle, seu passagii, aut alterius oneris, ratione personarum, seu familiarum et bonorum eorundem, per omnes terras Ecclesie Romane immediate subiectas, nisi sicut et prout alii Christiani solvunt, ulla occasione vel causa, etiam si id communitatibus, seu universitatibus civitatum, terrarum, seu locorum provinciarum eorundem a nobis, seu apostolica sede specialiter sit concessum; et insuper ad aliquid agendum seu faciendum contra eorum legem, ritus et consuetudines nequaquam compelli possint, aut debeant inviti per quoscunque, quacunque auctoritate fungentes, sed Iudei predicti cum illis omnibus et singulis capitulis et convencionibus, que et quas cum universitatibus et communitatibus provintiarum et terrarum predictarum hactenus inierunt et fecerunt, tolerentur, et pacifice et quiete cum illis stare, vivere et conversari ac etiam traficare, libere permittantur; concedentes insuper Iudeis predictis, presentibus et futuris, quod quotienscunque eos et quemlibet ipsorum de loco ad locum per quascunque terras et loca Ecclesie predicte, ut premittitur, subiecta, iter arripere contigerit, in huiusmodi itineribus in eundo et redeundo signum aliquod deferre minime teneantur, aut debeant. Mandantes nihilominus vobis et cuilibet vestrum, tam presentibus quam futuris, in virtute sancte obedientie, et sub indignationis nostre penis, quatenus in premissis eos tolleretis, et ab aliis permittatis tollerari, necnon privilegia et indulta eis in genere vel in specie per nos aut predecessores nostros concessa illis observetis, quantumcumque in vobis est faciatis ab aliis observari. Non obstantibus quibuscunque statutis... Illos autem Iudeos dumtaxat presentium litterarum presidio volumus communiri, qui illis non abutentur, nec quicquam machinari presumpserint in subversionem fidei memorate. Verum, quoniam difficile videretur presentes litteras singulis exhiberi, volumus, quod huiusmodi litterarum transumptum manu publici notarii in publicam formam redactum ac eius signo munitum, personis et in locis singulis, ubi et quando dictis Iudeis expedire videbitur, transmitti et insinuari possit, cui quidem transumpto velut originalibus litteris ubique dari volumus et decernimus plenam fidem. Dat. Tibure, anno etc. millesimo quadringentesimo sexagesimo tertio, quintodecimo Kalendas Augusti, pontificatus nostri anno quinto.

Source: ASV, Reg. Vat. 523, fols. 134r–135r.

899   Tivoli, 21 July 1463

Mandate to the officials and the inhabitants of the March of Ancona and adjacent territories subject to the Church to observe the rights and privileges of the Jews and to refrain from discriminating against them. Only Jews who do not plot against Christianity are to enjoy the privileges.

Pius etc. universis et singulis officialibus, tam spiritualibus quam temporalibus, provintie Marchie Anconitane et terrarum Sancte Romane Ecclesie subiectarum, reliquisque earundem incolis et habitatoribus ad quos presentes pervenerint, salutem etc. Licet ea potissimum ... sed Iudei predicti cum illis omnibus et singulis capitulis et conventionibus, que et quas cum universitatibus et communitatibus provincie et terrarum predictarum hactenus inierunt et fecerunt [tolerentur], et pacifice et quiete cum illis stare, vivere et conversari, ac etiam machanicas et ceteras artes pro eorum beneplacito exercere, operari et traficare, libere permittantur. Concedentes insuper Iudeis predictis et aliis, qui ad dictam provinciam Marchie aut itineris, aut alterius exercitii causa pervenerint, presentibus et futuris, quod... Non obstantibus quibuscumque statutis... Illos autem Iudeos dumtaxat presentium litterarum presidio volumus communiri, qui illis non abutentur, nec quicquid machinari presumpserint in subversionem fidei memorate. Verum, quoniam difficile videretur presentes litteras singulis exhiberi, volumus, quod huiusmodi litterarum transumptum manu publici notarii in publicam formam redactum ac eius signo munitum, personis et in locis singulis, ubi et quando dictis Iudeis expedire videbitur, transmitti et insinuari possit, cui quidem transumpto velut originalibus litteris ubique dari volumus et decernimus plenam fidem. Dat. Tibure, anno etc. Dominice M°CCCCLXIII, XII Kalendas Augusti, pontificatus nostri anno quinto.

Source: ASV, Reg. Vat. 509, fols. 347r–348v.

Note: Identical — *mutatis mutandis* — with preceding doc.

900   Tivoli, 28 July 1463

Mandate, if the facts are established, to the scholar of Segovia to absolve Martinus Gundissalvi, parcener of the church in Segovia, of homicide, punish him, and have him conduct himself well in future. According to Martinus he was attacked by four men, three of them Jews; then one of Martinus's friends pursued one of the Jews and inflicted wounds on him, causing his death.

Pius etc. dilecto filio scolastico ecclesie Segobiensi, salutem etc. Solet sedis apostolice clemencia recurrentium ad eam cum humilitate personarum statui libenter consulere, et illarum vota, per que suarum peramplius prodire speratur salus animarum, favorabiliter exaudire. Exhibita siquidem nobis pro parte dilecti filii Martini Gundissalvi, perpetui portionarii in ecclesia Segobiensi, peticio continebat, quod, cum olim ipse indutus vestibus longis et suppellicio ac capa per civitatem Segobiensem pergeret ad ipsam ecclesiam ad horas canonicas recitandas, ut inibi moris est, ex transverso tres vel quatuor viri subito exeuntes, illum nonnullis vulneribus concusserunt taliter, quod per triginta dies et ultra de domo sua comode exire non poterat, et licet per

discursum temporis fuisset repertum, quod ipsi viri tres Iudei et unus
Christianus essent, nichilominus contra eos executio aliqua minime facta
extitit, quin immo ipsi Iudei in multis locis premissa fecisse se asseverant, in
vilipendium dicti Martini ac Christianorum. Successive vero, quadam die,
cum quidam familiaris dicti Martini vidisset unum de prefatis viris et alios
duos Iudeos armatos preterientes ante portam eiusdem Martini et
quodammodo deridentes, dixissetque eidem Martino talia vidisse, et quod
erat magna verecundia et dedecus familiaribus suis illa sic pertransire inulta,
tunc idem Martinus respondendo dixit et protulit: certe bene placeret michi ut
corriperetur, taliter tamen, quod non moreretur; qui quidem familiaris nichil
amplius dicens, expectavit quousque dictum Iudeum cum aliis redeuntem
ante eandem portam videret, quos, cum vidisset, insultavit, et post Iudeum
ipsum usque ad domum propriam fugavit, et eum taliter percussit et vulneravit,
quod ipse Iudeus infra duos dies decessit, quamvis ipse Martinus, cum
rumorem huiusmodi percepisset, cursum fecerit ad effectum, ut factum ipsum
impedisset, sed quando illuc accessit, premissa erant iam gesta. Quadam vero
alia die, nonnulli fidedigni viri dictum Iudeum percussum interogarunt: quis
percussisset dictum Martinum? Qui respondit palam se ipsum cum aliis
fecisse, et quod secundum suum peccatum fuerat illi imposita penitencia. Cum
autem, sicut eadem petitio subiungebat, prefatus Martinus, qui presbiter est,
de morte dicti Iudei interfecti, alias quam, ut prefertur, culpabilis non fuerit,
ac de morte ipsa doleat ex intimis, cupiatque ex magno devocionis fervore in
omnibus per eum ante casum huiusmodi rite susceptis ordinibus, etiam in
altaris ministerio ministrare, ac alias super hiis reconciliari et Altissimo
perpetuo famulari, pro parte eiusdem Martini nobis fuit humiliter
supplicatum, ut sibi et statui suo super hiis oportune providere, de benignitate
apostolica dignaremur. Nos igitur, attendentes quod dicte sedis clementia non
consuevit veniam petentibus denegare, de premissis tamen certam noticiam
non habentes, huiusmodi supplicationibus inclinati, discretioni tue per
apostolica scripta committimus et mandamus, quatinus, si est ita, dictum
Martinum si hoc humiliter petierit, a reatu homicidii et excessibus huiusmodi,
auctoritate nostra, hac vice dumtaxat, absolvas in forma Ecclesie consueta,
iniunctis inde sibi sub virtute iuramenti per eum prestandi, quod de cetero
similia non committat, nec ea committentibus prestet auxilium, consilium et
favorem, ac pro modo culpe penitentia salutari, et aliis, que de iure fuerint
iniungenda. Et nichilominus, cum prefato Martino super irregularitate per
ipsum occasione premissorum quomodolibet contracta, quodque ipse, eo
tamen ab executione suorum ordinum usque ad annum suspenso, in omnibus
sic per eum susceptis ordinibus, etiam in altaris ministerio ministrare et
quandam perpetuam sine cura portionem in prefata ecclesia, necnon
parrochialem ecclesiam de Rovenza, Segobiensis diocesis, quas ante casum
huiusmodi obtinebat, retinere, et quecunque alia beneficia cum cura et sine
cura se invicem et cum obtentis huiusmodi compatientia, etiam si canonicatus

et prebende, dignitates, personatus, administrationes vel officia in cathedralibus et metropolitanis, vel aliis ecclesiis fuerint, si sibi alias canonice conferantur, recipere et retinere, libere et licite valeat, eadem auctoritate dispenses, omnemque ab eo inhabilitatis et infamie maculam sive notam per eundem dicta occasione contractam, penitus aboleas. Non obstantibus... Dat. Tibure, anno Incarnationis Dominice millesimo quadringentesimo sexagesimo tertio, quinto Kalendas Augusti, anno quinto.

Source: ASV, Reg. Lat. 596, fols. 162r–163r.

901   Rome, 10 November 1463

Imposition of *vigesima* on the Jews in Italy, Avignon and the Comtat Venaissin.

Pius etc. Ad futuram rei memoriam. Cum nos dudum adversus impiam Turchorum gentem bellum, pro Dei nomine suscipiendum, indixerimus, et cum venerabilibus fratribus nostris Sancte Romane Ecclesie cardinalibus, ac dilecto filio nobili viro Philippo duce Burgundie personaliter proficisci decreverimus, et pro maritime classis atque terrestris exercitus expedicione, tam nos, nostras et Romane Ecclesie facultates, quam eciam cardinales prefati, maximam partem facultatum suarum, ceterisque ecclesiarum prelati ac singule ecclesiastice persone decimam reddituum et proventuum ecclesiasticorum per nos eis impositam, contribuere decreverimus, prout in diversis nostris desuper confectis litteris plenius continetur, et propterea Iudei, quos Christiana mansuetudo protegit et tuetur, ne in ipsorum impiorum Turchorum miserabilem servitutem deveniant, huic sancto operi eciam contribuere non immerito teneantur, nos, de eorundem fratrum consilio pariter et assensu, eisdem Iudeis, omnibus et singulis in tota Ytalia et partibus adiacentibus constitutis, vigesimam partem omnium bonorum suorum, fructuum, reddituum et proventuum, ac pecuniarum quarumcunque, undecunque, eciam per usurariam pravitatem ad eorum manus proveniencium, per triennium imponimus per presentes; quam quidem vigesimam in primo anno in termino aut terminis per nuncios nostros pro dicta vigesima exigenda deputandos statuendis, et huiusmodi vigesima soluta in primo anno, pro anno millesimo quadringentesimo sexagesimo tercio computetur; in secundo vero et tertio annis in duobus terminis pro quolibet anno, videlicet: pro primo termino secundi anni in mense Septembris millesimi quadringentesimi sexagesimi quarti, et pro secundo termino in mense Marcii tunc sequentis, et similiter in tercio anno successive, per eos et eorum quemlibet solvi, exigi et levari volumus et mandamus in hunc modum et formam, videlicet: quod tres probi viri, Deum timentes, eligantur et deputentur, quorum unus per nos instituatur, alius per dominos temporales, sive communitates et superiores in quorum dominio iidem Iudei consistant, tercius vero, per populum et universitatem civitatum et locorum ubi Iudei permanent et inhabitant, in prefata exactione preficiantur. Peccunie vero et bona ex causa vigesime predicte Iudeis imposite proveniencia, sub tribus clavibus, quarum unam quilibet ex deputatis tribus prefatis teneat in capsa aliqua, sive loco ad id congruenti et apto, apud edes sacras, sive apud mercatores fide et facultatibus ydoneos, prout ipsi tres deputati predicti convenerint, deponi et fideliter conservari debeant; de quibus omnibus peccuniis et bonis sic collectis et coadunatis, iuxta consilium nostrum et eorundem cardinalium, ac oratorum principum et communitatum ac locorum unde peccunie et bona advenerint, in fidei causam et non aliter, fidelis erogacio administrabitur. Ceterum, ut Iudei impositam eis vigesimam predictam sine aliqua fraude in terminis statutis integre persolvant, si quando per eos fraudem committi contingat, [aut] lapso termino vigesimam huiusmodi exhibere neglexerint, tunc et eo casu, decimam integram omnium bonorum suorum persolvant, sine aliqua remissione, et insuper, pro quolibet centenario florenorum, quatuor florenos solvant inventori et eorum fraudem revelanti. Non obstantibus privillegiis, eciam apostolicis, et graciis, indulgenciis, ac statutis et consuetudinibus provinciarum, civitatum et locorum ubi Iudei constituti sunt, sub quacumque verborum forma, et quavis auctoritate, in genere vel in specie eisdem concessis, per que nullum ipsis Iudeis sufragium afferri decernimus et declaramus, ceterisque contrariis quibuscunque. Nulli ergo... Si quis autem etc. Dat. Rome, anno etc. MCCCCLXIII, quarto Idus Novembris, pontificatus nostri anno sexto.

Fuit expedita una similis, in qua fuit tantum additum ubi dicit in tota Italia et partibus adiacentibus, necnon in civitate Avinionensi et comitatu Venaysini nostris ubilibet constitutis, et sub dicta data, mutatis mutandis.

Source: ASV, Reg. Vat. 519, fols. 5v–6v; AS Milano, Bolle e brevi papali, c. 42.

Note: Here the tax is again described as a property and income tax (and not as Picotti, *Pio II e Francesco Sforza*, p. 202, n. 2, would have it). The pope claims that it is being imposed for the good of the Jews, since they also are being protected from the Turks.

Bibliography: Pastor, *Ungedruckte Akten*, p. 202; Picotti, *loc. cit.* (who has 2 November); Stow, *Taxation*, p. 116 (who has 11 April 1463).

902   Rome, 11 November 1463

Mandate to Anthony Bertini, bishop of Foligno, to collect the Turkish tax from Christians and Jews in the dominions of Francesco Sforza, duke of Milan.

Pius etc. venerabili fratri Antonio, episcopo Fulginatensi, in universo dominio dilecti filii nobilis viri Francisci Sforcie, ducis Mediolanensis, nostro et apostolice sedis nuntio et collectori, salutem etc. Cum pro apparatu expeditionis maritime et terrestris exercitus adversus Turchos, Christiani nominis hostes acerrimos, a quibus Christiano populo clades innumerabiles et dampna quamplurima continuo inferuntur, de consilio venerabilium fratrum nostrorum Sancte Romane Ecclesie cardinalium, accedente etiam consensu plurimorum principum et dominorum aliorumque prelatorum ac oratorum diversorum dominorum et communitatum in hac nostra alma Urbe propter hanc causam nuper convocatorum et congregatorum, unam integram decimam secundum verum valorem omnium fructuum, reddituum et proventuum quorumcumque beneficiorum ecclesiasticorum in tota Ytalia et partibus illi adiacentibus consistentium, triennio durante, ac trigesimam partem omnium fructuum et proventuum annuorum a laicalibus personis, et a Iudeis vigesimam portionem omnium bonorum suorum, fructuum, reddituum et proventuum ac pecuniarum quarumcumque, undecunque et quomodocunque, etiam per usurariam pravitatem ad eorum manus provenientium, portiones persolvendas, sub certis terminis, modis et formis exigendas, levandas et colligendas, imposuerimus, prout in aliis nostris super inde confectis litteris latius continetur, ea propter fraternitatem tuam, de qua specialem in Domino fiduciam obtinemus, receptorem, collectorem et exactorem huiusmodi decime, vigesime et trigesime, ac quarumcumque aliarum pecuniarum et bonorum ratione indulgencie seu cruciate conferendorum, in civitatibus, terris et locis in dominio predicto consistentibus, constituentes ac deputantes, per apostolica scripta committimus et mandamus, quatenus, adiunctis tibi aliis collectoribus iuxta formam dictarum litterarum nostrarum deputatis seu deputandis, ad civitates, terras et loca huiusmodi personaliter accedas, atque ipsam decimam integram, secundum verum valorem fructuum, ab omnibus et singulis ecclesiis, monasteriis, hospitalibus, cenobiis et aliis piis locis ecclesiasticis secularibus et quorumcumque ordinum regularibus virorum et mulierum, eorumque prelatis, capitulis, conventibus, collegiis, plebanis, rectoribus, canonicis, aliisque ecclesiasticis personis, cuiuscunque status, gradus, ordinis, et preheminencie, aut condicionis existant, etiam si patriarchali, archiepiscopali, episcopali, abbatiali, aut quavis alia prefulgeant dignitate, etiam sub quavis verborum forma, exemptis et non exemptis; ac insuper trigesimam a laicalibus personis utriusque sexus, ac a Iudeis vigesimam, iuxta earundem litterarum formam, petere, exigere, levare et colligere cures. Nos enim, decimam, vigesimam et trigesimam huiusmodi, auctoritate nostra per te et alios, ut prefertur, deputatos seu deputandos, exigendi, petendi, colligendi et recipiendi, atque de receptis dumtaxat quitandi, liberandi et absolvendi; inditionem etiam, seu impositionem huiusmodi decime, trigesime et vigesime predictarum ubicunque opportunum fore tu et adiuncti huiusmodi videritis, ad verum valorem fructuum annuorum reducendi et reformandi; contradictores quoslibet et rebelles, ac solvere decimam differentes seu renitentes, penas et censuras in ipsis nostris litteris contra tales inflictas et promulgatas incurrisse declarandi, ac etiam per censuram ecclesiasticam aliaque opportuna remedia, aut sequestrationem fructuum huiusmodi beneficiorum, ac etiam bonorum laicorum Christifidelium, Iudeos vero, per subtractionem communionis fidelium et alia, qua congruit, districtione, et per similem sequestracionem compescendi, cogendi et compellendi; et si protervitas aut contumacia id exegerit, ecclesiasticos prefatos dignitatibus, beneficiis et officiis privandi et ab illis amovendi, adversus laicales personas usque ad executionem tam realem quam personalem eorundem procedendi, dictosque Iudeos sub penis supradictis et aliis pecuniariis mulctandi, et ad premissa omnia et singula brachium seculare invocandi, ac penas huiusmodi exigendi, necnon quotiens te abesse contingerit, aliam personam ecclesiasticam, secularem, vel cuiuscunque ordinis regularem, in civitatibus, diocesibus et locis huiusmodi loco tui deputandi, vel substituendi, cum simili, aut limittata potestate, eamque amovendi et aliam de novo instituendi, prout tibi videbitur expedire; insuper, de consilio predicatoris sive predicatorum in illis partibus deputatorum seu deputandorum, alios idoneos et acceptos verbi Dei predicatores, religiosos vel seculares, prout tibi videbitur, assumendi et eligendi, eisque et eorum cuilibet, auctoritate nostra mandandi in virtute sancte obediencie et sub excommunicationis late sententie pena, ut iuxta continentiam nostrarum litterarum in locis et civitatibus ac diocesibus huiusmodi nuncient, etiam populis predicent, declarent, illosque ad contribuendum huic sancto operi inducere et hortari, ac eos ad commune periculum repellendum astrictos esse, declarare studeant, ac omnia alia et singula in premissis et circa ea necessaria faciendi et exequendi, que ad plenariam executionem premissorum expedire videris, eosque, qui ad cor reversi, de quibuscunque premissorum occasione debitis satisfecerint, a sententiis a censuris, quas propterea incurrerint, absolvendi, liberandi et habilitandi, necnon cum illis, qui sententiis huiusmodi irretiti, missas et alia divina officia, non tamen in contemptum clavium celebrando, aut se illis immiscendo irregularitatem contraxerint, dispensandi, plenam et liberam tue fraternitati, dicta auctoritate, tenore presentium concedimus facultatem. Mandamus propterea locorum ordinariis in virtute sancte obediencie, ut preter deputatos predicatores huiusmodi, tam per nos quam per te, ut prefertur, electos, neminem alium in eorum ecclesiis cathedralibus, donec, quotiens et quousque in eisdem ecclesiis cruciata predicetur, predicare permittant, quodque aliis predicatoribus in eorum diocesi et aliis ecclesiis predicationis officium exercentibus imponere et iniungere debeant, ut Christifideles ad contribuendum huic salutari expeditioni inducere et inflamare totis viribus conentur. Volumus insuper, quod huiusmodi decime exactio fiat secundum verum valorem et sine alio onere illorum a quibus huiusmodi decima exigetur, neque cogi possit aliquis, etiam si plura beneficia obtineret, ad solvendum pro quitancia, si eam habere voluerit, ultra unum bonendinum pro littera et sigillo; et, ne de moneta de qua fiet et fieri debet solutio dicte decime valeat hesitari, vitenturque gravamina, que propter hoc viri ecclesiastici pati possent, volumus, quod per te et deputatos seu deputandos collectores predictos ipsa decima ad monetam in prefatis terris et locis communiter currentem levetur, et etiam exhigatur ac persolvatur, iuxta constitutionem super exactione decimarum in concilio Viennensi editam, ita quod pretextu alicuius cambii, debitores vel solutores dicte decime non graventur; quodque iuxta constitucionem eiusdem concilii Viennensis, calices, libri et alia ornamenta ecclesiastica divinis officiis deputata, ex causa pignoris, vel alias, occasione dicte exactionis, nullatenus capiantur, distrahantur, vel etiam occupentur; trigesima vero ac vigesima huiusmodi leventur et colligantur iuxta modum et formam in nostris litteris expressos. Non obstantibus tam felicis recordationis Bonifacii pape VIII... Dat. Rome, apud Sanctum Petrum, anno etc. millesimo CCCCLXIII°, tertio Idus Novembris, pontificatus nostri anno sexto.

Source: ASV, Reg. Vat. 519, fols. 6v–9r.

Publication: Setton, *Papacy and Levant* 2, pp. 265f. (partly).

Bibliography: Picotti, *Pio II e Francesco Sforza*.

903   Rome, 22 November 1463

Mandate to Angelus de Bolseno, a Franciscan and papal nuncio, to publicize the crusade against the Turks and to have it preached to Christians and Jews from Rome to Siena; attendance at the sermons is to be compulsory.

Pius etc. dilecto filio fratri Angelo de Bulseno, ordinis regularis Minorum de Observantia, nuntio nostro, salutem etc. Cum pro sacra expeditione ac pernecessaria defensione fidei Catholice periclitantis, nuper ediderimus litteras apostolicas, per quas populo fideli ostendimus grave periculum imminens Christiane religioni et patefecimus zelum, et fervens desiderium nostrum ad pium et sanctum opus ac insuper suscipiendi laboris et itineris premii et eterni

consecutionem aperuimus, mandaverimusque easdem per universum orbem
Christianum publicari et annuntiari per diversos nuntios et oratores nostros,
ut vox nostra ubique sonans, inspirante ac iuvante Domino, cunctos fideles
excitet et animos eorum commoveat ad obviandum ingruenti discrimini
propellendosque nominis et sanguinis Christiani hostes attrocissimos Turchos,
volentes pium hoc et laudabile institutum profectionis nostre adversus illos
notum facere peculiaribus filiis nostris dilectis Patrimonialibus, quos non
dubitamus, voce pastoris et patris eorum audita, laudem Deo et plausus
devotamente daturos, eique subsidia possibilia prebituros, in tanta necessitate
sue Matris Ecclesie vim patientis ac labantis gregis Dominici, ad cuius
sanguinem ebibendum lupi rapaces anelant, existimantesque ac plurimum
confidentes in tua caritate et prudentia, quod ea, que tibi commiserimus,
diligenter et solicite exequeris, volumus, ac tibi in vim sancte obediencie
mandamus, quatenus, omni exceptione aut excusatione remota, in provinciam
nostram Patrimonii beati Petri in Tuscia personaliter proficiscens, per te
ipsum, vel alios predicatores, tui seu alterius cuiuscunque ordinis
Mendicantium regularium, litteras ipsas apostolicas et omnia in eis contenta
publices ac fideliter annunties, seu publicari et anunciari per alios, ut
premittitur, mandes et facias, animos ad devotionem concitare studeas, et
populos omnes civitatum, terrarum et locorum quorumcunque dicte provincie
ad sanctam expeditionem ac personalem eius profectionem suscipiendam, vel
saltem elemosinas pecuniarum, frumenti, rerum et bonorum quorumcunque,
iuxta facultates cuiusque, secundum formam litterarum publicatarum per nos
in publico consistorio, contribuendum inducas, et tota industria exorteris
necessitatem et periculum, ac premia denique eterna proponens; declarantes
commissionem hanc nostram civitates, oppida, terras et loca quecunque
complecti, que ab urbe Romana, mari et Tiberi ac flumine Palee usque in
agrum Senensem exclusive continetur; et, ut melius et commodius eam exequi
possis, universis et singulis rectoribus, gubernatoribus, episcopis, ceterisque
prelatis, prioribus, universitatibus et personis, nobis et Ecclesie Romane
mediate vel immediate subiectis, ecclesiasticis et secularibus, et omnibus aliis
et singulis quorum interest, harum serie districtius, et sub pena
excommunicationis late sentente precipiendo mandamus, quatenus tibi in
premissorum et infrascriptorum executione faveant atque assistant, ac
favorem, auxilium et consilium prestent in quibuscunque sanctam
expeditionem et commissionem tuam concernentibus illos duxeris
requirendos, de mansione quoque pro te et sociis, notario et cursore decente
provideant, et benigne, ut decet, recipiant et tractent. Volumus autem, ac sub
eadem pena mandamus, ut publicationi, annuntiationi et predicationibus tuis
huiusmodi et aliorum nuntiorum ac predicatorum, quos ad dicta loca duxeris
transmittendos, dilecti filii gubernator provincie predicte Patrimonii in civitate
sue residentie, et similiter magistratus, potestates, priores et officiales dictorum
locorum quorumcunque, quibusvis dignitate ac nominibus censeantur,

castellanis tantum exceptis, intersint et sint presentes atque audiant compellantque populos et Iudeos omnes, ut pariter intersint; episcopi quoque et eorum vicarii ac alii curam habentes, popules eorum moneant et inducant, et interim, dum predicatur, taberne et apothece claudantur, sub pena per potestatem imponenda, et pro dimidia sibi et dimidia camere apostolice applicanda. Ipsi etiam episcopi cum cleris suis et omnes et singuli religiosi, prelati et subditi monachi preterea et moniales, etiam reclusi et recluse, cuiuscunque ordinis et professionis, collegialiter simul exeuntes et simul redeuntes conveniant, et singulis diebus, dum predicabitur, separati et seiuncti a populis, audiant verbum Dei; predicatores quoque ac religiosi cuiusvis ordinis, quos ad hoc ministerium quomodolibet adimplendum aptos et idoneos duxeris, et requisiti a te predicent, et alia fideliter et devote perficiant, que eis iniungere et mandare volueris, sub eiusdem excommunicationis late sententie pena, omnibus aliis ommissis, excusationeque et contradictione postposita. Thesaurarius insuper capsas et cistas confici et clavibus muniri faciat, et alia ad idem ministerium necessaria adimpleat et exequatur, prout erit expediens. Dantes tue devotioni, harum serie, facultatem visitandi et monendi omnes officiales et etiam castellanos dictarum terrarum Ecclesie, ac earum barones et dominos spirituales et temporales, ipsosque et populos eorum, ut premittitur, per te, vel alium, seu alios ad devotionem excitare et commonere, quibus mandamus, ut tibi in hiis, que nostro nomine illis referes, plenam et indubitatam fidem adhibeant; et, si quos eorum inveneris contrarios et apostolicam sedem vel Romanam Ecclesiam detractionibus invehentes, aut retrahentes, vel quoquomodo impedientes alios a subventione et contribucione hac pia et necessaria, hos publices excommunicatos, auctoritate apostolica, seu aliter, per potestates et iudices temporales mandes et facias pro eorum demeritis puniri, et omnia alia et singula exequaris, que in premissis discrecioni ac consciencie tue pro sancta causa fidei necessaria et opportuna fore cognoveris atque uberius exequenda, plenam et liberam facultatem et potestatem concedimus per presentes, contrariis non obstantibus quibuscunque. Dat. Rome, apud Sanctum Petrum, anno etc. millesimo CCCCLXIIIº, decimo Kalendas Decembris, pontificatus nostri anno sexto.

Source: ASV, Reg. Vat. 519, fols. 45r–46v.

904   Rome, 22 November and 1 December 1463

Mandate to Bartholomeus de Colle, a Franciscan and papal nuncio, to publicize the crusade against the Turks and to have it preached to Christians and Jews from Rome to Siena; attendance at the sermons is to be compulsory.

Pius etc. dilecto filio Bartholomeo de Colle, ordinis regularis Minorum de Observantia, nuntio nostro, salutem etc. Cum pro sacra expeditione ac pernecessaria deffensione fidei Catholice periclitantis, nuper ediderimus litteras apostolicas, per quas populo fideli ostandinus grave periculum imminens etc. ut supra in proxima etc. mandamus, quatenus, omni exceptione et excusatione remota, in provinciam nostram Marchie Anconitane personaliter proficiscens etc. mutatis mutandis, ut in predicta de verbo ad verbum, et sub dicta data etc. Fuit expedita una alia similis commissio pro dicto fratre Bartholomeo, cum additione provincie Massetrebarie, sub data Kalendis Decembris, pontificatus nostri anno sexto.

Source: ASV, Reg. Vat. 519, fol. 46v.

Note: As above, preceding doc. Bartholomeo da Colle was instrumental in setting up the Monte di Pietà in Perugia. He was a preacher and produced an annotated text of Dante. See Moorman, *Franciscan Order*, pp. 530–541f.

905   Rome, 7 December 1463

Mandate to John Giandevone, bishop-governor of Città di Castello, to collect the *vigesima* from the local Jews.

Venerabilis frater, salutem etc. Quoniam graves impensas subituri sumus propter expeditionem, quam, Deo adiuvante, faciemus, quam[?] contra Turchos paramus, et propter profectionem nostram, idcirco, ne desint necessaria ad tam sanctum opus, omnibus Iudeis per totam Italiam constitutis vigesimam omnium bonorum suorum imposuimus, prout in licteris nostris superinde confectis plenius continetur. Volumus itaque et tibi per presentes commictimus et mandamus, ut ab omnibus et singulis Iudeis tue gubernationis exigas unam integram vigesimam omnium bonorum, redituum et proventuum, nec non pecuniarum quocumque modo quesitarum, etiam per usurariam pravitatem, solvendam, videlicet medietatem infra mensem a die intimationis et aliam medietatem infra alium mensem immediate sequentem. Quod si Iudei, in solutione huiusmodi vigesime, fraudem aut negligentiam commiserint, volumus eos teneri ac etiam cogi ad solutionem integre decime et incurrere penam centum ducatorum camere apostolice irremissibiliter applicandorum, et revelanti dare cogantur quatuor pro quolibet centenario. Super quibus omnibus etc. Dat. Rome, apud Sanctum Petrum, sub anulo Piscatoris, die VII Decembris MCCCCLXIII, pontificatus nostri anno sexto.

Source: AS Roma, Camerale III, Busta 776, c. 51.

Publication: Fumi, *Inventario*, p. 42; Toaff, *Città di Castello*, p. 101.

Bibliography: Toaff, *op. cit.*, p. 11; Id., *Perugia*, p. 74.

906*   Rome, 30 December 1463

Safe-conduct, valid until May 1464, to Melius of Tagliacozzo and his men, who bought some salt from the papal chamber, to travel to and from Rome and throughout the papal dominions. During that time they are to be immune from all injury, offence and prosecution.

A[lexius de Cesareis] archiepiscopus Beneventanus, sanctissimi domini nostri pape vicecamerarius.
Cum Melius de Taliacozo, Hebreus, emerit ab apostolica camera certam salis quantitatem, cum promissione, quod ei salvus conductus concederetur ad effectum huiusmodi sal emptum levandi et finiendi[!]; idcirco nos A. vicecamerarius supradictus, de mandato sanctissimi in Christo patris et domini nostri domini Pii etc., atque auctoritate etc., tenore presentium damus et concedimus plenam securitatem ac tutum et liberum salvum conductum tam ipsi Melio, quam nunciis vecturalibus et factoribus suis huiusmodi sal conducentibus, et cuilibet eorum presentium ostensori, veniendi ad hanc almam Urbem, ibique standi, morandi et pernoctandi et ex ea recedendi, et semel et pluries recedendi, et similiter per omnia terras et loca sanctissimo domino nostro pape et Sancte Romane Ecclesie mediate et immediate subiecta, tute, libere et secure, de die et de nocte, solus et sociatus, absque iniuria, lesione, molestia, offensa, aut quovis alio impedimento, reali vel personali, ipsi Melio, aut factoribus, nunciis et vecturalibus predictis, aut alicui eorum quomodolibet inferendis; culpis, debitis, maleficiis, criminibus et excessibus per eos vel eorum aliquem quomodolibet perpetratis, necnon promissionibus, obligationibus, debitis, fideiussionibus, tam communibus quam particularibus, ceterisque in contrarium facientibus non obstantibus quibuscumque. Presentibus per totum mensem Maii proxime sequentis tantummodo duraturis; in quorum etc. Dat. Rome sub anno a Nativitate Domini millesimo CCCCLXIIII°, indictione XII, die trigesima mensis Decembris, pontificatus etc. anno sexto.

Source: ASV, Arm. XXIX, vol. 30, fol. 120r-v.

907   Rome, c. 1464

Mandate to Zeger Duclair, vicar general of the Franciscan Observants north of the Alps, to have his preachers employ prudent language in preaching about Jews, Moors, neophytes, heretics and schismatics, and to preach about the crusade against the Turks.

Dilecto filio Zegerio, vicario generali fratrum B. Francisci de Observantia ultra montes. Fide digna relatione comperimus, quod nonnulli ex his fratribus tuae familiae, quibus divini verbi praedicandi cura hactenus tradita est, si quando contigit, ut de Iudaeis, Mauris, neophitis, Pragensibus aliisve eiusmodi aut infidelibus aut schismaticis et haereticis mentionem, etiam illis praesentibus, facerent, consueverunt in spiritus fervore et Dei zelo parum graviter evehi illosque magis maledictis et conviciis irritare, quam, impugnatis confutatisque eorum erroribus, iuxta gloriosi Patris et magistri vestri praeceptum in transmissa ad vos regula, ut resipiscant et ad cor reversi veritatem recipiant, examinate prudenterque monere et allicere. Quod, quia sine ulla spe futuri commodi manifestum damnum rebus Christianae fidei et familae tuae praefatae potius dedecus quam laudem ullam afferre posse videtur (solet enim plerumque contingere, ut quotquot erroris nebula caecati et extra lucem ac veritatem verae fidei positi sunt, nullo modo admittant imperiosa et contumacia praecepta, lenitate vero Catholicae veritati iuncta et blandis amicisque suasionibus in Domini semitas frequentius reducant), cupientes in Domini Sabaoth vinea, cuius, ipso volente, licet imparibus meritis curam gerimus, utiles operarios, et quorum plantationes fructus uberes afferant, eos praesertim, qui ex familia tua praefata sunt, versari, devotioni tuae in virtute sanctae obedientiae committimus et mandamus, ut de cetero neminem ex his, qui tuae obedientiae subsunt, nisi eum examinatum prius, et discretum ac idoneum repertum, de tua speciali commissione per provinciale capitulum earum regionum, in quibus praedicaturus erit, deputari contigerit, permittas de materiis quae substantialia fidei attingunt quoquo modo praedicare aut dogmatizare. Eos vero, quibus sic, ut dictum est, licentiam praedicandi concedi contigerit, hortamur in Domino, eis in sanctae obedientiae virtute praecipientes, ut prudenter simul et modeste cum eiusmodi incredulis et haereticis congrediantur, eosque potius ad resipiscendum leniter manuducere quam importune trahere contendant; et fidelem populum de vitiis virtutibusque et futurae beatitudinis gloria, ac damnationis poena admonendo, quaeque ad peccatorum salutem necessaria sunt, cum caritate praedicantes, in timorem Domini perducant et in omnibus supramemorati vestri Patris et magistri traditionem in data vobis regula divinitus factam sequantur. Praeterea, quoniam, exigente Christiani nominis hostis immanis, Turcarum regis, feritate, et Christiani fidelis populi, a cuius ille cervicibus est arcendus, necessitate, quod toti iam mundo liquet, ipsi senio licet et valetudine laborantes, proxima quae sequitur aestate cum comparata de Domini Dei nostri auxilio ingenti classe et valido Christiani populi exercitu pro fidei orthodoxae defensione navigaturi sumus, volumus, ut ad sanctae obedientiae meritum praefatis omnibus et singulis de tua familia praedicatoribus iniungas, ut in eorum sermonibus sedulo de nostra eiusmodi profectione nostroque proposito protegendae fidei, etiam cum periculo proprii capitis, rudem populum moneant, et ad fundendas Altissimo continuas pro nostra et expeditionis praedictae tutela preces hortentur. Tu quoque, quod illos praedicando facere iubemus, reliquos tuae familiae fratres exemplo agere ordinabis et per omnia loca tua continuas orationes et singulis hebdomadibus singulas processiones solemnes et preces pro nostra omniumque qui sanctae illi expeditioni intererunt, ad Deum fundi iuxta instructionem tibi a nobis traditam curabis; mandantes omnibus et singulis familiae tuae fratribus, ut circa praemissa omnia et singula tuae et tui pro tempore successoris ordinationi pareant et intendant. Datum Romae, apud S. Petrum, anno Incarnationis Dominicae ... 1463, ... anno VI.

Publication: Pou y Marti, *Bullarium Franciscanum* 1 (2), pp. 625f.

Note: On Zeger Duclair, see Moorman, *Franciscan Order*, p. 590.

Bibliography: Synan, *Popes and Jews*, pp. 139, 204.

908   Rome, 1 February 1464

Declaration that the Turkish tax is to be exacted from Christians and Jews also in Benevento and its territory.

Pius etc. Ad futuram rei memoriam. Cum necessitas Christiane religionis nos urgeat, ut undecunque pia impresentiarum suffragia postulemus, decens est, ut eos, qui magis Romane Ecclesie et Christiane religioni astricti sunt, ad hoc opus providere faciamus. Cum itaque, nuper nos in suffragium expeditionis, quam contra Turchos paramus, unam decimam super ecclesiasticis beneficiis, et trigesimam super laicorum, et vigesimam super Iudeorum proventibus et reditibus, in toto regno Sicilie citra Farum, imposuerimus, et, ut accepimus, ab aliquibus vertatur, an nos decimam, tricesimam ac vigesimam huiusmodi super ecclesiasticis et laicis civitatis nostre Beneventane eiusque districtus, ac Iudeis in illa commorantibus, cum civitas predicta extra dictum regnum sit, et Romane Ecclesie immediate pertineat, imponere voluerimus, nos, arbitrantes dignum esse, ut huic tam